LA COMUNICACIÓN HUMANA EN EL MUNDO CONTEMPORÁNEO

LA COMUNICACIÓN HUMANA EN EL MUNDO CONTEMPORÁNEO

Carlos Fernández Collado
Universidad de Celaya

Laura Galguera García
Universidad de Oviedo

McGraw Hill

MÉXICO • BOGOTÁ • BUENOS AIRES • CARACAS • GUATEMALA • LISBOA • MADRID • SÃO PAULO
NUEVA YORK • SAN JUAN • SANTIAGO • AUCKLAND • LONDRES • MILÁN
MONTREAL • NUEVA DELHI • SAN FRANCISCO • SINGAPUR • SAN LUIS • SIDNEY • TORONTO

Director Higher Education: Miguel Ángel Toledo Castellanos
Director editorial: Ricardo Alejandro del Bosque Alayón
Editor sponsor: Noé Islas López
Supervisor de producción: Zeferino García García

Diseño de portada: Eduardo Maldonado Villalobos

LA COMUNICACIÓN HUMANA EN EL MUNDO CONTEMPORÁNEO
Tercera edición

McGraw-Hill Interamericana

Prolongación Paseo de la Reforma 1015, Torre A,
Piso 17, Colonia Desarrollo Santa Fe,
Delegación Álvaro Obregón,
C.P. 01376, México, D. F.
Miembro de la Cámara Nacional de la Industria Editorial Mexicana, Reg. Núm. 736

ISBN-10: 970-10-6642-1
ISBN-13: 978-970-10-6642-3
(Segunda edición: 970-10-2825-2)

0123456789 0975432108

Impreso en México *Printed in Mexico*

The McGraw-Hill Companies

Contenido

Acerca de los autores

Carlos Fernández Collado obtuvo la licenciatura en Comunicación por la Universidad Anáhuac, el Diplomado en Filosofía por la Universidad Panamericana, la Maestría en Comunicación y el Doctorado en Sociología por la Michigan State University, durante la época de oro de dicha universidad, cuando un sinnúmero de destacados teóricos e investigadores en los campos de la comunicación, la psicología social y la sociología impartían clases ahí. Su tesis doctoral intitulada *"Self Investment at Work: A Study in a Mexican Industrial Community"*, la realizó gracias a la beca México y Centroamérica que le otorgó la Fundación Ford. Igualmente realizó estudios posdoctorales en la Annenberg School de la Universidad de Pennsylvania.

Ha sido escritor, colaborador y coordinador de varios libros. Entre su obra publicada podemos contar los siguientes textos: *La comunicación humana en el mundo contemporáneo*, 3a. ed. (McGraw-Hill, 2008), *Marketing político e imagen de gobierno en funciones*, 3a. ed. (McGraw-Hill, 2007), *Fundamentos de metodología de la investigación* (McGraw-Hill, 2007), *Metodología de la investigación*, 4a. ed. (McGraw-Hill, 2006), *Marshall McLuhan, de la torre de marfil a la torre de control* (Instituto Politécnico Nacional, 2004), *La comunicación en las organizaciones*, 2a. ed. (Trillas, 2002); *Comunicación II*, ed. rev. (McGraw-Hill y Universidad Autónoma de Nuevo León, 1998); *Autotransición de empleo: una búsqueda satisfactoria* (Comunicometría, 1995); *Human Communication: Theory and Research* (Wadsworth, 1991); *La televisión y el niño* (Oasis, 1986; Colofón, 1991).

El doctor Fernández Collado ha escrito, asimismo, capítulos para diversos libros, tales como: *Drug Use. Foundations for a Psychosocial Approach*, editado por S. Eiseman, J.A. Wingard y G.J. Huba (Baywood, 1984); *La ventana electrónica: TV y comunicación*, editado por A. Benito (EUFESA, 1983); *Life on Television: Content Analysis of U.S. TV Drama*, editado por Bradley S. Greenberg (Ablex, 1980) y *La comunicación en las organizaciones*, editado por Carlos Fernández Collado (McGraw-Hill, 2002).

Ha publicado artículos en las revistas científicas más competidas como: *International Journal of Intercultural Relations*, *Contemporary Sociology*, *Journalism Quarterly*, *Revista Paraguaya de Sociología*, *Journal of Drug Education* y *Journal of Communication*.

Es importante mencionar que en el año 2004 recibió la Medalla al Liderazgo de Acción Positiva que otorga la Universidad Anáhuac, reconociéndolo como su egresado más destacado en el área de la Comunicación, en virtud de su trabajo como profesor, investigador y escritor; que el año 2003 recibió el reconocimiento de Profesionista Colegiado Distinguido que otorga el Gobierno de Guanajuato; que en 2006 fue distinguido con el nombramiento de Profesor Invitado de la Universidad Católica de Costa Rica, según acuerdo unánime del Consejo Universitario; y que en 2006 recibió el nombramiento de Profesor Visitante de la Universidad de Oviedo, en el Principado de Asturias, España. Es miembro de número de la Academia Mexicana de la Comunicación y miembro del consejo editorial de la *Revista Humanitas* de Costa Rica.

Como conferencista ha realizado una destacada labor, habiendo impartido a lo largo de varios años cursos y conferencias en Bolivia, Colombia, Costa Rica, El Salvador, España, Guatemala, Panamá, Puerto Rico, República Dominicana, Venezuela y México.

El doctor Fernández Collado ha trabajado en la docencia por muchos años, en instituciones tales como la Universidad Anáhuac, la Universidad Iberoamericana, el Instituto Politécnico Nacional, la Universidad de Celaya, la Michigan State University y la Annenberg School for Communications de la Universidad de Pennsylvannia.

Actualmente funge como presidente de la Asociación Iberoamericana de la Comunicación (ASICOM) y es profesor titular en el Instituto Politécnico Nacional. Asimismo, es director del Máster Universitario en Dirección de Comunicación y Nuevas Tecnologías de la Universidad de Oviedo, Principado de Asturias, España, del grupo de investigación Comunicación Empresarial y Política, y de los reconocidos cursos de comunicación de esta universidad.

Laura Galguera es profesora de la Universidad de Oviedo (Principado de Asturias, España) y académica visitante de la Universidad de Columbia (Estados Unidos). Reside periódicamente en Nueva York, donde realiza parte de su investigación, vinculada en la actualidad al laboratorio de Comunicación Humana de la Universidad de Columbia. Anteriormente ha estado relacionada con la Columbia Business School, y ha colaborado en varios proyectos en la Universidad de Yale (Estados Unidos).

Obtuvo la licenciatura en la Universidad de Oviedo, realizando el tercer año con la beca Erasmus en Roehampton, Londres (Inglaterra). Es doctora por la Universidad de Santiago de Compostela (España) y Máster en Dirección de Marketing y Gestión Comercial por la ESIC (Escuela Superior de Gestión Comercial y Marketing de Madrid). Ha completado su formación en centros extranjeros como The London School of Economics & Political Science (Reino Unido), L'Alliance de Paris (Francia), St. Clare's Oxford (Reino Unido), y Husson College (Estados Unidos).

Es coautora del libro *La comunicación humana en el mundo contemporáneo*, 3a. ed., McGraw-Hill, 2008. A su vez, es autora de diversos artículos que han aparecido entre otras, en las siguientes revistas internacionales científicas: International Journal of Market Research, Emerging Market Letters, Eurasian Review of Economics and Finance, Financial Review, Journal of Housing Research, Journal of Real Estate Portfolio Management, Regional and Sectorial Economic Studies y Revista Internacional ESIC-Market.

La doctora Laura Galguera ha presentado sus artículos en congresos internacionales de reconocido prestigio como ARES (American Real Estate Society), ERES (European

Real Estate Society), ASRES (Asian Real Estate Society), Hawaii International Conference on Business, Linguistic Society of America y EMAC (European Marketing Academy) habiendo sido nominada en marzo 2007 para presidenta de esta academia.

En la Universidad de Oviedo, es directora del Máster en Dirección de Comunicación y Nuevas Tecnologías, primer postgrado de comunicación en los 400 años de esta Universidad asturiana. A su vez, dirige los reconocidos cursos y talleres de Comunicación, así como el grupo de investigación Comunicación Empresarial y Política de esta universidad.

Ha participado en proyectos de investigación para el Principado de Asturias y ha sido acreditada por la Agencia Nacional de Evaluación de la Calidad y Acreditación (Ministerio de Educación y Ciencia de España) como Profesor de Universidad Privada y Profesor Contratado Doctor (máxima calificación para contratos laborales de profesorado universitario).

Es conferenciante internacional y sus artículos periodísticos de divulgación aparecen en distintos diarios iberoamericanos. Desde el año 2008, es vicepresidente de la Asociación Iberoamericana de la Comunicación y presidente de la empresa española de consultoría Prestigia Comunicación.

Reconocimientos

Agradecemos a las siguientes personas por impulsar la presente obra y nuestros proyectos de vida académicos:
(en orden alfabético)

Arístides Royo
Ex presidente de la República de Panamá. Embajador ante la Organización de Estados Americanos

Carlos Esponda
Presidente del Consejo Directivo de la Universidad de Celaya

Christos Giannikos
Universidad de Columbia

Juan Antonio Vázquez
Rector de la Universidad de Oviedo. Presidente de la Conferencia de rectores de las Universidades Españolas

Luis Galguera
Decano del Colegio de Ingenieros de Caminos, Canales y Puertos de Asturias

Manuel Hernández
Director del Departamento de Economía Aplicada de la Universidad de Oviedo

Montserrat Díaz
Universidad de Oviedo

Raúl Nieto
Presidente del Consejo General de la Universidad de Celaya

Robert M. Krauss
Director del Laboratorio de Comunicación Humana de la Universidad de Columbia

Dedicatoria

A Íñigo y Alonso Fernández Baptista,
mis hijos.
Carlos

A mi familia
Laura

Prefacio

Este libro, en su tercera edición, es un texto completamente renovado. Nuestras actividades en la enseñanza y en la planificación de programas de estudio en diferentes escuelas y centros universitarios hicieron resaltar la necesidad de crear un libro de texto introductorio, sistemático y actualizado en las diferentes áreas de la comunicación. La gran aceptación de las anteriores ediciones y la evolución acelerada en este campo, nos ha llevado a realizar una nueva versión revisada y modificada en base a las investigaciones de la literatura de la comunicación de los años más recientes, y a las sugerencias y comentarios de un gran número de lectores, principalmente de América Latina y España. En esta obra se han integrado las principales áreas de la comunicación humana con un doble objetivo: extraer la esencia de los estudios de comunicación clásicos y contemporáneos, y aportar el conocimiento y las habilidades necesarias para el desarrollo de un comunicador competente.

La nueva edición de este libro, estructurada en catorce capítulos, conserva el propósito central de la anterior, pero posee características especiales y ha supuesto un esfuerzo importante por las siguientes razones:

- Incorpora un área que ha suscitado el interés de infinidad de lectores: *Cómo hablar en público.* El dominio de las habilidades de la oratoria resulta hoy en día clave para el éxito académico y profesional. A lo largo del tema se identifican los elementos fundamentales para realizar un buen discurso y se ayuda al alumno a desarrollar y potenciar al máximo sus habilidades comunicativas.
- A partir de la revisión de las teorías e investigaciones más recientes en el campo de la comunicación humana, se ha realizado una actualización de contenidos y de bibliografía en los trece capítulos restantes. Hemos hecho, a su vez, mucho hincapié en incorporar a cada capítulo estudios y referencias en castellano. El resultado es un panorama completo y actual de la disciplina donde, simultáneamente, se analizan las áreas de la comunicación que actualmente reciben la mayor atención de los académicos, así como un cuerpo integrado de principios teóricos fundamentales.

- Cada capítulo ofrece un complemento clave e innovador: *Comunicación en acción*. Este apartado incorpora las aportaciones de académicos y profesionales de reconocido prestigio de América Latina, Estados Unidos y Europa. Estos especialistas proporcionan un importante valor añadido a cada una de las áreas del libro con una visión más práctica, enmarcando cuestiones de gran relevancia relacionadas con cada tema, fruto de sus brillantes carreras profesionales y muchos años de investigación dentro del campo de la comunicación. De esta forma, el lector tendrá acceso a notables contribuciones en esta materia por parte de grandes líderes, lo que servirá de complemento y ayuda al alumno para la compresión de la temática. Esto contribuirá a incorporar en una misma obra un contenido único que resultará completo y valioso para el desarrollo del alumno en el proceso de la comunicación y en su futuro ambiente profesional.
- Se han realizado cambios importantes en la estructura del texto como, por ejemplo, en las áreas referidas a los medios de comunicación masiva o nuevas tecnologías de la información. Estos cambios se han producido en base a los adelantos surgidos en los últimos años, como la tecnología digital, y el análisis del nuevo escenario en el que nos encontramos, con unas posibilidades nunca imaginadas años atrás. El resto de las áreas, aun conservando su estructura anterior, se han visto enriquecidas en diferentes aspectos de su contenido.
- Incorpora tablas y datos estadísticos actualizados, incluyendo información sobre la demografía de Internet o nuevas estadísticas sobre el crecimiento de la Red.
- Como en la anterior edición, cada capítulo dispone de *Sumario*, *Objetivos de aprendizaje* y *Mapa conceptual*, con el fin de que el lector conozca cuáles son los temas de estudio, el grado de aprendizaje esperado a medida que se avance en el texto, y las herramientas fundamentales para facilitar el repaso del tema. Por otro parte, proporciona una amplia bibliografía para facilitar el aprendizaje y comprensión del estudiante en las diferentes áreas de la comunicación humana. Asimismo, incluye un índice de nombres y otro de conceptos, además de ejemplos que facilitan y refuerzan el aprendizaje de los puntos estudiados.
- El contenido de la obra se completa con un *Online Learning Center* (OLC). En esta página web, se incluye material complementario tanto para el estudiante como para el instructor. El lector podrá acceder a una amplia gama de ejercicios, ejemplos representativos, *links* de acceso a software y a *blogs*, presentaciones de diferentes áreas en Power Point, así como a documentación y casos sobre diversos temas de actualidad (entrevista personal, motivación y liderazgo, *coaching* y *mentoring*, comunicación escrita, manual de ayuda para realizar presentaciones, vestuario y primera impresión, etc.), que no se han incluido en el texto.

Estructura del libro

El libro comienza con un capítulo que nos presenta de modo sucinto la historia de la comunicación humana, desde la Grecia clásica hasta la postrimería del siglo xx.

La siguiente sección, constituida por los capítulos 2, 3, 4, 5 y 6 analiza la comunicación en distintos contextos. El capítulo 2 delimita las características de la comunicación interpersonal e identifica los factores que nos predisponen a relacionarnos con otros seres humanos. Asimismo, analiza las estrategias de comunicación que utilizamos en dichas relaciones. El capítulo 3 estudia y explica la dinámica de comunicación que surge en los grupos pequeños, y define aspectos como la composición y estructura de los grupos, las redes de la comunicación, el liderazgo, las metas y las tareas de grupo. La comprensión de los procesos específicos que se dan en la comunicación interpersonal y la comunicación en grupos, se abordan en el capítulo 4, en el que se analiza un área que cada vez recibe más atención por parte de investigadores y estudiosos de otras disciplinas. Nos referimos a la comunicación en el contexto de las organizaciones, tales como hospitales, fábricas, colegios, bancos, etc., que dependen de forma importante de la comunicación para alcanzar la eficiencia de su funcionamiento y el logro de sus metas. El capítulo 5 versa acerca de otra importante área de estudio en la disciplina, de otro vastísimo contexto del fenómeno que analizamos en este libro: el de la comunicación colectiva a través de los medios de comunicación masiva. El capítulo revisa una breve historia del medio y las tendencias y convergencias actuales en la industria y la tecnología. Por otra parte, expone varios de los aspectos importantes en el estudio de la relación entre los medios de comunicación masiva y la conducta social, como el contenido y los efectos —tanto prosociales como antisociales— de los mensajes que transmiten los medios, así como el uso que diferentes grupos de la población hacen de ellos. El siguiente capítulo del libro describe uno de los contextos o situaciones que posiblemente, sean más interesantes y actuales en el campo de la comunicación. La importancia de la comunicación intercultural estriba en que vivimos en un mundo en el que existe interdependencia entre países y culturas, y debemos comunicarnos cada vez más con personas que poseen idiosincrasias diferentes a la nuestra. Este capítulo identifica las principales variables culturales que afectan al proceso de la comunicación y propone pautas para que la comunicación sea más efectiva en contextos multiculturales.

Una vez presentados los diferentes contextos en los que ocurre la comunicación, nos hemos dirigido hacia otros aspectos de este fenómeno que lo hacen a la vez fascinante y complejo. Éstos comprenden tres temas que tratan diferentes cuestiones, siempre entrelazadas con los temas principales del libro: los aspectos no verbales de la comunicación, la persuasión y el lenguaje. El capítulo 7 hace un análisis de la importancia que tiene la conducta no verbal en la comunicación. Explora el uso del espacio y el territorio, las expresiones faciales y corporales, los signos vocales, etc., como mensajes de comunicación que forman parte del comportamiento humano. Además, en esta nueva edición, se realiza una clasificación detallada de las señales no verbales que situará perfectamente al alumno en el contexto de la comunicación no verbal. El capítulo 8 plantea dos preguntas: ¿qué es lo que constituye una comunicación persuasiva?, y ¿cuáles son los posibles resultados para aquellas personas que intentan ser persuasivas? Asimismo, explora las variables del mensaje presentes en todo el proceso de persuasión, y las diversas estrategias en la construcción de mensajes persuasivos. El siguiente capítulo sobre aspectos especiales a considerar en la comunicación, establece el marco de referencia para continuar el análisis de la habilidad humana para elaborar códigos y sistemas para comunicarse. Ilustra las intrincadas relaciones entre signos, símbolos y significados que componen el sistema de lenguaje con el cual nos comunicamos.

Los siguientes tres capítulos, de algún modo, reflejan situaciones muy dinámicas de los contextos y los aspectos de la comunicación que se expusieron en los capítulos anteriores. En el capítulo de la comunicación en el cambio social, se plantean preguntas sobre por qué la utilización de los medios de comunicación colectiva no logró el desarrollo esperado en países emergentes. El texto ofrece varias alternativas a estas cuestiones, las cuales emergen de la revisión crítica de las nociones implicadas en el llamado paradigma de desarrollo. El siguiente tema identifica las diferencias entre los principales modelos ideales de la comunicación política, analiza las corrientes más importantes, y señala las nuevas tendencias de la comunicación política en el siglo que empieza. Además, a lo largo del capítulo contrastamos situaciones de comunicación política en diferentes países, lo cual lleva al lector a considerar, dentro de contextos reales, las nociones que se exponen en la primera parte del capítulo. El capítulo siguiente hace advertir del rápido desarrollo de la tecnología empleada en la comunicación. Primero planteamos una revisión histórica de la aparición e influencia de las diferentes tecnologías —la computadora, los satélites, los videos y otros implementos de la televisión— en los individuos, las organizaciones y las naciones, para terminar analizando los temas más actuales en este dinámico campo.

El siguiente capítulo es de especial importancia para el alumno que estudia comunicación u otra ciencia social, ya que exponemos claramente los pasos a seguir en toda investigación científica, así como las nuevas técnicas de investigación y sus aplicaciones.

La última parte del libro, introducido como novedad en esta nueva edición, realiza un recorrido exhaustivo y riguroso por todos los aspectos más relevantes en el estudio de la comunicación oral; ofrece las claves para elaborar un discurso con confianza y organizado; define el miedo escénico y analiza las diferentes posibilidades para superarlo; describe la forma más adecuada de presentación y los principales aspectos para realizar una puesta en escena con éxito. Por otro lado, analiza los principales tipos de discursos informativos y persuasivos, y aborda los contextos discursivos más habituales. Dominar esta área confiere seguridad, confianza, capacidad de persuasión, y es una herramienta indispensable para el trabajo y para la relación interpersonal.

En conclusión, el conjunto de capítulos seleccionados en esta obra representa un esfuerzo por introducir al estudiante en el tema de la comunicación humana, adentrarlo en las 14 áreas de mayor interés en la disciplina y explicar de manera precisa y clara su metodología como ciencia social.

Por último, queremos expresar nuestro agradecimiento a todas aquellas personas que hicieron posible llevar a cabo la nueva edición de este libro: a los autores de *Comunicación en acción* por su esfuerzo y su valiosa aportación a esta obra. A McGraw-Hill Interamericana y en particular a Noé Islas por todo su apoyo, su compromiso con la calidad y su profesionalismo. A la Universidad de Celaya, al Instituto Politécnico Nacional, a la Universidad de Oviedo, y a la Universidad de Columbia por brindarnos todas las facilidades para preparar esta nueva edición. Finalmente, a todas aquellas personas que nos han hecho llegar sus comentarios y a los miles de usuarios del libro, latinoamericanos y españoles, quienes nos han motivado a mantener vigente el presente texto durante todos estos años.

Carlos Fernández Collado
Laura Galguera García

Colaboradores

Martha Aguilar
Vicerrectora
Universidad de Celaya
México

Pilar Baptista
Directora del Centro de Investigación, Servicios Educativos y Posgrado
Universidad Anáhuac
México

Luis Castellanos
Profesor Universidad de Oviedo
España

Jorge Ferreira
Profesor Universidad Pontificia Católica de Río de Janeiro
Brasil

Christos Giannikos
Profesor Universidad de Columbia
Estados Unidos

Ángel Ignacio Lafuente
Experto en Oratoria Contemporánea
Presentador de TVE (Televisión Española) 1970-2002
España

Esteban López-Escobar
Presidente de la WAPOR (World Association for Public Opinion Research)
Profesor Universidad de Navarra
España

María Mercedes Piñango
Directora del Laboratorio de Psico/Neurolinguística
Profesora Universidad de Yale
Estados Unidos

Mario René Reynoso
Consultor
Profesor Universidad Galileo
Guatemala

Arísitides Royo
Ex presidente de la República de Panamá
Embajador ante la Organización de Estados Americanos (OEA)
Panamá

Salvador Sánchez
ZIMAT Consultores
Profesor Universidad Iberoamericana
México

Francisco Verdera
Profesor Universidad de Navarra
España

Luk Warlop
Profesor Universidad Católica de Lovaina
Bélgica

Capítulo Uno

El desarrollo histórico de la comunicación como ciencia

Sumario

Objetivos de aprendizaje

En función de la lectura y estudio de los contenidos de este capítulo, el alumno será capaz de:

- Comprender las corrientes de pensamiento en torno a la comunicación, en las diferentes etapas de la historia.
- Describir las tres etapas que motivaron la conformación de la ciencia de la comunicación en el siglo xx.
- Analizar los diferentes sistemas de comunicación como proceso primario, de coordinación, narrativo y como proceso complejo de puntualización en los que el individuo está inmerso.

Existe la creencia de que el estudio de esta disciplina empezó a partir de la década de 1940, y que todo el conocimiento anterior debe ser considerado precientífico.

Esta afirmación es incorrecta, ya que *La retórica* de Aristóteles, escrita aproximadamente hace 2 300 años, es la primera obra sobre el estudio empírico de la comunicación (Griffin, 2005). Esta referencia histórica nos permite afirmar que el estudio científico de la comunicación es muy antiguo.

Para Pearce y Foss (1990), las funciones del análisis histórico son, primero, establecer la línea de base para evaluar las actividades contemporáneas, y, segundo, esclarecer la naturaleza del conocimiento producido en las diversas etapas de la historia. En este sentido, existen específicamente tres elementos de análisis sobre la relación entre las ciencias sociales y otras formas, que adopta la teoría de la comunicación.

El primer elemento es que una ciencia social casi no difiere de los estudios humanistas, como comúnmente se piensa. Esta idea sugiere que la ciencia y el humanismo ocupan extremos opuestos de un continuo que representa modos muy distintos de indagar.

El segundo elemento es que la forma en que los científicos perciben la comunicación, ha cambiado. En la actualidad se han vuelto mucho más sofisticados al investigar, ya que a menudo han tenido que confrontar y abandonar —sobre la base de sus propias investigaciones— sus supuestos y principios de trabajo. En otras palabras, la manera de pensar sobre la comunicación de los científicos contemporáneos difiere de la de hace algunas décadas.

El tercer elemento se relaciona con el camino hacia el cual se dirige el estudio de la comunicación humana. La lucha entre la ciencia y el humanismo que tanto preocupó a los investigadores durante la primera mitad del siglo XX parece cada vez más irrelevante.

Cuatro patrones de pensamiento sobre la comunicación

El lenguaje en los sofistas

Se interesan en el poder de la palabra, pero reconocieron que el lenguaje es impreciso. Le confirieron al lenguaje las capacidades de nombrar lo que no se ve y la de ocultar y revelar aspectos de la realidad.

Los sofistas y Platón: pensamientos paralelos

Los *sofistas* se interesaban en el papel que desempeña el *logos*, o el poder de la palabra en el mundo humano. Reconocieron que el lenguaje, por su misma naturaleza, es impreciso, ambiguo y metafórico en sus descripciones del mundo; impiden el conocimiento de la realidad, más bien, celebraron la capacidad del lenguaje de crear posibilidades en el mundo. Creían que dos *características del lenguaje* confieren un gran poder: la capacidad de nombrar lo que no se ve y la de ocultar y revelar aspectos de la realidad (Marrou, 1998).

Platón, el filósofo griego, adoptó un concepto de comunicación muy diferente al de los sofistas. En su obra *Diálogos,* puso a su maestro Sócrates a debatir contra los sofistas Gorgias y Timeo, respecto a una teoría de la comunicación sobre la base del conocimiento de una verdadera realidad. Menospreció el aparente relativismo de los sofistas, cuyas enseñanzas eran consideradas un simple artificio, y no un verdadero arte, Platón sugirió —sin elaborar los detalles— una retórica basada en el verdadero conocimiento, y no en trucos argumentativos. Un filósofo elocuente puede hablar de la verdad a sus interlocutores, expresando más que simples opiniones, de manera que ellos puedan captar intuitivamente la sabiduría divina.

Platón
(427-347 a.C.)

El concepto de los sofistas y de Platón sobre la función y el significado del lenguaje es muy diferente. Para los sofistas, el lenguaje era una poderosa fuerza que construía las posibilidades del mundo humano. Para Platón, en cambio, el *lenguaje* era un mal necesario, un medio de expresión imperfecto que sólo distorsionaba la realidad cada vez que se le utilizaba.

Lenguaje en Platón

Consideraba al lenguaje un mal necesario, un medio de expresión imperfecto que sólo distorsiona la realidad.

La tradición aristotélica

Aristóteles, discípulo de Platón, ofreció una postura alternativa al debate entre los sofistas y Platón, según la cual, la combinación de un cuidadoso análisis del mundo, con un razonamiento meticuloso apegado a las normas de la lógica, daría como resultado el verdadero conocimiento del mundo natural y un buen juicio en aquellos asuntos humanos en los que la certeza no fuera posible. Fiel a su principio ético de moderación, combinó la atención que prestaban los sofistas al mundo real de las cuestiones humanas, con la búsqueda platónica de la certeza, aunque advirtió que sólo puede ser aproximada en los asuntos humanos.

Aristóteles
(384-322 a.C.)

La *retórica* de Aristóteles es un estudio basado en observaciones empíricas de las prácticas de los oradores y las respuestas de sus respectivos públicos, y fue diseñada para ayudar al orador a descubrir todos los medios de persuasión disponibles en determinada situación. Comienza a vincular a la retórica con la práctica de la virtud y la búsqueda de la verdad, al afirmar que "no conviene convencer a nadie de las cosas reprobables, sino para que no nos pase por alto cómo es y para qué, cuando otro se sirva injustamente de estas mismas razones sepamos deshacerlas". Y añade que el fin de la dialéctica no es el de persuadir, sino el de considerar los medios persuasivos para cada caso, como en todas las demás artes (Aristóteles, 1968). Esta obra presta también especial atención a las percepciones generadas por el orador en el auditorio, destacando la credibilidad como una de las más importantes (Griffin, 2005). El sentido que Aristóteles daba a la retórica estaba claramente definido, en función de la búsqueda de sustento para los argumentos verdaderos, destrucción de los falsos y práctica de la virtud. Significado diferente del que en el siglo pasado le dieron sociólogos norteamericanos como Raymond Nixon quien asume la retórica como el primer tratamiento científico de la comunicación y la reduce a la búsqueda de todos los medios posibles de persuasión (Cisneros, 2005). Ya sea como libro práctico de trabajo o como modelo del método empírico, *La retórica* de Aristóteles influyó de manera fundamental en el estudio de la comunicación durante el imperio romano y en la historia del pensamiento occidental.

La tradición cristiana

Cristianismo
Esta religión, que en el siglo IV durante el imperio romano oficializó el emperador Constantino, se caracteriza por subordinar todos los escritos paganos a las Sagradas Escrituras.

El estudio de la comunicación enfrentó nuevos retos cuando el cristianismo se convirtió en la religión oficial del imperio romano a principios del siglo IV de la era cristiana. El respaldo del emperador Constantino a la doctrina cristiana subordinó los escritos paganos de retórica a las escrituras cristianas. Hacia finales del siglo IV, San Agustín concilió ambas posturas. Fuertemente influido por los escritos de Platón, San Agustín describió a la doctrina cristiana como el conocimiento que no puede ser adquirido mediante la retórica (algo similar a la iluminación filosófica en el pensamiento de Platón), pero que puede presentarse a públicos específicos en una forma más efectiva mediante la retórica. En *Sobre la doctrina cristiana*, San Agustín escribió que el conocimiento se adquiere a través de la interpretación de las escrituras. Sin embargo, una vez construido, el ministro cristiano tiene la libertad de utilizar las teorías retóricas paganas para lograr que sus sermones sean más efectivos (Griffin, 2005; Pearce y Foss, 1990).

A pesar de que los diversos escritores que analizaron la comunicación durante los siguientes siglos fueron influidos fuertemente por San Agustín, la tendencia fue pasar por alto los aspectos retóricos de su obra para reducirla a una serie de técnicas prescriptivas de oratoria. San Agustín luchó por la integración de los asuntos seculares y divinos, pero su propuesta no fue atendida.

La Edad Media

En esta etapa histórica dominada por el pensamiento cristiano, se separaron los estudios seculares de los religiosos; los primeros, o artes liberales, se conformaban por el *trivium*, que constaba de gramática, retórica y dialéctica; y el *quadrivium*: aritmética, música, geometría y astronomía. El *trivium* (de donde viene la palabra "trivial") se ocupaba de las materias inferiores en las que la certeza no era posible; aunque se prefería el *quadrivium* porque permitía las demostraciones exactas. Predominaban los estudios teológicos, ya que se consideraban superiores a estas siete artes liberales (Fernández Collado y Hernández Sampieri, 1995).

En el siglo XVI el filósofo francés Petrus Ramus concluyó la separación de la retórica medieval de las preocupaciones más importantes de la educación, al fragmentar los cánones tradicionales de la retórica —invención, estructura, entrega, estilo y memoria— en distintas especializaciones. Asignó la invención, la estructura y la entrega a la provincia de la lógica; y el estilo y la memoria simplemente se dejaron de resaltar (Griffin, 2005; Pearce y Foss, 1990).

Se consideraba que la retórica sólo tenía relación con la declamación y el estilo, las cuales se trataban como si estuvieran compuestas sólo por las figuras de la palabra y los gestos.

El resurgimiento humanista

A pesar del ensombrecimiento de las ciencias por las tradiciones medievales, el pensamiento sofista respecto a la comunicación se expresó en el resurgimiento del *humanismo*, el movimiento intelectual del siglo XV que tenía como propósito retomar el estudio de los textos griegos clásicos, elevar la dignidad del individuo mediante la cultura, y dominar las técnicas de la filología como medio de investigación.

Humanismo
Movimiento intelectual del siglo XV cuyo propósito era recuperar los textos griegos clásicos, elevar la dignidad del individuo mediante la cultura y dominar las técnicas de la filología como medio de investigación.

Los humanistas italianos se esforzaron por renovar la noción de que el mundo no está lleno de hechos que deben ser descubiertos para luego hablar de ellos, sino que es un mundo que llega a ser en la medida en que es construido mediante el lenguaje. Los humanistas consideraron a la literatura y sus recursos, como las metáforas, la ironía y otras figuras retóricas, una forma de filosofar, ya que mediante ella es posible construir el significado sin perder las particularidades, ni la emoción de un evento. Giambattista Vico, erudito del siglo XVIII cuya obra es frecuentemente considerada como la culminación del pensamiento humanista, sostenía que los esfuerzos por entender al mundo no se pueden separar de las formas de expresión de dicho conocimiento, puesto que los nombres o etiquetas que se asignen a una experiencia determinarán lo que dicha experiencia es.

La era científica

De la misma manera en que Platón y Aristóteles opacaron a los sofistas durante el siglo V a.C. la perspectiva de los humanistas italianos se vio oscurecida por el entusiasmo que generó el desarrollo de la ciencia moderna. Resulta irónico que la fascinación que los humanistas sentían por los clásicos y que los liberó del escolasticismo del periodo medieval, al mismo tiempo los hizo vulnerables a las críticas de los nuevos científicos, quienes —en el espíritu, aunque no en el lenguaje de Aristóteles— exigían un análisis empírico del mundo material.

A principios del siglo XVII Francis Bacon ofreció la estructura para una "nueva ciencia" basada en el razonamiento inductivo y las observaciones empíricas. Sostenía que no se necesitaban alas para la imaginación, sino cadenas, y que el método científico permitía a sus contemporáneos ser muy superiores a los pensadores antiguos en relación con las ciencias físicas y las artes. Al mismo tiempo, Galileo, en franca oposición a los humanistas, sostenía que las matemáticas, y no el griego ni el latín, son el lenguaje del cosmos. En conjunto, los argumentos de Galileo y Bacon institucionalizaron un nuevo modo de pensar sobre la naturaleza del mundo con una orientación altamente estructurada, mecánica y científica. El creciente interés en la ciencia y el dominio continuo de las tradiciones aristotélicas y platónicas sofocaron las voces de los humanistas.

Los oradores

Los estudios científicos de la comunicación durante el siglo XVII iniciaron el movimiento de oradores, que se convirtió en la esencia del estudio de la comunicación en Estados Unidos a finales de 1800. Petrus Ramus, pensador del siglo XVI, quien se caracterizó por su gran desprecio y fuertes ataques al pensamiento unilateralmente lógico y racional de Aristóteles, redujo la retórica al simple terreno de la declamación y la pronunciación. Francis Bacon, por su parte, sostenía que todo conocimiento era del dominio de la retórica, en consecuencia, sugirió que se aplicara a ésta, como él la conocía, refiriéndose a los gestos que utilizaban los oradores para embellecerla, como el método científico. *La chirologia* de Bulwer, en 1644, fue la primera obra que se publicó de una larga e importante serie de estudios sobre la expresión física y no verbal de las ideas y las emociones (Pearce y Foss, 1990).

Oradores

Este movimiento se desarrolló en Estados Unidos a finales del siglo XVIII y principios del XIX con el propósito de estudiar en exclusiva los movimientos vocales y corporales.

Los *oradores* que se nutrieron de esta literatura limitaron su interés a los movimientos corporales que aumentarían el impacto de la lectura oral de los discursos. Thomas Sheridan (1719-1788), un antiguo actor de Londres, encontró en los escritos de John Locke una base para el estudio de las palabras como signos de las ideas, y los tonos de voz como signos de las pasiones. La principal alternativa para la oratoria se encontró en la obra de Hugh Blair, George Campbell y Richard Whately (todos ministros protestantes), que enfocaron sus estudios en la influencia de la iluminación centrada en la fe y la razón. Al fundamentar sus teorías en los mejores conceptos psicológicos disponibles, estos retóricos volvieron a capturar parte de la riqueza que se había perdido a causa de la reducción que hizo Ramus a una mera declamación, pero sin lograr superar la fuerza de la tradición de los oradores (Pearce y Foss, 1990).

Desarrollo de la disciplina en el siglo XX

El estudio de la comunicación ha pasado por tres fases importantes durante este siglo: la primera se centró en el análisis de la profesión de la oratoria, la segunda en el desarrollo del campo de la comunicación y la tercera en el surgimiento de la disciplina de la comunicación; en seguida se explica cada una de ellas:

El restablecimiento de la profesión de la oratoria

El desarrollo de la escuela de oratoria del oeste medio de Estados Unidos (Midwestern School) y de la escuela de oratoria de Cornell, marca el inicio del estudio contemporáneo de la comunicación. En 1914, un grupo de profesores de oratoria se independizó de la Asociación Nacional de Maestros de Inglés de Estados Unidos, con el objetivo de establecer una nueva asociación profesional para maestros de oratoria. Ellos deseaban volver a los textos clásicos sobre retórica y aprovechar los métodos de psicología en investigación experimental para dar un nuevo enfoque al estudio de la comunicación.

Por su parte, la escuela Cornell de oratoria tuvo un auge en 1920, cuando un grupo de especialistas, dirigidos por Everett Hunt y Alexander Drummond, volvieron a descubrir los textos clásicos de oratoria. Ellos diferían de la escuela Midwestern en su conceptualización de la naturaleza del acto de comunicar, la naturaleza de la esencia de la instrucción y la naturaleza de la investigación que guía a la instrucción. La controversia sobre estos temas estancó y limitó el estudio de la comunicación durante medio siglo.

La polémica entre las escuelas Midwestern y Cornell centralizó el estudio de la comunicación durante la primera mitad del siglo XX. En general, la primera sostenía que no se habían realizado suficientes investigaciones científicas sobre comunicación, y que la aplicación de métodos científicos más rigurosos en su estudio produciría un cuerpo de conocimientos para lograr que un discurso fuera efectivo, además, afirmaba, era inútil el estudio de discursos históricos y de teoría sobre la retórica. Los miembros de la escuela de Cornell, por el contrario, argumentaban que la investigación científica era inherentemente inútil para guiar el buen juicio en el ejercicio de la retórica, y que la investigación científica trivializaba las demandas impuestas al orador; por consiguiente, sugería que el buen juicio sustituyera el conocimiento de fórmulas simples y se profundizara en la comprensión humanista de la oratoria, ya que sólo esto daría elementos a los estudiantes para responder creativa y elocuentemente ante aquellas situaciones en las que tuvieran que tomar la palabra (Pearce y Foss, 1990).

Este debate sobre la oratoria y el discurso jamás fue resuelto. Más bien fue complicado aún más por profesionales de la comunicación con ideas diferentes a las de estas escuelas.

El desarrollo del campo de la comunicación

El tema de la comunicación después de la Segunda Guerra Mundial surgió en un campo autónomo, pero desintegrado, cuyas subespecialidades principales, la teoría de la comunicación y la comunicación masiva, captaron la atención de grupos de intelectuales. Estos grupos se alimentaron más de periodistas, científicos, políticos, sociólogos y teóricos de la información, que de maestros de oratoria. Su panteón de héroes incluía a Carl Hovland, Harold Lasswell, Paul Lazarsfeld, Wilbur Schramm, Kurt y Gladys Lang, Claude Shannon y Kurt Lewin (Pearce y Foss, 1990; Rogers, 1994; Schramm, Chaffee y Rogers, 1997).

Muchos teóricos e investigadores en comunicación masiva tenían su propia sede disciplinaria; otros establecieron centros interdisciplinarios de investigación en la materia. Wilbur Schramm (1964: 511) caracterizó a la comunicación en esta época como un "campo, no una disciplina", llamándola una "gran encrucijada por la que muchos pasan, pero pocos se quedan".

El surgimiento de la disciplina de la comunicación

La multiplicación de los debates e investigaciones en torno a la comunicación sacó a la retórica y la palabra del estancamiento y abrió el camino a nuevos discernimientos y perspectivas sobre el tema. También intensificó el compromiso con la investigación y la enseñanza en este campo al sumar a lo anterior la preocupación por los efectos de los procesos de la comunicación. Finalmente, la unión de la profesión de la oratoria y el campo del lenguaje produjo la *disciplina de la comunicación*, caracterizada por teorías y métodos de investigación propios. Esta nueva disciplina equilibraba en cierta forma a la retórica con la palabra, aunque tenía más afinidad con los principios de la investigación científica y la orientación hacia los efectos de los discursos de la escuela Midwestern que con las exigencias y estrategias de los oradores.

Disciplina de la comunicación

Esta ciencia surgió de la unión de la profesión de la oratoria y el campo del lenguaje, armonizó también la retórica con la palabra, lo cual intensificó la investigación y dio pauta para que desarrollara sus propios métodos de investigación.

Esto no significa que la tradición retórica en la disciplina haya muerto o haya dejado de ser importante. Por el contrario, en la actualidad existe mayor convergencia que en el pasado entre el enfoque humanista y el científico, ya que, tanto los científicos sociales como los retóricos exploran temas como el proceso de indagar la "retórica" de la ciencia y la naturaleza del conocimiento. De hecho, la unión entre la ciencia social y las posturas humanistas está produciendo avances interesantes en el estudio de la comunicación.

Corrientes de investigación en la comunicación

Un concepto más complejo de la comunicación

A mediados del siglo XX, los teóricos de la nueva disciplina de la comunicación consideraron necesario encontrar un modelo del proceso que fuese aceptado por consenso y pudiese organizar las investigaciones y al que se pudiera hacer referencia al explicar la disciplina a los principiantes y estudiantes. Su entusiasmo por este proyecto fue estimulado por los éxitos de las ciencias naturales, como la física y la química, en las que resaltan los modelos del átomo, de las moléculas y de otros componentes fundamentales (Pearce y Foss, 1990).

Aristóteles había analizado diferentes clases de argumentos procurados por el razonamiento, unos argumentos referidos al carácter de quien habla; otros para situar al oyente en cierto estado de ánimo y otros en relación con el mismo discurso o tema. Raymond Nixon dejó de lado los argumentos para hacerse cargo, a nombre de Aristóteles y desde una lectura reduccionista, de tres elementos básicos en comunicación: la persona que habla (¿quién?), el discurso que pronuncia (¿qué?) y la persona que escucha (¿a quién?). A partir de la interpretación de los planteamientos de Aristóteles, en Estados Unidos se empezaron a desarrollar conceptualizaciones sobre el fenómeno de la comunicación de manera recurrente, consolidándose la persuasión como modelo norteamericano de comunicación (Cisneros, 2005).

Uno de los modelos de comunicación más influyentes fue el que desarrolló el politólogo americano Harold Lasswell (1964) retomando el modelo de Aristóteles interpretado por Nixon e incorporando dos elementos más, resultado de sus observaciones científicas: ¿Quién? ¿Qué? ¿A quién? ¿En qué canal? ¿Con qué efectos? Algunos de los principales supuestos que resultaron del esfuerzo por producir un modelo consensual se encuentran en la fórmula de Lasswell, quien define a la comunicación como el acto intencional de una persona de dirigir un mensaje a otra; el modelo sigue el movimiento de dicho mensaje del emisor al receptor (Pearce y Foss, 1990; Schramm, Chaffee y Rogers, 1997). Este nuevo modelo es nuevamente recuperado por Nixon años más tarde que incorpora en este caso dos elementos más: con qué intenciones se emite el mensaje y bajo qué condiciones se recibe.

La forma del modelo matemático de Claude Shannon y Warren Weaver (1949) hizo aún más explícita la estrategia de "seguir el mensaje". La figura 1.1 muestra la manera en que las flechas rastrean el trayecto del mensaje de acuerdo con este modelo. En ella se representan los diferentes componentes del modelo, el cual pretende, según sus autores, dar cuenta de cualquier proceso de comunicación independientemente de que se realice entre hombres, instituciones,

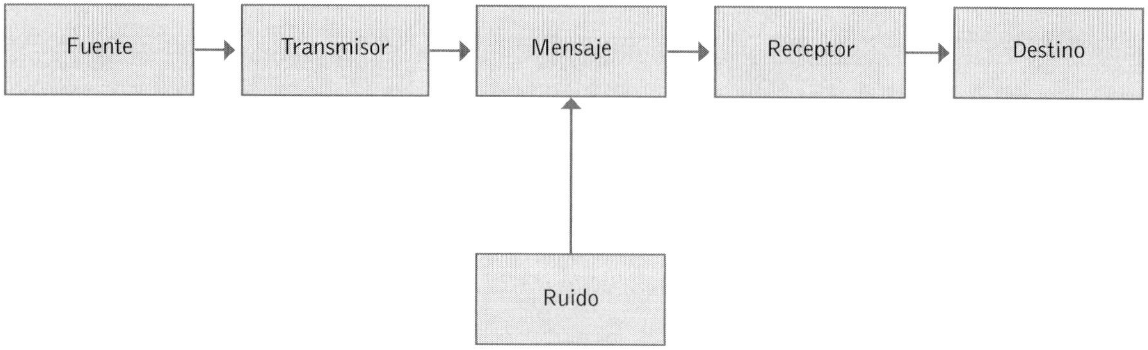

Figura 1.1

Modelo de Shannon y Weaver de comunicación humana.

animales o máquinas. Esta teoría provocó un gran impacto a partir de los años cincuenta del siglo pasado, tanto con relación a las visiones de la naturaleza reproducidas por la noción de entropía, que ahora se podrían contemplar de otra manera, como con relación a las visiones de la comunicación y su impacto sobre el conocimiento y la sociedad (Piñuel y Lozano, 2006).

Al sumar un circuito de retroalimentación del destino a la fuente se creó el proceso cíclico que demuestra que las fuentes también pueden ser receptoras, y viceversa. Este modelo es análogo al de Lasswell, que sigue los mensajes de una fuente a otra (Pearce y Foss, 1990; Rogers, 1994; Schramm, Chaffee y Rogers, 1997).

El modelo de Wilbur Schramm (1954), que se muestra en la figura 1.2, pone a la fuente y al receptor al mismo nivel, pero en otros sentidos duplica el trabajo de Lasswell, Shannon y Weaver. Las flechas aún muestran el movimiento de los mensajes de una persona a otra (Pearce y Foss, 1990; Rogers, 1994; Schramm, 1988; Schramm, Chaffee y Rogers, 1997).

En la década de 1960 se presentaron numerosos modelos y definiciones de la comunicación en una secuencia confusa y frustrante. Cada nuevo modelo partía de las fallas de su predecesor, y su sucesor mostraba a su vez sus ineficiencias.

El intento por entender la comunicación mediante la búsqueda de un modelo que la simplificara es consistente con una de las formas básicas del pensamiento occidental: el análisis. *Analizar* algo significa descomponerlo en sus partes, e identificar y describir los componentes más pequeños posibles de un todo complejo.

Analizar

Proceso de identificación y descripción de los componentes más pequeños posibles de un todo complejo con el objeto de comprenderlo.

A pesar del indudable éxito del enfoque analítico en ciertas ciencias, los científicos sociales comenzaron a preguntarse si éste era el mejor enfoque conceptual para la comunicación. Algunos sostenían que las ciencias biológicas ofrecían un mejor modelo, y el surgimiento de la teoría general de sistemas ofreció un vocabulario que conjuntaba la complejidad del proceso, en vez de fragmentar sus partes

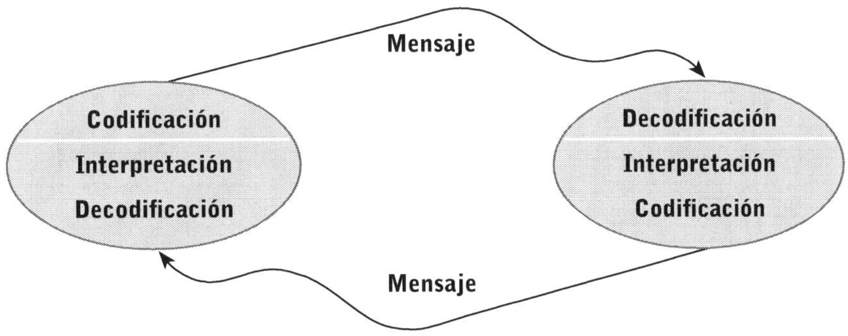

Figura 1.2

Modelo de comunicación de Wilbur Schramm, 1988.

constitutivas. El valor de los modelos sistémicos ha sido más fácil de ver, que de incorporar en los programas de investigación. Sin embargo, casi toda la investigación actual considera que la comunicación es mucho más compleja de lo que indicaban los primeros modelos.

Un proceso primario más que secundario

De una manera que hace recordar a los sofistas, muchos científicos sociales sostienen que la comunicación no sólo es importante, sino básica. Por ejemplo, George Herbert Mead (1934) hizo del desarrollo y uso de símbolos significativos la piedra angular de su teoría del interaccionismo simbólico. El análisis dramático de la condición humana, de Kenneth Burke (1969), caracteriza a los seres humanos como animales que utilizan símbolos y sugiere que la identificación del orador con su público es una mejor manera de entender el drama humano que la vieja retórica persuasiva de Aristóteles (Griffin, 2005). Peter Berger y Thomas Luckmann (1966) muestran que los "sí mismos", las intenciones y los objetos no existen para los seres humanos por sí, sino que logran su existencia a partir del proceso de la construcción social. Gaye Tuchman (1973) ha mostrado cómo este proceso funciona en los medios noticiosos, y Barnett Pearce y Vernon Cronen (1980) lo han descrito al exponer su análisis en torno al lenguaje cuando se produce cara a cara, de donde concluyeron que es un proceso primario y no secundario.

Acción más que un simple referente

La comunicación es el proceso social primario y, por consiguiente, crea el mundo en el que ocurre. Decir algo no es simplemente describirlo, sino hacer algo.

Bronislaw Malinowski (1945) llegó a esta conclusión al intentar resolver el problema de interpretar "la magia" entre los melanesios. Más recientemente, J. L. Austin (1962) introdujo el concepto de *actos del lenguaje* para hablar del lenguaje como un proceso de acción. Una de las categorías de los actos del lenguaje es la de "realización"; es decir, los eventos u objetos llegan a ser si han sido dichos o, de acuerdo con esta categoría, "realizados". Por ejemplo, cuando un ministro dice: "Los declaro marido y mujer", no tiene sentido preguntar si lo dicho es cierto o falso: el ministro realiza el acto o no lo realiza.

Acto del lenguaje
Se da cuando el proceso de acción del lenguaje se lleva a la práctica, y no se especula si esa acción es cierta o falsa, debido a que ya se realizó.

Un proceso para alcanzar la coordinación, más que para producir efectos

Los romanos consideraban a Mercurio como el mensajero de los dioses y lo representaban con alas en los talones y portando una lanza. El pensamiento tradicional sobre la comunicación durante la primera mitad del siglo XX no difiere mucho de esta imagen de Mercurio: se consideraba como el movimiento físico de un mensaje de un lugar a otro, que luego era lanzado al público, o enterrado en él, de manera muy similar a lo que podría haber sucedido con la lanza de Mercurio.

Modelo hipodérmico de la comunicación
En éste los medios de comunicación son una fuerza mortal o una droga peligrosa que directa e inmediatamente penetra el sistema de las personas.

Este concepto de la comunicación se conoce ahora como "teoría de la bala mágica" o *modelo hipodérmico de la comunicación.* El simbolismo en ambos nombres es aparente: los medios de comunicación son una fuerza mortal o una droga peligrosa que penetra en el sistema de las personas directa e inmediatamente (Baran, 2005).

Uno de los primeros signos de que la teoría de la bala no describiría por completo el proceso de la comunicación, surgió en 1960, con el texto de Joseph Klapper, *Los efectos de la comunicación masiva.* Este autor revisó la extensa literatura de investigación producida por quienes buscaban determinar qué efecto tendrían los mensajes de tipo bala, y concluyó que los mensajes mediados por la masa en la mayoría de los casos no tienen ningún efecto, y que, en caso de tenerlo, generalmente es para reforzar actitudes y conductas ya existentes, más que para modificarlas. Cuando este tipo de mensajes producen un cambio de actitud o de conducta en un individuo, se debe a que otras condiciones ya lo han impulsado hacia ese cambio (Baran, 2005; Lowery y DeFleur, 1995).

Comunicación masiva
Son los medios para producir patrones culturales, impulsados o promovidos por estrellas de cine, programas de televisión y lenguajes populares. Estos patrones reflejan las estructuras sociales, políticas y económicas en las que funcionan los medios.

Los ejecutivos de los medios de comunicación aceptaron felices estas conclusiones, ya que al parecer los exoneraban de las acusaciones que tenían por corromper a la juventud, contaminar la cultura y desperdiciar el poder de los medios al transmitir espectáculos con juegos lucrativos y comedias situacionales. Aunque hubo quienes supusieron que Klapper llegó a esas conclusiones porque formuló las preguntas equivocadas ya que en vez de enfocarse en los efectos que puede lograr una persona en las actitudes y conductas de otras al dirigirles mensajes, los investigadores deben cuestionarse cómo la gente coordina sus conductas entre sí para producir patrones en los que pudiese haber varios efectos.

Algunos teóricos de la comunicación se cuestionan sobre la manera en que se relacionan las conductas de los productores del mensaje con las de los receptores del mismo y concluyen que todos los mensajes surgen de limitaciones no reconocidas y llevan a consecuencias no anticipadas. Desde esta perspectiva, la comunicación masiva puede verse como el conjunto de medios para producir patrones culturales creados por estrellas de cine, programas de televisión y lenguajes populares. Estos patrones, a su vez, son consecuencia de las estructuras sociales, políticas y económicas en las que funcionan los medios (Pearce y Foss, 1990).

Otro grupo de teóricos se centra en el análisis de la conducta intencional del público en la selección e interpretación de los mensajes producidos por otros. Las personas no son receptores pasivos de información, sino usuarios intencionales de los medios de comunicación, de manera que gratifican sus necesidades particulares de diversas formas.

Un acto de comunicación tan limitado como un insulto o un cumplido se logra mediante la actividad coordinada de dos o más personas. Actos de mayor complejidad, como cenar con amigos o elegir un presidente, implican una coordinación en una escala más amplia. El énfasis en la coordinación muestra que los mensajes no tienen significado en sí mismos, sino que derivan sus significados del contexto social en el que se emiten y de sus propias respuestas.

Un proceso de narración de historias, más que de lograr la comprensión

Comprenderse uno al otro implica una comparación entre lo que tiene una persona "en su cabeza" con lo que tiene otra "en la suya". Los intentos por determinar científicamente el concepto de la comprensión no han tenido éxito; el hecho de que ocurra o no, continúa siendo una evaluación subjetiva. Los investigadores comenzaron a sospechar que estaban conceptualizando el proceso de la comunicación de forma equivocada en sus esfuerzos por entender los procesos involucrados en el acto de compartir significados.

Una propuesta que empezó a distanciarse de un enfoque estricto respecto a la comprensión fue el modelo de *coorientación*, de Jack McLeod y Stephen Chaffee (1973), el cual muestra la medida en la que dos personas o grupos comparten la misma orientación hacia los eventos y objetos de su medio ambiente. El modelo tenía como objetivo definir tres relaciones: el acuerdo, la congruencia y la precisión.

El *acuerdo* se refiere a la medida en que la orientación de dos personas hacia un objeto es la misma; la *congruencia* a la manera en la que ellas creen estar de acuerdo, y la *precisión* describe en qué medida la manera en que perciben la orientación de los otros se equipara realmente con dicha orientación. El modelo de coorientación representó un concepto más sofisticado de comunicación al definir como objeto de interés las relaciones entre las orientaciones, más que las actitudes o conductas.

Otra línea de investigación encontró que no es necesario comprender o precisar las cuestiones para lograr una buena coordinación o coherencia. Algunas personas pelean debido a algún malentendido, y otras porque se entienden demasiado bien. A pesar del valor que tiene la comprensión, el proceso que puede tener mayor fuerza es contar una historia que permita a cada individuo comprenderse a sí mismo, al mundo que le rodea, y a las demás personas en forma coherente. Los seres humanos —según Walter Fisher (1987)— somos animales cuentistas o cuentahistorias, seres que experimentamos y comprendemos la vida como una serie de narrativas compuestas de conflictos, personajes, inicios, tramas y finales. Por esto —argumenta Fisher— todas las formas de comunicación humana deben ser analizadas fundamentalmente como historias (Griffin, 2005).

Un proceso que da lugar al misterio

Los teóricos de la comunicación han actuado de acuerdo con los principios de Aristóteles de seguir los medios lógicos de persuasión y de la fe en la iluminación de la racionalidad y han asumido que la claridad y la precisión son los fines que persigue la comunicación. Si el mundo consiste en eventos y objetos no afectados por la comunicación, y la función de ésta es describir o transmitir significados de un lugar a otro en ese mundo, resulta que la claridad y la precisión son los criterios apropiados para realizarla. A esto se debe que la falta de claridad en un orador sea indicio de que es flojo o ambiguo, pero los mensajes vagos o imprecisos pueden y deben mejorarse añadiéndoles modificaciones, detalles o aclaraciones que los hagan creíbles. A pesar de que el ideal de un mensaje totalmente claro, preciso y sin "ruido" jamás sea alcanzado, nada impide en principio que estas metas se puedan lograr.

En este sentido, la claridad y la precisión como criterios para evaluar la comunicación han sido cuestionadas. Una respetuosa tolerancia en torno al concepto de la comunicación como un complejo proceso primario en el que se construyen los eventos y los objetos al servicio de la coherencia y la coordinación, es el resultado de la comunicación misma y de lo que ésta hace. Los eventos y objetos del mundo son percibidos como abiertos, y el verdadero significado de la claridad y la precisión se transforma. Una frase precisa sobre un fenómeno ambiguo fluido, debe reflejar la ambigüedad y fluidez, sin tratar de hacerlo más concreto y discreto de lo que ya es. "Si la realidad es principalmente fluida y en cierta forma paradójica", advierte Philip Wheelwright, "unas redes de acero no serían los instrumentos más adecuados para tomar muestras de ella" (1962: 128). Los eventos y objetos no están previstos con sus propias interpretaciones, y no significan nada hasta no ser interpretados. Asimismo, la interpretación es un acto realizado por quien interpreta, no un atributo del evento o del objeto en sí mismo; por tanto, existe un número infinito de interpretaciones y no hay un criterio específico mediante el cual pueda demostrarse que una interpretación es la correcta.

Los terapeutas familiares están muy relacionados con un síndrome en el cual una persona sermonea a otra que, a su vez, se aparta de la interacción, puntualizando cada uno en forma distinta la secuencia de la causa y el efecto. Tómese como ejemplo el caso de un padre que sermonea al hijo para que haga la tarea. El padre dice que lo regaña persistentemente porque el hijo no le hace caso; el hijo dice que no le hace caso porque el padre lo regaña. Ambos están de acuerdo en los hechos, pero no están de acuerdo en qué sucede primero y qué sucede después. Entonces, ¿quién tiene la razón?, ¿el padre?, ¿el hijo?, ¿ambos?, ¿ninguno de los dos? La cuestión depende de un concepto que los expertos en comunicación designan con el nombre de *puntualización*, el cual se refiere a las distintas percepciones que tienen los comunicadores sobre cómo se deben dividir u ordenar sus episodios interactivos. Por ejemplo, en el caso anterior, tanto el hijo como el padre atribuyen que el problema comenzó con la conducta de la otra persona. No es una pregunta útil porque no existe ningún criterio mediante el cual se pueda evaluar lo apropiado de la puntualización. Los hechos de la vida pueden integrarse en formas diversas y cada uno es un acto legítimo de interpretación.

Puntualización
Son las distintas percepciones que tienen los comunicadores sobre cómo deben dividirse o secuenciarse sus episodios interactivos.

Así, la revisión histórica de la comunicación muestra que la evolución del concepto ha sido dramática, sobre todo en las últimas décadas, y ha pasado de tener un eje central en la fuente y el mensaje a considerar más al receptor y los significados; de ser unidireccional a ser circular o espiral; de ser estática a orientarse en el proceso; de tener un énfasis exclusivo en la transmisión de información a un énfasis en la interpretación y las relaciones; de un marco conceptual de la oratoria a uno que considera los diferentes contextos, como el individual, el relacional, el grupal, el organizacional, el intercultural, el de los medios y los nuevos tecnológicos y el social.

Comunicación
Proceso interpretativo mediante el cual los individuos responden y crean mensajes para adaptarse a su entorno y a las personas que los rodean.

Por consiguiente la *comunicación* es el proceso interpretativo a través del cual los individuos —en sus relaciones, grupos, organizaciones y sociedades— responden y crean mensajes que les permiten adaptarse a su entorno y a las personas que los rodean.

Enfoque crítico de la comunicación

La Escuela de Frankfurt surgió como una consecuencia lógica ante los acontecimientos que desde la década de los años veinte se iniciaban en Europa, ya en una fecha tan temprana como 1923, se plantea la necesidad de desarrollar una reflexión global sobre los procesos que consolidan la sociedad burguesa-capitalista y el significado de la teoría ante tal consolidación.

Algunos teóricos de la misma (Horkheimer, Marcuse, Adorno...) desarrollaron a mediados de siglo la Teoría Crítica, orientada a las formas comprensivas de conocimiento ("desinteresado"), y minimizadora de los estudios positivistas de la comunicación social. Esta generación intelectual creó formas metodológicas de tipo comprensivo basadas en la autorreflexión, la consideración de la totalidad social e histórica (luchando contra la sectorialización del saber), la especulación y el análisis comprensivo. Principalmente trabajaron con procedimientos de análisis orientados a la verificación de teorías a través del estudio de datos de naturaleza cualitativa. Según Horkheimer y Adorno, toda ciencia social que se reduce a mera técnica de análisis de recogida de datos "objetivos" niega la posibilidad de verdad, por cuanto programáticamente ignora las mediaciones sociales.

La escuela crítica de Frankfurt estuvo influenciada por el pensamiento marxista y las principales preguntas eran: ¿cómo es?, ¿quién controla la comunicación?, ¿por qué?, ¿en beneficio de qué? Los defensores de esta escuela desaprobaban el lado administrativo y funcionalista de la empírica, a tal grado que les reprochaban otorgar demasiada importancia a lo que generaban las masas. Ya que según ellos, desatendían el contexto histórico y cultural; puesto que la ignorancia del contexto por el contexto desnaturaliza la realidad de la comunicación.

A partir de un movimiento crítico de científicos sociales del Tercer Mundo, surge la teoría de la dependencia. Aquí se plantea que los medios en estos países no sólo están sujetos a la propiedad y control de las clases dominantes, sino que además sus estrategias, equipos técnicos y contenidos son dependientes de la producción de conocimiento y materiales audiovisuales e impresos que se generan en los países industrializados. Basada en la propiedad de los medios, surge la teoría del imperialismo cultural que analiza desequilibrios y desigualdades en los flujos internacionales de mensajes.

Antonio Gramsci a principios de siglo planteó que la dirección y control de la sociedad logrados por consenso, constituye la hegemonía de una clase. La hegemonía conlleva negociación entre las distintas fuerzas sociales, políticas o culturales. Esta teoría de la hegemonía establece la autonomía relativa de las instituciones estructurales (iglesia, escuela, medios, etc.) respecto a la clase dirigente. Aunque en la labor de dichas instituciones prevalecen los intereses de la clase hegemónica, siempre se tendrán en cuenta intereses y necesidades de las clases subalternas, pues sólo de esta manera conservan su legitimidad.

Proceso de acción comunicativa

Algunos investigadores consideran que la teoría crítica se mantiene vigente y renovada años después con la obra del alemán Jürgen Habermas (1993). Él declara que ya no comparte la actitud pesimista y desilusionada de sus maestros frente a la posibilidad de liberación que entraña la razón para las sociedades modernas. Propone su propia versión de la crítica a la sociedad y renovadas alternativas de superación de las controversias mediante su concepto de acción comunicativa y su ética del discurso. Un concepto donde la racionalidad está dada por la capacidad de entendimiento entre "sujetos capaces de lenguaje y acción" mediante actos de habla cuyo trasfondo es un "mundo de la vida" de creencias e intereses no explícitos y acríticamente aceptados por las comunidades de comunicación. La teoría de la acción comunicativa es para Habermas el principio explicativo de una teoría de la sociedad fundada en una teoría del lenguaje y en el análisis de las estructuras generales de la acción. El rasgo característico de los seres humanos será la racionalidad manifestada "objetivamente" en el "lenguaje". El concepto de comunicación planteado por este autor así como otros investigadores como Antonio Pasquali o Antonio Paoli, no se asume como una sustancia que pueda asociarse a otras entidades (como los medios, por ejemplo), sino como una acción generada por los seres humanos que tienen la voluntad de entenderse, por lo que establecen un acuerdo de principio en el cual se reconocen recíprocamente como seres humanos valiosos, se respetan en cuanto tales y valoran sus diferencias y autonomía ética, desarrollan un intercambio recíproco de mensajes que les lleva a crear un nuevo conocimiento y una verdad conjunta, así como un vínculo que los compromete recíprocamente, teniendo mutua conciencia de todo ello (Cisneros, 2005).

REFERENCIAS

Aristóteles (1968), *Retórica*, Aguilar, Madrid.

Austin, J. L. (1962), *How to do Things with Words*, Harvard University Press, Cambridge.

Baran, S. J. (2005), *Introduction to Mass Communication: Media literacy and culture with PowerWeb*, 4a. ed., McGraw-Hill, Nueva York.

Berger, P. y Luckmann, T. (1966), *The Social Construction of Reality, Doubleday*, Garden City, Nueva York.

Burke, K. B. (1969), *A Rhetoric of Motives*, University of California Press, Berkeley.

Cisneros, J. (2005), *"El concepto de comunicación: El cristal con que se mira"*, Códigos, 1, pp. 25-53.

Fernández Collado, C. y Hernández Sampieri, R. (1995), Marshall McLuhan, *El explotador solitario*, Grijalbo y Universidad Iberoamericana, México.

Fisher, W. R. (1987), *Human Communication as Narration: Toward a Philosophy of Reason, Value, and Action*, University of South Carolina, Columbia, SC.

Griffin, E. (2005), *A First Look at Communication Theory with Conversations CD-ROM*, 6a. ed., McGraw-Hill, Nueva York.

Habermas, J. (1993), *El Discurso Filosófico de la Modernidad*, Taurus, Madrid.

Klapper, J. T. (1960), *The Effects of Mass Communication*, Free Press, Glencoe, ILL.

Lasswell, H. (1964), "The Structure and Function of Communication in Society", en L. Bryson (ed.), *The Communication of Ideas*, Cooper Square, Nueva York, pp. 37-51.

Lowery, S. A. y DeFleur, M. L. (1995), *Milestones in Mass Communication Research*, Longman, White Plains, Nueva York.

Malinowski, B. (1945), "The Problem of Meaning in Primitive Languages", en C. K. Ogden e I. A. Richards (eds.), *The Meaning of Meaning*, Harcourt y World, Nueva York, pp. 296-336.

Marrou, H. I. (1998), *Historia de la educación en la Antigüedad*, 2a. ed., Fondo de Cultura Económica, México.

McLeod, J. M. y Chaffee, S. H. (1973), "Interpersonal Approaches to Communication Research", *American Behavioral Scientist*, 1973, 16, pp. 469-499.

Mead, G. H. (1934), *Mind, Self, and Society*, University of Chicago Press, Chicago.

Pearce, B. W. y Cronen, V. (1980), *Communication, Action and Meaning*, Nueva York, Praeger.

Pearce, B. W. y Foss, K. A. (1990), "The historical Context of Communication as a Science", en G. L. Dahnke, C. Fernández Collado y G. Clatterbuck (eds.), Human Communication: Theory and Research, Wadsworth, Belmont, California, pp. 1-19.

Piñuel J. L. y Lozano, C. (2006), *Ensayo General sobre la Comunicación*, Paidós, Barcelona.

Rogers, E. (1994), *A History of Communication Study*, Free Press, Nueva York.

Schramm, W. (1954), "How Communication Works", en W. Schramm (ed.), *The Processes and Effects of Mass Communication*, University of Illinois Press, Urbana, pp. 3-26.

———(1964), "Comments by Wilbur Schramm", en L. A. Dexter y D. M. White (eds.), *People, Society, and Mass Communication*, Free Press, Nueva York, pp. 509-512.

———(1988), "Cómo funciona la comunicación", en C. Fernández Collado y G. L. Dahnke (eds.), *La comunicación humana. Ciencia Social*, McGraw-Hill, México, pp. 1-25.

Schramm, W., Chaffee, S. H. y Rogers, E. (1997), *The Beginnings of Communication Study in America: A Personal Memoir*, Altamira Press, Walnut Creek, California.

Shannon, C. E. y Weaver, W. (1949), *The Mathematical Theory of Communication*, University of Illinois Press, Urbana.

Tuchman, G. (1973), "Making News by Doing Work: Routinizing the Unexpected", *American Journal of Sociology*, núm. 79, pp. 110-131.

Wheelwright, P. (1962), *Metaphor and Reality*, Indiana University Press, Bloomington.

Mapa conceptual

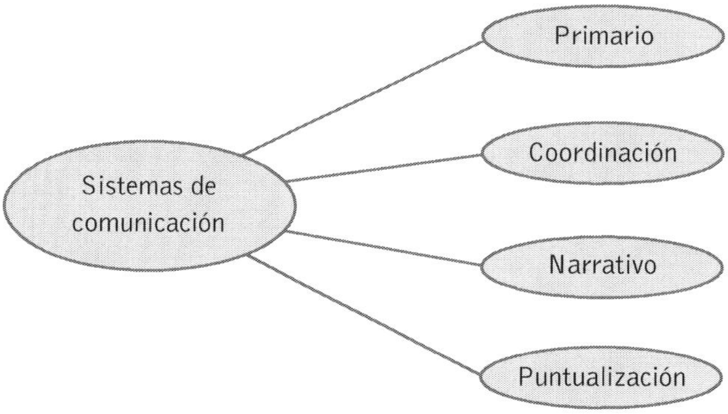

La recuperación plena de un modelo de comunicación

Esteban López-Escobar

George Gerbner (8 de agosto de 1919-24 de diciembre de 2005) fue decano de la Escuela Annenberg de Comunicación en la Universidad de Pennsylvania durante veinticinco años (1964 a 1989). Era una de las figuras más destacadas en el campo académico de la comunicación, al que contribuyó de un modo particular con su "teoría del cultivo" centrada en la investigación de los efectos de los programas de televisión en la conducta humana, aunque su investigación atendió de modo particular a los efectos de la violencia televisada. Correspondiendo a su invitación, tuve el gusto de asistir a un seminario dirigido por él y por su discípula intelectual Nancy Signorelli en la Escuela Annenberg en el año 1979, con ocasión de un congreso de la ICA (International Communication Association).

Gerbner se doctoró en el año 1955, en la University of Southern California, con una tesis titulada "Toward a theory of communication: an exploratory study of approaches and perspectives preliminary to the consideration of a theory of human communication". Y fruto de esa investigación fue su trabajo "Toward a general model of communication", aparecido en la *Audiovisual Communication Review* en 1956 (4: 171-199).

La parte descriptiva del modelo de Gerbner se ha difundido con cierta amplitud en el ámbito de nuestros estudios (como botón de muestra véase el libro de Denis McQuail y de Sven Windhal, *Modelos para un estudio de la comunicación colectiva*, Pamplona: EUNSA, 3a. ed., 1997, pp. 51-54), pero no ha tenido la misma fortuna la dimensión normativa del modelo, desarrollada en las últimas páginas del trabajo publicado en la *Audiovisual Communication Review*. Pienso que vale la pena difundir estas ideas, como un homenaje póstumo al merecidamente famoso investigador de origen húngaro: son útiles para considerar que el estudio de la comunicación no puede limitarse a la elaboración de técnicas de manipulación, como advierte George Gerbner en las primeras líneas de su trabajo.

George Gerbner

Orientación hacia los valores: algunas nociones normativas

La teoría de la comunicación puede encontrar una orientación científica basada en los valores o seguir siendo la elaboración de técnicas de manipulación. Un enfoque consciente de los valores se basa en ciertos estándares y criterios normativos. Una posibilidad para una teoría de la comunicación es formular tales criterios y estándares de valor en términos de cambios en el conocimiento. La siguiente serie de proposiciones básicas sobre la comunicación nos lleva a una noción del conocimiento fundada en los valores.

Desarrollar una vida plenamente humana es el objetivo principal del ser humano. Hacer que la vida sea humana es su actividad principal. Ambas cosas son posibles solamente en una sociedad; ambas requieren la producción de bienes y la prestación de servicios mediante los cuales vivimos y hacemos que vivan los demás.

Un ser plenamente humano es, por tanto, un miembro de la especie *Homo Sapiens* que vive en sociedad. La sociedad es una pauta de relaciones de producción y de servicios que crea las condiciones de la vida y el bienestar humanos. La producción social implica el manejo en cooperación de materiales sobre la base de la información; los servicios implican el manejo de la misma información. **La sociedad es, por tanto, vivir y trabajar en cooperación por medio de la comunicación.** Existe para la finalidad del máximo desarrollo humano.

El conocimiento público se adquiere a través de la comunicación social, y describe el estado de un sistema de comunicación social. El valor último del bienestar humano proporciona medidas de valor en la comunicación social y de validez en el conocimiento público. La comunicación social ideal en términos de bienestar humano produce el mayor incremento en el conocimiento público válido.

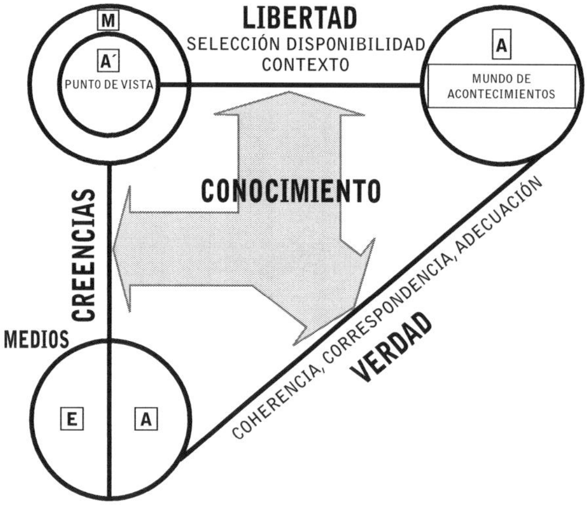

Figura 1.3

George Gerbner: Modelo normativo de la comunicación. Un observador (M) percibe de un modo concreto (A′) un acontecimiento (A); y lo transmite mediante un enunciado (E) sobre el acontecimiento (A).

El conocimiento es una cualidad comunicativa de las relaciones sociales del ser humano con su mundo de acontecimientos —la dimensión horizontal de nuestro modelo— y una consecuencia de sus acciones y productos comunicativos —tal como se representa en el eje vertical—. Nuestra tarea, ahora, es concretar algunas características normativas del conocimiento en términos de la **comunicación ideal**.

El modelo, tal como se muestra en la figura 1.3, sugiere algunos aspectos normativos del conocimiento, y forma un triángulo que define un concepto del conocimiento orientado por los valores, en términos de comunicación. En el eje horizontal encontramos la dimensión perceptual, que relaciona al individuo, con sus puntos de vista y suposiciones, con el mundo de acontecimientos (y de proposiciones). El ideal, de acuerdo con esta dimensión, puede expresarse como *las percepciones válidas seleccionadas libremente de un contexto representativo de todas las evidencias pertinentes.*

En el eje vertical hemos añadido las "creencias" a los "medios", como un aspecto del control en las acciones comunicativas; la hipotenusa representa la "verdad" como la cualidad ideal que relaciona las proposiciones con los acontecimientos. Considerando conjuntamente ambos aspectos, consideramos el ideal como *las creencias verdaderas que reflejan puntos de vista válidos, que son presentadas a través de medios y formas efectivos.*

Desde luego, el bienestar humano es el criterio de validez, y el valor último que hace necesarios la libertad, la verdad y los controles. Su lugar concreto en el modelo es en la dimensión vertical, puesto que es el valor de control, o la creencia, lo que regula las acciones sociales y las comunicaciones ideales del ser humano. Por eso, teniendo en cuenta el bienestar social como el objetivo y el valor de control supremo, sintetizando las proposiciones anteriores en una afirmación más breve, **podemos formular el concepto normativo del conocimiento** en la comunicación como las *creencias verdaderas adquiridas libremente y presentadas con claridad.*

En una sociedad que se autogobierna todos los ciudadanos se benefician, y son responsables, de la promoción del conocimiento público en tales términos. **Todo avance en los estándares y expectativas del desarrollo humano impone sobre las principales instituciones de comunicación de la sociedad demandas crecientes de una adquisición más libre y una presentación más efectiva de un conjunto de creencias más verdadero. Tales han sido los ideales históricos, y las funciones crecientes, del gobierno democrático, de la ciencia y del arte.**

El gobierno en una democracia es responsable de salvaguardar la libertad de selección y la disponibilidad equitativa de puntos de vista y evidencias diversas en materias de interés público. De otro modo no habría autogobierno, sino solamente manipulación de los ciudadanos, o como se ha dicho más elegantemente "ingeniería del consenso".

La ciencia es el examen sistemático de la calidad de verdad de proposiciones y creencias a la luz de la razón y de la evidencia adquirida con libertad e independencia. Surge en respuesta a necesidades humanas reales, e intenta servir a éstas, construyendo proposiciones más ciertas y modos de percibir más válidos. Los estándares de validez evolucionan a través de procesos históricos y científicos; se expresan en términos que relacionan el valor con el bienestar humano, y están incorporados a los principios que rigen la sociedad democrática.

El arte sirve también a las necesidades humanas reales. Es el esfuerzo creador para expresar, con los medios más conmovedores y poderosos, proposiciones verdaderas y significativas percibidas desde un punto de vista válido. La "belleza", la "cualidad emocional" del arte (¡que tampoco es ajena a la ciencia!), se apoya en la emoción del *descubrimiento*, al percibir una proposición convincente, verdadera, significativa y válida. El arte nos sensibiliza para la percepción de las potencialidades humanas, cuyo desarrollo hacen posible la sociedad y la ciencia.

Por ello el gobierno, la ciencia y el arte se complementan entre sí en la comunicación, en la medida en que funcionan para hacer el conocimiento más libre, las creencias más verdaderas y la verdad más creíble.

Podría discutirse si el estudio de nociones tan amplias es o no tarea de la construcción de modelos en la teoría de la comunicación. Pero, si no lo fuera, el estudio de la comunicación debería abandonar toda esperanza de una orientación científica basada en los valores en cuanto disciplina organizada, y seguir desgarrada por puntos de vista particulares detrás de técnicas de investigación específicas. Porque la orientación científica basada en los valores no reside en la eficiencia tecnológica al servicio de objetivos no examinados a fondo; reside en el interés por todas las necesidades humanas y por las consecuencias que hay tras todos los intentos de organizar un campo y diseñar el mapa de un enfoque para estudios posteriores.

Este trabajo no pretende proporcionar un programa, pero confía en que puede estimular la búsqueda de tal programa. Intenta presentar un campo unificado para todos los diversos aspectos del estudio de la comunicación en términos de un modelo que podría servir a la triple función de la descripción, la clasificación y el estudio. Sobre todo, intenta provocar el tipo de construcción de modelos en teoría de la comunicación que podría ayudarnos a comunicarnos sobre materias técnicas especializadas y temas conceptuales amplios relacionándolos entre sí. Si lo logra, habrá conseguido su principal propósito de ayudar a tender el puente sobre la brecha innecesaria de las "ecuaciones áridas" y el mundo de las cuestiones urgentes.

Esteban López-Escobar
Universidad de Navarra

Capítulo Dos

La comunicación interpersonal

Sumario

Objetivos de aprendizaje

En función de la lectura y estudio de los contenidos de este capítulo, el alumno será capaz de:

- Definir la comunicación interpersonal, así como sus características y los elementos que la conforman.
- Comprender los diferentes factores y estrategias que contribuyen a las relaciones interpersonales, así como las formas en las que se puede obtener información para iniciar una relación.
- Reconocer los factores que propician el desarrollo de las relaciones interpersonales y lo importante que es la empatía, la autorrevelación y la reciprocidad para tener éxito en las relaciones sociales.
- Identificar los aspectos psicológicos y emotivos que provocan el debilitamiento y la ruptura de las relaciones interpersonales en los individuos.

El tema de las relaciones interpersonales no ha escapado a la investigación de ciencias sociales como la comunicación, la psicología o la sociología, y menos a los especialistas en psicología clínica o terapia matrimonial. En este sentido, el presente capítulo se propone revelar la especulación teórica e investigación sustancial que se ha hecho en torno a los problemas relacionados con la comunicación interpersonal, y que esto sirva de instrumento para que el lector pueda practicarla de un modo más eficaz.

Características de la comunicación interpersonal

Características situacionales

Comunicación interpersonal situacional
Se distingue al especificar sus características dentro de un espacio determinado, es decir, identificando el medio social en el que se intercambian los mensajes.

Una manera de identificar la *comunicación interpersonal* podría ser observada desde una perspectiva *situacional*. Los seguidores de este enfoque sostienen que la comunicación interpersonal se puede distinguir de otros tipos de comunicación al especificar sus características dentro de un espacio determinado; es decir, ubicando el medio social en el que se intercambian los mensajes. Hasta hace algunas décadas la mayor parte de las teorías e investigaciones de este campo del conocimiento se basaba en la perspectiva situacional.

Tal vez la determinante situacional más importante de la comunicación interpersonal se refiera al número de comunicadores que participan en el intercambio de mensajes. Como muestra la figura 2.1 (Miller, 1988, 1990), todo el "conjunto" comunicativo, que abarca desde la comunicación interpersonal hasta la comunicación masiva, se puede dividir en un grupo de criterios o normas situacionales. De los cuatro criterios que se ilustran en la figura 2.1, en primer lugar está el número de comunicadores, y esto no es casual ya que en gran medida esta característica determina los valores de los otros tres criterios. De esta manera, si un comunicador transmite mensajes a millones de personas, como ocurre en la televisión, es razonable suponer que la proximidad física esté limitada, que los canales sensoriales disponibles se reduzcan y que la retroalimentación de parte de los receptores del mensaje se retrase con frecuencia y/o que sea indirecta. En contraste, una conversación entre dos amigos favorece la cercanía gracias a la proximidad física, que les permite el empleo de todos o de la mayoría de los cinco canales sensoriales, y hace posible la retroalimentación inmediata para ambos comunicadores (Dominick, 2004; Miller, 1990).

Un intercambio comunicativo que abarque a un grupo de diez amigos o conocidos es de alguna manera "más interpersonal" que el programa de televisión que se emite para millones de espectadores; pero al mismo tiempo es "menos interpersonal" que un diálogo entre dos amigos. De esta manera, una pers-

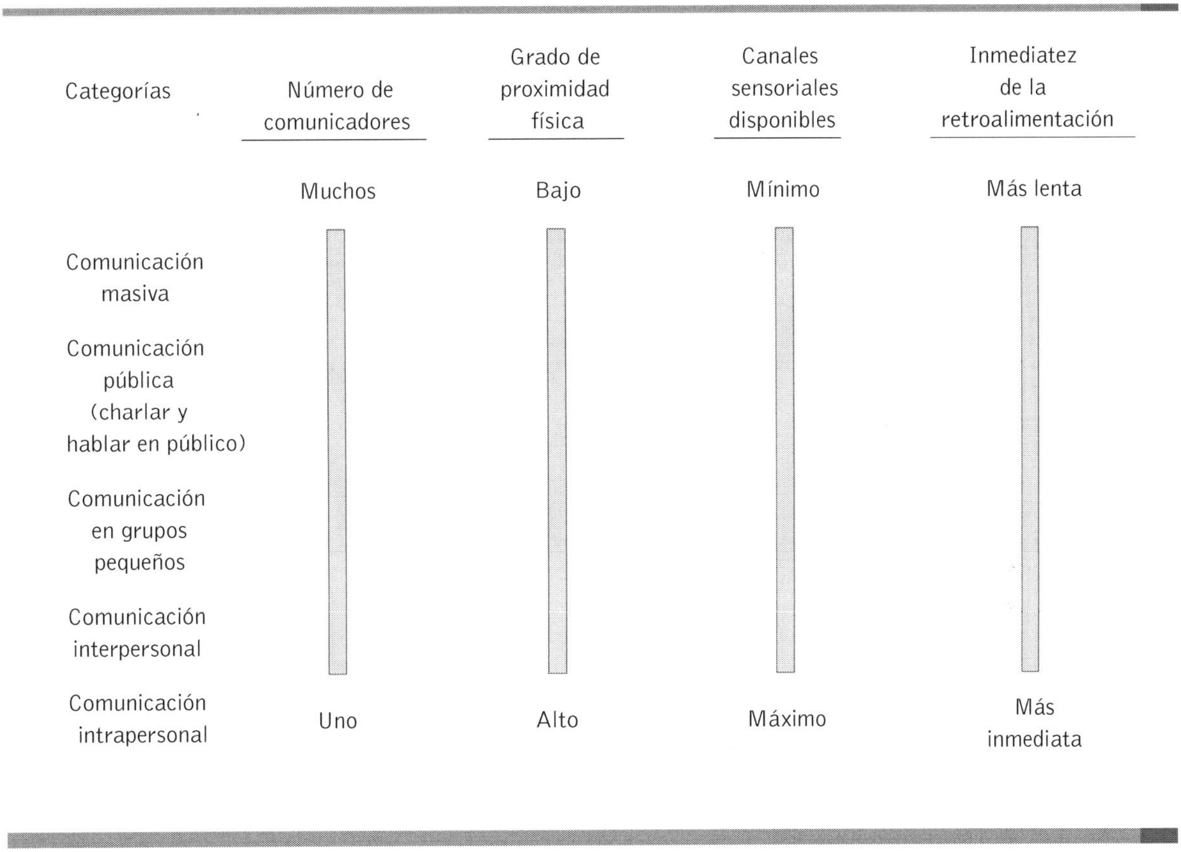

Figura 2.1

Un grupo de categorías utilizadas con frecuencia en el enfoque de situaciones para diferenciar la comunicación interpersonal.

pectiva situacional localiza las relaciones comunicativas en un proceso que va de lo interpersonal a lo muy personal, en vez de establecer dos categorías mutuamente excluyentes y precisas; comunicación interpersonal en oposición a la impersonal.

Los criterios situacionales, aun cuando son necesarios al tratar de darle sentido al término *comunicación interpersonal*, son definitivamente inadecuados. Estos criterios son un ingrediente indispensable pero no suficiente para una definición útil y óptima.

Además de los factores situacionales, una definición adecuada de la comunicación interpersonal deberá también tomar en cuenta determinados procesos de desarrollo asociados con la relación; esto es, debe considerar cómo se relacionan y cómo se "ven" los comunicadores entre sí, y la forma en que planean y regulan sus intercambios comunicativos. Un esbozo conceptual de esta perspectiva de desarrollo en las relaciones interpersonales revelará varios factores cualitativos que afectan la relación y contribuyen a conformar una definición adecuada del término "comunicación interpersonal".

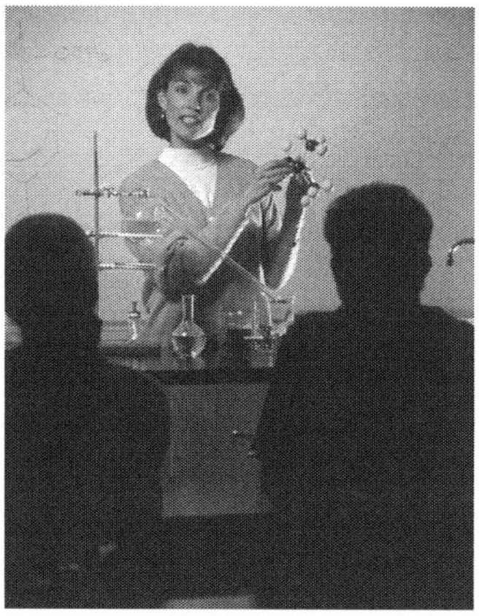

Un maestro realiza un intercambio comunicativo interpersonal con sus alumnos.

Características de desarrollo

Una perspectiva de desarrollo supone que los mensajes iniciales entre extraños son, por necesidad, impersonales, porque al reunirse y comunicarse entre sí por vez primera, ambos individuos se están relacionando y desempeñan el papel de comunicadores, como quienes han asumido un rol social, no como individuos. En consecuencia, ocurre poca diferenciación; los comunicadores se perciben mutuamente como miembros de grupos sociales o culturales particulares, y se atribuyen uno a otro características determinadas, las cuales perciben como afines y comunes a todos los miembros de esos grupos (Miller, 1988, 1990).

Cuando se dan los intercambios comunicativos iniciales, pueden derivarse varios resultados: los comunicadores pueden decidir, de manera individual o de común acuerdo, poner fin a la relación, o bien que la relación continúe, ya sea porque los participantes así lo decidan o porque se encuentren en una situación que los obliga a estar juntos: un ejemplo es el caso de los prisioneros, quienes rara vez pueden elegir a su compañero de celda. En algunos casos los participantes continúan la relación por largo tiempo sin llegar a conocerse de manera más cercana; sin embargo, establecen y mantienen una *relación comunicativa impersonal.* En la práctica cotidiana todas las personas mantienen algunas relaciones de este tipo con conocidos casuales. Por ejemplo, todos nos encontramos y saludamos alguna vez a otro individuo con quien intercambiamos frases acerca del clima, la crisis internacional, o los resultados del último partido de fútbol y seguimos nuestro camino. Aunque estos intermedios suelen ser agradables y recompensadores, pueden mantenerse así durante meses o años sin que ocurra un aumento en la socialización entre los individuos.

Relación comunicativa impersonal

Este tipo de vínculo se establece cuando dos personas mantienen una relación durante largo tiempo sin que se vuelva más estrecha, y sólo la mantienen por las circunstancias en que se encuentran.

Si las partes deciden continuar con el vínculo debido a que las circunstancias en que se encuentran se pueden cambiar, y si sus habilidades interpersonales lo permiten, la relación puede sufrir cambios cualitativos. Cuando estos cambios acompañan a la relación que continúa, los intercambios comunicativos se vuelven cada vez más interpersonales. Por ello, como la perspectiva situacional, la *comunicación interpersonal de desarrollo* señala que las relaciones varían en un proceso que va de lo impersonal a lo muy interpersonal, pero a diferencia de aquélla sostiene que estas variaciones son resultado de determinadas características cualitativas de la relación, no desde el contexto situacional en que se desarrolla la comunicación. La figura 2.2 (Miller, 1978, 1988, 1990) describe los diversos caminos posibles que puede seguir una relación, incluyendo el relativamente impersonal que antes se expuso.

Comunicación interpersonal de desarrollo

Concibe a las relaciones en un proceso que va de lo interpersonal a lo impersonal; la perspectiva de desarrollo juzga estas variaciones como resultado de la relación.

¿Cuáles son algunos de los cambios cualitativos que pueden ocurrir, y cómo afectan éstos a la relación? La respuesta a la segunda pregunta es más breve que la de la primera: los cambios de mayor importancia para la perspectiva de desa-

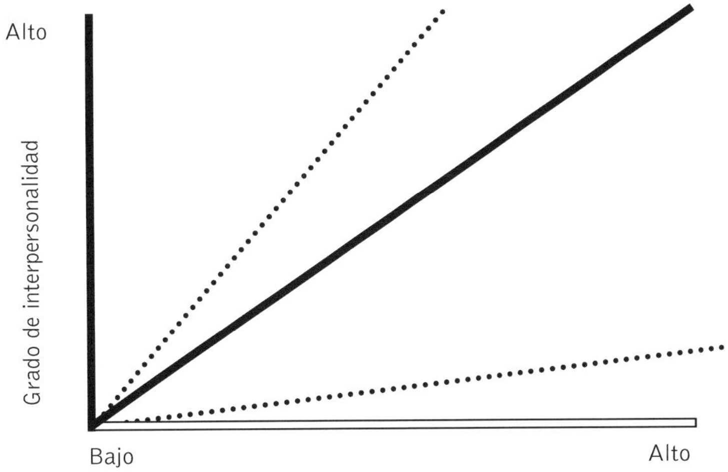

Tiempo empleado en la relación.

Una relación lentamente ascendente que se convierte en más interpersonal con el tiempo.

Una relación no ascendente que permanece relativamente no interpersonal con el tiempo.

* Tomado de Miller (1978:168).

Figura 2.2

Continuo de desarrollo en las relaciones que muestra varias alternativas posibles.

rrollo de comunicación interpersonal son los que producen un mayor grado de diferenciación en el vínculo. En otras palabras, algunos cambios motivan más a los comunicadores a relacionarse entre sí más como individuos, que si asumen un rol o entidad étnica indiferenciada. Los cambios cualitativos de las transacciones comunicativas son causa y efecto de esta transformación en la relación. De este modo, la primera pregunta que se planteó al principio de este párrafo puede ser contestada examinando varios cambios posibles con mayor detalle, sobre todo los que se vinculan con los comportamientos comunicativos de las parejas que tienen una relación ya establecida.

Cambios en el tipo de información utilizada para elaborar predicciones acerca de los resultados de los mensajes. Uno de los cambios cualitativos que se citan con más frecuencia, y que ocurre conforme progresa la relación, originalmente fue descubierto por Miller (1975), y después profundizó en su conocimiento en colaboración con dos de sus colegas (Miller y Steinberg, 1975; Miller y Sunna-

Predicciones
Especulaciones acerca de los resultados o consecuencias probables de las diferentes estrategias de mensajes o de selecciones alternativas de mensajes.

frank, 1982); este cambio se basa en el supuesto de que la comunicación es una actividad elaboradora de *predicciones*. Cuando las personas inician un proceso de comunicación elaboran predicciones acerca de los resultados o consecuencias de las diferentes estrategias de mensajes o de selecciones alternativas de mensajes.

Cuando se persiguen objetivos importantes, como en el caso de una entrevista para obtener empleo, un examen oral o una proposición de matrimonio, el proceso para la elaboración de predicciones es altamente cognoscitivo y con frecuencia se ensayan varias opciones; de hecho, el comunicador hace una lista de los mensajes alternativos disponibles y anticipa la respuesta probable a cada uno. Sin embargo, en la mayoría de los intercambios rutinarios la elaboración de predicciones se realiza a un bajo nivel de conciencia y es semejante a lo que se conoce como percepción o a lo que algunos escritores llaman "lo que se hace sin pensar" (inconscientemente). Se puede argüir que, incluso en intercambios cotidianos, es decir, en actividades rutinarias y habituales como el saludo y la despedida, la elaboración de predicciones sucede implícitamente, y la conciencia predictiva se dispara cuando éstas no se confirman.

De este modo, un casual "Hola, ¿cómo estás?", seguido de un "Bien, gracias, ¿y tú?", enmascara o minimiza el rol de la predicción en la comunicación. En cambio, si se responde al mismo saludo con un "¿Qué te importa?" puede desconcertar al iniciador del saludo respecto a sus expectativas de respuesta y causarle consternación.

Si se considera que la elaboración de predicciones es una actividad realizada al azar (una virtual contradicción de términos), es lógico que los comunicadores basen sus predicciones en determinada información. Miller y sus colegas sostienen que esta información se presenta en diversas formas importantes y consideran que la dependencia o apoyo de un comunicador en cada una de estas formas determina la interpersonalidad relativa de la relación (Miller, 1975; Miller y Steinberg, 1975; Miller y Sunnafrank, 1982).

Información cultural
Está compuesta por la lengua materna de la persona, los mitos, el folklore, las normas sociales y la ideología prevaleciente en su contexto.

La información cultural constituye un prerrequisito mínimo para la elaboración de predicciones; es más, en ausencia de ésta la comunicación se convierte en un proceso casi al azar, un proceso de prueba y error. La *información cultural* la constituyen la lengua materna de la persona, los mitos, el folklore, las normas sociales y la ideología prevaleciente. Por ejemplo, el conocimiento sobre los intercambios de saludos se califica en general como información cultural, ya que cada grupo social tiene un conjunto razonablemente convencional de mensajes tanto verbales como no verbales utilizados para hacer patente que el otro está presente. Estos mensajes varían según las culturas y pueden cambiar con el tiempo dentro de una misma cultura.

Como sugiere lo que se expuso en el párrafo anterior, es difícil especificar las fronteras exactas de una cultura. La mayor parte de las naciones/Estados políticamente definidas son culturalmente diversas y acumulan dentro de sus límites variadas costumbres, cada una caracterizada por su propio lenguaje, herencia, normas e ideología. El conocimiento de dichos factores es de gran ayuda para el comunicador en el proceso de la elaboración de predicciones (McEntee, 1998; Rogers y Steinfatt, 1999).

A pesar de ser tan útil en la elaboración de predicciones, la información cultural tiene muchos límites determinados por las circunstancias. Por otro lado, también la *información sociológica* ayuda al poder predictivo del comunicador; esta información se refiere a los grupos de membresía, a los grupos a los que la gente se integra (grupos de referencia positivos) o a los que la gente renuncia (grupos de referencia negativos). La *membresía* en algunos grupos es involuntaria e inevitable; por ejemplo, las leyes genéticas determinan si una persona es miembro del grupo de los hombres o de las mujeres, y las etapas en el ciclo vital colocan al individuo, ya sea en el grupo de los *adolescentes*, los *ancianos* u otro. Se considera que la membresía en otros contextos está bajo el control del individuo; por ejemplo, "supuestamente" las personas escogen ser liberales o conservadoras, católicas o presbiterianas y casadas o solteras (Cragan y Wright, 2003). El término entre comillas en la frase anterior es un recordatorio de que el concepto de libertad de elección varía de una cultura a otra, y de que además depende de la ideología prevaleciente; por ejemplo, la mayor parte de las democracias occidentales acepta este concepto como un principio ideológico central; en contraste, la postura ideológica en los Estados autoritarios es más determinista.

Membresía
Calidad de integración del individuo a un grupo social.

Los grupos de membresía y los de referencia no son siempre sinónimos; aún más, mucha gente tiene un concepto negativo de los grupos a los que pertenece y desea ingresar a otros grupos que considera más positivos (Galanes, Adams y Brilhart, 2000). La noción de *movilidad ascendente*, que se considera como una intensa fuerza motivadora dentro de las sociedades "modernas", propone como principio que la gente aspira ascender hacia otros grupos de estatus social y económico más elevado. El conocimiento acerca de los grupos que son negativos para una persona incrementa el poder predictivo del comunicador, ya que responderá negativamente a los mensajes que apoyen las creencias, actitudes y valores de esos grupos, y reaccionará de manera favorable a las opiniones que rechacen esos puntos de vista.

Movilidad ascendente
Propone como principio que la gente aspira a ascender hacia otros grupos de más prestigio y de estatus social y económico más elevado.

Aunque no hay evidencia estadística que apoye esta aseveración, es probable que la información sociológica se utilice con mayor frecuencia al elaborar predicciones en la comunicación.

Si las predicciones están basadas tanto en información cultural como en información sociológica, o en una combinación de ambas, los pasos a seguir son semejantes a los que se siguen en el proceso psicológico de generalización de estímulos. Este proceso, ilustrado en la tabla 2.1, da como resultado poca diferenciación debido a que el objetivo de la predicción se considera como una entidad

Tabla 2.1

Predicciones comunicativas culturales y sociológicas (ejemplos).

ELABORACIÓN DE PREDICCIONES CULTURALES	ELABORACIÓN DE PREDICCIONES SOCIOLÓGICAS
Generalizaciones culturales	Generalizaciones sociológicas
Los mexicanos de clase media son:	Los profesores universitarios son:
Agresivos y competitivos, motivados económicamente, prácticos y pragmáticos, individualistas, etcétera.	Políticamente liberales o radicales, socialmente torpes, teóricos y abstractos, laicos, etcétera.

Adaptado de Miller (1978, 1988, 1990)

cultural o como quien desempeña un rol, más que como un individuo. El elaborador de la predicción busca igualdades entre otros comunicadores y necesariamente ignora las características que diferencian a las personas y a los hechos.

En la elaboración de predicciones basadas en la información cultural y sociológica existe la inevitabilidad de un error predictivo. La frecuencia o la magnitud del error depende de la precisión relativa de las generalizaciones culturales y/o sociológicas utilizadas para alcanzar dichas predicciones. Sin embargo, estas *generalizaciones* sociológicas o culturales no abarcan a todos los miembros del grupo particular (si es que llega a hacerse alguna); y, en la peor de las circunstancias, pueden ser exageradamente erróneas, por lo que abarcan a pocos miembros del grupo.

Con el fin de evitar el error individual los comunicadores deben apoyarse en un tercer tipo de información para predecir los resultados de los mensajes. La *información psicológica* permite a los comunicadores distinguir a un individuo de los otros miembros de los grupos sociales y culturales. Dicho de otra manera, la información está enfocada hacia las diferencias y no a las similitudes. Las predicciones basadas en información psicológica se centran en la distinción, y el proceso se asemeja a la discriminación de estímulos y no a su generalización. En principio, el error se puede eliminar con base en información psicológica, aunque en la práctica es poco probable que alguien pueda reunir la información necesaria acerca de otra persona como para comprobar las predicciones.

Durante las fases iniciales de una relación, los comunicadores tienen poca información psicológica acerca de los demás, en consecuencia, sus conclusiones se basan principalmente en información cultural y sociológica. Si la relación continúa, los comunicadores obtienen mayor información psicológica, aunque, como se indicó antes, estos aumentos en el conocimiento no son inevitables. Conforme los comunicadores reducen el uso de información cultural y sociológica, e incrementan el empleo de información psicológica, la relación se vuelve cada vez más interpersonal. En otras palabras, el cambio cualitativo en la información utilizada para las predicciones sobre los probables resultados de los mensajes ocurre cuando los comunicadores se relacionan entre sí como individuos diferenciados, más que como entidades culturales o como protagonistas de roles no diferenciados (Miller, 1990).

Es evidente la manera en que este cambio cualitativo de las relaciones se centra en una perspectiva de desarrollo de la comunicación interpersonal. Reunir información psicológica resulta difícil y tedioso, y requiere que las personas pasen cierto tiempo comunicándose entre sí; esto significa que una historia de relación es prerrequisito necesario para establecer comunicación interpersonal. La gente difiere en su habilidad para acumular información psicológica, incluso los comunicadores con mucha habilidad deben dedicar tiempo y esfuerzo para llegar a conocer a sus parejas de relación. Distintos niveles del conocimiento de otros implican diferentes cantidades y tipos de información acerca del otro; es decir, se conoce mejor a unas personas que a otras. Conforme progresa la relación los participantes pueden llegar a conocerse entre sí de manera más amplia, aunque este incremento de intimidad no ocurre necesariamente. Si el progreso en la relación está marcado por una variación cualitativa en los niveles de conocimiento de otros participantes en la relación, ésta se vuelve más interpersonal (Miller, 1988, 1990).

Las relaciones interpersonales están marcadas por un nivel descriptivo de conocimiento de los demás. Conocer a alguien descriptivamente es advertir sólo las características físicas exteriores que lo distinguen de los demás. Conforme aumenta la frecuencia de las interacciones es posible alcanzar un nivel predictivo, el cual permitirá a los participantes poseer información válida sobre su comportamiento.

El conocimiento predictivo es más difícil de alcanzar que el descriptivo, por ejemplo, la afirmación "María es alta" se puede verificar sencillamente por medio de la observación; pero no ocurre lo mismo con la afirmación "María cree que se debe permitir el aborto voluntario a todas las mujeres". En el primer caso cualquiera puede determinar la altura de María observándola de manera discreta, y sería difícil para ella ocultar su estatura. Sin embargo, si otros la escuchan decir que apoya a las mujeres que solicitan se legalice el aborto, no pueden tener la certeza de que dice la verdad. En otras palabras, no hay manera de que sepan qué es lo que piensa realmente (Miller, 1988, 1990).

Muchas relaciones relativamente impersonales se caracterizan por un nivel mutuo de predicción. Este conocimiento constituye la piedra angular de la mayor parte de las relaciones comerciales: "Yo sé que mi sastre se preocupa por conseguir buenos cortes de tela para mí." Él, a cambio, sabe: 1) que no me voy a negar a pagar un precio justo por ellos; 2) que no voy a ordenar cortes especiales que después no utilizaré, y 3) que mi pago será oportuno. Ninguno de los dos pasamos mucho tiempo especulando sobre por qué el otro se comporta de manera tan predecible, pero si nos proponemos hacerlo es posible hacer algunas conjeturas. Mientras se mantengan las expectativas de comportamiento la relación permanecerá cordial y será mutuamente benéfica.

Conocer a otra persona a un nivel predictivo es insuficiente y quienes participan en la relación buscan llegar a conocerse entre sí a un nivel explicativo. Conocer a alguien a este nivel es considerar que se comprenden las razones de su comportamiento y sus creencias. El conocimiento a nivel explicativo trasciende tanto el nivel descriptivo como el predictivo. El nivel *predictivo* trata de visualizar cómo se comportará una persona en determinadas circunstancias, mientras que el nivel *explicativo* trata de explicar los motivos por los que se comportará de esa manera (Miller, 1990). En este sentido, cuando los individuos consideran que conocen a otra persona a nivel explicativo, confían en que la conocen íntimamente, o que "en realidad están dentro de la cabeza de la persona" y saben "qué es lo que la hace reaccionar". Sin embargo, es difícil llegar al conocimiento explicativo, que, por otra parte, es en sí mismo incierto.

Conocimiento predictivo
Forma de conocimiento que permite visualizar cómo se comportará una persona en determinadas circunstancias.

Conocimiento explicativo
Nivel de conocimiento que intenta explicar los motivos que mueven a una persona a comportarse de determinada manera.

A pesar de la vaguedad del conocimiento explicativo, la gente por lo general se inclina a aceptarlo. Los teóricos de la atribución sostienen que, en sus actividades cotidianas, los individuos operan como científicos ingenuos que buscan constantemente las causas del comportamiento de los demás (Knapp y Vangelisti, 2004). Este interés por el conocimiento explicativo aumenta conforme las relaciones entre las personas se vuelven más íntimas. Miller (1988, 1990) sugiere dos razones por las que se cree que este tipo de conocimiento es una señal confiable de que la relación cada vez es más interpersonal. Primero, se espera que las personas que mantienen una relación descubran lo más posible una de otra. En este sentido la adquisición de conocimiento explicativo se considera un fin importante dentro de la relación, y es una señal de que los participantes tienen intensos deseos de mantenerla y ampliarla. Segundo, conforme una relación se vuelve más interpersonal, los participantes se interesan cada vez más en otras áreas de comportamiento del otro y se esfuerzan por establecer áreas mayores de predicción y control, de tal manera que a veces se vuelve tan amplia que es imposible observar todas las conductas importantes. "Para obtener deducciones sobre comportamientos que no pueden observarse, los participantes buscan entender los porqué de éstos, los factores que impulsan a otras personas a conducirse como lo hacen" (Miller, 1980: 122).

Relaciones comunicativas
Relaciones guiadas por reglas impuestas de manera externa o negociadas internamente; es decir, conforme las reglas externas disminuyen y las internas aumentan, la relación se vuelven más interpersonal.

Cambios en las reglas que gobiernan la relación. Se puede afirmar que muchas *relaciones comunicativas* se guían por reglas impuestas externamente o reglas negociadas de manera interna. Conforme decrece la influencia de las reglas impuestas desde el exterior y aumenta la influencia de las reglas que se negocian internamente la relación se vuelve más interpersonal.

Para ilustrar cómo sucede el *cambio cualitativo de la relación* se comenzará con una definición del concepto: las reglas de comunicación son prescripciones compartidas a niveles variables de generalidad, concernientes a la estructura, procedimiento y contenido de las relaciones comunicativas (Knapp y Vangelisti, 2004; Miller, 1990). Varios elementos de esta definición merecen una breve explicación.

Primero, la palabra "compartidas" se refiere a que crear y seguir las reglas son actividades que requieren la participación de dos personas como mínimo. Dicho de otra manera, una regla de comunicación no puede funcionar a menos que dos personas la acepten como un principio-guía de su relación. Por supuesto que, como implica la frase "compartidas a niveles variables de generalidad", el número de personas que acepten seguir una o varias reglas de comunicación puede variar de dos a una cantidad infinita.

En los grupos militares la comunicación funciona bajo reglas precisas y rígidas.

Cambio cualitativo de la relación
Las reglas de comunicación son prescripciones compartidas a niveles variables de generalidad, concernientes a la estructura, procedimiento y contenido de las relaciones comunicativas.

Finalmente, los términos "estructura", "procedimientos" y "contenido" difieren de esta manera: el primer término se refiere a diferencias en factores como el estatus o poder relativos de los participantes en la relación; el segundo se refiere al inicio, secuencia y frecuencia de los intercambios comunicativos; el tercero, al contenido real, verbal y no verbal de los mensajes. A manera de ejemplo, un supervisor con un empleado pueden llegar a un consenso basado en las reglas ya señaladas: el estatus y el poder del supervisor en la relación son más altos que los del empleado (estructura); el supervisor inicia los intercambios comunicativos y el empleado responde (procedimientos); entonces el supervisor da órdenes y el empleado las obedece (contenido).

Las reglas estructurales de procedimiento y de contenido varían entre una rigidez y una flexibilidad relativas, de acuerdo con la situación comunicativa específica. En ambientes formales y distinguidos las reglas se articulan con precisión y se siguen al pie de la letra; en ambientes más informales se definen con menor exactitud y permiten mayor intercambio. Una cena de gala, formal, sigue un protocolo rígidamente definido; una comida de trabajo informal, de un líder del gobierno y de varios consejeros, aunque sea guiada por reglas, es probable que permita una mayor flexibilidad comunicativa. Una misa formal y una plática entre el sacerdote y los miembros de la iglesia son dos actos gobernados por reglas, pero el primero funciona bajo reglas más precisas y rígidas. Las reuniones guiadas por reglas parlamentarias dan un ejemplo conocido de un ambiente comunicativo formal y poco flexible. Cuando todos los miembros del grupo social asimilan estas reglas y se guían por ellas, aumenta la eficacia; cuando los miembros las ignoran o no las toman en cuenta, suele reinar el caos.

En realidad existen pocas reglas perdurables; la mayor parte cambia con el tiempo, y con frecuencia su modificación produce desacuerdos acerca de lo establecido. Los escépticos sostienen que la disciplina se ha relajado en el servicio militar, en parte porque las reglas de comunicación se han vuelto más flexibles. En este mismo sentido, los niños en la actualidad participan más en la toma de decisiones de la familia que los de hace algunas décadas, algunos críticos sociales aplauden este cambio en las reglas de comunicación de la familia como el presagio de un sistema familiar más democrático, pero los conservadores lamentan las nuevas circunstancias como una evidencia de que "los jóvenes de hoy ya no guardan ningún respeto a sus mayores" y claman por una vuelta a los días en que a los niños "se les veía pero no se les escuchaba".

Existen pocas reglas de comunicación perdurables, como el saludarse con las manos.

Como ya se ha señalado, algunas reglas son impuestas por aspectos externos, y sirven para definir las expectativas culturales y las prescripciones que son inherentes al rol y se asocian con la relación. El conocimiento de estas reglas constituye la información cultural y sociológica que permite a los comunicadores comportarse de manera apropiada y anticipar las probables respuestas a sus mensajes. Es común que existan pocas discrepancias acerca de estas reglas; de algún modo "están ahí" desde el principio de la relación. Cuando dichas reglas sirven como indicadores primarios, la relación es relativamente impersonal (Miller, 1990).

En una relación, sin embargo, los comunicadores pueden llegar a un consenso respecto a ciertas reglas que sólo se aplican a ese caso (Knapp y Vangelisti, 2004). Éstas se derivan de las continuas negociaciones entre los miembros, rara vez son impuestas desde el exterior, y reflejan un cambio cualitativo que transforma gradualmente la interpersonalidad de la relación. Un efecto directo de aceptar las reglas intrínsecamente definidas es el incremento del acercamiento entre las partes (las personas). Conforme sucede este proceso que transforma las reglas impuestas extrínsecamente en reglas intrínsecamente negociadas, la relación se vuelve más interpersonal; aunque es probable que un conjunto sustancial de reglas intrínsecamente negociadas surja en sólo unas cuantas relaciones en especial importantes. Son las relaciones hasta cierto punto impersonales las que caracterizan a la mayor parte del trato social cotidiano de toda la gente; por lo menos, el enfoque de desarrollo de la comunicación interpersonal argumentaría que la impersonalidad es la regla, y no la excepción (Miller, 1988).

El estudio realizado por Argyle y Henderson (1984) y Lucas, García y Ruiz (2003) recogido en la tabla 2.2, recopila las principales reglas para mantener una buena amistad.

Los comunicadores interpersonales en oposición a las relaciones interpersonales

Para que una regla funcione, los sujetos que participan en la relación deben compartir su aceptación. De esta manera, un cambio cualitativo que modifica algo

Tabla 2.2

Reglas de la amistad.

- Compartir éxitos y fracasos
- Dar apoyo emocional
- Confiar y ser sincero el uno con el otro
- Ayudar al amigo cuando lo necesite
- Respetar la vida privada
- Intentar crear un sentimiento de amistad
- Tolerar a los amigos del amigo
- No criticar al amigo delante de otros
- No contar las confidencias del amigo a otra persona
- No obsesionarse con los fallos del amigo

impuesto externamente y lo convierte en negociado internamente es, por fuerza, recíproco; es decir, las relaciones no pueden regirse por reglas intrínsecas a menos que los participantes estén de acuerdo en aceptarlas (Knapp y Vangelisti, 2004; Miller, 1988, 1990). Dicho de otro modo, un individuo puede basar cierto número de predicciones en información psicológica, mientras que otro se basa exclusivamente en información cultural y sociológica. De modo similar, una persona puede conocer a otra a nivel explicativo, mientras que otra puede haber adquirido sólo conocimiento descriptivo o predictivo acerca de la anterior.

Cuando estos cambios se dan al mismo nivel en todos los participantes, puede decirse que la relación se vuelve cada vez más interpersonal. Si existen discrepancias entre los participantes, lo correcto es decir que una parte se comunica más interpersonalmente que la otra. Miller y Steinberg (1975) definieron esta última situación como una relación a niveles mezclados. Por lo general, la persona que se comunica de manera interpersonal ejercerá mayor poder de relación, ya que es capaz de realizar predicciones más precisas sobre las opciones de mensajes y, por consiguiente, podrá entender mejor los motivos y razones de comportamiento del otro. En consecuencia, desde el punto de vista del control de la relación, el hecho de estar un paso adelante en términos de ser capaz de comunicarse interpersonalmente aumenta la probabilidad de lograr metas determinadas. Desde el punto de vista ético, una ventaja como ésta no siempre es deseable, ya que un comunicador inescrupuloso puede utilizarla para dar apoyo y mostrar comprensión, pero también para manipular y explotar.

Elementos que motivan el desarrollo de una relación

En este apartado se analizarán algunos de los factores que predisponen a los individuos a elegir determinadas relaciones en vez de otras y se estudiarán di-

Proximidad
Elemento importante en el establecimiento de las relaciones interpersonales, por ejemplo, es más probable que se establezcan relaciones entre personas con proximidad física en determinado ambiente geográfico que entre personas que viven en lugares alejados.

versas estrategias de comunicación para adquirir información durante las fases iniciales de una relación.

Factores que contribuyen a la formación de relaciones

Los estudiosos del comportamiento social siempre han mostrado interés en conocer las razones que motivan a la gente a establecer una relación. Incluso cuando la relación se considere como un hecho dado, es interesante meditar acerca de por qué las personas eligen ciertas oportunidades de relación y no otras. Si esto se planteara en forma interrogativa, la pregunta sería: ¿qué factores predisponen a los individuos a explorar ciertas opciones de relación e ignorar otras? Las investigaciones previas han identificado las variables importantes que se describen en los siguientes parágrafos.

Las parejas que cuentan con actitudes, opiniones y maneras similares de ver el mundo, mantienen mejores niveles de comunicación.

Proximidad: la proximidad física desempeña un papel importante en el establecimiento de la relación (Ruben y Stewart, 2005). Las personas que viven en la ciudad de México no tienen, en conjunto, la probabilidad de relacionarse con todos los que viven en la misma ciudad; por ello es necesario pensar en unidades geográficas más pequeñas. De esta manera, las personas que viven en determinada colonia tienen más posibilidades de relacionarse con otros residentes de esa misma localidad que con gente que radica en otra distinta. En el caso de espacios pequeños es más probable que un estudiante que ocupa un lugar en un salón lleno de extraños llegue a ser conocido por quienes se sientan cerca de él que por los que se sientan en la esquina más lejana del salón.

Estos ejemplos ilustrativos del principio de proximidad resultan obvios; el sentido común indica que es más probable que alguien que vive en la ciudad de Celaya, Guanajuato, se case con alguien de esa misma localidad a que lo haga con alguien que viva en Saltillo, Coahuila.

Sin embargo, algunos factores pueden disminuir o aun impedir la influencia de la distancia física. Por ejemplo, si una persona es bastante importante, agradable o compatible es posible que la gente acepte pagar los costosos impuestos por la distancia con tal de establecer relaciones con esa persona. Un caso extremo de esto se da cuando una persona viaja cientos de kilómetros para cenar con un importante funcionario del gobierno, un deportista famoso, un actor de cine o algún potentado en las finanzas.

Actitudes similares
Elementos que motivan a la gente a establecer una relación con otras personas que les parecen atractivas porque comparten puntos de vista respecto a diversos temas.

Actitudes similares: después de haber reconocido el efecto que tiene la proximidad, sigue en pie la pregunta de por qué algunas personas son percibidas como parejas potencialmente más atractivas que otras. Las investigaciones sugieren que la similitud de actitudes influye de manera intensa en la formación de relaciones. Dicho de modo más simple, la gente encuentra más atractivas a las personas que tienen puntos de vista similares a los suyos respecto a lo social, lo político y lo económico; si esto no ocurre, se considera que la otra parte es menos atractiva (Rogers y Steinfatt, 1999; Ruben y Stewart, 2005). En este sentido, es lógico que los católicos establezcan relaciones con otros de su misma religión más que con protestantes; así como que los liberales se sientan mejor entre liberales que entre conservadores. Aunque las implicaciones de esta hipótesis de la similitud de actitudes son inquietantes, quienes la postulan argumentan que la gente es atraída hacia los grupos ideológicos afines y rechazada por las imágenes ideológicas opuestas.

Investigaciones sobre selección de parejas (Buss, 1985; Houts, Robins y Huston, 1996; Klohnen y Mendelsohn, 1998) encontraron evidencia de que éstas se forman con base en sus similitudes. Por ejemplo, ambos miembros de una pareja de cónyuges usualmente son similares en edad, educación, nivel socioeconómico, religión, etc. En cuanto a las características psicológicas se encontró que los aspectos comunes entre esposos se observan en sus actitudes, opiniones y maneras de ver el mundo. Otros puntos en común que este estudio reveló son: la habilidad verbal, la forma de resolver rencillas, el ingenio y la extroversión.

Las investigaciones también muestran que las parejas tienen el mismo grado de atractivo físico. A pesar de que la gente reconoce la belleza física de acuerdo con los estándares socialmente establecidos, se siente atraído por aquellos que no difieren mucho de los propios atributos personales y tienden a formar pareja con personas similares en este aspecto (Chóliz, 2005). Cuando la disparidad en cuanto a atractivo físico es notable, también suele haber una importante desigualdad en otros factores que compensan las diferencias y establecen una especie de "equidad" (Hatfield y Walster, 1980).

Por otra parte también se ha demostrado que las parejas románticas tienen el mismo grado de atractivo físico, y que las mujeres prefieren parejas con estatus alto e ingresos elevados, mientras que a los hombres les interesa más el atractivo físico (Sprecher *et al.*, 1994).

Complementariedad de necesidades: una tercera variable que predispone a los individuos a preferir relacionarse con unas personas que con otras es la complementariedad de sus necesidades. Dicho de modo sencillo, este precepto conceptual describe una situación donde determinada necesidad particular de una parte se complementa, o encaja psicológicamente con cierta necesidad del otro. Por ejemplo, se espera que las personas dominantes sean atraídas por las personas sumisas y viceversa, por lo que la postura de la complementariedad de necesidades rinde homenaje al adagio popular que afirma que "los polos opuestos se atraen".

Complementaridad de necesidades
Principio de relación que señala que cierta necesidad de una parte se complementa, o encaja psicológicamente con determinada necesidad de la otra.

Las posturas de semejanza de actitudes y la complementariedad de necesidades no son tan poco firmes como pudiese parecer a primera vista. La primera se refiere a que una relación se basa en que los participantes estén de acuerdo sobre las ideas sociales, políticas y económicas; mientras que la segunda expresa que se basa en que los diversos elementos de motivación de dos individuos encajen entre sí. Hecha esta distinción, es fácil comprender que un católico conservador dominante establezca una relación con un católico conservador sumiso.

La proximidad, la semejanza de actitudes y la complementariedad de necesidades, así como otras variables, contribuyen al establecimiento y mantenimiento de las relaciones. No obstante, los primeros pasos para cimentar un conocimiento sobre alguien se dan cuando los participantes empiezan a comunicarse. Así, estos intercambios iniciales en una relación proporcionan claves útiles de algunas estrategias de la comunicación que se utilizan en esta importante fase (Miller, 1988, 1990).

DeFleur *et al.* (2005) añade tres razones para participar en las relaciones interpersonales.

Una es para obtener mucha y necesaria información acerca de nosotros mismos. Señala necesidades psicológicas profundas que todos tenemos relativas a la imagen del yo (conjunto de creencias que acariciamos acerca de quién y qué pensamos que somos) y de cómo se mantiene. Durante mucho tiempo, los psicólogos han entendido que cada persona clínicamente normal quiere, necesita y disfruta de una imagen positiva de sí misma. Necesitamos por tanto que las personas nos suministren evaluaciones favorables de nuestro comportamiento y de nuestras características para así obtener respuestas positivas de ellos, en cientos de formas sutiles.

Otra es más pragmática: los amigos, miembros de la familia y otras personas de nuestro entorno, nos ayudan a resolver una larga lista de problemas de la vida diaria que serán difíciles de manejar al estar solo.

Finalmente, en términos de costos y beneficios, desarrollamos relaciones personales estrechas con las personas cuya compañía y comportamiento son menos costosas comparadas con los beneficios que nos suministran.

Estrategias para obtener información en las interacciones iniciales

Berger (1988) señala que el objetivo principal de un diálogo inicial es la reducción de la incertidumbre. Cuando se está cara a cara con un extraño, se experimenta inseguridad acerca de lo que se debe o no se debe hacer. Con el fin de reducir la incertidumbre se busca información que nos sitúe en una base comunicativa firme. Esta búsqueda de información y la subsecuente reducción de la incertidumbre explican la forma usual de las interacciones iniciales antes señaladas. Los comunicadores solicitan e intercambian pequeñas "probaditas" biográficas: lugares de origen, ocupación o materias de estudio, intereses y aficiones, etc. Son tan habituales estas danzas interactivas iniciales que a la gente le parece difícil, si no imposible, desviarse de ellas (Berger, 1988). Aunado a esto, cuando ocurren desviaciones dramáticas, como cuando los temas de la conversación están marcadamente fuera de sincronía con respecto al ritmo temporal de la interacción, o cuando un comunicador da o solicita datos muy personales durante las primeras etapas de un intercambio inicial, si alguien se comporta así, los demás suelen percibirlo como socialmente incompetente o desagradable, más que interesante o fascinante. A pesar de que se reconoce la importancia de establecer las primeras impresiones llamativas, un acercamiento conservador y precavido en un primer intercambio suele rendir mejores frutos en una relación.

Esta búsqueda de reducción de la incertidumbre mediante la información biográfica proporciona la sustancia para las predicciones culturales y sociológicas. En la medida que se obtiene más información, los comunicadores sienten menos incertidumbre, perciben que principian a conocerse entre sí a un nivel predictivo, no sólo descriptivo. Estos inventarios personales mutuos no son una trampa social para llenar los espacios y tiempos en una comunicación inicial; sino que representan poderosas herramientas para acelerar el proceso de desarrollo de la relación.

Interrogación: es la estrategia más utilizada para solicitar información en las interacciones iniciales. Este tipo de conversación es la más convencional. De hecho, en la mayoría de los diálogos iniciales las partes alternan los roles de interrogador e interrogado. Este estado de paridad informal está basado en la norma de reciprocidad (Cialdini, 1993), por lo que quien proporciona información puede, justificadamente, esperar que la otra parte se la devuelva en la misma cantidad y en un nivel comparable de intimidad. A veces las personas distorsionan la información con el fin de lograr una impresión favorable y es obvio que existe el riesgo de que produzca un error de inferencia. Como es probable que la interrogación resulte incómoda para los participantes, debe ser utilizada con prudencia. Es más, como una segunda estrategia, la *autodescripción* ofrece las ventajas de la interrogación y evita los problemas que resultan de transformar una conversación en un "ejercicio de veinte preguntas".

Autodescripción
Estrategia aplicada en la interacción inicial para evitar la incertidumbre y consiste en que un comunicador ofrece información personal a otra sin que ésta lo haya cuestionado. Los datos proporcionados son generales y no personales.

Cuando un comunicador utiliza la estrategia de la autodescripción ofrece información a la otra persona en vez de interrogarla sobre ella. Como se mencionó, socialmente la norma de reciprocidad obliga a la otra parte a ofrecer información similar. Hasta hace poco (Miller, 1980) esta estrategia para dar información se denominaba autorrevelación, la decisión de cambiarle el nombre por el de autodescripción se basó en una diferencia entre los dos conceptos sugerida por Culbert (1967: 2).

La autodescripción es la información sobre sí mismo que un individuo considera que puede revelar a la mayor parte de las personas. Además, incluye aquello que alguien sabe acerca de sí mismo y que es fácil de percibir por otros; por lo que el individuo acepta ser conocido. Es probable que la autodescripción incluya las

Autorrevelación
Información sobre sí mismo que alguien comunica a una o más personas que él considera que no podrían adquirir a menos que él la revele. Se trata de información privada y personal.

características físicas del individuo, su ocupación, estado civil y otros elementos por el estilo. La *autorrevelación* se refiere a la información sobre sí mismo que alguien comunica a una o más personas que él considera que no podrían conocer a menos que la revele. Es, por lo tanto, información "personal y privada"; es decir, del tipo que el individuo no revelaría a cualquier persona que le preguntara.

La mayoría de la gente se resiste a compartir información personal con personas relativamente desconocidas; pero como se dijo antes, esta información suele ser considerada inapropiada y "fuera de lugar". Por ello es probable que en las etapas iniciales de una relación sólo se comparta información autodescriptiva; en términos de los cambios cualitativos en la relación esbozados antes, la información que ayuda al receptor a conocer a la otra parte a nivel descriptivo es en buena parte de tipo cultural o sociológico o, en el mejor de los casos, de tipo predictivo. No obstante, a pesar de que la autorrevelación se considera inapropiada, no hay duda de que es útil para reducir la incertidumbre e impulsar la relación a lo largo del proceso de entendimiento (Berger, 1988, 1997; Miller, 1990). Las investigaciones muestran que los nuevos conocidos casi siempre intercambian información verdadera, sin opiniones y de manera relativamente superficial. Pocos estamos dispuestos a revelar a personas recién conocidas cualesquiera de nuestros sentimientos profundos y personales acerca de temas sensibles. Por desconocer al extraño, tampoco podemos confiar en que interpretará nuestras revelaciones de la forma correcta (Rosenfeld, 1979, DeFleur *et al.*, 2005).

Estructuración del ambiente: al parecer las estrategias que se utilizan con más frecuencia son la interrogación y la autodescripción, pero la información que éstas proporcionan también se puede adquirir por otros medios. La estructuración del ambiente proporciona en ocasiones abundantes datos. Esta estrategia se basa en la habilidad del individuo para estructurar el contexto comunicativo de modo que acreciente la probabilidad de obtener información. Por ejemplo, la primera reunión de una pareja se planea cuidadosamente para capitalizarla. Con ese fin se prepara un ambiente específico: una cena en un excelente restaurante con luz de velas, flores y un buen vino; esto proporciona a las personas la oportunidad de aclarar sus sentimientos mutuos con respecto a la relación (Miller, 1980).

Identificación del engaño: la estrategia de estructuración del ambiente abre la posibilidad de la falacia potencial y permite referirnos a la estrategia de la identificación del engaño. En ocasiones, cuando un nuevo conocido hace intentos por congraciarse puede despertar sospechas de que lo hace porque trata de obtener un favor. Los comunicadores que recurren a la estrategia del engaño concuerdan con las opiniones del otro, lo adulan o le ofrecen favores (Miller y Stiff, 1993). La identificación del engaño busca desenmascarar la hipocresía. Si la persona de quien se sospecha dijo estar de acuerdo con cierta opinión manifestada, la que sospecha puede "esclarecer" su afirmación contradiciendo la opinión original. Si la otra parte expresa su acuerdo con la afirmación "aclarada", hay bases firmes para suponer que existe engaño (Miller, 1990; Miller y Stiff, 1993).

Prueba de la desviación: en ocasiones, en una relación de compañeros se quiere probar las fallas de la relación, sobre todo para determinar si la otra parte desea pasar de las reglas externamente impuestas a las negociadas en el interior. En estas situaciones la estrategia de la prueba de la desviación proporciona datos acerca de la postura del otro en torno a la relación. Para ilustrar esto considere las reglas extrínsecas que rigen las relaciones entre profesores y alumnos universitarios. Aunque esto sea algo variable, las reglas extrínsecas sugieren que la formalidad es lo mejor: el estudiante se dirige al profesor mediante un título apropiado, como "profesor (o doctor) Fernández", y el profesor se refiere al estudiante como "señor, señora o señorita Gómez". Si el estudiante desea lograr una regla de referencia menos formal, puede desviarse de las expectativas externamente impuestas y llamar al profesor por su primer nombre. Si el profesor responde de modo semejante, demostrará que acepta la regla modificada en el interior; pero si el profesor continúa refiriéndose al alumno o alumna de modo formal, ello indica que prefiere seguir la regla externamente impuesta. La prueba de las desviaciones se debe utilizar con mucho tacto, porque si un individuo se aparta de las reglas extrínsecas que norman la relación de manera abrupta y radical, es seguro que será objeto de censura social.

Esta breve exposición no agota las estrategias a las que pueden recurrir los comunicadores para reunir información en las etapas iniciales de una relación. Aunque se han recalcado las estrategias verbales, es necesario examinar los comportamientos no verbales, por ejemplo: si el profesor se refiere al alumno por su primer nombre en un tono sarcástico o molesto, es probable que el alumno lo piense dos veces antes de llamarlo también por su nombre. La información verbal y no verbal se complementan para reducir la incertidumbre y al mismo tiempo crear mayor familiaridad en la relación (Knapp y Hall, 2005). Estos movimientos iniciales son inseguros y la relación permanece relativamente impersonal. Deberán manifestarse nuevas iniciativas si se busca incrementar la interpersonalidad de manera más marcada. En seguida se procederá a analizar estas iniciativas.

Más allá de los inicios: factores que motivan el desarrollo cualitativo de las relaciones interpersonales

Si los intercambios iniciales en la comunicación dan frutos duraderos, la relación seguirá uno de los muchos caminos posibles. Las relaciones que permanecen relativamente impersonales por lo general no se toman en cuenta, lo que no implica que sean indeseables y sin importancia. En realidad, si una relación no se altera por la aparición de nexos empáticos y mayor compatibilidad, permanece impersonal. De esta manera, los individuos que saben cuáles son los elementos que caracterizan a las relaciones interpersonales, no sólo serán capaces de mantener relaciones equilibradas, sino que también podrán ejercer control sobre la relativa impersonalidad de sus diferentes relaciones. En este apartado se analizan los diversos factores que se asocian con el desarrollo de la relación; es decir, aquellos que contribuyen a que se vuelva cada vez más interpersonal.

Autorrevelación

En líneas anteriores se definió la autorrevelación de tal manera que se puede concluir que, en caso de que se llegue a ella, será casi siempre con pasos inseguros, graduales, conforme progresa la relación en el tiempo. El término, como se utiliza para efectos de este texto, implica que se comparte información personal y privada acerca de uno mismo con los demás (McEntee, 1996); la autorrevelación incluye toda la información que un individuo comunica a otro en torno a su persona (De Vito, 1992; Diandia, 1997; Knapp y Vangelisti, 2004); esto es, la que permanece oculta a los ojos y oídos de otros, a menos que el individuo desee revelarla.

Dos términos que se relacionan y que caracterizan la autorrevelación auténtica son riesgo y vulnerabilidad; porque la información privada se comparte a sabiendas de que quien la recibe podría utilizarla para dañar al emisor; éste es el *riesgo* que se asocia con los mensajes autorreveladores. Una consecuencia definitiva se basa en el hecho de que proporcionar información de carácter íntimo a otros incrementa su poder sobre nosotros; es aquí donde la *vulnerabilidad* se convierte en otro elemento de la relación. De manera que antes de llegar a la autorrevelación la persona deberá estar segura de que su interlocutor tratará el asunto con honradez y prudencia, ya que por lo regular los individuos no desean que otra persona utilice sus revelaciones para atormentarlos o mofarse de ellos, o que los transmita a otros que se beneficiarían con ellas o podrían utilizarlas en perjuicio de quien hizo la revelación.

Riesgo de la autorrevelación
Conocimiento que tiene el individuo de que al compartir información privada con alguien existe el peligro de que éste la utilice para dañarlo.

Vulnerabilidad de la autorrevelación
Elemento que se convierte en parte de la relación cuando se proporciona información de carácter íntimo a otros, ya que incrementa su poder sobre el que la da.

La afirmación anterior difiere de la opinión de algunos teóricos de la autorrevelación que la consideran como una actividad positiva. Por ejemplo, varias investigaciones concluyen que las personas que se autorrevelan son abiertas, honestas, auténticas, con calor humano, amistosas, libres, unidas, fuertes, confiadas y confiables, maduras personal e interpersonalmente, y que las que se encierran en sí mismas son falsas, deshonestas, temerosas, manipuladoras, desconfiadas y no dignas de confianza, frías y rencillosas personal e interpersonalmente (Miller y Steinberg, 1975). Otros estudios han revelado que la autorrevelación se vincula con la intimidad y la satisfacción marital. De hecho, es interesante observar que la autorrevelación es la característica que distingue a las parejas que están en terapia de las que no lo están (Chelune *et al.*, 1984).

La negativa a autorrevelarse limita el horizonte de posibles relaciones, ya que este problema comunicativo dificulta el desarrollo de cualquier relación interpersonal. Por otra parte, quienes practican la autorrevelación con prudencia y en forma discriminada actúan a favor de sus intereses relacionales. Con base en lo anterior, es posible parafrasear lo que dice un antiguo refrán sajón sobre el matrimonio: "aquellos que se autorrevelan en la prisa, se suelen arrepentir en la calma" (Miller, 1988). Aunque cada persona debe determinar sus límites respecto a la apertura de la relación, lo conveniente sería que la autorrevelación genuina se reserve para aquellas relaciones con mayor posibilidad de que se vuelvan interpersonales.

Muchas relaciones compatibles y funcionales, aunque impersonales, se pueden sobrecargar por el peso de excesiva autorrevelación. Compartir información personal y privada impone restricciones y obligaciones mutuas: no sólo el que se revela se arriesga en la relación, ya que al hacerlo impone la obligación social a quien se entera de sus revelaciones de ocultarlas a los demás o manejarlas con inteligencia. A menos que los comportamientos adecuados para un rol determinado prescriban una relación de este tipo —como el caso de un sacerdote y una persona que se confiesa, o el de un abogado y su cliente—, es injusto imponer esta obligación a interlocutores impersonales. Mi sastre no tiene ninguna necesidad o interés en conocer mis secretos íntimos, ni yo deseo enterarme de los suyos; a menos, por supuesto, que decidamos ampliar nuestra relación.

Autorrevelación genuina
La que ocurre cuando realmente se ha compartido información personal y privada.

El modificador *genuino* se ha unido al término *autorrevelación* para subrayar la dificultad frecuente que existe para determinar cuándo se ha compartido realmente información personal y privada. Esta información es de naturaleza psicológica; por consiguiente, quien la emite hace del conocimiento del receptor que los hechos y sentimientos revelados son íntimos y significativos (Miller, 1988, 1990). Para profundizar en el conocimiento del contenido de la autorrevelación es necesario recurrir a generalizaciones culturales y sociológicas sobre los temas que para la mayoría de la gente serían autorreveladores. Por ejemplo, el de los temores sexuales, en los que incluiría "inadecuaciones" y "perversiones", el de los problemas económicos o el de las prácticas deshonestas; o bien el de los sentimientos hostiles o ambivalentes hacia los padres u otros miembros inmediatos de la familia. Reconocer que la intimidad en torno a estos temas es culturalmente impuesta, implica aceptar que algunas personas sí están dispuestas a compartir información verdadera de este tipo prácticamente con cualquier persona. De hecho, un comunicador inescrupuloso o explotador puede utilizar como recurso su felicidad para hablar abiertamente sobre temas que las personas consideran personales y privados, para establecer así una ventaja dentro de la relación.

Autorrevelación aparente
Estrategia que consiste en compartir información que la mayoría preferiría ocultar, o que le avergonzaría transmitir con el fin de establecer una ventaja injusta sobre el otro participante en la relación.

Miller y Steinberg (1975) han denominado esta maquiavélica estrategia de comunicación como *autorrevelación aparente.* Dicha estrategia consiste en compartir información que la mayoría preferiría ocultar —o se avergonzaría si lo hiciera—, aunque para el comunicador no sea personal y privada. Este artificio confiere en potencial dos ventajas de relación al revelador aparente: primero, debido a que le permite fingir que desea llegar a "sentimientos realmente profundos" desde el principio de la relación, y esto le ayuda a que se le perciba como abierto, auténtico, honesto y capaz de asimilar las cosas como son, aunque esto no siempre sea verdad; segundo, porque se puede beneficiar de la norma de reciprocidad que establece que el beneficiario de esta "información íntima" debe responder de modo semejante; por lo tanto, si el comunicador consigue engañar al receptor con información supuestamente "autorreveladora", es probable que, por reciprocidad, obtenga alguna autorrevelación genuina (Cialdini, 1993; Miller y Stiff, 1993). Como la autorrevelación genuina consiste en información psicológica, el revelador aparente puede empezar a comunicarse de manera interpersonal con el otro, aunque para él la relación siga siendo impersonal. Esta relación, que en apariencia es equitativa en cuanto a la información, en realidad se convierte en una situación en la que el revelador aparente posee mayor poder de relación que el participante engañado.

Empleada por comunicadores sinceros, la autorrevelación genuina conduce la relación hacia un mayor grado de interpersonalidad. La información psicológica contenida en los mensajes autorreveladores aumenta la exactitud predictiva. Los participantes que se autorrevelan genuinamente en una relación, comparten información personal y privada que les permite conocerse entre sí a nivel explicativo. En resumen, cuando la autorrevelación mutua es sincera, fomenta la confianza entre los participantes en la relación (Knapp y Vangelisti, 2004; Miller, 1990).

Hasta este punto, la autorrevelación se ha analizado como una actividad verbal, pero no siempre es así. En relaciones atractivas y potencialmente interpersonales, los participantes suelen mostrarse reacios a mostrar retratos privados profundos. En ocasiones, un emisor sensible puede advertir cuando esto pasa mediante la observación de claves reveladoras no verbales, en consecuencia, propiciar subsecuentes mensajes reveladores.

Al igual que sucede con otro tipo de información psicológica, reunir información privada requiere motivación, tiempo y gasto de energía física y psíquica. El impacto de la autorrevelación, como la mayor parte de los factores que influyen en el desarrollo de las relaciones, está determinado sobre todo por la aceptación y disposición de los comunicadores.

Empatía

Una habilidad comunicativa con alto nivel valorativo y que motiva de manera extraordinaria el desarrollo relacional es la empatía. La mayoría de los autores concuerdan en que la empatía es algo bueno, pero al parecer hay menos consenso respecto a su definición. El proceso casi siempre se describe de manera metafórica como "meterse en los zapatos de la otra persona" o "meterse en la cabeza del otro". Estas imágenes pueden ser atractivas en sentido alegórico, pero son literalmente imposibles debido a que sólo es posible ponerse en los zapatos del otro si no los está usando; y la parte interior de su cráneo le pertenece, así que es imposible traspasarlo para entrar en él.

Dicho de un modo menos figurativo, un paso clave en el proceso de *empatía* consiste en producir de manera precisa el ánimo y los sentimientos de otros. El presunto empleador de la empatía observa tanto la situación como el comportamiento público de las personas; y con base en sus observaciones infiere sus sentimientos. Como sucede con otras predicciones, esta inferencia puede estar basada en un razonamiento impersonal o interpersonal. Por ejemplo, si una persona está enfrentando el fallecimiento de un familiar, es muy probable que se sienta triste y deprimida. Las bases para dicha inferencia pueden ser muy impersonales; es decir, se puede llegar a esta conclusión aun en el caso de que se trate de una persona relativamente extraña, pues es natural que cualquier persona se sienta triste cuando muere algún miembro de su familia. En raras ocasiones la inferencia puede ser errónea; por ejemplo, si el deudo despreciaba al pariente muerto, o si por su creencia religiosa considera que debe sentirse contento porque su pariente pasó a mejor vida.

Empatía
Habilidad comunicativa que permite predecir de manera precisa el ánimo y los sentimientos de otra persona.

Si quien utiliza la empatía posee información psicológica acerca de quien está de luto, la misma inferencia puede ser muy interpersonal. El mismo individuo puede conocer la existencia de un nexo afectivo que existía entre el amigo que sufre y el pariente muerto. Más aún, puede estar consciente de que las creencias religiosas de su amigo no van a amortiguar este golpe personal. Esta última posibilidad subraya de nuevo el poder predictivo inherente en la relación interpersonal: el de ser capaz de interpretar y analizar los sentimientos desde el punto de vista del individuo, y no en generalizaciones culturales o sociológicas, lo cual tiende a afinar la precisión de la empatía.

Para algunos teóricos del comportamiento social, la predicción correcta de los sentimientos ajenos es sinónimo de una verdadera empatía. Otra perspectiva de comunicación plantea que, además, el participante en una relación que busca ser percibido como alguien con empatía, no sólo debe ser capaz de predecir los sentimientos del otro, sino también de manifestarse de manera que éste perciba su comportamiento como un apoyo positivo (Miller y Steinberg, 1975). Dicho de otro modo, la afirmación "él (ella) es una persona con mucha empatía" se traduce como "él (ella) entiende cómo me siento y se comunica conmigo de manera simpática y recompensante".

Chóliz (2005) asegura que son tres las cualidades notorias que la identifican y que es preciso tener en cuenta a la hora de entender este fenómeno. En primer lugar la capacidad para comprender a los demás, ponerse en el lugar del otro. Por otro lado, ser capaz de reproducir un estado afectivo que sintonice con el que siente y, finalmente, ejecutar las conductas apropiadas que es preciso llevar a cabo para solucionar el problema de la otra persona.

El contexto social en el que transcurre nuestra existencia facilita la aparición de estas emociones, principalmente por su utilidad y por el hecho de que, a pesar de que no exista un determinismo biológico, existen condiciones que lo posibilitan (Fernández-Abascal y Chóliz, 2001, Chóliz, 2005).

Reciprocidad en la definición de las relaciones

Las relaciones impersonales se caracterizan por ser poco significativas y repercutir poco en la red de relaciones sociales. Los participantes en principio se relacionan con base en unos cuantos comportamientos y creencias de mínima intimidad. Conforme las relaciones se vuelven más interpersonales, los compañeros se interesan más por los comportamientos, creencias (envergadura) y temas más importantes e íntimos (profundidad). En ambos tipos de relación los participantes se preocupan porque haya *reciprocidad* en sus relaciones; sin embargo, en los contactos interpersonales los aspectos asociados con este concepto son más complejos.

Reciprocidad
Existe cuando ambos participantes en una relación se interesan por un mayor número de comportamientos, creencias y temas importantes e íntimos para el otro.

En este sentido, la reciprocidad en una relación se manifiesta en las situaciones en que los compañeros están de acuerdo sobre los aspectos en que van a basar su relación: la estructura de la relación, sus papeles y obligaciones respectivos, así como otros aspectos semejantes. Las teorías de la consistencia cognoscitiva proporcionan una manera útil de conceptualizar este acuerdo. En particular, la teoría del equilibrio interpersonal de Newcomb (1953) se maneja a partir de la manera en que los compañeros de relación se orientan conjuntamente hacia temas, objetos y hechos, y de cómo las diversas formas en que lo hacen afectan la relación (Severin y Tankard, 1988).

La figura 2.3 representa una equilibrada y armoniosa relación interpersonal entre un esposo y su consorte, con una lista que sólo recoge algunos aspectos sobresalientes de su relación. Observe que los dos participantes están orientados de manera positiva entre sí, y que cada uno percibe al otro como positivamente orientado hacia los aspectos sobresalientes de la relación (*Xs*).

Los compañeros interpersonales logran la reciprocidad en la definición de las relaciones de manera jerárquica; esto es, un desequilibrio aparente acerca de una

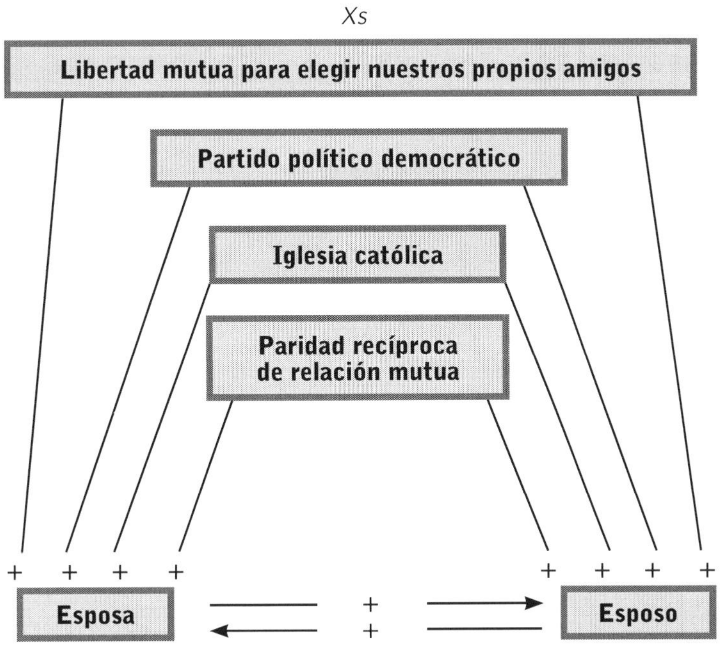

Figura 2.3

Una relación interpersonal equilibrada.

Xs específica se suele resolver mediante un acuerdo sobre una *Xi* más abstracta. La figura 2.4 indica desacuerdo acerca de cierto conocido: "José"; quien le es simpático al esposo y desagradable a la esposa. Sería de esperar, que este desacuerdo provocara un conflicto en las relaciones. Pero como revela la figura 2.5, las partes se orientan positivamente hacia la *X* de relación más abstracta que se caracteriza por la "mutua libertad para que cada quien elija a sus amigos". Por tanto, la relación está balanceada a este nivel de relaciones más abstracto; y a menos que José empiece a demandar excesivo tiempo del esposo, o sobrepase las expectativas de la mujer de alguna forma, la diferencia de opiniones respecto a José no es un problema.

Como sugiere el párrafo anterior, las *X* son los aspectos más importantes de la orientación conjunta en las relaciones interpersonales. Si las definiciones de las partes encajan, es probable que otras específicas se acepten armoniosamente. Por ejemplo, si los participantes aceptan una definición de la paridad absoluta de relaciones —es decir, que todas las opciones accesibles a un compañero deben ser accesibles al otro—, la división de recursos sociales y económicos quedará resuelta. Si una parte gasta 100 dólares al mes en diversiones, la otra parte tiene derecho a hacer lo mismo; o si una parte pasa el tiempo lejos de la otra parte

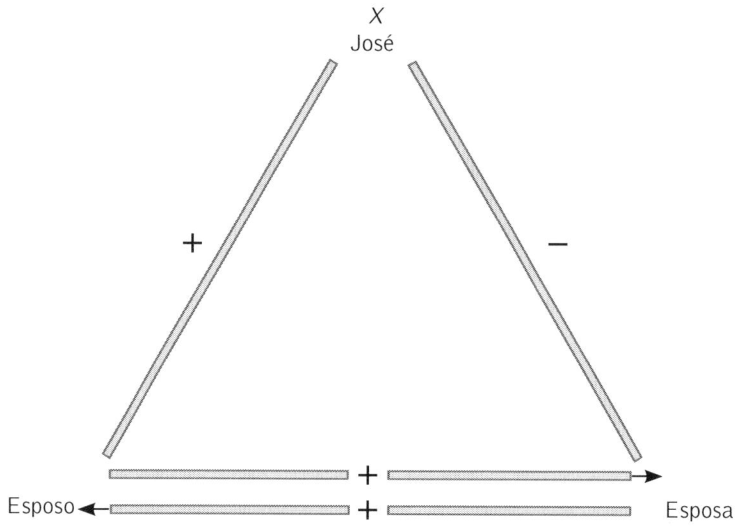

Figura 2.4

Una relación interpersonal aparentemente no equilibrada.

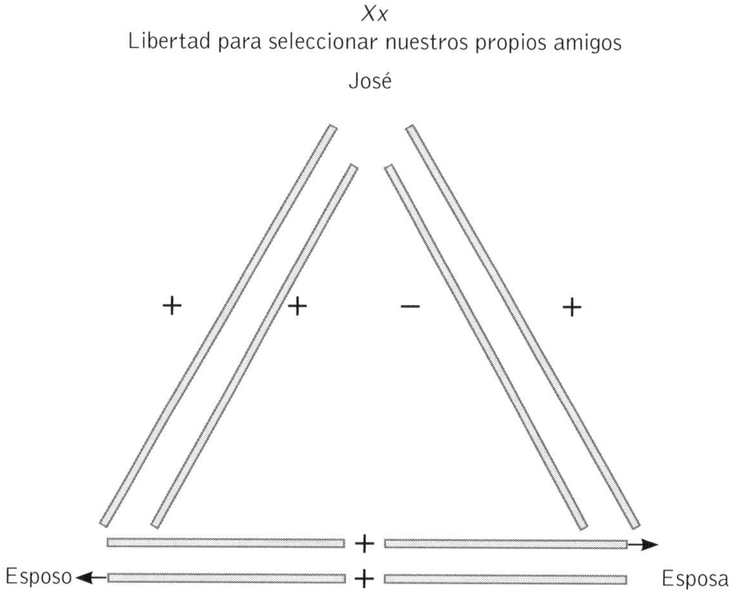

Figura 2.5

El equilibrio respecto a una *X* más abstracta sitúa en una categoría más comprensiva el desacuerdo respecto a una *X* específica.

en compañía de amigos, la contraparte tiene garantizada la misma opción. Por supuesto que algunas acciones están fuera del alcance de la regla de paridad y por ello requieren de una negociación por separado. Por ejemplo, uno de los dos participantes puede no desear desarrollar otras relaciones románticas y preferir en su lugar que ambos reserven los lazos románticos para ellos como pareja. De este modo, la "exclusividad romántica" se convierte en otra *X* de relación que requiere negociación y acuerdo. El punto clave permanece: *la reciprocidad en la definición de las relaciones, reflejada por la orientación conjunta hacia las X de las relaciones es un elemento crucial de las relaciones interpersonales armoniosas.*

Un aspecto de especial importancia en la mayoría de las relaciones se refiere al relativo dominio y sumisión de quienes participan en ellas. Las *relaciones simétricas* se caracterizan por la igualdad, en tanto que las *relaciones complementarias* se basan en una aparente inequidad (Watzlawick, Beavin y Jackson, 1967, 1971).

Relaciones simétricas
Se caracterizan por la igualdad entre las partes que conforman la relación y reflejan un sentimiento de igualdad comunicativa.

En el último tipo de relación, un participante ocupa la posición dominante y el otro el papel sumiso (Dryer y Horowitz, 1997), al contrario de las relaciones simétricas que reflejan un sentimiento de igualdad comunicativa, por lo que ninguna de las partes adopta una posición dominante. Se caracterizan por la igualdad o por la diferencia mínima (Watzlawick, Beavin y Jackson, 1971).

Relaciones complementarias
Se basan en la inequidad, en ellas un participante es dominante y el otro sumiso.

En el área impersonal los factores extrínsecos determinan si una relación se complementará o será simétrica. Las transacciones dirigidas hacia una meta, que incluyen a superiores y subordinados, casi siempre son complementarias, lo mismo ocurre en los intercambios entre individuos de distinto estatus. De modo semejante, las relaciones entre los profesionales o personas del mismo nivel social pueden desarrollarse de manera más simétrica, aunque dicha igualdad no garantiza que cualquiera de los participantes se abstendrá, según Orwell, de tratar de asemejarse "al otro" (Watzlawick, Beavin y Jackson, 1971).

La complementación y la simetría son negociadas internamente en las relaciones interpersonales; las partes de la relación aspiran a llegar a un acuerdo en la estructura de sus encuentros comunicativos. Debido a que las relaciones interpersonales se caracterizan por una amplia penetración social, con frecuencia son una mezcla de paridad e inequidad; en cierto momento las dos partes se relacionan de manera simétrica; posteriormente una parte asume la posición dominante; y en un tercer momento la otra parte es la que domina. Phillips y Wood (1983) definieron esta tercera posibilidad, a la que llamaron *relación paralela,* como una combinación de interacciones simétricas y complementarias. De las tres, la relación más favorable es la paralela, ya que su flexibilidad permite a los interactuantes adaptarse más fácilmente a las demandas de las nuevas situaciones.

El debilitamiento y la ruptura en las relaciones

Hasta hace poco la mayoría de los estudios sobre las relaciones se orientaba hacia las "alegrías" y los "misterios" en el desarrollo de las relaciones y sólo se hacían comentarios en torno a su debilitamiento y ruptura. La etapa de "aprendiendo a conocerte" se ha catalogado como la más agradable en el transcurso del establecimiento de una relación, al contrario de lo que ocurre cuando se llega a la de "es difícil decir adiós".

Esta manera de analizar el ascenso en el nivel de las relaciones es comprensible, puesto que es más agradable contemplar las relaciones armónicas que las problemáticas. La sabiduría popular de la sociedad alienta el siguiente punto de vista: "cada día, en todas las formas, las relaciones cercanas deben mejorar", "la bella princesa y el apuesto príncipe se casan y viven felices para siempre". Las personas que han mantenido relaciones estrechas durante tres o cuatro años seguidos son señaladas como ejemplos de éxito en las relaciones, con base en la suposición de que con el transcurso del tiempo es inevitable que cambien y los cambios conduzcan a la ruptura. Como Malcolm Parks (1982) señaló, hasta el lenguaje que se utiliza para describir el debilitamiento y la ruptura, por ejemplo: "decaimiento de la relación", "desintegración de la relación", "la muerte de una relación", son expresiones de desesperación y fracaso.

No obstante las expresiones convencionales y el patrón cultural, la reflexión realista revela que incluso las mejores relaciones se desploman periódicamente en tiempos difíciles. Ciertos puntos de tensión se manifiestan en un ciclo de vida normal como el nacimiento del primer vástago de una pareja, la partida del hogar del hijo más joven, la jubilación, etc. Es de suponer que además de estos acontecimientos predecibles, muchos otros no previstos también pueden ensombrecer una relación.

Por lo general estos hechos negativos propician periodos de descenso y aislamiento seguidos de un reascenso; en el peor de los casos producen una ruptura y una subsecuente redefinición radical de la relación.

El rompimiento de relaciones impersonales es relativamente sencillo. En contraste, el de las relaciones interpersonales con frecuencia produce traumas y daños psicológicos, el rompimiento de un compromiso profundo afecta el ego e implica un enorme gasto de energía que se traduce en percepciones de fracaso. No sólo los costos intrínsecos de la ruptura parecen fuertes, también los factores extrínsecos, como las críticas de conocidos, reales o imaginarias, y la pérdida de redes de amistades comunes, se agregan al dolor de la ruptura.

En estas circunstancias la existencia de una relación interpersonal puede ser una ganancia o una pérdida, según las necesidades y motivaciones de los participantes en la relación. Si ambos participantes asimilan la separación como una etapa persuasiva, en la que se busca redefinir de manera radical las relaciones con el mínimo castigo y trauma personal, es posible que la ruptura de las relaciones no sea tan dolorosa (Miller y Parks, 1982). Por otro lado, si cualquiera de los participantes no está de acuerdo en el rompimiento de las relaciones, la comunicación interpersonal con la parte que desea la ruptura aumenta el potencial destructivo: "las púas más agudas y las flechas más afiladas pueden lanzarse para dañar las relaciones interpersonales más estrechas".

Varios estudios se han centrado en la forma en que las personas terminan una relación y las estrategias que utilizan para hacerlo (Duck, 1992; Baxter, 1982; 1984). Según las investigaciones de Baxter, la manera en que termina una relación tiene mucho que ver con quién desea terminarla (¿ambos participantes desean romper?, ¿sólo uno quiere la ruptura?), así como con la rapidez con la que se gestaron los problemas, los estilos de confrontación de los involucrados, la duración de las discusiones, el interés de la pareja por salvar la relación y, finalmente, tiene que ver si el objetivo inicial era cambiar la relación o terminarla.

La teoría desarrollada por Duck (1982, 1992) sostiene que un proceso de disolución de relaciones atraviesa por las siguientes cinco fases:

- *Colapso o agotamiento*: en esta fase inicial emerge la insatisfacción ante el estado de la relación y uno o ambos participantes llegan al agotamiento.
- *Intrapsíquica*: en esta segunda etapa hay gran cantidad de actividad interna, se medita y se reflexiona sobre lo que sucedió con la relación. Aumenta la infelicidad de los involucrados, se centran los pensamientos en los defectos del otro y en evaluar cómo afectará el rompimiento sus vidas.
- *Diádica*: se da la confrontación entre la pareja. Se calculan las posibles pérdidas, y se intenta resolver las diferencias.
- *Social*: en esta etapa la pareja decide terminar la relación y empieza a comentarle a los amigos y conocidos su decisión. Abandonar la relación no es suficiente, se necesita el apoyo de los demás.
- *Ropa de luto*: en esta última etapa la red social se vuelve aún más importante. Se recurre aún más a otros para superar la angustia y la preocupación y sentir que apoyan o justifican el rompimiento.

Al igual que en otras áreas a las que se ha hecho referencia en este capítulo, la decisión de seguir participando o no en una relación corresponde a quienes intervienen en ella. La perspectiva del desarrollo de la comunicación interpersonal rige tanto a la libertad individual como a la responsabilidad en las relaciones comunicativas e integra las dos piedras angulares de la ideología democrática.

REFERENCIAS

Argyle, M. y Henderson, M. (1984), "The rules of relationships", en S. Duck y D. Perlman (eds.), *Understanding personal relationships*, London, Sage, pp. 63-85.

Baxter, L. (1982), "Strategies for Ending Relationships: Two Studies", *Western Journal of Speech Communication*, 46, pp. 223-241.

——— (1984), "Trajectories of Relationship Disengagement", *Journal of Social and Personal Relationships*, 1, pp. 223-241.

Berger, C. R. (1988), "Uncertainty and Information Exchange in Developing Relationships", en S. W. Duck (ed.), *Handbook of Personal Relationships*, John Wiley & Sons, Nueva York, pp. 239-255.

——— (1997), *Planning Strategic Interaction: Attaining Goals Through Communicative Action*, Mahwah, Erlbaum, Nueva Jersey.

Buss, D. M. (1985), "Human Mate Selection", *American Scientist*, 73, pp. 47-51.

Chelune, G. J., Waring, E. M., Vosk, B. N., Sultan, F. E. y Ogden, J. K. (1984), "Self-Disclosure, and its Relationship to Marital Intimacy", *Journal of Clinical Psychology*, 40, pp. 216-219.

Chóliz, M. (2005), *Psicología de la Motivación: el proceso motivacional* (http://www.uv.es/=choliz)

Cialdini, R. B. (1993), *The Psychology Influence of Persuasion, Revised Edition*, William Morrow, Nueva York.

Cragan, J. F. y Wright, D. W. (2003), *Communication in Small Groups*, 6a. ed., Wadsworht, Belmont, California.

Culbert, S. A. (1967), *Interpersonal Process of Self-Disclosure: It Takes Two to See One*, Washington, N.T.L. Institute for Applied Behavioral Science.

DeFleur, M. Kearney, P., Plax, T. G. y DeFleur, M. (2005), *Fundamentos de la Comunicación Humana*, McGraw-Hill Interamericana.

De Vito, J. A. (1992), *The Interpersonal Communication Book*, Harper Collins, Nueva York.

Diandia, K. (1997), "Self-Disclosure, Self-Identity, and Relationship Development: A Transactional/Dialectical Perspective", en S. W. Duck (ed.), *Handbook of Personal Relationships*, 2a. ed., Wiley, Nueva York, pp. 411-426.

Dominick, J. R. (2004), *The Dynamics of Mass Communication: Media in the Digital Age with Media World CD ROM and PowerWeb*, 8a. ed., McGraw-Hill, Nueva York.

Dryer, D. C. y Horowitz, L. M. (1997), "When Do Opposites Attract?: Interpersonal Complementarity Versus Similarity", *Journal of Personality and Social Psychology*, 72, pp. 592-603.

Duck, S. (1982), "A Topography of Relationship Disengagement, and Dissolution", en S. Duck (ed.), *Personal Relationships 4: Disolving Personal Relationships*, Academic Press, Londres.

——— (1992), *Human Relationships*, 2a. ed., Sage, Londres.

Fernández-Abascal, E. y Chóliz, M. (2001), *Expresión facial de la emoción*, Madrid, UNED Ediciones.

Galanes, G. J., Adams, K. y Brilhart, J. K. (2000), *Com municating in Groups*, 4a. ed., McGraw-Hill, Nueva York.

Hatfield, E. y Walster, G. W. (1980), *Una nueva visión del amor*, México, Fondo Educativo Interamericano.

Houts, R. M., Robins, E. y Huston, T. L. (1996), "Compatibility and the Development of Premarital Relationships", *Journal of Marriage and the Family*, 58, pp. 7-20.

Klohnen, E. C. y Mendelsohn, G. A. (1998), "Partner selection for personality characteristics: A couple-centered approach", *Personality and Social Psychology Bulletin*, 24, pp. 268-278.

Knapp, M. L. y Hall, J. A. (2005), *Nonverbal Communication in Human Interaction*, 6a. ed., Wadsworth, Belmont, California.

Knapp, M. L. y Vangelisti, A. L. (2004), *Interpersonal Communication and Human Relationships*, 5a. ed., Needham Heights, Allyn and Bacon, Massachusetts.

Lucas A., García C. y Ruiz J. A. (2003), *Sociología de la comunicación*, Trotta, Valladolid.

McEntee, E. (1996), *Comunicación oral*, McGraw-Hill, México.

——— (1998), *Comunicación intercultural*, McGraw-Hill, México.

Miller, G. R. (1975), "Interpersonal Communication: A Conceptual Perspective", *Communication*, 2, pp. 93-105.

——— (1978), "The Current Status of Theory, and Research in Interpersonal Communication", *Human Communication Research*, 4, pp. 164-178.

——— (1980), "Interpersonal Communication", en C. L. Book (ed), *Human Communication: Principles, Contexts, and Skills*, St. Martin's Press, Nueva York.

——— (1988), "Ritos, roles, reglas y relaciones: Ubicación de la persona dentro de la comunicación interpersonal", en C. Fernández-Collado y G. L. Dahnke (eds.), *La comunicación humana. Ciencia social*, McGraw-Hill, México, pp. 27-68.

——— (1990), "Interpersonal communication", en G. L. Dahnke, C. Fernández Collado y G. W. Clatterbuck (eds.), *Human Communication: Theory and Research*, Wadsworth, Belmont, California, pp. 91-122.

Miller, G. R. y Parks, M. R. (1982), "Communication in Dissolving Relationships", en S. Duck y R. Gilmour (eds.), *Dissolving Relationships*, Academic Press, Nueva York.

Miller, G. R. y Steinberg, M. (1975), *Between People: A New Analysis of Interpersonal Communication*, Science Research Associates, Chicago.

Miller, G. R. y Stiff, J. (1993), *Deceptive Communication*, Beverly Hills, Sage, California.

Miller, G. R. y Sunnafrank, M. J. (1982), "All is for One But One is not For All: A Conceptual Perspective of Interpersonal Communication", en F. E. X. Dance (ed.), *Human Communication Theory*, Harper and Row, Nueva York.

Newcomb, T. M. (1953), "An Approach to the Study of Communicative Acts", *Psychological Review*, 60, pp. 393-404.

Parks, M. R. (1982), Ideology in interpersonal communication: Off the couch and into the world, en M. Burgoon (ed.), *Communication Yearbook*, 5, New Brunswick, Transaction Books, New Jersey, pp. 79-107.

Phillips, G. M. y Wood, J. T. (1983), *Communication and Human Relationships*, Macmillan, Nueva York.

Rogers, E. M. y Steinfatt, T. M. (1999), *Intercultural Communication*, Waveland, Prospect Heights, Illinois.

Rosenfeld, L.B. (1979), "Self-disclosure avoidance: Why i am afraid to tell you who i am?" *Communication monographs*, pp. 63-66.

Ruben, B. D. y Stewart, L. P. (2005), *Communication and Human Behavior*, 5a. ed., Allyn and Bacon, Needham Heights, Massachusetts.

Severin, W. J. y Tankard, J. W. Jr. (1988), *Communication, Theories, Origins, Methods, Uses*, Longman, Nueva York.

Sprecher, S., Aron, A., Hatfield, E. Cortese, A., Potapova, E. y Levitskaya, A. (1994), "Love: American style, Russian style and Japanese style", *Personal Relationships*, 1, pp. 349-369.

Watzlawick, P., Beavin, J. y Jackson, D. D. (1967), *Pragmatics of Human Communication*, Norton, Nueva York.

——— (1971), *Teoría de la comunicación humana*, Tiempo Contemporáneo, Buenos Aires.

Mapa conceptual

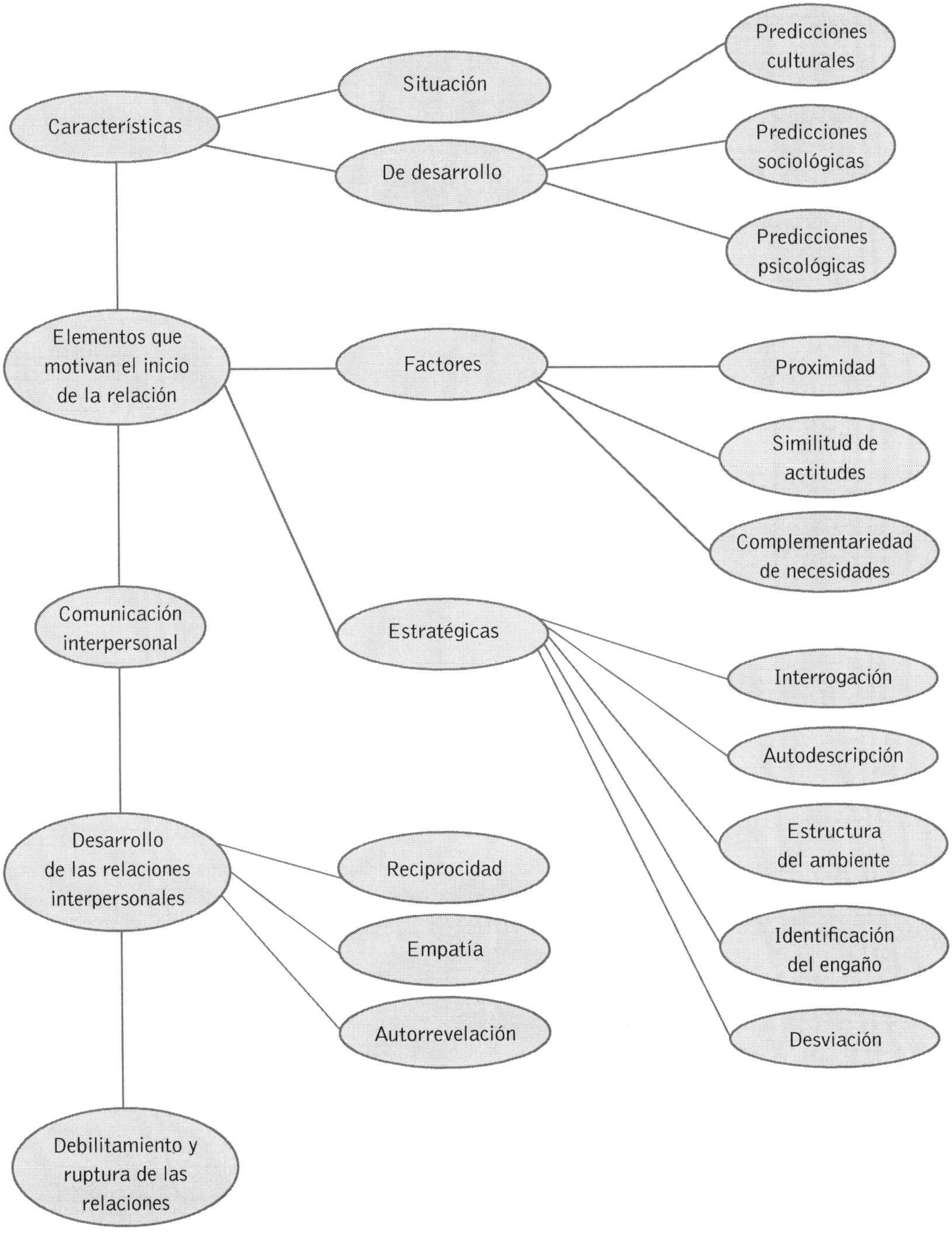

Identidad e intolerancia: una forma de análisis para la comunicación interpersonal

Martha Aguilar Trejo

La comunicación interpersonal es la primera puerta de entrada a la existencia humana, el primer contacto con la vida incipiente, la primera experiencia del recién nacido y el primer concepto de la comunicación en el hogar.
Es este encuentro tan temprano y tan sabroso
como el primer vino en odres nuevos que prolonga
su sabor para siempre.

Mtro. Juan José Coronado S.J.

La playa desde el mar se ve diferente
que cuando uno va caminando por la arena húmeda,
pero como tal sigue siendo la misma.
Estar en el otro lado no es inventar algo,
es solamente observar lo que es desde un nuevo ángulo
y por lo tanto, captar cosas que antes no se veían.

Dra. Silvia Molina y Pedio

Ha quedado atrás el viejo modelo de la comunicación que simplificaba el proceso en emisor, receptor, mensaje y retroalimentación. En la actualidad el estudio de la comunicación ha demostrado que ese proceso es más complejo. Así, al analizar la comunicación interpersonal descubrimos que el emisor y el receptor son dos observadores distintos, con una historia de vida diferente, y con paradigmas y percepciones distintas, en donde cada uno mantiene una conversación privada consigo mismo. Tanto el emisor como el receptor se convierten, a su vez, en emisores y receptores del entorno. De esta forma, no existe un mensaje, sino múltiples contenidos que entran en juego en esta asociación entre emisor y receptor. Cada quien, desde el observador que somos, decimos lo que decimos y escuchamos lo que escuchamos y nuestro hablar no garantiza el escuchar efectivo. Ahora bien, si como interlocutores nos comunicamos desde perspectivas distintas, ¿cómo lograr una buena comunicación interpersonal?

Niklas Luhmann, sociólogo alemán, dentro de su teoría de sistemas, aborda el análisis de dos tipos de identidades (sistemas): una de primer orden y una de segundo orden; esta concepción puede ser transpolada al terreno de la comunicación interpersonal.

Un observador (identidad) de primer orden, según Luhmann, es aquel "que puede reconocer en primera instancia, a la observación de las relaciones y las cosas tal cual se perciben, sin considerar que tengan proyecciones (dimensiones) indirectas u ocultas, sin indagar su latencia, sin considerarlas en su proceso y, por tanto, sin reconocer su dimensión cambiante. El observador de primer orden percibe el mundo desde su propio nicho y, por tanto, para él el mundo se da de manera óntica. La intolerancia tal como se manifiesta al nivel del primer orden, es el rechazo más o menos abierto y activo al otro, es decir, a lo que no corresponde a la identidad, su forma de ver el mundo y el papel que les atribuye a los sistemas en su entorno". La identidad de primer orden es intolerante por excelencia, no concibe que haya alguien diferente a él y que pueda sufrir alteraciones.

Por el contrario, un observador (identidad) de segundo orden se caracteriza —según Luhmann— "por reconocer la relación sistema-entorno en una dimensión donde las contingencias son normales. Para el observador de segundo orden, el mundo aparece como una construcción que se sostiene bajo distinciones de vez en cuando diferentes. En el segundo orden la identidad primaria se trasciende, porque la persona o el grupo entendidos como sistema, se dan cuenta de que su identidad no es simple sino que se implica en redes de identidad y que existe una aún mucho mayor complejidad en el entorno, dentro del cual se encuentran otros sistemas y múltiples redes de identidad, ajenas y en cierta medida similares a las de la persona o el grupo. Es decir, una identidad de segundo orden no deja de percibir las relaciones inmediatas consigo mismo y con su entorno, pero lo hace desde una perspectiva distinta a la del primer orden, porque va comprendiendo que más allá de las apariencias existen aspectos de sí mismo y del mundo que lo rodea que no comprende totalmente. Asimismo, se da cuenta de que es percibido por los otros, es sensible a una apreciación ecológica de sí mismo con el entorno y se da cuenta no sólo de su autorreferencialidad, sino también de la de los otros sistemas sociales".

La identidad de segundo orden, por tanto, también se centra en sí misma, pero admite que hay muchísimas otras que corresponden a los sistemas que se encuentran en su cercanía. En este sentido, su relación frente al entorno ya no va a ser ejercida de la misma manera que en el primer orden de observación, debido a que el observador de segundo orden es tolerante por naturaleza.

En este contexto en el segundo orden de la tolerancia es producto de la evolución del sistema. No es lo opuesto a la intolerancia, sino una forma atenuada de intolerancia. No debe confundirse con la aceptación o la integración sistémica. No deja de ser él mismo, pero permite enriquecerse con el otro.

Como lo comentan Molina y Vedia en su obra *Identidad, tolerancia e intolerancia*, "la tolerancia es la capacidad de un sistema para abordar las irritaciones que proceden de su entorno, sin alterar de manera sustantiva su funcionamiento normal ni tener que transformar su estructura, aunque puede conllevar modificaciones estructurales parciales para facilitar el acoplamiento y la interpretación con otros sistemas. La tolerancia se expresa comunicativamente y es lo que permite que existan acoplamientos estructurales de interpretación".

En la comunicación interpersonal, dos o más observadores que practican la tolerancia tienen la posibilidad de interpretarse. Esto no significa que se fundan en uno solo o que dejen de ser lo que son, sino que cada uno de ellos, observadores de segundo orden, se toleran, saben cuál es la naturaleza de la comunicación y por eso ponen los elementos necesarios para comprenderse, no fundirse, sino simplemente practican una escucha activa. En la actualidad, la recepción cobra mucha importancia, por tanto, el poder conversacional reside en el escucha porque es el receptor quien realmente facilita o inhibe el flujo de la comunicación. Es frecuente pensar que escuchamos de manera eficaz cuando resolvemos el problema de quien se comunica con nosotros, o cuando damos consejos, sermones o alguna conferencia acerca de un tema que dominamos. Sin embargo, se ha comprobado que a veces se escucha mejor cuando uno se queda callado (escucha pasiva) o más aún, cuando se expresa lo que el otro trató de comunicar: *lo que tú quieres decirme es que* [...]; entre otras formas de escucha efectiva.

De esta manera, los observadores de segundo orden hacen que la comunicación fluya con más facilidad.

Humberto Maturana sintetizaba lo anterior al señalar: *la aceptación del otro como un legítimo otro, diferente a mí.*

Los observadores de segundo orden están conscientes de que no poseen la verdad absoluta. Stephen R. Covey lo comentaba en su obra *El mapa no es el territorio*: "mi expresión es sólo la expresión de lo que pienso, mas no es la realidad. Por eso están dispuestos a conocer cuál es el mensaje que se recibe, así como lo que en realidad el otro escuchó, e inician un entrenamiento en la capacidad de escucha".

Sin la pretensión de agotar el tema, se propone un análisis de la comunicación interpersonal a partir de los conceptos de identidad y tolerancia, los cuales pueden servir de gran apoyo para evaluar la calidad de nuestra comunicación interpersonal: ¿qué tipo de observador soy?; ¿acepto al otro como un legítimo otro diferente a mi?; ¿tolero la diferencia?; cuando me comunico, ¿me comprometo con los demás? Esta sencilla pero honesta evaluación puede ser útil hoy en día, en donde es muy evidente un escenario de antagonismo e intolerancia entre los países y entre los diferentes sectores de una sociedad, así como en cada una de las familias. Ahora, a partir de los conceptos de identidad y tolerancia, tenemos la posibilidad de desarrollar un programa de intervención de mejora de nuestros procesos comunicativos interpersonales, para pasar de una identidad de primer orden, intolerante, a una de segundo orden, tolerante, flexible, autónoma y libre.

Martha Aguilar Trejo
Universidad de Celaya

Capítulo Tres

Dinámica de grupo y comunicación

Sumario

Objetivos de aprendizaje

En función de la lectura y estudio de los contenidos de este capítulo, el alumno será capaz de:

- Entender la naturaleza, formación y desarrollo de los grupos en sus diferentes fases, así como en la diversidad de tipos de agrupaciones que existen en distintos ámbitos de la vida social.
- Comprender la composición y la estructura de los grupos, así como sus características, comportamientos y la manera en que se cohesionan mediante la comunicación interpersonal al interior de los grupos.
- Analizar las redes de comunicación que se forman en el interior de los grupos para poder cumplir sus metas a partir de las tareas asignadas a sus miembros.
- Conocer los propósitos de los grupos y la tipología en la que se han clasificado para cumplir sus metas a partir de las tareas asignadas a sus miembros.
- Asimilar la definición y la importancia del liderazgo en los grupos y los diferentes enfoques que ha tenido el estudio de este concepto, así como las características y elementos necesarios para sobresalir como líder de una asociación.

Desde que Kurt Lewin demostró en la década de 1930 que los grupos pueden ser estudiados de manera sistemática y con rigor científico, los investigadores de todo el mundo han generado una enorme cantidad de información sobre el tema (Galanes, Adams y Brilhart, 2000; Shaw y Gouran, 1990). En la actualidad, la mayoría de las instituciones educativas y empresariales se preocupan porque sus alumnos y empleados sepan trabajar en equipo y tengan habilidades de comunicación. La influencia de la comunicación está afectada por factores tales como la pertenencia a grupos (Lucas, García y Ruiz, 2003).

Según una encuesta reciente, el número de reuniones y juntas de trabajo ha subido de 7 a 10 por semana (Tubbs y Moss, 2005). De hecho, la mayoría de nosotros pasamos una parte importante de nuestra vida en grupos, desde la familia, nuestro primer grupo primario, hasta los más complejos grupos de solución de problemas, como los consejos estudiantiles o los partidos políticos.

Naturaleza de los grupos

Definición de grupo

Los científicos sociales han definido el término grupo de diversas maneras. Algunas definiciones señalan que debe existir una estructura organizacional con estándares de conducta aceptados (normas), roles establecidos, etc., para que pueda decirse que un grupo existe. Otras sugieren que deben existir metas en común, o que los miembros deben tener una idea clara de que pertenecen a un grupo. Todas las definiciones incluyen los conceptos de interdependencia e interacción (Galanes, Adams y Brilhart, 2000). Los miembros de los grupos son dependientes entre sí, hasta cierto punto y deben, por ello, interreaccionar. Por ende, un *grupo* es un conjunto de personas (dos o más) que interactúan entre sí, de modo que cada miembro recibe la influencia de cada una de las otras personas y, a su vez, ejerce influencia en ellas (Shaw, 1988). Esta definición no significa que las motivaciones, metas y estructura organizacional no sean aspectos importantes de los grupos; sólo señala que no son necesarios para que éstos existan.

Grupo
Conjunto de personas que interactúan entre sí de modo que cada miembro del grupo recibe la influencia de cada una de las otras personas y, a su vez, ejerce influencia en ellas.

Tipos de grupos

Existe gran diversidad de clasificaciones de grupos hecha por los teóricos, a partir de diferentes criterios. Por ejemplo, pueden ser clasificados de acuerdo a sus características o propiedades, como el número de miembros que lo integran (tamaño), grado de cohesión (solidaridad), nivel de intimidad, etc.; cuando la orientación es ésta, los grupos son comúnmente diferenciados en primario-secundario, formal-informal, grande-pequeño, temporal a largo plazo, o en categorías similares. De las anteriores clasificaciones, las más usuales son probablemente primario-secundario y formal-informal.

Grupos primarios y secundarios: la noción de grupo primario fue formulada por Cooley (1990), quien señala que un grupo primario se caracteriza por ser una asociación cercana, cara a cara, en la que sus miembros cooperan, simpatizan y se identifican mutuamente. Estos grupos son primarios en el sentido de que son fundamentales en la socialización y los ideales de los individuos. El grupo primario al que pertenecemos al nacer es la familia. Los amigos de la niñez constituyen otro. Los grupos primarios son una herramienta cognitiva importante para lograr la definición adecuada de la personalidad (Anderson y Martin, 1995; Gudykunst y Hammer, 1988). En contraste, los grupos secundarios suelen ser grandes y sus miembros sólo tienen contacto intermitente entre sí. En estos grupos la comunicación intergrupal con frecuencia es indirecta, pues se establece mediante mensajes escritos más que a través de expresiones verbales. Las relaciones entre miembros de grupos secundarios son bastante formales, impersonales y socialmente distintas. Los grupos de profesionales, los grupos formales de trabajo y las organizaciones burocráticas son algunos ejemplos de grupos secundarios (Anderson y Martin, 1995; Shaw, 1988; Shaw y Gouran, 1990).

Los amigos de la niñez son un ejemplo de grupo primario.

Grupo primario

Es una asociación íntima, cara a cara, en la que sus miembros cooperan, simpatizan y se identifican mutuamente. El grupo primario al que pertenecemos al nacer es la familia.

Grupos secundarios

Estos grupos son grandes y sus miembros sólo tienen contacto intermitente entre sí. Aquí la comunicación intergrupal es impersonal e indirecta.

Grupos formales

Son aquellos que poseen una estructura firmemente establecida, con frecuencia impuesta por autoridades externas.

Grupos formales e informales: la clasificación formal-informal es muy similar a la tipología de primario-secundario. Los grupos formales son los que poseen una firme estructura social, establecida, frecuentemente impuesta por autoridades externas. Las normas son explícitas y formales, los roles son específicos y los miembros están conscientes de las relaciones internas del grupo. En los grupos informales la estructura surge a lo largo de la interacción: las normas, roles y relaciones suelen ser implícitas más que explícitas. Estos grupos por lo común son más pequeños y cohesionados que los grupos formales.

Grupos orientados hacia una tarea y grupos experienciales: la tipología de los grupos se elabora también de acuerdo con sus objetivos o actividades; se pueden clasificar en grupos de trabajo, de terapia, sociales, etc. La distinción más general derivada de este enfoque quizás es la de los grupos orientados hacia una tarea y los grupos experienciales. Los grupos orientados hacia una tarea son aquellos que se forman con el propósito específico de realizar una labor externa al grupo: solucionar algún problema, llegar a una decisión, elaborar un producto, resolver un asunto específico, etc. La innovación más reciente en grupos de trabajo es el llamado *grupo de trabajo autodirigido* (*self-directed work team*, SDWT, por sus siglas en inglés). El SDWT, como lo define Fisher (1993), consiste en un conjunto de empleados que tienen la responsabilidad de supervisar diariamente su propio trabajo. Sus miembros manejan sus cargas laborales, planean y organizan el

Grupos informales
En estos grupos la estructura surge a lo largo de la interacción; las normas, roles y relaciones suelen ser implícitas más que explícitas.

Grupos orientados hacia una tarea
Son los que se forman con el propósito específico de realizar una labor externa al grupo.

Grupos de trabajo autodirigido
Consiste en un grupo de empleados que tienen la responsabilidad de supervisar diariamente su propio trabajo.

Grupos experienciales
Están formados por miembros que esperan beneficiarse de la experiencia de los demás elementos.

Atracción interpersonal
Se produce cuando un individuo descubre que un grupo de personas es afín a sus actividades, debido a factores como proximidad, semejanza y percepción de la capacidad ajena.

trabajo, toman decisiones relacionadas con la producción y el servicio; y realizan las acciones necesarias para resolver problemas (Clark, 1994). Los círculos de calidad son otro tipo de grupos de trabajo que han demostrado enorme efectividad en las organizaciones. Consisten básicamente en un pequeño número de empleados que se reúnen voluntariamente para analizar y solucionar problemas laborales muy concretos, durante el horario de trabajo. Normalmente pertenecen a la misma área funcional, de tal suerte que todos los participantes conocen el problema y pueden aportar sugerencias inteligentes para su solución. El líder en este tipo de grupos puede ser elegido o designado. Las soluciones propuestas por el grupo son enviadas a la gerencia para que ésta tome el curso de acción que considere conveniente (Galanes, Adams y Brilhart, 2000).

Los *grupos experienciales* están formados por miembros que esperan beneficiarse con la experiencia del grupo en sí. Quienes los integran tienen el propósito de aprender a corregir o eliminar alguna característica personal, o de alcanzar una mayor libertad para expresar sus sentimientos y emociones.

Formación y desarrollo de grupos

Los grupos se forman cuando dos o más personas perciben o creen que algo se puede lograr por medio de la acción conjunta, y no por la acción individual. La lista de propósitos que se pueden lograr por medio de la acción de grupo es casi infinita: una tarea compleja, un problema difícil, la interacción con otros, la elección de un candidato político, e incluso el derrocamiento de un gobierno repudiado. Una vez que los grupos se conforman, la gente se une por afinidad a las razones por las que fueron creados; por eso es necesario analizar algunas de éstas con mayor detalle.

Causas por las que se conforman los grupos

Entre los diversos factores que influyen para que una persona decida unirse a un grupo, los más comunes son los siguientes: atracción hacia personas del grupo (atracción interpersonal), afinidad con sus metas, disfrute de las actividades, necesidad de afiliación y percepción de la posibilidad de mediación del grupo (Galanes, Adams y Brilhart, 2000; Shaw, 1988; Shaw y Gouran, 1990).

Atracción interpersonal: ésta es una de las razones más importantes para unirse a un grupo. Cuando un individuo descubre que sus actividades son afines a las de los miembros de un grupo de personas, este grupo le resulta atractivo. La atracción interpersonal recibe la influencia de varios factores, como la proximidad, la semejanza y la percepción de la capacidad ajena.

Metas del grupo: además de la atracción hacia los miembros de un grupo, las personas deciden unirse a él por otras razones; por ejemplo, un individuo que considera importante proteger el medio ambiente puede unirse a algún grupo ecológico; o bien, una persona interesada en el mejoramiento de la educación pública podría ingresar a una asociación que persiga los mismos fines. De igual manera, las personas que gustan del tenis pueden unirse a un club que practica este deporte; a quienes les agrada tocar un instrumento les atraerá la idea de pertenecer a una orquesta o conjunto musical. De este modo, un individuo suele unirse a un grupo en particular porque está de acuerdo con sus metas o porque le agradan las actividades que realizan sus miembros.

Metas del grupo
Las personas deciden integrarse a un grupo porque están de acuerdo con las metas o propósitos de éste.

Necesidad de afiliación: en ocasiones unirse a un grupo puede satisfacer una necesidad de afiliación. Las investigaciones han demostrado que la falta de interacción social influye en las respuestas subsiguientes en circunstancias de tipo social. La pertenencia a un grupo es una manera de generar contacto social.

Necesidad de afiliación
Pertenecer a un grupo es una manera de generar contacto social, por tanto es una necesidad individual ser parte de una asociación o agrupación.

Logro de metas exteriores al grupo: en ocasiones la gente se une a los grupos porque considera que pertenecer a alguno o a varios le permitirá lograr metas exteriores al grupo mismo. De este modo, alguien relacionado con los negocios puede afiliarse a la Cámara de Comercio si considera que al integrarse a ésta aumentarán sus relaciones de negocios, y los estudiantes pueden ingresar a un club con el fin de buscar más prestigio en la universidad.

La gente forma grupos o se une a ellos por diversas razones, lo que ayuda a explicar la ubicuidad de los grupos. Una vez que se conforma un grupo, se inicia un proceso de desarrollo, el cual continúa de modo metódico y sistemático.

Desarrollo del grupo

Cuando varias personas se reúnen por primera vez, lo común es que platiquen entre sí. Alguien que observe este proceso de interacción advertirá que parece haber mucha incertidumbre acerca de lo que hace el grupo, cómo debería estar organizado y qué clase de relaciones interpersonales deberían existir. Si este mismo observador viese interactuar al grupo después de que haya tenido varias sesiones, con seguridad percibirá que han ocurrido diversos cambios. Es probable que la incertidumbre sea menos evidente, que los miembros del grupo se relacionen con mayor seguridad y que parezcan estar trabajando al unísono para lograr alguna meta. En pocas palabras, el grupo se habrá desarrollado. No obstante, la naturaleza y extensión del desarrollo puede variar de acuerdo con cada grupo.

Con el propósito de comprender el proceso de desarrollo del grupo, los investigadores suelen observar de manera sistemática a varios de ellos. Por lo general, se trata de grupos de un tipo determinado, como los grupos de encuentro, de entrenamiento de la sensibilidad o los orientados hacia alguna meta. En seguida se analizan las observaciones y se procede a identificar y etiquetar las distintas etapas del desarrollo. Las etapas particulares que se logran identificar en la observación reciben la influencia no sólo del tipo de grupos que se han observado, sino también de la persona que realizó el análisis. Por lo regular, el contenido de la interacción del grupo puede ser clasificado de diferentes formas de modo que no es raro encontrar que los analistas establezcan etapas diferentes en el desarrollo de los grupos. Aunque las diferencias parecen ser importantes, una observación cuidadosa revela la existencia de elementos comunes que permiten integrar un modelo de desarrollo de grupo consistente en las cuatro fases fundamentales (Tubbs y Moss, 2005), que se describen en seguida:

Formación

Primera etapa de la formación del grupo en la que sus integrantes interactúan por primera vez, se conocen y plantean las bases y normas del grupo.

Formación: la formación de un grupo puede durar desde un día hasta varias semanas, dependiendo del tiempo que los miembros necesitan para conocerse y establecer la tarea que el grupo debe lograr. En esta fase la interacción es cautelosa, se caracteriza por un lenguaje ambiguo y la conformación de los acuerdos, se obtienen pocos resultados concretos y no concluye hasta que las normas están relativamente claras. Algunos investigadores identifican este periodo como la etapa de orientación o de inclusión ya que es en este momento cuando los miembros del grupo se cohesionan y logran una base común de funcionamiento. Esta fase inicial se caracteriza por el interés de los integrantes del grupo en establecer una relación de trabajo psicológicamente confortable (Galanes, Adams y Brilhart, 2000).

Conflicto

En esta fase los individuos pierden su identidad y se integran al grupo, por lo que entran en dificultades emocionales, y se confunden las metas grupales.

Conflicto: en esta etapa el conflicto es una respuesta normal y esperada en la fase de formación. En este periodo de desarrollo grupal ya no se destaca la solidaridad, como en la etapa de formación. Aquí resalta la individualidad: la reacción emocional de los integrantes al ser absorbidos por el grupo. La cautela y la ambigüedad de la primera etapa dan lugar a un lenguaje claro y directo, por lo que los acuerdos ahora son en torno a temas específicos y los puntos de coincidencia son pocos. Durante esta etapa los miembros del grupo pierden parte de su identidad grupal, la confusión sobre los objetivos aumenta. Las discusiones, ataques y vendavales de esta fase por lo regular puede deberse a dos factores: la distancia emocional que deben guardar los miembros entre sí (afecto) y la competencia o incompetencia del líder (control). Este periodo de disentimiento y controversia está cargado de fallas en la comunicación: cuanto más emocional sea la discusión mayor será el riesgo de que los miembros pierdan la calma, interpreten los comentarios de los otros miembros como ataques y críticas, y elaboren conclusiones equivocadas.

Regulación

Esta fase consiste en el balance entre la individualidad y la grupalidad, entre los objetivos personales y los colectivos, así como una clara definición del papel del líder y su autoridad.

Regulación: esta etapa es una respuesta a la fase de conflicto. Consiste en varios niveles de balance, básicamente el equilibrio entre la individualidad y la grupalidad, entre los objetivos personales y los colectivos, balance en la cercanía emocional de los miembros, así como una clara definición del papel del líder y su autoridad. En esta fase emerge la cohesión grupal por lo que mejora en gran medida el funcionamiento del grupo como unidad (Fisher, 1993).

Desempeño: en esta etapa la estructura interpersonal recientemente desarrollada, facilita la realización de las metas del grupo. Es una fase de consenso y productividad. El espíritu de grupo es elevado y los integrantes se esfuerzan por participar y contribuir al éxito grupal. El final de la etapa de desempeño se caracteriza porque los miembros manifiestan las siguientes conductas: impuntualidad, ausentismo, menor concentración, una disminución generalizada del nivel de involucramiento y sentimientos de ansiedad y tristeza al vislumbrar que el ciclo de vida del grupo ha llegado a su fin y, por consiguiente, sus integrantes pronto tendrán que desinvolucrarse (Tubbs y Moss, 2005).

Desempeño
Esta etapa se caracteriza por el consenso y la productividad, sus integrantes se interesan por contribuir al éxito grupal.

En resumen, está claro que aunque hay diferencias en los análisis específicos, el desarrollo del grupo atraviesa por etapas y se presenta de un modo metódico y razonablemente congruente. La mayoría de las agrupaciones experimentan al principio alguna inseguridad y requieren de cierto tiempo para orientarse, experimentan una fase de conflicto, la resuelven y al fin logran un estado productivo en el cual los miembros trabajan orientados a la realización y ejecución de las metas del grupo. Es obvio que no todos los grupos pasan por las etapas señaladas, ya que en algunos de ellos ciertas fases pueden atenuarse mucho, y otros pueden disolverse antes de que el desarrollo se complete (Shaw, 1988).

Composición del grupo

En la exposición precedente se hizo hincapié en el hecho de que la formación y el desarrollo de los grupos se debe a diversos factores. Una vez que el grupo ha llegado a una etapa de desarrollo relativamente estable, sus procesos y su funcionamiento son influidos por diversas variables. Éstas incluyen, como mínimo, la composición del grupo, su estructura, liderazgo, redes de comunicación, metas y actividades.

El término composición del grupo se refiere a los individuos que lo constituyen, es decir, a sus miembros. Incluye las características personales y la idiosincrasia de los integrantes del grupo, su manera de comportarse, sus reacciones típicas hacia los otros, etc. Los procesos del grupo reciben la influencia, por lo menos, de dos aspectos de la composición del mismo: primero, las características de sus miembros, las cuales determinan en cierto grado su propio comportamiento en el grupo y la manera en que reaccionarán respecto a ellos los otros miembros; y segundo, la combinación de las características de cada uno de los miembros tiene un efecto importante sobre el comportamiento del grupo. En el primer caso, una característica propia de un miembro, un alto grado de inteligencia, por ejemplo, puede influir en la interacción del grupo sin importar el grado de inteligencia de los demás; en el segundo caso, el efecto que tenga una característica sobre el funcionamiento del grupo depende de las características de los otros miembros. Ello se representa por variables como tamaño, cohesión, compatibilidad, homogeneidad y heterogeneidad de los miembros del grupo.

Comportamiento del grupo a partir de las características de sus miembros

Las características personales importantes para la interacción del grupo son variables, como edad, género, habilidades y elementos de la personalidad (Cragan y Wright, 2003; Shaw, 1988).

Edad: la edad influye en muchos aspectos del comportamiento de cada miembro del grupo. Algunos estudios, revelaron que el número de interacciones aumenta con la edad, y otros han demostrado que los modelos de interacción cambian conforme ésta aumenta. Por lo regular, la persona que es líder del grupo suele ser mayor que los otros miembros.

Género: el sexo de los miembros del grupo también afecta sus procesos. Las observaciones de los comportamientos grupales muestran las distintas pautas de comportamiento: los hombres reaccionan de manera más negativa que las mujeres a los encuentros cara a cara no planeados, y también responden más rápido que ellas a los acercamientos estrechos. McGuire (1973) estudió comportamientos agresivos en ambientes naturales, y descubrió que los hombres son más agresivos que las mujeres, pero que las mujeres agresivas eran más populares que las pasivas y que sucedía lo contrario con los hombres.

Sin embargo, la creencia de que las mujeres son menos agresivas que los hombres ha sido cuestionada por los resultados de estudios acerca de las violaciones de normas. Se descubrió que cuando se infringen las normas con poca frecuencia, los hombres reaccionan de manera más agresiva que las mujeres; pero cuando se violan con frecuencia, las mujeres reaccionan más agresivamente que los hombres. De esto se deduce que es más difícil incitar a las mujeres a la agresión que a los hombres, pero que si se les estimula para agredir responden con más intensidad.

Los hombres y las mujeres también muestran diferencias en ciertas facetas de comunicación. Las mujeres hablan más que los hombres y actúan socialmente en nuevos entornos con más intensidad. Las mujeres participan en mayor interacción visual (contacto visual) que los hombres. Sin embargo, estudios recientes indican que las diferencias en el comportamiento comunicativo entre hombres y mujeres no son tan marcadas (Mabry 1985; Bunyi y Andrews, 1985; Spillman, Spillman y Reinking, 1981).

Habilidades: las aptitudes, habilidades y conocimientos que poseen los miembros de un grupo tienen efectos sobre su comportamiento dentro del mismo. Varios estudios han demostrado que la inteligencia está relacionada de modo positivo con la actividad grupal, con el surgimiento de líderes y con la popularidad. La inteligencia reflexiva incrementa el potencial de influencia sobre las decisiones del grupo y sobre la calidad de las ideas generadas.

Las aptitudes y conocimientos que son de importancia especial para una tarea o meta específica, tienen un efecto mayor sobre la interacción del grupo. El líder que sabe cómo resolver correctamente un problema, tiene más probabilidades de tener éxito en llevar al grupo hacia la solución, que el líder que no sabe cómo resolverlo; además de que tener certeza en el conocimiento motiva los intentos de dirigir y permite un mayor estatus dentro del grupo. Si algún miembro del grupo tiene información especial en relación con la labor que se está desarrollando, por consiguiente, tiene mayor influencia en las decisiones del grupo y la decisión tendrá mayor calidad si la información es percibida como válida por los otros miembros.

Personalidad: las características de la personalidad de los miembros influyen de manera decisiva en el comportamiento de los grupos, lo cual no es sorprendente, ya que los rasgos de personalidad representan formas constantes de comportamiento. Las investigaciones en esta área son, hasta cierto punto, simples validaciones de rasgos; por ejemplo, las personas socialmente sensibles se comportan de manera que aumenta su aceptación en el grupo; el miembro inquieto de un grupo inhibe el funcionamiento efectivo de éste; por el contrario, el individuo adaptado a él contribuye a su buen funcionamiento. Se pueden citar diversas investigaciones, pero la conclusión general es que las características socialmente aceptadas facilitan el funcionamiento efectivo del grupo, en tanto que las socialmente indeseables lo impiden.

Tamaño del grupo

El tamaño del grupo se refiere al número de personas que lo integran. Las contribuciones que pueda hacer algún miembro del grupo dependen del número de personas que lo conforman, de modo que el tamaño del grupo es relevante para su funcionamiento. Esto se ve afectado por la cantidad de talentos (habilidades, aptitudes, conocimientos) que le son accesibles al grupo. El grado de participación, las relaciones entre el líder y los demás, los sentimientos de los integrantes respecto al propio grupo, los resultados de la interacción y, probablemente, otros aspectos del proceso del grupo. Bethea (2002) afirma que la comunicación en un conjunto pequeño es muy distinta a la suscitada en un grupo mayor. Incluso la adhesión de una sola persona —un abuelo— en una casa que consistía previamente en el matrimonio, puede ser trascendental en la relación.

A medida que crece el tamaño del grupo, también aumenta el nivel de habilidades, aptitudes y conocimientos. Las ventajas de este aumento en el nivel de estos recursos para la solución de problemas y la forma de decisiones resulta evidente en sí misma, ya que es más probable que se disponga de los recursos necesarios para resolver un problema en particular en un grupo grande que en uno pequeño. Sin embargo, este tipo de ventajas relativas depende de las características del problema al que se enfrente el grupo y en ocasiones, incluso puede resultar una desventaja.

Una de las consecuencias más significativas del tamaño del grupo es el efecto que tiene sobre la participación de sus miembros en las discusiones (Shaw y Gouran, 1990). Conforme aumenta su tamaño, disminuye el tiempo destinado a cada miembro; para la mayoría de los integrantes del grupo esto significa que tienen menos oportunidad de participar en las discusiones del grupo y de expresar sus creencias, opiniones, etc. Por otra parte, los miembros de grupos grandes se sienten más inhibidos para participar que los de grupos pequeños. Al parecer, la suma total de lo hablado también es menor en grupos grandes que en los pequeños. Pero es más importante el hecho de que la distribución de la participación varía según el tamaño del grupo; conforme éste aumenta, disminuye el número de miembros que participan en la discusión, en tanto que el resto contribuye poco o nada.

El aumento de tamaño en el grupo incrementa considerablemente las demandas sobre el líder, y tiene efectos negativos sobre lo que los integrantes piensan del grupo y de algunos de sus miembros.

En resumen, el grupo grande afecta el nivel de recursos accesibles al mismo, la cantidad y distribución de la comunicación, la posibilidad de que surja un líder y de que éste sea aceptado, las reacciones de los miembros hacia el grupo en general y hacia otros miembros, así como la facilidad de obtener un consenso. Una consecuencia parcial de estos efectos es que el tamaño del grupo también afecta su desempeño, aunque la decisión de si el grupo debe aumentar, y en qué medida, para facilitar o impedir su efectividad, depende del tipo de trabajo al que se enfrente el grupo. Aunque no existen reglas rígidas, cuando un grupo crece a más de cinco, la dinámica de comunicación empieza a modificarse de manera impresionante. Individualmente los miembros empiezan a tener una dificultad creciente para comunicarse de manera plena y precisa cara a cara (Fay, Garrod, Carletta, 2000, y DeFleur *et al.*, 2005)

Cohesión del grupo
Es el resultado de la acción de todas las fuerzas que impulsan a los miembros a permanecer en el grupo.

Cohesión del grupo

Además de los efectos ya analizados, el tamaño del grupo y las características de sus miembros afectan el grado en que se enlaza o une el grupo. Esta característica se denomina *cohesión del grupo* (o simplemente cohesión). Las definiciones de cohesión del grupo varían, pero la que es más aceptada es la establecida por Festinger (1950), quien la definió como la resultante de la acción de todas las fuerzas que impulsan a los miembros a permanecer en el grupo o abandonarlo. La cohesión es un fenómeno complejo que, como bien señala Donnelon (1996), recibe las influencias de múltiples variables; por ejemplo, los grupos compuestos por personas con actitudes similares poseen una mayor cohesión que aquellos cuyos miembros poseen actitudes disímiles (Mullen, Anthony, Salas y Driskell, 1995). Asimismo, en los grupos en los que se da la retroalimentación, se permite más la apertura personal o autorrevelación de sus integrantes, y si cuentan con algún tipo de entrenamiento previo, son más cohesivos que los que no poseen estas características.

El grado de cohesión que existe en el grupo tiene consecuencias importantes para el proceso de interacción, la satisfacción de los miembros, la influencia social dentro del grupo y su productividad. El tipo de comunicación en los grupos cohesionados es distinto al que se da en los grupos sin cohesión. Los miembros de grupos no cohesivos tienden a actuar con independencia, mientras que los miembros de grupos cohesionados trabajan juntos en la búsqueda de información y en la obtención de acuerdos y soluciones.

Por último, es importante señalar que la cohesión está relacionada con la productividad del grupo. De ambos elementos se obtuvieron resultados positivos en equipos formados por militares, así como en equipos de albañiles y carpinteros. Como se ha podido ver, la cohesión es una cualidad altamente deseable en los procesos de desarrollos grupales. No obstante, este elemento tiene su lado negativo: promueve la intolerancia hacia las opiniones divergentes y estimula la coincidencia de enfoques limitados, lo que puede llevar a decisiones desastrosas (Langfred, 1996; Mullen, Anthony, Salas y Driskell, 1995; Shaw y Gouran, 1990).

La homogeneidad-heterogeneidad entre los miembros del grupo

La característica que más se ha estudiado es la inteligencia, debido a que es importante no sólo para los adultos, sino también para grupos de jóvenes en los sistemas educativos. La controversia respecto a los agrupamientos según las habilidades en las escuelas primarias se ha desarrollado a lo largo de muchos años. Los resultados muestran que las agrupaciones heterogéneas logran niveles superiores de resultados en ciencias sociales, comprensión de lectura, vocabulario, aritmética y promedio general. La autoestima es más alta en los grupos heterogéneos en el caso de alumnos con inteligencia superior al promedio, pero es más baja para los alumnos inferiores al promedio en comparación con grupos más homogéneos.

Los grupos que son heterogéneos respecto a las características de personalidad también son más efectivos que los grupos homogéneos. Por ejemplo, Hoffman (1959) y Hoffman y Maier (1961) descubrieron que los grupos cuyos miembros tenían resultados similares en el Guilford-Zimmerman (encuesta sobre temperamento) eran menos efectivos en la solución de problemas que los grupos cuyos miembros obtenían resultados distintos.

Los conglomerados que difieren en su composición por género o por raza muestran diferencias en su comportamiento, pero es difícil establecer una afirmación general respecto a estos efectos. Los patrones de comportamiento que se asocian con estas características personales están relacionados con roles socialmente aceptados y los efectos que producen cambian conforme evoluciona la sociedad.

En general, la heterogeneidad del grupo facilita su efectividad debido al incremento en el nivel de habilidades, aptitudes, conocimientos y otros recursos que son más accesibles en grupos heterogéneos (Shaw y Gouran, 1990).

Estructura del grupo

Cuando un grupo de personas interactúa por primera vez, de inmediato se manifiestan diferencias, ya que algunas personas hablan más que otras y suelen tener más influencia sobre otros integrantes. Algunos intentan dominar a los otros y puede ser que lo logren; así se desarrollan formas estandarizadas de comportamiento en el grupo y se establecen las relaciones entre los miembros. Como consecuencia de ello, el grupo se divide en partes o posiciones. El modelo de las relaciones entre las partes diferenciadas del grupo se llama estructura del grupo. En un grupo existen muchas partes, posturas o posiciones, lo cual depende de las distinciones que hayan ocurrido a lo largo de su desarrollo.

Rol social

Una postura o posición en un grupo es comúnmente adoptada por uno de sus miembros, aunque puede desaparecer una vez que se ha desarrollado la estructura. Cada posición es evaluada por los miembros en términos de prestigio, valor o importancia para el grupo. Esta evaluación se llama estatus social o simplemente *estatus*. Este término se atribuye a una posición en el grupo, y le es acreditado a cualquier persona que la ocupe. Sin embargo, se le puede acreditar un estatus a una persona por otras razones; esto se debe a que dos personas que ocupen la misma posición en momentos distintos puedan tener estatus distintos dentro del grupo. Además, un rol social o simplemente rol, es asociado con cada posición dentro del grupo. En realidad, se pueden identificar tres tipos de roles: el *rol esperado*, el *rol percibido* y el *rol representado* (Shaw, 1988; Shaw y Gouran, 1990).

Estatus social
Es la posición de un individuo evaluada por los miembros del grupo, en términos de prestigio, valor o importancia.

El rol esperado es el conjunto de conductas o comportamientos que esperan los miembros del grupo de quien ocupa una posición, el rol percibido es el conjunto de comportamientos que el ocupante de una posición percibe que debe asumir, y el rol representado son las conductas que el ocupante de una posición realmente desempeña. El rol esperado y el rol percibido se derivan de la posición en el grupo, en tanto que el rol representado es consecuencia de la posición en el grupo y de la idiosincrasia del ocupante.

Rol esperado
Es el conjunto de conductas o comportamientos que esperan los miembros del grupo de quien ocupa una posición.

Rol percibido
Es el conjunto de comportamientos que el ocupante de una posición percibe que debe asumir.

Rol representado
Son las conductas que el ocupante de una posición realmente desempeña.

Norma
Es el establecimiento de reglas aplicadas a todos los miembros del grupo, sirven para controlar las conductas de los individuos.

Normas

Además de los roles sociales que especifican el modo apropiado de comportarse de los ocupantes de posiciones dentro del grupo mismo establece una serie de reglas aplicadas a todos o casi todos sus miembros. Estas reglas generales de conducta se llaman *normas*, las cuales se forman para controlar las conductas que son importantes para el grupo (Galanes, Adams y Brilhart, 2000; DeFleur *et al.*, 2005). Su número varía de acuerdo con la cantidad de miembros de la agrupación que está de acuerdo con ellas (aunque probablemente más del 50% de los miembros deben estar de acuerdo con una regla para que ésta pueda convertirse en norma), y con el grado de conformidad de los miembros, así como de acuerdo con los niveles permisibles de desviación.

El comportamiento de los miembros del grupo y el resultado de éste son afectados por los roles y estatus asociados con las posiciones, así como por las normas del grupo. Los efectos del estatus que se le acredita a una persona miembro del grupo se manifiestan de manera especial tanto en el comportamiento de la persona como en el de otros miembros presentes; sin embargo, el estatus está estrechamente relacionado con el poder social. Por ello, cuando se habla de los efectos del estatus, el lector deberá tomar en cuenta que los mismos efectos surgen en relación con las diferencias de poder y es posible que sea éste la variable crítica.

Los efectos más evidentes de las diferencias de estatus son los relacionados con el patrón y contenido de las comunicaciones dentro del grupo. En general, la persona con mayor estatus recibe e inicia más comunicaciones que la persona con un estatus inferior, y el contenido de los mensajes que se dirigen a un nivel superior tienden a ser más positivos.

Un estatus elevado puede proteger a un miembro del grupo cuando se desvía de las normas. Un estudio sobre la aplicación de sanciones a miembros de fraternidades, tanto masculinas como femeninas, reveló que a los miembros de alto estatus que infringían las reglas se les imponían sanciones más ligeras que a los que tenían estatus bajo (Wahrman, 1977).

El estatus relativo también afecta otros comportamientos dentro del grupo; por ejemplo, personas con estatus elevado se sienten libres para acercarse o alejarse al estar interactuando con una persona de estatus bajo, pero esta última se siente forzada a mantener una "distancia correcta entre personas". Si las personas de alto y bajo estatus se desenvuelven igual en labores sencillas, se considera la persona de alto estatus como poseedora de una mayor capacidad que la de bajo estatus.

Conformidad con las normas: las normas sociales especifican las clases de comportamiento que deben o no ser representados por los miembros del grupo y por ello influyen en su comportamiento al grado de que éstos se apegan a ellas. De hecho, la conformidad con las reglas del grupo es afectada por diversos factores, que pueden ser clasificadas en cuatro categorías: factores de personalidad, factores del estímulo, factores de situación y relaciones intragrupales (Shaw, 1988).

Los factores de personalidad se refieren a las características de los miembros del grupo, como la edad, el sexo, la inteligencia, el autoritarismo, etc. Estos factores tienen efectos demostrables, aunque no muy intensos, sobre la conformidad del grupo. Por ejemplo, la investigación ha revelado que cuanto más inteligentes sean los miembros de un grupo (como indican los resultados de diez pruebas de inteligencia), es menos probable que estén conformes. La conformidad aumenta con la edad cronológica hasta alrededor de los 12 años, y entonces tiende a disminuir. En general, se puede observar que las mujeres son más conformistas que los hombres, aunque hay razones para creer que esta diferencia fue determinada por el tipo de estímulos utilizados en estos estudios. Al parecer, existe una tendencia general a conformarse con las normas.

Los factores del estímulo son los que están relacionados con la norma en cuestión. En experimentos realizados en torno a la conformidad en las normas, dichos estímulos pueden ser un grupo de líneas verticales, figuras geométricas, clics del metrónomo o cualquier cosa que el experimentador decida utilizar. Los factores del estímulo tienen mucha influencia en el comportamiento de la conformidad. En general, cuanto más ambiguo es el estímulo, mayor será la conformidad con la norma. Cuando se trata de un estímulo ambiguo, como el fenómeno autocinético (una luz completamente fija en una habitación totalmente oscura, parece moverse), casi 80% de los miembros del grupo se conforman con el juicio de la mayoría acerca de la distancia que recorre la luz en un determinado lapso. Es probable que la gente se conforme más cuando tiene incertidumbre acerca de sus propios juicios.

Los factores de situación: incluyen variables del contexto del grupo, como el tamaño del grupo, su estructura, la unanimidad de la mayoría respecto del comportamiento apropiado, etc.; estas variables producen efectos moderadamente fuertes sobre la conformidad. Asch (1951) observó que la conformidad aumentaba con el tamaño del grupo hasta alrededor del constituido por cuatro miembros. Otros estudios muestran también que la conformidad aumenta con el tamaño del grupo, aunque el tamaño de máxima efectividad puede variar con otros aspectos de la situación (Gerard, Wilhelmy y Conolley, 1968; Mann, 1977). La conformidad también aumenta con la aprobación de la mayoría y con su unanimidad (Shaw, 1988).

Relaciones intragrupales: se denomina así a los factores que no encajan fácilmente dentro de las tres primeras categorías y en ellos se incluye el tipo e intensidad de las presiones del grupo, su composición y el grado en que el mismo ha tenido éxito anteriormente. La probabilidad de que un miembro del grupo esté conforme con las normas es mayor cuando hay presión del grupo que cuando no la hay, pero el grado en que esto ocurra depende de las aptitudes relativas de los integrantes del grupo, de sus éxitos y fracasos en el pasado y cuánto haya permanecido en el grupo.

Debido a ello, es claro que la conformidad respecto a las normas del grupo cambia de acuerdo con diversos factores. Cuando hay un alto grado de conformidad, las consecuencias para el grupo pueden ser tanto deseables como indeseables. Es necesario cierto grado de conformidad para que el grupo se cohesione; pero conformarse ciegamente con la opinión de la mayoría puede llevar al grupo a tomar decisiones equivocadas. En el caso del individuo, la conformidad por lo regular es recompensada y la desviación castigada (Shaw y Gouran, 1990).

Una de las críticas que se han hecho a las investigaciones sobre la conformidad es que los sujetos rara vez pueden enfrentar su punto de vista contra la opinión de la mayoría. Sin embargo, aun en las investigaciones donde se permite a los sujetos disentir y argumentar, se observa un claro comportamiento tendiente hacia la conformidad (Barr y Conlon, 1994). Estos estudios distinguen entre la aceptación privada de un juicio u opinión y conformidad pública. La *aceptación privada* es más probable que ocurra cuando el individuo valora mucho su pertenencia al grupo, cuando la opinión de los demás está unánimemente en su contra, cuando el tema en cuestión es ambiguo; o bien, cuando el grupo se ha propuesto alcanzar un objetivo (Tubbs, 2005). La conformidad pública se origina en un intento por evitar el desagrado que produce entrar en conflicto con los miembros del grupo. Un número importante de estudios indica que la persona que se conforma de inmediato suele ser más sumisa y dependiente, tiene mayor necesidad de aprobación social, menos necesidad de logro y en ocasiones suele ser una mujer con baja autoestima (Shaw y Gouran, 1990).

Redes de comunicación

La red de comunicación en un grupo puede ser *formal* (impuesta por una autoridad externa) o *informal* (derivada de los procesos de interacción del grupo). La red de comunicación, o simplemente red, se refiere a la interacción entre los

Red de comunicación formal
Comunicación que se establece entre los individuos del grupo impuesta por una autoridad externa.

Red de comunicación informal
Comunicación que se establece a partir de los procesos de interacción del grupo.

individuos y a cómo se comunican entre sí, bien como una consecuencia de la accesibilidad de un canal de comunicación, o a causa de la libertad percibida para utilizar los canales disponibles.

La comunicación es un proceso importante en la interacción del grupo. El flujo de información entre los miembros de un grupo determina, hasta cierto punto, la eficiencia de éste y la satisfacción de quienes lo integran. Hace varios años, Bavelas (1950) señaló que en los grupos que no son dirigidos desde el exterior, los modelos de interacción que surgen y se estabilizan son el resultado de procesos sociales que se desarrollan en el interior del grupo. Sin embargo, cuando los grupos forman parte de organizaciones más amplias, sus procesos no determinan por completo los modelos de comunicación. Este hecho trae a colación el tema de cómo afectan los patrones de comunicación fijos al comportamiento del grupo y sus resultados. Mientras trabajaba con Bavelas, Leavitt (1951) desarrolló un método para investigar este problema, el cual consistía en aislar a los miembros de un grupo en cubículos interconectados por medio de rendijas en las paredes que los separaban a través de las cuales se podían intercambiar mensajes escritos, excepto cuando se cerraban y se podía imponer al grupo cualquier canal de comunicación cerrando cualquier otra rendija. Ejemplos de los modelos de comunicación que se pueden crear mediante esta técnica se muestran en la figura 3.1. En estos diagramas, los puntos representan las posiciones en el grupo y las líneas representan canales bidireccionales de comunicación entre las posiciones. Por supuesto que se pueden establecer canales unidireccionales, pero la mayoría de las investigaciones ha empleado canales bidireccionales.

Es necesario señalar que la disposición espacial de las posiciones carece de importancia, ya que son las relaciones entre las posiciones, en términos de canales de comunicación, las que son importantes. Las denominaciones que se dan a las redes de comunicación son arbitrarias y sirven sólo como medios convenientes de identificación.

La comunicación resulta ser por tanto un factor esencial en la dinámica de los grupos, así como en la prevención y solución de conflictos. Optimizar el proceso de comunicación requiere de un esfuerzo de profundización en la búsqueda, no sólo de claridad, sino también de armonía, a partir de la empatía, la escucha activa y el respeto mutuo. Comunicarse bien precisa de una preparación previa y de una cuidada atención a aspectos tanto verbales como no verbales. Pero cabe destacar que la orientación en positivo de la comunicación es el elemento que más suele contribuir a optimizar las relaciones dentro del equipo (Ballenato, 2005).

Redes centralizadas

Se denomina así a las que están integradas por posiciones claramente más centralizadas que otras y son eficientes en labores de identificación.

Redes centralizadas *versus* redes descentralizadas

Leavitt (1951) realizó experimentos utilizando las redes de cinco personas, que se observan en la figura 3.1. A cinco grupos en cada red les hicieron quince pruebas en un ejercicio simple de identificación de símbolos. Se le dio a cada miembro del grupo una tarjeta con una serie de símbolos, como un diamante, un cuadrado, un asterisco, etc.; en la tarjeta que sólo aparecía un símbolo común, la tarea a realizar por cada individuo era identificar la figura. Los datos mostraron que las *redes centralizadas* (aquellas en las que una o varias posiciones son claramente más centralizadas que otras, como la Y, la rueda y la cadena) son más eficientes en labores de identificación de símbolos, que las *redes descentralizadas* (aquellas en las que todos los miembros están a la misma o casi a la misma distancia en centralización, como en el círculo o en los grupos donde todos se comunican entre sí). La información obtenida sugiere que los líderes surgen con más frecuencia en redes centralizadas, mientras que los miembros de las redes descentralizadas están más satisfechos y emiten más mensajes.

Redes descentralizadas

Se conoce con este nombre a las redes en las que todos los miembros están a la misma o casi a la misma distancia del centro para comunicarse entre sí.

Cuando se realizaron labores más complejas (por ejemplo, tareas de aritmética, completar oraciones, problemas de discusión), los descubrimientos mostraron lo establecido con respecto a la satisfacción de los miembros, surgimiento de líderes y número de mensajes enviados. Sin embargo, se obtienen resultados muy distintos en relación con el desempeño: los grupos en redes descentralizadas requieren menos tiempo para resolver los problemas y cometen menos errores que los grupos de redes centralizadas (Shaw, 1988).

Figura 3.1

Ejemplos de las redes de comunicación en grupos de cuatro y cinco personas. Los puntos representan posiciones dentro del grupo y las líneas representan canales bidireccionales de comunicación.

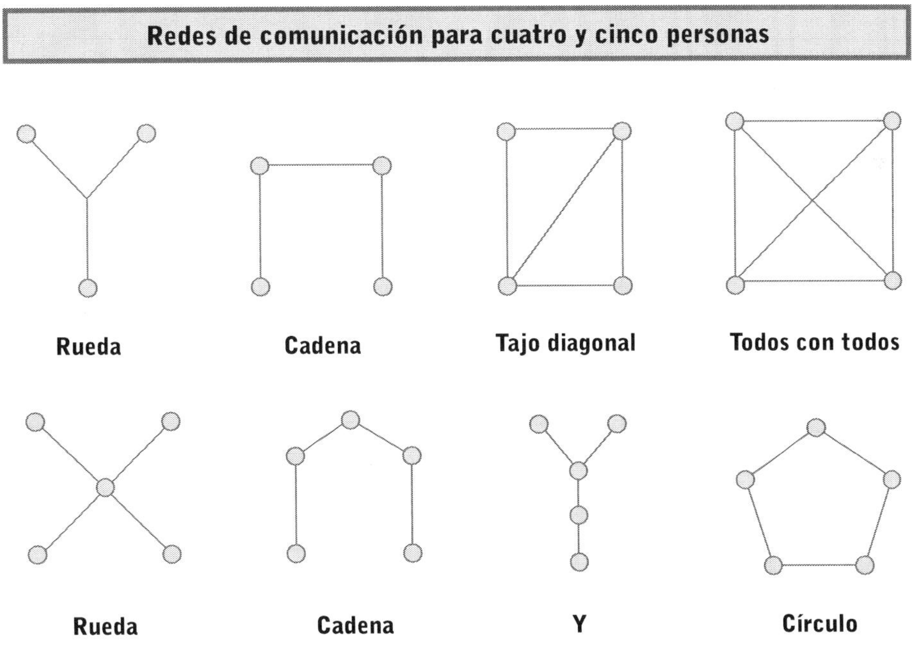

Independencia y saturación

Independencia
Se refiere al grado de libertad con que puede trabajar un miembro del grupo en el interior de éste.

Los efectos diferenciales de las redes de comunicación sobre las actuaciones del grupo y la satisfacción de los miembros se deben, parcialmente, a dos conceptos explicativos: independencia y saturación. El concepto de *independencia* fue inicialmente formulado por Leavitt (1951) y revisado después por Shaw (1964); de acuerdo con la definición de este último, la independencia se refiere al grado de libertad con que puede trabajar un miembro del grupo en éste. Las personas libres de restricciones en su comportamiento se muestran más satisfechas. Aunque la libertad de acción (independencia) puede estar influida por factores situacionales, como las acciones de los otros en el grupo, y las percepciones personales de la situación, la posición dentro de la red actúa intensamente sobre la independencia mediante su efecto en la accesibilidad a la información.

Saturación
Sobrecarga de información que se da con frecuencia en las posiciones importantes de las redes centralizadas de comunicación.

El concepto de *saturación* propuesto por Gilchrist, Shaw y Walker (1954) se refiere a la sobrecarga de información que se da con frecuencia en las posiciones importantes de las redes centralizadas de comunicación. Cuando el número de mensajes que debe manejar la persona que ocupa una posición central excede su capacidad, los requerimientos de comunicación empiezan a contrarrestar los efectos de estar en una posición favorable dentro de una red de comunicación. Cuando esto sucede, se dice que la posición está *saturada*. En general, a mayor saturación corresponde menor eficiencia del grupo y menor satisfacción de sus miembros, aunque el efecto sobre la satisfacción no es tan grande como el que tiene sobre la eficiencia del grupo. Las consecuencias negativas de la saturación de la posición sobre la eficiencia del grupo son mayores para las redes centralizadas que para las descentralizadas, según lo han demostrado diversos estudios.

A manera de resumen, las redes centralizadas, en comparación con las descentralizadas, propician el surgimiento de líderes y el desempeño de labores simples; pero impiden la solución de problemas complejos y reducen la satisfacción de sus integrantes. Estos resultados son afectados, en parte, por los procesos de independencia y saturación.

Metas y tareas del grupo

Los grupos surgen, por lo regular, cuando una o varias personas descubren que una meta o una tarea sólo se podrá realizar, o lograr de modo más práctico, mediante la acción de un grupo. Estas metas o tareas pueden ser asignadas por una autoridad externa al grupo, o pueden surgir de las interacciones de miembros potenciales del grupo. Es obvio que estas metas y tareas tienen importantes consecuencias para el comportamiento del grupo, como ya se señaló. Los términos *meta* y *tarea* con frecuencia son utilizados como sinónimos, pero técnicamente se refieren a cosas distintas. Una *meta de grupo* se puede definir como un estadio final deseado por la mayoría de los miembros del grupo (Galanes, Adams y Brilhart, 2000; Shaw, 1981, 1988), y una *tarea de grupo* como aquella que debe llevarse a cabo para poder lograr la meta (Galanes, Adams y Brilhart, 2000; Shaw, 1981, 1988). Por ejemplo, la meta de un comité formado con el propósito de reunir dinero para ayudar a familias necesitadas, puede ser la de reunir 50000 dólares; con el fin de lograrla es necesario realizar varias tareas, como preparar folletos, hacer llamamientos públicos y solicitar fondos de diversas empresas. En algunos casos, el cumplimiento de la tarea también será la meta del grupo, sobre todo en situaciones decisivas, pero ambas influyen en el comportamiento y desempeño de sus integrantes, aunque hay que señalar que la mayor parte de la investigación se ha enfocado a los efectos de las tareas.

Meta de grupo
Estadio final deseado por la mayoría de los miembros del grupo.

Tarea de grupo
Actividad que debe realizarse para poder lograr la meta.

Características de la tarea y desempeño del grupo

Los elementos de la tarea se han descrito de diversas formas, que van desde las simples tipologías hasta los intentos por especificar sus rasgos a lo largo de varias dimensiones. Steiner (1972) describió una tipología interesante. Aunque se identificaron varios tipos, los más interesantes fueron llamados tareas aditiva, conjuntiva y disyuntiva.

La *tarea aditiva* es el resultado de la combinación de productos elaborados a nivel individual; por ejemplo, si el grupo fabrica un aislante para una bujía y éste puede ser hecho por una sola persona, el rendimiento del grupo (productividad) es el número total de aislantes producidos. En este tipo de tareas, cuanto más grande sea el grupo, mejor será su desempeño, suponiendo que se evitan pérdidas debidas a un proceso defectuoso del grupo.

Tarea aditiva
La que resulta de la combinación de la labor individual, con la de los demás del grupo.

La *tarea conjuntiva* requiere que cada miembro del grupo realice su tarea para que se pueda decir que el grupo la ha realizado por completo. El ejemplo que da Steiner es el de un grupo de muchachos exploradores que se proponen efectuar la tarea de subir a una montaña la cual no se considerará completamente realizada hasta que todos los miembros del grupo hayan llegado a la cima. En este tipo de tareas, a veces el desempeño del grupo depende de la habilidad del miembro menos competente de éste; y conforme aumenta el tamaño del grupo, también crece la posibilidad de que éste cuente con por lo menos un miembro que no pueda completar la tarea o que necesite de un tiempo excesivamente largo para completarla. Por tanto, conforme aumenta el tamaño del grupo, disminuye su desempeño, suponiendo que no hay un *efecto de reunión* extra (es decir, que no se derive ninguna contribución de la interacción del grupo).

Tarea conjuntiva
Actividad que requiere que cada miembro del grupo realice su tarea para poder decir que el grupo la ha realizado por completo.

La *tarea disyuntiva* es la que requiere de una decisión o una elección entre dos o más opciones. En este tipo de tarea, si un miembro del grupo puede comple-

Tarea disyuntiva
Actividad que requiere de una decisión o una elección entre dos o más opciones.

tarla, el grupo puede hacerlo también. Por ejemplo, suponga que un grupo debe computar los ingresos proyectados de una compañía para el año fiscal, utilizando una fórmula complicada (la elección en este caso se hace entre un número ilimitado de posibles ingresos opcionales proyectados); si un miembro puede aplicar la fórmula y computar los ingresos del presupuesto el grupo también lo puede hacer. De esto se deduce que si el tamaño del grupo aumenta, también lo hace la probabilidad de que uno de sus integrantes pueda completar la tarea. En otras palabras, el desempeño del grupo crece al aumentar el tamaño del grupo, suponiendo que no hay pérdidas debidas a procesos defectuosos del mismo.

Las investigaciones con respecto al desempeño del grupo en tareas aditivas, conjuntivas y disyuntivas, con base en su tamaño, apoyan las hipótesis antes planteadas. Sin embargo, hay algunas variaciones notables. Cuando son aditivas, el desempeño de las tareas aumenta con el tamaño del grupo, pero el incremento es menor del que se hubiera esperado de una simple adición de desempeños individuales, lo cual sugiere que existen pérdidas debidas a procesos defectuosos del grupo. En tareas conjuntivas, el desempeño disminuye con el tamaño del grupo, pero no tanto como se podría esperar a partir de la base de los desempeños individuales. Esto significa que los efectos de la interacción aumentaron el desempeño del grupo. En las tareas disyuntivas, el desempeño del grupo aumenta con el incremento de su tamaño (Shaw y Gouran, 1990).

Se han propuesto otras tipologías respecto a las actividades requeridas para completar la tarea; Hackman, por ejemplo (1968), las clasificó en tareas de *producción*, de *análisis* y de *resolución de problemas.*

Las *tareas de producción*, como su nombre indica, requieren la aportación y presentación de ideas, imágenes o arreglos, como sería escribir una historia acerca de la erupción de un volcán. Las *tareas de análisis* requieren la evaluación de los asuntos, como defender la propuesta de que el gobierno de una nación debería ayudar a defender a otra nación de la disidencia interna. Las *tareas de solución* de problemas requieren que el grupo decida una línea de acción a seguir con el fin de resolver algún problema. La investigación de Hackman indica que, en general, las tareas de producción impulsan a los miembros del grupo a realizar acciones caracterizadas por su originalidad. Las tareas de análisis influyen en los miembros del grupo mediante acciones que indican una alta integración con el tema o asunto de que se trate; y las tareas de solución de problemas motivan la actividad intensa. Otros estudios sugieren que las tareas de producción conducen a un mayor impulso del grupo para realizar la tarea. Las tareas de análisis producen más actividad con orientación o tendencia hacia el proceso (como defender, aclarar, explicar); y las tareas orientadas hacia la solución de problemas inducen ambos tipos de actividad.

Grupos experienciales

En las páginas precedentes se analizaron los grupos orientados hacia una tarea, formados para resolver uno o varios problemas, para tomar decisiones o para producir algo. Pero hay una clase diferente de grupo que tiene cierta importancia y que puede denominarse *grupo experiencial*. Los miembros de estos grupos esperan beneficiarse de la experiencia del grupo en sí misma. Los grupos experienciales tienen una larga historia que se remonta por lo menos a la década de los años treinta (Back, 1973). Grupos similares a los que en la actualidad se denominan experienciales actuaban en ambientes distintos, como en la industria y en la psicoterapia (Moreno, 1946). Los grupos experienciales adoptan diversas formas y propósitos, aunque poseen características y procesos similares. En seguida se examinarán los diversos tipos de grupos experienciales, sus características y procesos comunes, así como alguna evidencia concerniente a su eficacia.

Tipos de grupos experienciales

Los grupos experienciales tienen varias denominaciones y difieren en el tipo de beneficio que los miembros esperan obtener al participar en ellos. Todos estos grupos se pueden clasificar en tres clases, con base en las motivaciones de los participantes: *grupos de aprendizaje*, *grupos terapéuticos* y *grupos expresivos* (Shaw, 1988).

Grupos de aprendizaje: se establecen para ayudar a los participantes a entender la influencia del grupo en su comportamiento y retroalimentarse acerca de su propia conducta hacia los demás así como para facilitar la comunicación del grupo (Galanes, Adams y Brilhart, 2000). Algunos ejemplos de grupos de aprendizaje son los de relaciones humanas, de entrenamiento de la sensibilidad y grupos T.

Grupos terapéuticos: tienen el propósito de ayudar a los participantes a cambiar para mejorar su personalidad, corregir experiencias y problemas emocionales. En este sentido, los participantes de grupos terapéuticos esperan cambiar sus aspectos psicológicos, para hacerlos más congruentes con sus autopercepciones ideales. Algunos ejemplos de grupos terapéuticos son los grupos de encuentro, de psicoterapia, de confrontación, etc. (Shaw y Gouran, 1990.)

Grupos expresivos: se basan en el deseo de los participantes de lograr mayor expresividad emocional en beneficio de sí mismos. Sus miembros creen que la convivencia social los conduce a inhibir sus expresiones emocionales y que esta inhibición reduce su calidad de la vida; por consiguiente, desean aprender a expresar sus emociones de modo más libre y completo, una meta a la que se puede llegar participando en grupos experienciales. Los grupos más representativos de este tipo son los de *crecimiento* y los de *conciencia personal*.

Grupos de aprendizaje

Se establecen para ayudar a los participantes a entender la influencia del grupo en su comportamiento, y a retroalimentarse acerca de su propia conducta hacia los demás, así como para facilitar la comunicación del grupo.

Grupos terapéuticos

Tienen el propósito de ayudar a los participantes a mejorar su personalidad, y corregir experiencias y problemas emocionales, etcétera.

Grupos expresivos

Se basan en el deseo de los participantes de aprender a expresar sus emociones de modo más libre y completo.

Procesos en grupos experienciales

Los grupos experienciales no difieren radicalmente de los orientados hacia una tarea, los miembros hablan entre sí y tienen una estructura que permite discernir las diferentes posiciones (con roles y estatus asociados), se establecen normas, etc. El proceso de grupo está influido por esta estructura y por su composición. Sin embargo, se distinguen de los grupos orientados hacia una tarea por lo menos en tres aspectos: *a*) no hay una tarea fácilmente identificable y la meta puede no estar clara; *b*) algunas de las normas que se establecen son únicas, y *c*) el contenido de las interacciones del grupo está orientado hacia las personas. Lakin (1972) observó que hay ciertos procesos comunes a los tres tipos de grupos experienciales:

a) Facilitar la expresividad emocional. En estos grupos experienciales, la atmósfera ideal es aquella que anima a los participantes a expresar abiertamente sus sentimientos.
b) Generar sentimientos de pertenencia. Estos grupos intensifican en cada integrante la idea de que es una parte importante del grupo.
c) Fomentar las normas de autorrevelación. Hay por lo regular una norma o *regla social* claramente reconocible; ello requiere que los participantes revelen información acerca de sí mismos que probablemente no estarían dispuestos a revelar en condiciones más ordinarias.
d) Muestrear los comportamientos personales. Se anima a los miembros a probar nuevos comportamientos y a examinar los de los demás.
e) Hacer comparaciones interpersonales. En grupos experienciales es aceptable hacer comparaciones entre los miembros del grupo.
f) Compartir la responsabilidad de liderazgo y la dirección con el líder que se ha nombrado. El *líder designado* es usualmente un entrenador, un facilitador o un terapeuta. Como estas personas no asumen el rol de liderazgo que esperan los participantes con base en sus experiencias pasadas, los miembros tienen que asumir muchas de sus funciones.

Dentro de los grupos de aprendizaje, el grupo terapéutico más reconocido a nivel mundial es el de Alcohólicos Anónimos.

Es probable que existan otros procesos que sean comunes a todos o a la mayor parte de los grupos experienciales, pero éstos son los más comunes e identificables. La función de estos procesos es, por supuesto, facilitar el logro de las metas que tienen los miembros de los grupos experienciales.

Efectividad de los grupos experienciales

Un objetivo importante para quienes se relacionan con estos grupos es saber si logran sus metas y en qué grado. Aunque se han hecho múltiples intentos para evaluar la efectividad de estos grupos, existen dificultades inherentes a las condiciones que rodean su actividad; por ejemplo, es frecuente que no se indique con precisión qué efectos, se supone, van a producir las experiencias de grupo, lo que dificulta determinar si éstos se produjeron o no. O bien, si los efectos están identificados con precisión, surge el problema de cómo medirlos de manera confiable y válida.

Si se cuenta con los instrumentos de medición adecuados, siempre persistirá el problema de determinar qué es lo que ha producido cualquiera de los efectos observados. Es difícil encontrar un grupo de control comparable, ya que participar en un grupo experiencial por lo regular no es resultado del azar (los participantes son voluntarios o seleccionados por sus superiores, por ejemplo), debido a que otras personas con las que ellos se asocian saben que han participado en grupos de este tipo, lo cual puede afectar la forma en que sus colegas los perciben o los tratan. Las investigaciones muestran que se deben interpretar los resultados teniendo en cuenta estas dificultades.

Después de un amplio análisis de los estudios concernientes a la efectividad del entrenamiento de la sensibilidad y al encuentro, Smith (1980) concluyó que no ocurre un cambio mensurable después de la participación en estos grupos, pero los efectos desaparecen sustancialmente después de pocos meses. Es posible que ésta sea la conclusión más razonable que se puede extraer en relación con la efectividad de los grupos experienciales en general.

Liderazgo

El liderazgo es otro aspecto del proceso del grupo, y puede ser considerado un elemento en la estructura del mismo. Con frecuencia existe en el grupo una posición que se identifica como la del líder, la cual está asociada con el rol correspondiente. Sin embargo, el liderazgo suele tratarse de modo independiente tal vez porque se considera como un fenómeno particularmente significativo. También se ha estudiado de manera más extensa que cualquier otro de los elementos y procesos del grupo y, por una u otra razón, siempre es necesario referirse a los líderes y al liderazgo en varias ocasiones a lo largo de los análisis de grupos. En este apartado se hará referencia a algunos de los conceptos de liderazgo, a ciertas aproximaciones en su estudio, a los factores que influyen en el surgimiento del liderazgo y a su efectividad.

Definición de liderazgo

En un análisis de los estudios en torno al liderazgo, Stogdill (1974) identificó no menos de once definiciones básicas diferentes. El *líder* puede ser definido como

Líder

Es la persona que es el centro de atención del grupo. O bien la que ocupa la posición de liderazgo.

Liderazgo
Es la influencia interpersonal ejercida durante una situación y dirigida, por medio del proceso de comunicación, hacia el logro de una o varias metas específicas.

la persona que es el centro de atención del grupo, como aquel que ocupa una posición de liderazgo, o quien adopta una conducta de liderazgo, etc. Observe que se ha pasado de *liderazgo* a *líder*, un hecho que ocurre comúnmente al abordar estos conceptos. Pero advierta también que el concepto de liderazgo se refiere a un proceso, en tanto que el de grupo *líder* se refiere a una posición en un grupo o a la persona que la ocupa. En este caso adopta la definición de liderazgo propuesta por Tannenbaum y Massarik (1957). Ellos definieron el *liderazgo* como una influencia interpersonal ejercida durante una situación y dirigida por medio del proceso de la comunicación hacia el logro de una o varias metas específicas. El *líder* es la persona que ejerce esta influencia interpersonal.

Enfoques del liderazgo

El estudio del liderazgo, y en especial el de su enfoque, tiene una larga historia en el mundo occidental. Los primeros investigadores creían que las personas que lograban una posición de liderazgo poseían ciertos rasgos o características que los diferenciaban de los no-líderes o seguidores (Yukl, 1989). El perfil suele aunar, además de capacidad de comunicación y motivación, características como equilibrio y seguridad en sí mismo, entusiasmo, asertividad y capacidad de organización (Ballenato, 2005). Así que trataban de identificar estos rasgos a fin de medirlos y utilizarlos en la selección de líderes. Los datos de diversos estudios basados en estos enfoques revelaron que las personas no son más efectivas por el simple hecho de poseer determinadas características (Gardner, 1990; Smith y Peterson, 1989), ya que para que una persona pueda ser líder debe, además de desear serlo, ser capaz de alcanzar ciertas metas necesarias y saber relacionarse con los demás de manera eficaz. A medida que se desarrollaba el enfoque de los rasgos, los estudiosos del liderazgo se orientaron hacia dos áreas de investigación relativamente independientes: el análisis de los factores de las situaciones y los estilos de liderazgo (Daniels, Spiker y Papa, 1997). Estos enfoques revelaron que tanto los factores de las situaciones como los estilos de liderazgo son variables significativas y contribuyen en gran medida a los modelos de contingencia del liderazgo. Estos aspectos se tratarán más a fondo al abordar los temas del surgimiento del líder y su efectividad en los siguientes apartados.

Surgimiento del liderazgo

Antes de que una persona pueda demostrar sus dotes en el campo del liderazgo, debe haber alcanzado la posición de líder en el grupo. El hecho de que un miembro del grupo surja como líder no depende de algo fortuito o de un accidente, sino de varios aspectos del grupo y de sus circunstancias.

Una de las variables más significativas parece ser la cantidad y la calidad de participación en las actividades del grupo. Bass (1981) realizó múltiples estudios que indicaban que es más probable que surja como líder el individuo que participa con más intensidad en las actividades del grupo (suponiendo que alguna autoridad exterior no haya nombrado un líder). La mayor parte de esta participación consiste en mantenerse comunicado con los otros. Cuando hay comunicación, la atención se centra en el orador y le permite a éste exponer sus conocimientos y habilidades a los demás. Aunque también la participación no verbal contribuye al surgimiento del liderazgo (Baird, 1977; Galanes, Adams y Brilhart, 2000).

Sin embargo, no sólo la cantidad de participación es importante, también la calidad y oportunidad del momento que se elige para establecer la comunicación ayudan a determinar quién sobresale como líder. Por ejemplo, algunos individuos entrenados variaron la calidad de la participación en un estudio, lo cual llevó a concluir que cuanto más elevada es la calidad de la participación, es más probable que el participante surja como líder (Brilhart y Galanes, 2003; Sorrentino y Boutillier, 1975); y que cuanto más pronto se participe, hay mayor oportunidad de surgir como líder (Brilhart y Galanes, 2003; Hollander, 1978). Las personas que ocupan posiciones centrales en una red de comunicación tienen mayores posibilidades de convertirse en líderes que quienes ocupan posiciones en la periferia (Leavitt, 1951).

Este breve estudio revela que el surgimiento del liderazgo está influido por muchos factores, de modo que quien desee convertirse en líder debe participar activamente en las tareas del grupo, comunicarse desde el principio y tener una posición que facilite la comunicación con los otros miembros.

Chóliz (2005) añade que las funciones más generalizadas de esta figura pueden ser las siguientes: ser quien inicie y descubra los objetivos del grupo, dirigir el grupo hacia dichas metas, establecer normas, desplegar mayor participación y actividad para la consecución de fines, transmitir seguridad y buscar el beneficio del grupo.

Efectividad en el liderazgo

Algunos estudios se han centrado en los modelos teóricos de liderazgo. El modelo de contingencia de la efectividad del liderazgo de Fiedler (1964, 1967) es un ejemplo notable. La hipótesis básica es que el liderazgo más efectivo depende de lo favorable que sea la situación de trabajo para el líder. Fiedler supuso que la percepción interpersonal (cómo una persona percibe a otras) refleja actitudes que influyen en la efectividad del liderazgo; por ello, los estilos de liderazgo pueden ser inferidos de medidas de la percepción interpersonal (Cathcart, Samovar y Henman, 1996; Shaw, 1988; Shaw y Gouran, 1990). La medida que él utiliza es CMD, siglas de Colaborador Menos Deseado, la cual se determina pidiéndole a un individuo, generalmente el líder, que califique a su CMD en una serie de escalas evaluativas. La persona que otorga calificaciones altas en esta escala percibe al colaborador menos deseado de manera relativamente favorable, en tanto que quien concede calificaciones bajas tiene de él un concepto más desfavorable.

Los líderes con un alto CMD se preocupan principalmente por las relaciones interpersonales y sólo en segundo lugar tratan de completar la labor encomendada, en comparación con el líder de bajo CMD, para quien la primera preocupación es la labor a realizar y la segunda las relaciones interpersonales. En consecuencia, el líder con alto CMD tiende a ser considerado, condescendiente, y no acostumbra ordenar, en cambio el líder con bajo CMD tiende a ser autoritario, dominante e imperativo.

Tanto el individuo orientado hacia la persona (alto CMD) como el orientado al trabajo (bajo CMD) que tienen la función de líderes se preocupan por el trabajo y las relaciones interpersonales, pero lo hacen por distintas razones y en diversas circunstancias. Se dice que lo favorable de la situación de trabajo depende de tres circunstancias: las relaciones afectivas entre el líder y sus seguidores, el grado en que está estructurada la tarea y el poder inherente a la posición de liderazgo.

Relaciones afectivas
Se refiere a la medida en la que el líder es querido y aceptado por sus seguidores.

Estructura de la tarea
Corresponde al grado en que es demostrable una solución correcta, un número posible de soluciones, la claridad de una meta y el camino hacia ella.

Poder de la posición
Es el grado en que la posición en la estructura del grupo permite al líder lograr que los demás obedezcan y se ajusten a sus deseos.

El término *relaciones afectivas* se refiere a la medida en la que el líder es querido y aceptado por sus seguidores; la *estructura de la tarea* corresponde al grado en que es demostrable una solución correcta o un número de posibles soluciones, la claridad de una meta y el camino hacia ella, y el *poder de la posición* es el grado en que la posición en la estructura del grupo permite al líder lograr que los demás obedezcan y se ajusten a sus deseos. La circunstancia más favorable para el líder es cuando existe una buena relación líder-miembros, la meta está estructurada y el poder de la posición es fuerte. La situación más desfavorable es aquella en la que las relaciones líder-miembros son malas, la meta no está estructurada y el poder de la posición es débil. Las posibilidades favorables intermedias están determinadas por la combinación de las tres situaciones; la más influyente es la relación líder-miembros, y la que menos influye es el poder de la posición. De acuerdo con el modelo de contingencia, un líder orientado hacia alguna labor (CMD bajo) será más efectivo cuando la situación sea favorable o desfavorable para él, de donde se concluye que un líder orientado hacia la persona (CMD alto) será más eficiente cuando las características favorables de una situación sean regulares.

Además de proporcionar una integración del estilo de liderazgo y de las variables situacionales, el modelo de contingencia sugiere un procedimiento para entrenar líderes. Puesto que el CMD se considera un factor invariable de la personalidad, es probable que un líder sea mejor si modifica la situación adaptándola a su estilo de comportamiento. Fiedler, Chemers y Mahar (1976) desarrollaron un método de superación del líder, que enseña cómo determinar un estilo propio de liderazgo, cómo calcular qué tan favorable es una situación y cómo adaptar ésta de modo que se acerque más a su estilo. Varios estudios han demostrado que este procedimiento es eficaz (Fiedler y Mahar, 1979).

Las teorías transaccionales representan otro enfoque del liderazgo; el modelo representativo de ellas es propuesto por Hollander (1978). Como indica su denominación, el liderazgo se considera una transacción entre el líder y sus seguidores. Es un proceso de influencia bidireccional que incluye un intercambio social entre líderes y seguidores y en el que cada individuo da y recibe recompensas o beneficios. El líder indica cómo llegar a la meta, y reduce la incertidumbre en situaciones y hechos ambiguos, ayuda a resolver conflictos, etc. A cambio, los seguidores respetan su estatus (le brindan estimación) y otros beneficios similares. El líder, por su parte, ejecuta sus labores con eficiencia, y recibe la estimación y el estatus que le dan sus seguidores. Hollander cita muchas investigaciones que son congruentes con este análisis (Brilhart y Galanes, 2003; Cathcart, Samovar y Henman, 1996; Shaw, 1988; Shaw y Gouran, 1990).

Este breve estudio sobre el liderazgo indica la complejidad del proceso. Alcanzar el puesto de líder y actuar con eficacia cuando ya se está en dicha posición, depende de diversos factores personales y situacionales. Durante la Segunda Guerra Mundial fue notable el interés por el vínculo entre la comunicación y el liderazgo, cuando Adolfo Hitler, Benito Mussolini e Hideki Tojo utilizaron la propaganda y otras técnicas persuasivas para lograr el apoyo popular. En los campos gubernamental, militar, industrial y educativo, el liderazgo sigue teniendo gran atractivo. Sus actos pueden tener consecuencias muy positivas o muy negativas; los investigadores buscan respuestas a ¿cómo pueden Fidel Castro o Hugo Chávez controlar a millones de ciudadanos? De manera similar, ¿cómo un dictador como Saddam Hussein llegó al poder en Irak y condujo a un país rico a la devastación? Al observar el liderazgo en ese contexto emerge una luz intrigante. La investigación clásica sugiere que pueden encontrarse tres estilos básicos de liderazgo: autoritario, democrático y de no interferencia. En el primer estilo, todos los objetivos, políticas y actividades del grupo son determinados únicamente por el líder. Cuando un líder recurre a un estilo democrático, los miembros del grupo discuten políticas posibles y después la determinan por voto. Por último, un estilo de no interferencia está al margen y evita inmiscuirse en las decisiones y actividades de los demás.

Ballenato (2005) diferencia entre liderazgo jerárquico, carismático o técnico, según venga determinado por la posición del individuo dentro de la estructura del grupo, por su carácter o por su competencia en la actividad principal que desarrolla el equipo. Afirma que el liderazgo eficaz no dependerá exclusivamente de las cualidades del líder, o de la aplicación de un tipo de liderazgo más autoritario, democrático, paternalista o liberal. Más bien será función de su adecuación al momento evolutivo que vive el equipo. Así, desde el nacimiento del grupo, el líder debe poner sucesivamente énfasis en aspectos tan diversos como controlar, supervisar, asesorar o delegar. La clave está en saber aplicarlos con oportunidad, y en las dosis justas que requiere el equipo en cada momento. Así, por ejemplo, un grupo recién creado necesitará de un control más directivo, mientras que en su fase de madurez requerirá de escasa supervisión a la vez que de un mayor grado de delegación.

Resulta esencial el sentido de la justicia y de la equidad que tenga y demuestre el líder, ya que suele llevar emparejada la autoridad moral necesaria para poder liderar de forma efectiva. El líder debe defender, cuidar, apoyar y confiar en su gente. Pero, además, aunque el liderazgo dependa principalmente de una sola persona, debe ser una actividad compartida en la que todos los miembros sean escuchados y respetados, perciban que sus sugerencias y aportaciones son tenidas en cuenta, y sientan que participan realmente en las decisiones.

Los modelos de contingencia proporcionan una explicación de cómo se interrelacionan las variables situacionales y personales, así como sugerencias para el entrenamiento de líderes. Los enfoques transaccionales contribuyen a la comprensión del proceso de liderazgo. Es posible que el lector interesado desee examinar otros enfoques que no se presenten aquí, por lo que se recomiendan las teorías conductuales (Davis y Luthans, 1979; White y Lippitt, 1990), teorías poder-influencia (Abbott y Caracheo, 1988) teorías de intercambio (Thibaut y Kelley, 1959), teoría del camino hacia la meta (House, 1971), teoría del reforzamiento del cambio (Bass, 1981) y la teoría de enlace vertical de díadas (Graen y Cashman, 1975).

REFERENCIAS

Abbott, M. y Caracheo, F. (1988), "Power, Authority and Bureaucracy", en N. J. Boyan (ed.), *Handbook of Research on Educational Administration*, Longman, Nueva York, pp. 239-257.

Anderson, C. M. y Martin, M. M. (1995), "The Effects of Communication Motives, Interaction Involvement, and Loneliness on Satisfaction: A Model of Small Groups", *Small Group Research*, 26, pp. 118-137.

Asch, S. E. (1951), "Effects of Group Pressure Upon the Modification and Distortion of Judgments", en H. Guetzkow (ed.), *Groups, Leadership and Men*, Carnegie Press, Pittsburgh, pp. 177-190.

Back, K. W. (1973), *Beyond Words: the Story of Sensitivity Training and the Encounter Movement*, Penguin Books, Baltimore.

Baird, J. E., Jr. (1977), "Some Nonverbal Elements of Leadership Emergence", *The Southern Speech Communication Journal*, 42, pp. 352-361.

Ballenato, G. (2005), *Trabajo en equipo. Dinámica y participación en los grupos*, Pirámide, Madrid.

Barr, S. y Conlon, E. J. (1994), "Effects of Distribution of Feedback in Work Groups", *Academy of Management Journal*, junio, pp. 641-655.

Bass, B. M. (1981), *Stoqdill's Handbook of Leadership*, The Free Press, Nueva York.

Bavelas A. (1950), "Communication Patterns in Task-Oriented Groups", *Journal of the Acoustical Society of America*, 22.

Bethea, L. S. (2002), "El impacto de un hombre mayor en la satisfacción comunicativa y el ajuste didáctico en la larga relación marital: Mirada retrospectiva de adultos-niños y esposos", *Journal of Applied Communication Research* 30, 2, pp. 107-125.

Brilhart, J. H. y Galanes, G. (2003), *Effective Group Discussion: Theory and Practice*, 11a. ed., McGraw-Hill, Nueva York.

Bunyi, J. M. y Andrews, P. H. (1985), "Gender and Leadership Emergence: An Experimental Study", *Southern Speech Communication Journal*, 50, pp. 246-260.

Cathcart, R. S., Samovar, L. y Henman, L. (1996), *Small Group Communication: Theory and Practice*, 7a. ed., Brown & Benchmark, Madison, WI.

Chóliz, M. (2005), *Psicología de la Motivación: el proceso motivacional* (http://www.uv.es/=choliz).

Clark, N. (1994), *Teambuilding: A Practical Guide for Trainers*, McGraw-Hill, Nueva York.

Cooley, C. H. (1990), *Social Organization*, Charles Scribner's Sons, Nueva York.

Cragan, J. F. y Wright, D. W. (2003), *Communication in Small Groups*, Wadsworth, Belmont, California.

Daniels, T. W., Spiker, B. K. y Papa, M. J. (1997), *Perspectives on organizational communication*, McGraw-Hill, Nueva York.

Davis, T. R. V. y Luthans, F. (1979), "Leadership Reexamined: a Behavioral Approach", *Academic Management Review*, 4, pp. 237-248.

DeFleur, M. Kearney, P., Plax, T. G. y DeFleur, M. (2005), *Fundamentos de la Comunicación Humana*, McGraw-Hill Interamericana.

Donnelon, A. (1996), *Team Talk: The Power of Language in Team Dynamics*, Harvard Business School Press, Cambridge.

Fay, N., Garrod, S., Carletta, J. (2000), "La discusión de grupo como un diálogo interactivo o como un monólogo serial: La influencia del tamaño de grupo", *Psicologycal Science*, 11, 6, pp. 481-486.

Festinger, L. (1950), "Informal Social Communication", *Psychological Review*, 57, pp. 271-282.

Fiedler, F. E. (1964), "A Contingency Model of Leadership Effectiveness", en L. Berkowitz (ed.), *Advances in Experimental Social Psychology*, vol. 1, Academic Press, Nueva York, pp. 149-190.

——— (1967), *A theory of leadership effectiveness*, McGraw-Hill, Nueva York.

Fiedler, F. E., Chemers, M. M. y Mahar, L. (1976), *Improving Leadership Effectiveness: The Leader Match Concept*, Wiley, Nueva York.

Fiedler, F. E. y Mahar, L. (1979), "The effectiveness of Contingency Model Training: Validation of Leader Match", *Personnel Psychology*, 32, pp. 45-62.

Fisher, K. (1993), *Leading self-directed work teams: A guide to developing new team leadership skills*, McGraw-Hill, Nueva York.

Galanes, G. J., Adams, K. y Brilhart, J. K. (2000), *Communicating in Groups. Applications and Skills*, 4a. ed., McGraw-Hill, Nueva York.

Gardner, J. W. (1990), *On Leadership*, The Free Press, Nueva York.

Gerard, H. B., Wilhelmy, R. A. y Conolley, E. S. (1968), "Conformity and Group Size", *Journal of Personality and Social Psychology*, 8, pp. 79-82.

Gilchrist, J. C., Shaw, M. E. y Walker, L. C. (1954), "Some Effects of Unequel Distribution of Information in a Wheel Group Structure", *Journal of Abnormal and Social Psychology*, 49, pp. 554-556.

Graen, E. y Cashman, J. F. (1975), "A Role-Making Model of Leadership in Formal Organizations: A Developmental Approach", en J. G. Hunt y L. L. Larsen (eds.), *Leadership frontiers*, Kent State University Press, Kent, Ohio, pp. 143-165.

Gudykunst, W. y Hammer, M. R. (1988), "The Influence of Social Identity and Intimacy of Interethnic Relationships on Uncertainty Reduction Processes", *Human Communication Research*, 14, pp. 569-607.

Hackman, J. R. (1968), "Effects of Task Characteristics on Group Products", *Journal of Experimental Social Psychology*, 4, pp. 162-187.

Hoffman, L. R. (1959), "Homogeneity of Member Personality and Its Effect on Group Problem-Solving", *Journal of Abnormal and Social Psychology*, 58, pp. 27-32.

Hoffman, L. R. y Maier, N. R. F. (1961), "Quality and Acceptance of Problem Solutions by Members of Homogeneous and Heterogeneous Groups", *Journal of Abnormal and Social Psychology*, 62, pp. 401-407.

Hollander, E. P. (1978), *Leadership Dynamics*, The Free Press, Nueva York.

House, R. J. (1971), "A Path Goal Theory of Leader Effectiveness", *Administrative Science Quarterly*, 16, pp. 321-338.

Lakin, M. (1972), *Experimental Groups: The Uses of Interpersonal Encounter, Psychotherapy Groups, and Sensitivity Training*, General Learning Press, Morristown, NM.

Langfred, C. W. (1996), "Is Group Cohesiveness a Double-Edged Sword? An Investigation on the Effects of Cohesiveness on Performance", *Small Group Research*, 29, pp. 124-143.

Leavitt, H. J. (1951), "Some Effects of Certain Communication Patterns on Group Performance", *Journal of Social Psychology*, 46, pp. 38-50.

Lewin, K., Lippitt, R. y White, R. K. (1939), "Patterns of Aggressive Behavior in Experimentally Created 'social climates'", *Journal of Social Psychology*, 10, pp. 271-299.

Lucas A., García C. y Ruiz J. A. (2003), *Sociología de la comunicación*, Trotta, Valladolid.

Mabry, E. A. (1985), "The Effects of Gender Composition and Task Structure on Small Group Interaction", *Small Group Behavior*, 16, pp. 75-96.

Mann, L. (1977), "The Effect of Stimulus Queves on Queve-Joining Behavior", *Journal of Personality and Social Psychology*, 35, pp. 437-442.

McGuire, J. M. (1973), "Aggression and Sociometric Status with Preschool Children", *Sociometry*, 36, pp. 542-549.

Moreno, J. L. (1946), *Psychodrama*, Beacon House, Nueva York.

Mullen, B., Anthony, T., Salas, E. y Driskell, J. E. (1995), "Group Cohesiveness and Quality of Decision Making: An Integration of Tests of the Groupthink Hypothesis", *Small Group Research*, 25, pp. 189-204.

Shaw, M. E. (1964), "Communication Networks", en L. Berkowitz (ed.), *Advances in Experimental Social Psychology*, vol. 1, Academic Press, Nueva York, pp. 111-147.

——— (1981), *Group Dynamics: The Psychology of Small Group Behavior*, 3a. ed., McGraw-Hill, Nueva York.

——— (1988), "Dinámica de grupo", en Carlos Fernández Collado y Gordon L. Dahnke (eds.), *La Comunicación Humana*. Ciencia Social, McGraw-Hill, México, D.F.

Shaw, M. E. y Gouran, D. S. (1990), "Group Dynamics and Communication", en Gordon L. Dahnke, Carlos Fernández Collado y Glen W. Clatterbuck (eds.), *Human Communication. Theory and Research*, Wadsworth, Belmont, California.

Smith, P. B. (1980), "The Outcome of Sensitivity Training and Encounter", en P. B. Smith (ed.), *Small Groups and Personal Change*, Methuen, Londres, pp. 25-55.

Smith, P. B. y Peterson, M. F. (1989), *Leadership, Organizations and Culture: An Event Management Model*, Sage Publications, Londres.

Sorrentino, R. y Boutillier, R. (1975), "The effect of quantity and quality of verbal interaction on ratings of leadership ability", *Journal of Experimental Social Psychology*, 11.

Spillman, B., Spillman, R. y Reinking, K. (1981), "Leadership Emergence: Dynamic Analysis of the Effects of Sex and Androgyny", *Small Group Behavior*, 12, pp. 139-158.

Steiner, I. D. (1972), *Group process and productivity*, Academic Press, Nueva York.

Stogdill, R. (1974), *Handbook of Leadership*, Nueva York, Collier McMillan Ltd.

Tannenbaum, R. y Massarik, F. (1957), "Leadership: A Frame of Reference", *Management Science*, 4, pp. 1-19.

Thibaut, J. W. y Kelley, H. H. (1959), *The Social Psychology of Groups*, Wiley, Nueva York.

Tubbs, S. L. (2005), *A Systems Approach to Small Group Interaction with CD-ROM and PowerWeb*, 9a. ed., McGraw-Hill, Nueva York.

Tubbs, J. W. y Moss, S. (2005), *Human Communication*, 10a. ed., McGraw-Hill, Nueva York.

Wahrman, R. (1977), "Status, Deviance, Sanctions, and Group Discussion", *Small Group Behavior*, 8, pp. 147-168.

White, R. y Lippitt, R. (1990), "Leader Behavior and Member Reaction in Three Social Climates", en J. Hall (ed.), *Models for Management: the Structure of Competence*, 2a. ed., The Woodlands, TX: Woodstead Press, pp. 146-172.

Yukl, G. A. (1989), *Leadership in Organizations*, Englewood Cliffs, Prentice-Hall, Nueva Jersey.

Mapa conceptual

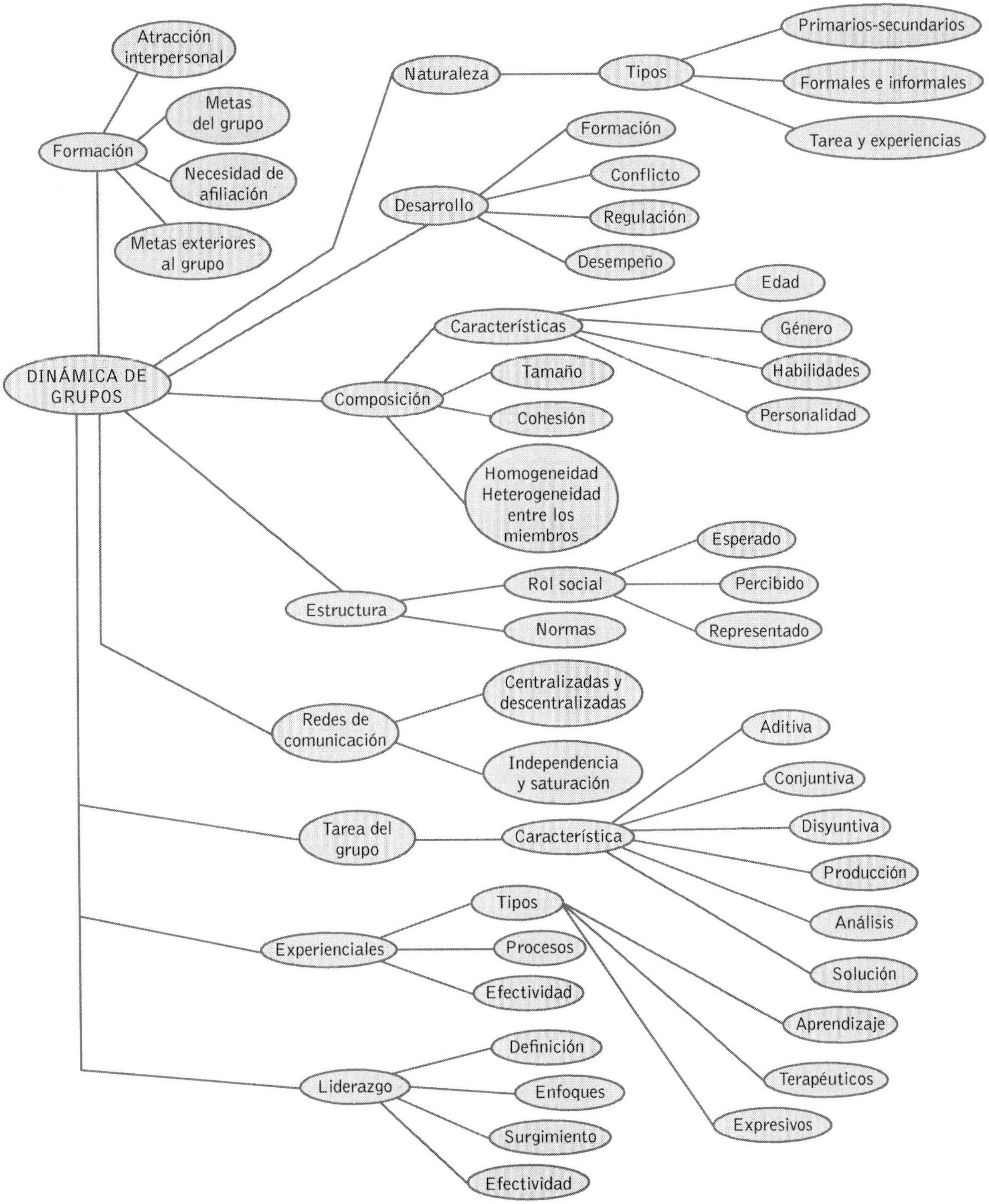

La comunicación y su importancia

Mario René Reynoso Estrada

Toda organización está integrada por personas, por grupos, departamentos, secciones, etc. En todas ellas algunos de los factores más importantes son la comunicación y la interacción de sus miembros. Existen en los individuos y en los grupos diferentes formas de comunicarse y de lograr los objetivos que se tienen programados o establecidos. De acuerdo con la forma en que sus integrantes se comunican, así se podrá obtener una mayor eficiencia y eficacia en todo lo que se quiera lograr.

Comunicación e interacción

Toda interacción o relación entre dos o más personas está determinada por un tipo de comunicación entre ambos: verbal o no verbal. Lo que las palabras o los gestos producen a través de la percepción del comportamiento de las personas puede tener un efecto muy fuerte en las relaciones laborales y en el logro de la productividad que se desee lograr en una organización.

Toda comunicación tiene tres implicaciones: afectivas, emocionales y culturales. Cada una de ellas produce un impacto en el futuro de cualquier tipo de intercambio que se pueda dar entre dos o más personas o grupos. Si tomamos en cuenta que en toda empresa existen distintos tipos de grupos y por ende, diferentes formas de relacionarse tanto al interno, como al externo de los mismos. También el hecho de ser una organización de tipo público o privado, va a motivar la forma de relaciones que se tendrán.

En Guatemala existen diferentes formas en que los jefes, dependiendo en el tipo de institución y de liderazgo que ejerzan, se comunican con sus subalternos, con sus compañeros de trabajo y con sus superiores. Recordemos que actualmente se ha dado mucha importancia a la inteligencia emocional, es decir, a la habilidad de los gerentes, jefes, supervisores y personal operativo para manejar sus emociones y las de los demás.

Generalmente en toda comunicación va una fuerte dosis de emoción que debe ser manejada por cada uno de los individuos que interactúan, es decir, entre el transmisor y el receptor, así como del medio ambiente en donde se realiza el intercambio. La emoción va ligada a las palabras y al significado que tiene para cada persona. Una palabra puede generar un acercamiento intenso y muy positivo, o puede generar un rechazo total con agresividad y rompimiento de relaciones. Todo gerente debe tener claro que la forma en que dice las cosas, las palabras que utiliza y el contexto en donde se encuentra van a influir en la transmisión de la información y del contenido que quiera informar a las personas con las que se comunica.

Comunicación y valores

Actualmente se habla de que hay una gran crisis de valores y que es necesario rescatar aquellos valores que permitan una mejor convivencia y, sobre todo, una colaboración para hacer de éste un mundo mejor para vivir.

Los valores de las organizaciones son transmitidos a través del comportamiento, las palabras y en especial por la visión y misión de las empresas. Todo ello se ve reflejado por la forma en que los altos ejecutivos actúan y son un fiel testimonio de los mismos, mediante su conducta y la forma de trato y comunicación con las personas con quienes trabaja. Uno de los problemas más serios que se tienen, actualmente, es que muchas personas, de cualquier nivel, hablan y dicen muchas cosas, pero en el momento de actuar, éstas dicen otras cosas o lo contrario.

Los valores de cualquier empresa u organización sólo serán aceptados, valorados y aceptados cuando todos los altos gerentes sean congruentes entre lo que dicen y hacen, promoviendo el ejemplo y el modelamiento de conductas, que son aceptadas por todo el personal, por el efecto de cascada. Esta transmisión de valores organizacionales, culturales, individuales y sociales sólo es posible por el intercambio de persona a persona, esa interacción en donde dos seres humanos se comunican de persona a persona con todo su ser y siendo honesto consigo mismos y con los demás.

La comunicación en instituciones públicas y privadas

Las leyes de la comunicación son aplicables a cualquier institución u organización, a cualquier nación, cultura y a cualquier ambiente. Sin embargo, cada lugar tiene sus características particulares y peculiares que hacen que la misma sea más o menos eficiente. Es importante reconocer que cada localidad tiene su propia cultura, su propio dinamismo, su particular forma de comunicación y de intercambio de información. No es posible generalizar para todos los lugares, pero sí es importante que los gerentes tomen en cuenta todos estos factores para lograr una comunicación que les permita lograr los objetivos que tienen.

Características de las instituciones

En Guatemala existe una radical diferencia entre ambas: las instituciones públicas tienen unas características muy peculiares, en donde la política, los intereses partidistas y políticos son los que predominan, y las instituciones privadas, en donde se busca la eficiencia, la productividad, las utilidades y lucrar, aunque puedan existir algunos de los males que se dan en las públicas, lo cual ya es un indicio de los objetivos que hay en cada institución para tener una comunicación más fluida y clara o una comunicación deficiente y más burocrática.

Hagamos una breve reflexión sobre esta realidad, con el fin de que usted lo aplique a los diferentes ambientes en donde labora, se ubica o se comunica.

Instituciones públicas: los cargos de alta gerencia son de tipo político y no por oposición, aunque esto ha cambiado, un poco, últimamente en nuestro medio. Por tanto, son determinados por el mismo partido político o por "compadrazgo" o situación política y no por capacidad. Esto se puede dar también en el ámbito privado, en algunos casos.

La comunicación es mucho más burocrática, es decir, se hace mucho por medio escrito, lo cual hace muy ineficiente la misma. Los memorándums, las órdenes y las grandes decisiones se toman y se comunican, tardando mucho tiempo en llegar a donde se deben cumplir las órdenes y lograr las metas propuestas. Existe una centralización de la información, no hay delegación de funciones y por tanto, se burocratiza la información. Recordemos que la comunicación informal, en un alto porcentaje, es la que permite que se logren resolver problemas severos.

Liderazgo: otro factor importante en la comunicación, es el tipo de liderazgo de los gerentes, si éstos no delegan funciones, si no realizan reuniones de intercambio de información entre los departamentos y secciones involucradas en las decisiones, cada quien tomará el rumbo que quiera y no se logrará el trabajo en equipo. Recordemos que en el ambiente público existe muy poco liderazgo por parte de las personas nombradas para los puestos más importantes. Y aquellos que son líderes al finalizar su periodo, generalmente no les interesa lo que suceda en las dependencias.

Instituciones privadas: su estructura es totalmente diferente, el nombramiento de los altos gerentes se realiza por selección y en un alto grado, por oposición, buscando siempre a la persona más idónea para ocupar el puesto. Aunque se pueden dar puestos por "compadrazgos", el fin de la institución es el de obtener ganancias y lucrar, por lo que se buscará a aquellas personas que sean lo más eficientes y eficaces posible.

La comunicación: en este caso la comunicación que se busca es la más eficiente, es decir, facilitar los canales que permitan que la comunicación sea lo más corta posible y que lleve a la toma de decisiones en el menor tiempo posible. Aunque existe todavía la comunicación por medio de memorándums y formas escritas, la comunicación por medio del correo electrónico y estar en red facilitan la misma y la hacen más eficiente.

Liderazgo: un liderazgo que permita la participación, la delegación de atribuciones y la iniciativa de las personas permite que la comunicación sea más directa y las decisiones se tomen con mayor eficiencia. Son las personas que están más cerca del problema las que toman la responsabilidad de resolverlo y luego comunicar los resultados al líder. La nueva tendencia en el área privada es que cada líder deja un "legado", es decir, un sucesor al cual va preparando en la parte final de su carrera para que ocupe su lugar. Otra característica es que promueve la formación de líderes a varios niveles.

Es importante resaltar que mucho de todo esto va a depender de la actitud, la preparación y el liderazgo que tendrán las personas que se ubiquen en puesto clave. Los futuros gerentes deben prepararse y sobre todo actualizarse constantemente, sobre todo con las nuevas tendencias y los cambios de paradigmas que se están teniendo en este nuevo milenio.

Reflexiones sobre la comunicación en el nuevo milenio

- Los gerentes del nuevo milenio deben desarrollar sus técnicas de comunicación y enseñarlas a las personas con las que trabajan.
- Es importante reconocer los grupos que existen en la organización (primario, secundario. formales e informales) y la dinámica de comunicación que tienen, pues a través de ellos logrará los objetivos que se ha propuesto.
- El contacto personal con sus equipos de trabajo, la comunicación abierta y directa entre sus miembros será una fuente de cohesión y comunicación entre gerencia y subalternos.
- La transmisión de valores organizacionales, culturales, individuales y sociales sólo es posible a través de una comunicación abierta, en donde se permita la participación de todos en el logro de los objetivos y metas establecidas.
- Las reuniones de trabajo semanales, quincenales, etc, con los departamentos o secciones deben ser planificadas y estructuradas con anticipación, comunicando claramente los objetivos, metas y logros que se desean obtener y cumplir con el horario previamente acordado.
- El gerente líder debe preparar nuevos líderes que sigan promoviendo y desarrollando los valores establecidos en la misión y visión de la organización, mediante el intercambio de información y formación, tanto por medios tecnológicos como por el contacto personal e intercambio de expectativas con sus equipos de trabajo.
- Todas las instituciones u organizaciones tienen sus características o peculiaridades; sin embargo la diferencia siempre la harán las personas que laboran en ellas. Es por ello que el liderazgo que ejerza debe llevar al desarrollo y crecimiento de sus recursos humanos.
- Programar actividades de intercambio, en donde los valores y los motivos personales y grupales se expresen y se hagan parte de la cultura organizacional, promoviendo la **interdependencia** de todos los miembros.

"La comunicación es la puerta que abre el encuentro entre dos seres humanos, que sueñan tener un mundo mejor y se comprometen a utilizar sus talentos en beneficio personal y de todos los que vivimos en este punto del espacio infinito."

Mario René Reynoso Estrada
Universidad Galileo

Capítulo Cuatro

La comunicación organizacional

Sumario

Objetivos de aprendizaje

En función de la lectura y estudio de los contenidos de este capítulo, el alumno será capaz de:

- Comprender los principales elementos de la comunicación organizacional y reconocer que es un proceso dinámico en el que están inmersos los elementos de la estructura de la organización.
- Entender las diferentes propuestas teóricas sobre la construcción de la comunicación organizacional como disciplina sistematizada, que busca el mejor funcionamiento de una organización mediante la comunicación entre los puestos gerenciales y de dirección, con sus subordinados.
- Analizar las principales características de las investigaciones que se han centrado en la comunicación organizacional desde la década de los cuarenta hasta las tendencias contemporáneas de los últimos años. Asimismo, reconocer los diversos autores que han participado en dichas investigaciones y asimilar las conclusiones a las que han llegado en la búsqueda de conceptos que expliquen los procesos de la comunicación.
- Visualizar las perspectivas que tiene la materia en estudio en el campo de la ciencia y en la construcción teórica, así como en las diversas propuestas de investigación a partir de la referencia histórica.

El estudio de la comunicación organizaciónal se ha vuelto un tema de gran interés, por lo que se han escrito infinidad de textos sobre la materia (Andrews y Baird, 2004; Argenti, 2005; Daniels, Spiker y Papa, 1997; Lucas, 2004; Lacasa, 2004; Eisenberg y Goodall, 2003; Fernández Collado, 2002; Jablin y Putnam, 2004; Miller, 2005; Stohl, 1995), lo cual demuestra que el campo de la comunicación organizacional está ocupando cada día más espacios en las universidades e instituciones de educación superior de Estados Unidos, América Latina y Europa.

Aspectos generales de la comunicación organizacional

Al estudiar las propuestas en la investigación y la teoría de la comunicación organizacional se puede percibir que hay tantas definiciones como autores. Aunque entre estas definiciones existen algunas diferencias, todas atribuyen a la comunicación características o propiedades básicas similares (Jablin, 1988, 1990):

En primer lugar, la comunicación organizacional por lo regular se considera como un *proceso* en el que no hay un inicio claro, ni un final determinado y donde siempre se refleja lo procedente e influye en lo que sigue (Andrews y Baird, 2004). Así, la comunicación organizacional consiste en una actividad *dinámica* que mantiene cierto grado de estructura, la cual, sin embargo, no es estática sino cambiante y se ajusta de acuerdo con el desarrollo de la organización.

En segundo lugar, la comunicación en las organizaciones se considera como un *sistema* que se compone de una serie de actividades interdependientes que al integrarse logran un conjunto específico de objetivos. Por tanto, la comunicación en las organizaciones se considera como un proceso que se lleva a cabo dentro de un sistema determinado de actividades interrelacionadas. La comunicación entre los miembros de una organización implica la creación, intercambio (recepción y envío), proceso y almacenamiento de *mensajes*. En esta perspectiva de la organización se asume que hay comunicación humana cuando una persona responde a un mensaje y le asigna significado (Lucas, García y Ruiz, 2003).

Mensaje
Cualquier tipo de estímulo que al ser recibido o interpretado por un miembro de la organización ocasiona que ese individuo le atribuya un significado.

Comunicación organizacional
Es un proceso de creación, intercambio, procesamiento y almacenamiento de mensajes en un sistema de objetivos determinados.

El término *mensaje* puede definirse como cualquier tipo de estímulo, que al ser recibido o interpretado por un miembro de la organización ocasiona que ese individuo le atribuya un *significado*. De esta manera, en un nivel básico podríamos pensar que la *comunicación organizacional* es un proceso de creación, intercambio, procesamiento y almacenamiento de mensajes en un sistema de objetivos determinados (Jablin, 1988, 1990).

Se debe considerar que la comunicación organizacional es diferente, cualitativa y cuantitativamente, a la comunicación que se establece en otros contextos (familiar, laboral, amistoso, etc.), debido a la presión (positiva y negativa) que se ejerce al organizar y que la organización misma pone en la comunicación. Por lo general, en las organizaciones existen divisiones formales de trabajo (especialización), jerarquía (jefes y subordinados), canales de comunicación formales e informales (de hecho, las organizaciones pueden ser consideradas como "redes de canales"), grupos de personas que interactúan, coaliciones, amplia variedad de tecnologías, etc. Estos factores aunados al contexto de la organización (gobierno, comunidad, mercado) no sólo influyen, sino que en su momento también son influidos por la naturaleza de la comunicación en la organización. De manera que cuando se estudia la comunicación organizacional es necesario analizar las relaciones entre el comportamiento del mensaje (a nivel individual, grupal y organizacional), las características de la organización y las propiedades del ambiente organizacional.

Teoría de las organizaciones y comunicación organizacional

A pesar de que las organizaciones han existido en una u otra forma desde épocas prehistóricas, no fue sino hasta principios del siglo XX que se desarrollaron y difundieron las teorías formales de la organización en sentido amplio. La mayoría de estas teorías establecen principios claros acerca de la comunicación organizacional o elaboran hipótesis implícitas acerca del rol de la comunicación en las organizaciones "eficientes". Por tanto, antes de revisar los estudios empíricos que se han realizado en torno a la materia, es necesario presentar un panorama general de las teorías organizacionales en las que se basa buena parte de esta información. Aunque existen muchos enfoques o teorías de la organización, la mayoría se puede resumir en cuatro categorías básicas: 1) teoría clásica, 2) teoría humanística, 3) teoría de los sistemas y 4) teoría contingente. En realidad, cada una de estas propuestas teóricas representa una "escuela de pensamiento", lo cual en cierta forma ha afectado el estudio y la práctica de la comunicación en las organizaciones. Como estos enfoques teóricos surgieron de manera cronológica, se procederá a describirlos en este sentido en los siguientes apartados.

Teoría clásica

La teoría clásica de las organizaciones se desarrolló desde la Revolución Industrial hasta principios del siglo XX. Uno de los logros más importantes de esta teoría fue la sistematización de la actividad industrial para perfeccionar la forma en que las organizaciones deberían estar estructuradas y alcanzar la manera óptima de operar. La teoría clásica y su perspectiva general acerca de la comuni-

Frederick W. Taylor

Método de Taylor
Estudia cada una de las operaciones necesarias para realizar una tarea y determina los principios que optimizan su desempeño en la producción mediante el estudio de los "tiempos y movimientos".

cación en las organizaciones está representada de manera notable en los escritos de Frederick W. Taylor (1911), Henri Fayol (1929) y Max Weber (1947).

Frederick W. Taylor —ingeniero e inventor estadounidense— intentó establecer en su libro *The Principles of Scientific Management*, publicado en 1911, una serie de principios que permitieran a los administradores determinar los métodos más eficaces o científicos para que los obreros realizaran mejor su trabajo. Este autor afirmó que podía optimizar la producción de cualquier industria con base en el estudio de los "tiempos y movimientos", nombre con el que también se identifican sus ideas. El *método de Taylor* estudia cada una de las operaciones necesarias para desempeñar de manera óptima una tarea —con base en observaciones y experimentaciones— sobre la aplicación de la administración científica en la industria del acero. Taylor fue uno de los primeros exponentes de lo que en la actualidad se conoce como *ingeniería industrial* (Andrews y Baird, 2004; Jablin, 1988; Martínez de Velasco, 2002).

Más que los principios relacionados con la ingeniería industrial, fueron las suposiciones de Taylor acerca de la motivación humana los que repercutieron sobre la teoría y la práctica de la comunicación en las organizaciones. En esencia, la administración científica veía a los trabajadores exclusivamente desde una perspectiva económica, motivados por recompensas de tipo material. Además, Taylor consideraba al obrero en general como una persona tonta y perezosa, incapaz de determinar por sí mismo la forma en que podría realizar mejor su trabajo sin instrucciones específicas de la gerencia. En consecuencia, Taylor aconsejó a la gerencia que cuando se comunicara con los obreros fijara su atención en las recompensas materiales (salarios), que utilizara un tono de voz áspero o autoritario y que no permitiera a los obreros "rezongar" (Taylor, 1911: p. 46). En pocas palabras, la administración científica sostenía un modelo de comunicación organizacional muy lineal y descendente (Andrews y Baird, 2004; Jablin, 1990).

Taylor siguió desarrollando sus teorías de manera más elaborada, y para comienzos del siglo XX sus principios de administración científica habían sido aplicados de manera amplia en el mundo industrial.

Como resultará obvio para el lector, los conceptos de la administración científica enfocan su atención en las funciones del trabajador y no en las de la gerencia.

Otro autor importante de la teoría clásica de las organizaciones es el empresario e ingeniero francés Henri Fayol, quien, en su libro *General and Industrial Management*, publicado en 1929, complementó el trabajo de Taylor y estableció los 14 principios "universales" de administración, los cuales creó a partir de sus experiencias como administrador en una compañía minera de origen francés y que, explícita e implícitamente, sugieren varios principios de comunicación en las organizaciones.

Henri Fayol

Los principios que se enlazan de manera directa con el estudio y la práctica de la comunicación organizacional son aquellos que están relacionados con la estructuración de las tareas y la autoridad en las organizaciones. En particular, hay tres principios afines que sobresalen por su importancia: *a*) la *unidad de dirección*, *b*) *cadena en escalafón* y *c*) *unidad de mando*. Cada uno de estos principios está relacionado con la comunicación vertical en las organizaciones; sin embargo, la *cadena en escalafón* implica la existencia de comunicación horizontal. De manera sencilla, puede decirse que el principio de *unidad de dirección* se refiere a que las funciones deben asignarse por departamentos y que sus operaciones deben ser dirigidas por un solo gerente. La *cadena en escalafón* sugiere que en la organización debería existir una "escala gradual de superiores": desde los que ocupan los puestos más altos hasta los de menor escala en autoridad. Esta escala o cadena, además, debería ser el medio para llevar a cabo la comunicación ascendente y descendente. No obstante, el principio implica también la comunicación horizontal preautorizada, que permite a los gerentes de igual categoría comunicarse directamente (lo que se conoce como *puente de Fayol*). En los últimos tiempos, un ejemplo de este proceso ha reaparecido como una idea defendida en el gobierno federal de Estados Unidos. Un fracaso de Comunicación entre agencias federales, como el FBI o la CIA, fue citada por algunas autoridades como un factor muy importante que hizo posible que los terroristas atacaran los edificios del World Trade Center el 11 de septiembre del 2001 (Flynn, 2002; DeFleur *et al.*, 2005).

Por último, el principio de *unidad de mando* establece que un gerente nunca debe violar la cadena de mando y tratar con un subordinado ignorando al superior del mismo. En este sentido, los principios de Fayol establecen las estructuras piramidales en las organizaciones con escalas jerárquicas muy diferenciadas (con funciones divididas), en las que la comunicación es controlada cuidadosamente y sigue la cadena de mando jerárquica en la toma de decisiones de la organización (Jablin, 1988).

Muchos autores están de acuerdo en que el libro de Max Weber, *Theory of Social and Economic Organizations*, publicado en 1947, representa la culminación de los principios de la teoría organizacional clásica. Weber trató de determinar una forma de organización que sirviera mejor a las crecientes y cada vez más complejas necesidades de la sociedad industrial. Los estudios y análisis que realizó en torno a este objetivo lo llevaron a plantear una teoría plenamente sistematizada acerca de la estructura de la autoridad en las organizaciones. La *Teoría de las organizaciones económicas y sociales* es un libro que bosqueja la teoría weberiana de la burocracia. Esta obra, además de reiterar varios de los principios de otros teóricos clásicos (especialización del trabajo, unidad de mando, cadena en escalafón), sugiere que las organizaciones se deben gobernar por normas, reglas

Unidad de dirección

Las funciones atribuidas deben asignarse por departamentos y sus operaciones deben ser dirigidas por un solo gerente.

Cadena de escalafón

Sugiere que en la organización debería existir una escala gradual de superiores, desde los que ocupan los puestos más altos hasta los de menor escala en autoridad.

Puente de Fayol

Se refiere a la comunicación horizontal preautorizada, que permite a los gerentes de igual categoría comunicarse entre sí.

Unidad de mando

Establece que un gerente nunca debe violar la cadena de mando y tratar con un subordinado ignorando al superior del mismo.

y estándares de operación precisos, concebidos para asegurar la predecibilidad de la ejecución y la coordinación de las tareas.

Weber sostiene que cada "funcionario" de una organización debe interactuar con otros empleados de la manera más impersonal y formal que sea posible. De acuerdo con la teoría burocrática, el hecho de mantener esta "distancia social" dará como resultado menos problemas interpersonales y menos conflictos entre los trabajadores, y, en consecuencia, una operación más eficiente de la organización.

En resumen, la teoría clásica de la organización se caracteriza por:

a) favorecer estructuras piramidales en las organizaciones altamente diferenciadas;
b) restringir la interacción entre los miembros de la organización;
c) establecer procesos de comunicación vertical (orientados hacia el flujo descendente de la información);
d) proponer los procesos centralizados de control/decisión;
e) la proliferación de reglas y reglamentos, y
f) una orientación hacia la motivación de los empleados basada primordialmente en el temor y la necesidad económica.

Además, se debe indicar que la perspectiva clásica mostró poco interés en los efectos que el ambiente organizacional tiene sobre el funcionamiento interno de las mismas, ya que cuando ésta se desarrolló el ambiente de las organizaciones tendía a ser estable y homogéneo (había suficiente trabajo, materia prima y mercados para los productos y pocas reglamentaciones gubernamentales).

Teoría humanística

Desarrollada hacia mediados de los años treinta, a esta corriente se le considera, de alguna manera, como la respuesta al enfoque clásico de las organizaciones. Los estudios Hawthorne (Mayo, 1933; Roethlisberger y Dickson, 1939), considerados como el inicio de este movimiento, se realizaron durante más de cinco años en la planta de la Western Electric Company de Hawthorne, con el objetivo de explorar diferentes principios de la administración científica. Uno de los primeros estudios que se llevaron a cabo estaba relacionado con los efectos que las variaciones de la intensidad de la iluminación tendrían en la productividad de los obreros. El resultado de éste y otros estudios que se realizaron condujo al equipo de investigación a concluir que la productividad de los obreros no sólo depende de las condiciones físicas de trabajo, la psicología de los trabajadores y los incentivos económicos, sino también de elementos como las relaciones interpersonales entre los obreros, las normas de grupo y la forma de supervisión del liderazgo. El resultado de los estudios de Hawthorne reveló que para comprender plenamente la naturaleza de las organizaciones, es necesario observarlas como colectividades sociales que contienen estructuras y relaciones formales e informales donde los niveles de ejecución son hasta cierto grado afectados por los sentimientos de satisfacción en el trabajo, así como por la moral de los obreros. Además, algunos descubrimientos cuestionaron seriamente la posición clásica que considera que lo único que puede motivar a los empleados son las necesidades económicas. De hecho, la información proporcionada por el estudio Hawthorne se interpretó como indicadora de que los factores social y psicológico podrían motivar a los obreros de manera tan significativa como lo podrían hacer dichas necesidades.

Aun cuando la metodología y la manera de interpretar la información de los estudios de Hawthorne fue muy criticada, no hay duda de que ejercieron enorme influencia en el estudio de la comunicación organizacional; debido a que sus resultados se interpretaron como indicadores de que el rendimiento organizacional está estrechamente relacionado con la comprensión y el interés de la gerencia respecto de las necesidades e ideas de los trabajadores; lo que dio lugar a que surgiera un incipiente movimiento de "relaciones humanas" cuyos defensores pugnaron porque se diera más atención a la comunicación entre los obreros y la administración, y viceversa. En otras palabras, los resultados de los estudios Hawthorne mostraron apoyo creciente a la participación del trabajador en la toma de decisiones y dieron lugar a una mayor atención al proceso de comunicación ascendente en las organizaciones, a una mayor confianza y comunicación abierta entre la gerencia y los trabajadores, así como al desarrollo de la habilidad de comunicación interpersonal de los gerentes en los grupos y en la interacción en parejas. Descubrió de alguna forma la importancia de la comunicación informal dentro de las organizaciones. El estudio de las redes informales y los tipos de comunicación que surgen dentro de esta parte de la organización se convirtió en el centro de atención de los científicos de la comunicación y de los especialistas en administración.

Teoría *X*

Retoma elementos de la teoría clásica y propone que es necesario dirigir y amenazar a los empleados para que cumplan con sus labores.

Los trabajos del profesor de la Universidad de Harvard, Elton Mayo y del directivo de la compañía Bell Telephone, Chester Barnard, dieron origen a tres diferentes teorías de las relaciones humanas en la organización: la teoría *X* y *Y* de Douglas McGregor (1960), la teoría de la administración participativa de Chris Argyris (1957) y los modelos de diseño de organizaciones propuestos por Rensis Likert (1961, 1967).

Teoría *Y*

Señala que se debe motivar a los empleados para que tomen decisiones, de tal manera que puedan desarrollar su capacidad intelectual y aprender a satisfacer sus necesidades mediante el trabajo.

McGregor, en su ya clásico libro *The Human Side of Enterprise*, publicado en 1960, propone dos teorías sobre la naturaleza humana, la *teoría X* y la *teoría Y*. La primera es similar al enfoque clásico sobre la naturaleza de las motivaciones del trabajador; señala que a los empleados les disgusta trabajar, por tanto, es

Douglas McGregor

necesario obligarlos, dirigirlos y amenazarlos para que cumplan con su labor adecuadamente; les falta ambición, evitan la responsabilidad y los mueve primordialmente su necesidad de seguridad. En contraste, la teoría *Y* se basa en la postura de Abraham Maslow (1955) con respecto a la motivación humana y propone que el trabajo es tan natural como el juego, que los empleados desean tener responsabilidades y oportunidades que los motiven para utilizar su capacidad intelectual y a desarrollar su creatividad en la satisfacción de sus necesidades personales y de autoactualización. De acuerdo con McGregor, la teoría *Y* supone que las personas ejercerán la autodirección y el autocontrol en el logro de los objetivos de las organizaciones "hasta el grado en que se comprometan con ellos" (p. 56). En consecuencia, McGregor sostenía que abriendo los canales de comunicación entre los trabajadores y la administración se podrían establecer objetivos compartidos (es decir, se lograría la integración de las necesidades individuales y las organizacionales), y, por consiguiente, un mayor compromiso de trabajo y niveles más altos de rendimiento y satisfacción (Andrews y Baird, 2004; Jablin, 1988, 1990; Martínez de Velasco, 2002).

De manera parecida a McGregor, Chris Argyris (1957) sostiene que las organizaciones, con sus definiciones, estructuras y formalismos, son una limitante para el ser humano, ya que se contraponen a su madurez, autonomía, responsabilidad y desarrollo. Como resultado de lo anterior, Argyris propone la *administración participativa* como el mecanismo más adecuado para aprovechar el potencial real de los individuos, así como otros puntos clave para el enriquecimiento del trabajo. En su obra clásica *Personality and Organization*, Argyris argumenta que el individuo común se siente frustrado en una organización formal, ya que ésta se opone a su desarrollo personal al alentar la dependencia, restringir el uso de sus habilidades, fomentar la pasividad y limitar sus perspectivas. Argyris concluye que se puede corregir esta situación fomentando la participación de los trabajadores en la toma de decisiones, con una dirección centrada en el empleado y con el enriquecimiento del trabajo, entre otras cosas.

Administración participativa
Fomenta la participación de los trabajadores en la toma de decisiones con una dirección centrada en el empleado y con el enriquecimiento del trabajo.

El profesor de la Universidad de Michigan, Rensis Likert (1961, 1967), señala que la administración se divide en cuatro sistemas: el sistema 1 de Likert (explotador-autoritario), que es similar a la teoría *X* de McGregor y sus supuestos administrativos, y el sistema 4 (participativo), es semejante a las suposiciones de la teoría *Y*, y entre éstos se encuentran los sistemas 2 y 3 (benevolente-autoritario y consultivo). Desde la perspectiva de la comunicación, el pasar de los sistemas 1 a 4 supone que hay mejor comunicación y mayor confianza entre el superior y el subordinado, que este último participa en la toma de decisiones, que se han abierto canales de comunicación ascendente, descendente y horizontal en la organización, y que se produce una retroalimentación correcta, así como propuestas abiertas acerca de las políticas organizacionales y la toma de decisiones (Jablin, 1990). Esta teoría propone que todo ser humano tiene el potencial de querer y aceptar responsabilidades para autodirigirse, autocontrolarse y ser creativo en su trabajo. Con base en lo anterior, el autor propone la *administración por objetivos* en la que el empleado es responsable y determina sus objetivos con la ayuda y colaboración de un mando superior —no con su supervisión— (Martínez de Velasco, 2002). Según Likert, las organizaciones que adoptan el sistema 4 de administración son más eficientes que las que utilizan cualquier otro.

Administración por objetivos
Señala que el empleado es responsable y determina sus objetivos con la ayuda y colaboración de un mando superior.

Las teorías de las relaciones humanas hicieron evidentes que los lazos sociales existentes entre trabajadores, así como sus patrones de comunicación informal, fueron factores muy importantes en la vinculación del obrero con la organización (DeFleur *et al.*, 2005). En resumen, los enfoques humanísticos de la teoría organizacional pugnan por:

a) la participación de los empleados de niveles bajos en la toma de decisiones de la organización;
b) el incremento de la comunicación abierta y la confianza entre los elementos de la organización;
c) el flujo libre de la comunicación a través de varios canales;
d) la integración de los objetivos individuales y organizacionales;
e) un mayor interés y preocupación hacia el desarrollo y autoactualización de los trabajadores;
f) un estilo de liderazgo centrado en el empleado y, en general, en los procesos amplios de interacción.

En contraste con los teóricos clásicos, los humanistas proponen una organización justa que base su estructura en la atención a los más bajos niveles de jerarquía y en la integración en la organización (colaboración). Por otro lado, y de manera similar a como pensaban los clásicos, los defensores de las relaciones humanas consideran que su enfoque es aplicable a todas las organizaciones y muestran poco interés en los efectos que pueda tener el ambiente organizacional en su funcionamiento.

Teoría de los sistemas
Señala que la organización es un sistema compuesto por un conjunto de elementos interrelacionados entre sí y con fronteras identificables.

Perspectiva de sistema cerrado
De acuerdo con ésta, las organizaciones se contienen a sí mismas y operan en forma racional y determinista, con plena independencia del ambiente organizacional.

Perspectiva de sistema abierto
Desde este punto de vista las organizaciones son un sistema en transformación que está en relación dinámica con su ambiente.

Teoría de los sistemas

La *teoría de los sistemas* parte de la premisa de que la organización es un sistema compuesto por un conjunto de elementos interrelacionados entre sí y, al menos en un nivel abstracto, con fronteras identificables. El objetivo de la organización es alcanzar la eficiencia óptima, donde el resultado sea mayor que la suma de las partes (Fernández Collado, 2002; Razik y Swanson, 1995). Sin embargo, debe observarse que cuando se hace referencia a una organización como sistema, se le puede considerar como un *sistema cerrado* o bien, como un *sistema abierto*. Tanto teóricos clásicos de la organización, como los que sostienen el enfoque humanista, suelen considerar a las organizaciones como sistemas cerrados. Una perspectiva de sistema cerrado de las organizaciones señala que éstas se contienen a sí mismas y operan en forma racional y determinista, con plena independencia del ambiente organizacional. Por otro lado, quienes las consideran como un sistema abierto, las suponen un sistema en transformación que está en relación dinámica con su ambiente. En este sentido, "la perspectiva del sistema abierto evoca un patrón más incierto, menos determinista en las relaciones internas de la organización" (Kast y Rosenzweig, 1973: 12).

Aunque alguno de los primeros teóricos importantes de la organización (Barnard, 1938) sostenía que las instituciones se debían considerar como sistemas abiertos, esta perspectiva no fue aceptada hasta mediados del siglo XX. Aplicando diversos principios de la teoría de los sistemas generales (Bertalanffy, 1950), Katz y Kahn (1966) proporcionan en su *Social Psychology of Organizations* una de las explicaciones más amplias y tal vez la que más influye en la aplicación de la teoría de los sistemas abiertos a las organizaciones. En términos sencillos, los autores sugieren que las organizaciones poseen las siguientes características:

- Están compuestas de partes interdependientes que sólo se pueden comprender si se abarca al sistema en su totalidad.
- Para sobrevivir intercambian "energía" (importación-transformación-exportación, productos, materiales informativos, etc.) con su ambiente.
- Adquieren "entropía negativa" maximizando su tasa de importación respecto a la exportación de energía, de manera que posean suficientes recursos para operar diariamente y tener reservas para los periodos de crisis económica.
- Se ven como sistemas en equilibrio dinámico (estado uniforme), con su ambiente, en proceso constante de adaptación.
- Se mantienen en equilibrio con su ambiente retroalimentándose de él en forma positiva y negativa.
- Se mueven hacia una mayor y no a una menor diferenciación (o elaboración).
- Persiguen múltiples objetivos o propósitos y obtienen los mismos resultados finales a partir de diferentes condiciones iniciales, aun cuando sigan rumbos distintos (principio de "equifinalidad").

En resumen, el enfoque de los sistemas abiertos en las organizaciones combina realmente la fuerza de las perspectivas clásica y humanista, pero las une de una manera flexible, heurística. La teoría de los sistemas abiertos reconoce que las organizaciones se componen tanto de subsistemas funcionales (énfasis clásico), como de subsistemas sociales (énfasis humanista) y que éstos se encuentran interrelacionados de manera dinámica. El enfoque de los sistemas abiertos reconoce que las organizaciones dependen de su ambiente y que, a la larga, su sobrevivencia depende de la habilidad que tengan para desarrollar y comprender la retroalimentación ambiental. Desde la perspectiva de los sistemas abiertos, una organización exitosa es la que maneja de manera eficiente sus relaciones y circula tanto entre sus subsistemas, como entre sus suprasistemas. Este enfoque, además, debe considerar como implícito en la teoría de los sistemas abiertos que la mejor manera de funcionar de una organización es mediante un sistema de comunicación. La importancia de este fenómeno ha ido aumentando desde la Escuela Clásica hasta la Escuela Sistémica, considerándose en esta última no sólo como un medio para controlar la conducta de los trabajadores sino como el cemento que mantiene unidas las unidades de esta organización (Byers, 1997; Lucas, García y Ruiz, 2003).

Teoría contingente

La mayor parte de las teorías organizacionales contemporáneas son teorías contingentes y son el resultado directo de considerar a las organizaciones como sistemas abiertos. De acuerdo con Lorsch y Lawrence (1970: 1), "fundamentalmente este nuevo enfoque propone que el funcionamiento interno de las organizaciones debe ser congruente con las demandas de las tareas de la organización, la tecnología, el ambiente externo o las necesidades de sus miembros, si es que pretende ser eficiente". En esencia, la *teoría contingente* señala que lo que es eficiente en una organización, puede no serlo en otra, ya que la configuración de las tareas, la gente, la estructura y los subsistemas ambientales pueden variar de una organización a otra. Por ello, el objetivo de los teóricos de la contingencia consiste en identificar cuáles son las formas más eficaces para organizarse de acuerdo con las configuraciones variables de los subsistemas organizacionales internos y externos (Razik y Swanson, 1995).

El sociólogo Burns y el psicólogo Stalker son dos de los primeros autores de esta corriente de pensamiento organizacional. En una investigación realizada en 1961 en 20 empresas inglesas, descubrieron dos formas básicas de sistemas administrativos que obtenían buenos resultados en diferentes condiciones de estabilidad ambiental. Encontraron que el *sistema mecanicista* era funcional en las organizaciones donde existía un ambiente estable, un alto grado de diferenciación funcional, reglamentos precisos, patrones de comunicación vertical y estrictos controles de conducta en el trabajo. En contraste, descubrieron que para las organizaciones que tenían un ambiente cuyas condiciones económicas y técnicas eran cambiantes era más apropiado un *sistema orgánico.* Las formas

Teoría contingente
Propone que el funcionamiento interno de las organizaciones debe ser congruente con las demandas de la organización, la tecnología, el ambiente externo o las necesidades de sus miembros.

Sistema mecanicista
Organización en la que el ambiente económico es estable, existen reglamentos precisos, patrones de comunicación vertical y rígidos controles de conducta.

Sistema orgánico
Organización que funciona con una estructura de comunicación en la que se considera a todos sus miembros para la toma de decisiones y existe un flujo lateral de mensajes.

orgánicas de organización se caracterizaban por tener un intercambio de conocimientos y experiencias, contar con la participación de los miembros de la organización en la toma de decisiones, incluir una estructura (red) de comunicación, poseer un flujo lateral de los mensajes, conformados usualmente a manera de sugerencias en vez de instrucciones o decisiones, y centros de control y autoridad adecuados. En este sentido, las investigaciones de Burns y Stalker señalan que la configuración del ambiente de una organización (en este caso el nivel de cambio o estabilidad en el medio) afecta al tipo de sistema de administración y comunicación adecuado para una organización (Jablin, 1988, 1990; Razik y Swanson, 1995).

Por otro lado, las investigaciones de Joan Woodward (1965), una de las principales autoras de esta corriente, han demostrado que una tecnología básica de organización nodal en una empresa es importante para determinar la forma de estructurar y administrar una organización y que en las empresas industriales se pueden identificar tres tipos básicos de tecnología:

1. producción unitaria de pequeños lotes (producción de pequeños lotes de productos individuales usualmente complejos y fabricados a mano);
2. producción masiva o de lotes a gran escala (la línea de producción en cadena), y
3. producción elaborada (manufactura de flujo continuo, por ejemplo, productos químicos).

En general, sus descubrimientos indican que la actitud y la conducta "eficaces" de los miembros de la organización dependen mucho de la tecnología nodal en las organizaciones; por ejemplo, en relación con las variables de la comunicación, descubrió que la cantidad de comunicación verbal es mayor y más elaborada en las tecnologías unitarias que en las tecnologías de producción masiva; sin embargo, en estas últimas hay más comunicación escrita que en los otros tipos de tecnología.

Lawrence y Lorsch (1967), miembros de la escuela de negocios de la Universidad de Harvard, exploraron los efectos que tiene la variación del ambiente organizacional en la forma en que las organizaciones están estructuralmente diferenciadas e integradas. Los resultados indican que las organizaciones que alcanzan el éxito adaptan sus estructuras a la proporción de incertidumbre que existe en su ambiente y que, independientemente del grado de incertidumbre ambiental, son las que están muy integradas. Sin embargo, sus descubrimientos indican que los mecanismos necesarios para lograr un alto estado de integración varían según el medio en que esté situada la empresa. En esencia, señalan que cuanta más incertidumbre exista en el ambiente mayor esfuerzo se requiere (en términos de tiempo, personal, procedimientos, etc.) para lograr una cantidad considerable de colaboración y comunicación real entre los departamentos y las personas.

En resumen, un enfoque contingente de la conducta y del diseño empresarial se basa en los principios de la teoría de los sistemas abiertos y afirma que la eficiencia empresarial es el resultado del grado en que una organización pueda adaptar su estructura, su política, etc., a la configuración de las variables situacionales (tecnología, ambiente, gente, cultura), en la que encaja. En consecuencia, esta perspectiva supone que no hay una mejor forma para diseñar un sistema de comunicación en una organización, y que cuando se realiza una investigación empírica relacionada con la comunicación en las organizaciones deben considerarse varios factores circunstanciales.

Tendencias de la investigación en la comunicación organizacional

La investigación contemporánea en torno a la comunicación organizacional se caracteriza porque la comunicación ha sido explícitamente el centro de estudio en las empresas mediante el uso de técnicas científicas de recolección de datos (cualitativas y cuantitativas). En términos generales, la era de la investigación de la comunicación organizacional moderna nació poco después de la Segunda Guerra Mundial; así que en esta sección se abordarán principalmente los temas de investigación y las tendencias que han dominado el estudio de la comunicación organizacional desde 1940 (Jablin, 1988, 1990).

Década de 1940: la era de la información

La década de 1940, periodo en que tuvo lugar el movimiento de "las relaciones humanas", ha sido calificada desde la óptica de la comunicación organizacional como la era de la información. Durante esta etapa la información ganó popularidad, y el lema era "un empleado informado es un empleado feliz y productivo". Las empresas utilizaron bastante tiempo y recursos en proporcionar al empleado información acerca de hechos pertinentes de sus empresas; por ejemplo, el crecimiento de la organización, la posición en el mercado y la situación financiera. Uno de los medios principales con los que se transmitía esta información eran las publicaciones que los empleados escribían, como manuales y boletines de noticias. Los investigadores trataban de descubrir cómo transmitir mejor a los empleados lo que Katz y Kahn (1966) habían llamado "información de carácter ideológico"; es decir, información que les inculcara un sentido de compromiso con la misión de su empresa. De lo anterior se concluye que, al parecer, los problemas prioritarios de la investigación en esta década eran determinar qué efecto tenían en los empleados los medios de comunicación masiva descendentes dirigidos, y si un empleado informado era un empleado productivo.

Década de 1950: redes, clima y retroalimentación

Durante la década de 1950 nacieron tres nuevas y claras direcciones de la investigación en la comunicación organizacional, prosiguieron los estudios de la comunicación descendente dirigida iniciados en la década anterior, y comenzaron a aparecer en los textos de investigación teórica, la teoría de los sistemas generales y la propuesta de los sistemas abiertos de comunicación organizacional. Una de las más importantes líneas de investigación que destacaron durante este periodo estuvo representada por los pequeños grupos de estudio de redes organizacionales, cuyos descubrimientos indicaban que: *a*) los grupos que no tenían una estructura predeterminada (por los investigadores) generalmente formaban redes de comunicación en respuesta al tipo de trabajo que realizaban; *b*) los miembros de redes descentralizadas tendían a sentirse más satisfechos que los miembros de las redes muy centralizadas; *c*) las redes centralizadas no eran tan flexibles o adaptables como las descentralizadas; *d*) surgían más líderes entre quienes ocupaban posiciones centralizadas en el grupo que entre quienes ocupaban posiciones periféricas.

Otros enfoques significativos del análisis de las redes de comunicación en sistemas complejos se desarrollaron también durante esa década y justifican su revisión; particularmente interesantes son las investigaciones de Jacobson y Seashore (1951) y de Weiss y Jacobson (1955); al cuestionar el hecho de que la comunicación en las organizaciones siguiera la estructura organizacional formal, estos investigadores desarrollaron técnicas para trazar las estructuras de comunicación que emergen en las organizaciones. Después de obtener informes personales de los contactos de comunicación comunes entre los miembros de la organización, y ordenar los eslabones en matrices de quién le habla a quién, Jacobson y sus colegas identificaron ciertos roles específicos de la *red de comunicación* miembros de grupo (individuos que tienen conexiones más con personas de su grupo que con personas fuera de él) y aislados (individuos que no se comunican en forma recíproca con otros miembros de la organización). Durante esta misma década, Keith Davis (1953) desarrolló su técnica de análisis de canales de comunicación episódica en las organizaciones (ECCO, por sus siglas en inglés), que ha probado ser de utilidad. Esta técnica consiste en trazar las redes del "rumor" en las organizaciones.

Red de comunicación
Estructura de comunicación que existe en una organización, es decir, relación que se establece entre los empleados a partir de su posición en el grupo.

Al mismo tiempo que los análisis de redes, se comenzaron a realizar estudios de comunicación organizacional en la Universidad de Purdue, los cuales se ocuparon de reunir información sobre la actitud y la sensibilidad de los empleados con respecto a la comunicación (investigación del *clima organizacional*) y dieron como resultado un paradigma de investigación orientado a separar las conductas y actitudes eficaces de las ineficaces (éstas serían determinadas por los niveles más altos de la administración) de supervisores líderes. Esta propuesta de análisis dominó desde entonces un área considerable de la investigación del clima sobre la comunicación en las organizaciones.

Clima organizacional
Actitud y sensibilidad de los empleados respecto a la comunicación.

Íntimamente relacionados con la investigación sobre el clima que se estaba realizando en la Universidad de Purdue estaban varios estudios que examinaban los procesos de *retroalimentación interpersonal* dentro de las organizaciones. Los resultados mostraron que la comunicación con retroalimentación abierta (bilateral), específica del emisor al receptor (y viceversa) incrementaban la exactitud en las tareas ejecutadas, y el sentimiento personal de estarlas realizando correctamente. Estos resultados sugieren que cuanto más apoyo se dé a la retroalimentación positiva, en oposición a la amenaza personal o derogatoria, será mayor la aceptación por parte de quienes la reciban (Jablin, 1988, 1990).

Retroalimentación interpersonal
Comunicación bilateral entre el emisor y el receptor, y viceversa, para incrementar la exactitud en las tareas ejecutadas.

Otra propuesta de investigación relacionada con la comunicación organizacional que surgió durante este lapso, se ocupó de los impedimentos para la eficacia de la comunicación ascendente en las organizaciones. Varios estudios relevantes asociados con el Institute for Social Research de la Universidad de Michigan, examinaron temas como la distorsión de los mensajes en la comunicación ascendente, el efecto de la influencia de un jefe en la *comunicación ascendente* con sus empleados y varios moderadores de la comunicación ascendente subordinado-jefe. Estos estudios, igual que los de Purdue, se centraron en la recolección de información perceptiva o climática y llevaron a una interesante serie de conclusiones. Con respecto a la distorsión de la comunicación ascendente del subordinado al jefe, los resultados indicaron que cuanto mayores fueran las aspiraciones del empleado (el deseo de ascender en la empresa) y cuanto menos confianza sintiera con su jefe, sería más probable que se distorsionara el mensaje ascendente enviado a éste. Otra conclusión sobre la influencia ascendente es que los subordinados se sentían más satisfechos si consideraban que sus supervisores les brindaban apoyo e influían de manera considerable en los jefes de niveles más altos, que si creían que sus supervisores, aunque les brindaban apoyo con su liderazgo, en realidad tenían poca influencia en los niveles superiores de la empresa.

Comunicación ascendente
Se establece a partir de los puestos más bajos de una organización y se dirige hasta los niveles gerenciales o de dirección más altos.

La tradición de la investigación iniciada en la década de 1940, que examinó los efectos de la *comunicación descendente* dirigida hacia las actitudes de los empleados, prosiguió en la siguiente década. El punto central del estudio fue la relación entre el estado de ánimo, la satisfacción del empleado y la efectividad de la comunicación descendente. Los resultados de estos estudios y los derivados

Comunicación descendente
Se establece a partir de los niveles más altos de una organización y se dirige hacia los puestos más bajos.

de aquellos que se realizaron en la década anterior, condujeron a Redding (1972: 449) a concluir que "no se debe suponer que existe una relación automática entre cierta cantidad de información entendida por los empleados y su estado de ánimo" y que la información en las empresas se difunde con más eficacia si se utilizan diversos medios de comunicación (oral y escrita), que si se emplea sólo un medio.

Es necesario señalar que fue también durante esta década cuando los investigadores empezaron a considerar la importancia de analizar la conducta en las organizaciones desde una perspectiva de sistemas generales (Von Bertalanffy, 1950), y específicamente desde la perspectiva de los sistemas abiertos.

En resumen, los estudios de la comunicación en las organizaciones en esta etapa parecen haberse dirigido principalmente a los siguientes temas:

a) ¿Cómo afectan las redes de comunicación de grupos reducidos el rendimiento de las organizaciones y las actitudes y conducta de cada integrante del grupo?
b) ¿Cómo se pueden medir las redes de comunicación emergentes en las organizaciones?
c) ¿Qué relación existe entre las actitudes y las percepciones de los miembros de la organización acerca de su comportamiento de comunicación (principalmente ascendente y descendente) y su rendimiento en el trabajo?
d) ¿Cómo se relacionan la actitud, el desarrollo de los empleados y la retroalimentación que reciben?
e) ¿Un empleado bien informado es un empleado satisfecho?

Década de 1960: la era de las variables aisladas

La investigación de la comunicación organizacional que se desarrolló durante la década de 1960 bien se podría llamar o describir como la "era de las variables aisladas". Como observó Richetto (1977) en su estudio sobre la investigación de la comunicación en las organizaciones, es difícil resumir la investigación y la teoría de este periodo debido a que se hicieron pocos intentos por integrar los resultados en estructuras holísticas; sin embargo, la tendencia a estudiar los ambientes de comunicación dentro de las organizaciones y a analizar las redes de comunicación (iniciada en la década anterior) continuó durante esta década.

Los estudios de ambientes, sobre todo los realizados en la Universidad de Purdue, se centraron en determinar la correlación de comunicación de los "buenos" supervisores (como los conciben los subordinados, los jefes, etc.). Redding (1972: 436-446) resume el resultado de estas investigaciones al señalar que el supervisor "eficiente" es una persona que tiende a estar "orientada hacia la comunicación", alguien que es atento y sabe "escuchar", "pedir" o "persuadir", en vez de "ordenar" o "gritar"; y usualmente es bastante abierto para transmitir información a los subordinados. Sin embargo, antes de generalizar este perfil de comunicación del superior eficiente a todos los contextos organizacionales, hay que recordar el hecho de la investigación anterior, indicaba que las conductas de comunicación eficaces en la supervisión pueden ser situacionales y contingentes en relación con varios factores (Jablin, 1979, 1990).

Durante los años sesenta varios estudios del ambiente en la comunicación se dedicaron a delinear la naturaleza y los efectos de la distancia de información semántica en la comunicación jefe-subordinado. La *distancia de información semántica* "describe la brecha de información o comprensión que existe entre jefes y subordinados (o de otros grupos dentro de una organización), en relación con temas específicos" (Jablin, 1979: 1207). La investigación realizada en esta década se apoyó en los descubrimientos de los pioneros que estudiaron estos fenómenos y reveló que existen grandes brechas semánticas no sólo entre jefes y subordinados, y sobre aspectos tan simples como las obligaciones básicas en el trabajo, sino también entre los miembros de los sindicatos y sus líderes. La información obtenida indica también que con frecuencia hay confusiones semánticas en las interacciones jefe-subordinado y que, aunque el jefe hubiera ocupado antes el puesto de subordinado, existían distancias considerables, desde la óptica de la semántica, entre el jefe y el subordinado. Investigaciones posteriores sugieren que la distancia de información semántica es un problema que persiste en las organizaciones.

Distancia de información semántica
Brecha de información o comprensión que existe entre jefes y subordinados en relación con temas específicos.

Durante esta década los estudiosos del tema, además de explorar las correlaciones de los buenos supervisores, intentaron confirmar la relación que existe entre la forma en que perciben los trabajadores su participación en la toma de decisiones, y la actitud y el rendimiento en relación con el trabajo. En términos generales, los resultados de éstos y posteriores estudios en torno a la toma de decisiones han demostrado que existen relaciones erróneas entre la adopción de enfoques de participación en la toma de decisiones, y el rendimiento e incremento de la productividad. Sin embargo, algunas investigaciones sostienen que los enfoques participativos en la toma de decisiones, en oposición de los directivos, conducen a elevar el estado de ánimo y la satisfacción del empleado.

Como resultado de la aplicación de técnicas sociométricas más afinadas, los análisis de redes también avanzaron considerablemente en la década de 1960. Los investigadores de la Universidad del estado de Michigan empezaron a estudiar los roles de comunicación dentro de redes complejas de organización y, en particular, a describir las diferencias en los roles de enlace y de no-enlace. Estos estudios iban a proporcionar cierto apoyo a la "teoría magnética" de comunicación organizacional que Walton (1963) había propuesto a principios de la década, en la que planteaba que los roles "centrales" (esencialmente los de enlace) desempeñaban un papel significativo. Durante este mismo periodo, Allen y sus colaboradores (Allen, 1966; Allen y Cohen, 1969), en el Institute of Technology de Massachusetts, exploraron los canales mediante los que se difunde la información y, en particular, los roles de "portero" dentro de estas redes. Los resultados de los estudios sobre las características de los roles de enlace en las redes de comunicación indican que usualmente éstos tienen más acceso a la información, envían más mensajes, son más influyentes y tienen más contactos de comunicación que las personas con roles de no-enlace.

También se encontró que los enlaces eran "porteros" de información con más frecuencia (fuentes de información iniciales), que los no-enlace. Como Monge, Edwards y Kirste (1978) observaron: "Estos estudios presentan un perfil de miembros de enlace notablemente firme, lleno de energía, dinámico, un miembro confiable que lleva a cabo un servicio de comunicación vital para su organización."

En síntesis, los estudios de comunicación organizacional durante la década de 1960 parecen haber continuado en la misma línea de la década anterior. En general, los investigadores mantuvieron su enfoque de describir las características de las redes y climas de comunicación dentro de las organizaciones complejas. Más específicamente, esta investigación se concentró en cuatro aspectos: *a*) En determinar qué perciben los miembros de una organización como analogías de comunicación de una buena supervisión. *b*) En decidir hasta qué grado es un problema en las organizaciones la distancia semántica de la información entre jefe y subordinado. *c*) En determinar la relación que existe entre la actitud del subordinado respecto al trabajo y el grado en que se percata de su participación en la toma de decisiones. *d*) En detectar de qué manera difieren las actuales conductas de comunicación percibidas y los roles de enlace y de no-enlace dentro de la comunicación organizacional.

Década de 1970: naturaleza, cualidades y características de los climas y las redes de comunicación

Describir por categorías los rumbos que siguieron los estudios sobre la comunicación organizacional durante la década de 1970 parece ser más difícil que en cualquier otro periodo. Probablemente lo más destacado en esos años fue la importancia que los investigadores concedieron a la falta de teoría en sus estudios y a la necesidad de construir y experimentar con modelos conceptuales de procesos de comunicación organizacional. En consecuencia, durante este periodo buen número de especialistas propusieron modelos teóricos para el estudio de la comunicación organizacional.

El número de estudios que exploraron los climas de comunicación dentro de las organizaciones aumentó durante la década de 1970; incluso un análisis bibliográfico superficial señala que el clima de comunicación jefe-subordinado constituía el principal objetivo de las investigaciones. Al igual que en la década anterior, los investigadores exploraron las correlaciones de la comunicación de los jefes eficientes, la distorsión en el envío de mensajes ascendentes del subordinado al jefe y la naturaleza de la retroalimentación en la comunicación jefe-subordinado. Además, los programas de investigación se iniciaron examinando el rol y las funciones de la comunicación abierta jefe-subordinado, así como los efectos de las características personales (sexo, edad, valores) de los jefes y los subordinados en sus respectivas conductas de comunicación (McEntee y Fernández Collado, 2002).

Es posible que el mayor ímpetu para el estudio de la "apertura" en la comunicación jefe-subordinado fuese proporcionado por los teóricos de las relaciones humanas, quienes la incluían como un rasgo esencial de las organizaciones eficientes. Según Redding (1972), la *apertura en la comunicación* jefe-subordinado se compone de dos dimensiones estrechamente relacionadas: apertura tanto al enviar el mensaje como al recibirlo. Este concepto sugiere que la apertura en el envío del mensaje incluye la "revelación transparente de sentimientos, buenas o malas noticias, así como hechos importantes de la compañía", mientras que la apertura a la recepción del mensaje implica "motivar, o cuando menos permitir la expresión franca de opiniones distintas a la propia", la voluntad de escuchar "malas noticias" o "información que molesta" (Redding, 1972: 330).

Apertura en la comunicación
En la relación jefe-subordinado ambos deben estar abiertos al enviar y recibir mensajes sobre aspectos internos de los individuos y de la organización.

Las investigaciones realizadas durante los años setenta muestran que las características personales de jefes y subordinados están sujetas a una amplia diversidad de variables. Por ejemplo, los estudios señalaron que los jefes más jóvenes (de 20 a 29 años) tendían a poseer un estilo de comunicación más autoritario que los superiores de más edad (de 30 a 55 años); que a los subordinados no les agradan, de manera especial, los jefes que son comunicadores tímidos y que la percepción de la credibilidad de los subordinados en cuanto a lo que su jefe les comunica, está asociada con el grado de satisfacción que éste les proporcione. Además, ciertas averiguaciones se concentraron en diferenciar las conductas de comunicación de los superiores de sexo masculino o femenino.

Como se indicó en el apartado anterior, las investigaciones realizadas en esta época relacionadas con la identificación de la comunicación de los líderes eficaces sugieren que tal vez no exista un estilo particular de comunicación que funcione mejor en todas las situaciones. El apoyo a esta teoría contingente es considerable e indica que factores como la estructuración de la tarea, el poder (formal) de posición del líder, la calidad de las relaciones previas jefe-subordinado, el sexo, el clima organizacional, el tamaño del grupo de trabajo, la influencia ascendente del líder, etc., pueden afectar el estilo de comunicación y de liderazgo que pudiera ser eficaz en una situación determinada.

Las investigaciones que durante esa década se orientaron a explorar la distorsión de la comunicación ascendente del subordinado al jefe se basaron en los descubrimientos de las investigaciones anteriores, aunque varios estudios encontraron relaciones más débiles entre las aspiraciones de movilidad del subordinado y su inclinación a distorsionar la comunicación ascendente. También descubrieron varios factores distintos relacionados con la propensión del subordinado a distorsionar los mensajes ascendentes, por ejemplo las necesidades de seguridad del subordinado, la disposición para correr el riesgo, el clima de la organización y el tipo de liderazgo en la supervisión. Más aún, los resultados de las investigaciones mostraron que los subordinados tienden a distorsionar los mensajes que son negativos-desfavorables, más que los mensajes que son positivos-favorables (Rosen y Tessar, 1970).

Jablin (1982: 1212) advirtió en su examen de la investigación sobre la comunicación jefe-subordinado: "Probablemente una de las quejas más comunes expuestas por los jefes y por los subordinados acerca de la comunicación entre ellos, es que uno de los interactuantes no proporciona al otro retroalimentación importante en cantidad suficiente." En consecuencia, no es de sorprender que en la década de 1970 se hayan realizado muchos estudios que exploraron las características y los efectos del proceso de retroalimentación jefe-subordinado. Los resultados generales de estas investigaciones mostraron que los niveles de satisfacción en el trabajo de los subordinados estaban relacionados con la retroalimentación que recibían de sus superiores. Mejorar la comunicación entre ambos es un factor clave en la motivación de los empleados (Hymowitz, 2002).

Además, estos estudios también revelaron que el tipo y la frecuencia de la retroalimentación que reciben los subordinados de sus superiores ejerce gran influencia en la ejecución del trabajo, y viceversa, lo cual sugiere que el proceso de retroalimentación se debe considerar como un mecanismo de influencia recíproca. En este sentido, la evidencia recolectada durante este periodo revela que los estados motivacionales del subordinado pueden estar relacionados con la retroalimentación que recibe y que tanto los jefes como los subordinados prefieren recibir mensajes-respuestas que expresen una retroalimentación relacional positiva.

Un número significativo de estudios realizados durante esta década también se encaminó a delinear los patrones de interacción que caracterizan las relaciones jefe-subordinado. Los resultados de estas investigaciones, así como los de estudios anteriores, indican que los jefes pasan entre una o dos terceras partes de su tiempo interactuando en discusiones cara a cara con sus subordinados acerca de temas de trabajo. Además, estos descubrimientos sugieren que los jefes y los subordinados tienen un concepto diferente respecto a cuánto se comunican entre sí y el grado de satisfacción que estas interacciones les provocan.

Además de explorar los climas de comunicación jefe-subordinado, durante ese periodo los investigadores intentaron medir o ajustar el clima de comunicación total de las organizaciones. Aunque existen diferencias sutiles entre los sistemas elaborados para medir el clima de comunicación organizacional total, casi todos se proponían medir los siguientes tipos de variables: calidad y cantidad de comunicación ascendente y descendente, comunicación jefe-subordinado (en particular la comunicación abierta, la confianza y la influencia), los tipos de mensajes que se intercambian (enviados y recibidos) entre los miembros de la organización (diferentes fuentes de comunicación) y los canales por los que éstos viajan, así como su oportunidad y exactitud, pero sobre todo, la satisfacción respecto a la comunicación organizacional. Los resultados de estos estudios señalan que existe una relación entre la manera en que un individuo percibe el clima de comunicación en la organización y el nivel de satisfacción que su trabajo le proporciona. Sin embargo, antes de generalizar estos resultados hay que tomar en cuenta que han suscitado varios planteamientos conceptuales y metodológicos en cuanto a la manera en que midieron el clima de comunicación organizacional (Jablin, 1982).

Durante la década en estudio se incrementó también el número de análisis sobre las redes de comunicación organizacional que mostraron mayor sutileza. Una parte significativa de esta investigación se enfocó a identificar o describir las características de los roles clave de comunicación dentro de las redes, la distribución de estos roles (Farace y Johnson, 1974) y la distinción de las características estructurales de las redes de comunicación. Es probable que los análisis de redes se beneficiaron más que ninguna otra área de la investigación sobre la comunicación organizacional de los avances metodológicos durante esta década. Específicamente, fue durante este periodo cuando se desarrollaron los programas de computación, de manera que probaron ser capaces de analizar centenares de conexiones dentro de las redes de comunicación organizacional y entre los miembros que las integran. Aunque todavía existen problemas en la conceptualización y medición de las redes de comunicación, los adelantos en este periodo proporcionaron bases firmes para el progreso futuro en esta área.

Es necesario indicar que en la última década se realizaron numerosos estudios que exploraron la comunicación organizacional de grupo. En particular, dichos estudios examinaron el liderazgo (rasgos, estilos, sexo, diferencia y estrategias conversacionales), las características de las tareas (tipos y tecnología), las redes de comunicación (en laboratorios y en la práctica) y las correlaciones de comunicación en la toma de decisiones (confianza, simpatía y retroalimentación) en pequeños grupos. Los resultados de las investigaciones sobre las características inherentes a las tareas y la comunicación de grupo merecen atención especial. Sin duda alguna, los hallazgos sugieren que el tipo de tarea (producción, discusión y solución de problemas) en la que trabaja un grupo afecta los patrones de interacción y los niveles de ejecución de los miembros que lo integran. Además, las investigaciones de la tecnología de grupo (la variación y análisis de las tareas) han revelado que la tecnología no sólo afecta a los patrones internos de comunicación de grupo, sino también a las formas de comunicación utilizadas para coordinar actividades entre los grupos organizacionales. En esencia, parece que los integrantes de las organizaciones pretenden comparar su conducta y sus procesos de comunicación e información con las demandas de sus actividades particulares y las tecnologías asociadas con ellas.

En resumen, la investigación de la comunicación organizacional creció considerablemente en alcance y profundidad durante la década de 1970. Sin embargo, es probable que sea correcto concluir que la mayoría de las investigaciones se centraron en delinear la naturaleza, cualidades y características de los climas, así como de las redes de comunicación organizacional. De manera que las prioridades en la investigación de la época parecen haber estado asociadas con la intención de resolver las siguientes cuestiones: *a*) ¿Cuáles son los componentes y correlaciones de los grupos de trabajo y sobre todo de los climas de comunicación organizacional entre jefe-subordinado? y *b*) ¿Cuáles son las características del trabajo de grupo y la comunicación organizacional y, en particular, de la distribución de roles "clave" en la comunicación?

Década de 1980: la era del proceso de la comunicación organizacional

La investigación realizada en esta década se caracterizó por centrar su estudio en las organizaciones como sistemas, en la exploración de la comunicación como proceso y en la determinación de la manera en que los miembros de las organizaciones crean y recrean significados compartidos.

Al igual que en la década de los setenta, el estudio del clima de comunicación en las organizaciones (a nivel díada, grupo y organización) y en las redes continuó siendo el punto central de la investigación. Los autores trabajaron en áreas tradicionales de la comunicación como la relación superior-subordinado, específicamente en la retroalimentación y la comunicación ascendente, al igual que en la conectividad y los roles en las redes.

Durante esta década cambiaron de manera importante los enfoques empíricos y teóricos en los estudios de la comunicación organizacional. En específico, los investigadores centraron su atención en la manera en que se establecen los procesos de comunicación y posteriormente se reforman por los climas y redes organizacionales. Por ejemplo, McPhee y Poole argumentaban que los miembros de una organización producen y reproducen los climas y las redes organizacionales por medio de sus interacciones diarias (McPhee, 1985; Poole, 1985; Poole y McPhee, 1983). El clima de comunicación se percibe como un fenómeno intersubjetivo que es estructurado y reestructurado de manera continua mediante reglas de interacción evolutivas y recursos organizacionales (Falcione, Sussman y Herden, 1987; Poole, 1985).

De manera similar, inspirados en la teoría de Giddens (1981, 1983), varios autores proponen que las redes emergentes y las estructuras formales de comunicación están relacionadas, y que siempre son producidas y recreadas en la interacción, a la vez que dan forma a la interacción misma (Ranson, Hinings y Greenwood, 1980).

La década de 1980 se caracterizó también por el énfasis que los estudiosos de la cultura organizacional pusieron en los procesos de comunicación para alcanzar significados comunes, entendimientos y objetivos. Smirch (1983) sugirió cuatro enfoques fundamentales en el estudio de la cultura organizacional. Dos de ellos, *cultura y gerencia comparativa* y *cultura corporativa*, entienden la cultura como una entidad o variable que es descubierta y controlada por la gerencia. Estos enfoques, popularizados por los libros de Deal y Kennedy (1982), Ouchi (1981) y Peters y Waterman (1982), se enfocan a aspectos asociados con culturas "fuertes" y "débiles", según se manifiestan en historias, mitos, ceremonias, simbolismos, etc. Los otros dos enfoques, *cognitivo* y *simbólico*, estudian la cultura en términos de lo que es la organización *versus* lo que *tiene*, y destacan que la cultura es el único camino para entender a las organizaciones. En este sentido, los investigadores de la comunicación que exploran la *cultura* desde la perspectiva *cognitiva* tratan de entender cómo guían las reglas convencionales el comportamiento comunicacional de los miembros de una organización, mientras que los investigadores de la comunicación que adoptan la perspectiva *simbólica* examinan cómo se crea y recrea la realidad organizacional mediante símbolos compartidos y el uso del lenguaje.

Cultura cognitiva
Intenta explicar cómo guían las reglas convencionales el comportamiento comunicacional de los miembros de una organización.

Cultura simbólica
Examina cómo se crea y recrea la realidad organizacional mediante símbolos compartidos y el uso del lenguaje.

A lo anterior se suma un número importante de estudios enmarcados en la tradición retórica que analizaron el simbolismo compartido y la construcción de la realidad en las organizaciones. Entre otros temas, los investigadores estudiaron la manera en que los grupos forman visiones retóricas de sus acciones pasadas, presentes y futuras (Bormann, 1983), y cómo los procesos silogísticos explican la manera en que los miembros de la organización aprenden a identificarse y son influidos y controlados sin ser obstruidos por su institución (Cheney, 1983; Tompkins y Cheney, 1985).

Durante esa década los investigadores se enfocaron al estudio del proceso de la comunicación y de los procesos organizacionales, como lo indican en las siguientes áreas de estudio en las que se enfocaron (Jablin, 1990):

- Codificación de intercambios secuenciales de mensajes durante episodios de retroalimentación y evaluación de resultados entre superior y subordinado.

- Patrones de mensajes en varios tipos de negociaciones y conflictos.
- Procesos de comunicación por los cuales los empleados recién contratados se integran a la organización (Jablin, 1987) y las relaciones que se establecen con colegas y superiores a través del tiempo.
- Reorganización o cambio de las redes de comunicación en el transcurso del tiempo.
- Cambio de los procesos de comunicación a través de los diferentes ciclos de vida de las organizaciones.

Los investigadores, en esta década, iniciaron el análisis de los efectos que tienen las variables *macro* de las organizaciones (estructuras, tecnologías y ambientes) en la conducta de comunicación organizacional (Miles, 1980; Jablin, 1982; Klauss y Bass, 1982). Sin embargo, la mayoría de los estudios concluyeron que las organizaciones son sistemas procesadores de información (Daft y Lengel, 1986; Penley, 1982). Este enfoque propone principalmente considerar a las organizaciones como entes con sistemas de comunicación en continua adaptación que reúnen, interpretan y envían mensajes, respecto a las demandas de información asociadas con la *incertidumbre* (imposibilidad de predecir) en sus ambientes internos y externos. Desde esta perspectiva, una *organización eficiente* es aquella que relaciona de manera dinámica sus necesidades de procesamiento de datos (resultantes de su incertidumbre ambiental) con la capacidad estructural para proporcionar a los miembros de la organización la información requerida.

Organización eficiente
Es la que relaciona dinámicamente sus necesidades de procesamiento de datos con la capacidad estructural para proveer a los miembros de la organización la información requerida.

La tendencia que siguió la investigación de la comunicación organizacional durante esa década estuvo profundamente influida por los avances en la información electrónica, las tecnologías de la comunicación y la computación. Los estudios analizaron los efectos de las conferencias por computadora, el correo electrónico y las teleconferencias en los procesos de comunicación. Entre los resultados más importantes de estas investigaciones se pueden citar los siguientes:

- Los medios electrónicos alteran las diferencias de estatus organizacional.
- Como resultado del punto anterior, las estructuras jerárquicas se vuelven más planas, descentralizadas y con unidades organizacionales pequeñas.
- Aumenta el desarrollo de nuevas redes de comunicación.
- Crece el número de contactos de comunicación entre los empleados.
- Aumenta la comunicación ascendente.

Los años ochenta marcaron el inicio de una perspectiva internacional en el campo de la comunicación organizacional. Anteriormente, la mayor parte de la investigación en esta área se había realizado en organizaciones de Estados Unidos o de Europa occidental. Gudykunst, Stewart y Ting-Toomey (1985) y

Triandis y Albert (1987), por ejemplo, analizaron cómo se relacionan los ambientes organizacionales con los diferentes procesos de organización en diversas culturas. Hofstede (1980) investigó las diferencias que existen en los valores y actitudes relacionadas con el trabajo en diferentes países. Hirokawa (1981) y Stohl (1986) estudiaron la utilidad de los *círculos de calidad*, la versión japonesa de toma de decisiones participativa en empresas estadounidenses.

La investigación de la comunicación organizacional durante los ochenta señala que los académicos continuaron explorando diversas áreas de interés de décadas anteriores; sin embargo, mostraron mayor preocupación por los siguientes tres temas: *a*) ¿Cómo afectan al fenómeno de la comunicación los factores de los subsistemas y suprasistemas? *b*) ¿Cómo se transforma el fenómeno de la comunicación a través del tiempo? y *c*) ¿De qué manera los miembros de una organización crean y recrean significados compartidos mediante la comunicación?

Década de 1990: de la modernidad a la posmodernidad

En esta última sección se analizarán las tendencias que caracterizaron a los estudios de la comunicación organizacional durante esta década y en los años subsecuentes hasta finalizar el siglo.

Teoría de la administración basada en equipos

Varios teóricos han adoptado la postura de que la productividad en la organización es el resultado de la comunicación en todas direcciones: ascendente, descendente y horizontal. Esto implica que el éxito de las organizaciones dependerá de qué tan bien puedan trabajar en equipo los empleados de una empresa o institución. Edward E. Lawler (1986) señala que toda la organización debe actuar como un equipo, tomando decisiones y solucionando problemas en todos los niveles de la organización.

Bradford y Cohen (1998) señalan que en las organizaciones modernas debe existir un concepto del trabajo "posheroico" basado en la responsabilidad compartida, que deje atrás la vieja e inadecuada concepción del "Llanero solitario" que siempre llega al rescate de las empresas e instituciones. El gerente "posheroico" es definido por Bradford y Cohen (1998) como alguien que reconoce el liderazgo en los demás y que entiende que su trabajo principal es crear un grupo fuerte, interactivo, con una visión común, que dé como resultado mejores decisiones e ideas, más aprendizaje y elevación de la moral.

Gerald Ferris (2000) propuso recientemente el concepto de "habilidad política" para resaltar la importancia de que las organizaciones reconozcan el componente interpersonal, así como la necesidad de la habilidad "política" para lograr sus objetivos y, por consiguiente, el éxito de la organización. Ferris *et al.* (2000)

llegan al extremo de recomendar que las empresas e instituciones integren a sus procedimientos de reclutamiento y selección la evaluación de la "habilidad política" de sus candidatos. Cierto es que muchas organizaciones han fracasado en sus intentos de implementar la administración basada en equipos (Stewart, 1998), un hecho que según Ferris *et al.* (2000) se debe a la falta de entrenamiento en habilidades políticas de su personal. Se han introducido otros conceptos en las empresas para resaltar la importancia de la comunicación interpersonal, entre los que destacan la "inteligencia emocional" (Goleman, 1995, 1998), "el automonitoreo" (Snyder, 1987), etc., pero todos, argumentan Ferris y sus colaboradores, confluyen en el concepto de "habilidad política".

En resumen, la comunicación organizacional al final del siglo XX y principios del nuevo milenio presenta dos perspectivas opuestas. Por un lado permanece la visión modernista de las organizaciones como estructuras racionales cuyo instrumento principal para alcanzar el progreso y el orden es la comunicación; por otro, considera dos nuevas voces teóricas: la teoría crítica y la perspectiva posmoderna, que están generando formas alternas para el entendimiento de la comunicación en las empresas e instituciones. El reto para el nuevo milenio es encontrar nuevas formas de organización productiva para el trabajo que den más poder a los individuos y mantengan, al mismo tiempo, las prácticas organizativas que sostienen el delicado balance entre el ambiente, las familias y el trabajo (Eisenberg y Goodall, 2003; Daniels, Spiker y Papa, 1997).

Teoría narrativa posmoderna

La *Posmodernidad* es concebida como un proceso de revisión, y sobre todo, de evaluación crítica del "proyecto de la *Modernidad*" (sus creencias, esperanzas, razones y gustos). No implica una ruptura definitiva con el proyecto de la ilustración, sino que pretende redimensionar sus logros y fracasos con el fin de obtener una visión más coherente en relación con lo que ha sido este paradigma. Esta época de cambios ha potenciado la representación de un individuo fragmentado, cuya racionalidad ya no ocupa el centro del universo. A diferencia de la modernidad, que tipificaba al sujeto en nombre de la razón, va a potenciar las inseguridades del individuo, es decir, su falta de confianza en la razón que había regido su existencia (Rosmar y Magalys, 2003). Esto implica un planteamiento radical y una relativización de la cultura occidental moderna. Sin embargo, el pensamiento posmoderno se quiere presentar como un pensamiento situacionista y perspectivista.

En relación con la postura de algunos autores posmodernos, críticos de la actitud posmoderna, afirman encontrar cierta incoherencia, una cierta inconsistencia e inconsecuencia, incluso, cierta autocontradicción en muchas expresiones del mismo pensamiento posmoderno, pues, a veces, saltan por encima de sus propias afirmaciones y pueden resultar paradójicas. Por otra parte, consideran que no se puede alegar que "la Posmodernidad es de algún modo [sólo] una gran puerta de entrada hacia una nueva civilización" (Lanz, 2000: 34), pues pareciera que algunos autores posmodernos se han quedado merodeando en esa puerta de entrada durante décadas, sin ir nunca más allá de ella. Ciertamente, la Posmodernidad es una gran puerta de entrada hacia un futuro más promisorio, que ha asumido cierto liderazgo y que precisamente por eso, también recae sobre la orientación posmoderna la urgencia de búsqueda y estructuración de una fundamentación epistemológica adecuada que la sustente (Martínez, 2004).

El periodo posmoderno en la comunicación organizacional se caracteriza por tres narrativas fundamentales:

- La condición posmoderna de Jean-Francois Lyotard. Este filósofo francés plantea en su obra que la historia que una cultura cuenta de sí misma, legitimiza al cuentahistorias y el derecho que éste tiene de contarlas (Lyotard, 1984). El producto (la historia) es una gran narrativa o *metanarrativa* que define lo que la cultura puede decir y hacer, lo que da como resultado un juego de lenguaje dominante creado por y para los que participaron en contar la historia.
- La economía pastiche de Jameson. La segunda gran narrativa de la época posmoderna surge de Frederic Jameson, quien define el término *pastiche* como un *collage* que se forma cuando las narrativas modernas dominantes se colapsan como resultado del análisis crítico y son reemplazadas por múltiples narrativas, cada una de las cuales contiene sus propias demandas de legitimización y poder. Desde esta perspectiva la estética moderna es una multiplicación de estilos, actitudes e imágenes existentes, que se oponen por motivos irónicos o nostálgicos (Jameson, 1984).
- El simulacro de Baudrillard. La tercera propuesta estelar de la evolución posmoderna la plantea el crítico cultural francés, Jean Baudrillard, quien aporta la idea del simulacro (1983). El simulacro es la conversión simultánea de la realidad empírica y simbólica a signos vacíos que rivalizan para obtener representación en un espacio de productos o de mercaderías, o bien, en un espacio de hiperrealidad. En este contexto, organizaciones como Disneylandia y Epcot Center son lugares donde se consume la imagen de diversión como un producto que es representación de la realidad (Eisenberg y Goodall, 2003).

Metanarrativa
Es el producto de la historia que define lo que la cultura puede decir y hacer, lo que da como resultado un juego del lenguaje dominante creado por y para los que participaron en contar la historia.

Pastiche
Surge cuando las narrativas modernas se colapsan como resultado del análisis crítico y son reemplazadas por múltiples narrativas, las cuales tienen sus propias demandas de legitimización de poder.

Teoría crítica

La raíz de esta teoría, como se comentó en el capítulo uno, puede encontrarse en los trabajos de Carlos Marx. Pensadores contemporáneos, en especial el grupo de profesores alemanes conocido como Escuela de Frankfurt se basó en sus

Teoría crítica
Corriente de pensamiento alemán que considera que el aspecto más importante de la vida organizacional es el interés político.

ideas, a las que hizo numerosos cambios y adaptaciones para desarrollar la actualmente muy conocida *teoría crítica*. Según Dwight Conquergood (1991), esta corriente de pensamiento es una suave coalición de intereses y no un frente unificado. Lo que sí transita a lo largo de este cuerpo de ideas es que la vida organizacional tiene como componente principal el interés político. Los postulados más importantes de la teoría crítica para el estudio de la comunicación organizacional son los siguientes:

- La centralidad del poder en las organizaciones. Éste había sido analizado de manera incompleta como algo que una persona o un grupo tienen y ejercen a través de sus acciones (véase la clasificación desarrollada por French y Raven en 1968). Dicha manera de analizar el poder es incompleta y debe ser reconceptualizada (Clegg, 1989).

Poder
Es el interés de individuos o grupos por dominar dentro de una organización.

- El poder como ideología. Siguiendo los trabajos de Foucault (1979), Burrell (1988) y Habermas (1972), el *poder* se define como el interés de individuos y de grupos por dominar dentro de la organización y no como una acción neutral. El ejercicio del poder se convierte en doctrina y cuando ésta se impone a los demás se transforma en ideología (Eisenberg y Goodall, 2003).
- El poder de la comunicación está escondido. El problema principal al que se enfrentan los teóricos críticos es que las prácticas de control organizacional sobre los empleados son legítimas y, por consiguiente, no son objetadas ni cuestionadas (McPhee, 1985). Se mantienen a través de formas simbólicas: metáforas, mitos e historias.

Hegemonía
Es el poder oculto y aceptado sin cuestionamiento por parte de los individuos sobre los que se ejerce el control.

- La comunicación es *hegemonía*. Antonio Gramsci (1971) habla de la *hegemonía* como el poder oculto y aceptado sin cuestionamiento por parte de los que están controlados. La comunicación organizacional se convierte en el factor crítico para el mantenimiento de las relaciones de poder dentro de las instituciones (Daniels, Spiker y Papa, 1997).
- Las personas y no las utilidades son el centro de las organizaciones. Stan Deetz (1991) argumenta que las personas deben tener libertad en vez de la total dominación corporativa que padecen.

Primera década del siglo XXI: la sociedad del conocimiento

El nuevo milenio se está caracterizando por la irrupción de las llamadas culturas híbridas o multiculturalismo, las culturas virtuales, la educación permanente y la revolución de la eficacia ecológica y energética. En la sociedad nueva que está emergiendo juega un papel central el conocimiento. Por eso Bell (1991) la denomina *sociedad del conocimiento*, expresión que designa un tipo de sociedad y de cultura en la que cualquier actividad individual o social —desde las más simples como el consumo o las relaciones personales, hasta las actividades profesionales más complejas— está ligada o reclama la posesión de conocimientos.

El desarrollo de la informática, el crecimiento de las intranets y del mercado de los ordenadores portátiles, las innovaciones tecnológicas, la telefonía móvil con sus avances, siguen transformando el entorno competitivo que se perfila como imprevisible y su situación podría decirse que es de supervivencia continua.

El conocimiento constituye el recurso básico para los individuos, para la economía y para la sociedad en su conjunto, y éste llega con rapidez a través de las nuevas tecnologías. Las organizaciones, inmersas en una nueva economía globalizada, compiten no solamente frente a un entorno local, sino frente a cualquier empresa extranjera que oferta diversidad de productos y servicios. Esto supone el rediseño de la forma de trabajar y un replanteamiento en la forma de relacionarse. Con la llegada de la era digital, en la que la información y los conocimientos son lo más importante, las empresas e instituciones tienen el reto de gestionar el talento de su personal "capital intelectual" (gestión del conocimiento), éste es un recurso clave para destacar y diferenciarse de sus competidores.

Entramos, pues, en una era en la que cada vez más la educación será la condición decisiva para poder participar en el mundo o quedar excluidos, pues como señala Castells (1994) en la sociedad de la información y del conocimiento las fuerzas productivas tienen que estar altamente cualificadas, ser creativas y cada vez más autónomas, condiciones todas ellas ligadas estrechamente a la educación.

Otros opinan que es más apropiado llamarla *sociedad del aprendizaje* por el papel clave que el aprendizaje permanente está llamado a desempeñar en la sociedad del siglo XXI, en el que la habilidad más competitiva será la de aprender y la inteligencia, la materia prima por excelencia del milenio que hemos inaugurado.

También se la ha llamado *sociedad de la información*. Esta denominación designa una condición de la sociedad en la que determinado tipo de conocimientos y datos circulan con tanta rapidez que rompen las barreras culturales, la distancia y los límites de la capacidad de almacenamiento y procesamiento de la información. Es decir, denota una aceleración de determinadas características de la sociedad del conocimiento. En este modelo, la información es la principal fuente de riqueza y la base para la organización económica, política y social.

En definitiva, invertir en conocimientos y comunicación es el comienzo, las organizaciones que optimicen la cantidad y calidad de sus flujos informativos y las comuniquen serán las competitivas. En este nuevo milenio, de la sociedad de la información y el conocimiento, de la importancia del capital intelectual, las empresas e instituciones están obligadas a sobrevivir en un mercado sin fronteras, y sólo su capacidad de respuesta, apertura y adaptación a los cambios le dará fuerza para crecer (Zapata, 2004).

REFERENCIAS

Allen, T. J. (1966), "Performance Information Channels in the Transfer of Technology", *Industrial Management Review*, 8, pp. 87-98.

Allen, T. J. y Cohen, S. I. (1969), "Information Flow in Research and Development Laboratories", *Administrative Science Quarterly*, 14, pp. 12-19.

Andrews Hayes, P. y Baird, J. E. (2004), *Communication for Business and the Professions*, 7a. ed., Waveland Press, Nueva York.

Argenti, P. A. (2005), *Corporate Communication*, 4a. ed., Irwin/McGraw-Hill, Nueva York.

Argyris, C. (1957), *Personality and Organization*, Harper Collins, Nueva York.

Barnard, C. I. (1938), *The Functions of the Executive*, Harvard University Press, Cambridge.

Baudrillard, J. (1983), "El éxtasis de la comunicación", en Foster, H. (1983) (ed.), *La Postmodernidad*, Barcelona, Kairós, 1985, pp. 187-197.

Bell, D. (1991), *El advenimiento de la sociedad post-industrial*, Madrid, Morata.

Bertalanffy, L. Von (1950), "The Theory of Open Systems in Physics and Biology", *Science*, 3, pp. 23-39.

Bormann, E. G. (1983), "Symbolic Convergence: Organizational Communication and Culture", en L. L. Putnam y M. E. Pacanowsky (eds.), *Communication and Organization: An Interpretative Approach*, Sage, Beverly Hills, pp. 99-122.

Bradford, D. L. y Cohen, A. R. (1998), *Power Up: Transforming Organizations Through Shared Leadership*, John Wiley, Nueva York.

Burns, T. y Stalker, G. M. (1961), *The Management of Innovation*, Tavistock, Londres.

Burrell, G. (1988), "Modernism, Postmodernism, and Organizational Analysis 2: The Contribution of Michel Foucault", *Organization Studies*, 9, pp. 221-235.

Byers, P. Y. (1997), *Organizational Communication: Theory and behaviour*, Boston, Allyn and Bacon.

Castells M. (1994), "Flujos y redes e identidades: Una teoría crítica de la sociedad informacional", en M. Castells y otros (1994), *Nuevas perspectivas críticas en educación*, Barcelona, Paidós, pp. 15-53.

Cheney, G. (1983), "The Rhetoric of Identification and the Study of Organizational Communication", *Quarterly Journal of Speech*, 69, pp. 143-158.

Clegg, S. (1989), *Frameworks of Power*, Sage, Newbury Park, California.

Conquergood, D. (1991), "Ethnography, Rhetoric, and Performance". *Quarterly Journal of Speech*, 78, pp. 80-97.

Daft, R. D. y Lengel, R. H. (1986), "Organizational Information Requirements, Media Richness and Structural Design", *Management Science*, 32, pp. 554-571.

Daniels, T. D., Spiker, B. K. y Papa, M. J. (1997), *Perspectives on Organizational Communication*, 4a. ed., McGraw-Hill, Nueva York.

Davis, K. (1953), "A Method of Studying Communication Patterns in Organizations", *Personnel Psychology*, 6, pp. 301-312.

Deal, T. E. y Kennedy, A. A. (1982), *Corporate Culture*, Addison-Wesley, Reading, Massachusetts.

Deetz, S. (1991), *Democracy in an Age of Corporate Colonization*, Suny Press, Albany, Nueva Jersey.

DeFleur, M., Kearney, P., G. Plax, T. y DeFleur, M. (2005), *Fundamentos de la Comunicación Humana*, McGraw-Hill Interamericana.

Eisenberg, E. M. y Goodall, H. L., Jr. (2003), *Organizational Communication. Balancing Creativity and Control*, 4a. ed., St. Martins Press, Nueva York.

Falcione, R. L., Sussman, L. y Herden, R. (1987), "Organizational Communication Climate", en F. M. Jablin, L. L. Putnam, K. H. Roberts y L. W. Porter (eds.), *Handbook of Organizational Communication*, Sage, Newbury Park, California.

Farace, R. V. y Johnson, J. D. (1974), *Comparative analysis of human communication networks in selected formal organizations*. Documento presentado en el International Communication Association, New Orleans, LA.

Fayol, H. (1929), *General and Industrial Management*, traducción de J. A. Conbrough, International Management Institute, Geneva.

Fernández Collado, C. (2002), *La comunicación en las organizaciones*, 2a. ed., Trillas, México.

Ferris, G. R. (2000), *Research In Personnel And Human Resources Management*, JAI Press Inc., Greenwich, CT.

Ferris, G. R., Perrewé, P. L., Anthony, W. P. y Gilmore, D. C. (2000), "Political Skill at Work", *Organizational Dynamics*.

Flynn, K. (enero 30, 2002), "A nation challenged: Emergency policy; a focus on communication failures" *The New York Times*, sección A, p. 11.

Foucault, M. (1979), *The Birth of the Prision*. Hammondsworth, Penguin, Inglaterra.

French, R. y Raven, B. (1968), "The Bases of Social Power", en D. Cartwright y A. Zander (eds.), *Group Dynamics*, Harper and Row, Nueva York, pp. 601-623.

Giddens, A. (1981), *A Contemporary Critique of Historical Materialism*, University of California Press, Berkeley.

——— (1983), *Profiles and Critiques in Social Theory*, University of California Press, Berkeley.

Goleman, D. (1995), *Emotional Intelligence*, Bantam Books, Nueva York.

——— (1998), *Working with Emotional Intelligence*, Bantam Books, Nueva York.

Gramsci, A. (1971), *Selections from the Prision Notebooks*, Lawrence and Wishart, Londres.

Gudykunst, W. B., Stewart, L. P. y Ting-Toomey, S. (1985), (comp.), *Communication, Culture and Organizational Process*, Sage, Beverly Hills.

Habermas, J. (1972), *Knowledge and Human Interest*, Heinemann Educational Books, Londres.

Hirokawa, R. Y. (1981), "Improving Intra-Organizational Communication: A Lesson from Japanese Management", *Communication Quarterly*, 30, pp. 35-40.

Hofstede, G. (1980), *Culture's Consequences: International Differences in Work-Related Values*, Sage, Beverly Hills.

Hymowitz, C. (28 de mayo de 2002), "Need to boost morale? The good food, fittness and communication", *Wall Street Journal*, B1.

Jablin, F. M. (1979), Superior-subordinate communication: The state of the art, *Psychological Bulletin*, 86, pp. 1201-1222.

——— (1982), "Organizational Communication: An Assimilation Approach", en M. E. Roloff y C. R. Berger (eds.), *Social Cognition and Communication*, Sage Publications, Beverly Hills, California.

——— (1982), "Formal Structural Characteristics of Organizations and Superior-Subordinate Communication", *Human Communication Research*, 8, pp. 338-347.

——— (1987), "Organizational Entry, Assimilation, and Exit", en Jablin, F. M., Putnam, L. L., Roberts, K. H. y Porter, L. W. (comp.), *Handbook of Organizational Communication*, Sage, Newbury Park, California, pp. 679-740.

——— (1988), "Estudio de la comunicación organizacional: Su evolución y su futuro", en C. Fernández-Collado y G. L. Dahnke (eds.), *La comunicación humana. Ciencia Social*, McGraw-Hill, México, pp. 111-142.

——— (1990), "Organizational Communication", en G. L. Dahnke, C. Fernández Collado y G. W. Clatterbuck (eds.), *Human Communication, Theory and Research*, Wadsworth, Belmont, California, pp. 156-182.

Jablin, F. M., Putnam (eds.) (2004), *The New Handbook of Organizational Communication*, Sage, Newbury Park, California.

Jacobson, E. y Seashore, S. E. (1951), "Communication Practices in Complex Organizations", *Journal of Social Issues*, 7, pp. 28-40.

Jameson, F. (1984), Postmodernism, or the Cultural Logic of Late Capitalism. *New Left Review*, 146, pp. 53-92.

Kast, F. E. y Rosenzweig, J. E. (1973), "Contingency Views of Organizations and Management", *Science Research Associates*, Palo Alto, California.

Katz, D. y Kahn, R. (1966), *The Social Psychology of Organizations*, Wiley, Nueva York.

Klauss, R. y Bass, B. M. (1982), *Interpersonal Communication in Organizations*, Academic Press, Nueva York.

Lacasa A. (2004), *Gestión de la Comunicación Empresarial*, Gestión 2000, Madrid.

Lanz, R. (2000), *El discurso posmoderno: crítica de la razón escéptica*, Universidad Central de Venezuela, Caracas.

Lawler, E. E. (1986), *High-Involvement Management: Participative Strategies for Improving Organizational Performance*, Jossey-Bass, San Francisco.

Lawrence, P. R. y Lorsch, J. W. (1967), *Organization and Environment*, Harvard Business School, Division of Research, Boston.

Likert, R. (1961), *New Patterns of Management*, McGraw-Hill, Nueva York. (1967), *The Human Organization*, McGraw-Hill, Nueva York.

——— (1967) *The human organization: Its management and value*, McGraw-Hill, Nueva York.

Lorsch, J. W. y Lawrence, P. R. (1970), *Studies in Organizational Design*, Irwin-Dorsey Press, Homewood, Illinois.

Lucas, A. (2004), *La comunicación en la empresa y en las organizaciones*, Bosch, Madrid.

Lucas, A., García C. y Ruiz J. A. (2003), *Sociología de la comunicación*, Trotta, Valladolid.

Lyotard, J. (1984), *The Postmodern Condition: A Report on Knowledge*, University of Minnesota Press, Minneápolis.

Martínez, M. (2004), "Base Epistemológica de una Sociología Postmoderna (con referencia a la obra de Michel Maffesoli)", en Lanz R. (ed.), *Postmodernidades: la obra de Michel Maffesoli revisada*, Caracas Monte Ávila, pp. 103-128.

Martínez de Velasco, A. (2002), "Escuelas del comportamiento organizacional", en C. Fernández Collado (ed.), *La comunicación en las organizaciones*, 2a. ed., Trillas, México, pp. 18-46.

Maslow, A. H. (1955), *Motivation and Personality*, Harpers, Nueva York.

Mayo, E. (1933), *The Human Problems of an Industrial Civilization*, MacMillan, Nueva York.

McEntee, E. y Fernández Collado, C. (2002), *Comunicación II*, McGraw-Hill, México.

McGregor, D. (1960), *The Human Side of Enterprise*, McGraw-Hill, Nueva York.

McPhee, R. D. (1985), "Formal Structure and Organizational Communication", en R. D. McPhee y P. K. Tompkins (eds.), *Organizational Communication: Traditional Themes and New Directions*, Sage, Beverly Hills, pp. 149-177.

Miles, R. H. (1980), *Macro Organizational Behavior*, Santa Mónica, Goodyear Publishing, California.

Miller, K. (2005), *Organizational Communication: Approaches and Processes*, 4a. ed., Wadsworth, Belmont, California.

Monge, P. R., Edwards, J. A. y Kirste, K. K. (1978), "The determinants of communication and communication structure in large organizations: A review of research", en B. D. Ruben (ed.), *Communication Yearbook 2*, Transaction books, Nueva Jersey.

Ouchi, W. G. (1981), *Theory Z*, Reading, Addison-Wesley, Massachusetts.

Penley, L. E. (1982), "An Investigation of the Information Processing Framework of Organizational Communication", *Human Communication Research*, 8, pp. 348-365.

Peters, T. J. y Waterman, R. H., Jr. (1982), *In Search of Excellence*, Harper y Row, Nueva York.

Poole, M. S. (1985), "Communication and Organizational Climates: Review, Critique, and a New Perspective", en R. D. McPhee y P. K. Tompkins (comp.),

Organizational Communication: Traditional Themes and New Directions, Sage, Beverly Hills, pp. 79-108.

Poole, M. S. y McPhee, R. D. (1983), "A Structuration Theory of Organizational Climate", en L. L. Putnam y M. Pacanowsky (eds.), *Organizational Communication: An Interpretive Approach*, Sage, Beverly Hills, pp. 195-213.

Ranson, S., Hinings, R. y Greenwood, R. (1980), "The Structuring of Organizational Structures", *Administrative Science Quarterly*, 25, pp. 1-17.

Razik, T. A. y Swanson, A. D. (1995), *Fundamental Concepts of Educational Leadership and Management*, Prentice-Hall, Englewood Cliffs, Nueva Jersey.

Redding, W. C. (1972), *Communication Within the Organization: An Interpretative Review of Theory and Research*, Industrial Communication Council, Nueva York.

Richetto, G. C. (1977), "Organizational Communication Theory and Research: An Overview", en B. C. Ruben (ed.), *Communication Yearbook I, Transaction*, New Brunswick, Nueva Jersey.

Roethlisberger, F. J. y Dickson, W. J. (1939), *Management and the Worker*, Harvard University Press, Cambridge.

Rosen, S. y Tessar, A. (1970), "On Reluctance to Communicate Undesirable Information: The MUM effect", *Sociometry*, 33, pp. 253-263.

Rosmar, B. y Magalys, C. (2003), "Don Juan de Marco: la ficción de la realidad o la realidad de la ficción", *Argos*, 38, pp. 75-97.

Smirch, L. (1983), "Concepts of culture and organizational analysis", *Administrative Science Quartely*, vol. 28, 3.

Snyder, M. (1987), *Public Appearances, Private Realities: The Psychology of Self-Monitoring*, W. H. Freeman, Nueva York.

Stewart Kidd, J. (1998), "Teams Don´t Always Work", *Chicago Tribune*, julio 5, p. 7.

Stohl, C. (1986), "Quality Circles and Changing Patterns of Communication", en M. L. McLaughlin (ed.), *Communication Yearbook* 9, Sage Beverly Hills, pp. 511-531.

——— (1995), *Organizational Communication: Connectedness in Action*, Sage, Thousand Oaks, California.

Taylor, F. W. (1911), *Principles of Scientific Management*, Harper and Brothers, Nueva York.

Tompkins, P. K. y Cheney, G. (1985), "Communication and Unobstrusive Control in Contemporary Organizations", en R. D. McPhee y P. K. Tompkins (eds.), *Organizational Communication: Traditional Themes and New Directions*, Sage, Beverly Hills, pp. 179-210.

Triandis, H. C. y Albert, R. D. (1987), "Cross-Cultural Perspectives", en F. M. Jablin, L. L. Putnam, K. H. Roberts y L. W. Porter (eds.), *Handbook of Organizational Communication*, Sage, Newbury Park, California.

Walton, E. (1963), "A Study of Organizational Systems", *Personnel Administration*, 26, pp. 46-49.

Weber, M. (1947), *The Theory of Social and Economic Organization*, traducido por A. M. y T. Parsons, Oxford University Press, Nueva York.

Weiss, R. S. y Jacobson, E. H. (1955), "Method for the Analysis of the Structure of Complex Organizations", en *American Sociological Review*, 20, pp. 661-668.

Woodward, J. (1965), *Industrial Organization: Theory and Practice*, Oxford University Press, Londres.

Zapata, L. F. (2004), "La comunicación interna en la sociedad del conocimiento: gestión clave en las estrategias empresariales e instituciones españolas", *Documentación de las Ciencias de la Información 2004*, 27, pp. 269-275.

Mapa conceptual

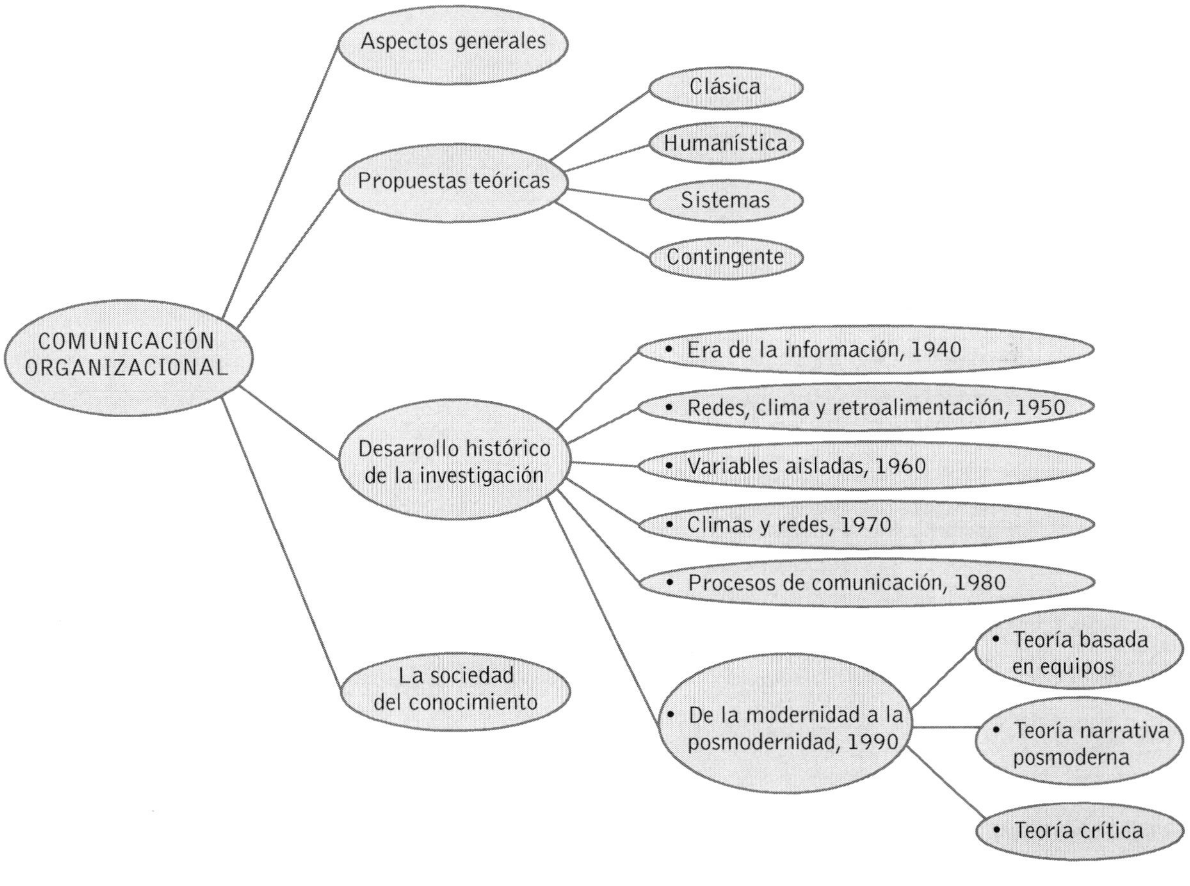

Comunicación de la cultura: el caso de Coca-Cola FEMSA

Salvador R. Sánchez Gutiérrez

La práctica de la comunicación organizacional en las organizaciones grandes y complejas enfrenta tres grandes retos, estrechamente relacionados entre sí:

- La necesidad de operar con base en una planeación rigurosa y sistemática, congruente con la planeación estratégica de la organización.
- El imperativo de identificar, sistematizar y clarificar los elementos fundamentales de la cultura de la organización, para darles su lugar como "el gran qué", el eje de los contenidos, de la labor comunicativa.
- La exigencia de involucrar a los *stakeholders*, en particular a los jefes y al personal que tiene contacto con los clientes, como canal privilegiado de comunicación.

El factor que integra a los tres elementos anteriores es la *cultura organizacional*. En el terreno de lo cultural se encuentran los consensos que dan sentido a la actuación de los integrantes de la organización, indispensables no sólo como *argamasa* que asegura la cohesión necesaria entre ellos, sino también como estructuradores del comportamiento en la organización. Además, la planeación estratégica comienza con una reflexión acerca de la misión, visión y valores corporativos, elementos pertenecientes también al ámbito de la cultura. Por su parte, la incorporación formal del personal a los esfuerzos de comunicación, en el papel de medios activos de transmisión de mensajes y construcción de significados, por necesidad debe tener como componente unificador el estilo y los contenidos determinados en primera instancia por la cultura corporativa.

En este contexto, resultan interesantes para el especialista en comunicación, sea académico o practicante, los ejemplos de empresas que han realizado esfuerzos serios y sistemáticos de identificación, difusión y arraigo de los elementos centrales de sus culturas corporativas, como el de Coca-Cola FEMSA[1] que se describe a continuación.

Antecedentes

Desde 1994, Coca-Cola FEMSA había realizado un esfuerzo sistemático y constante de difusión de los elementos de su cultura corporativa —valores, misión, visión, principios estratégicos, principios de decisión y principios de actuación— entre el personal de todas las áreas y niveles de la organización.

---

[1] El embotellador más grande de bebidas marca registrada Coca-Cola en Latinoamérica, representando aproximadamente el 40% del volumen de ventas en la región (18 billones de cajas unidad) y el segundo más grande a nivel mundial, con 10% de las ventas globales de Coca-Cola. Opera en los siguientes territorios:

- México: una parte sustancial del centro de México (incluyendo la ciudad de México) y el sureste de México (incluyendo la región del Golfo).
- Centroamérica: la ciudad de Guatemala y los alrededores, Nicaragua (todo el país), Costa Rica (todo el país) y Panamá (todo el país).
- Colombia: la mayor parte del país.
- Venezuela: todo el país.
- Brasil: el área de São Paulo, Campinas, Santos, parte del estado de Mato Grosso do Sul y parte del estado de Goias.
- Argentina: Buenos Aires, capital federal y los alrededores.

El 45.7% de su capital social es propiedad de Fomento Económico Mexicano, S.A. de C.V. (FEMSA), el 39.6% es propiedad de subsidiarias de The Coca-Cola Company, y el 14.7% es propiedad de inversionistas públicos.

Su portafolio de marcas está integrado por más de 60 marcas de reconocido prestigio.

A principios de 1998, como resultado de un proceso estratégico de definición de la cultura de Fomento Económico Mexicano, S.A. de C.V. (FEMSA),[2] encabezado por el director general del grupo, se planteó un conjunto de valores que desde entonces son guía para la actuación de los casi 90 000 integrantes, en toda América Latina, de las cuatro divisiones de FEMSA, una de las cuales es, precisamente, Coca-Cola FEMSA.

En ese entonces, se constituyó un Comité de Cultura FEMSA integrado por representantes de cada una de las divisiones y del corporativo de FEMSA, con la finalidad de unificar criterios, optimizar recursos, compartir experiencias y procurar que los procesos de difusión se den con la consistencia y simultaneidad necesarias.

Hacia fines de 1998 fue necesario desarrollar e implementar una estrategia orientada a asegurar el conocimiento, comprensión y aplicación de los principios de la cultura FEMSA entre todo el personal de Coca-Cola FEMSA. La respuesta a esa necesidad abarcó tres grandes ámbitos de acción: educación, alineación (de esfuerzos y actividades de diversas áreas, fundamentalmente Recursos Humanos) y comunicación.

En este sentido, la estrategia de comunicación se creó para cumplir con tres grandes requisitos:

1. La necesidad de difundir elementos nuevos de cultura en un contexto de más de cuatro años de difusión de cultura.
2. La necesidad de asegurar congruencia y consistencia con los esfuerzos de educación y alineación.
3. La necesidad de asegurar congruencia y consistencia con los esfuerzos de difusión de la cultura del resto de las divisiones de FEMSA.

Alternativas propuestas

El área responsable de la comunicación interna propuso a su dirección general, y al Comité de Cultura de FEMSA, una estrategia de difusión/asimilación de la cultura de Coca-Cola FEMSA, basada en el esquema de valores de FEMSA, con un horizonte de dos años, tres objetivos y tres características distintivas:

Objetivos de la estrategia:

1. Difundir, entre todo el personal de Coca-Cola FEMSA, los valores de FEMSA.
2. Proporcionar a los integrantes de la organización los elementos necesarios para dar sentido a los valores de FEMSA en el contexto de la cultura de Coca-Cola FEMSA.
3. Asegurar la interpretación de los valores en términos de aplicación al trabajo de todos y cada uno de los miembros de la empresa.

Características de la estrategia:

1. Una "traducción" de los valores a la cultura de la empresa, plasmada en un conjunto de **principios de actuación** ejemplificados en una serie de **comportamientos clave**.
2. Proceso de comunicación en cascada (*cascadeo*), por segmentos de la organización, para asegurar la participación y el apoyo de los supervisores en todos los niveles.
3. La obligatoriedad de la aplicación de los conceptos de cultura, valores y principios de actuación, al desempeño cotidiano de todos los integrantes de la organización mediante ejemplos.

La primera fase de la implementación de la estrategia consistió en "bajar" los valores de FEMSA a la realidad de Coca-Cola FEMSA. Para ello, se integró en febrero de 1999 un comité interno de cultura, conformado por diez ejecutivos de diferentes áreas de la compañía, destacados por su conocimiento acerca de la empresa y su espíritu de colaboración, además de representantes del área de Re-

[2] Es la empresa integrada de bebidas más grande de América Latina, en un mercado de alrededor de 180 millones de consumidores. En 2005 reportó ingresos por US$ 9.86 miles de millones, activos por US$ 11.76 millones y generó empleo directo para 91 mil personas. Opera a través de tres unidades de negocio: FEMSA Cerveza, Coca-Cola FEMSA, FEMSA Comercio, así como un área de servicios compartidos denominada Insumos Estratégicos, Procesos de Negocios y Tecnología de Información, diseñada para impulsar a las unidades de negocio. Ofrece desde marcas diferenciadas, hasta envases especialmente diseñados conforme a las necesidades del consumidor, convenientes puntos de venta y eficientes sistemas de distribución. FEMSA opera en nueve países de América Latina (México, Guatemala, Nicaragua, Costa Rica, Panamá, Colombia, Venezuela, Brasil y Argentina) y exporta sus productos a países de América, Europa y Asia. La empresa comercializa sus productos a través de marcas reconocidas de cerveza y refrescos como Sol, Carta Blanca, Tecate, Dos Equis, Coca-Cola y Sprite, entre otras. La estrategia de la empresa busca satisfacer con excelencia a clientes y consumidores, generando valor a los accionistas y sirviendo responsablemente a la comunidad.

cursos Humanos de las divisiones Valle de México y Sureste, la responsable del proyecto (y del área de comunicación interna) y el consultor externo asignado al proceso.

La primera tarea del comité consistió en revisar y proponer modificaciones a una propuesta preliminar de complementación de los valores de FEMSA con una serie de principios de actuación, muy sencillos en su forma y apegados a la naturaleza y cultura de Coca-Cola FEMSA. Esta propuesta de principios fue redactada por la gerente de Comunicación y Desarrollo Social (responsable del proceso) y el consultor externo.

Una vez establecida la redacción definitiva de los principios de actuación (cinco, uno por cada valor), los miembros del comité colaboraron en el diseño de un formato que se envió a 110 ejecutivos de la compañía solicitando ejemplos de comportamientos que ilustraran la forma como cada principio debería "vivirse" en las distintas áreas y niveles de la organización. Se recibieron 60 formatos debidamente requisitados, que plasmaban la opinión de alrededor de 150 personas, porque muchos de ellos fueron respondidos en equipo, por los ejecutivos y sus colaboradores.

Con esa información, más la proveniente de FEMSA y la misión y visión establecidas por la alta dirección de la compañía, se planearon las actividades de comunicación y se diseñaron y produjeron los materiales de apoyo. El eje del proceso de difusión, como ya se mencionó, fue el *cascadeo*, por lo que el resto de los elementos de la estrategia se desarrollaron en torno al mismo. En la primera etapa de la difusión, el cascadeo consistió en sesiones de grupo, estructuradas y estandarizadas, con tres formatos distintos:

1. Directivo (o informativo). Sesión de 90 minutos, básicamente informativa, muy directa, con poca redundancia, con mínimo apoyo en video (introducción y cierre) y mínimo trabajo de los asistentes. Dirigida a directores, personal de FEMSA o de *Coca-Cola Company* y visitantes importantes. A cargo del director de Recursos Humanos, de la gerente de Comunicación y Desarrollo Social o del consultor externo.
2. Gerencial. Actividad de tres horas, orientada a asegurar la comprensión y lograr el apoyo del segmento gerencial de la compañía; baja redundancia, pero exposición a todos los materiales; análisis de los diferentes elementos de la sesión; crítica y sugerencias; mínimo trabajo de ejemplificación de los participantes. A cargo del director de Recursos Humanos, de la gerente de Comunicación y Desarrollo Social o del consultor externo.
3. Personal en general. Sesión de alrededor de cuatro horas, muy redundante, con exposición de los participantes a todos los materiales, en que se les solicita un trabajo de ejemplificación muy exhaustivo, hasta asegurar la comprensión de los conceptos por la vía de la aplicación. Dirigida a todo el personal, en niveles por debajo del segmento gerencial, y conducida por los responsables de Recursos Humanos de las unidades operativas, con participación de los jefes directos de los asistentes.

Para apoyar estas sesiones, se produjeron materiales que incluían, entre otros elementos, una Guía para la difusión de Cultura Organizacional (para los instructores), el Documento Básico de Cultura (con toda la información sobre misión, visión, valores, principios de actuación y comportamientos clave) y el Documento Personal de Referencia (versión breve, de bolsillo, del Documento Básico de Cultura) y siete videos.

Además de las sesiones mencionadas arriba, la estrategia de comunicación incluyó en su fase inicial las actividades que se muestran en la tabla 4.1.

Se previó que cada división y cada unidad operativa de la compañía pudieran desarrollar sus propios esfuerzos de difusión y reforzamiento de la cultura de Coca-Cola FEMSA, conforme a sus necesidades, peculiaridades y preferencias. Por ejemplo, en la zona del Istmo de Tehuantepec algunos materiales se produjeron en zapoteco, y en Buenos Aires se requirió de algunas traducciones al estilo de expresión local. Esto se hizo sin mayores restricciones que las indispensables para asegurar congruencia y consistencia en los procesos.

Cabe mencionar, por último, que ésta se planteó desde el principio como una estrategia *abierta*, que se iría complementando con otros elementos conforme avanzara el proceso y se recibiera retroalimentación de los receptores, o se percibieran necesidades u oportunidades no contempladas con anterioridad.

Retos

En las fechas en que se desarrollaban los hechos reseñados hasta este punto, en Coca-Cola FEMSA confluían dos grandes culturas: la de FEMSA y la de *The Coca-Cola Company* (el sistema Coca-Cola). La estrategia de comunicación de la cultura se complementó por ambas —se combinó el *glamour* mercadotécnico asociado a la marca con la austeridad regiomontana—, además de tomar en cuenta los antecedentes de difusión de la cultura de la propia empresa.

ACTIVIDADES	OBJETIVOS	APOYOS
Creación de contexto	Despertar el interés del personal y propiciar una actitud receptiva a los mensajes de cultura.	• Serie de *posters* (seis) con la misión, visión y cada uno de los valores. • Tapices y protectores de pantalla para las terminales de computación, *mousepads*. • Publicación de notas en cuatro números de *Orgullo*, la revista institucional. • Publicación de un suplemento de la revista *Orgullo* sobre FEMSA, sus características y su cultura.
Taller de preparación de instructores	Formar a los cuadros encargados de hacer la difusión de la cultura de Coca-Cola FEMSA (básicamente responsables de Recursos Humanos de las unidades operativas) entre todo el personal.	Curso de Formación de Instructores (16 horas), con los apoyos y recursos propios de un evento de esta naturaleza.
Presentación al Comité de Cultura de FEMSA.	Compartir los avances del proceso en Coca-Cola FEMSA.	Reunión de trabajo para la presentación y análisis de las sesiones de cascadeo y de los materiales de apoyo.
Inducción	Asegurar el conocimiento y la comprensión de los fundamentos de la cultura de Coca-Cola FEMSA entre el personal que ingrese a la compañía después de finalizado el proceso de *cascadeo*.	Una sección del programa de Inducción al personal de nuevo ingreso dedicada a la cultura de Coca-Cola FEMSA.

Tabla 4.1 Actividades en fase inicial.

Los esfuerzos de comunicación de la cultura en la empresa debían alcanzar a los casi 15 mil integrantes con que contaba en ese momento, tanto del Valle de México y el Sureste de la República como de Buenos Aires, Argentina, de plantas, distribuidoras y oficinas corporativas.

En general, el reto fundamental en todo el proceso de implantación consistía entonces, al igual que ahora, en garantizar la aplicación de los conceptos de la cultura Coca-Cola FEMSA (mundo de lo abstracto) a la realidad laboral (mundo de lo concreto) de cada uno de los miembros de la empresa. Para lograrlo resultaba indispensable el interés y compromiso sostenidos de los mandos medios y superiores.

Evaluación

Con el objetivo de determinar el grado de penetración, en términos de exposición, recordación y comprensión, del proceso de difusión de la cultura de Coca-Cola FEMSA, se desarrolló una estrategia de evaluación de

ESQUEMA	TÉCNICA	PARA EVALUAR
1. Análisis de los datos cuantitativos del proceso de difusión.	• Procesamiento de los datos estadísticos relacionados con el proceso: número de participantes por unidad operativa y área, fechas de participación, etcétera.	Cobertura.
2. Encuesta entre una muestra del personal de plantas, distribuidoras y oficinas.	• Cuestionario.	Recordación.
3. Encuesta entre los responsables de Recursos Humanos de las unidades operativas.	• Cuestionario, para recabar y analizar las percepciones generales, aplicado a los responsables de la conducción de las sesiones de difusión (cascadeo). • Entrevistas con la totalidad de los responsables de Recursos Humanos de las unidades operativas.	Aceptación de los conceptos y comprensión/aplicación.
4. Trabajo con grupos.	• *Focus groups*.	Comprensión/aplicación de los conceptos centrales de la cultura de Coca-Cola FEMSA.

Tabla 4.2 Esquemas de medición.

los esfuerzos de difusión de la cultura que en su primera etapa recurrió a cuatro esquemas de medición que se muestran en la tabla 4.2.

Lo anterior es la parte formal e inmediata de la evaluación, y se refiere a la primera etapa de difusión. Como adición, se realiza una constante evaluación "informal" mediante el contacto personal directo con colaboradores que han pasado por las sesiones de difusión y con ejecutivos de diversas áreas. Esto permite hacer los ajustes necesarios para acceder a los públicos receptores de manera más conveniente y efectiva.

La integración de Panamco

El 6 de mayo de 2003, Coca-Cola FEMSA anunció la adquisición de Panamco[3] (Panamerican Beverages, Inc.), transacción considerada como una de las adquisiciones internacionales más grandes efectuadas por una compañía mexicana y que convirtió a Coca-Cola FEMSA en la compañía embotelladora líder de productos Coca-Cola en Latinoamérica y en la segunda embotelladora más grande del sistema Coca-Cola a nivel mundial.

Con miras a la integración de una empresa de tal envergadura, Coca-Cola FEMSA contrató a la empresa de consultoría en comunicación más grande de México para que desarrollara los planes de comunicación organizacional e institucional de respaldo al proceso. El equipo consultor estaba encabezado por el autor de estas líneas, la única persona que había participado en todos los esfuerzos de comunicación de la cultura descritos en este caso, desde 1994.

[3] Panamco era el embotellador más grande de América Latina y uno de los tres mayores embotelladores de productos Coca-Cola en el mundo. Producía y distribuía el portafolio de productos Coca-Cola en sus franquicias territoriales en México, Guatemala, Nicaragua, Costa Rica, Panamá, Colombia, Venezuela y Brasil, así como agua embotellada, cerveza y otras bebidas en algunos de esos territorios.

En todo momento, la dirección general de Coca-Cola FEMSA vio a la cultura de la organización como uno de los dos grandes pilares de la asimilación del personal de Panamco a la estructura de la empresa adquiriente. El otro eran los sistemas de trabajo.

Por eso, se decidió reproducir el esquema de cascadeo en la comunicación de la cultura a los recientemente integrados, con los mismos contenidos e incluso el mismo tipo de materiales que se había usado anteriormente. Para poder abarcar una organización tan grande, se desarrolló la logística del proceso en conjunto con los responsables de Comunicación de cada uno de los territorios quienes, bajo el principio de flexibilidad descrito líneas atrás, realizaron las adaptaciones necesarias.

Previamente, durante los primeros días de la toma de control se realizó una campaña de integración a Coca-Cola FEMSA dirigida a todo el personal de Panamco y que tuvo como características más destacadas las siguientes.

- Carta al personal (consistente con los comunicados a los medios, clientes y proveedores en cada localidad).
- Una campaña de posters (*Una sola empresa*).
- Un *kit* de información con datos relevantes sobre la empresa e información sobre el estilo de trabajo preferido en la misma.
- Un programa de inducción para todo el personal.

Quien escribe esto no ha tenido noticia de medidas de evaluación de los resultados de los esfuerzos de integración, en particular lo relativo a la cultura. De hecho, en un ambiente de tan alta intensidad en el intercambio de información como es el de una fusión, resulta sumamente difícil aislar los resultados de distintas acciones para evaluarlos.

No obstante, los resultados de negocio de las operaciones de Coca-Cola FEMSA, tanto en las operaciones que anteriormente eran Panamco como en el resto de la organización, son muy positivos. Tal vez con la comunicación de la cultura se haya aportado algo para que así sean.

Salvador R. Sánchez Gutiérrez
Universidad Iberoamericana

Capítulo Cinco

Los medios de comunicación masiva

Sumario

Objetivos de aprendizaje

En función de la lectura y estudio de los contenidos de este capítulo, el alumno será capaz de:

- Comprender la estructura de los medios de comunicación masiva y su importancia en la sociedad como difusores de información y elementos de entretenimiento y sus efectos en el individuo.
- Entender las consecuencias sociales derivadas de la difusión de programas con alto contenido de violencia, así como sus efectos.
- Entender la importancia de los medios de comunicación masiva en el tiempo libre de sus usuarios, y cómo éstos asimilan normas de conducta y roles sociales impuestos por los mensajes transmitidos.

El amplio interés por los medios de comunicación masiva existe, en primer lugar, porque son utilizados de manera cotidiana durante varias horas diarias; en segundo lugar, porque hay un uso masivo de algunos medios a ciertas horas a nivel nacional. El conocimiento del contenido de los medios de comunicación y la experiencia compartida que ello proporciona ofrecen un área importante para iniciar y mantener relaciones interpersonales; en tercer lugar porque los medios de comunicación son parte del entorno de cada individuo y es prácticamente imposible evitarlos.

Los medios de comunicación tienen dos efectos específicos incontrovertibles (Greenberg, 1990):

El primero es que los medios aportan un cúmulo de experiencias que no se podrían obtener de otro modo. Por ejemplo, hay gente que no suele viajar al extranjero, y cuanto sabe sobre China, Rusia, África o cualquier país lejano, es porque lo leyó en los periódicos, en revistas, lo vio en el cine y la televisión o en algún otro medio como internet, que ilustra o trata temas sobre las personas de esos países y su tipo de vida. Lo que la población conoce respecto al programa espacial, los astronautas y los viajes a Marte, también lo observó en la televisión, en el periódico o en algún otro medio. Mucho de lo que conocen de grupos indígenas, sobre todo quienes habitan en una zona urbana, también proviene de los medios de comunicación masiva. Ejemplos de este tipo podrían enumerarse hasta el infinito. Un segundo efecto identificable es la gran influencia que ejercen los medios en la manera en que las personas ocupan su tiempo libre, ya que dedican una buena parte de él a observarlos o escucharlos.

A un fenómeno tan importante como el surgimiento de los medios masivos tiende a asociársele una serie de consecuencias en ocasiones previsibles y en otras un tanto repentinas, algunos autores consideran que los medios están guiando los cambios sociales, mientras que otros por el contrario, que son los cambios sociales los que van guiando los contenidos que aparecen en los medios (López-Escobar, 1997).

Los sociólogos clasifican un día normal en términos de actividades primarias. Para efectos de este capítulo el término *primario* debe entenderse como la cantidad de tiempo empleada para realizar varias tareas que son, por definición, la actividad principal que se desarrolla en ese momento. Las 24 horas del día pueden dividirse en *tiempo fijo* y *tiempo libre*. La primera categoría corresponde a las actividades inevitables por las condiciones cotidianas o las necesidades fisiológicas; por ejemplo, todo el mundo tiene la necesidad de dormir ocho horas al día, trabajar alrededor de ocho horas y media en cada jornada, emplear media hora en el trayecto al trabajo, dedicar dos horas y media diarias a los alimentos y las actividades de aseo y aproximadamente media hora al cuidado de los niños. En este contexto, los adultos dedican aproximadamente el 40 por

Primario
Cantidad de tiempo que se emplea en la realización de varias tareas que son la actividad prinicipal que se desarrolla en ese momento.

Tiempo fijo
Cantidad de tiempo que se dedica a las actividades inevitables por las condiciones o por las necesidades fisiológicas.

Tiempo libre
Cantidad de tiempo que está fuera del tiempo fijo y que se dedica a actividades sociales o a usar algún medio de comunicación masiva.

ciento del tiempo libre que les queda a los medios de comunicación, en especial la televisión; otro 40 por ciento a las actividades sociales, como la conversación o las fiestas, cerca de media hora diaria a desplazamientos a lugares distintos del trabajo, y casi media hora a actividades culturales o de educación. Lo anterior pone en evidencia que los medios de comunicación ocupan buena parte del tiempo libre de las personas en todo el mundo.

La mayor parte de las conductas cotidianas respecto a los medios de comunicación son independientes unas de otras. En este sentido los estudios no demuestran que la cantidad de tiempo que un individuo dedica a escuchar la radio guarde alguna relación con el tiempo que dedica a ver televisión o a leer los periódicos o revistas. La conducta que una persona observa con respecto a la televisión no tiene ningún efecto —positivo o negativo— en el uso que hace de otros medios, el periódico, por ejemplo. La conducta respecto a los medios impresos sí tiende a ser uniforme debido a las características de los lectores independientemente de lo que lean, ya que quien utiliza alguno de estos medios impresos, también utiliza los demás; en especial los medios de emisión masiva, es decir, la radio y la televisión; sin embargo, la relación que se establece no es recíproca y es independiente de la conducta observada con respecto a los otros medios. Dicho de otra manera, es difícil encontrar una persona que sea partidaria incondicional de todos los medios de comunicación.

Organización y estructura de los medios de comunicación masiva

Aunque no es posible profundizar en el examen de todos y cada uno de los medios de comunicación en un solo capítulo, se identificarán las características estructurales preponderantes de los medios con los que el lector, probablemente, se encuentra más familiarizado y medios que hoy en día son de gran actualidad.

Libros y revistas

La imprenta fue una nueva y sorprendente tecnología que revolucionó la comunicación humana. Johannes Gutenberg, en 1455, fue capaz de imprimir 200 copias elegantes e idénticas a la Biblia. Había experimentado por más de 20 años con formas de moldear letras en metal, colocarlas línea por línea en bandejas y usar una prensa especial para imprimir copias múltiples de una página. Años después la imprenta de Gutenberg se había diseminado por toda Europa y se habían impreso millones de copias de libros. Esta nueva técnica facilitó la multiplicación de escritos que hicieron posible que se redujera el precio del producto impreso y que éste llegara a un número mayor de lectores. Aún así, los adelantos tecnológicos y las condiciones sociales, culturales y económicas necesarias para que los libros se convirtieran en un importante medio de comunicación de masas aparecerían tiempo después. A pesar de que los medios cumplen en alguna medida las mismas funciones culturales, los libros por lo común se han visto como una poderosa fuerza cultural por las siguientes razones (Baran, 2005): los libros son agentes del cambio social y cultural, son importantes depositarios de la cultura del mismo modo que son espejos de la cultura de cada pueblo, pueden considerarse nuestra ventana del pasado, son una fuente importante del desarrollo personal y son fuentes de entretenimiento, de evasión y de reflexiones personales. Finalmente hay que destacar su carácter individual, lo cual implica una relación más directa entre editores y lectores lo que lo hace diferente de otros medios de comunicación masiva. Países como Reino Unido, China, Alemania o Estados Unidos son los países del mundo con más libros editados. Dentro de los países hispanoamericanos son Brasil, y luego México los que reportan una producción editorial mayor. En un sondeo realizado en España se detectó que de cada 100 españoles mayores de 15 años, 70 no habían comprado nunca un libro y 80 no habían leído ninguno. En México, las cifras muestran que de 12 millones de personas mayores de 15 años, cinco millones no leen libros y 7 millones leen 3.3 ejemplares al año.

Un cambio importante experimentado el pasado siglo en la concepción de este medio es el libro de bolsillo. Muchos libros llegan en la actualidad con una sola edición a públicos más amplios que conocidas revistas o periódicos. El precio medio para el libro de bolsillo en España obtenido en 2004 ha sido de 5.5 euros. El más económico corresponde a los libros de Literatura (5.5 euros) y el más elevado a los títulos de literatura infantil y juvenil (8.4 euros).

Con los grandes avances tecnológicos la industria editorial ha podido reducir costos, tiempos y presentaciones. Internet ha cambiado la manera de distribuir y vender los libros. La edición electrónica (publicación y distribución de libros en línea, inicial o exclusivamente) ofrece una nueva forma de publicar las ideas de los escritores. Incluso la forma material de los libros está cambiando. La edición electrónica puede adoptar la forma de libros digitales y de impresión sobre demanda, y muchos libros digitales (libros que se descargan en formato electrónico de internet a una computadora o aparato portátil como una Palm Pilot) están destinados a ser leídos en computadoras de bolsillo llamadas libros electrónicos (Baran, 2005).

Otros de los medios que hizo posible la imprenta fueron los periódicos (que veremos en el siguiente apartado) y las revistas. La publicación de revistas comenzó en Europa, donde concentraciones de personas letradas, urbanas y ricas tomaron un interés verdadero por las cuestiones sociales y políticas. La primera revista publicada en inglés fue *The Review*, que apareció en Londres en 1704. Contenía ensayos sobre política, costumbres y moral, y su intención era la de influir en las opiniones de los lectores. A mediados del siglo XVIII la revista era un medio establecido aunque no podía considerarse un medio de masas. En los primeros años del siglo XX, millones de revistas de interés general circulaban en el mercado. Todas transmitían una mezcla de historias cortas, artículos serios, piezas humorísticas y ficción en serie. Después de la aparición de medios como la televisión comenzaron a declinar pero regresaron nuevamente con más fuerza. La clave estuvo en la especialización de su contenido. Aunque hay revistas de interés general, actualmente miles de revistas pequeñas son publicadas para lectores con cierto interés especializado. Por lo general las revistas contemporáneas se dividen en tres grandes tipos (Baran, 2005):

- Revistas comerciales, profesionales y empresariales cuyos artículos generales y de fondo, de la misma forma que sus anuncios, están dirigidos a miembros de profesiones específicas.
- Revistas industriales, de empresas y patrocinadas, producidas por determinadas compañías y dirigidas a clientes, empleados y accionistas. De la misma forma que aquellas que producen ciertos clubes o asociaciones para sus miembros.
- Revistas de consumo que se clasifican de acuerdo con su público. Existen diversas categorías que comprenden desde moda, deportes, temas juveniles, de interés general o de opinión económica o política.

De la misma manera que ocurre con otros medios, la convergencia de las revistas e internet también tiene su efecto. Muchas revistas editan versiones electrónicas (en línea) con características interactivas especiales que no tienen las ediciones impresas. Esto permite una actualización casi inmediata de este medio así como complementar el texto leído recurriendo a gráficos animados, videos o archivos anexos. Algunas revistas son exclusivamente electrónicas, a pesar de que al menos por ahora no hay mucho apoyo comercial para sostener este tipo de revistas.

Periódicos

Las primeras versiones de los periódicos fueron los *corantos* que aparecieron en Inglaterra en el siglo XVII y narraban algún acontecimiento particular. En 1665 *The Oxford Gazette* (después editado como *The London Gazette*) reunía todas las características de un periódico contemporáneo: se publica regularmente; disponible a todos los públicos (mediante pago), contenía noticias de interés general (en oposición a temas especializados, como la religión o el comercio); y era accesible a personas de cualquier nivel intelectual (DeFleur *et al.*, 2005).

Al contrario de lo que ocurre en las naciones latinoamericanas, en Estados Unidos no existe un verdadero diario nacional de amplia circulación. Los periódicos cubren primordialmente las necesidades de la localidad en que se publican (Baran, 2005), y sólo unos cuantos llegan a más de un millón de lectores. El periódico de mayor tiraje diario, cerca de 2 millones de ejemplares, en la actualidad es el *Wall Street Journal*, una publicación especializada dirigida a profesionales con noticias de interés general. Los principales periódicos para el gran público son *USA Today*, que impone un nuevo lenguaje tecno-informativo, con una circulación diaria que ronda el millón y medio de ejemplares, y *Daily News*, con más de 1.3 millones.

En Estados Unidos un periódico normal se distribuye en ciudades de 50 000 habitantes, aproximadamente. Más de 1 200 periódicos cubren ciudades de esas dimensiones. En este contexto existe una situación en la cual cerca de 75 periódicos distribuyen 20 millones de ejemplares, esto significa que cada uno distribuye más de 250 000. Pero la mayor parte de los tirajes de los diarios son limitados, y es probable que logren apenas una circulación promedio de 15 000 ejemplares en cada caso. En México se publican más de 300 diarios, de los cuales alrededor de 30 se editan en la ciudad de México y de éstos aproximadamente 10 se consideran de circulación nacional. Los tirajes de los diarios mexicanos son limitados y su distribución en el territorio nacional es muy problemática (Greenberg, Busselle, Fernández Collado y Baptista, 1992).

La cantidad de contenido de los diarios es variable, depende del tamaño de la comunidad, pero la manera en que se distribuye el contenido es notablemente similar, incluso entre periódicos de distinto tiraje. Un periódico común de una comunidad pequeña tiene de 20 a 30 páginas; el de una población mayor se compone de 40 a 50 páginas, y en las ciudades de más población, en un día cualquiera, llega a tener aproximadamente 70. Sin embargo, independientemente del tamaño, alrededor de dos quintas partes del total de páginas de un diario se destinan a publicidad en desplegados, y una quinta parte a avisos clasificados. Por tanto, sólo una tercera parte del material de un diario, sin considerar las secciones comerciales especiales, consiste en noticias. Este espacio que se destina a las noticias se divide en *noticias ligeras* (sobre deportes, actividades diversas, sociales, pasatiempos y tiras cómicas) y *noticias de fondo* (información sobre el gobierno, la política, nota roja, información policiaca, accidentes, etc.). Por lo común, las noticias ligeras ocupan aproximadamente el doble de espacio que las de fondo.

Noticias ligeras
Consisten en notas informativas sobre deportes, actividades diversas, sociales, pasatiempos y tiras cómicas.

Noticias de fondo
Información sobre el gobierno, política, nota roja (información policiaca, de accidentes, etcétera).

Baran (2005) señala las razones por las que los lectores acuden al periódico: para obtener información e interpretación de los asuntos públicos, como auxiliar en aspectos de la vida diaria (por ejemplo publicidad, programación de radio y televisión y anuncios de nacimientos, muertes y bodas), para relajarse y evadir la realidad, por razones de prestigio (el contenido de los periódicos es materia prima en la conversación) y por contacto social (en artículos de interés humano y columnas de consejos).

La industria periodística ha realizado investigaciones para identificar las características de las personas que no leen los diarios con el fin de atraerlos al consumo de su producto. En la actualidad, la evidencia apunta a que un número desproporcionadamente alto de adultos jóvenes (de 18 a 34 años de edad) y las personas con más bajo nivel de escolaridad y menos ingresos son quienes componen el grupo de quienes no leen los periódicos. Por el incremento demográfico de la última década cabría esperar que se produjera un aumento general en la circulación de periódicos, pero tampoco eso ha ocurrido. Los adultos jóvenes constituyen un mercado potencial de lectores para la industria periodística, si se les logra atraer en forma masiva. Los periódicos han patrocinado muchos programas escolares con el propósito de atraer a los posibles lectores jóvenes para que adquieran más conciencia del contenido y las funciones del periódico. Un fenómeno que se está extendiendo cada vez más entre los jóvenes es el de la prensa gratuita. No tienen costo para el público y su financiamiento proviene de la publicidad. Su distribución se efectúa en puntos de alta circulación de personas como estaciones o medios de transporte público (universidades, ferrocarriles, metros, etc.) o zonas de alto tránsito peatonal.

En nuestros días, los grandes periódicos del mundo tienen el servicio del periódico electrónico o digital. El pionero, ya hace unos años (1963), fue el diario norteamericano *Daily Oklahoma*. Tuvo tal éxito que pronto se incorporan a este sistema el *New York Times* y el *Daily News*. El 9 de junio de 1994, el *New York Times* inauguró su servicio *on line*. Este servicio consistía en recibir el periódico en casa vía línea telefónica a un ordenador. En México muchos diarios ya han abierto su página en internet, entre los que están: *Excélsior*, *El Día*, *El Financiero*, *Economista*, *Heraldo de México*, *El Sol de México*, *El Universal*, *La Jornada*, *Novedades*, *Reforma*, *Uno más uno*. En España, el primer periódico exclusivamente digital ha sido *La Estrella Digital*, editado y dirigido por Pablo Sebastián, que inició su navegación en junio de 1998. Es un periódico *on line* gratuito que elabora tres ediciones diarias de lunes a viernes. Está estructurado como un diario tradicional de papel.

Las publicaciones *on line* han facilitado el acceso a un mayor número de personas, lo que ha supuesto un crecimiento de lectores de estos medios a un ritmo mayor que el experimentado por los medios convencionales. La entrega digital tiene la capacidad para almacenar un gran volumen de información, la búsqueda automática de esa información y la actualización constante de la noticia. La inmediatez que aporta internet es una de las principales claves para este tipo de periódicos.

Películas

La primera película resultó de lo que ahora se conoce por cinematografía tradicional: un filme producido en la pantalla grande. En 1895, en París, se asistió a la primera presentación del film *La Llegada del Tren*, producida por los hermanos Lumiére, donde muchos de los espectadores huyeron de la sala al ver a la locomotora aproximarse demasiado a la pantalla. En un principio, las películas eran de escasa duración, lo que hoy consideraríamos cortometrajes. El francés Georges Méliès, introdujo el argumento en las películas y los estadounidenses Edwin S. Porter y D. W. Griffith acrecentaron la capacidad narrativa de este medio (Baran, 2005).

Finalizada la Primera Guerra Mundial, la supremacía norteamericana también alcanzó al cine, superando ampliamente en número y en capacidad de distribución a las producciones europeas. El crecimiento de la industria cinematográfica estadounidense fue producto de los cambios en la población, las inquietudes políticas en el resto del mundo, la llegada del cine sonoro y la creación de nuevos géneros que gustaron al público. A principios de los años veinte, Hollywood manejaba el 80% de la producción mundial. Este porcentaje se redujo en las décadas siguientes debido al auge de las cinematografías nacionales y a la Segunda Guerra Mundial, que impidió la difusión del cine norteamericano en diversos países. Los inversionistas internacionales vieron que el mercado estable estaba en América Latina y ubicaron en México su centro de operaciones. Fue la denominada Época de Oro del cine mexicano que tuvo su fin cuando los inversionistas se trasladaron nuevamente a California. Por otro lado, con la aparición de la televisión la asistencia al cine comenzó a declinar. Al principio Hollywood se resistió a la televisión, pero pronto se dieron cuenta de que éste podía ser un negocio rentable. En la actualidad los estudios más grandes abarcan buena parte de la producción y la distribución de la industria, además de participar en la exhibición (Baran, 2005).

En las últimas décadas, las producciones de Estados Unidos llegan normalmente al 85 por ciento del público cinéfilo en todo el mundo. De los 98 países del mundo que tienen datos comparables, sólo ocho producían más películas al año de las que importaban. Por su parte India y China se cuentan entre los productores de mayor tamaño en cuanto a cantidad de películas al año. Mientras que Hollywood llega a 2.6 millones de personas en todo el mundo, Bollywood, que se encuentra situado en Bombay, llega 3.6 millones de personas. Pero estos resultados cambian cuando se consideran los ingresos; de la producción global de más de 3 000 películas al año, Hollywood se queda con más del 35 por ciento del total de ingresos del sector. En cuanto a la industria cinematográfica europea, ha sufrido una caída en las últimas décadas. La producción ha disminuido en Italia y en España, mientras en el Reino Unido y en Alemania permanece estable. La única excepción es Francia donde la producción aumentó. En ese periodo la proporción de películas provenientes de Estados Unidos aumentaron en la mayor parte del continente (Marafioti, 2005). Por otra parte, en Hispanoamérica se habla de una nueva ola de cine hispanoamericano que es resultado del crecimiento de la población latina en Hispanoamérica y de haber recurrido a las coproducciones.

Por otra parte, el público de las películas también ha cambiado. Ahora son cada vez más jóvenes, principalmente adolescentes con tiempo libre. Para adaptarse a sus gustos, la cinematografía actual enfatiza temas que atraen a este tipo de público. Entre las diez películas más taquilleras de los últimos tiempos, con excepción de *Titanic* (1997) y *Forrest Gump* (1994), todas son películas de aventuras fantásticas que atraen a los grupos más jóvenes entre las que se encuentran *La Guerra de las Galaxias*, *El Extraterrestre*, *El Hombre Araña* o *Parque Jurásico* (Baran, 2005).

La convergencia y la tecnología digital están modificando la producción, distribución y exhibición de películas. A pesar de que la forma tradicional de ver las películas en las salas cinematográficas ha disminuido severamente, la convergencia del cine con tecnologías como la televisión por satélite, cable o videodisco digital (DVD) ha dado muchísimas oportunidades de distribución y exhibición para las películas. El 50% de los ingresos de los estudios provienen de la renta de videos domésticos, cable y satélite (Baran, 2005; Hettrick, 2002).

Radio y televisión

En 1840 se consiguió uno de los inventos más interesantes de la humanidad. Samuel F. B. Morse consiguió enviar un mensaje a 40 millas de distancia de Washington D. C. a una velocidad de 186 000 millas por segundo. Sucesivos experimentos de científicos como el propio Morse o Hertz fueron abriendo paso a lo que en la segunda década del siglo XX se convertiría en el medio de comunicación preferido de un gran número de hogares: la radio. Sus características han ido adaptándose al variar sus condiciones técnicas y la competencia de otros medios. Ha pasado de ser el medio persuasivo más importante a un medio de carácter complementario que destaca por la gran velocidad para la distribución de noticias e información. Junto a esto puede afirmarse que dispone de un mayor público potencial, no sólo por la mayor amplitud de la audiencia, sino por el carácter poco absorbente que le caracteriza. La radio acompaña al receptor en las tareas domésticas, en el coche o en el trabajo.

La programación de las estaciones de radio es primordialmente musical.

Existen estaciones de radio de amplitud modulada y frecuencia modulada (Greenberg, 1988, 1990). Actualmente, los oyentes sintonizan en general más estaciones de FM, y el uso del sistema AM está declinando poco a poco.

De manera característica, una estación de radio determina de forma específica el auditorio al cual destina su programación. Puede hacerlo así porque en cualquier ciudad es posible efectuar una selección entre varias estaciones de radio. No todas tendrán enfoques competitivos, pero la mayor parte de las programaciones se prepara para atraer a radioescuchas. El término *formato* define el tipo de programación que transmiten las estaciones; en la radio éste se refiere, predominantemente, a la programación musical.

Formato

Es el tipo de programación que transmiten las estaciones; en la radio este término se refiere a la programación musical.

Las emisoras desean ser identificadas por el tipo de música que programan. Los formatos populares comprenden música contemporánea para adultos: *country* y rock. Aunque existen estaciones que se dirigen específicamente a determinados grupos étnicos, o que se especializan en noticias o mensajes de carácter religioso, es el formato musical lo que caracteriza a la mayoría de las estaciones de AM y FM. La selección de los formatos se realiza en función de satisfacer las preferencias del auditorio. En la actualidad podemos observar una gran evolución de este medio con múltiples aplicaciones e innovaciones como la convergencia de este medio con internet, el sistema vía satélite y el Radio Data System (RDS), que se desarrollará con más detalle en el capítulo 12.

Una extensión de la tecnología radiofónica es la televisión, que empezó con experimentos para enviar imágenes a través del aire vía ondas de radio (DeFleur *et al.*, 2005). En 1844 Paul Nipkow creó métodos mecánicos de transmisión de televisión pero fue el barrido electrónico de Zworykin y Farnsworth el que llevó el medio a su edad moderna. La radio todavía se encontraba en su etapa de consolidación cuando en Alemania (1928), Inglaterra (1929) y Francia (1932) ya se estaban viviendo algunas experiencias de transmisión televisiva. La gran expansión se daría después de la Segunda Guerra Mundial, cuando Estados Unidos y la Unión Soviética (1946) comenzaron a realizar sus propios experimentos al respecto. México fue el sexto país a nivel mundial que contó con un sistema de televisión (1950). Le siguieron Brasil y Argentina (1951), Venezuela (1953), Italia (1954), España (1956) y Cuba (1959) (Baran, 2005).

La generalización de la televisión es uno de los fenómenos comunicativos más relevantes del tiempo en que vivimos. Ver televisión constituye la actividad más frecuente entre las personas de casi todos los países del mundo. A lo largo de la historia reciente, ninguna otra actividad no laboral se ha difundido tanto entre las familias del mundo como el uso de la televisión. Su importancia es enorme por constituir un mecanismo fundamental en el proceso de socialización de los individuos. La característica más importante de la televisión es su recepción en el hogar como un elemento más del grupo primario. Su carácter técnico, audiovisual, con posibilidades de comparación y simultaneidad, y las características psicosociales de su utilización, le dan a la televisión preponderancia sobre los demás medios.

Millones de personas observan diariamente la televisión a todas horas del día. La hora estelar es en la noche, de las 8 a las 11 p.m. Dos terceras partes de los hogares, a nivel mundial, son telespectadores en algún lapso de ese tiempo. Una tercera parte de los hogares ve la televisión por la tarde, y una cuarta parte lo hace antes de mediodía. Estos promedios han aumentado en forma continua durante la última década.

Por más de cuatro décadas la televisión ha sido el medio dominante en la sociedad estadounidense. Hoy los sistemas de cable transmiten para más de dos tercios de la población. Asimismo, han progresado otras formas de programar y difundir señales de televisión, y los sistemas para la transmisión directa vía satélite (DeFleur *et al.*, 2005). La televisión digital, que veremos con detalle en el capítulo 12, así como el DVD han ganado mucha popularidad en este siglo XXI. En México y Latinoamérica la industria de la televisión por cable presentó problemas en su desarrollo debido a la crisis económica que afecta el poder adquisitivo de los suscriptores. En México, por ejemplo, el primer semestre de 1998 se contabilizaron 1.2 millones de suscriptores; sin embargo, meses después la cifra disminuyó a 900 000 por las cancelaciones que se registraron (Sánchez de Armas, 1998). En la actualidad la distribución de señales de televisión por cable alcanza en países de Latinoamérica (por ejemplo, Argentina) cuotas de penetración altas. En este nuevo escenario los grandes productores latinoamericanos están formando alianzas con empresas globales, por ejemplo Televisa (México) y Globo (Brasil) con la compañía de Rupert Murdock, News Corporation y Sky Latin America en DTH (Televisión Directa al Hogar). En consecuencia, las audiencias se internacionalizan y, al mismo tiempo, se fragmentan.

Los efectos de este medio no provienen sólo de su influencia directa sobre el público, sino también del efecto desplazamiento que ocasiona sobre las formas precedentes de ocio. Así, por ejemplo, datos del Instituto Nacional de Estadística en España el 82.8% de las personas consideran la televisión como una de las actividades de ocio principal, el 21.5% consideran la lectura, y solamente un 6.2% de los entrevistados consideran que la radio y música también puede considerarse como forma principal de ocio. En una encuesta realizada por el Instituto de Opinión Pública en España, el 48% de los que contestaron consideraban una influencia favorable de la televisión en sus vidas, frente al 42% que la consideraban indiferente. Numerosas experiencias son capaces de decirnos que un mensaje audiovisual es recogido un 35% más que cuando es solamente auditivo y que se retiene en la memoria un 55% más (Lucas, García y Ruiz, 2003).

En la actualidad, la mayoría de las cadenas comerciales de televisión tiene una página web. Las estaciones locales también están presentes en la red. Algunas páginas son más ambiciosas que otras, mejor realizadas, más navegables, pero en general casi todas las estaciones de TV tienen presencia en la web. Por otra parte la convergencia, particularmente en la forma de televisión digital y video por internet, modifica el paisaje de la televisión y puede reinventar los dos medios, particularmente por la interactividad total (Baran, 2005).

Internet

Internet, la red global de redes de computadoras, es el motivo por el cual la computadora se utiliza cada vez más para actividades interactivas (Dominick, 2004).

A través del mundo en línea de las redes de computadoras —el término ciberespacio fue acuñado por William Gibson en su novela de 1984, *Neuromancer*— se puede participar en conferencias, lluvia electrónica de ideas, grupos de autoayuda y un número indeterminado de actividades en línea (Kiesler, 1996).

Mediante internet se puede estar en contacto con amigos en lugares lejanos del planeta, conseguir información de la universidad en la que se desea estudiar, realizar compras, vender y adquirir acciones, rentar un apartamento, obtener información médica e inclusive conversar con deportistas y políticos (Porter, 1997; Tubbs y Moss, 2000). En Estados Unidos se ha experimentado un crecimiento en los servicios cuando las personas que tienen computadoras personales se pueden conectar vía telefónica con las empresas que ofrecen una amplia gama de servicios: noticias, compras de todo tipo, diferentes formas de entretenimiento, itinerarios de los diferentes medios de transporte, boletines informativos, información financiera y sistemas de correo electrónico.

Analizando datos sobre las diversas lenguas de la población que accede a internet vemos que predomina la angloparlante con un total aproximado de 228 millones de personas, esto es el 40.2% del total, mientras que el total de todas las otras lenguas es de aproximadamente de 339 millones, que representan el 59.8%. También podemos observar cómo los idiomas español y portugués sólo ocupan el 7.2% y 2.6% respectivamente, y que ese 7.2% se divide entre España y toda Latinoamérica (Riviere, 2006; Solís, 2002).

La red se ha expandido de manera enorme y crece a un ritmo acelerado (ver tabla 5.1). El porcentaje de penetración en las diferentes regiones se ve reflejado en la figura 5.1. Este sistema de redes provee acceso mundial a mensajes electrónicos, navegación, búsquedas temáticas, sitios de información, bases de datos y muchas fuentes de información. En la World Wide Web (www), la aplicación especial de internet que lleva contenido multimedia, se encuentran un número casi ilimitado de imágenes, mensajes con audio y video, mensajes o entretenimiento. Son miles los sitios que despliegan información, los cuales van desde la simple página personal desde individuos hasta presentaciones sofisticadas de corporaciones, agencias gubernamentales, universidades o cualquier otra fuente (DeFleur *et al.*, 2005).

A medida que nos interconectemos, muchos de los valores de una Nación-Estado dejarán lugar a los valores de las comunidades electrónicas. Socialmente nos relacionaremos en forma de comunidades digitales, en las que el espacio físico será irrelevante y el tiempo desempeñará un papel diferente.

Esta tecnología, aunque técnicamente no es un medio de masas en el mismo sentido que la radiofonía, la televisión, el cine y la prensa, combina las características de los mismos. Por otra parte, la red transforma a todos los usuarios en comunicadores de masas en potencia, lo que convierte a la libertad de prensa en un realidad para todos (Baran, 2005). Una de las formas narrativas específicas en internet y de importancia creciente son los Weblogs. El término proviene de la unión de la expresión web y log (bitácora o cuaderno en español). El fenómeno blog o página web personal, son sitios web donde se presentan cronológica-

Tabla 5.1

Evolución de internet.

Rank	Región	CRECIMIENTO USO INTERNET 2000-2007 %
1	África	640.3
2	Asia	258.2
3	Europa	203.6
4	Medio Este	491.4
5	Norteamérica	113.7
6	Latinoamérica/ Caribe	466.2
7	Oceanía-Australia	146.2
	Total	**358**

Fuente: Internet World Statistics, junio 2007.

mente una serie de anotaciones, noticias, reflexiones u opiniones, actualizadas cada poco tiempo. Es un formato de interacción virtual, mezcla de página web, lugar de chat y correo electrónico.

Algunos autores afirman que estos diarios personales, que combinan información y comentarios, son el reflejo con una buena dosis de narcisismo, de la historia global y fragmentada del mundo contemporáneo. La gran diferencia que presentan con el periodismo tradicional es la ausencia de una mirada exterior antes de la publicación de un artículo (Pisani, 2005). El primer blog reconocido como tal se remonta al 7 de octubre de 1994 y se atribuye al programador Dave Winer. En la actualidad, existen en el mundo 48 millones de blogs y la cifra se duplica cada seis meses (Orihuela, 2006). Este recurso informativo de interés creciente se está convirtiendo en una potente herramienta como medio de comunicación alternativo.

Investigación social en torno a los efectos de los medios de comunicación masiva en los individuos

En este apartado se procederá a identificar algunos de los principales campos de estudio en comunicación en las últimas décadas, mediante los cuales se han intentado determinar los efectos de los programas y los anuncios publicitarios en diferentes sectores del público. Cualquier presentación breve de temas de investigación debe por fuerza ser selectiva. Se han escogido los temas que pueden ser de especial interés para el lector que empieza a adentrarse en este campo.

Figura 5.1

Internet. Penetración por regiones.

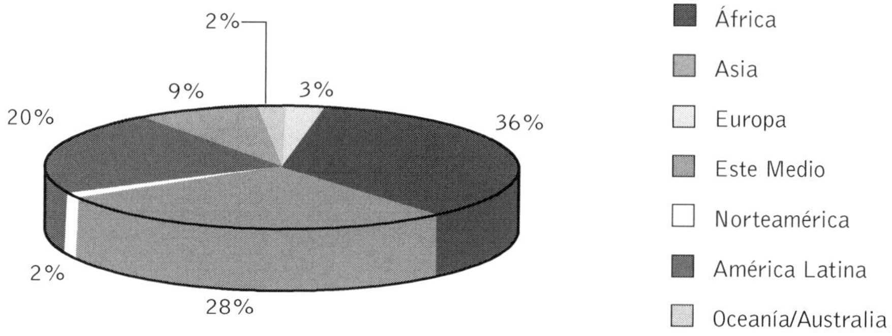

Fuente: Internet World Statistics, junio 2007.

Violencia en los medios de comunicación

No existe ningún tema tan cuestionado y examinado por los investigadores como el de los efectos de la exposición a la violencia en los medios de comunicación sobre las tendencias agresivas de los receptores. El tema, por cierto, se ha analizado en varios países, y por lo regular se considera la posibilidad de que influya en los televidentes jóvenes.

Para resumir los resultados básicos de estas investigaciones es necesario comenzar por considerar las condiciones que deben darse para esperar los resultados. Ante todo debe existir un contenido específico que contenga temas concretos. Los estudios comunes sobre el contenido dramático de la televisión comercial muestran que en los programas con frecuencia se recurre a la violencia física para solucionar los problemas, en especial en los de crimen, misterio y en las películas comunes. Según estos estudios, se encuentra un promedio de 10 a 15 incidentes violentos por cada hora de programa, tiempo durante el cual alguna persona es golpeada, tiroteada o agredida físicamente de diversas maneras. En segundo lugar, debe haber una presentación continua de ese contenido durante cierto lapso. Los análisis de contenido también indican que este tipo de programa no sólo se exhibe constantemente, sino también que se utiliza la violencia como un método básico de solución de problemas. En tercer lugar, debe existir un grupo de personas expuestas a este tipo de programa para considerar que su contenido puede tener efectos independientes sobre la conducta y los valores básicos del individuo. Los indicadores de popularidad muestran que los programas con alto grado de violencia tienen mucha aceptación entre la sociedad. En cuarto lugar, el televidente debe estar en condiciones de comprender el contenido del programa que se expone. Los estudios realizados con la población infantil indican que sí comprenden los actos concretos de violencia física.

Cuando todos estos elementos coinciden —el contenido se exhibe de manera regular y continuada, y existe un grupo de receptores de ese contenido que lo comprende y gusta de él— cabe preguntar si existen determinados efectos como consecuencia de ello. ¿Qué ocurre si un televidente de corta edad emplea buena parte de su tiempo en observar espectáculos violentos en la televisión? La respuesta es muy controvertida. Lo más debatido es el punto sobre cuál es la causa y cuál es el efecto. Algunos argumentan que los televidentes que ya son agresivos tienen más probabilidades de seleccionar programas de contenido violento debido a su predisposición. Esta postura sostiene que la naturaleza del televidente provoca la selección del contenido del programa. Muchos otros señalan que independientemente de las tendencias previas de un espectador, la exposición habitual a la violencia en los medios de comunicación masiva ya existentes, crea otras nuevas que reflejan el contenido de los programas que se observan regularmente. Dicen, además, que habiendo tanta violencia en la televisión, es difícil para un televidente común evitar la programación que la incluya. Tal vez una definición más amplia de los más importantes enfoques de investigación pueda ayudar al lector en el análisis de estas ideas un tanto contradictorias.

La investigación realizada con niños en edad preescolar se ha enfocado en descubrir si éstos pueden comprender los incidentes que ven, y si algo de esa comprensión se relaciona con los motivos que los producen o las consecuencias que implican los actos que observan. Estos niños aprenden en forma clara el contenido de los actos violentos que observan, pero pocas veces pueden identificar los motivos y las consecuencias de esos actos. Sólo tras haber avanzado considerablemente en la escuela primaria, los motivos y las consecuencias se integran al aprendizaje sobre violencia en la televisión (Greenberg, 1990).

Muchos estudios han considerado los tipos de actitudes que pueden asociarse con la observación de este contenido. Existen, por ejemplo, resultados firmes que relacionan la idea de que la violencia constituye un método eficaz para resolver problemas con la observación habitual de programas con ese contenido. Tal hecho no es sorprendente, si se considera que los programas que presentan la violencia como método eficaz para la resolución de problemas interpersonales se transmiten en las horas de más auditorio en forma continua e incluso en los dibujos animados. Otra actitud relacionada con la transmisión de programas de contenido violento en la televisión es la voluntad expresa de quienes los ven de recurrir a la violencia para resolver problemas personales. Ante la alternativa de tener que seleccionar entre soluciones más o menos agresivas respecto a determinados problemas, el televidente que ha observado más violencia en los medios de comunicación tiene más probabilidades de optar por la solución más agresiva. De igual manera, los televidentes que han visto más violencia aprueban más su uso. Esta relación entre la *exposición a la violencia* y las actitudes aprobatorias de las conductas violentas no resuelven la cuestión de si las actitudes son anteriores a la exposición a ese tipo de programas o viceversa, pero justifica la inquietud general del público por el predominio de los contenidos violentos en la programación.

Exposición a la violencia

Se refiere a los televidentes que observan constantemente programas con alto contenido de violencia.

Algunos autores sostuvieron durante décadas pasadas que la exposición a programas de contenido violento podría conducir a una reducción de la tendencia a ser agresivo; que la violencia almacenada podía liberarse, de alguna manera, al observar a otras personas conduciéndose agresivamente en los medios de comunicación. Sin embargo, no hay evidencia que apoye ese punto de vista entre los estudios practicados en los últimos veinte años.

Aún enfrentamos el problema de causa y efecto identificado anteriormente, pero tanto la teoría como diversos estudios (Baran, 2005; Bok, 1998; DeFleur y Dennis, 2001; Dominick, 2004; Greenberg, 1990; Liebert y Sprafkin, 1988; National Television Violence Study, 1997) señalan que los televidentes pueden ser influidos por la exposición regular a este tipo de contenido, sin importar que fueran o no potencialmente agresivos. Consideran también que esa influencia tiende a convertir a las personas en seres agresivos, además de insensibles para actuar en ayuda de una víctima de un acto violento. En otras palabras, los estudios demuestran que las personas que se exponen a programas de contenido violento aumentan su apetito por participar en actos de este tipo y buscan involucrarse en situaciones peligrosas (Bok, 1998). También indican que los televidentes que ven estos programas sienten más temor de ser víctimas de la violencia y desconfían más de las personas.

El sexo televisado y sus efectos

Desde hace pocos años los investigadores han empezado a dirigir su atención a otro tema de interés social: los programas con contenido sexual. Durante la mayor parte del horario televisivo con alto nivel de auditorio se presentan programas de este tipo, por lo menos en términos de conductas sexuales implícitas. Se habla mucho sobre *affairs* y el acto sexual, y se presentan y comentan la prostitución y la violación. Este tipo de programas no se transmite con la misma frecuencia que los de contenido violento, pero se ha encontrado que se presentan con periodicidad suficiente como para conducir a los investigadores a plantear interrogantes respecto a sus efectos sobre los individuos. En los últimos veinte años se han realizado estudios en torno al tema del sexo en las telenovelas, los cuales muestran que la mayoría de los actos sexuales ocurren entre personas no casadas (4 a 1), y que este tipo de conductas se presentan cuatro veces por hora, inician con una insinuación verbal o física y terminan con la presentación completa del acto en diferentes grados de explicitez. Por otra parte, el 20% de los actos sexuales que se presentan en las telenovelas ocurre entre personajes casados con alguien diferente a su cónyuge.

Aunque no existe todavía respuesta definitiva sobre los efectos que tiene la exposición a programas de contenido sexual en la conducta de los individuos, sí existe un número importante de hallazgos que merecen ser comentados. Por ejemplo, Bryant y Zillman (2002) encontraron que la exposición masiva a la pornografía da como resultado que los consumidores de este tipo de contenido juzguen con menos severidad a los violadores. Además, el mismo estudio encontró una relación positiva entre la exposición a la pornografía y la percepción estimada de conductas sexuales poco comunes entre la población. La mayor parte del contenido sexual de los programas televisivos dista mucho de ser pornográfico; sin embargo, las investigaciones indican que sí existe una relación positiva entre la exposición a contenidos sexuales y la satisfacción sexual; es decir, los adolescentes aumentan sus expectativas sexuales al ver programas que lo contienen, pero no las satisfacen en la vida real (Baran, 2005). Otro estudio realizado en 1980 por el Southwest Educational Development Laboratory reveló que las adolescentes embarazadas veían más de veinte horas de televisión a la semana, mientras que las no embarazadas veían menos de 13 horas. Asimismo, la mayoría de las adolescentes embarazadas reportaron estar de acuerdo en que las relaciones heterosexuales de la televisión son parecidas a las relaciones entre hombre y mujer en la vida real. Finalmente, otros dos estudios (Buerkel-Rothfuss y Mayes, 1981; Sipes, 1984) encontraron que los adolescentes y universitarios que más veían telenovelas reportaban una aceptación más elevada de divorcios, abortos, hijos ilegítimos y embarazos que los que no veían este tipo de programas.

Difusión de noticias

¿Cómo obtienen las personas información sobre las noticias que se producen durante el día? Dominick (2004) identificó tres etapas en la difusión de noticias: la transmisión inicial de la noticia, la diseminación y la saturación. La *transmisión inicial* consiste en el tiempo que tarda un reportero en transmitir los hechos esenciales a su organización informativa o periodística para que ésta los transmita o publique; la etapa de *diseminación* está representada por el periodo en que la noticia se disemina entre el auditorio o es conocida por un determinado grupo o comunidad; la última etapa ocurre cuando el 90 por ciento de la población se entera de la noticia.

Transmisión inicial
El tiempo que tarda un reportero en transmitir los hechos esenciales a su organización informativa o periodística.

Diseminación
Es el periodo en que la noticia se disemina entre el auditorio o es conocida por un determinado grupo o comunidad.

Saturación
Ocurre cuando la mayoría de la población se entera de la noticia.

La rapidez con que se difundirá una noticia y el número de personas a las que llegará depende de la manera en que los medios decidan manejarla, ya sea destacando o disimulando los sucesos. Cuando explotó la nave espacial *Challenger* en 1986, y murieron todos sus tripulantes, la información se difundió de manera instantánea. La cobertura inmediata de la radio y la televisión, que suspendieron su programación normal para mostrar o narrar la explosión, ocasionó que la noticia se propagara en forma extraordinariamente rápida. Cuando la radio y la televisión deciden centrar su atención en seguir un acontecimiento como el del *Challenger*, es posible vaticinar que el 90 por ciento del público estará informado en el lapso de una hora. Esa velocidad de difusión hace a otros medios meros canales complementarios. Por ejemplo, el periódico se vuelve un medio en el que se puede confirmar la información recibida, y obtener más información de la que se puede disponer con posterioridad. Así, la primera fuente de información respecto a la mayor parte de los sucesos nacionales e internacionales la constituyen la radio y la televisión, en especial este último medio que tiende a ser el líder, aun cuando la radio sea más accesible. En el caso de la explosión del Challenger, el 57 por ciento de los estadounidenses se enteró de la noticia y encendió el televisor para seguir la cobertura informativa del desastre (Wright *et al.*, 1989).

Otro suceso muy estudiado fue el asesinato del presidente John F. Kennedy el 22 de noviembre de 1963. Aproximadamente la mitad de la población estadounidense se enteró del hecho por otras personas. El público acudió entonces —de inmediato y en forma masiva— a los aparatos de radio y televisión para convertirse en espectadores directos de los hechos que sucedían en el momento (Greenberg y Parker, 1965). Sucesos ocurridos como el asesinato de Kennedy, o tiempo después el ataque contra el World Trade Center el 11 de septiembre de 2001, concentraron todos los canales de comunicación (masivos e interpersonales), al mismo tiempo, en un solo incidente.

La mayoría de las personas se entera de los hechos importantes en un medio de comunicación masiva. En un estudio que se centró en varios de estos acontecimientos que iban desde los de importancia relativamente escasa, los resultados de un torneo local de ajedrez, hasta los de considerable importancia pero no al nivel de catástrofe, como una huelga de obreros en la comunidad, los resultados indicaron que en los 15 sucesos estudiados, los medios de comunicación masiva constituyeron la principal fuente de información, y la que llegó más pronto al público.

Los hechos descritos tienden a ser el modelo de difusión de las noticias en la mayor parte de los acontecimientos no previstos, es decir los sucesos que el lector, el telespectador o el radioescucha no tiene oportunidad de anticipar. Cierta parte de las investigaciones sobre la difusión de noticias ha considerado los hechos noticiosos previsibles que reciben atención especial. Estos acontecimientos incluirían los Juegos Olímpicos, la coronación de una reina de belleza o cualquier suceso deportivo relevante. Cuando se prevé la celebración de algo importante, los medios crean una fuerte *expectativa* con el fin de acentuar la importancia del acontecimiento noticioso y, por consiguiente, crear o reforzar el interés y propiciar actitudes respecto a él. De acuerdo con el grado en que los medios realicen estas actividades, es posible que aumente la cobertura del suceso, y, en consecuencia, se incremente el grupo de difusión de esos acontecimientos. Las personas que se enteran del suceso a través de la radio o la televisión tienden a recurrir a otros medios para recibir información adicional, mientras que quienes se enteran por alguno de los medios impresos recurren a otras personas (Greenberg, 1988).

Expectativa de la noticia
Es el acto de acentuar la importancia del acontecimiento noticioso para crear o reforzar el interés y propiciar actitudes respecto a él.

La brecha del conocimiento

Además de los estudios sobre la difusión de noticias, se ha explorado también un área de interés afín: la manera en que las personas coleccionan información

Brecha del conocimiento
Son las diferencias en el conocimiento entre quienes saben algo y quienes lo ignoran, lo cual depende del desnivel educativo y social entre unos y otros.

respecto a los temas noticiosos. De esta línea de información surge la hipótesis de la *brecha del conocimiento*, la cual establece que las diferencias en el conocimiento entre quienes saben algo y quienes lo ignoran se incrementará a medida que ingrese nueva información al cuerpo social, y que la característica principal que distingue a quienes aprenden más es su nivel educativo o social. Los primeros estudios recurrían a la educación para predecir factores como la proporción de conocimiento científico y descubrieron que había evidencias que apoyaban esta relación. Quienes poseían conocimientos anteriores y más educación tenían más probabilidades de estar mejor informados con el transcurso del tiempo que quienes tenían conocimientos anteriores iguales, pero un grado menor de educación. En la medida en que esto se verifica, constituye un ejemplo básico de cómo las personas que poseen más información aumentan su caudal informativo, y quienes carecen de ella lo reducen en términos relativos. No obstante, investigaciones más recientes señalan que estas diferencias en la educación como predictoras de quién está mejor —o peor— informado, pueden perder importancia si se considera el interés puesto en el tema. En lugar de utilizar métodos científicos tradicionales, dos investigadores optaron por centrar su atención en dos sucesos noticiosos que se prolongaron durante un largo periodo; uno de ellos fue la huelga de varios jugadores profesionales de fútbol y una demanda de procedimientos de desafuero contra un presidente de Estados Unidos. En el caso de estos hechos, que tendían a prolongarse al contrario de los de naturaleza efímera que desaparecen de los medios en uno o dos días, se midió el interés por el fútbol y la política, así como el grado de educación y la clase social, y se llegó a la conclusión de que el interés era, por lo menos, predictor tan confiable como los otros, respecto a quién aprendía más, desde el momento de la emisión inicial de información sobre los acontecimientos hasta varias semanas después. Existen diferencias sociales sobre el conocimiento en la mayor parte de las áreas de interés, pero es alentador encontrar que estas diferencias dependen tanto de los intereses personales como del grado de educación; ya que resulta más fácil crear interés por algún suceso noticioso que reeducar o completar la educación de gran parte del público estadounidense.

Roles sociales
Son los patrones culturales o modelos sociales que, mediante la televisión, la radio, la prensa, promueven conductas en los receptores, particularmente si son jóvenes y niños.

Asimilación de roles sociales

El entretenimiento es una de las funciones fundamentales de los medios (Moral e Igartua, 2005). El objetivo de la mayor parte de su contenido es el de entretener, no el de informar. No obstante, además de proporcionar diversión, puede también tener el efecto colateral de enseñar a las personas varios tipos de *roles sociales*. ¿En qué medida, por ejemplo, se moldean las convicciones personales sobre los médicos, los ancianos, los policías, en función de la descripción que los programas televisivos hacen de estos grupos? Como se sabe el cine, las revistas, la radio y la televisión ofrecen un número extraordinario de patrones culturales que enseñan conductas a los receptores, particularmente niños y adolescentes.

Durante los últimos años muchos análisis sobre los roles sexuales presentados en la televisión indican que el número de papeles masculinos es mayor que los femeninos en una proporción de tres a uno. Esto se determinó en la década de 1950, pero la situación no ha cambiado mucho. Existe, sin embargo, cierta diferencia en las cifras determinadas por el tipo de programa de que se trate. En las series humorísticas y las telenovelas se presenta aproximadamente una mujer por cada hombre, pero en los programas policiacos y en los de dibujos animados la proporción es de cuatro a cinco hombres por cada mujer (Greenberg, 1988). Por lo general, la mujer que aparece en la televisión es considerablemente más joven que el hombre promedio. En la televisión comercial es más probable que se muestre a los hombres como más racionales, más inteligentes, más poderosos, más estables y más tolerantes que las mujeres. Ellas tienden a ser más atractivas, alegres, cálidas, sociables, pacíficas y justas. Las mujeres tienden a preocuparse por su familia, el amor y las relaciones interpersonales, en tanto que los hombres se orientan más hacia los objetivos profesionales. Es también muy común que se muestre a las mujeres como menos competentes y más dependientes. Otros estudios tienden a mostrar que los hombres suelen dar más órdenes, y que la probabilidad de que éstas sean obedecidas es mayor. Esta tendencia también se observa en otras áreas; se muestra a las mujeres como de naturaleza más pasiva y menos involucradas en la solución de problemas, y a los hombres como más necesitados de apoyo físico, en tanto que las mujeres solicitan y reciben apoyo emocional y de otras clases con mayor frecuencia.

En la televisión estas diferencias se reflejan también en el lugar de trabajo y las actividades que ahí se realizan. El mundo del trabajo tiende a ser un mundo dominado por hombres. Las mujeres que aparecen en televisión carecen de empleo; sólo el 28 por ciento son presentadas realizando un trabajo remunerado, contra un 41 por ciento de hombres (Smith, 1997). En el caso del cine, el 60 por ciento de los hombres aparece trabajando, mientras que sólo lo hace el 35 por ciento de las mujeres. Otros estudios han analizado cómo se presenta a las mujeres en términos de ocupación; por ejemplo, en los programas educativos para niños aparecen dos científicos hombres por cada mujer y el 68 por ciento de las mujeres que aparecen tiene roles secundarios (Steinke, 1998).

En resumen, la televisión muestra diferencias sexuales muy marcadas. El *estereotipo sexual*, como se ha llamado al fenómeno, se refiere a la manera en que se describe en forma general tanto a mujeres como a hombres. ¿Qué efecto tienen —en caso de tenerlo— estas caracterizaciones respecto a las percepciones personales en relación con los roles sexuales en la vida real? Las investigaciones en

Estereotipo sexual
Se refiere a la manera en que los medios describen de manera general a los hombres y a las mujeres.

este sentido se han realizado con jóvenes, basándose en la suposición de que sus percepciones sobre los roles sexuales se encuentran todavía en una etapa informativa. Los estudios demuestran que los niños que ven mucha televisión toman decisiones en las que influye de manera determinante el estereotipo sexual. Esto se ha detectado sobre todo cuando se trata de decisiones sobre ocupación, en las que se tiene que elegir entre actividades que por lo regular están asociadas con roles masculinos y femeninos. El efecto que produce ver mucha televisión en la fijación de los estereotipos de los roles sexuales es parcial debido a la falta de otros estereotipos. Aunque las cadenas comerciales de televisión han sostenido en años pasados que hay más personajes femeninos en roles no estereotipados, no existe evidencia que apoye dicha afirmación, ni de que ello afecte las respuestas individuales a las descripciones de los sexos en la televisión. Algunos estudios experimentales han presentado personajes de mujeres no estereotipados. En estos programas los jóvenes expuestos deliberada o accidentalmente a la información no estereotipada se mostraban más favorables respecto a las mujeres que desempeñaban esos roles. Se podría esperar que conforme aumenten las descripciones no estereotipadas disminuya tanto el efecto demostrado como el potencial de los actuales estereotipos de los roles sexuales.

Existe gran diversidad de roles sociales que se describen en los medios que prácticamente no han sido estudiados, por lo que se desconocen sus efectos. En todos estos casos existe interés por el grado en que la descripción de los medios corresponde a la vida real, y por el efecto que podrían causar tales descripciones con el correr del tiempo, especialmente sobre los espectadores más incautos.

Usos y gratificaciones de los medios de comunicación masiva

Diversas investigaciones se han planteado determinar qué efectos producen en las personas las experiencias adquiridas en los medios de comunicación y se han intentado crear tipologías básicas para clasificarlos (Condry, 1989; Igartua y Humanes, 2004; Jeffres, 1997; McGuire, 1986; McLeod, Kosicki y Pan, 1991; McLeod y Reeves, 1980; McQuail, 1994; Perse, 2001; Potter, 1998). También se ha investigado si los medios causan tales efectos o si las personas con determinadas predisposiciones buscan programas con contenidos que correspondan a ellas. Este segundo punto de vista se examinó desde la óptica de un marco diferente de investigación, el de *usos y gratificaciones de los medios* de comunicación. Aquí, nuestro interés se orienta a lo que hacen las personas respecto a los medios, más que al efecto que éstos tienen en las personas (Fernández Collado, Baptista y Elkes, 1999).

Usos y gratificaciones de los medios
Satisfactores generados de la gente a partir del uso de los medios de comunicación masiva, como entretenimiento, información, excitación, descanso, actividad favorita, etcétera.

Muchos estudios han hecho las preguntas básicas: ¿Por qué la gente ve televisión? ¿Por qué lee periódicos? Aunque las respuestas muestran variables que corresponden a los grupos de edad y a los niveles sociales, también las razones cambian de un medio a otro, podemos escoger un entorno y describir tanto el enfoque de la investigación básica como sus hallazgos. Antes de plantear estas preguntas se les debe situar en un marco de referencia que el lector pueda utilizar, en caso de que desee analizar sus respuestas a esas preguntas. Dicho marco de referencia debe considerar los motivos que lo hacen recurrir a los medios, el empleo de éstos para satisfacerlos y la determinación de en qué medida los medios respondieron a las expectativas respecto a ellos.

Al considerar el caso de la televisión, diversos estudios han coincidido en las razones básicas y relativamente estables que motivan a las personas a utilizar ese medio, tanto a los espectadores infantiles como a los adultos.

Un motivo importante para ver la televisión (y para recurrir a la mayor parte de los otros medios) es aprender algo; obtener información. Cuando los jóvenes califican este aprendizaje tienden a señalar dos metas subordinadas. Una de ellas es enterarse del tipo de información básica que se obtendría de la programación noticiosa o de otras variantes con contenido pedagógico; aprender qué ocurre en el mundo, intentar comprender los fenómenos que ocurren en la sociedad, encontrar nuevas ideas, experimentar sensaciones que aún no se conocen. Una segunda meta en el joven que está motivado para aprender es descubrir qué se espera de él en la sociedad, aprender a actuar, a vestirse, a tener conocimientos sobre hechos que podrían ocurrir y enterarse de la manera en que otras personas enfrentan situaciones cotidianas y extraordinarias. Igualmente, las personas aprenden cosas en los medios sin buscarlas, es decir, sin que exista una motivación específica por localizar una información concreta. Así sucede por ejemplo, cuando se adquiere información sobre un acontecimiento histórico como la Guerra Civil Española, simplemente viendo el largometraje *Ay, Carmela* de Carlos Saura (Moral e Igartua, 2005).

Televisión informativa

Concepto con el que los televidentes describen a este medio cuando cuenta con elementos pedagógicos e informativos como las noticias.

Otro motivo importante para el uso de los medios es que su empleo se haya convertido en *hábito*. El goce puro de las actividades relacionadas con los medios se refleja en afirmaciones como "la televisión es bastante entretenida" y "utilizar los medios es una de mis actividades favoritas".

Hábito en los medios

Se refiere al hecho de considerar el uso de los medios como una actividad importante en la vida y a la necesidad de utilizarlos.

Otros dos motivos que se expresan comúnmente parecen entrañar cierta contradicción. Una de ellas es que se les emplea porque resulta excitante hacerlo. La *búsqueda de excitación* en los medios constituye una respuesta común; la actividad relacionada con ellos es incitante, provocativa. El motivo que tiende a contradecir lo anterior es cuando se afirma que se recurre a los medios para descansar, calmarse o relajarse. La yuxtaposición de estos dos motivos sugiere con fuerza que el estado de ánimo del individuo antes de iniciar la conducta relacionada con los medios puede constituir un importante indicador de cuál es el más importante para recurrir a esa actividad.

Búsqueda de excitación

Se refiere al contenido de los medios que busca provocar e incitar al público a determinada conducta.

Otro motivo bien definido ha sido el de ocupar el tiempo libre. A menudo, cuando las personas se encuentran aburridas y no hallan nada mejor qué hacer, utilizan los medios para pasar el tiempo y tener algo en qué ocuparse. Este motivo no específico puede satisfacerse, probablemente, por el simple uso de los medios, más que por la búsqueda de algún tipo de contenido que pueda resultar útil para la satisfacción de ese motivo. A medida que se considera este grupo de razones surge la idea de que varias de ellas no son específicas, y que el mero acto de la actividad relacionada con los medios será suficiente para producir la satisfacción, en tanto otros motivos, como la búsqueda de elementos excitantes, puede satisfacerse mejor con determinados tipos de contenido, como los de carácter agresivo.

Otros dos motivos apuntan también a la necesidad de reconocer que los medios pueden actuar a lo largo del tiempo para la misma o para diferentes personas. Una razón poderosa para recurrir a ellos, en especial a la televisión, es la búsqueda de compañía. Responder al aparato televisor, contestar las preguntas que tratan de encontrar los participantes en algún concurso, apoyar a los contendientes de encuentros deportivos son indicadores de la motivación de búsqueda de compañía. Si no se desea estar solo, o no está presente alguien con quién platicar, o se siente el peso de la soledad, es muy común recurrir a los medios para sustituir la compañía. Por otra parte, las dificultades de la vida real con las personas cercanas bien puede constituir otra razón común, identificada a menudo en este tipo de investigaciones: el *escapismo*. Este motivo se refleja en el deseo de escapar, al menos temporalmente, de los problemas familiares, escolares o de trabajo (Fernández Collado, Baptista y Elkes, 1999; Greenberg, 1988, 1990; Rubin y Rubin, 1985; Rubin, Perse y Barbato, 1988; Wanta, 1997).

Escapismo en los medios
Es el deseo de escapar u olvidar, al menos temporalmente, los problemas familiares, laborales o escolares a través de los medios.

Aunque los motivos enumerados no conforman un conjunto global, son representativos de los resultados que han arrojado los principales proyectos de investigación.

Debe reconocerse que el grupo de motivos para usar los diferentes medios difiere en cierto grado, aunque no hay investigación suficiente para describir en forma exacta la manera en que esto ocurre. Por ejemplo, a la pregunta de por qué se lee un periódico es posible anticipar que las respuestas girarían en torno a los propósitos informativos y de aprendizaje; y serían escasos los que dijeran usarlos por razones de escapismo o pasatiempo. Las investigaciones sobre los programas de radio conducirían también a la identificación de diferentes motivos. Si la programación de radio que se escucha es predominantemente musical, cabría esperar que los motivos más importantes fueran los hábitos, la búsqueda de reposo y posiblemente el deseo de excitación. Marshall McLuhan afirmó que el contenido de un mensaje mediatizado es secundario respecto al medio. Ésta es otra manera de expresar la idea de que en algunas ocasiones la actividad pura en relación con los medios es el único vehículo satisfactor de algunas motivaciones

(Fernández Collado y Hernández Sampieri, 2004). Por otra parte, ciertos motivos pueden explicarse mejor a través de tipos específicos de contenido.

La identificación de los diferentes motivos para recurrir a los medios plantea otra pregunta fundamental: ¿Qué es lo que condujo a estos motivos en especial? Puede decirse que los motivos son intranscendentes y que varían según los estados de ánimo inmediatos anteriores al uso de los medios. Esos estados de ánimo pueden ser de ira, cansancio o aburrimiento, entre otros. Es posible, por ejemplo, identificar personas que trabajan o estudian en ambientes que tienden a proporcionar estímulos sociales muy bajos, en circunstancias en que tienen que pasar gran parte del día desempeñando actividades solitarias, lo que los lleva a experimentar la necesidad de estímulos sociales y de buscar contacto con otras personas a través de los medios de comunicación. Otros individuos que interactúan de manera cotidiana con otras personas pueden orientarse hacia el uso de los medios que les permitan olvidar o equilibrar esa situación. Se ha escrito poco en lo referente a identificar el grado de satisfacción de las necesidades temporales o a largo plazo a través de los medios.

Como existen diversos motivos para el uso de los medios, los investigadores han intentado relacionarlos y estudiar el grado en que los medios ofrecen gratificarlos. ¿En qué medida se obtienen gratificaciones a través de los medios? Los resultados de las investigaciones no responden a esa interrogante de modo concluyente; por una parte, se argumenta que el persistente modelo de uso de los medios que las personas desarrollan se modificaría en caso de que sus motivos no fuesen satisfechos, pero surge aquí la pregunta de si existen otras fuentes con las que las personas puedan satisfacer estas expectativas. Es importante destacar, finalmente, que esta investigación sobre las funciones que realizan y las gratificaciones que ofrecen los medios no consiste sólo en su identificación.

Los investigadores se interesan en los efectos sociales del uso de los medios, y el vínculo común será el grado en que las diversas razones para acudir a ellos tiene cualquier tipo de efecto en los fenómenos posteriores a las experiencias que produzcan. Algunos motivos pueden tener relaciones más estrechas con la adquisición de información, con el cambio de actitudes o con la modificación de la conducta. No se ha detectado que ninguno de estos motivos sea determinante, como no se han encontrado las respuestas a otras preguntas en este capítulo, pero la búsqueda para encontrar cuáles son los efectos sociales que se originan en las experiencias producidas por los medios es un tema de interés central.

Con los avances tecnológicos aplicados en los nuevos medios de comunicación y los que se prevé que se desarrollarán, el público dispondrá de gran variedad de recursos de los propios medios. Es posible que el punto de vista tradicional respecto a los medios más importantes y la manera en que se emplean para satisfacer las motivaciones individuales experimente un cambio sustancial.

REFERENCIAS

Baran, S. (2005), *Introduction to Mass Communication: Media Literacy and Culture with Power Web*, 4a. ed., McGraw-Hill, Nueva York.

Bok, S. (1998), *Mayhem: Violence as Public Entertainment*, Addison-Wesley, Reading, Masssachusetts.

Bryant, J. y Zillmann, D. (2002), *Media Effects: Advances in Theory and Research*, 2a. ed., Erlbaum, Hillsdale, Nueva Jersey.

Buerkel-Rothfuss, N. y Mayes, S. (1981), "Soap Opera Viewing: The Cultivation Effect", *Journal of Communication*, 31, 3, pp. 108-115.

Condry, J. (1989), *The psychology of television*, Hillsdale, Laurence Erlbaum Associates, Nueva Jersey.

DeFleur, M. L. y Dennis, E. E. (2001), *Understanding Mass Communication: A Liberal Arts Perspective*, 7a. ed., Houghton Mifflin, Nueva York.

DeFleur, M. Kearney, P., Plax, T. G. y DeFleur, M. (2005), *Fundamentos de la Comunicación Humana*, McGraw-Hill Interamericana.

Dominick, J. R. (2004), *The Dynamics of Mass Communication: Media In the Digital Age with Media World CD-ROM and PowerWeb*, 8a. ed., McGraw-Hill, Nueva York.

Fernández Collado, C., Baptista, P. y Elkes, D. (1999), *La televisión y el niño*, 4a. ed., Colofón, México.

Fernández Collado, C. y Hernández Sampieri, R. (2004), *Marshall McLuhan, de la torre de marfil a la torre de control*, Instituto Politécnico Nacional, México.

Greenberg, B. (1988), "Los medios de comunicación masiva", en C. Fernández Collado y G. L. Dahnke, *La comunicación humana. Ciencia social*, McGraw-Hill, México, pp. 143-175.

——— (1990), "Mass Communication", en G. L. Dahnke, C. Fernández Collado y G. W. Clatterbuck, *Human Communication: Theory and Research*, Wadsworth, Belmont, California, pp. 183-207.

Greenberg, B. y Busselle, R., Fernández Collado, C. y Baptista, P. (1992), "Young people and their orientation to the mass media: An international study. Study 16: México". Department of Telecommunication, Michigan State University.

Greenberg, B. y Parker, E. B. (1965), *The Kennedy Assessination and the American Public: Social Communication in Crisis*, Stanford University Press, Stanford, California.

Hettrick, S. (2002, 25 febrero), *Tale of the tape favors studios*, Variety, p. 71.

Igartua, J. J. y Humanes, M. L. (2004), *Teoría e investigación en comunicación social*, Síntesis, Madrid.

Jeffres, L. W. (1997), *Mass media effects, Prospect Heights*, Waveland Press, Illinois.

Kiesler, S. (1996), *Culture of the Internet*, Erlbaum, Mahwah, Nueva Jersey.

Liebert, R. y Sprafkin, J. (1988), *The Early Window: Effects of Television on Children and Youth*, 3a. ed., Pergamon Press, Nueva York.

López-Escobar, E. (1997) "Comunicación y comunicación colectiva", introducción a D. McQuail y S. Windahl, *Modelos para el estudio de la comunicación colectiva*, Pamplona: EUNSA, 3a. ed., pp. 11-27.

Lucas A., García C. y Ruiz J. A. (2003), *Sociología de la comunicación*, Trotta, Valladolid.

Marafioti, R. (2005): *Sentidos de la Comunicación*, Biblos, Buenos Aires.

McGuire, W. J. (1986), "The myth of massive media impact: savagings and salvagings", en G. Comstock (ed.), *Public communication and behaviour*, Academic Press, Florida, pp. 173-257.

McLeod, J. M., Kosicki, G. M. y Pan, A. (1991), "On understanding and misunderstanding media effects" en J. Curran y M. Gurevitch (eds.), *Mass media and society*, Edward Arnold, Londres, pp. 265-266.

McLeod, J. M. y Reeves, B. (1980), "On the nature of the mass media effects", en S. Withey y R. Abels (eds.), *Television and social behaviour, Beyond violence and children*, Lawrence Erlbaum Associates, Nueva Jersey, pp. 17-54.

McQuail, D. (1994), *Mass communication theory. An introduction*, Stage, Londres.

Moral, F. e Igartua, J. (2005), *Psicología Social de la Comunicación. Aspectos teóricos y prácticos*, Aljibe, Málaga.

National Television Violence Study, vol. 1 (1997), Sage, Thousand Oaks, California.

Orihuela, J. L. (2006), *La revolución de los blogs*, *La esfera de los libros*, Madrid.

Pisani, F. (2005), "La locura de los weblogs invade Internet", *Le monde diplomatique*, ed. española, 3, pp. 70-72.

Perse, E. M. (2001), *Media effects and society*, Lawrence Erlbaum Associates, Mahwah, Nueva Jersey.

Porter, D. (1997), *Internet culture*, Routledge, Nueva York.

Potter, W. J. (1998), *Media literacy*, Thousand Oaks, Stage, California.

Riviere, I. M. (2006), *Las nuevas formas culturales en la comunicación e información y su impacto territorial en la República, Argentina, Textos de la CiberSociedad*, 9, http://www.cibersociedad.net.

Rubin, A. M. y Rubin, R. B. (1985), "Interface of Personal and Mediated Communication: A Research Agenda", *Critical Studies in Mass Communication* 2, pp. 36-53.

Rubin, R. B., Perse, E. y Barbato, A. C. (1988), "Conceptualization and Measurement of Interpersonal Communication Motives", *Human Communication Research*, 14, pp. 602-628.

Sánchez de Armas, M. A. (1998), "Apuntes para una historia de la televisión Mexicana", *Revista Mexicana de Comunicación y Televisa*, México.

Sipes, S. (1984), "Teens, Soaps and Social Perceptions", tesis de Maestría, East Lansing, Michigan State University.

Smith, D. (1997), "Mediamore Likely to Show Women Talking About Romance Than a Job", *New York Times* (mayo 1), 15.

Solís, D. A. (2002). "Internet como medio globalizador". I Congreso ON LINE del Observatorio para la Cibersociedad, Barcelona.

Steinke, J. (1998), "Connecting Theory and Practice: Women Scientists Role Models in Television Programming", *Journal of Broadcasting and Electronic Media*, 42, pp. 142-151.

Tubbs, S. L. y Moss, S. (2000), *Human communication*, 8a. ed. McGraw-Hill, Nueva York.

Wanta, W. (1997), *The Public Agenda and the National Agenda: How People Learn About Important Issues*, Erlbaum, Mahwah, Nueva Jersey.

Wright, J. C., Kunkel, D., Pinon, M. y Houston, A. C. (1989), "How Children Reacted to Televised Coverage of the Space Shuttle Disaster", *Journal of Communication*, 39, pp. 27-45.

Mapa conceptual

Hacia la reconfiguración del proceso comunicativo en el nuevo siglo

Martha Aguilar Trejo

En el umbral del tercer milenio, varios acontecimientos de trascendencia histórica han transformado el paisaje social de la vida humana: una **revolución económica**, asociada con la aparición de un nuevo modelo de desarrollo definido por la reestructuración del modo capitalista de producción, lo que ha traído que las economías de todo el mundo se han hecho interdependientes a escala global; y una **revolución tecnológica**, centrada en las tecnologías de la información en donde las redes interactivas crecen de modo exponencial, creando nuevas formas y canales de comunicación.

"Vivimos en la era de la comunicación. Nunca antes la humanidad había experimentado la aceleración en el desarrollo y difusión en la era de la información. Se han multiplicado **canales y formas**, la exposición de millones de niños, jóvenes y adultos a los medios de comunicación es explosiva y ocupa una parte preponderante en la convivencia humana" (López, 2003).

Con ello y como consecuencia lógica, el proceso comunicativo también se reconfigura. Veamos.

En cuanto a los **emisores y dueños** de los medios masivos, vemos llegar actores que estaban fuera de la economía de la comunicación y que actualmente son actores importantes de ésta. Ahora tenemos que las compañías eléctricas, las telefónicas, las informáticas, el sector bancario, el sector de seguros, etc., intervienen en la comunicación como protagonistas importantes. Existen empresas que aparentemente nada tienen que ver con la comunicación y controlan cadenas de televisión, casas editoriales y radios. Es el caso de General Electric, Microsoft (que evidentemente tiene actividades en la comunicación, pero que vincula elementos como los videojuegos, aspecto que no se había integrado a la comunicación), o la telefónica española de cadenas de televisión, dueña de todo un sistema de comunicación (Castells, 2000).

Si analizamos ahora los **mensajes** —como un segundo elemento del proceso comunicativo—, se deduce lo siguiente:

Primero, cada vez se habla en un **lenguaje digital universal**, el cual está integrado globalmente por la producción y distribución de palabras, sonidos e imágenes en nuestra cultura. Hay un cambio fundamental en el carácter de la comunicación: ahora se integra texto, imágenes y sonidos en el mismo sistema, interactuando desde puntos múltiples, en un tiempo elegido (real o demorado) a lo largo de una red global, con un acceso abierto y asequible. Existe una mezcla de códigos que configuran un nuevo código. Se puede tener el acceso a las noticias, educación y espectáculos audiovisuales del mismo medio, desde fuentes diferentes; los mensajes —aunque se yuxtaponen— guardan su carácter distintivo y crean un contexto semántico multifacético, compuesto por una mezcla de diversos significados.

Segundo, estamos en un **universo de mensajes**, en el cual hay mucha más información de la que podemos consumir y es difícil hablar de criterios de selección. Hay demasiada información frecuentemente no verificada con el riesgo de crear confusión y una menor libertad en la selección.

Tercero, seguramente relacionado con lo anterior, como se tiene mucha información, el **tipo de mensajes** que se diseña es más **sencillo**, **rápido** y **distractivo**. Aunque esto pueda ofrecer ventajas para la comprensión del mismo, también genera una discusión al respecto porque se corre el peligro de que el nivel de esfuerzo y razonamiento sea menor. "Sólo a los niños de baja edad se les habla con un lenguaje muy limitado, con pocas palabras para que entiendan y no se habla de manera demasiado seria" (Ramonet, 2002).

En cuanto a la **recepción**, como tercer elemento del proceso comunicativo, el análisis es el siguiente:

Estamos viviendo una época de transición, donde las nuevas generaciones respiran todos estos cambios digitales, en tanto que las generaciones salientes apenas se familiarizan con ellos. Vemos una **audiencia preparada tecnológicamente** y otra intentando sobrevivir a tales cambios.

Por otro lado, desaparecen las masas para dar lugar a la comunicación de **redes interactivas**: "En general, tanto en Europa como en América o Asia, el multimedia apoya un modelo sociocultural caracterizado por los siguientes rasgos: en primer lugar, una extendida diferenciación social y cultural que lleva a la segmentación de los usuarios/espectadores/lectores/oyentes. Los mensajes no sólo están segmentados por los mercados que siguen las estrategias de los emisores, sino también cada vez más diversificados por los usuarios de los medios, según los intereses y aprovechando las capacidades interactivas" (Castells, 2000).

Se observa, entonces, un **contexto comunicacional** donde las tecnologías de comunicación continúan en constante evolución y las audiencias están cada vez más capacitadas tecnológicamente y con mayor facilidad para **retroalimentar de inmediato** el proceso de la comunicación con la oportunidad de reconfigurar las aplicaciones. Ello implica utilizar la creatividad humana para explotar el recurso tecnológico y darle nuevos usos como, por ejemplo, la creación y utilización de nuevos efectos especiales en un software de edición de sonido; o la utilización de sistemas satelitales de comunicación para ofrecer mayores servicios, etc. (Cepeda, 2004). Al final, se visualiza un nuevo hogar electrónico lleno de diversos aparatos de comunicación portátiles que aumentan las posibilidades de que cada miembro de la familia organice su propio tiempo y espacio según sus competencias.

En ese contexto, no hay plena seguridad de que se observe un aumento en la **calidad de la comunicación**. Hay estudios que argumentan que cuanto más aparatos digitales hay en un hogar, existe también mayor aislamiento y soledad, menos posibilidades de convivencia, de diálogo y de comunicación. Se observa que el proceso de comunicación interpersonal familiar se diluye ya que una persona de cualquier parte del mundo puede mantener una comunicación interpersonal con alguien en otra parte del mundo y en muchas ocasiones con mayor confianza y apertura que con su propia familia.

Es indispensable reflexionar en la forma en que en este contexto comunicacional exista una garantía de que la persona, la familia y la sociedad por sí mismas, encuentren mejores formas de comunicación y estados de desarrollo que les permitan vivir con dignidad, paz y prosperidad. La información sobre qué buscar y el conocimiento sobre cómo utilizar el mensaje serán esenciales para experimentar verdaderamente un sistema diferente de los medios de comunicación personalizados.

Es el gran reto de los comunicadores el observar cuidadosamente, analizar y teorizar acerca de cómo abordar el estudio de la comunicación, de la misma manera, reflexionar sobre la alta importancia de no perder la esencia de la comunicación (entendida como la producción de sentido), preparar a las audiencias, no sólo tecnológicamente, sino comunicacionalmente para aprender a seleccionar la información, utilizarla y que —a través de una recepción crítica y un poder de discernimiento— se forme una conciencia ciudadana del mundo, se construya un sentimiento de cohesión social y relaciones humanas sólidas; todo ello, con el propósito de coadyuvar al desarrollo de los países. De otra manera, estaríamos perdiendo las grandes oportunidades que nos ofrecen las transformaciones tecnológicas, económicas, sociales, culturales y políticas del nuevo siglo.

Martha Aguilar Trejo
Universidad de Celaya

REFERENCIAS

Castells, Manuel (2000), La era de la información: economía, sociedad y cultura. *La sociedad en red vol. 1*. Versión castellana de Carmen Martínez Gimeno y Jesús Alborés, 2a ed., Madrid, Alianza Editorial.

Cepeda, Dulce (2004), *De lo analógico a lo digital. Escenarios Mediáticos en 2004*, año 17. núm. 91, México, *Revista Mexicana de Comunicación.*

López Quintás, Alfonso (2003), *La defensa de la libertad en la era de la comunicación*, 1a. ed., Madrid, Asociación a Favor de lo Mejor, A.C.

Ramonet, Ignacio (2002), *Los cambios en la información y la comunicación. Extractos de la conferencia dada en Caracas, en abril del 2002.* Boletín ICCI-ARY Rimay, año 4, núm. 40, julio 2002. Publicación mensual del Instituto Científico de Culturas Indígenas. Recuperado el 23 de junio del 2006. http://icci.nativeweb.org /boletin/40/ramonet.html

Capítulo Seis

Comunicación intercultural

Sumario

Objetivos de aprendizaje

En función de la lectura y estudio de los contenidos de este capítulo, el alumno será capaz de:

- Percibir la importancia que ha adquirido la comunicación intercultural en el actual proceso de las relaciones interpersonales en el contexto de los medios de comunicación masiva y del desarrollo de las vías de comunicación.
- Entender las diferentes propuestas que han tratado de definir la comunicación desde diferentes enfoques que se centran en la cultura o en la comunicación.
- Comprender la comunicación intercultural en las diversas variables culturales que engloban los elementos del lenguaje, códigos verbales y roles sociales, que son importantes para entender las relaciones entre individuos de diferentes culturas.
- Describir los diferentes métodos para lograr la comunicación intercultural eficaz mediante el uso de pautas que ayudan a evitar el choque cultural; así como asimilar las técnicas que se imparten en algunas instituciones a nivel profesional para que los estudiantes se inserten en diversas culturas.

Importancia del estudio de la comunicación intercultural

Más allá de la simple satisfacción de aprender acerca de otras culturas, el estudio de esta materia permite conocer las distintas concepciones del mundo que afectan la comunicación y el entendimiento entre los seres humanos. Sin embargo, la mayoría de las personas percibe el mundo a través de los ojos de una sola cultura, es decir, tiene un punto de vista monocultural (Rogers y Steinfatt, 1999). A esto se debe que sea necesario conocer las distintas técnicas que ofrecen la posibilidad de ver el mundo desde diferentes puntos de vista.

Otra razón mucho más pragmática es la compleja realidad que vivimos a principios de este siglo XXI, donde los encuentros entre pueblos y naciones de diferentes culturas son mucho más comunes que en épocas anteriores. Hoy se viaja más a distintos países por razones turísticas, de estudio o de negocios. Los sucesos que tienen lugar en algún lugar del planeta se conocen de manera simultánea al otro lado del mundo gracias a los avances de los medios electrónicos de comunicación, que hasta hace muy pocas décadas eran virtualmente desconocidos. Incluso el desarrollo político, social y económico de los últimos años ha hecho casi imposible escoger a nuestros vecinos, condiscípulos o compañeros de trabajo.

Estos complejos procesos han dado como resultado nuevos niveles de contacto y cercanía entre los pueblos, así como la comprensión de que todas las culturas y los pueblos son interdependientes. También han despertado la conciencia sobre la inmensa diversidad de intereses y expectativas que conforman la comunidad mundial. Debido a estas diferencias, los hechos ya no se pueden contemplar sólo a distancia, ya que sugieren perturbadoras posibilidades de tensión y rivalidad, aunque al mismo tiempo presentan oportunidades para la mutua cooperación y el entendimiento (Asunción-Lande, 1990).

Orígenes de la comunicación intercultural

Las teorías, como los objetos de estudio, suelen construirse a partir de la necesidad de su existencia. Hasta después de la Segunda Guerra Mundial no se dieron las condiciones idóneas para que se desarrollaran los estudios de la comunicación intercultural. Durante la época colonial la idea propugnada era la asimilación de los indígenas a la cultura de la potencia colonizadora. Después de la Segunda Guerra Mundial, con los procesos de descolonización se produjo un cambio. Desde occidente se trataba de conocer la cultura de distintos pueblos para poder comunicarse y, fundamentalmente, para negociar con ellos. La creación de la Sociedad de las Naciones (1920) y, sobre todo, de la ONU (1945) y otras organizaciones internacionales (Organización Mundial de la Salud, Banco Mundial, UNESCO, etc.) puso claramente de manifiesto la necesidad de comunicación entre los distintos pueblos y culturas. Estados Unidos como potencia hegemónica de la época, y dentro del contexto de la guerra fría, estaba muy interesada en cimentar su influencia exterior. Así pues la comunicación intercultural era un instrumento estratégico de importancia evidente (Rodrigo, 2001).

Algunos autores, como Rogers y Steinfatt (1999), establecen el origen de la comunicación intercultural en los primeros años del siglo XX, cuando el sociólogo alemán Georg Simmel escribiera sobre el concepto del *extraño*. Para Simmel, el extraño es un elemento del grupo mismo, es miembro del sistema, pero al mismo tiempo está afuera y enfrente, no tiene un enlace o una adherencia fuerte al mismo sistema al que pertenece (Gudykunst y Kim, 2002). Como señala McEntee (1998), el extraño es como un lobo en medio de muchos leones o un águila en un nido de pájaros o un rosal en medio de un jardín lleno de tulipanes. Porque, aunque son de la misma especie, son de diferentes tamaños y formas, tienen distintas pieles, plumas y picos, tienen diferentes formas de hoja, colores y aromas. El extraño es diferente a uno (Sorrells, 1997) en lo particular, aunque puede tener similitudes en lo general. Es próximo y lejano. Pero, como en el caso del lobo y los leones, el águila y los pájaros, la rosa y los tulipanes, la conciencia de no tener en común más que lo general hace que se acentúe en especial la diferencia o lo no común (Gudykunst y Kim, 2002).

Extraño
Miembro del sistema, pero que al propio tiempo está fuera y enfrente del mismo.

Sin embargo, la mayoría de los autores coincide en que el campo de la comunicación intercultural se originó con la publicación del libro *The silent language* del antropólogo estadounidense Edward T. Hall, el año de 1959. Es en esta obra —que vendió más de medio millón de ejemplares en los primeros diez años de su publicación— donde el autor acuña el término "comunicación intercultural", y donde establece definitivamente el nuevo campo de estudio. Durante más de 30 años, Hall publicó varias obras en las que siguió trabajando, refinando y desarrollando sus ideas originales (Hall, 1966, 1976, 1983, 1992). Sus investigaciones se centran en la percepción, los valores y las creencias de los miembros de las culturas hopi y navajo, y en las observaciones sobre comunicación no verbal de personas de diferentes culturas. A él le debemos la idea de contextualización (la forma en que las personas procesan información) como un concepto importante para comprender las diferencias culturales. Según Hall, en algunas culturas se procesa principalmente la información del contexto (la comunicación no verbal); mientras que en otras se procesa la información verbal (McEntee, 1998).

Como resultado de los trabajos de Edward T. Hall y su empleador, el Foreign Service Institute, el campo de la comunicación intercultural tiene hoy importantes características (Rogers y Steinfatt, 1999): 1) es aplicado; 2) tiene un sabor internacional; 3) se desarrolló desde sus inicios en el campo de la antropología y la lingüística, pero finalmente se ubicó en la nueva ciencia de la comunicación; 4) la comunicación no verbal es un componente muy importante, y 5) su enseñanza está basada fundamentalmente en el aprendizaje experiencial y participativo.

Avances en el estudio de la comunicación intercultural

El estudio de la comunicación intercultural se ha extendido durante las últimas décadas. En los años sesenta, en Estados Unidos, la necesidad de este campo de estudio recibió un doble empuje. Uno endógeno fue propiciado con la reivindicación de algunas minorías de su propia cultura, como es el caso de los afroamericanos. El otro, inicialmente exógeno, tuvo su origen en las guerras en el sudeste asiático, supuso no sólo un contacto con las culturas de otros países, sino también que un gran número de personas de Camboya, Laos y Vietnam se refugiaran en Estados Unidos. A estos flujos migratorios hay que añadir los de los países latinoamericanos. En los años setenta, la comunicación intercultural se fue consolidando en Estados Unidos como una disciplina académica (Hoopes, 1977), y muy pronto en muchos otros países se fueron iniciando los estudios en ese campo (Shuter, 1985 y Rodrigo, 2001).

Estos orígenes han hecho que se potenciaran enormemente los estudios e investigaciones en esta materia. Los estudios de comunicación intercultural pretenden comprender qué sucede cuando los seres humanos de diferentes culturas se reúnen, interactúan e intentan resolver los problemas en distintas interrelaciones (Casmir y Asunción-Lande, 1989 y Rodrigo, 2001). Instituciones de nivel superior han ofrecido cursos en la materia (Asunción-Lande, 1990; Rogers y Steinfatt, 1999); los gobiernos y las organizaciones privadas y semiprivadas reconocen la necesidad de capacitar a su personal directivo intercultural con programas de contenido (Harris y Moran, 1987). También ha existido un número creciente de publicaciones sobre comunicación intercultural, por ejemplo, durante los últimos treinta años han aparecido varios libros de texto, entre los que sobresalen *Communication with strangers: An approach to intercultural communication*, de Gudykunst y Kim (2002), *Comunicación intercultural*, de McEntee (1998), e *Intercultural communication*, de Rogers y Steinfatt (1999), así como importantes revistas especializadas que publican artículos relacionados con el tema, entre ellas el *Intercultural Journal of Intercultural Relations*. Algunos de los estudios de los últimos años ponen de manifiesto que el diálogo entre culturas se ha situado al nivel de la comunicación interpersonal, ignorando el importante papel de los medios de comunicación, siendo los principales constructores de los estereotipos culturales (Rodrigo, 2001).

Comunicación intercultural
Proceso de interacción simbólica entre individuos o grupos con diferencias culturales reconocidas en las percepciones de conducta y que afectan el resultado del encuentro.

Las asociaciones de comunicación, como la International Communication Association (ICA) y la National Communication Association (NCA), establecieron en la década de los setenta divisiones dedicadas al estudio de la comunicación intercultural. La capacitación en comunicación intercultural ha ido en constante aumento y esto dio como resultado que surgieran la SIETAR (Society for Intercultural Education, Training and Research) y el Instituto de Verano en Comunicación Intercultural, de la Universidad de Stanford, ubicado en Portland, Oregón.

Hoy el campo de la comunicación intercultural está bien establecido en las universidades de muchas naciones. Existen, además, un número importante de compañías privadas que capacitan a ejecutivos y empleados de muchas empresas e instituciones en habilidades de comunicación intercultural. Por último, el interés por la investigación en la materia ha aumentado considerablemente, al igual que el número de académicos e investigadores interesados en el tema.

Problemas teóricos para definir la comunicación intercultural

Los estudios sobre comunicación intercultural incluyen las tradiciones y las preocupaciones contemporáneas tanto de las ciencias sociales como de las humanidades. El núcleo de la materia muestra algunas contribuciones hechas por la antropología cultural, la comunicación, la lingüística, la psicología y la sociología. Esta base multidisciplinaria proporciona amplios recursos para su desarrollo, aunque al mismo tiempo debilita su potencial.

Un enfoque centrado en la comunicación

Los teóricos de la comunicación han hecho importantes aportaciones a la conceptualización de la comunicación intercultural. Sin embargo, ha sido un problema la confianza no rebatida en las formulaciones iniciales que se centran en el aspecto cultural en vez de ocuparse de la comunicación en los contactos interculturales. Esto no significa que el elemento cultural de la comunicación no sea importante, sino que se debería balancear con el segundo, de tal manera que se desarrolle un enfoque balanceado para formular una descripción más correcta del término. Algunos de los estudios han identificado ciertos problemas y fallas de comunicación, y los han atribuido a las divergencias culturales entre los participantes. No obstante, las explicaciones acerca de cómo las diferencias afectaron el encuentro fueron a menudo inadecuadas o ignoradas.

Estudios más recientes sobre la comunicación intercultural han empezado a separarse del enfoque "tradicional" y han empezado a considerar el lado dinámico de los encuentros. Se exponen especulaciones acerca del proceso del contacto intercultural por medio de la teoría de la comunicación, y se realizan esfuerzos sistemáticos por extender la aplicación de los conceptos de la comunicación interpersonal al contexto intercultural (Asunción-Lande, 1990; Gudykunst y Kim, 2002; Rogers y Steinfatt, 1999). Tal vez una de las revelaciones más prometedoras en la investigación de la comunicación intercultural es la propuesta de que la comunicación intercultural difiere de otras formas de comunicación humana sólo en el grado en que los comunicadores difieren entre sí; sin embargo, un problema crítico es la especificación de qué grado de diferencia determina el que un acto de comunicación se considere intercultural.

Un análisis de la bibliografía relacionada con el tema llevó a concluir que los enfoques que se describen a continuación son los más prometedores en cuanto a la manera de solucionar este problema.

El modelo conceptual de homogeneidad-heterogeneidad: Sarbaugh (1979) ofrece este modelo como un buen punto de partida para el análisis del problema. De acuerdo con su propuesta es necesario establecer un marco sistemático para distinguir la comunicación intercultural de la intracultural. Asimismo, requiere una constante de homogeneidad-heterogeneidad en la que se sitúe por un lado a una pareja heterogénea y por el otro a una homogénea, y clasificarlas como niveles intercultural e intracultural, respectivamente. Por otra parte, Sarbaugh (1979) reconoce que no existen tipos ideales de parejas heterogéneas ni homogéneas, y que la heterogeneidad de los participantes se puede expresar por medio de puntos junto a la constante que designa como niveles de intercultura. La suposición básica de Sarbaugh es que la comunicación dificulta y disminuye su eficacia conforme aumenta la heterogeneidad de los participantes. Identifica variables "clave" en las cuales se espera que se manifiesten las diferencias entre los participantes, y donde se puede evaluar la constante de heterogeneidad-homogeneidad. En resumen, los puntos principales del modelo propuesto por Sarbaugh son: la atención a las operaciones de los principios básicos de comunicación en los diferentes niveles de inter/intracultura, y la clasificación de los actos de comunicación de acuerdo con los diferentes niveles de comunicación intercultural. El *modelo de homogeneidad-heterogeneidad* y todos sus sinónimos se han medido de diferentes maneras: en un nivel subjetivo, como el grado en que un individuo se percibe similar o diferente de otra persona. En un nivel objetivo, como el grado en que dos o más individuos son observados como similares o diferentes.

Modelo homogeneidad-heterogeneidad

Marco sistemático que distingue la comunicación intracultural de la intercultural: además atiende a los principios de comunicación en los diferentes niveles de inter/intracultura.

Rogers y Steinfatt (1999) presentan cinco generalizaciones obtenidas de una revisión detallada de los estudios basados en el modelo de homogeneidad-heterogeneidad al que ellos denominan modelo de homofilia-heterofilia:

- La comunicación generalmente ocurre entre individuos homogéneos.
- La comunicación homogénea es más efectiva que la heterogénea.
- La comunicación efectiva entre individuos los lleva a una mayor homogeneidad de conocimiento, actitudes y conducta.

- La comunicación más efectiva ocurre entre individuos que son homogéneos en ciertas variables y heterogéneos en otras.
- Una fuente heterogénea generalmente es percibida por el receptor como creíble en la dimensión de capacidad o competencia, mientras que una fuente homogénea es percibida como confiable.

Comunicación con extraños

Modelo que plantea la comunicación como actividad transaccional simbólica para hacer predicciones y reducir la incertidumbre.

Comunicación con extraños: otra interesante consideración para el desarrollo de la teoría de la comunicación intercultural ha sido planteada por Gudykunst y Kim (2002). Su modelo parte de la premisa de que la comunicación es una actividad transaccional simbólica que implica hacer predicciones y reducir la incertidumbre. Sostiene que la mayor parte de la incertidumbre ocurre cuando dos extraños se comunican. Utilizando esta noción de la comunicación con extraños como un marco conceptual, Gudykunst define la comunicación intercultural como un subgrupo de la comunicación entre extraños de diferentes culturas nacionales. En consecuencia, el proceso fundamental de la comunicación es el mismo siempre que un individuo se comunica con un extraño, pero si uno de ellos proviene de una cultura diferente, se debe tomar en consideración el efecto cultural de sus respectivas conductas. La fuerza particular del marco de referencia propuesto por Gudykunst se apoya en el reconocimiento de que el proceso de la comunicación intercultural no es único, sino que refleja el desarrollo básico de la comunicación interpersonal. Esto permite al investigador centrar su atención en la dinámica interpersonal del encuentro, en donde es muy probable que ocurran los problemas y las fallas de comunicación. La experiencia de ser extraño y de interactuar con él se caracteriza por la incertidumbre y la novedad (McEntee, 1998). Al principio será común responder en forma negativa a las situaciones novedosas, debido al intento del individuo por disminuir la sensación de ansiedad que le produce la situación de incertidumbre. Es común experimentar ansiedad cuando se conoce a una persona, pero esta experiencia será más intensa cuando la persona involucrada pertenezca a un grupo sociocultural diferente (Gudykunst y Kim, 2002; Mandler, 1995; McEntee, 1998).

Parece ser éste el momento adecuado para ofrecer una definición de la comunicación intercultural, considerando para ello los importantes aspectos que se han expuesto en la sección anterior; por tanto, la comunicación intercultural es el proceso de intercambio de información entre individuos y grupos que poseen diferencias culturales reconocidas en las percepciones y formas de conducta que pueden afectar significativamente la forma y el resultado del encuentro (Asunción-Lande, 1990; Rogers y Steinfatt, 1999).

Los participantes en un encuentro intercultural interactúan apoyándose en suposiciones culturales propias, las cuales actúan como pantallas perceptuales de los mensajes que intercambian. El marco de referencia cultural en el que cada comunicador interpreta los mensajes puede variar de una mínima a una máxima diferencia. Algunas de estas diferencias son obvias, mientras que otras pueden ser más útiles. El éxito o el fracaso de la interacción dependerá, en gran medida, de la familiaridad de los participantes con los antecedentes del interlocutor, las percepciones de las diferencias que los separan y la reciprocidad del propósito. Si se consideran tan diferentes que la comunicación requiera un esfuerzo extra de su parte, podrían seguir manteniendo la comunicación con objeto de lograr los objetivos complementarios o mutuos, aunque podrían también decidir terminarla si consideran que el resultado esperado no merece el esfuerzo que se hace. Esta perspectiva considera la comunicación como una experiencia "compartida" y no como un acto personal con ejecutantes individuales. Considera natural el proceso de comunicación y demuestra que la diferencia cultural es la matriz de la comunicación.

Diferencia cultural

Dimensión que sugiere aspectos de la cultura que afectan el grado de eficacia comunicativa.

En este sentido el concepto de *diferencia cultural* es una dimensión importante de la comunicación intercultural y sugiere ciertos aspectos de la cultura que pueden afectar el grado de eficacia comunicativa. Estos aspectos se ordenan jerárquicamente de manera que algunos puedan mostrar mayores efectos que otros. La diferencia cultural también proporciona una guía en la preparación de un inventario de componentes culturales que probablemente intervienen en las interacciones personales o intergrupales, los cuales explican las respuestas diferenciales a los actos comunicativos.

Similitud

A partir de la identificación entre los participantes, aumenta la interacción entre personas de diferentes culturas.

Hasta ahora la exposición se ha centrado en el concepto de diferencia cultural como una dimensión crítica de la comunicación intercultural; sin embargo, esto no excluye el concepto de *similitud* como otra dimensión de la comunicación intercultural. La teoría básica de la comunicación establece que la identificación de similitudes entre los participantes es un aspecto importante de la interacción. Para mantener una relación de comunicación entre participantes de culturas diferentes, es necesario llegar a un punto en el que ambos perciban más semejanzas que diferencias (Asunción-Lande, 1990). Algunos estudios sobre los contactos interculturales parecen reforzar esta idea, y concluyen en que cuanta más información se tenga de los otros participantes, resultarán más familiares y se encontrarán más similitudes con ellos (Brislin, 1997).

Comprensión de la comunicación intercultural

Elementos conceptuales de la comunicación intercultural

La comunicación no puede existir en el vacío, para que surja es necesario un contexto adecuado, pero una cultura no sobrevive sin comunicación, ya que depende de ella para su iniciación, mantenimiento, cambio y transmisión. La cultura es por sí misma un sistema de comunicación. Las complejas interconexiones de los hechos culturales transmiten información a sus participantes. Como lo observó Hall (1966), "la cultura es comunicación y comunicación es cultura" y se demuestra en el proceso de la comunicación intercultural.

Definición de la cultura

La cultura ha sido un concepto difícil de definir. A pesar de ello algunos conceptos surgen una y otra vez en algunas definiciones, y entre ellos están "patrones y temas", "universales y particulares", y "características" "explícitas e implícitas".

Los antropólogos, que han estudiado la "cultura" de manera sistemática, han intentado aislar patrones definidos de conducta que podrían revelar una cultura determinada. De acuerdo con Benedict (1934), los patrones de conducta "apolíneos" y "dionisiacos" en ciertas culturas indias son ejemplos de ello. De igual manera, ciertos intentos por descubrir "temas totalizadores" de algunas culturas han introducido términos como "fatalismo" u "orientación a la actividad" para describir los principios motivadores de diversas culturas.

Los antropólogos culturales han establecido que todas las culturas comparten ciertos rasgos comunes a los que han llamado "universales". Éstos incluyen sistemas simbólicos (códigos lingüísticos y no verbales), sistemas de relaciones (de parentesco y de rol), y sistemas de creencias y valores. Pero las manifestaciones de estos elementos comunes pueden ser únicos en una cultura en particular. Cada pueblo tiene su propio lenguaje y sus claves no verbales que reflejan los rasgos únicos de esa cultura específica. De la misma manera, cada cultura tiene su propia definición de los roles masculino y femenino. Estas diversas manifestaciones de los rasgos culturales no se advierten hasta que algún miembro de otra cultura se pone en contacto con ellos.

La cultura ha sido comparada con un *iceberg* en el sentido de que sólo una pequeña parte de ella puede ser percibida, mientras que la parte más importante se oculta a la vista (Ruhly, 1976). La parte oculta equivale al aspecto implícito, mientras que la parte visible sería el aspecto explícito. Este último se manifiesta en las costumbres, tradiciones y valores que gobiernan las actividades y comportamientos de los miembros de una cultura. El aspecto implícito se asimila mediante la observación de los patrones recurrentes de conducta, pensamiento y actividad de sus integrantes.

Con este antecedente acerca de la naturaleza de la cultura es necesario proceder a una definición que será útil para analizar sus variables y cómo afectan éstas la conducta de comunicación: la *cultura* es la totalidad de creaciones materiales, sociales y simbólicas compartidas por un conjunto de personas que lo han incorporado a su diseño general de vida con el fin de que les permitan manejar su ambiente físico, psicológico y social.

Cultura
Sistema de símbolos compartidos, creado por un grupo para manejar su ambiente físico, psicológico y social.

Identidad cultural

Marco de referencia cognoscitivo general para una comprensión del mundo y el funcionamiento del mismo, que permite interactuar con otras personas y hacer predicciones de expectativas y acontecimientos.

Cultura subjetiva

Es la respuesta de la gente a la parte del ambiente creada por el hombre o la forma característica de un grupo de percibir su entorno social.

La cultura proporciona a las personas un marco de referencia cognoscitivo general para una comprensión de su mundo y el funcionamiento del mismo. Esto les permite interactuar con otras personas y hacer predicciones de expectativas y acontecimientos. En algunas ocasiones este marco de referencia se conoce como *identidad cultural.* El concepto de identidad cultural es semejante al concepto de cultura subjetiva (Triandis, 1993). La *cultura subjetiva* ha sido definida como una respuesta de las personas a la parte del ambiente creada por el hombre, o la forma característica de un grupo de percibir su medio social (Brislin, 1997). El uso de símbolos, la selección de temas y canales de comunicación de una persona puede ser afectado por su cultura subjetiva o por su identidad cultural.

La cultura es un medio por el que las actividades de la vida se pueden ordenar jerárquicamente en relación con su importancia y proximidad. Las necesidades de una cultura pueden variar tanto como las prioridades relacionadas con la conducta de ciertos grupos. Una cuestión primordial en una cultura puede significar algo diferente para otra. Ésta se aprende desde el nacimiento y se transmite a través de las siguientes generaciones, cada una contribuye al conocimiento y experiencia de su propia cultura para permitirle adaptarse a los nuevos retos.

La cultura proporciona símbolos a las personas, así como el contexto para comunicar algo de ellas mismas a otras personas. Esta habilidad ha permitido a los grupos mantener sus culturas y sobrevivir en ellas.

Definición de comunicación

La comunicación es el proceso mediante el cual los participantes crean y comparten información entre ellos hasta alcanzar el entendimiento mutuo (Rogers y Steinfatt, 1999). La comunicación está presente en todos los aspectos de la vida humana, es universal.

Como señala Asunción-Lande (1990), la *interpretación* es esencial para el proceso de la comunicación. Esto es importante, ya que la forma en que se interpreta un mensaje depende de la cultura y la experiencia individual de una persona así como del contexto de la comunicación y de la situación en la que se establece. A menudo se pueden inferir los significados a partir del medio social y de los rasgos contextuales. Las normas respecto al ambiente y al contexto son importantes para predecir el resultado de un acto de comunicación.

La retroalimentación es un aspecto primordial en el proceso de la comunicación, debido a que es una de las mejores formas para que el transmisor compruebe que el receptor interpretó correctamente el mensaje. La respuesta que envíe el receptor puede hacer que el emisor modifique el mensaje para asegurarse de que no se haya malinterpretado. Si el emisor no tiene forma de comprobar cómo se recibió el mensaje, tampoco podrá corregir los posibles problemas de comunicación que surjan. El proceso cíclico de la comunicación facilita la comprensión correcta, la cual, a su vez, facilita el desarrollo de una relación interpersonal placentera.

Los mensajes se pueden transmitir a través de varios canales. En la interacción frente a frente los canales primarios que se utilizan son la vista, el oído, el olfato, el tacto y el gusto. Pero también se pueden transmitir a través de mecanismos como el teléfono, las computadoras, los medios de comunicación masiva, u otros.

El elemento de la comunicación está integrado a la vida humana de manera que el acto en sí mismo se da como un hecho. Los humanos son criaturas sociales que se valen de símbolos y pueden transmitir el conocimiento social adquirido. Este fondo de conocimiento refleja la percepción colectiva de la realidad. Como existen diferencias entre las culturas, siempre existe el riesgo de que la concepción del mundo o de la realidad que caracteriza a una cultura entre en conflicto con la de otra. La historia y los sucesos comunes prueban este hecho. La manera de manejar o resolver los conflictos presentes o futuros de este tipo presenta un reto formidable para la comunicación intercultural.

Variables culturales de la comunicación

Existen dos tendencias en la actualidad en lo que hace referencia a la repercusión en la conducta comunicativa. La primera de ellas asume que esta conducta está determinada por factores biológicos, mientras que una segunda teoría afirma que la conducta comunicativa depende de factores culturales (Craig, 2005). Estas dos teorías no son por supuesto contradictorias. La conducta de comunicación puede estar perfectamente influenciada por una combinación de ambas, biología y cultura (Condit, 2000; Sherry, 2004). Aunque se pueda diferir en cuanto a la intensidad de la repercusión, no hay ninguna duda en que la manera en que nos comunicamos es establecida en mayor o menor medida para nosotros por la cultura que adquirimos, hasta el punto que podríamos afirmar que cultura y comunicación se pueden considerar inseparables (DeFleur *et al.*, 2005). La comunicación exitosa, por tanto, en los contextos intercultural o multicultural requiere del reconocimiento y comprensión de cómo repercute la cultura en la conducta comunicativa. Debido a ello se han realizado varias investigaciones para determinar los factores que marcan la diferencia en el proceso de comunicación entre personas con diferentes antecedentes culturales (Argyle, 1990; Asunción-Lande, 1980, 1990; Dodd, 1994, Gudykunst y Kim, 2002; Samovar, Porter y Stefani, 2003; Sarbaugh, 1979).

Entre las variables culturales que se han identificado como potencialmente problemáticas en el proceso de comunicación intercultural se encuentran las siguientes: lenguaje, códigos no verbales, concepción del mundo, rol que se desempeña en las relaciones y patrones de pensamiento.

Lenguaje

Es el factor más importante en el proceso de la comunicación intercultural. El desarrollo de un idioma refleja el contexto de una cultura particular.

Lenguaje: es el factor más importante en el proceso de la comunicación intercultural. Las personas acumulan, comparten, dan y reciben información por medio de éste. Asimismo, el desarrollo del idioma refleja el contexto de una cultura particular.

El antropólogo lingüista estadounidense Edward Sapir propuso una visión alternativa del lenguaje en 1921. La idea de Sapir fue posteriormente desarrollada por Whorf dando lugar a la hipótesis de Sapir-Whorf.

Sapir y Whorf consideran que el conocimiento que un pueblo tiene del mundo se relaciona con su lenguaje; por tanto, el idioma influye en lo que se percibe y también en cómo se interpreta. Como bien establece McEntee (1998) esta hipótesis implica que habrá tantas visiones del mundo como lenguajes o sistemas lingüísticos. Hill (1998) argumenta que la hipótesis de Sapir y Whorf, a la luz de los avances de la antropología, establece que las formas de significado creadas por los patrones sintácticos, morfológicos y fonológicos de lenguaje varían sin límites y que estas formas son mediadores poderosos del entendimiento humano, que a su vez asume un rango más o menos ilimitado de formas. A pesar de las diversas consideraciones de los estudiosos del tema acerca de si el idioma agudiza o inhibe la percepción y el pensamiento, la hipótesis de Sapir y Whorf ha influido mucho en el pensamiento respecto a la forma en que se considera el idioma en relación con la cultura.

En el estudio de la comunicación intercultural se considera que el significado asignado a una palabra es en parte el resultado de las diferencias y las experiencias culturales. Una traducción al parecer directa de una palabra familiar tiene una connotación distinta en un idioma diferente.

Mensajes no verbales

Mensajes que operan en el nivel de la inconsciencia y muestran situaciones recurrentes como movimientos de los ojos, distancia física entre las personas, claves auditivas, entre otras.

Código no verbal: este factor desempeña un papel importante en la comunicación intercultural; sin embargo, sus efectos sobre la conducta comunicativa no son fáciles de observar, ya que los mensajes no verbales suelen operar en el nivel de la inconsciencia, por lo que tienden a ser malinterpretados y a favorecer menos las influencias correctivas.

Los estudiosos de la materia no están de acuerdo en las limitaciones que tiene la definición de la comunicación no verbal, pero parecen haber llegado a un consenso en sus funciones generales. Por lo común, la conducta no verbal se utiliza para comunicar sentimientos, actitudes y preferencias. También se utiliza para reforzar o contradecir el mensaje verbal, y para proporcionar retroalimentación por parte del receptor.

En la actualidad hay opiniones distintas respecto a la manera de clasificar las conductas no verbales; sin embargo, una revisión bibliográfica respecto al tema muestra situaciones recurrentes, como los movimientos del cuerpo que incluyen la postura, gestos, expresiones faciales y movimientos de los ojos; la zonificación de los espacios, como la distancia física entre las personas en lugares públicos y privados, y la disposición de objetos en el medio físico; el paralenguaje, que incluye claves auditivas que acompañan a las señales lingüísticas; orientaciones temporales y silencio.

El código no verbal, como el código lingüístico, está sujeto también a la influencia cultural. Las conductas específicas no verbales que son simbólicas en una cultura pueden no tener ningún significado en otra, o pueden obtener reacciones diferentes. Otro ejemplo es el uso del silencio. En una cultura el silencio se puede atribuir al temor y en especial si éste es prolongado, mientras que en otra puede significar una comunicación intensa o satisfactoria.

Concepción del mundo: este elemento es un importante mecanismo cognoscitivo que influye en la comunicación (Dodd, 1994); es la representación de la concepción interna de un individuo o un grupo acerca del mundo, la cual es moldeada y organizada de acuerdo con las preconcepciones culturales que reflejan valores básicos, creencias y actitudes.

Concepción del mundo

Es la representación interna de un individuo o un grupo acerca del mundo, la cual es moldeada y organizada de acuerdo con las percepciones culturales que reflejan valores básicos, creencias y actitudes.

Se dice que la concepción del mundo contiene tres dimensiones: el propósito de la vida, su naturaleza y la relación del hombre con el cosmos (Sarbaugh, 1979). La importancia de la manera de concebir el mundo en la comunicación intercultural es que funciona como pantalla perceptiva para los mensajes recibidos, y también se utiliza como base para interpretar los hechos y las actividades observadas.

La expresión de las emociones también está regulada por la cultura. Argyle (1986) encontró que los italianos y los ingleses permiten más expresiones de dolor y enojo que los japoneses. Otra investigación encontró que los niños japoneses tardan más que los estadounidenses en identificar el enojo (Gudykunst y Ting-Toomey, 1988).

El rol a desempeñar en las relaciones: en el contexto de la comunicación intercultural el rol social proporciona un conocimiento profundo de la manera en que la cultura mantiene un orden social y controla y asigna actividades entre sus miembros. El *rol social* en las relaciones se organiza de acuerdo con la edad, el sexo, la situación social, el parentesco, el poder, la riqueza y el conocimiento. La manifestación conductual de cada una de estas relaciones puede variar de una cultura a otra; por ejemplo, se ha encontrado que el papel del género difiere entre la cultura del sureste de Asia y la estadounidense. De igual forma difieren el parentesco y la relación entre las generaciones. Las divisiones jerárquicas del estatus y las divisiones horizontales de exclusión e inclusión también son afectadas por las diferencias culturales. En la actualidad se han estudiado los matrimonios y las relaciones interraciales (Lind, 1998; Gaines e Ickes, 1997) y se ha llegado a la conclusión de que los matrimonios de diferentes culturas o razas son distintos a los que comparten la misma cultura en varios aspectos: toma de decisiones, patrones de autorrevelación, etcétera.

Rol social

Es la actividad que se le asigna a alguien a partir de la edad, sexo, situación social, etc., para tener un papel dentro de la sociedad y mantener un control.

Patrones del pensamiento
Información que proviene de las impresiones y experiencias cotidianas. Indica cómo dos individuos organizan sus ideas y definen sus fuentes de conocimiento partiendo de conceptos fundamentales.

Los *patrones del pensamiento*: se refieren al análisis de la información que proviene de las impresiones y experiencias cotidianas. Es el medio por el que un individuo trata de reconciliar el mundo de sus ideales con el mundo empírico. El patrón de pensamiento indica cómo los individuos organizan sus ideas y definen sus fuentes de conocimiento partiendo de conceptos fundamentales. Las diferencias en los patrones de pensamiento son un obstáculo serio para la comunicación debido a la tendencia de los participantes a proyectar las distorsiones percibidas en el mensaje de la otra parte.

Estos factores culturales proporcionan un marco de referencia en el que se pueden fijar las diferencias culturales, y en donde se pueden aplicar los principios básicos de la comunicación en el proceso de la interacción entre integrantes de diversas culturas.

Práctica de la comunicación intercultural

Elementos para mejorar la habilidad en la comunicación intercultural

En la actualidad es imposible confinar la relación de comunicación al campo del grupo social, cultural, racial o étnico al que pertenece el individuo. En el trabajo, el juego, el mercado, en las instituciones educativas o en cualquiera de los diferentes lugares públicos donde la gente se congrega se tiene la certeza de entrar en contacto con personas que poseen distintos antecedentes. Con los avances en las vías de comunicación las personas viajan con más frecuencia y van a lugares cada vez más lejanos, lo cual las pone en contacto con una amplia variedad de culturas. Al relacionarse con personas de culturas diferentes, sus habilidades para comunicarse son sometidas a una dura prueba. La habilidad que tengan para comunicarse en contextos poco familiares o con extraños puede significar la diferencia entre prolongar la estancia y disfrutar sus encuentros interpersonales, o que éstos signifiquen una ansiedad continua.

Los anteriores apartados de este capítulo fueron primordialmente descriptivos y explicativos. El propósito consistió en proporcionar una perspectiva teórica para analizar la dinámica de la comunicación intercultural. En seguida se adoptará un estilo prescriptivo y se proporcionarán sugerencias para mejorar las habilidades en las situaciones interculturales o multiculturales.

Conocimiento de la propia cultura
Es necesario estar consciente de los preceptos culturales que rigen su conducta; esto permite ser más hábil y llegar a la comunicación eficaz en relaciones interculturales.

Conocimiento de la propia cultura: un primer requisito para adquirir habilidad, interculturalmente hablando, es conocer la cultura propia. Cuando alguien está consciente de sus bases culturales, éstas dejan de ser un obstáculo para la comunicación eficaz. La mayoría de las personas se identifican con ciertas culturas particulares, pero gran parte de ellas no está consciente de los preceptos culturales que rigen su conducta. La mayoría supone que su forma particular de vida es la correcta, por eso cuando se encuentran con personas que interpretan la realidad y el mundo de manera diferente, se sorprenden, molestan o enojan.

El hecho de ser conscientes de su propia cultura permite tener sensibilidad hacia otras identidades culturales, que no necesariamente deben estar de acuerdo con la realidad subjetiva propia. Este conocimiento cultural conduce a los participantes a trabajar mutuamente hacia la resolución de las diferencias que crean barreras a la comunicación efectiva entre ellos.

Evitar las generalizaciones: otro requisito para lograr una destreza intercultural consiste en evitar las generalizaciones acerca de otras culturas, a menos que éstas sean completamente familiares. En los encuentros interculturales es casi imposible evitar estereotipar. El *estereotipo* es una forma de generalización que permite establecer el nombre de un grupo o grupos de personas y emitir declaraciones acerca de ellos (Brislin, 1997). Debido a que los estereotipos están conformados por elementos individuales, enmascaran las diferencias entre ellos; y como la comunicación intercultural se centra en las divergencias de la gente, es necesario ver más allá de las generalizaciones superficiales y advertir las diversidades que existen entre las culturas, así como sus complejidades.

Una mujer indígena mexicana puede sentir un choque cultural al enfrentarse con una mujer de alguna ciudad estadounidense.

Estereotipo

Es una forma de generalización que permite establecer el nombre de un grupo o grupos de personas y emitir declaraciones acerca de ellos.

Relatividad cultural

Se refiere al respeto y a la validez de todas las culturas y considera que no existe la superioridad étnica de un grupo sobre otro.

Relatividad cultural: de acuerdo con este principio, cada cultura es única, y sus premisas son tan válidas como las de cualquier otra. Una importante forma de ver a las culturas sin hacer juicios es utilizando este principio, una perspectiva que reconoce y acepta la idea de que otras personas hacen cosas de manera distinta. La relatividad cultural considera que no existe alguna superioridad étnica por parte de algún grupo. El *etnocentrismo* es la creencia de que alguna cultura es superior a otra. Mostrarse orgulloso de la cultura propia es un atributo positivo, pero también debe haber un reconocimiento y respeto por otras culturas.

Actitud abierta hacia el cambio: con el transcurso de la vida se esperan cambios en las actitudes, en las relaciones o en el ambiente, pero cuando enfrentamos alteraciones a los hábitos establecidos o al medio social o familiar, se suele experimentar confusión, incomodidad, frustración o incluso hostilidad. Este fenómeno de confusión o incomodidad que se experimenta al verse expuesto a un cambio repentino se ha denominado *choque cultural*. Originalmente utilizada por Oberg (1958), la expresión ha venido a revelar la incapacidad para afrontar las situaciones poco familiares y explorar nuevas conductas que satisfagan efectivamente las necesidades y expectativas propias. Las características del choque cultural son: *a*) tensión; *b*) clima de rechazo; *c*) desorientación; *d*) sensación de pérdida; *e*)

Etnocentrismo

Es la creencia de que alguna cultura es superior a otra.

Choque cultural

Es cuando se percibe una alteración en los hábitos establecidos o el medio social o familiar, se experimenta confusión, incomodidad, frustración o incluso hostilidad.

Creatividad

Esto implica respuestas rápidas, adaptación constante y ajustes espontáneos a las necesidades del acto comunicativo; se necesita estar abierto a las nuevas experiencias que surjan con el encuentro intercultural.

sentimientos de sorpresa, ansiedad, disgusto e indignación, y *f*) sentimiento de impotencia (McEntee, 1998).

Se han manifestado diversos criterios en relación con las causas del choque cultural. Algunas de las más importantes son: *a*) surge de la experiencia derivada del trato con otras personas de costumbres distintas (Brislin, 1997); *b*) es ocasionado por la falta de conocimientos acerca de otras culturas; *c*) lo motivan las experiencias limitadas en el trato con las diferencias culturales, y *d*) se debe a la rigidez personal (Harris y Moran, 1987).

El fenómeno del choque cultural tiene su equivalencia en otras respuestas a situaciones críticas ocasionadas por cambios repentinos en la vida o en el medio ambiente. Subraya la necesidad de ser receptivo a nuevas experiencias y retos de la vida diaria.

Creatividad: se debe ser creativo y experimental para adquirir destreza intercultural. Ésta requiere de respuestas rápidas, adaptación constante y ajustes espontáneos a las necesidades del acto comunicativo. Los procesos que incluye son más intuitivos que analíticos y resultan en lo que Howell (1979) llamó "relámpagos de penetración", parecidos a la creatividad artística. Para fomentar la creatividad se necesita estar abierto a las nuevas experiencias que surjan en el curso de un encuentro intercultural.

Las pautas antes mencionadas son generales y están interrelacionadas. Tienen la intención de servir como punto inicial de consideraciones más precisas acerca de los objetivos y las consecuencias de la conducta de comunicación, especialmente en los contextos intercultural y multicultural.

DeFleur *et al.* (2005) añade que el éxito de nuestros encuentros multiculturales depende en gran medida de nuestro acercamiento y resume en una serie de sugerencias que se reflejan en la tabla 6.1 las claves para alcanzar o maximizar nuestro éxito al comunicarnos de manera intercultural.

Tabla 6.1

Consejos para una comunicación multicultural exitosa.

1. Reconocer que cada individuo tiene emociones, necesidades y sentimientos que son tan importantes como los suyos.
2. Intentar comprender las normas culturales de la persona con las que se comunica.
3. Respetar las costumbres y tradiciones de los demás.
4. Escuchar activamente en un encuentro de comunicación cocultural.
5. Aprender a lidiar con la incertidumbre.
6. Evitar estereotipar a la gente que es distinta de nosotros.
7. Ser consciente de nuestro propio etnocentrismo.

Métodos para lograr destreza intercultural

El creciente reconocimiento de la comunicación intercultural ha conducido a la proliferación de cursos académicos y programas de capacitación en la materia. Aunque los programas pueden diferir en los métodos y suposiciones, su propósito principal es preparar al individuo para que actúe adecuadamente en los contextos interculturales. Podemos diferenciar dos categorías de cultura: la primera es la cultura general o principal, que da cierta uniformidad a las formas de vida de la gente en una sociedad diversa. Esta modalidad incluye el diseño básico de las principales instituciones sociales (familiares, económicas, políticas, educativas y religiosas), las creencias ampliamente compartidas, el idioma principal en uso, tecnologías o valores que la mayor parte de la gente adopta. Una segunda categoría es la denominada cultura especializada, que proporciona formas de vida para miembros de categorías sociales que son, en alguna forma, únicas o distintas de la sociedad en general. Algunos autores las definen como "cultura dentro de culturas" (DeFleur *et al.*, 2005).

Los métodos de capacitación más utilizados se centran en estos dos enfoques (Asunción-Lande, 1990): el método de cultura general y el método de cultura específica.

Método de cultura general: se centra en el conocimiento de la propia cultura y su propósito principal consiste en capacitar para la interacción en culturas diversas. Se hace hincapié en que para actuar de manera eficaz en una cultura distinta es necesario comprender primero la propia. También es necesario que el individuo se comprenda bien a sí mismo antes de que pueda comprender a alguien de una cultura diferente.

Método de cultura general
Se enfoca a concientizar al individuo de su propia cultura para que al momento de interactuar con otra cultura actúe de manera eficaz.

Este método tiene varias ventajas: *a*) mejora la capacidad para diagnosticar problemas en las interacciones interculturales; *b*) alienta la tolerancia hacia las conductas "poco usuales"; *c*) motiva para que se aprenda más acerca de la propia cultura y sobre otras (Harris y Moran, 1987). Las principales desventajas de este método son: que toma mucho tiempo y requiere de una supervisión capacitada. Algunas de las técnicas que se utilizan en relación con este método incluyen el desempeño de algún rol, ejercicios de simulación y discusión de grupo.

Método de cultura específica: se enfoca al conocimiento de una cultura determinada. Su objetivo principal consiste en preparar al individuo para responder a ciertas situaciones en una cultura en particular. El contenido está diseñado para familiarizar al estudiante o sujeto de capacitación con las suposiciones básicas, motivaciones y prácticas de una cultura determinada. Hay muchas ventajas en el conocimiento de una cultura específica. Favorece la receptividad para apreciar las características de alguna cultura diferente a la propia. La familiarización con los patrones de conducta puede ayudar a evitar que se cometan errores, y también facilita la adaptación del individuo a esa cultura. Adicionalmente, cono-

Método de cultura específica
Este método se enfoca en el conocimiento de una cultura específica para que el sujeto de capacitación se familiarice con las prácticas de esa cultura; además, favorece la receptividad para adaptarse a ella.

cer otra cultura proporciona un buen punto de referencia para entender a fondo la cultura en la que crecimos (Bohannan y Van der Elst, 1998). Las principales desventajas de este método son: *a*) no es posible aprender todo lo que se necesita saber acerca de una cultura en particular, y *b*) las generalizaciones no toman en consideración las respuestas individuales. Las técnicas de capacitación específicas de alguna cultura pueden incluir cursos de estudio de área en algunas universidades y colegios, ejercicios de simulación, ayuda de informantes objetivos sobre la cultura y experiencias prácticas.

Las evaluaciones que se han hecho de la capacitación en estos dos métodos no han determinado de manera definitiva cuál de ambos es más práctico. Lo ideal sería una combinación de los dos, puesto que se complementan entre sí en vez de contradecirse. Es la socialización dentro de la cultura general —al aprender sus formas y requisitos— lo que nos hace similares a todos; pero es la socialización dentro de culturas especializadas lo que nos hace distintos. Ésta es la fuente de la personalidad única que cada persona desarrolla (Triandis y Suh, 2002).

Aprendizaje experimental en la comunicación intercultural

El empleo de técnicas experimentales para la enseñanza y entrenamiento en la comunicación intercultural ha obtenido una aceptación creciente de los profesores e instructores. Entre las formas más comunes de las técnicas de enseñanza experimental se encuentran los ejercicios de simulación, los juegos, la representación de roles y las prácticas de campo.

Aprendizaje experimental
Se refiere al proceso de aprender mediante la práctica, los elementos más importantes de otras culturas a través de juegos y simulación de roles para lograr la interacción eficaz en situaciones interculturales.

El *aprendizaje experimental*: se refiere al proceso de aprender mediante la práctica. Se espera que el aprendiz participe activamente en su propia instrucción y existe evidencia, según las investigaciones, de que esta participación incrementa el grado de aprendizaje mismo que proviene de las reacciones y del discernimiento individual que se efectúa en el proceso.

Los objetivos principales del aprendizaje experimental en la comunicación intercultural son: *a*) ayudar al aprendiz a incrementar su comprensión de otras culturas; *b*) desarrollar su habilidad para realizar una interacción eficaz en las situaciones interculturales, y *c*) promover la comunicación intercultural entre personas de culturas diferentes.

Los ejercicios de simulación ayudan a los estudiantes a explorar, expandir y profundizar su conocimiento en la comunicación intercultural. Cuando los estudiantes realizan estos ejercicios experimentan la gama de pensamientos y sentimientos que se presentarían normalmente al penetrar en otras culturas y participar en las actividades diarias de quienes pertenecen a ellas. También podrán experimentar cierta dificultad para ser objetivos al escuchar ideas que no comparten, o enfrentarse a conductas que no pueden comprender.

Al estar conscientes de los conflictos potenciales surge una motivación para tratar de manejarlos adecuadamente. En estos casos son auxiliados por los instructores dentro de una atmósfera más propicia y menos amenazante que la de la realidad en un lugar extraño.

En las discusiones que siguen a los ejercicios, los estudiantes reflexionan debido a las explicaciones sobre la conducta y experimentan con nuevas formas de practicar la comunicación intercultural. El reto a descubrir o que se espera que aprendan suele dar como resultado que el estudiante asuma la iniciativa y responsabilidad para lograr sus objetivos. Otra ventaja del aprendizaje por medio de la experiencia consiste en que se puede combinar fácilmente con otros métodos de instrucción y mejorar así el aprendizaje de la materia. El aprendizaje experimental favorece la expresión individual y su afirmación para tener emociones fuertes. Estos valores no son comunes en otras culturas.

REFERENCIAS

Asuncion-Lande, N.C. (1990), "Intercultural communication", en G. L. Danhke, C. Fernández Collado y G. W. Clatterbuck (eds.), *Human communication: Theory and research*, Wadsworth, Belmont, California, pp. 208-225.

——— (1986), "Cross-cultural variation in relationship rules", *International Journal of Psychology*, 21, pp. 287-315.

Asuncion-Lande, N. C. (1980), *Ethical Perspectives and Critical Issues in Intercultural Communication*, Speech Communication Association, Annandale, VA.

——— (1990), "Communication intercultural", en Fernández Collado y G. L. Dahnke (eds.), *La comunicación humana, ciencia social*, McGraw-Hill, México, pp. 177-198.

Benedict, R. (1934), *Patterns of Culture*, Houghton Mifflin, Boston.

Bohannan, P. y Van der Elst, D. (1998), *Asking and listening*, Waveland Press, Prospect Heights, Illinois.

Brislin, R. W. (1997), *Understanding cultures influence on behavior*, Hbj, Nueva York.

Casmir, F. L. y Asunción-Lande, N. C. (1989), "Intercultural Communication Revisited: Conceptualization, Paradigm Building and Methodological approaches", en J. A. Anderson (ed.), *Communication Yearbook*, Londres, pp. 276-309.

Condit, C. M. (2000), "Culture and biology in human communication: Toward a multi-causal model", *Communication Education*, 49, 1, pp. 7-24.

Craig, R. (2005), "How we talk about how we talk: Communication theory in the public interest", Internacional Communication Association, *Journal of Communication*, 44, 4, pp. 659-667.

DeFleur, M. Kearney, P., Plax, T. G. y DeFleur, M. (2005), *Fundamentos de la Comunicación Humana*, McGraw-Hill Interamericana.

Dodd, C. H. (1994), *Perspectives on Crosscultural Communication*, 4a. ed. Kendall/Hunt, Dubuque, Iowa.

Gaines, S. O., Jr. e Ickes, W. (1997), "Perspectives on interratial relationships", en S. Duck (ed.), *Handbook of Personal Relationships*, 2a. ed., Wiley, Nueva York, pp. 206-216.

Gudykunst, W. B. y Kim, Y. (2002), *Communicating with strangers: an approach to intercultural communication*, 3a. ed., McGraw-Hill, Nueva York.

Gudykunst, W. B. y Ting-Toomey, S. (1988), "Culture and affective communication", *American Behavioral Scientist*, 31, pp. 384-400.

Hall, E. T. (1959), *The Silent Language*, Doubleday, Nueva York.

——— (1966), *The Hidden Dimension*, Doubleday, Nueva York.

——— (1976), *Beyond Culture*, Anchor Books, Nueva York.

——— (1983), *The Dance of life: The other dimension of time*, Doubleday/Anchor Books, Nueva York.

——— (1992), *An Antropology of everyday life*, Doubleday/Anchor Books, Nueva York.

Harris, P. R. y Moran R. T. (1987), *Managing Cultural Differences*, Gulf Publishing Co., Houston, Texas.

Hill, J. H. (1998), "Language, culture and world view", en F. J. Newmeyers (ed.), *Linguistics: The Cambridge Survey*, vol. IV, Cambrige University Press, Nueva York.

Hoopes, D. S. (1977), *Teaching Intercultural Communication: concepts and courses*, LaGrange Park, Illinois, Intercultural network.

Howell, W. S. (1979), "Theoretical directions for intercultural communication", en Asante, Newmark y Blake (eds.), *Handbook of Intercultural Communication*, Sage, Beverly Hills, California.

Lind, M. (1998), "The beige and the black", *New York Times Magazine*, agosto 16, 38-39.

Mandler, G. (1995), "Origins and consequences of novelty", en S. M. Smith, T. W. Ward y R. A. Finke (eds.), *The creative cognition approach*, MIT Press, Cambridge, Massachusetts, pp. 9-25.

McEntee, E. (1998), *Comunicación Intercultural*, McGraw-Hill, México.

Oberg, K. (1958), *Culture Shock and the Problem of Adjustment to New Cultural Environments*, Department of State, Foreign Service Institute, Washington, D.C.

Rodrigo, M. (2001), *Teorías de la comunicación. Ámbitos, métodos y perspectivas.* Barcelona, Serveis de Publicacions de la Universitat Autónoma de Barcelona, Colección Aldea Global.

Rogers, E. M. y Steinfatt, T. M. (1999), *Intercultural Communication*, Waveland, Prospect Heights, Illinois.

Ruhly, S. (1976), *Orientations to Intercultural Communication*, Scientific Research Associates ModCom Series, Chicago.

Samovar, L., Porter, R. y Stefani, L. (2003), *Communication Between Cultures*, Wadsworth, Belmont, California.

Sapir, E. (1921), *Language: An Introduction to the Study of Speech*, Harcourt Brace, Nueva York.

Sarbaugh, L. (1979), *Intercultural Communication*, Rochelle Park, Hayden, Nueva Jersey.

Sherry, J. L. (2004), "Media effects theory and the nature/nurture debate: A historical overview and directions for future research". *Media Psychology*, 6, 1, pp. 83-109.

Shuter, R. (ed.) (1985), *World Researchers and Research in Intercultural Communication*, Wauwatosa, Wisconsin, Culture publications.

Sorrells, K. (1997), "Who is the stranger? Implications for intercultural communication", trabajo presentado en la convención anual de la National Communication Association, Chicago.

Triandis, H. (1993), *Culture and social behavior*, McGraw-Hill, Nueva York.

Triandis, H. C. y Suh, E. M. (2002), "Influencias culturales sobre la personalidad", Annual Review of Psycohology, 53, pp. 133-160.

Mapa conceptual

¿Un continente desarraigado en un universo multicultural?

Francisco Verdera Albiñana

Tiene razón Carlos Fernández Collado sobre la importancia del estudio de la Comunicación Intercultural especialmente en el siglo xxi. Dentro de este tema tan amplio, positivo y rico, se harán una serie de reflexiones sobre un tema relacionado con el multiculturalismo y el interculturalismo: el relativismo europeo y occidental.

Se acudirá a lo que dicen Marcello Pera y Joseph Ratzinger en *Sin Raíces*, Península, Barcelona, 2006, edición original de Mondadori, Milán, 2004. En el volumen se recogen dos conferencias, una de Pera, "El relativismo, el cristianismo y Occidente", y otra del cardenal Ratzinger, "Europa, sus fundamentos espirituales. Ayer, hoy y mañana", pronunciadas en el 2004, y un intercambio de puntos de vista, en forma de carta, entre los dos. Marcello Pera es catedrático de filosofía de la ciencia de la Universidad de Pisa y era presidente del Senado italiano (2001-2006) en el momento que se pronunció la conferencia y el cardenal Joseph Ratzinger, teólogo y hoy Benedicto XVI desde 2005. Ambos manifiestan las obvias limitaciones del relativismo.

1. Observa Pera, que recientemente se ha declarado no creyente, que hay varios fenómenos que tuvieron su origen en el Occidente europeo: la ciencia moderna, el liberalismo, la separación entre la sociedad civil y el Estado y entre la religión y el Estado, el Estado de derecho, el Estado social, la democracia y las declaraciones "universales" de los derechos humanos. La mayoría de esos fenómenos, si no todos, tienen su origen en la tradición cristiana (pp. 11-12).
2. Pera critica que hoy en día el pensamiento que se ha extendido en Occidente niegue un valor universal a ninguna de sus creaciones: "La universalidad de las instituciones occidentales sería una ilusión, pues en realidad se limitan a ser una particularidad más entre las demás, con una dignidad igual que las demás, sin ningún valor intrínseco superior o mejor que las demás" (12). Cita a Samuel Hunthington que afirma: "En el emergente mundo de conflictividad étnica y de enfrentamientos entre civilizaciones, la fe occidental en la validez universal de la propia cultura adolece de tres defectos: es falsa, es inmoral y es peligrosa" (pp. 12-13).
3. El conferenciante y político critica el uso de la sentencia "lo políticamente correcto". Explica que en la civilización occidental hay temor o falsa prudencia, que coarta la libertad de expresión e induce a no decir lo que uno realmente piensa. El "lenguaje políticamente correcto" es una "neolengua" que se usa para guiñar, aludir e insinuar, pero no para decir, afirmar o sostener" (p. 14).
4. Una cuarta crítica es que se puede comparar todo tipo de asuntos en Occidente, menos las culturas o civilizaciones. Según él, cuando se trata de establecer una jerarquía de "mejor-peor" de las culturas salta la autocensura. Lo máximo que se admite es que hay culturas distintas (pp. 14-15).
5. No acepta la "reeducación ligüística": "por razones morales, es decir, por esas razones por las que a la postre se rechazan las posturas intelectuales" (p. 15). En nota al final del libro aclara que se rechaza al nazismo, al fascismo, al comunismo, racismo, antisemitismo, fanatismo etc., no porque estas posturas "entren en conflicto con algún teorema de lógica, o porque sean empírica o científicamente falsas, sino porque repugnan a nuestra conciencia, entran en conflicto con nuestros intuiciones profundas sobre los derechos humanos y son contrarias a nuestros valores fundamentales" (p. 131).
6. Pera hace un listado en el que expone sus tesis sobre diferentes aplicaciones del relativismo: contra el relativismo de la ciencia opone los "hechos de los experimentos"; contra el relativismo de las culturas, los "hechos de las expectativas"; contra el relativismo de las civilizaciones, los "hechos de las preferencias", y al final afirma:

"Ni el relativismo multiculturalista más lanzado niega que todos los hombres, si se les deja libres, prefieren vivir en condiciones de seguridad, respeto, salud, bienestar y paz" (p. 28).

7. También dedica unas páginas al relativismo de los teólogos. Explica el Presidente del Senado el proceso de cómo se ha llegado al relativismo religioso y al relativismo sobre Jesús y cómo se tacha de fundamentalista al que cree en la Divinidad de Jesucristo (p. 31). Pera afirma que esta tesis es contradictoria, falsa y contraproducente para un cristiano. Contradictoria porque:

"si el relativismo afirma que no existen fundamentos, entonces ni siquiera el relativismo puede ser el fundamento de la democracia. Falsa porque la democracia presupone como fundamento propio los valores de la persona, de la dignidad, de la igualdad, del respeto; quitad valor a esos valores y habréis quitado la democracia. Y contraproducente porque si desde el punto de vista relativista una verdad equivale a otra ¿para qué sirve entonces el diálogo? Y si, en la fe, no existe la Verdad, ¿cómo nos podremos salvar?" (31).

Básicamente estos siete puntos intentan resumir el pensamiento de Marcello Pera sobre el relativismo. Queda por informar sobre lo que dice el cardenal Ratzinger. Puesto que no forma parte directamente de su conferencia sólo hay unos párrafos sobre el relativismo en la carta al catedrático de Filosofía de la Ciencia.

El cardenal Ratzinger está de acuerdo con Pera, y manifiesta su preocupación por el relativismo, y hace notar que recientemente ha podido percibir que la "corrección política" intenta estar por encima de las cimas del pensamiento:

"La *political correctness* cuya presión omnipresente Usted ha expuesto tan atinadamente, pretende imponer un solo modo de pensar y de hablar. Su relativismo la elevaría por encima de todas las demás cumbres del pensamiento hasta ahora alcanzadas" (pp. 122-123).

Ratzinger afirma que el relativismo amenaza la libertad de pensamiento y la libertad religiosa (pp. 122-123).

Mi valoración personal es que el volumen en cuestión aborda con inteligente nitidez un problema que puede acabar con la misma democracia y con la dignidad de la persona. Todo lo que de bueno tiene la comunicación intercultural puede enriquecernos si no se cae en el relativismo, y si los críticos del relativismo respetan la dignidad y libertad de las conciencias, con extrema escrupulosidad, se puede proponer, pero nunca imponer. Desde mi punto de vista vale la pena leer las partes de este volumen referentes al tema, que por el estilo de conferencias y cartas, quizá es más ameno que otros libros sobre esta cuestión.

Francisco Verdera Albiñana
Universidad de Navarra

Capítulo Siete

El comportamiento no verbal en la interacción humana

Sumario

Objetivos de aprendizaje

En función de la lectura y estudio de los contenidos de este capítulo, el alumno será capaz de:

- Comprender la importancia del comportamiento para comunicar mensajes en las relaciones cotidianas en las que los individuos están inmersos.
- Entender el proceso evolutivo de los estudios enfocados al análisis del comportamiento no verbal que han contribuido a ampliar las áreas de estudio en este tema.
- Describir la naturaleza del lenguaje corporal que se manifiesta en movimientos inconscientes que pueden tener diferentes significados en diversos contextos, y observar hasta qué punto es posible controlar las gesticulaciones o señales faciales.
- Determinar qué tan válido es lograr la comunicación eficaz conjugando los canales de interacción verbal y no verbal y si ésta se aprende por el contexto social o se adquiere genéticamente.
- Analizar la utilidad de la comunicación corporal en la interacción cotidiana, cuáles son las áreas en las que su uso es más habitual, así como su clasificación.

¿Qué mensajes comunicamos al tocar a otras personas? ¿Podemos saber cuándo alguien está mintiendo por su forma de moverse? ¿Qué hay detrás de una sonrisa? ¿Pueden las personas identificar a sus cónyuges e hijos oliendo su ropa? En una conversación, ¿cómo sabemos que es nuestro turno para hablar? ¿Cómo reaccionan las personas cuando hay mucha gente? Éstas son sólo algunas de las múltiples y fascinantes preguntas que han sido exploradas por los investigadores de la comunicación humana.

El sentido fundamental de las preguntas precedentes se refiere a los sistemas de comunicación que acompañan y en ocasiones suplantan al comportamiento verbal: conocidos como comportamientos no verbales. Estos “otros” sistemas de comunicación suelen incluir estos elementos:

- Nuestra apariencia (rasgos físicos, ropa).
- Cómo hablamos (tono de voz).
- Cómo olemos.
- Cómo nos movemos, cuando estamos solos y cuando estamos con otros (gestos, posturas, miradas, expresiones faciales, contactos corporales, proximidad).
- Cómo el ambiente (la disposición del mobiliario, la temperatura, otras personas, ruidos, etc.) actúa sobre los interactuantes y al mismo tiempo es afectado por ellos.

La importancia del comportamiento no verbal

Cuando dos seres humanos se encuentran cara a cara, se comunican simultáneamente a muchos niveles, conscientes e inconscientes, y emplean para ello la mayoría de los sentidos: la vista, el oído, el tacto, el olfato. Y luego integran todas estas sensaciones mediante un sistema de descodificación, que algunas veces llamamos el sexto sentido o la intuición (Davis, 2002).

Resulta inútil y desatinado discutir si el comportamiento no verbal o lenguaje corporal es más importante que el verbal. En una situación determinada podemos atribuir la responsabilidad primaria al comportamiento verbal o no verbal, cada sistema adquiere su importancia a partir de que el entendimiento individual es necesario para poder analizar las situaciones de comunicación; sin embargo, debido a que la comunicación verbal ha recibido mayor atención y estudio científico, es necesario recordar que tanto por su cantidad como por su influencia, las señales no verbales desempeñan un papel trascendente en el proceso de la comunicación (Knapp, 1990; Knapp y Hall, 2005).

Existen innumerables fuentes de información sobre la comunicación no verbal durante la conversación. Hall (1959) esboza diez formas separadas de actividades humanas que llama sistemas de mensajes primarios; él dice que sólo uno incluye al lenguaje. Ruesch y Kees (1956) indican que la comunicación humana supone por lo menos siete sistemas diferentes: *a*) apariencia personal y forma de vestir; *b*) gestos o movimientos deliberados; *c*) acciones casuales; *d*) vestigios de acciones; *e*) sonidos vocales; *f*) palabras habladas, y *g*) palabras escritas. Sólo dos de los siete incluyen el uso abierto de palabras. Ray Birdwhistell (1970) —a quien por lo general se le reconoce como uno de los primeros teóricos en el estudio del comportamiento no verbal— dice que, probablemente, no más de 30 a 35% del significado social derivado de una conversación se transmite por las palabras aisladas.

Existen situaciones en que las señales no verbales pueden ser imprescindibles; por ejemplo, cuando hay limitaciones impuestas con respecto al uso del lenguaje hablado como en el caso de los buceadores o quienes trabajan en lugares con mucho ruido. En otras circunstancias las restricciones en relación con el lenguaje son autoimpuestas por cuestiones culturales, como cuando es necesario comunicar un afecto amoroso con un mínimo de expresiones verbales. Otras veces las limitaciones se deben a las ceremonias culturales y rituales: funerales, casamientos, el festejo de la Navidad, etc. Algunos trabajos determinan limitaciones fortuitas para expresarse verbalmente, como el caso de un equipo encargado de producir un programa de televisión durante una emisión "en vivo", o la comunicación entre un doctor y una enfermera mientras utilizan mascarillas durante una operación quirúrgica (Knapp, 1988). Las personas que por alguna incapacidad física tienen dificultad para expresarse verbalmente recurren más a la comunicación mediante canales no verbales que la mayoría de las personas, incluso otro grupo que también recurre a ellos es el de quienes hablan perfectamente su idioma nativo, pero no hablan o entienden ningún otro lenguaje. Esta situación por lo general se presenta en encuentros interculturales, pero también puede suceder cuando se conocen personas de dos grupos subculturales distintos (Knapp, 1988; McEntee, 1998; Rogers y Steinfatt, 1999).

En algunas ocasiones las palabras son "sospechosas". En estos casos los mensajes corporales no deben tener prioridad sobre los mensajes verbales, aunque en circunstancias comunes se les tiene más confianza. Por ejemplo, al estar interrogando a un prisionero, o cuestionando las afirmaciones de un testigo en un juicio, es importante fijarse tanto en las señales no verbales como en las verbales. También en las sesiones terapéuticas, cuando se duda acerca de la veracidad de las palabras (Knapp, 1990).

Burgoon, Buller y Woodall (1996) señalaron algunas circunstancias en las que la gente se inclina más por las señales no verbales: cuando se juzga el estilo personal de alguien; cuando se responden preguntas que requieren de interpretación; cuando se evalúan las emociones, ideas y actitudes de expresiones inconsistentes, y cuando se juzgan las cualidades de credibilidad y liderazgo de las personas.

Las personas sordomudas recurren más a la comunicación mediante canales no verbales que el resto de las personas.

Aparte de las situaciones precedentes en las que el comportamiento no verbal tiene mayor importancia, la influencia de las señales no verbales proviene de su uso frecuente a lo largo de las actividades cotidianas de comunicación: en el hogar, en el trabajo, en la escuela y en los espacios de entretenimiento.

Antecedentes de la investigación en torno al lenguaje corporal

En los comienzos de la raza humana, antes de la evolución del lenguaje, el hombre se comunicaba de la única forma en que era capaz de hacerlo: no verbalmente. Los animales continúan comunicándose de este modo y muchos de ellos son capaces de intercambiar información en una medida mucho mayor de lo que se hubiera creído posible hasta hace muy poco tiempo. En ciertos aspectos, el comportamiento no verbal de los seres humanos es notablemente parecido al de los animales, especialmente al de los otros primates. Nos comunicamos algunas cosas en la misma forma que los animales pero desde la aparición de la palabra no somos conscientes muchas veces de que lo hacemos. A pesar de la importancia de este tema durante siglos, hasta comienzos del siglo XX no se inició una verdadera investigación sobre la comunicación no verbal (Davis, 2002).

Darwin y las expresiones corporales

De acuerdo con este autor, existe la posibilidad de que en todos los contextos culturales las criaturas humanas compartan elementos de expresión.

Las observaciones e ideas presentes en la obra de Darwin *The Expression of the Emotions in Man and Animals*, escrita en 1872, han servido de guía para los estudios contemporáneos de las expresiones corporales y faciales (Krauss, Chen, y Chawla, 1996). Otra contribución importante al estudio de la comunicación no verbal fue el clásico de Efron, de 1941, *Gesture and Environment*. Este autor, al igual que Darwin, fue un observador minucioso que señaló detalles muy precisos (Knapp y Hall, 2005).

Efron y los gestos

Estableció la importancia del papel de la cultura en la formación de los gestos. Su propuesta influye en las investigaciones contemporáneas.

Mientras que el trabajo de Efron estableció que la cultura desempeña un papel importante en la formación de muchos de los gestos e introdujo nuevas formas de estudiarlos. El sistema que creó para clasificar los comportamientos no verbales influye todavía en las teorías e investigaciones contemporáneas. La reedición de sus obras, 30 años después de su publicación original, es un homenaje a sus perdurables aportaciones (Efron, 1972).

La obra de Krestschmer, *Physique and Character*, publicada en 1925, y la de Sheldon, *The Variations in Human Physique*, editada en 1940, proporcionan el marco de referencia básico para otras investigaciones sobre la relación entre las características de la personalidad y las formas del cuerpo. Ambos autores dividieron estas formas en: gruesa, musculosa y delgada (Knapp, 1990; Rosenbaum, 1995).

Kinésica

Técnica para examinar el comportamiento humano mediante el uso de filmes enfocados al estudio de los movimientos corporales y los gestos.

Además, la década de 1950-1960 se caracterizó por el interés de los investigadores en todas las áreas de la comunicación humana (Knapp, 1990). En el área de lo no verbal ocurrieron por lo menos tres hechos importantes. En 1952 el antropólogo Ray Birdwhistell escribió *Introduction to Kinesics*; en ese tiempo Birdwhistell investigaba la posibilidad de que el movimiento corporal pudiese estar organizado de un modo similar a la estructura del lenguaje. Sus esfuerzos por examinar minuciosamente el comportamiento humano mediante el uso de filmes ejerció profunda influencia y proporcionó una nueva denominación al estudio de los movimientos corporales y los gestos: kinésica.

Otro antropólogo, Edward Hall, aportó el estímulo a la investigación sobre la manera en que los humanos usan el espacio, cuando publicó en 1959 su obra clásica *The Silent Language*, y unos años después... detalló aún más sus ideas al publicar en 1966 *The Hidden Dimension* (Knapp y Hall, 2005; McEntee, 1998; Rogers y Steinfatt, 1999). Hall usó la palabra *proxémica* para referirse a esta área de estudio que él mismo definió como el estudio de cómo el hombre estructura inconscientemente el microespacio.

Proxémica
Estudio de la manera en que los humanos utilizan el espacio.

En 1956 se publicó el primer libro que utilizó el término no verbal, la obra *Nonverbal Communication: Notes on the Visual Perception of Human Relations*, del psiquiatra Jürgen Ruesch y del fotógrafo Weldon Kees. Este libro proporcionó una visión más profunda de los orígenes, usos y codificación del comportamiento no verbal o lenguaje corporal, así como una amplia documentación gráfica.

Durante las décadas 1960-1980 algunos estudiosos establecieron programas de investigación sistemática en distintas áreas del comportamiento no verbal. De entre ellos destacan: Sommer (1969), que continuó trabajando en el área de la proxémica, y Kendon (1970), Scheflen y Scheflen (1972) y Duncan y Fiske (1977), quienes examinaron más a fondo la estructura y organización del movimiento corporal y la postura. Las expresiones de emoción fueron estudiadas como señales faciales (Ekman, Friesen y Ellsworth, 1972) o vocales (Davitz, 1964). A esto siguieron nuevas áreas de investigación que incluían el movimiento del ojo (Argyle y Cook, 1976; Exline, 1971), las pausas (Goldman-Eisler, 1968), la dilatación de la pupila (Hess, 1975), la atracción física (Berscheid y Walster, 1974) y la habilidad para emitir y recibir señales no verbales en forma exacta y correcta (Rosenthal, *et al.*, 1979).

Por otra parte, Mehrabian (1972) buscó entender lo que varios grupos de comportamientos no verbales significaban para los interactuantes. Otras investigaciones que se desarrollaron en ese periodo incluyeron el aumento de los estudios en psicología ambiental (Prohansky, Ittelson y Rivlin, 1970); el libro de Montagu (1971) resumió la diversa bibliografía existente sobre el comportamiento de las personas al interactuar y los diversos esfuerzos científicos que han estudiado el papel que desempeñan la ropa, las joyas y los cosméticos en la comunicación humana (Roach y Eicher, 1965).

Es necesario mencionar que durante los años 1969 y 1970 se realizaron otros dos trabajos importantes —aunque distintos—. En 1969 Ekman y Friesen publicaron la que es probablemente una de las más importantes afirmaciones teóricas sobre el tema concerniente a los orígenes, usos y codificación del comportamiento no verbal. En 1970 el periodista Fast publicó un libro que resumía las investigaciones de Birdwhistell, Hall, Scheflen y otros; en 1970 su obra se convirtió en un éxito editorial que atrajo la atención del público hacia el fascinante y relativamente desconocido mundo del comportamiento no verbal (Knapp, 1988, 1990; Knapp y Hall, 2005).

Durante la década de los ochenta la mayoría de los investigadores de la comunicación no verbal se dedicó a identificar la manera en que las señales no verbales interactúan para alcanzar objetivos de comunicación. Quedó muy claro en estos estudios que la única manera de hacerlo es analizando conjuntamente el comportamiento verbal y el no verbal, con el fin de desarrollar una teoría explicativa de la forma en que estas dos conductas interactúan en el proceso (Streeck y Knapp, 1992). De esta manera, después de varias décadas de estudios microscópicos de comunicación no verbal la investigación en las siguientes décadas se caracteriza por el énfasis en armar el rompecabezas con todas las piezas disponibles de los estudios precedentes, juntando la comunicación verbal y la no verbal, tal y como sucede en la vida cotidiana (Knapp y Hall, 2005).

La naturaleza de la comunicación no verbal

Las seis preguntas que se analizan en los siguientes apartados son las que plantean con más frecuencia los alumnos que buscan entender mejor la comunicación no verbal. Se refieren a varios temas fundamentales acerca de la naturaleza del comportamiento corporal.

¿Cómo se define la comunicación no verbal?

La connotación más común del término *comunicación no verbal* equivale a la comunicación que se establece por medios distintos a las palabras o a las diversas manifestaciones de nuestra corporalidad (Knapp, 1990; Knapp y Hall, 2005). Aunque esta definición parece ser adecuada para un entendimiento general, deben aplicársele algunas restricciones. Primero, la separación de los comportamientos verbal y no verbal en dos categorías es prácticamente imposible. Por ejemplo, algunos gestos tienen las mismas características que las palabras. Los *gestos emblemáticos* son, por definición, traducciones virtuales directas de palabras o frases (véase figura 7.1), y del código de señales utilizado por los sordomudos que tiene secuencias completas de gestos que sustituyen a las palabras. En estos casos las palabras no se utilizan para producir la señal, sino que la señal misma y su interpretación están entretejidas con las palabras. Además, algunas de las palabras habladas no parecen ser claras o especialmente verbales. Las palabras

Comunicación no verbal
Comunicación que se establece por medios distintos a las palabras o a las diversas manifestaciones de nuestra corporalidad.

Gestos emblemáticos
Traducciones virtuales directas de palabras o frases.

onomatopéyicas, como gárgara o cacarear y el habla de los subastadores, que dependen con frecuencia del ritmo y el tono vocal para que se comprenda lo que dicen —ya que las palabras resultan ininteligibles— son dos ejemplos. La línea divisoria de lo verbal y lo no verbal no es muy rígida, porque muchas veces ambos elementos se combinan y actúan juntos en nuestras interacciones diarias. En segundo lugar, la definición presentada no indica adecuadamente si "medios distintos a las palabras" se refiere al tipo de señal producido (codificado) o a la interpretación que el receptor hace de estas señales (decodificación). Generalmente cuando se habla de comunicación no verbal se está haciendo referencia a las señales a las que se atribuirá significado y no al proceso de atribución de significado (Knapp y Hall, 2005).

En un esfuerzo por evitar los escollos de una sola definición algunos autores definen la comunicación no verbal o comportamiento corporal mediante una lista de las áreas que suelen estudiarse; por ejemplo, las miradas, las expresiones faciales, el dolor, la apariencia física, los gestos, las posturas, las vocalizaciones,

Figura 7.1

Emblemas utilizados en Estados Unidos para expresar *a)* "no te puedo oír", *b)* "esta bien" y "de acuerdo" *c)* "silencio" o "cállate".

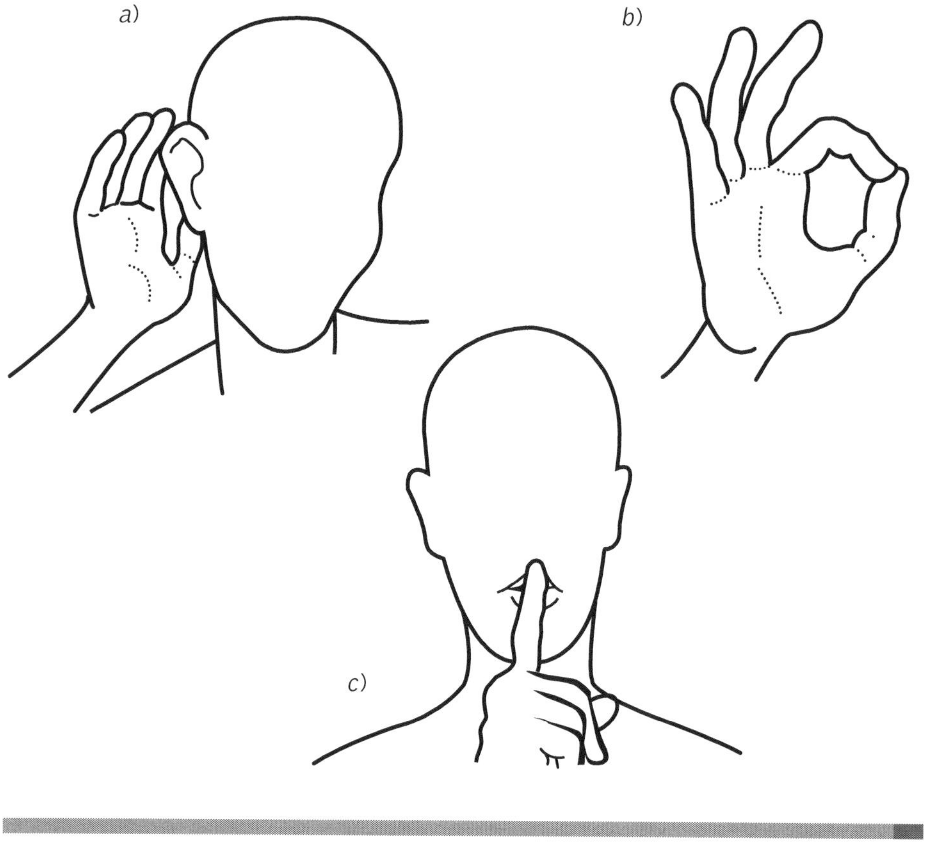

la distancia, la forma de vestir, los adornos corporales, el contacto y los factores ambientales, como la arquitectura, el mobiliario, el color, la iluminación y la temperatura.

En resumen, la comunicación no verbal se puede definir como aquella que abarca señales distintas de las palabras, siempre y cuando se entienda que la distinción entre las palabras y "otras" señales, a veces no es muy clara y puede traslaparse (Knapp y Hall, 2005).

¿Cada comportamiento no verbal tiene diferentes acepciones?

La gente, por lo general, tiende a asociar ciertos significados con determinados comportamientos no verbales, pero como ocurre en el comportamiento verbal, cada comportamiento que no es verbal puede tener diversos significados posibles, según el contexto en que suceda, esto se denomina con el concepto *polisémico* (Knapp, 1988, 1990). Si se pidiera escribir el significado de la palabra "rápido" se podría argumentar legítimamente que el significado dependerá de quién utilice la expresión, de lo que se dijo antes, de qué otras palabras se emplearon en la oración, etc. Lo mismo que las palabras y las frases, las señales no verbales pueden tener múltiples usos y múltiples significados. El comportamiento no verbal puede repetir, contradecir, sustituir, complementar, acentuar o regular el comportamiento verbal (Knapp y Hall, 2005).

Polisemia del comportamiento no verbal
Concepto que significa que cada señal no verbal o corporal tiene diversos significados, según el contexto en el que se hagan.

Mirar fijamente y de cerca a los ojos de otra persona puede significar que se está enamorado de ella o muy enojado con ella. Una sonrisa puede significar que se está contento o ansioso; carraspear puede ser una señal para llamar la atención, etc. En ocasiones, dos significados distintos se pueden comunicar simultáneamente por la misma señal. Por ejemplo, cuando alguien regaña a un niño y lo sujeta firmemente por los hombros puede comunicar "recuerda lo que te estoy diciendo", y al mismo tiempo, "no me importa lastimarte para lograr que me obedezcas". A veces el mismo comportamiento puede tener significados distintos para diferentes personas, o incluso para la misma persona. Una señal de afecto puede transformarse en una de agresión para la misma persona una vez que se rompe la relación.

Cuando se hacen cambios mínimos en la ortografía o entonación de una palabra, el significado puede cambiar drásticamente. Esto ocurre también con las señales no verbales. Asentir con la cabeza puede expresar que se está de acuerdo con el que habla, o deseo de abandonar la conversación, o incluso de hablar. El significado depende de las características del comportamiento y del contexto. La frecuencia, velocidad y movimiento vertical de la cabeza tienden a aumentar cuando señalan el deseo de salir o de hablar, más que para asentir con el que habla. Además, la ubicación del comportamiento dentro de la corriente de interacción proporciona claves respecto a su significado. Los asentimientos con la cabeza, de acuerdo y apoyo, se dan en las coyunturas naturales del discurso de quien habla; las peticiones de palabra y de apartarse de la conversación usualmente ocurren al azar, sin importar mucho su situación dentro del discurso o contexto en el que se efectúa.

Es necesario señalar que junto con el movimiento de cabeza otros comportamientos pueden tener otros significados; por ejemplo, ¿la postura del interlocutor era relajada o tensa?, ¿miró su reloj mientras escuchaba? Los participantes en la conversación pueden proporcionar también algunas claves para determinar el sentido de ese gesto. ¿Se conocía al orador como un monopolizador de conversaciones? Pero también el contexto puede influir en las atribuciones del significado. Éstos y otros factores relacionados se utilizan para determinar el significado de las señales corporales y no verbales.

Algunas de ellas, como las que aparecen en la figura 7.1, pueden tener significados semejantes para muchas personas aunque no tengan ninguna información del contexto en que se desarrollan. Pero tan pronto como el gesto se localiza dentro de un contexto interaccional, el significado "fuera-de-contexto" puede o no aplicarse. Como las palabras, algunas señales no verbales son abstractas y abarcan muchos significados; otras son más concretas y tienen un menor nivel de significados. Y las señales o signos no verbales pueden evolucionar hacia nuevos significados, como la señal "V" que se forma con los dedos, la cual en la Segunda Guerra Mundial significó victoria y durante la década de los sesenta era el símbolo de paz.

¿Hasta qué punto puede controlar la gente su comportamiento no verbal?

El grado en que se puede controlar un comportamiento no verbal o corporal depende del contexto en el que se desarrolle. En las interacciones cotidianas es común que se controlen algunos comportamientos, mientras que otros se realizan en forma habitual o inconsciente. Con retroalimentación en la cantidad apropiada y del tipo correcto se podrían, probablemente, controlar de manera consciente estos comportamientos (Ruben y Stewart, 2005).

En este sentido se trata de controlar el comportamiento no verbal, como es el caso de los políticos, que planean con mucho cuidado su apariencia y sus movimientos cuando van a aparecer en público. Sin embargo, en otras ocasiones se tiene poco control. En apariencia se tiene más control sobre algunas áreas del comportamiento no verbal que sobre otras, es una tendencia común creer que no se tiene control sobre las señales corporales. En la cultura occidental, por lo general, la gente es más consciente y se considera más responsable de su conducta facial que de la corporal; lo cual implica que las personas tienen un menor control de las conductas corporales. Es natural que cuanto más gente aprenda sobre el comportamiento no verbal, sea más probable que se pueda controlar.

¿Quiénes son los comunicadores no verbales más hábiles?

Esta pregunta ha sido el centro de atención para algunos investigadores (Archer y Akert, 1977; Costanzo y Archer, 1989; Rosenthal, 1979; Rosenthal *et al.*, 1979). El procedimiento de pruebas más extenso se ha derivado de la prueba del *Profile of Nonverbal Sensitivity*, también conocido como PONS, de Rosenthal, y de la prueba del *Interpersonal Perception Task* de Archer, Akery y Costanzo.

La prueba PONS es una película cinematográfica compuesta por varios segmentos que comunican distintos mensajes, como dominación, negatividad, etc. Cada uno de los mensajes puede ser administrado de modo que es posible medir la habilidad de cada persona para decodificar mensajes no verbales en un canal particular o en una combinación de canales; por ejemplo, la cara, el cuerpo y la voz.

Prueba PONS

Película en la que los mensajes pueden ser administrados de modo que es posible medir la habilidad de cada persona para decodificar mensajes no verbales.

La *prueba Interpersonal Perception Task* enfatiza comportamientos más espontáneos. Sus desarrolladores razonaron que el mejor criterio no es la pura emoción o un escenario descontextualizado, sino un acto o una relación real. Por ejemplo, un hombre y una mujer interactúan con dos niños, ¿quién es el hijo de los dos adultos? Dos mujeres discuten sobre un juego de racquetball, ¿quién es la ganadora? Para cada ítem en el *Interpersonal Perception Task* existe una respuesta objetivamente correcta. Los reportes de estas pruebas y de otras realizadas en circunstancias más naturales (Magill-Evans, *et al*, 1995; Trimboli y Walker, 1993) que han sido aplicadas a miles de personas, junto con los resultados de otros estudios, indican las siguientes conclusiones (Knapp y Hall, 2005): las mujeres, como grupo, logran más altas calificaciones que los hombres en pruebas que miden tanto la emisión como la recepción de mensajes no verbales. Se ha descubierto que las mujeres parecen ser hábiles en la percepción de señales corporales negativas. Otros grupos que han demostrado habilidad en la decodificación de señales no verbales son los actores, los estudiantes que toman cursos de comunicación no verbal y quienes estudian artes visuales. Sin embargo, cualquiera que sea considerado excelente en la realización de su trabajo también obtiene buenas calificaciones en relación con la sensibilidad hacia lo no verbal. Aunque los estudios han demostrado que los hombres no lo hacen muy bien, otra evidencia sugiere que en los matrimonios felices, los maridos son más sensibles a las señales corporales que emiten sus esposas, comparados con los maridos de matrimonios menos felices (Knapp y Hall, 2005).

Interpersonal Perception Task

Enfatiza comportamientos más espontáneos. Sus desarrolladores razonaron que el mejor criterio no es la pura emoción o un escenario descontextualizado, sino un acto o una relación real.

Automonitores
Personas sensibles al comportamiento de los demás, lo cual les sirve como clave para observar su propia presentación.

Los que son hábiles en la decodificación de mensajes no verbales tienen como características de personalidad la extroversión, la popularidad y un alto índice de automonitoreo. Los *automonitores* son sensibles a su propio comportamiento y utilizan un fuerte control sobre él, pero son también sensibles a los comportamientos de los demás y utilizan estas claves para observar su propia presentación. La inteligencia no parece estar muy relacionada con las habilidades en la decodificación de mensajes no verbales.

Es interesante observar que, por lo general, los que son decodificadores hábiles también son buenos codificadores. Las personas hábiles en la decodificación de un canal muestran habilidades en otros canales; y quienes son capaces de enviar y recibir mensajes en forma espontánea, al parecer también lo son cuando se trata de expresiones formales, lo cual les proporciona ciertas ventajas.

¿Son aprendidos todos los comportamientos no verbales?

Se ha investigado y discutido mucho para descubrir si las señales no verbales son innatas, aprendidas, transferidas genéticamente o adquiridas de alguna otra manera. Muchos comportamientos se aprenden de la interacción con una persona y se comparten con ella; otros se comparten con grupos o culturas enteras. ¡Claro que buena parte de nuestro comportamiento no verbal es aprendido! Como resultado de ello no es difícil encontrar personas de distintas culturas que reaccionan de modo distinto ante los mismos hechos o estímulos.

Algunas investigaciones han demostrado por otra parte que existe un fundamento biológico en algunos comportamientos. Hay evidencia de que los programas neurológicos heredados constituyen la base de algunas conductas corporales. El argumento de una base hereditaria en el comportamiento no verbal se ha acumulado a partir de los siguientes tres tipos de investigación.

1. Eibl-Eibesfeldt (1973) comparó las expresiones faciales de niños ciegos y sordos de nacimiento, así como de otros sin extremidades, ciegos y sordos. Aunque se advirtieron algunas diferencias, las semejanzas morfológicas en las expresiones faciales de los niños sin estas necesidades especiales que no las pudieron haber aprendido observando, tocando u oyendo a otros, fue sorprendentemente similar a las de los niños nacidos sin estas limitaciones.
2. Ekman (1973) encontró semejanzas en la exposición y significado de expresiones faciales entre culturas cuyos miembros saben leer y escribir, y culturas analfabetas en diversas áreas del mundo. Incluso algunas personas que habían estado casi completamente aisladas de todo contacto con otras culturas respondieron en forma similar a rostros que manifestaban alegría, temor, sorpresa, tristeza, enojo y aversión/desprecio. Birdwhis-

tell por otro lado sostiene que algunas expresiones son similares en todos los hombres, pero que el significado que se les dé difiere según las culturas. Sin embargo, ésta es una opinión minoritaria. La mayoría de los especialistas piensan que por lo menos algunas expresiones son universales (Davis, 2002).

3. La tercera investigación utilizada para apoyar la idea de que el comportamiento tiene una base genética proviene de un estudio aplicado a primates. Chevalier-Skolnikoff (1973) ha observado caminos evolutivos respecto a las manifestaciones faciales de cólera en cuatro primates vivos. Modelos similares de desarrollo se han encontrado también para la alegría (sonrisa, carcajada) y la tristeza (con llanto y sin él). Muchos estudios se han dedicado a investigar si la conducta no verbal heredada se relaciona con las expresiones faciales de emoción; así como otros comportamientos. Pitcarin y Eibl-Eibesfeldt (1976) observaron, por ejemplo, modelos similares de movimientos de cabeza en saludos entre adultos, primates jóvenes e invidentes.

Como especie humana se nace con la capacidad de aprender el lenguaje verbal (Lenneberg, 1969); pero sin los estímulos ambientales y una educación correcta no es posible desarrollar las posibilidades de hablar. Los niños aislados de todo contacto humano no aprenden a usar el lenguaje. De igual manera, al parecer los humanos tienen la predisposición a aprender ciertos comportamientos que manifiestan un lenguaje corporal. La medida en que se desarrollen estos comportamientos y las peculiaridades de su manifestación estarán determinadas, no obstante, por el medio en el que se desenvuelve cada individuo.

¿Es la comprensión del comportamiento no verbal la clave para lograr la eficacia en las relaciones interpersonales?

La respuesta es doble. Sí, porque un entendimiento del comportamiento corporal aumenta la pericia como comunicador; pero no, porque ello no garantiza la eficacia comunicativa ni el dominio sobre otros. El comportamiento no verbal es una parte del proceso de la comunicación. A veces es importante para el resultado de la conversación, pero a veces no lo es.

Algunas personas consideran que una comprensión de estos comportamientos casi imperceptibles las capacitará para tener un mayor control sobre los demás. Esto puede ser cierto en algunas ocasiones. Los que son hábiles en la interacción verbal poseen también ventajas similares en determinadas circunstancias; pero el abuso generalizado de este conocimiento es inhibido por dos factores: *a*) nunca se termina de aprender sobre el lenguaje corporal; las personas y las situaciones cambian; *b*) no importa lo hábil o conocedora que sea una persona siempre dependerá de las fragilidades de la percepción humana.

Una vez obtenida una perspectiva histórica y teórica para el estudio de la comunicación no verbal, la última parte de este capítulo se centrará en torno a la forma en que se utilizan estas señales faciales o corporales en la interacción cotidiana para alcanzar metas comunes y prácticas: *a*) identificación; *b*) mostrar capacidad de relación; *c*) mostrar emociones hacia otros; *d*) tratar de ejercer influencia sobre los demás y sobre nosotros mismos; *e*) tratar de obtener comprensión, y *f*) manejar la interacción (Knapp, 1988, 1990).

Utilidad del lenguaje corporal y facial en la interacción cotidiana

El comportamiento no verbal es utilizado para comunicar diversas cosas. Los que se describen a continuación incluyen algunos de los objetivos que con más frecuencia se realizan en la comunicación diaria.

Identificación

Identificación no verbal
Una persona puede ser identificada mediante su acento, forma de vestir, su conducta, apariencia, peinado, señas, movimientos faciales, entre otros.

Existen diversas maneras de comunicar a los demás quiénes somos: nuestro sexo, edad, personalidad, nivel socioeconómico, trabajo, origen geográfico, pertenencia a grupos y actitudes sociales; todo esto se comunica mediante mensajes corporales. En ocasiones estas señales son reflejos precisos de características asociadas con la identidad propia; por ejemplo, un acento determinado en el lenguaje sugiere que la persona nació o ha vivido mucho tiempo en algún lugar. Pero en otras ocasiones se reflejan señales no verbales con el fin de comunicar una parte especial de nuestra identidad; por ejemplo, la persona que por lo común viste de manera informal se viste más formalmente cuando va a una entrevista relacionada con una posibilidad de trabajo. En ocasiones la gente también asocia la ropa, voz o comportamiento con un estereotipo que puede ser adecuado o no. Sin embargo, si los demás tratan a alguien como si el estereotipo fuese real, es probable que afecte su autopercepción de la misma manera.

Algunos aspectos de la identidad de una persona pueden ser juzgados más correctamente que otros. El sexo, la edad y el nivel socioeconómico son determinados en forma correcta la mayoría de las veces a partir de fotografías o muestras de voz. También hay señales asociadas con los movimientos corporales con los que se puede distinguir a estos grupos; por ejemplo, las mujeres, en comparación con los hombres, parecen observar más a su pareja durante la interacción y tienden a acentuar la actitud de sus cuerpos, mantener posturas menos relajadas y sonreír en más ocasiones. La simple acción de caminar, puede representar un rasgo bastante estable de la personalidad de un individuo. La persona que camine con fuerza, nos dará la impresión de ser un individuo bastante decidido. Si camina ligero, podrá parecer impaciente o agresivo, aunque si con el mismo impulso lo hace más lentamente, nos hará pensar que se trata de una persona paciente y perseverante (Davis, 2002).

Otras señales de identidad se pueden juzgar con precisión en algunas ocasiones, pero no siempre se cuenta con indicadores confiables. El origen geográfico de una persona puede ser identificado si el acento o dialecto de la persona es evidente o si viste ropas típicas de una región en particular. En ausencia de estas claves, el lugar de nacimiento o residencia de una persona son difíciles de determinar. El conocimiento respecto al trabajo puede ser definido por un uniforme, forma de vestir o un estilo vocal especial; también sucede esto al tratar de identificar la pertenencia a un grupo y las actitudes sociales. En ocasiones estos indicadores son obvios a partir de la apariencia y conducta de la persona, pero a veces no es posible percibirlos. Existe la tendencia a asociar las actitudes políticas y sociales con el peinado y la forma de vestir de las personas. Quienes usan cabellos largos y ropa informal se asocian generalmente con una ideología más liberal que aquellos que visten de modo convencional y usan el cabello más corto.

Las características de la personalidad son las más difíciles de establecer, aunque en ocasiones los juicios al respecto resultan precisos. Algunas particularidades son más fáciles de juzgar que otras a partir de señales no verbales. Usted puede ser capaz de juzgar la limpieza, la conformidad, el espíritu práctico y la necesidad de atención de una persona por la manera en que viste, pero otras características pueden ser más difíciles de precisar, y ciertos aspectos de la personalidad son propios de un contexto y no de otro. El grado en que una persona desea dominar una situación puede ser mostrado por la selección de un asiento a la cabecera de la mesa, o mediante el arreglo de un lugar que hace una persona con objeto de obtener más territorio. Las claves vocales pueden proporcionarnos datos más precisos sobre el nivel de actividad de la persona (activo/perezoso), pero puede ser un indicador débil de su independencia/dependencia. Además, para bien o para mal, se asocian determinadas características de la personalidad con ciertas formas corporales. Las personas de rostro afilado por lo común se clasifican como retraídas, tensas, sospechosas y sensibles; en tanto que las personas con rasgos gruesos, redondeados y suaves suelen estereotiparse como compasivas, dependientes, sociables y perezosas; y las que son de complexión musculosa y atlética hacen suponer que son enérgicos, activos, aventureros y determinados (Wells y Siegel, 1961; Cortes y Gatti, 1965).

Comunicar la capacidad de relación interpersonal con otros

Signos de relación
Señas corporales o faciales que indican que dos personas mantienen algún tipo de relación.

A cierta distancia un observador puede percibir lo que Morris (1977) llama signo de relación (*tic-signs*). Los *signos de relación* son señales corporales o faciales que indican que dos personas mantienen algún tipo de relación personal entre sí. Situarse cerca de otra persona, abrazarla, saludarla con la mano, darle palmadas en la espalda, mantener las manos o los brazos entrelazados con ella indica alguna forma de relación; no obstante, conocer la naturaleza exacta de la relación dependerá de observar otras señales que ocurran simultáneamente, así como de más detalles de signos de relación (un beso puede indicar una relación amorosa o un ritual muy cortés entre conocidos, según como se realice) y con un mayor conocimiento del contexto.

Muestras de simpatía corporal
Se manifiestan mediante la apertura de brazos y piernas, mayor acercamiento, incremento de miradas, búsqueda de proximidad, entre otras.

Existen diversos tipos de relaciones, pero las características descriptivas importantes afines se refieren a lo positivas o negativas que son y las diferencias que hay en el poder, el dominio y el estatus (Ellyson y Dovidio, 1985). Los experimentos de Mehrabian (1969) trataron de identificar los comportamientos no verbales asociados con estas circunstancias. Él descubrió que las *muestras de simpatía corporal* hacia los demás se manifestaba por las siguientes señales: mayor inclinación hacia el otro, un mejor contacto con él, más apertura de brazos y piernas, búsqueda de proximidad, incremento en las miradas hacia el otro, una orientación corporal hacia él más directa, relajación en la postura, más expresiones faciales y vocales positivas.

Mehrabian analizaba la conversación diaria, por eso no incluyó muchos actos no verbales de simpatía o desagrado de mayor intensidad (gestos obscenos, puños levantados, etc.). En contraste, el desagrado en la conversación por lo regular se percibe como opuesto a los comportamientos de simpatía. Los descubrimientos de este autor pueden ser menos aplicables como indicadores de simpatía entre amigos cercanos e íntimos que entre conocidos. Los íntimos tienden a revelar modelos únicos de afecto y simpatía para con sus amigos; en ocasiones las parejas íntimas muestran más sincronía en la interacción de sus posturas y movimientos. Albert Scheflen descubrió que con frecuencia, las personas imitan las actitudes corporales de los demás y añade que siempre que dos personas comparten un mismo punto de vista, suelen también compartir una misma postura. De la misma manera que las posturas congruentes expresan acuerdo, las no congruentes pueden utilizarse para establecer distancias psicológicas (Davis, 2002). Si relacionamos el grado de intimidad con las señales no verbales, podemos destacar los siguientes aspectos (Argyle y Dean, 1965; Patterson, 1991; Moral e Igartua, 2005):

- A medida que se incrementa la intimidad entre dos personas, también aumenta la proximidad y el intercambio no verbal entre ellas.

- La conducta no verbal en las relaciones íntimas es más variada, más flexible y menos predecible que otras posibles relaciones.
- El nivel de intimidad para cada situación se regula mediante la combinación de los elementos verbales y no verbales.

Mehrabian encontró por otro lado, comportamientos asociados con la posición social o el dominio en la conversación; quienes al interactuar son más dominantes necesitan más espacio o territorio, observan menos a las otras personas que los interactuantes no dominantes, muestran movimientos y posturas más expansivas y más relajadas, hablan con voz más fuerte, ponen los brazos en jarras y las manos en la cintura con más frecuencia y buscan una posición de altura. Por lo tanto, en aquellas situaciones donde tiene lugar una interacción social entre dos personas con diferente estatus jerárquico, la diferente conducta no verbal que expresan cada uno de ellos pone de manifiesto quién ostenta el rango de superioridad y quién el de subordinación (Moral e Igartua, 2005).

Los distintos modelos para indicar la simpatía/desagrado y dominio/sumisión de una relación aparecen en otras culturas. Por otra parte, el modelo para lograr acercamiento o poder puede ser muy distinto al necesario para mantenerla. Las personas que se agradan tienden a pasar largo rato observándose mutuamente, hasta que las relaciones se desgastan y se debilitan los modelos de observación diaria, excepto cuando los participantes desean recalcar la cercanía de esa relación. De modo similar, una persona dominante puede observar mucho a su acompañante con el fin de establecer su dominio o mirarla menos con el mismo fin. Pero cuando la persona siente amenazado su dominio, es probable que renueve su vigilancia visual y aumente las miradas fijas y la tensión en el cuerpo.

Comunicar sentimientos y emociones

Los estados emocionales se muestran mediante claves faciales, vocales o corporales. Ciertos movimientos del cuerpo pueden indicar un sentimiento de ansiedad o frustración, por ejemplo, morderse las uñas, rascarse en exceso o jugar nerviosamente con los cigarros y los fósforos. Pero en general los movimientos del cuerpo actúan como indicadores de la intensidad de la emoción más que del tipo de emoción experimentada en ese momento.

La sensibilidad humana experimenta muchas emociones, la expresión en el rostro parece ser, ante todo, una variación a partir de seis exhibiciones primarias de afecto: sorpresa, miedo, cólera, repugnancia, alegría y tristeza. Estas expresiones faciales han sido analizadas por varios autores y los movimientos musculares precisos han sido filmados (Ekman, Friesen y Ellsworth, 1972; Ekman y Friesen, 1975). Por ejemplo, la expresión facial de sorpresa muestra las siguientes características: *a*) las cejas se levantan y se curvan; *b*) la piel que está debajo de la ceja se estira; *c*) se forman arrugas horizontales en la frente; *d*) los párpados se abren, el superior se eleva y el inferior se recoge hacia abajo; la parte blanca del ojo, la esclerótica, aparece rodeando al iris; *e*) la mandíbula se abre de modo que los labios y los dientes quedan separados, pero la boca no muestra tensión ni está estirada. No obstante, la expresión que se exhibe no siempre es completa o pura. En ocasiones experimentamos varios sentimientos y éstos se revelan en el resto en forma de mezclas que se afectan entre sí. Una mezcla combina las características o rasgos de las emociones que se experimentan; un ejemplo de ello es cuando una persona se entera de que acreditó un examen que creyó haber reprobado y su rostro demuestra una mezcla de alegría (sonrisa) y sorpresa (cejas alzadas y ligera separación de la mandíbula). Algunas señales propias de la expresión de emociones pueden derivarse claramente de las pautas de la mirada, así la tristeza puede verse acompañada de una mirada más pronunciada hacia abajo, y de una reducción general de la actividad ocular (Knapp y Hall, 2005).

Cada emoción parece mostrarse en una parte precisa del rostro para transmitir la información clave que la identifica. Cuando se siente repugnancia, una característica clave es arrugar la nariz; en cambio, para la tristeza la información principal la proporcionan los ojos y las cejas. Un estudio de Biehl, Matsumoto y Ekman (1997) utilizó fotografías de expresiones faciales de emoción en personas japonesas y caucásicas, para que las juzgaran sujetos de Hungría, Japón, Polonia, Sumatra, Estados Unidos y Vietnam. En general, las expresiones de felicidad y sorpresa fueron adecuadamente identificadas por los participantes, mientras que hubo poco acuerdo entre los sujetos en la identificación de la expresión facial del miedo.

Los componentes de las expresiones vocales de emoción se han analizado con menos detalle que el rostro. Davitz (1964) utilizó ciertos parámetros para identificar dos emociones comunes (véase la tabla 7.1).

Influencia en otros

El punto hasta el cual estamos persuadidos de hacer algo por otra persona es resultado del contenido del mensaje y en parte del contexto en el que éste fue

Tabla 7.1

Características de las expresiones vocales de la emoción.

Sentimiento	Volumen	Tono	Timbre	Inflexión	Velocidad	Ritmo	Enunciación
Cólera	Alto	Agudo	Estrepitoso	Irregular: sube y baja	Rápida	Irregular	Cortada
Tristeza	Suave	Bajo	Resonante	Tiende a bajar	Lenta	Pausas irregulares	Indistinta

enviado; pero las señales del lenguaje corporal pueden desempeñar también un papel importante en el convencimiento de otros.

Una de las razones que motivan a creer en otros o a actuar como ellos es percibirlos como personas simpáticas. Debido a ello, las señales que comunican simpatía y aprobación de otros pueden resultar útiles en algunas situaciones en que el objetivo sea la persuasión. Mehrabian y Williams (1969) realizaron experimentos en los que ciertas personas pronunciaron discursos planeados con objeto de persuadir a otros. Los descubrimientos apoyan, en general, la idea de que más indicadores de simpatía y menos de dominio están asociados con una mayor capacidad de persuasión. Sin embargo, existen excepciones que dependen del sexo del que persuade. Al parecer, los hombres necesitan disminuir la posibilidad de que sus esfuerzos persuasivos sean recibidos como amenazantes; por ejemplo, orientar la postura del cuerpo hacia la otra persona debe hacerse en forma más indirecta a como podría hacerlo una mujer, y tener cuidado de no mirar mucho a la otra persona, etc. Las mujeres pudieron utilizar gran cantidad de miradas, orientaciones corporales directas y tensión corporal como señales de interrelación para obtener una ventaja persuasiva.

Otro argumento para explicar la habilidad de una persona para influir en otra se relaciona con las percepciones de experiencia o pericia. ¿Sabe el que persuade de lo que está hablando? Durante las etapas iniciales de un esfuerzo persuasivo la atracción física ha demostrado ser factor importante para obtener más credibilidad y aspiraciones a una presentación hábil. Una *presentación eficaz* es, en este caso, el estilo con que se emite el mensaje persuasivo. Las investigaciones demuestran que la entrega eficaz de un mensaje comunica confianza, equilibrio y energía. En términos de comportamiento la entrega eficaz de un mensaje persuasivo incluye elementos como lenguaje fluido (pocos errores al hablar), velocidad relativamente rápida al hablar y un volumen adecuado para comunicar autoridad, adopción de una postura ligeramente relajada, así como mantener fija la mirada en el auditorio y manifestar variaciones en la entonación, gestos y expresiones faciales.

Presentación eficaz
Estilo en el que se emite el mensaje con confianza, equilibrio, energía y credibilidad.

En ocasiones accedemos a las peticiones de otro por percibir que esa persona tiene dominio sobre nosotros. En forma no verbal, este mensaje puede ser transmitido por la apariencia de otra persona, por ejemplo, la estatura, un uniforme de policía, etc. Además, cuando existen similitudes entre nuestra apariencia y comportamiento, y los de quien persuade, somos más susceptibles a creerle. Una vez que una persona se gana la confianza de alguien, aumenta en forma considerable su habilidad para influir en otros.

La influencia sobre otros en ocasiones se relaciona con el engaño. En años recientes, el tema de la mentira y el engaño ha sido de especial interés para los científicos sociales, especialmente para los investigadores de la comunicación no verbal (Anolli y Ciceri, 1997; Knapp y Comadena, 1979; Zuckerman, DePaulo y Rosenthal, 1981). El comportamiento manifestado por los mentirosos se relaciona con el deseo de controlar la conducta de otras personas; por lo general, se mira al rostro de la persona para intentar detectar si miente; sin embargo, como señalan Anolli y Ciceri (1997), el rostro revela menos que otras conductas, como el cometer errores al hablar, la dilatación de la pupila y el aumento en el tono de la voz. Por lo general, los mentirosos son hábiles para controlar su comportamiento facial, de modo que es prácticamente imposible encontrar indicios de engaño en esta parte del cuerpo. Esto explicaría que, cuando una persona intenta engañar sea el cuerpo y no la cara, quien le traiciona (Ekman y Friesen, 1969). El estudio de Anolli y Ciceri (1997) muestra con claridad que mentir es un acto vocal. Los investigadores encontraron que cuando la gente miente aumenta su tono de voz, utiliza mayor número de palabras, hace pocas pausas y se expresa con mayor fluidez y elocuencia (Tubbs y Moss, 2005). Hace algunos años Costanzo (1992) inició un programa de entrenamiento para mejorar la interpretación de señales verbales y no verbales. Encontró que el análisis de interacciones grabadas en videos y la retroalimentación sobre los juicios expresados al observarlos, es el mejor método para mejorar las habilidades de decodificación de las personas.

El comportamiento facial y corporal puede tener un efecto modificador en la propia conducta, al igual que en la de otros. A veces gesticulamos exageradamente al hablar por teléfono. Este *comportamiento de autopreparación* crea una mayor animación verbal y vocal, aunque el receptor no pueda ver los gestos. De la misma manera, la gente físicamente atractiva suele tener niveles de autoestima más elevados, por ejemplo, se ha visto que mejorar la apariencia por medio de cosméticos ayuda a que algunos pacientes hospitalizados se sientan más sanos.

Comportamiento de autopreparación
Significa tener mayor animación verbal y vocal, así como gesticular de manera exagerada aunque el receptor no pueda ver los gestos.

Lograr la comprensión clara

Las señales corporales desempeñan un papel importante en la determinación de la precisión con la que se transmite el mensaje y la exactitud con la que es recibido. Las señales verbales y no verbales se vinculan de muchas maneras. En ocasiones estas interrelaciones hacen que los mensajes sean más fáciles de entender; en otra hacen que el mensaje sea más ambiguo. Un comportamiento que probó ser útil para atraer la atención en un momento determinado puede convertirse después en una manipulación o vicio corporal que distrae e impide el entendimiento.

Comportamiento no verbal como complemento del lenguaje
Las señas y los movimientos corporales refuerzan lo que se está hablando; esta combinación de lo verbal y lo no verbal facilita la comunicación.

El comportamiento corporal refuerza el lenguaje verbal por lo menos de dos maneras: primero, puede *reforzar* lo que se dice verbalmente; por ejemplo, señalar hacia el norte a la vez que se habla de ir a ese punto geográfico; segundo, puede *complementar* o apoyar el comportamiento verbal, es decir, cuando se expresa afecto hacia otra persona de modo verbal, su comportamiento no verbal tiende también a mostrar afecto. Cualquiera que sea su forma, tales acciones son importantes porque apoyan a los demás en su entendimiento de los significados emocionales que incorporamos a los mensajes que transmitimos. Se supone que los mensajes apoyados por los canales verbal y no verbal serán los que tengan mayor probabilidad de ser mejor entendidos. *Hace muchos años, mi abuelo me contó una historia sobre dos hombres de su ciudad natal, Vitebsk, Belorussia, caminando por una carretera en un día de invierno de los más fríos. Uno de ellos charlaba animadamente, mientras que el otro asentía de vez en cuando pero no decía nada. Finalmente, el hombre que estaba hablando se volvió hacia su amigo y le dijo: "Shmuel, por qué no estás diciendo nada? "Porque...", contestó Shmuel, "olvidé mis guantes". En aquel momento, no entendí la clave de la historia. Medio siglo después se ha convertido en el centro de mi investigación* (Krauss, 1998:59).

El comportamiento facial actúa también de modo contrastante con el lenguaje verbal. Por ejemplo, se busca subrayar la fuerza del mensaje verbal dando puñetazos en la mesa, apretando el brazo de una persona mientras se discute algo importante, aumentando el volumen de la voz, etc. Por ejemplo, se abre un regalo y se dice "estoy realmente contento por tu obsequio", sin variar mucho el tono de voz y acompañando lo que se dice con una sonrisa que muestra una alegría moderada (pero no extrema), en realidad se está mostrando cierto desencanto. En ocasiones se contrastan los comportamientos verbal y no verbal en forma extrema, de manera que el mensaje comunicado por un canal contradice al otro. Se actúa así cuando se utiliza el sarcasmo en lo que se comunica, por ejemplo, cuando se dice: "yo creo que eres la persona más atlética que he conocido", con un tono que indica que se está mintiendo. Como antes se señaló, los receptores suelen interpretar como válido el mensaje no verbal si el resto de la comunicación no deja en claro la discrepancia. Como podemos observar, cada comportamiento no verbal esta ineludiblemente asociado al conjunto de la comunicación de la persona y la interpretación de los movimientos no verbales se suele hacer en cuanto a su congruencia con la comunicación verbal.

Cuando se expresa afecto a otra persona de modo verbal, el comportamiento no verbal tiende también a mostrar afecto.

También se utilizan señales no verbales para organizar mensajes con el objeto de aumentar su comprensión. Esto se hace en diversas formas. Las pausas organizan la información hablada en unidades; una serie de tres gestos con el índice puede indicar que usted pretende discutir estos tres puntos en forma separada; un gesto de apuntar con el dedo después de la verbalización de los tres puntos es posible que indique que los tres se van a discutir juntos; y a veces se señalan cambios de tema mediante cambios importantes de la posición del cuerpo.

Dirigir la interacción

Dirección de la interacción
Proceso de comunicación entre el emisor y receptor en un diálogo e intercambio de papeles.

La *dirección de la interacción* se refiere al proceso de comunicación entre emisor y receptor en un diálogo e intercambio de papeles. También incluye el inicio y término de los encuentros.

Los encuentros con otras personas se inician de diversas maneras, pero como los saludos están concebidos en esencia para establecer contacto y proporcionar un suave cambio a la conversación, muchos saludos tienen elementos de comportamientos similares. De hecho, el "destello de la ceja" (un movimiento veloz hacia arriba y hacia abajo de las cejas) se ha percibido en la mayoría de las culturas en todo el mundo. Establecer contacto con los ojos de otra persona es un método común para señalar que los canales de comunicación están abiertos y que las dos partes están obligadas a decirse algo la una a la otra. Las sonrisas y diversos movimientos que se realizan con la mano abierta indican que el principio del encuentro va a ser agradable y amistoso. Aparentemente, por la forma de saludarse, la gente deja traslucir el tipo de relación que ha tenido en el pasado o tal vez el que espera tener en el futuro (Davis, 2002). Decir adiós, por otra parte, requiere de señales que indican el final del encuentro. En ocasiones estas señales preceden al final del encuentro, por ejemplo, cuando una persona observa su reloj poco después de iniciada la conversación. De acuerdo con una investigación realizada por Knapp, *et al.* (1973) se pueden utilizar varias claves corporales para indicar la partida inminente: como menor cantidad de miradas a la otra persona; orientación del cuerpo hacia la salida; asentimientos rápidos con la cabeza que indican que se desea que el orador se apresure a terminar de hablar; o recoger las pertenencias personales (libros, paraguas, etc.) e inclusive ordenarlas cuidadosamente en señal de estar dispuesto a salir (Knapp, 1990).

El suave intercambio de turnos para hablar a lo largo de las conversaciones diarias requiere que cada participante señale sus propósitos de interacción (Cappella, 1985). Las conductas no verbales también se utilizan para regular los flujos de comunicación de los interactuantes. Los oradores pueden ceder su turno o conservarlo; los oyentes pueden pedir su turno para hablar o denegarlo cuando se les ofrece. Wiemann y Knapp (1975) resumieron algunas de las señales mencionadas en la investigación: ceder el turno o renunciar a él para hablar puede indicarse disminuyendo la velocidad al hablar, subiendo el tono (preguntas) o bajándolo (afirmaciones), interrumpiendo los gestos, haciendo pausas amplias, y/u observando a la otra persona. Si la otra persona no toma su turno para hablar, el orador puede añadir una "estela" como "[...] entonces, eh [...]" o un "[...] y, este [...]". Para conservar el turno se requiere que el orador continúe haciendo gestos, llene las pausas al hablar con "uhs" o "mms" u otras vocalizaciones, aumente el volumen cuando se perciben indicios de que se pide el turno, y a veces, haciendo un gesto de "alto" de manera educada y correcta, ya sea en el aire o tocando ligeramente a la otra persona (Knapp, 1990).

Cuando los oyentes piden su turno las señales más comunes son: el elevar y señalar con el dedo índice; respirar de manera audible; cambiar el arreglo personal para indicar que se está preparando para un nuevo papel en la interacción; asentir de manera rápida y al azar al tiempo que se hacen vocalizaciones que indican que no se está de acuerdo con lo que se dice, por ejemplo, "sí, [...] mmh [...] ajá [...]" expresando así que el orador ponga fin a su turno; inicios tartamudeados como "y [...] yo [...] yo [...] pe [...] pero [...]". Si los oyentes desean rechazar un turno pueden dejar de mirar al orador, mantener una postura relajada o pedirle que se explaye un poco más en lo que dice (Knapp, 1988, 1990).

Una vez realizado un recorrido por las diversas situaciones en las que se manifiesta el comportamiento no verbal, vamos a terminar este capítulo realizando un ordenamiento de los elementos implicados en la conducta no verbal.

Clasificación de la comunicación no verbal

No existe un acuerdo unánime, entre los diferentes autores a la hora de elegir una sola clasificación de las señales no verbales. Knapp y Hall (2005) realizan el siguiente esquema clasificatorio deducido de un examen de escritos e investigaciones en que sus autores calificaban su propio trabajo, implícita o explícitamente, como categorizable bajo el término de no verbales.

Movimiento del cuerpo o comportamiento cinésico:
El movimiento del cuerpo o comportamiento cinésico comprende de modo característico los gestos, los movimientos corporales, los de las extremidades, las manos, la cabeza, los pies y las piernas, las expresiones faciales (sonrisas), la conducta de los ojos (parpadeo, dirección y duración de la mirada y dilatación de la pupila), y también la postura. Como hemos observado a lo largo del capítulo, hay diferentes tipos de conducta no verbal. Algunas señales no verbales son muy específicas y otras más generales. Algunas tienen la intención de comunicar, otras son meramente expresivas. Algunas proporcionan información acerca de las emociones mientras que otras dan a conocer rasgos de la personalidad o actitudes.

Los investigadores Ekman y Friesen (1969) desarrollaron un sistema de clasificación con objeto de entender y agrupar la gran diversidad de movimientos existentes y las múltiples funciones que pueden desempeñar.

Emblemas
Actos corporales que tienen una traducción verbal directa.

1. Los *emblemas* son actos corporales que tienen una traducción verbal directa. Las personas están muy conscientes de que realizan estos actos y es probable que estén bajo control en la misma medida que lo está la selección de las palabras (Axtell, 1991; Knapp, 1988; Knapp y Hall, 2005). En este punto convendría destacar la existencia de todo un repertorio de gestos simbólicos españoles recopilado por Kaulfers (1931), entre los que pueden destacarse gestos de amenaza, castigo, o uno tan propio de las sociedades hispanas como es el abrazo entre amigos varones sin parentesco familiar.

Ilustradores
Son gestos que acompañan, ilustran y refuerzan el diálogo.

2. Los *ilustradores*, a pesar de haber recibido diferentes denominaciones dependiendo de los autores, todos coinciden en que son gestos que acompañan, ilustran y refuerzan el diálogo (Ekman y Friesen, 1972; Hadar, 1989; Knapp y Hall, 2005; Krauss, Chen y Gottesman, 2000; McEntee, 1996).

   Aunque, al parecer, las personas están conscientes y son capaces de controlar estos movimientos, el nivel de conciencia y control es menor que el que se tiene respecto de los emblemas.

   Las personas para ilustrar lo mejor posible aquello de lo que se está hablando recurren a diferentes estrategias como indicar con las manos las dimensiones de un objeto, o señalar con la mano el lugar donde se encuentra aquello de lo que se habla (Moral e Igartua, 2005; Fernández-Dols, 1999).

Demostraciones de afecto
Son expresiones faciales que reflejan el estado emocional de la persona.

3. Las *demostraciones de afecto* son expresiones faciales que reflejan el estado emocional de la persona (Knapp y Hall, 2005; McEntee, 1996). Una vez que ha aparecido la expresión en el rostro, al parecer se tiene un alto grado de conciencia, pero la expresión se puede dar sin ninguna conciencia o control. Ekman y Friesen (1969) señalan que generalmente no se controlan las expresiones faciales, por lo que consideran que es inapropiado buscar indicios en ellas sobre la veracidad de lo que dice una persona. Un ejemplo de estas expresiones son las configuraciones faciales que indican alegría, tristeza o miedo.

Reguladores
Comportamientos que sirven para mantener el flujo de información en la conversación.

4. Los *reguladores* son los comportamientos que sirven para mantener el flujo de información en la conversación. Proveen la retroalimentación que se necesita para saber si se entiende el mensaje: cuándo se necesita clarificación, cuándo se puede iniciar una aportación, cuándo se va a terminar de hablar, entre otras (Knapp y Hall, 2005; McEntee, 1996). De esta forma, determinados movimientos con la cabeza o la mirada ayudan a regular un turno de palabra. Por lo general, no se perciben estos com-

portamientos cuando son propios, pero sí se percibe su presencia cuando se observan en otras personas.

5. Los *adaptadores* son los comportamientos producidos por efectos de inseguridad, también se les conoce como tics nerviosos, por ejemplo, morderse las uñas, enroscar el cabello con un dedo, rascarse, etc. Se cree que estos comportamientos se desarrollan junto con las primeras experiencias al aprender comportamientos sociales, emocionales e instrumentales. Por lo regular, la persona tendría poca conciencia de estos actos, debido a que se toman más en cuenta los posibles efectos que pueda tener la apariencia, y se hacen ajustes para encajar en diversas situaciones sociales (Knapp, 1988, 1990). Además, las personas con frecuencia tratan de controlar el contexto de una interacción cuando escoge un determinado lugar y no otro, o cuando se modifica la iluminación y el mobiliario, con base en los fines de la reunión.

Adaptadores
Comportamientos producidos por efectos de inseguridad, también se les conoce como tics nerviosos.

Características físicas:
Esta categoría concierne a cosas que se mantienen sin cambio durante el periodo de interacción. Se trata de señales no verbales importantes que no son necesariamente movimiento. Comprende el físico o la forma del cuerpo, el atractivo general, los olores del cuerpo y el aliento, la altura, el peso, el cabello, el color o la tonalidad de la piel.

Conducta táctil:
Para algunos autores, el estudio de la cinésica incluye el comportamiento táctil. Sin embargo, para otros el contacto físico o real constituye una clase distinta de fenómenos. Algunos investigadores se ocupan de la conducta táctil como un factor importante en el desarrollo infantil y otros del comportamiento táctil adulto. Algunos estudios demuestran que la primera experiencia, la más elemental y tal vez la predominante del ser humano que no ha nacido aún parece ser la táctil. Cuando un embrión tiene menos de ocho semanas, ya responde al tacto (Davis, 2002). Las subcategorías de la conducta táctil pueden comprender la caricia, el golpe, el sostener, el guiar los movimientos del otro y otros ejemplos más específicos. En definitiva, el tacto, que puede considerarse posiblemente el más primitivo de los sentidos, puede transmitir mensajes con diferentes significados, los cuales van desde los más tiernos a los más ofensivos (De Fleur et al., 2005).

Uso no verbal de la voz:
Cuando se establece una comunicación con una persona, emitimos señales vocales no verbales que se establecen alrededor del comportamiento común del habla. Nos estamos refiriendo a cómo se dicen las cosas y no a lo que se dice.

Podríamos distinguir en primer lugar las cualidades de la voz, donde se incluyen elementos tales como el registro de la voz, el control de la altura, el control del ritmo, el control de la articulación, la resonancia o el control labial de la voz. En un segundo lugar estarían las vocalizaciones, caracterizadores vocales como la risa, llanto, suspiro, o bostezo; cualizadores vocales como la intensidad de la voz o segregaciones vocales como los "hum", "ah", "uh" y otras variaciones. Finalmente, habría que considerar otros elementos que aparecen en determinadas ocasiones a lo largo de un discurso hablado tales como el énfasis, las pausas (fuera de las articulaciones), errores al hablar o estados de latencia. Molpeceres y Benedito (2001) afirmaron que estas categorías acústicas se combinan apropiadamente con el lenguaje verbal y desempeñan una doble función. En primer lugar, propiciar el desarrollo de un intercambio verbal coherente, de manera que, al emitir por ejemplo determinadas señales, la persona que habla le indica al receptor el momento de tomar la palabra. En segundo lugar, una función más vinculada a la capacidad de transmitir información relacional, puesto que estos elementos paralingüísticos aportan datos interesantes acerca de motivaciones, estado emocional, o relación establecida entre los interlocutores.

Proxémica:
En general, se define como el estudio del uso y percepción del espacio social y personal. Dentro de este apartado nos encontramos con todo un cuerpo de estudio que se ocupa de cómo la gente usa y responde a las relaciones espaciales en el establecimiento de grupos formales e informales. Estos estudios hacen referencia a la disposición de los asientos y a la disposición espacial relacionada con el liderazgo, el flujo de comunicación y la tarea manual. Elementos arquitectónicos en viviendas y comunidades también condicionan la comunicación y el comportamiento de quienes los ocupan.

También se estudia la orientación personal espacial en el contexto de la distancia conversacional y cómo ésta varía de acuerdo con el sexo, estatus, orientación cultural o roles. Otro término frecuente es el de territorialidad que designa la tendencia humana a marcar el territorio personal —o espacio intocable— al modo en que lo hacen los animales salvajes o las aves.

La forma como las personas perciben y usan el espacio con las demás está determinada por la cultura. Las normas culturales hacen que las personas utilicen diferentes formas en el protocolo social y en la interacción pública. Así puede observarse cómo en la cultura mediterránea, a diferencia de los países anglosajones y nórdicos en general, existe un mayor contacto físico y proximidad en la vida social: en las calles, transportes, etc. (Moral, 1994).

Artefactos:
La manipulación de objetos, con personas interactuantes también pueden actuar como estímulos no verbales. Dentro de estos elementos podríamos incluir la vestimenta. Se trata de un complejo sistema de comunicación no verbal que va más allá de lo que portamos por modestia o para protegernos del frío. Se emplea para señalar lo que somos como personas, dónde estamos (o quisiéramos estar) en la estructura de las clases sociales, profesión, atractivo sexual y cómo nos sentimos en un momento determinado.

Otros ejemplos de estos elementos son el perfume, el lápiz de labios, las gafas, objetos para el cabello o productos de belleza.

Factores del entorno:
Esta categoría comprende todos aquellos elementos que interfieren en la relación humana pero que no son parte directa de ella. Los factores del entorno incluyen los muebles, el estilo arquitectónico, decorado de interiores, temperatura, ruidos adicionales o música y todos aquellos elementos de este tipo dentro de la cual tiene lugar la interacción.

REFERENCIAS

Anolli, L. y Ciceri, R. (1997), "The voice of deception: Vocal strategies of naive and able liars", *Journal of Nonverbal Behavior,* 21, 248-259.

Archer, D. y Akert, R. (1977), "Words and everything else: Verbal and nonverbal cues in social interaction", *Journal of Personality and Social Psychology,* 64, 431-441.

Argyle, M. y Cook, M. (1976), *Gaze and mutual gaze,* Cambridge University Press, Cambridge.

Argyle, M. y Dean, J. (1965), "Eye-contact, distance and affiliation", *Sociometry,* 28, pp. 289-304.

Axtell, R. (1991), *Gestures,* Nueva York, Wiley.

Berscheid, E. y Walster, E. H. (1974), "Physical attractiveness", en L. Berkowitz (ed.), *Advances in experimental social psychology,* vol. 7, Academic Press, Nueva York, pp. 158-215.

Biehl, M., Matsumoto, D. y Ekman, P. (1997), "Matsumoto y Ekman's caucasian facial expressions of emotion (JACFEE): Reliability data and cross-national differences", *Journal of Nonverbal Behavior,* 21, pp. 3-21.

Birdwhistell, R. L. (1952), *Introduction to kinesics,* University of Louisville Press, Louisville (ahora disponible sólo en microfilme), Ann Arbor, University Microfilms, Michigan.

——— (1970), *Kinesics and context,* University of Pennsylvania Press, Philadelphia.

Burgoon, J., Buller, D. y Woodall, W. G. (1996), *Nonverbal communication: The unspoken dialogue,* McGraw-Hill, Nueva York.

Cappella, J. N. (1985), "Controlling the floor in conversation", en A. W. Siegman y S. Feldestein (eds.), *Multichannel integrations of nonverbal behavior,* Erlbaum, Hillsdale, Nueva Jersey.

Chevalier-Skolnikoff, S. (1973), "Facial expression of emotion in nonhuman primates", en P. Ekman (ed.), *Darwin and facial expression,* Academic Press, Nueva York, pp. 11-89.

Cortes, J. B. y Gatti, F. M. (1965), "Physique and self-description of temperament", *Journal of Consulting Psychology,* 29, pp. 432-439.

Costanzo, M. (1992), "Training students to decode verbal and nonverbal cues: Effects on confidence and performance", *Journal of Educational Psychology,* 84, pp. 308-313.

Costanzo, M. y Archer, D. (1989), "Interpreting the expressive behavior of others: The Interpersonal Perception Task, *Journal of Nonverbal Behavior,* 13, pp. 225-245.

Darwin, C. (1872, 1965), *The expression of emotions in man and animals,* John Murray, Londres, edición actual, University of Chicago Press, Chicago.

Davis, F. (2002), *La comunicación no verbal,* 23a. ed., Alianza, Madrid.

Davitz, J. R. (1964), *The communication of emotional meaning,* McGraw-Hill, Nueva York.

DeFleur, M., Kearney, P., G. Plax, T. y DeFleur, M. (2005), *Fundamentos de la Comunicación Humana*, McGraw-Hill Interamericana.

Duncan, S. y Fiske, D. W. (1977), *Face-to-face interaction: Research, methods, and theory*, Nueva Jersey, Hillsdale, Erlbaum.

Efron, D. (1941, 1972), *Gesture and environment*, King's Crown Press, Nueva York. Reeditada como *Gesture, race and culture*, The Hague: Mouton.

Ellyson, S. L. y Dovidio, J. F. (1985), *Power, dominance and nonverbal behavior*, Springer-Verlag, Nueva York.

Eibl-Eibesfeldt, I. (1973), "The expressive behavior of the dear-andbling-born", en M. von Cranach e I. Vine (eds.), *Social communication and movement*, Academic Press, Nueva York.

Ekman, P. (1973), "Cross-cultural studies of facial expression", en P. Ekman (ed.), *Darwin and facial expression*, Academic Press, Nueva York.

Ekman, P. y Friesen, W. V. (1969a), "The repertoire of nonverbal behavior: Categories, origins, usage, and coding", *Semiotica*, 1, pp. 49-98.

——— (1969b), "Nonverbal leakage and clues to deception", *Psychiatry*, 32, pp. 88-106.

——— (1972). "Hand movements", *Journal of Communication*, 22, 353- 374.

——— (1975), *Unmasking the face*, Prentice-Hall, Englewood Cliffs, Nueva Jersey.

Ekman, P., Friesen, W. V. y Ellsworth, P. (1972), *Emotion in the human face: Guidelines for research and an integration of findings*, Pergamon Press, Nueva York.

Exline, R. (1971), "Visual interaction: The glances of power and preference", en J. K. Cole (ed.), *Nebraska symposium on motivation 1971*, University of Nebraska Press, Lincoln, Nebraska, pp. 163-206.

Fast, J. (1970), *Body language*, M. Evans, Nueva York.

Fernández-Dols, J. M. (1999), "Facial expression and emotion: A situationist view", en P. Philippot y R. Feldman (eds.), *The social context of nonverbal behavior*. Cambridge University Press, Cambridge.

Goldman-Eisler, F. (1968), *Psycholinguistics: Experiments in spontaneous speech*, Academic Press, Nueva York.

Hadar, U. (1989), "Two types of gesture and their role in speech production", *Journal of Language and Social Psychology*, 8, pp. 221-228.

Hall, E. T. (1959), *The silent language*, Doubleday, Garden City, Nueva York.

——— (1966), *The hidden dimension*, Doubleday, Garden City, Nueva York.

Hess, E. H. (1975), *The tell-tale eye*, Van Nostrand Reinhold, Nueva York.

Kaulfers, W. V. (1931), "Curiosities of colloquial gesture", *Hispania*, 14, pp. 249-264.

Kendon, A. (1970), "Movement coordination in social interaction: Some examples described", *Acta Psychologica*, 32, pp. 101-125.

Knapp, M. L. (1988), "El rol del comportamiento no verbal en la interacción humana", en C. Fernández Collado y G. L. Dahnke (eds.), *La comunicación humana. Ciencia social*, McGraw-Hill, México, pp. 199-222.

Knapp, M. L. (1990), "Nonverbal communication", en G. L. Dahnke, C. Fernández Collado y G. W. Clatterbuck (eds.), *Human communication. Theory and research*, Wadsworth, Belmont, California, pp. 50-69.

Knapp, M. L. y Comadena, M. E. (1979), "Telling it like it isn't: A review of theory and research on deceptive communications", *Human Communication Research*, 5, pp. 270-285.

Knapp, M. L. y Hall, J. (2005), *Nonverbal communication in human interaction*, 6a. ed., Wadsworth, Belmont, California.

Knapp, M. L. y Hart, R. P., Friedrich, G. W. y Shulman, G. M. (1973), "The rhetoric of goodbye: Verbal and nonverbal correlates of human leave-taking", *Speech Monographs*, 40, pp. 182-198.

Krauss, R. M. (1998), "Why do we gesture when we speak?" *Current Directions in Psychological Science*, 7, 54-59.

Krauss, R. M., Chen, Y. y Chawla, P. (1996), "Nonverbal behavior and nonverbal communication: What do conversational hand gestures tell us?" en M. Zanna (ed.), A*dvances in experimental social psychology*, pp. 389-450, Academic Press, San Diego, CA.

Krauss, R. M., Chen, Y. y Gottesman, R. F. (2000), "Lexical gestures and lexical access: A process model", en D. McNeill (ed.), *Language and gesture*, pp. 261-283. Cambridge University, Nueva York.

Kretschmer, E. (1925), *Physique and Character*, Harcourt Brace Jovanovich, Nueva York.

Lenneberg, E. (1969), *Biological foundations of language*, Wiley, Nueva York.

Magill-Evans, J., Koning, C., Cameron-Sadava, A. y Manyk, K. (1995), "The child and adolescent social perception measure", *Journal of Nonverbal Behavior*, 19, 151-169.

McEntee, E. (1988), *Comunicación intercultural*, McGraw-Hill, México.

——— (1996), *Comunicación oral*, McGraw-Hill, México.

——— (1998), *Comunicación intercultural*, McGraw-Hill, México.

Mehrabian, A. (1972), *Nonverbal communication*, Aldine, Chicago.

——— (1969), "Significance of posture and position in the communication of attitude and status relationships", *Psychological Bulletin*, 71, pp. 359-372.

Mehrabian, A. y Williams, M. (1969), "Nonverbal concomitants of perceibed and intended persuasiveness", *Journal of Personality and Social Psychology*, 13, pp. 37-58.

Molpeceres, M. A. y Benedito, M. A. (2001), "La comunicación no verbal", en E. Berjano y S. Pinazo, *Interacción social y comunicación*, Valencia: Tirant lo blanch, pp. 57-99.

Montagu, M. F. A. (1971), *Touching: The human significance of he skin*, Columbia University Press, Nueva York.

Moral, F. (1994), *Psicología y medio ambiente*, Consejería de Educación y Ciencia, Málaga.

Moral, F. e Igartua, J. (2005), *Psicología Social de la Comunicación. Aspectos teóricos y prácticos*, Málaga, Aljibe.

Morris, D. (1977), *Manwatching: A field guide to human behavior*, Harry N. Abrams, Nueva York.

Patterson, M. L. (1991), "Functions of non verbal behaviour in interpersonal interaction", en R. S. Feldman y B. Rimá (eds.), *Fundamentals of non-verbal behaviour*, Cambridge University Press, pp. 458-495.

Pitcarin, T. K. y Eibl-Eibesfeldt, I. (1976), "Concerning the evolution of nonverbal communication in man", en M. E. Hahn y E. C. Simmel (eds.), *Communicative behavior and evolution*, Academic Press, Nueva York.

Prohansky, H. M., Ittelson, W. H. y Rivlin, L. G. (1970), *Environmental psychology: Man and his physical setting*, Holt, Rinehart and Winston, Nueva York.

Roach, M. E. y Eicher, J. B. (1965), *Dress, adornment and the social order*, Wiley, Nueva York.

Rogers, E. M. y Steinfatt, T. M. (1999), *Intercultural communication*, Waveland, Prospect Heights, Illinois.

Rosenbaum, R. (1995), "The posture photo scandal", *New York Times Magazine*, enero 15, pp. 26-31, 40, 46, 55-56.

Rosenthal, R. (1979), *Skill in nonverbal communication: Individual differences*, Cambridge, Oelgeschlager, Gunn, and Hain, Massachusetts.

Rosenthal, R., Hall, J. A., Dimatteo, M. R., Rogers, P. L. y Archer, D. (1979), *Sensitivity to nonverbal communication: The PONS test*, Johns Hopkins University Press, Baltimore.

Ruben, D. R. y Stewart, L. P. (2005), *Communication and human behavior*, 5a. ed., Needham Heights, Allyn and Bacon, Masachussetts.

Ruesch, J. y Kees, W. (1956), *Nonverbal communication: Notes on the visual perception of human relations*, University of California Press, Berkeley y Los Ángeles.

Scheflen, A. E. y Scheflen, A. (1972), *Body language and the social order*, Prentice-Hall, Englewood Cliffs, Nueva Jersey.

Sheldon, W. H. (1940), *The varieties of human physique*, Harper and Row, Nueva York.

Sommer, R. (1969), *Personal space*, Prentice-Hall, Englewod Cliffs, Nueva Jersey.

Streeck, J. y Knapp, M. L. (1992), "The interaction of visual and verbal features in human communication", en F. Poyatos (ed.), *Advances in nonverbal communication*, Amsterdam, John Benjamins.

Tubbs, L. S. y Moss, S. (2005), *Human communication: Principles and contexts with PowerWeb*, 10a. ed., McGraw-Hill, Nueva York.

Trimboli, A. y Walker, M. (1993), "The CAST test of nonverbal sensitivity", *Journal of Language and Social Psychology*, 12, 49-65.

Wells, W. y Siegel, B. (1961), "Stereotyped somatotypes", *Psychological Reports*, 8, 77-78.

Wiemann, J. M. y Kanpp, M. L. (1975), "Turn-taking in conversations", *Journal of Communication*, 25, 75-92.

Zuckerman, M., DePaulo, B. M. y Rosenthal, R. (1981), "Verbal and nonverbal communication of deception", en L. Berkowitz (ed.), *Advances in experimental social psichology*, 14, Academic Press, Nueva York.

Mapa conceptual

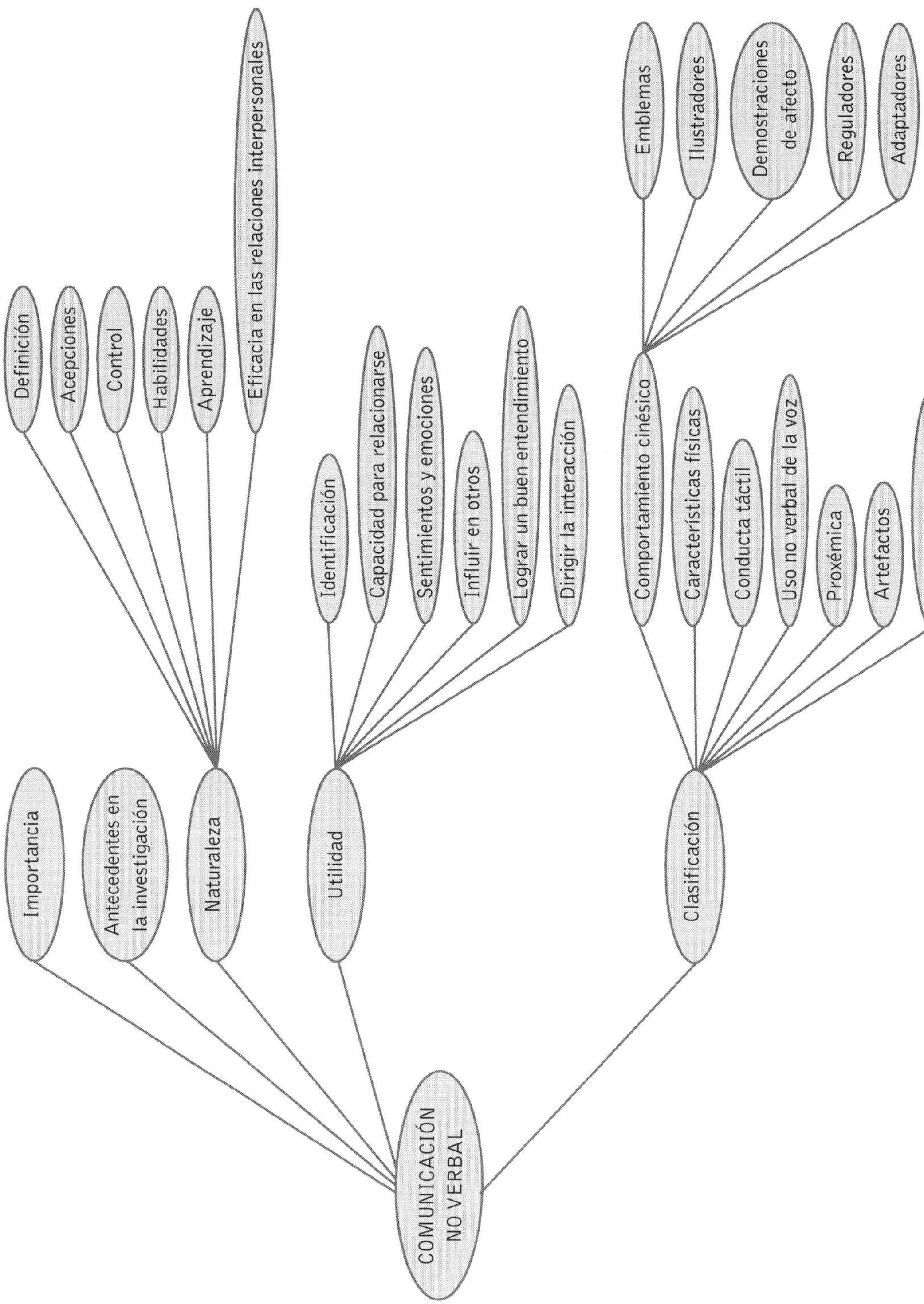

LA COMUNICACIÓN NO VERBAL

Luis Castellanos
Con la colaboración de Paz Méndez Rodríguez

Por mi experiencia personal en el tema especialmente en su relación con el contexto político, en muchas ocasiones resulta más sencillo comprender en toda su dimensión la comunicación no verbal, delimitando primero lo que no abarca este concepto. En primer lugar, es muy importante señalar que la comunicación no verbal no es un lenguaje de signos, al no existir relaciones biunívocas entre las partes implicadas en el proceso. Por otra parte, no puede analizarse independientemente sino de una forma global, como una parte más o menos importante (dependiendo del medio) del conjunto de la comunicación, por lo que podrá tener un significado distinto en función del contexto. Por último, su intensidad y frecuencia no es constante apareciendo muy relacionado con el grado de intimidad entre los interlocutores y el ambiente en el que se produzca el proceso de comunicación.

Así como el lenguaje hablado difiere entre culturas, el lenguaje no verbal también puede variar. Un gesto aparentemente tan sencillo como cruzar las piernas puede tener significados diferentes para un hombre, dependiendo que éste sea europeo o norteamericano. El signo "ok" o "del anillo" tiene un significado de "todo bien" en todos los países de habla inglesa mientras que en Japón puede significar dinero. En consecuencia, las raíces culturales de la persona deben tenerse en cuenta antes de realizar la interpretación de su lenguaje corporal.

Pese a su dificultad, resulta fundamental dentro del proceso de la comunicación interpretar adecuadamente la comunicación no verbal. Ser conscientes de su existencia nos puede proporcionar información fundamental que la comunicación verbal no puede transmitir. Si por ejemplo, somos vendedores podremos conocer cuándo el potencial comprador está interesado, si somos oradores interpretar la actitud del público, etc. En otro ámbito, los medios de comunicación escrita en sus noticias de carácter político pueden utilizar un gesto determinado de los candidatos en función del interés en beneficiarle o en perjudicarle. Por último es importante tener en cuenta que si entran en contradicción la comunicación verbal y no verbal nos puede permitir detectar cuándo las respuestas verbales son no sinceras.

A continuación dentro de la comunicación no verbal, nos centraremos en su parte más conocida: la "kinesis". Un desarrollo exhaustivo de todas las posibles expresiones corporales se saldría de las pretensiones de este capítulo por lo que únicamente se van a analizar algunas de ellas agrupándolas por su significado. Algunos pueden pensar que cualquiera de las expresiones corporales que a continuación se van a describir pueden ser adoptadas por comodidad sin que tengan un significado en concreto. Lo que aquí se pretende poner de manifiesto es que si el individuo muestra una actitud negativa, deshonesta, de superioridad, de tensión o de agrado se sentirá más cómodo adoptando estas expresiones.

Gestos que pueden expresar una actitud negativa o de defensa

Esconderse detrás de una barrera es una respuesta humana normal que aprendemos cuando somos niños para protegernos. En nuestra infancia nos escondíamos detrás de mesas, sillas o de nuestros mayores ante una situación que considerábamos desfavorable. Al ir cumpliendo años, esta conducta se considera socialmente inaceptable por lo que hacemos gestos más refinados y menos obvios que de alguna manera nos protegen. Entre este grupo de gestos se incluye cruzar los brazos (figura 1), como una forma de crear una barrera con nuestro propio cuerpo que de alguna manera nos defienda de la amenaza exterior. En esta misma línea, también podemos encontrar el cruce parcial de brazos (figura 2) y el cruce disimulado de brazos (figura 3). El cruce de piernas (figura 4) también puede representar la existencia de un posible comportamiento defensivo si bien implica una actitud menos negativa que el cruce de brazos. Si pensamos que el cruce de brazos puede ser una forma de

Figura 1

Figura 2

Figura 3

Figura 4

Figura 5

Figura 6

proteger nuestro pecho (corazón y pulmones) de una amenaza exterior, el cruce de piernas puede entenderse como una forma de proteger nuestra zona genital. Existen dos formas básicas de cruzar las piernas, la estándar (figura 4) o el cruce de piernas en cuatro (figura 5) típica de los norteamericanos. Sin embargo para un europeo esta última expresión puede significar una actitud de competencia o discusión. En el caso de que el individuo se encuentre de pie, puede mostrar su actitud negativa cruzando los pies (figura 6) o bien sentado cruzando los tobillos.

Gestos que pueden expresar comportamientos deshonestos

Las manos en la cara son la base de los gestos humanos en los comportamientos no sinceros. Uno de los sím-

Figura 7

Figura 8

Figura 9

Figura 10

bolos populares más relacionados con el engaño, sobre todo en Norteamérica es el de los tres monos sabios que no escuchan, ni dicen ni ven la mentira. Taparse la boca (figura 7), o en su versión disimulada tocarse la nariz (figura 8), rascarse un ojo (figura 9) o bien frotarse la oreja (figura 10), pueden ser interpretados dependiendo del contexto como señales no verbales de un comportamiento deshonesto. Uno de los gestos más preocupantes para un orador puede ser observar entre el público después de una afirmación conflictiva, alguna de estas expresiones corporales que tal vez requieran interrumpir el discurso para preguntar si se necesita alguna aclaración.

Gestos que pueden expresar una actitud de tensión

Dentro de este grupo de gestos podemos incluir, rascarse los brazos, piernas, torso o espalda (figura 11) cuyo objeto puede ser reducir un estado de excitación física e indirectamente psicológica. Meterse los dedos en la boca (figura 12), morderse las uñas, o bien, un bolígrafo (figura 13) pueden mostrar asimismo una necesidad de seguridad ante un estado de tensión. En este caso, su interpretación puede derivarse del intento inconsciente de la persona de volver a la seguridad del pecho materno. Situarse de pie con las manos en la cadera (figura 14)

Figura 11

Figura 12

Figura 13

Figura 14

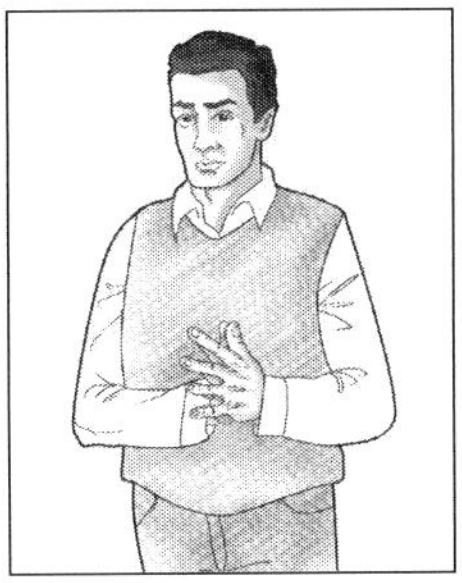

Figura 15

puede representar también una actitud de tensión. El hombre usa este gesto para parecer más grande de una forma análoga a los pájaros que agitan sus alas en el cortejo o en las peleas. Apretar las manos (figura 15) o frotar los pies pueden también representar una actitud de tensión en el individuo que los realiza.

Gestos que pueden manifestar una actitud de seguridad o superioridad

Entre este conjunto de expresiones se puede considerar las manos en ojiva (figura 16), expresión corporal muy habitual entre algunos líderes políticos cuya función es dar una mayor firmeza a sus palabras. Cogerse las manos por detrás (figura 17) también puede incluirse dentro de este grupo de gestos. Su interpretación puede ser la contraria a la del cruce de brazos dado que en este caso, las personas exponen sus zonas vulnerables. Mostrar los pulgares (figura 18 y figura 19) cuyo significado en quiromancia es la de señalar la fuerza del carácter o del ego, parece confirmarse en comunicación no verbal. Colocar las dos manos detrás de la cabeza (figura 20) también puede reflejar una actitud de seguridad. En este caso las dos manos parecen hacer la función del respaldo de un sillón imaginario en el que el individuo se relaja.

Figura 16

Figura 17

Figura 18

Figura 19

Figura 20

Gestos que pueden manifestar una actitud de interés

La cabeza inclinada hacia un lado suele significar una demostración de interés (figura 21), comportamiento que Charles Darwin comprobó que se producía también en los animales interesados en algo. La dilatación de la pupila suele producirse ante un estímulo visual atractivo. Este comportamiento no controlable ha sido utilizado estratégicamente por los antiguos comerciantes chinos de piedras preciosas para fijar el precio de su mercancía, o por el desaparecido Aristóteles Onassis que usaba gafas oscuras en sus tratos comerciales para intentar disimular su interés. Otras expresiones en esta línea pueden ser: inclinar el tronco hacia delante, detener una acción en la mitad o abrir ligeramente la boca.

Figura 21

Luis Castellanos Val
Paz Méndez Rodríguez
Universidad de Oviedo

Capítulo Ocho

Comunicación persuasiva

Sumario

Objetivos de aprendizaje

En función de la lectura y estudio de los contenidos de este capítulo, el alumno será capaz de:

- Definir la intención de la comunicación persuasiva y las diversas áreas de los intentos de influir en la gente.
- Describir las actitudes de la sociedad en sus sistemas de creencias y valores al ser persuadidas de diversas formas por los medios de comunicación.
- Entender los tres elementos que participan en el proceso de comunicación, fuente, receptor y mensaje, examinándolos en sus diversos contextos y factores.
- Describir las diferentes estrategias y técnicas para lograr una comunicación persuasiva eficaz, así como los mecanismos mediante los cuales las personas se resisten a la persuasión.

Transacciones simbólicas intencionales
Mensaje cuyo contenido tiene el objetivo de cambiar la conducta del receptor.

En este capítulo se analizarán las *transacciones simbólicas intencionales*, es decir, aquellas en las que el objetivo del mensaje es modificar la conducta del receptor (como inducirlo a hacer algo, a que crea en algo). De acuerdo con esta definición, la intención de comunicar e influir son sinónimos. Si no hay intención, no hay mensaje (Burgoon y Miller, 1990; Benjamin, 1997; Breaden, 1996). Este planteamiento induce a considerar que toda la comunicación es persuasiva. También enfoca la atención en ciertas variables que intervienen en el proceso de comunicación, como el contenido del mensaje, la forma en que éste se entrega y el efecto persuasivo.

Una perspectiva diferente respecto a la comunicación se conoce como "enfoque de comunicación orientada al receptor". De acuerdo con éste la comunicación ocurre en cualquier momento en que un receptor responde a un estímulo. Cronkhite (1976), al proponer tal perspectiva, señala que la comunicación se puede producir intencionalmente o no, lo mismo que la respuesta. Incluso sugiere que cuando una persona lee algo que ha escrito o escucha su voz en una grabación se comunica consigo mismo. Sin embargo, esta definición es inútil para el propósito de este capítulo, ya que al ser tan genérica supone que cualquier cosa que uno haga puede ser llamada comunicación, y esto dificulta estudiarla de manera sistemática. Burgoon y Ruffner (1978) pretenden manejar el término de propósito, fuente y las definiciones de comunicación orientada al receptor como se presenta en el cuadro 8.1.

Conducta simbólica
Acto dirigido hacia otra persona sujeto-meta del emisor, que transmite la intención que lleva el mensaje.

Desde su punto de vista no hay ningún problema en etiquetar la casilla A del esquema mencionado como comunicación. Cuando una persona intenta dirigir una *conducta simbólica* hacia otra persona y el sujeto-meta del emisor percibe dicha intención, entonces se realiza el acto de la comunicación. Burgoon y Ruffner (1978), a diferencia de otros autores que han escrito acerca de las características definitorias, no tuvieron inconveniente en descartar la casilla D como conducta. Cuando se producen conductas que no tienen significado simbólico para ninguna de las partes que intervienen en la transacción, se considera que tales conductas tienen poca importancia para el investigador de la comunicación.

Cuadro 8.1

Cuestión de intención.

	LA FUENTE TIENE INTENCIÓN DE COMUNICAR	LA FUENTE NO TIENE INTENCIÓN DE COMUNICAR
El receptor percibe la intención de comunicar	A Comunicación	B Comunicación atribuida
El receptor no percibe la intención de comunicar	C Intención de comunicación	D Conducta

Las otras dos casillas del esquema de Burgoon y Ruffner (1978) presentan un problema analítico. La casilla B ilustra un problema al que muchos se han enfrentado en alguna ocasión: no se intentaba comunicar sentimientos o cualquier otro mensaje a ninguna persona, aunque alguna hubiera percibido que se intentaba comunicar algo en determinada situación. Por ejemplo, si alguien se acerca a una persona conocida en el corredor y no la reconoce, esa persona podría percibir que le desagrada, aunque no existiera la intención de hacerle sentir eso. Alguien orientado al receptor diría que hubo comunicación porque hubo respuesta a la emisión de ciertos símbolos, por el contrario, alguien más orientado a la fuente diría que no hubo comunicación porque la fuente no pretendía comunicar nada. No es importante tomar partido en esta controversia, pero se podría decir que sí hubo comunicación implícita.

Quien pretenda tener éxito en la persuasión trabajará para que todos sus comportamientos sean intencionales y controlados, de manera que los hechos involuntarios no reduzcan su facultad de influir en otras personas (Breaden, 1996). La casilla C también presenta algunos problemas de definición. En este caso alguien trata de enviar un mensaje a otra persona que no se da cuenta de este intento de comunicación. En estas situaciones podría considerarse que hubo comunicación. En este último caso se podría concluir que realmente se intentó comunicar algo, sólo que hubo una falla de comprensión, por consiguiente, quienes estén interesados en tener éxito en la persuasión deben estudiar esta área a fin de aprender estrategias para lograr que su mensaje sea comprendido, de modo que puedan usar la comunicación con propósitos instrumentales; por ejemplo, obtener lo que se desea de otras personas (Burgoon y Miller, 1990).

Intención y persuasión

La idea básica de la persuasión tiene raíces hundidas en el tiempo. Si se indaga en sus orígenes, la palabra y el arte de la persuasión están histórica y culturalmente, asociados a los sistemas jurídicos (y políticos) y a la red simbólica o discursiva de defensa de la propiedad. Se plantea que los litigios ante los tribunales fueron la causa histórica del conocimiento de los recursos para convencer a la audiencia (Laborda, 2004). Antiguamente se utilizaba el término retórica para referirse al arte del uso del lenguaje cuando éste perseguía influir en los juicios y en la conducta de los demás. Fue verdaderamente importante durante el tiempo en el que la voz humana fue el único medio de comunicación de que se disponía para persuadir a la gente de que cambiara sus opiniones o sus hábitos. En Grecia y más tarde en Roma se consideraba una destreza muy estimable el ganar un pleito en los tribunales, mediante la presentación de propuestas ante los foros políticos (Gandol y Torres, 2005). Fue la obra de Aristóteles *La retórica* la primera teoría general de la persuasión. El paradigma persuasivo se desarrolló en los años 40 y también se le conoce como Corriente Empírico Experimental o Psicología de los efectos. Esta teoría medía la rentabilidad y eficacia de los mensajes a partir de las complejidades de numerosas variables que entran en juego en la relación emisor-receptor (Hovland y Janis, 1959).

Comunicación persuasiva
La que lleva a cabo un individuo con la intención consciente de cambiar la conducta de otro individuo o grupo mediante la transmisión de algún mensaje.

La pregunta respecto a si la intención tiene que estar presente para que cualquier actividad simbólica se considere comunicación, puede no tener respuesta, ya que entre los autores hay un mayor acuerdo acerca del rol del propósito en el proceso de la comunicación persuasiva. Miller, Burgoon y Burgoon (1984), y Bettinghaus y Cody (1997) definieron la *comunicación persuasiva* como la intención consciente de un individuo por cambiar la conducta de otro individuo o grupo mediante la transmisión de algún mensaje. Las nociones de intención consciente, cambio de conducta y transmisión del mensaje son esenciales en esta definición. Bettinghaus y Cody (1997) consideran que el término persuasión debe reservarse exclusivamente para aquellas situaciones en las que una parte intenta conscientemente influir en otra. El cuadro 8.2 presenta elementos que (Burgoon y Miller, 1988, 1990) modifican el enfoque de Burgoon y Ruffner (1978), ya que sólo atiende aquellas situaciones en las que se percibe o no una intención específica, el intento de que alguien influya en otros mediante mensajes simbólicos.

Persuasión
Acto que se realiza con la intención consciente de modificar el pensamiento y la acción de las personas manipulando sus móviles para dirigirlos hacia fines predeterminados.

El esquema de comunicación de Burgoon y Ruffner (1978), que se muestra en el cuadro 8.1, no requería que alguna de las partes en la transacción estuviera de acuerdo respecto a la naturaleza de la intención de comunicar; mientras que el esquema de persuasión del cuadro 8.2 requiere que haya un acuerdo entre la fuente y el receptor en relación con lo que podría ser la intención precisa de comunicación. La casilla A presenta comunicación evidentemente persuasiva, en la cual la fuente se propone influir en el receptor y éste comprende que está siendo influido por quien habla. Ejemplos de transacciones comunicativas en las que se intenta persuadir son los anuncios espectaculares que transmiten los mensajes de sus productos de manera gráfica, los medios de comunicación que intentan vender toda clase de artículos y servicios y los mercados locales.

Efecto de advertencia
Se presenta cuando las personas se resisten a ser influidas debido a que están conscientes de que una fuente trata de influir en ellas.

Efecto bumerang
Ocurre cuando el receptor está consciente de que el comunicador desea manipular la situación y responde modificando sus actitudes en forma contraria a la esperada.

Aunque en muchas de las transacciones de comunicación las personas involucradas están sutilmente conscientes de que existe la intención real de influir en ellos, este conocimiento puede causarle problemas al persuasor potencial. Algunas investigaciones han descubierto lo que se conoce como *efecto de advertencia;* éste se presenta cuando algunas personas se resisten a ser influidas debido a que están conscientes de que una fuente está tratando de influir en ellas. Más adelante, en este mismo capítulo, se tratará la manera de inducir y superar dicha resistencia a la persuasión, pero es importante reconocer que existe la posibilidad de que se produzca un efecto bumerang cuando el receptor está consciente de que el comunicador desea manipular la situación; esto puede provocar que las personas modifiquen sus actitudes en forma contraria a la que espera el comunicador. Sin embargo, en otros casos obtendrá mejores resultados el comunicador que es honesto y admite abiertamente que la intención principal de la comunicación es la de influir. Si se logra este cambio en la credibilidad como resultado de expresar abiertamente la intención de influir, la persona advertida podría ser más susceptible a ser persuadida (Burgoon y Miller, 1988, 1990).

En la casilla B del cuadro 8.2 la fuente de comunicación no tiene la menor intención de influir en los receptores, pero de hecho la gente está influida por lo que la fuente diga o haga. Aunque habrá quien argumente que cualquier relación de comunicación en la que el receptor es influido debería analizarse, se decidió no hacerlo porque no es relevante para los propósitos de este trabajo. Como se expuso, es mejor desechar las situaciones en las que la fuente no tiene el propósito de influir en alguien, ya que no forman parte de situaciones de lo que se pretende llamar comunicación persuasiva. Por ejemplo, un profesor podría advertir que sus estudiantes imitan su forma de expresarse, sus puntos de vista en relación con la política o incluso su forma de vestir; este tipo de cambios tal vez sean importantes para las ciencias sociales, pero no lo son para el estudio de la comunicación persuasiva. Cuando un receptor o grupo de personas se ajustan a las actitudes y/o conductas de otra que no se proponía producir esta influencia, no se deben considerar estos cambios de comportamiento como consecuencia de la persuasión. Las situaciones que deben analizarse son aquellas en las que resulta claro que la fuente intenta influir, excepto los casos de simples presiones hacia la conformidad.

La situación que se ilustra en la casilla C del cuadro 8.2 se ajusta claramente al proceso de persuasión, aunque el receptor no sepa que la intención de la conducta de comunicación de la fuente es influir en él, ya que, como ya se expuso, en muchas situaciones es necesario encubrir la intención de persuadir a los receptores para evitar la posibilidad de que se produzca otra reacción. Como se mencionó antes, es posible que cuando las personas advierten que se está tratando de influir en ellas se produzca una reacción opuesta a la deseada. Si se expresa abiertamente a una persona la intención de influir en ella y aún así adopta una actitud defensiva, entonces lo más sensato será que la fuente oculte su intención de influir.

Persuasión con encubrimiento
Estrategia para influir en las personas; consiste en no hacer referencias directas para evitar que éstas se pongan a la defensiva.

La *persuasión con encubrimiento* es una estrategia inteligente que pueden usar los comunicadores persuasivos. Investigaciones sobre este tema señalan que es más probable influir en las personas por medio de conversaciones que no se refieren a ellas, pues de esta manera estarían menos a la defensiva y sería más fácil persuadirlas a modificar su criterio. En algunos casos una fuente de comunicación desea influir en un auditorio, lo cual puede lograr haciéndole creer que el

	LA FUENTE TIENE INTENCIÓN DE PERSUADIR	LA FUENTE NO TIENE INTENCIÓN DE PERSUADIR
El receptor percibe una intención de persuasión	A. Comunicación persuasiva (posible advertencia)	B. No persuasión (posible conformidad)
El receptor no percibe una intención de persuasión	C. Comunicación persuasiva (posible encubrimiento)	D. Descartada como comunicación persuasiva

Cuadro 8.2

propósito de la transacción de comunicación es informar o educar. A situaciones como éstas se les puede considerar persuasivas, simple y sencillamente porque ésa era la intención de la fuente.

Es importante hacer cuando menos una advertencia en cuanto al uso del encubrimiento en la comunicación persuasiva. Muchas personas consideran que en todos los casos pueden obtener mejores resultados si mantienen al auditorio al margen de su intención de influir, por lo que utilizan siempre esta técnica. Otros han señalado la falacia de estos argumentos, de modo que es prudente hacer un breve análisis de algunos de los inconvenientes de usar esta técnica en las estrategias de persuasión (Burgoon y Miller, 1990). Como ya se expuso, en algunas situaciones los emisores pueden incrementar su credibilidad al admitir que desean influir en los receptores, debido a que de esta manera se proyectan como personas honestas e íntegras. Otro inconveniente es que, si el auditorio se da cuenta de que lo están engañando para influir en él, rechace al comunicador. De hecho, un orador posterior puede utilizar el resultado previo como medio para atraer al auditorio hacia su forma de pensar sobre determinado tema.

Aunque a algunas personas no les gusta ser influidas, probablemente les disguste más ser engañadas. Pensar que la gente se niega al cambio por la sola razón de resistirse es una idea sin fundamento, porque algunas personas realmente desean ser influidas con buenos argumentos. Si el receptor acepta el hecho de que ser influido es el curso de acción más razonable, puede ya no ser necesario elaborar ardides para mantenerlo en la ignorancia acerca de lo que hace el comunicador y por qué lo hace. En resumen, el encubrimiento, como cualquier otra estrategia de persuasión, tiene sus ventajas y desventajas, y un comunicador inteligente debe considerar con cuidado si conviene emplearla en una situación determinada, en vez de aplicarla de manera indiscriminada a todas las actividades de comunicación.

Además, no es de sorprender que se pretenda descartar la casilla D del cuadro 8.2 como algo de importancia para la comunicación persuasiva. Si no existe la intención de influir y el auditorio se percata de ello, es obvio que lo que ahí sucede no tiene nada que ver con la comunicación persuasiva.

Intentos de influir

El concepto de influencia no implica necesariamente la modificación o reversión de una conducta no verbal abierta, ni indica siempre el cambio en la dirección o atracción hacia alguna actitud determinada. Por ejemplo, si una persona se opone hasta cierto punto a un tema, es probable que al final se oponga a él aún más, si esto ocurre significa que el intento de influir tuvo éxito, aunque es obvio que no cambió la dirección de la actitud y tampoco se intentó hacerlo. Además, si el objetivo de la fuente era lograr que las personas se resistieran a la contra-propaganda (por ejemplo, a los mensajes que pretendan promover cambios en sus actitudes en el futuro), se podrá decir que el intento de influir tuvo éxito. Si se descuida la persuasión en nuestro miope interés por ver sólo a los que han cambiado como resultado de nuestros intentos de comunicación, una consecuencia importante puede ser la resistencia a futuras persuasiones. Por consiguiente, conviene comenzar por analizar los componentes de los intentos de influir y después sus resultados potencialmente exitosos que amplían el panorama del proceso de persuasión.

La figura 8.1 muestra gráficamente el proceso de persuasión (Burgoon y Miller, 1988, 1990). Sugiere una perspectiva de intento de influir muy orientada a la fuente, la cual reconoce situaciones de diferentes procesos psicológicos que intervienen en el logro de objetivos y reconoce que múltiples resultados definen el éxito o fracaso de cualquier intento de persuasión.

Actitudes

El modelo de Burgoon y Miller (1988, 1990) sugiere que hay cuando menos tres componentes distintos de actitudes que merecen atención.

Sistemas de creencias y de opiniones

Cada individuo tiene un *sistema de creencias* que representa su noción de la realidad. Un sistema de creencias es la serie de nociones a las que cualquier persona puede responder basándose en su concepto de verdad o mentira (Breaden, 1996; Perloff, 1993). La declaración de que en México hay pobreza es una manifestación de creencias. Una persona puede creer que una declaración es falsa o verdadera, pero aceptar una posición dentro del sistema de creencias no dice nada en relación con la evaluación de esa creencia. Se puede evaluar la pobreza como un problema serio que exige la atención del mundo desarrollado, o se puede creer que la pobreza, aunque exista, no es algo malo. Cuando se hacen juicios valorativos

Sistema de creencias
Serie de nociones a las que cualquier persona puede responder basándose en su concepto de verdad o mentira.

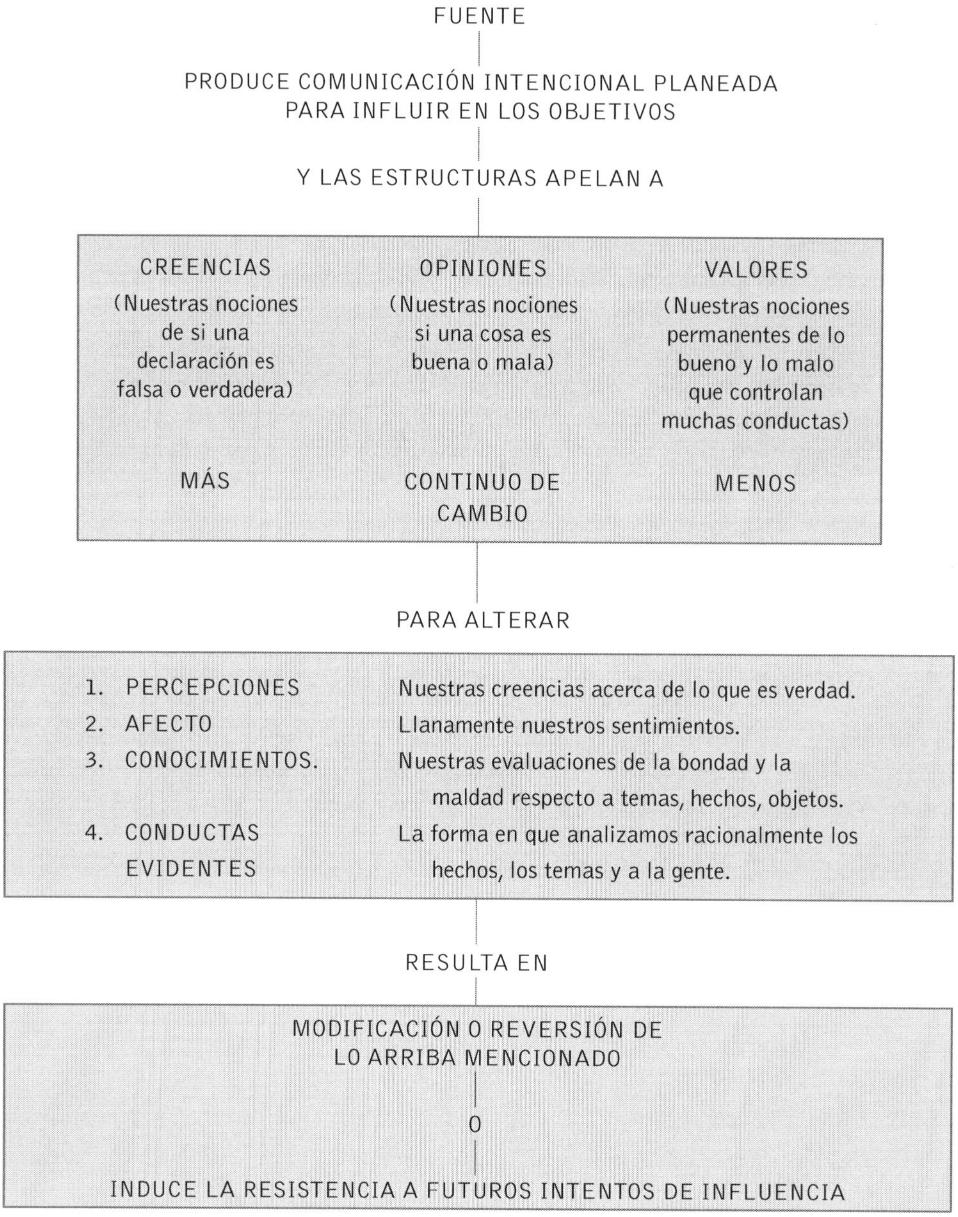

Figura 8.1

Modelo de comunicación persuasiva.

acerca de la bondad o maldad de algún hecho, tema o manifestación, se llega al segundo nivel del modelo: el de *declaración de opiniones*. Las declaraciones de opiniones son las reacciones evaluativas, o declaraciones propias acerca de lo que es bueno o malo, deseable o indeseable (Perloff, 1993).

Declaración de opiniones
Reacciones evaluativas o declaraciones propias acerca de lo que es bueno o malo, deseable o indeseable.

Un error que con frecuencia cometen los comunicadores persuasivos es el de intentar alterar opiniones o respuestas valorativas cuando no existe un sistema de creencias que sostenga dichas respuestas alteradas. Por ejemplo, una persona que vive en Suiza puede no haber tenido una experiencia directa en relación con la pobreza y por lo tanto carecer de bases para creer que ésta pueda existir. De manera que sería un error iniciar una discusión con esa persona sobre lo terrible que es la pobreza en algunas naciones y la importancia de poner más interés en combatir este problema, si antes no se le ha convencido de la existencia de la pobreza en el mundo. En este caso es mejor empezar por afectar su sistema de creencias proporcionándole información que demuestre la existencia de la pobreza en varias naciones. Sólo entonces podría interesarse en establecer opiniones más favorables acerca de las políticas concebidas para ayudar a muchas personas pobres en el mundo. Tal vez ni así se le podría convencer de los beneficios de ciertas opciones políticas, pero, al modificar sus creencias de la realidad, sí se incrementaría la probabilidad de tener éxito en cambiar su sistema de opiniones.

Valores

Los *valores* son el tercer componente del modelo de Burgoon y Miller (1988, 1990) y representan nociones duraderas sobre la bondad y la maldad, además de guiar el comportamiento en una amplia variedad de contextos (Breaden, 1996; Perloff, 1993). Por ejemplo, es probable que los valores religiosos sean muy resistentes al cambio y que guíen muchas relaciones interpersonales. Dichos valores se inculcan a través de los años y suelen ser muy resistentes a los intentos de cambio; pero debido a que los valores controlan las opiniones y conductas, cambiarlos implicaría diversas transformaciones en la conducta, y aunque son muy resistentes a los intentos de cambio, cuando se logra modificarlos también se produce un cambio permanente en las personas (Benjamin, 1997). Si las personas han confiado en el capitalismo como guía en la organización de los gobiernos y se les expone a una alteración de valores que les llevará a aprobar el socialismo o el comunismo, se puede esperar que realmente se convenzan, y, en consecuencia que también cambien sus conductas, creencias y opiniones en torno al sistema de valores imperante.

Valores
Nociones duraderas sobre la bondad y la maldad que guían el comportamiento en una amplia variedad de contextos.

Las creencias de las personas son probablemente el elemento cognoscitivo más susceptible al cambio y en ocasiones se pueden modificar con sólo proporcionar información veraz de las cosas. Es más difícil cambiar las opiniones o respuestas valorativas sobre hechos, temas o personas. A veces basta proporcionar información para cambiar lo que se opina acerca de las cosas; sin embargo, como las opiniones generalmente controlan niveles más limitados de conductas que los valores, suelen ser más susceptibles a los intentos de cambiarlos que los segundos. Por otro lado, si se logra modificar el sistema de valores de una persona, probablemente se logre un cambio perdurable y puedan controlarse muchas otras opiniones y conductas.

Otras áreas de cambio

La siguiente etapa del modelo de Burgoon y Miller (1988, 1990) identifica las posibles alteraciones que resultan de la comunicación persuasiva en los receptores. Cuando se atacan los sistemas de creencias se alteran las percepciones en relación con lo que es verdadero y lo que es falso en el mundo; y se modifican los sentimientos o sus respuestas afectivas de las personas hacia ciertas posiciones. Cuando se apela al afecto se confía en obtener respuestas emocionales hacia los hechos, los temas y la gente. En otras ocasiones se apela al lado racional de las personas; se cambian sus conocimientos o la forma en que analizan los problemas. Se puede estar menos interesado en las percepciones, afecto o conocimiento y ocuparse en obtener una sumisión conductual abierta a nuestras demandas. En otras palabras, el interés se centra en cómo se comportan las personas y en lo que hacen, no en lo que piensan o sienten. Cualquiera de los casos antes mencionados se puede considerar como un intento de persuasión con resultado exitoso. Algunos intentos de persuasión están dirigidos a cambiar sólo un aspecto, mientras que otros pretenden transformaciones múltiples en la gente, es decir, cambios de afecto y conducta. La *persuasión eficaz* sólo se puede definir en relación con el intento original de la transacción persuasiva.

Persuasión eficaz
La que da como resultado la modificación o reversión de opiniones, creencias y valores anteriores, o la resistencia a futuros intentos de persuasión.

En este sentido la persuasión eficaz se traduce en la modificación o reversión de opiniones, creencias o valores anteriores, o en la inducción a resistir futuros intentos de persuasión.

Fase de descontinuación
Ocurre cuando el persuasor se enfrenta a un público hostil a su posición y recurre a la estrategia de comunicación, que consiste en reducir la hostilidad para que el auditorio escuche al emisor y dude sobre sus creencias, de manera que se abra a las que defiende el persuasor.

Fases de la persuasión

De acuerdo con lo analizado, existen tres distintas fases en el proceso persuasivo: descontinuación, conversión y disuasión. Cada etapa representa objetivos diferentes para el persuasor y requiere una estrategia de comunicación diferente.

Descontinuación

En esta fase el persuasor se enfrenta a un público hostil hacia la posición que él defiende. El persuasor apoya "Y" y el público cree en "X", o al menos no cree en "Y". El objetivo de la comunicación es reducir la hostilidad mediante la estrategia de oposición abierta que consiste en lograr que el auditorio escuche al menos la otra posición para crearle dudas sobre lo adecuado de sus creencias, opiniones y valores actuales, o el de crear ambivalencia respecto de lo conveniente de obtener determinados resultados en las mentes de los receptores. Por ejemplo, cuando un publicista introduce un producto nuevo al mercado se enfrenta a la tarea de convencer a las personas de que desechen sus productos actuales y prueben algo nuevo y, al menos en la etapa inicial de la campaña, el persuasor potencial tendrá éxito si logra que sus receptores por lo menos se cuestionen si su conducta actual de compras es correcta.

Conversión

En esta segunda fase el contexto de la audiencia es favorable a una modificación o reversión de actitudes y percepciones por la fuente. En ella el mensaje persuasivo se enfrenta con tres tipos de públicos claramente diferenciados (Sierra, 1999): los incrédulos, que son críticos y distantes respecto con el emisor y su objetivo manipulador; las personas que no adoptan ninguna actitud respecto al tema, por ejemplo, los desinformados, que con sólo una buena disposición de las informaciones favorables a la fuente, se puede modificar las actitudes de este tipo de audiencia y finalmente, los apáticos. Este tipo de personas no están interesadas en el tema que propone el persuasor. En este caso el objetivo del persuasor consiste en despertar en el auditorio el interés por el tema con la esperanza de que adopte la posición o conducta que defiende el emisor.

Fase de conversión
Es la etapa en que se intenta convencer a los incrédulos, informar a los desinformados o motivar a los apáticos mediante técnicas específicas de persuasión. El objetivo del emisor es cambiar la actitud del receptor.

Es obvio que convencer a los incrédulos, informar a los desinformados y motivar a los apáticos requiere de diferentes mensajes estratégicos persuasivos. Cada grupo de personas debe ser tratado de manera distinta para asegurar que el resultado final sea la aceptación de la posición que tiene el comunicador.

Disuasión

La *fase de disuasión* es opuesta a la de descontinuación; en esta fase el comunicador persuasivo se dirige a personas que ya mantienen una actitud o se conducen de manera acorde con los objetivos del persuasor. La estrategia de disuasión consiste en reforzar e intensificar favorablemente las actitudes y conductas de los receptores por medio de sencillas técnicas de refuerzo. También podría orientarse a lograr que un auditorio se comprometa más con determinado tema. Por ejemplo, un político desearía persuadir a la gente de que cambie su compromiso público y participe activamente como voluntario. Muchas campañas políticas pretenden ampliar el compromiso de sus simpatizantes pidiéndoles a quienes ya dieron su dinero o su tiempo acrecentar su aportación de recursos para el candidato. Todo esto con el fin de prevenir reversiones en las actitudes

Fase de disuasión
Etapa en la que se refuerzan e intensifican las actitudes y conductas de la gente.

y las conductas, y asegurarse de que las estrategias de descontinuación de otros persuasores sean menos efectivas con sus seguidores.

Las campañas de persuasión a largo plazo necesitan balancear sus estrategias para enfrentarse a diferentes grupos de oyentes que presentan distintos grados de compromiso en determinado momento. Por ejemplo, la publicidad de un producto tiene que estimular al consumidor para que continúe comprándolo a la vez que pretende convencer a otros de que también lo compren o al menos consideren la posibilidad de dejar de usar el producto que emplean. En ocasiones ciertas campañas publicitarias fracasan debido a que dirigen su atención sólo a la captación de nuevos clientes, pero ignoran la importancia de las estrategias concebidas para conservar su cartera de clientes actuales.

Se ha argumentado que el proceso de persuasión puede arrojar diferentes resultados, los cuales pueden considerarse eficaces si logran los objetivos que los individuos se propusieron alcanzar con la comunicación. De acuerdo con esto, el persuasor potencial debe analizar a fondo cualquier situación a fin de que pueda planear las estrategias adecuadas para una amplia variedad de públicos escogidos. En el siguiente apartado se estudian las variables específicas que influyen en la eficacia o fracaso de los intentos de persuasión en el proceso de la comunicación persuasiva.

Variables de las personas que intervienen en el proceso de persuasión

La fuente

Un primer factor ampliamente tratado por comunicólogos e investigadores sociales es aquel que hace referencia a las condiciones y perfiles del comunicador. La variable fuente es considerada hoy como una de las más importantes en el proceso de persuasión, ya que, si bien el público nunca puede ser totalmente manipulado por impredecible en su conducta, resistente en última instancia ante las formas de control de la información, los estudios persuasivos han incidido en la influencia del emisor, como un aspecto importante en el logro de una más eficaz influencia de los informadores sobre los destinatarios últimos de los mensajes. Algunas personas parecen tener más habilidad para la persuasión que otras, de modo que no tienen dificultad para conseguir que otros actúen de acuerdo con la forma en que esperan que lo hagan. En ocasiones se tiende a explicar la facilidad de persuasión de algunas personas con términos que se inventan para describirlas. Por ejemplo, se dice que ciertos políticos son "carismáticos" porque pueden convencer a las masas de la bondad de ciertas formas de pensar o de conducirse. Por desgracia, el uso de estos conceptos no es de utilidad para el estudiante de la persuasión, ya que dicen poco acerca de lo que cualquier fuente debe hacer para tener éxito. No hay pautas que indiquen lo que se necesita para ser un líder carismático; sin embargo, la investigación de la comunicación proporciona algunas sugerencias sobre cómo mejorar las habilidades persuasivas de la gente al centrarse en variables como la credibilidad de la fuente y su efecto en el éxito de la persuasión, la atracción entre la fuente y el receptor, la similitud entre la fuente y el receptor y el poder como determinante de la eficacia o fracaso de los mensajes persuasivos.

Credibilidad. El mayor o menor crédito y confiabilidad que proyecta imaginariamente el comunicador para la audiencia es quizás el más potente medio de persuasión (Sierra, 1999). Desde la época antigua diversos autores han elaborado juicios acerca de los oradores que promueven la comunicación eficaz. Aristóteles decía que el ethos, o lo que en la actualidad se conoce como credibilidad, es el medio más potente de persuasión. Lo que han descubierto las investigaciones sobre la comunicación contemporánea es que la credibilidad de la fuente podría ser la única y mejor forma de predecir el éxito persuasivo. Sin embargo, el punto más importante a establecer es que ningún comunicador posee como característica inherente la credibilidad. De hecho, la credibilidad de la fuente la confiere el receptor, es decir, el público, el que a menos que considere que no existe, la otorgará. Hay muchos factores que afectan la manera en que el público percibe a los comunicadores, como la edad, el sexo y la raza, pero éstos también pueden controlar la forma en que los perciben los receptores. El comunicador persuasivo inteligente deberá conocer las técnicas para manipular estas importantes variables.

Investigadores de la comunicación (McCroskey, 2005, Jensen y Valencia, 1973), han analizado sistemáticamente las características de un comunicador creíble; y han señalado que la gente considera al menos cinco características independientes acerca de una fuente, las cuales contribuyen a determinar su credibilidad en ella. Estas características que determinan la credibilidad de la fuente son:

- El conocimiento del tema por parte de la fuente y su capacidad para exponerlo.
- La honestidad de la fuente.
- La habilidad para permanecer sereno y "con sangre fría", especialmente en situaciones tensas o difíciles.
- La sociabilidad, que es el atractivo básico del comunicador.
- La extroversión, es decir, si el emisor es abierto o tímido en las tareas de la comunicación.

Kouzes y Posner (1995), identifican sólo dos de las cuatro características analizadas por McCroskey y sus colaboradores como verdaderamente fundamentales:

la capacidad o conocimiento, y el carácter u honestidad. Éstas engloban las otras tres características —compostura, sociabilidad y extroversión— como un solo componente al que llaman "dinamismo".

Capacidad
En este contexto el concepto se refiere a que un emisor es competente para ganar la credibilidad del público y que tiene un nivel aceptable de conocimiento del tema a exponer.

La *capacidad* es importante en muchas situaciones de persuasión. Si no se considera competente a un comunicador, o al menos que posee un nivel adecuado de conocimiento del tema a discutir, no tendrá la menor importancia para el receptor el hecho de que sea confiable o simpático, ya que juzgará que no vale la pena tomar en cuenta su opinión. Por el contrario, un comunicador al que se considera capaz tiene más probabilidades de tener éxito en un intento de influir. Una pregunta importante para el estudiante de la persuasión es: ¿qué puede hacer un comunicador para incrementar en el auditorio la credibilidad en su capacidad, en relación con un determinado tema? Por lo regular, cuando un orador va a hablar en público es presentado por otra persona. A veces estas presentaciones introductorias tienen como fin elevar la percepción de la competencia del orador. Algunas veces esto se consigue refiriéndose a los títulos y logros del orador y en otras haciendo hincapié en su experiencia previa. El orador también puede manipular el concepto de su auditorio en cuanto a su capacidad, refiriéndose a su experiencia sobre el tema o asociando su nombre al de otras personas reconocidas, preparando cuidadosamente el mensaje a transmitir o seleccionando evidencias que apoyen sus pretensiones (Burgoon y Miller, 1988, 1990).

Dimensión de carácter
Se refiere a la firmeza de actitudes, comportamientos o decisiones del emisor para ganar credibilidad ante el público.

Cuando el auditorio considera que el comunicador tiene un carácter débil o poco confiable, es menos probable que le escuchen o que se dejen influir por el contenido de sus mensajes. De hecho, muchos evitarán activamente comunicarse con quienes no llenen sus requisitos personales de confiabilidad. Estos juicios son muy personales; sin embargo, pueden estar basados en la experiencia directa con la fuente, o en lo aseverado por terceras personas. No existe una respuesta simple a la pregunta de cómo un comunicador puede lograr que su auditorio perciba determinado carácter en él. Es obvio que cualquier información previa que cuestione la honestidad de un orador podría inhibirle incluso en aquellas situaciones en las que es honesto. Además, por lo común, si un emisor es conocido por cambiar continuamente sus posiciones en el transcurso del tiempo, es visto con más desconfianza por el público que aquel que parece ser firme en sus actitudes y comportamientos. Como ya se mencionó, el comunicador que sea sorprendido tratando de engañar a un auditorio, aunque sólo se trate de esconder el propósito de persuasión, podría ser rechazado y considerado poco confiable. No hay duda de que el emisor haría cualquier cosa para que se le considere honesto y digno de confianza, pero una vez que el carácter haya sido cuestionado, es extremadamente difícil recuperar la confianza de los receptores.

Las investigaciones realizadas por Miller y Hewgill (1964), entre otros autores, indican que un comunicador que se pone nervioso y pierde la compostura es considerado menos confiable e incapaz de persuadir a otros. La compostura significa tener control de nuestras emociones; es decir; las personas que mantienen la compostura serán percibidas como serenas, relajadas y confiadas. Muchos emisores a los que considera "buenos oradores" no son más capaces o más honestos, sólo son capaces de mantener la *compostura* al defender una posición.

Compostura
Habilidad para permanecer sereno en situaciones tensas y difíciles.

Los comunicadores que proyectan simpatía en sus oyentes son más eficaces en diversas situaciones. Por lo común la gente prefiere a quienes demuestran que les son agradables y los respetan, y se comunican más con ellos. Cuanto más tiempo continúe la comunicación con ellas, habrá más influencia. Una persona que es sociable y se acerca a otras en forma amistosa, e incluso alegre, tiene más probabilidades de atraer la atención de la gente y de mantenerlos interesados en diversos temas. Por otro lado, el comunicador que no intenta mostrar interés o agrado por otras personas, con el tiempo será ignorado y su influencia interpersonal disminuirá.

Sociabilidad
Atractivo básico del comunicador amistoso y alegre.

El comunicador que no es tímido, sino agresivo y enérgico en las situaciones de comunicación, es considerado *extrovertido*. Por lo regular se concede más credibilidad a las personas extrovertidas hasta cierto grado, pero no tan agresivas que dominen por completo a los receptores y los hagan sentir como una parte innecesaria del proceso de comunicación. En consecuencia, debe existir un equilibrio entre parecer demasiado extrovertido y, por tanto, muy dominante, y ser introvertido, y por consiguiente aburrido y tedioso para su auditorio.

Extrovertido
Comunicador agresivo y enérgico que proyecta más credibilidad.

Estas cinco características, en conjunto, representan el juicio que el público establece acerca de los comunicadores. Es común que al iniciarse la comunicación se hagan juicios limitados acerca de los comunicadores respecto de características en cada una de éstas. En este sentido es importante para el comunicador persuasivo comprender que sus acciones influirán en las percepciones de otras personas, por tanto, debe planear cuidadosamente las estrategias necesarias para asegurar que se le vea positivamente en cuanto a estos aspectos. Si esto puede hacerse, podría ser capaz de cambiar las creencias, actitudes o comportamientos de una persona (Plax y Rosenfeld, 1980 y DeFleur *et al.*, 2005).

Atracción. Algunos autores definen este término como el carisma que manifiesta personalmente el emisor (Sierra, 1999). La atracción personal no es muy distinta de la credibilidad, pero entre una y otra hay las suficientes diferencias que justifican unos breves comentarios acerca de las razones por las que la gente se atrae entre sí. La primera es el factor social, que es muy similar a la característica sociable de la credibilidad. Una persona sociable es más atractiva, y es probable que sea más capaz de influir en alguien. La segunda diferencia es la atracción física. Sin importar cómo se crea que deben ser las cosas, sucede que las personas físicamente atractivas se consideran más populares, con más atractivo sexual, más felices, más exitosas y por consiguiente, más persuasivas (Berscheid

Atracción
Cualidad que es importante en la persuasión debido a que las personas atractivas por lo general son más populares.

y Reis, 1998). El factor final es la atracción del comunicador por la tarea a elaborar, ya que el público puede decidir interactuar con ciertas personas por el respeto a su habilidad para realizar un trabajo, esto implica que existe cierta aptitud en dichas personas para cambiar actitudes y conductas. En conclusión, si un comunicador es atractivo por alguno de estos factores o por los tres, tiende a ser más eficaz como persuasor.

Similitud
Atributos o inclinaciones semejantes entre público y comunicador que facilitan la labor de persuasión de este último.

Similitud. Durante siglos se ha tratado el tema de si los polos opuestos o iguales se atraen, pero lo que es necesario determinar es si las personas que poseen atributos similares a los de su público son más o menos eficaces que los comunicadores que son muy distintos a quienes tratan de persuadir. Al igual que la credibilidad, la similitud no existe, a menos que la gente que participa en la comunicación la perciba. Las características en las que un emisor y un receptor pueden ser similares incluyen la edad, educación, identidad cultural o étnica y posición socioeconómica así como creencias, opiniones y valores.

La relación similitud-diferencia entre la fuente y el receptor repercute de manera importante en la comunicación persuasiva. Cuando alguien tiene la oportunidad de escoger con quién comunicarse, tiende a elegir a alguien con aptitudes similares a él (Burgoon y Hale, 1988; Rogers, 2003; Rogers y Steinfatt, 1999). Cierta similitud entre la fuente y el receptor lleva a una comunicación más eficaz, en la cual las personas que comparten intereses mutuos tienen más que comunicar (Benjamin, 1997). Sin embargo, es probable que la similitud total no sea el estado "óptimo" cuando el propósito de la transacción de comunicación es el de influir en otros. Paradójicamente, la similitud total produce una situación estática; porque quienes están por completo de acuerdo tienen muy poco de qué hablar sobre cualquier tema.

Es interesante observar que parece existir un nivel óptimo en la disimilitud. En ocasiones el comunicador necesita obtener información respecto a diversos temas que su público conoce y él no, ya que se espera que sea más competente en ellos que su auditorio. Por supuesto que no es degradante que los oyentes consideren a la fuente más confiable que a sí mismos. La gente por lo general tiende a ser más influida por aquellos a quienes concede ciertos atributos y a quienes respeta por su competencia y experiencia. En algunas culturas se busca a las personas de mayor edad para solicitar algún consejo, debido a que son diferentes, tienen más experiencia y, por tanto, saben más que los demás; con frecuencia esas personas tienen gran influencia en sus medios culturales, aunque el nivel óptimo de similitud varía de una situación a otra, es conveniente mencionar que algunas diferencias entre la fuente y el receptor conducirán a que este último sea un persuasor más eficaz (Burgoon y Miller, 1990; Rogers, 2003; Rogers y Steinfatt, 1999).

Si hay mucha diferencia entre la fuente y el receptor, quien desee ser un persuasor óptimo deberá compensar las diferencias percibidas. Una forma de compensar consiste en comunicarse con el receptor disímil, lo cual puede incrementar la atracción y demostrar más similitudes de las que previamente se pensó que existían. Para este fin también es útil que la fuente sea comprensiva con el receptor, es decir, que sea capaz de comprender la mentalidad de éste y adecuar su mensaje a él. Un comunicador hábil trabajará para reducir las diferencias cuando éstas sean un obstáculo para influir en otros, a la vez que señalará las diferencias en conocimientos o capacidad que le sean favorables con el fin de que el público adopte la posición deseada (Andrews y Baird, 2005).

Poder
Habilidad para controlar conductas, obtener sumisión y a menudo cambiar creencias, opiniones y valores.

Poder. Se ha prestado poca atención al poder que ciertas personas ejercen sobre otras. Éste implica la habilidad para controlar conductas, obtener sumisión y a menudo cambiar creencias, opiniones y valores. Sin embargo, cierta clase de poder es real (por ejemplo, un hombre con una pistola apuntando a la cabeza de otro) y otra clase sólo es percibida por los receptores y se convierte en "real" porque ellos así lo creen (Wilmot, 1995). En cualquier caso de persuasión los receptores tienen ciertas necesidades físicas, psicológicas y sociales. La habilidad de un comunicador para satisfacer esas necesidades es básicamente el motivo para que opere el poder en los intentos de influir. Aunque las bases del poder son contingentes en relación con las necesidades del público en una situación determinada, es posible identificar cinco tipos generales de poder que operan en situaciones en las que se logra la sumisión:

Poder legítimo
Autoridad que tiene una fuente por la naturaleza de su posición.

Poder compensativo
Capacidad de una fuente de ejercer influencia sobre otros por medio de recompensas materiales o sociales.

Poder coercitivo
Capacidad de la fuente para castigar a quienes no cumplen con sus demandas.

- El *poder legítimo* es la autoridad que tiene una fuente por la naturaleza de su posición. Las personas con cierta jerarquía en las organizaciones tienen el derecho a prescribir la conducta de otros. Un juez tiene derecho a sentenciar a un prisionero, un maestro tiene derecho a dejar tareas escolares, y el jefe, el derecho a supervisar a sus empleados. Todos estos ejemplos de poder no provienen de las características de la fuente de comunicación, sino que están determinados por la posición que ocupa el agente que influye. La razón de que se acepte a cualquiera que ocupe esa posición particular, que es una importante fuente de poder en la mayoría de las culturas, se debe a que se respetan las posiciones y tradiciones.
- El *poder compensativo*: es ejercido por una fuente que proporciona recompensas de manera hábil. Las fuentes que recurren a él tienen gran influencia sobre otros, y es probable que sigan ejerciendo poder mientras sigan otorgando tales recompensas, o hasta que los receptores consideren que el valor de retribución o el poder de la fuente para hacerlo haya disminuido.
- El *poder coercitivo* es la capacidad de la fuente para castigar a quienes no cumplen con sus demandas. La mayoría de las personas reacciona negativamente al poder coercitivo, y la atracción y credibilidad de un

comunicador que se apoye en él decrecerá con el tiempo, y la persona sólo responderá cuando sepa que está siendo observado por aquella que imparte el castigo. En ocasiones el comunicador puede utilizar este tipo de poder para hacer que las personas dejen de hacer algo que no quiere que hagan; sin embargo, no es un medio muy eficaz para hacer que la gente continúe comportándose a largo plazo de la manera deseada.

Poder referente
El que se ejerce cuando se pide a alguien que haga algo "por nosotros".

- El *poder referente* es el que ejerce el consumidor cuando pide a alguien que haga algo "por nosotros". En este caso se solicita al receptor que se identifique con la fuente y que haga ciertas cosas para complacerlo. El poder referente funciona bien en aquellas situaciones en las que la fuente es muy apreciada o respetada. Mucha gente hace favores a sus amigos o a aquellos a quienes respeta. Un comunicador que abusa de esta forma de poder pierde su eficacia para influir. No obstante, si el comunicador es inteligente, actuará en reciprocidad y de vez en cuando hará algo por el receptor para mantener la eficacia de su poder referente en futuros intentos de influir.

Poder de experto
El que se ejerce cuando la fuente tiene más conocimientos o mayor experiencia que el receptor y, por tanto, puede influir en los demás.

- El *poder de experto* es el que se ejerce cuando la fuente posee más conocimientos que el receptor, y por tanto tiene capacidad para influir, lo cual no sólo se debe a que cuenta con información suficiente para proporcionar conocimientos y evidencias que cambien las opiniones, sino también a la reputación de experto que le precede.

Pfeffer (1998) menciona que existen tres condiciones que aumentan el uso del poder en los intentos de persuasión: *a*) el uso selectivo de criterios objetivos; es decir, la capacidad percibida de que la fuente puede en realidad aplicar subjetivamente ciertos criterios para ejercer control y otorgar recompensas; *b*) la formación de coaliciones; es decir, la capacidad de convocatoria de una fuente para unir voluntades y grupos y con ello lograr mayor fuerza y poder, y *c*) la coopción, que trata de cambiar actitudes y conductas de individuos dominantes involucrándolos en asociaciones específicas para crear grupos con toma de decisiones participativa, que inicia antagónicamente y no de manera neutral como en la mayor parte de los procesos participativos.

El receptor

Ya se han analizado las variables de la fuente que favorecen o inhiben la comunicación persuasiva, por lo que ahora es necesario revisar brevemente algunas variables del receptor. El persuasor hábil comprenderá que un análisis correcto del público le permitirá adaptarse mejor a las situaciones de comunicación, y, por lo tanto, entenderá que las siguientes afirmaciones son sólo generalizaciones que pueden ser útiles o no en una determinada situación. Centraremos nuestra atención en las áreas que son relevantes para el uso de estrategias de persuasión. La primera es la susceptibilidad del receptor. Esto se refiere al grado en que las características personales de la gente lo hacen más o menos fácil de inducir. Tales atributos son importantes para decidir las mejores maneras de influir en los receptores. Cualquier individuo en el papel de receptor posee atributos que le hacen más o menos susceptible a los intentos de influjo. Éstos incluyen variables demográficas y ciertas características de personalidad.

Análisis demográfico. Algunas investigaciones indican que cuanto más edad tiene una persona es menor la posibilidad de persuadirla (O'Keefe, 1990) y ello significa que cuanto más edad tenga una persona será más práctica y precavida; también existen considerables evidencias de que el sexo del receptor es importante para predecir el grado de persuasión, ya que es evidente que las mujeres son más susceptibles de ser persuadidas, o para decirlo de otra manera, los hombres son más resistentes al cambio (Perloff, 1993). También se ha intentado descubrir la relación entre la inteligencia general y la persuasión. La valoración razonable de estas investigaciones lleva a concluir que la inteligencia, por sí misma, no ayuda a predecir la susceptibilidad a la influencia. La inteligencia de los receptores simple y sencillamente no predice cómo responderán a un mensaje.

Análisis de personalidad. Un análisis demográfico de cierto auditorio puede ser de utilidad para una fuente en muchas circunstancias, pero también es útil para ver a los receptores como individuos con personalidad única que afectará su respuesta a los intentos de influir en ellos. Aunque se han realizado bastantes investigaciones en el área de la personalidad (Burgoon y Ruffner, 1978) sólo se revisarán brevemente tres rasgos de ésta que parecen estar relacionados con la susceptibilidad a la persuasión: dogmatismo, autoestima y ansiedad (Burgoon y Miller, 1988, 1990; Burgoon, Hunsaker y Dawson, 1994; Berger y Burgoon, 1998).

- El *dogmatismo* se ha definido como un sistema cerrado de creencias o incredulidades acerca de la realidad. Una persona dogmática es autoritaria, estricta, obstinada y de mente cerrada; esta persona puede ser inflexible por creer que siempre tiene la razón e intolerante con las personas que no comparten sus ideas. A esto se debe que las personas dogmáticas sean difíciles de persuadir; sin embargo, hay por lo menos un caso en el que los dogmáticos son más fáciles de persuadir que la gente menos autoritaria. Esto sucede cuando el comunicador está en posición de poder y autoridad, ya que este tipo de personas son autoritarias-sumisas porque se someten a la persona en posición de autoridad, pues para ellos el poder de la jerarquía es más importante que el contenido del mensaje.
- La *autoestima* es el concepto que cada individuo tiene de sí mismo y que está integrado por sus propias percepciones y por la retroalimentación

Dogmatismo
Sistema cerrado de creencias o incredulidades acerca de la realidad.

Autoestima
Concepto que tiene de sí mismo cada persona.

de otras personas. Quienes tienen baja autoestima son conformistas, confían en sus opiniones y son fáciles de persuadir. Quienes se tienen en alta estima confían en sus opiniones y les es fácil refutar las de los posibles persuasores. En general, esto las hace menos susceptibles a los intentos de influir.

Ansiedad
Sentimiento de la gente que siempre está nerviosa por temor o inseguridad y que, en consecuencia, rechaza los mensajes de persuasión.

- La *ansiedad* de los receptores es un factor para predecir las reacciones a los intentos de influir. La persona con ansiedad crónica tiende a rechazar los mensajes que le provocan más ansiedad. Estas personas bloquean activamente los mensajes que podrían asustarlas o preocuparlas. Por tanto, es probable que cualquier intento de persuadir a la gente a realizar determinadas actividades con base en el temor sea ignorado por quienes son ansiosos crónicos. Por otro lado, quienes no lo son responden a este tipo de mensajes prestando más atención al comunicador, lo que los vuelve más susceptibles a la influencia social.

Variables del mensaje en el proceso de persuasión

Estructura de los mensajes persuasivos

En este apartado se estudiará la dinámica de la influencia de la información, es decir, cómo se seleccionan los mensajes y cómo se estructuran y se utilizan óptimamente en el proceso de transformación de actitudes en otras personas. Toulmin (1959) señala que todos los argumentos persuasivos contienen tres componentes: *a*) demanda, *b*) garantía y *c*) datos.

La demanda es cualquier afirmación implícita o explícitamente establecida que el persuasor quiere que su público acepte.

La garantía es una creencia general o actitud establecida en apoyo de la demanda. En otras palabras, una garantía es una razón por la que el público debe aceptar la demanda. Para ser efectiva, la garantía debe ser aceptada implícitamente por el público, ya que es poco probable que éste acepte una demanda si no acepta la justificación general para realizarla.

Los datos están compuestos de creencias específicas establecidas en apoyo a una demanda, y se relacionan con ella por medio de la garantía.

En cierto sentido los componentes de un argumento (demanda, garantía y datos) pueden concebirse como los tres componentes de un silogismo. La garantía es la premisa principal, un dato es la premisa menor y la demanda es la proposición o conclusión. Considere el siguiente ejemplo de silogismo:

Se desea incrementar el rendimiento de la cosecha (premisa principal o garantía).

Utilizando el fertilizante marca X se incrementa el rendimiento de la cosecha (premisa menor o dato).

Por tanto, se debe utilizar la marca de fertilizante X (conclusión o demanda).

Construcción de mensajes persuasivos

Evidencias
Presentación de información objetiva para lograr persuadir a la gente.

Evidencias. Como ya se indicó, la presentación de información objetiva acerca de algún tema dará como resultado un cambio en las creencias del público. Desafortunadamente, para el persuasor estos cambios de creencia no siempre ocurren; incluso no siempre son seguidos por cambios de actitud en el comportamiento abierto; por ello la inclusión de evidencias en un mensaje persuasivo no siempre garantiza el éxito. En realidad, los análisis previos acerca del papel que desempeñan en la eficacia persuasiva indican que éstas ejercen poca influencia sistemática. Sin embargo, hay muchas situaciones en las que el uso sensato de las evidencias puede ayudar al efecto persuasivo del comunicador.

Para que las evidencias sean eficaces deben ser novedosas para el público (Burgoon y Miller; 1990; Benjamin, 1997). Si el público está consciente de la información, es probable que las evidencias hayan sido aceptadas o rechazadas previamente, y en este caso es poco probable que tengan efecto alguno en la actitud de los receptores. Esto indica que el empleo de evidencias puede ser eficaz cuando se dirige a receptores que no tienen conocimiento previo del tema. En este sentido, casi cualquier información objetiva sería nueva y potencialmente eficaz. Una segunda consideración es que las evidencias deben ser "buenas" y pertinentes con respecto a la demanda. El uso de evidencias "malas" o irrelevantes resulta ineficaz para cambiar la actitud del público a favor de la demanda, y además podría reducir la credibilidad del expositor (Burgoon y Miller, 1990).

Existen dos tipos de credibilidad relacionados con el uso de las evidencias. Primero, la credibilidad de la fuente, en el sentido ya utilizado en este capítulo. Si el auditorio tiene confianza en el comunicador no será necesario que éste se apoye en las evidencias, ya que es probable que sus aseveraciones sean suficientes para persuadirlo a que acepte sus demandas. Por otro lado, si no goza de suficiente credibilidad, es crucial el uso eficaz de las evidencias, ya que citarlas de manera adecuada incrementará la eficacia de la persuasión, así como la percepción de credibilidad del expositor (McCroskey, 2005).

Un segundo tipo de credibilidad que debe considerarse es la confiabilidad de lo citado por el expositor. El hecho de citar información que provenga de fuentes que el público considera de crédito dudoso puede ser contraproducente. Una táctica que se puede utilizar para reducir el efecto negativo que produce apoyarse en fuentes poco confiables consiste en no revelar su origen hasta haber presentado las evidencias. Las investigaciones realizadas indican que citar la fuente después de la presentación de las evidencias incrementa la eficacia persuasiva cuando se considera que provienen de una fuente poco confiable. Tal vez esto se debe a que cuando se proporciona a un público información que proviene de lo que éste considera de dudosa credibilidad (como cuando se cita la fuente de las evidencias antes de la presentación de la misma), quien escucha adopta una actitud negativa, lo que implica un rechazo inmediato a la información. Si el público ignora el origen de las evidencias, no se preocupará por esto y habrá más posibilidades de producir la influencia deseada.

Mensaje unilateral
El que ignora los argumentos que se oponen a su demanda.

Mensaje bilateral
El que presenta los argumentos desde ambos puntos de vista.

Mensajes laterales. La persuasión por lo regular maneja "temas controvertidos", por lo que posiblemente se presenten puntos de vista diferentes y el expositor debe anticipar que para cada argumento puede haber una contraposición, oposición a las garantías y tal vez información conflictiva y decidir si acepta estos argumentos o no. Se dice que el mensaje unilateral es cuando el expositor se limita a presentar sus demandas, garantías y datos sin prestar atención a ningún argumento que se le oponga. En cambio, se dice que es un mensaje bilateral cuando el expositor presenta los argumentos desde ambos puntos de vista, pero tiene el propósito de que su demanda sea la más aceptada.

Un análisis cuidadoso de los objetivos del persuasor y de las características del público son factores importantes para decidir si se debe presentar un mensaje unilateral o bilateral. Si el expositor se encuentra en la fase de disuasión, en el proceso de persuasión sería conveniente que utilizara un mensaje unilateral; es decir, el adecuado cuando el público está de acuerdo con la demanda y reforzar las actitudes actuales, o tal vez acrecentar el compromiso del público. Sin embargo, si el objetivo del expositor es el de provocar una hostilidad inicial, entonces suele ser más eficaz un mensaje bilateral.

Otro factor a considerar es el nivel de educación del público. En términos generales las personas que poseen una educación formal tienden a ser más influidas por los mensajes bilaterales, independientemente de su actitud inicial o de los objetivos del persuasor (Bettinghaus y Cody, 1997). Se obtienen efectos similares cuando se comienza por presentar argumentos opuestos al público. Quienes han estado expuestos a argumentos contrarios son más susceptibles de ser influidos por mensajes bilaterales y no por mensajes unilaterales. Varios factores pueden explicar la falta de eficacia de los mensajes unilaterales en este tipo de situaciones, por ejemplo, las personas conscientes de los argumentos opuestos podrían considerar que éstos deben ser refutados o descalificados en vez de desear adoptar la posición sostenida por el persuasor. Otra posibilidad es que al ignorar los argumentos opuestos puede surgir la duda acerca de la competencia de la fuente ("¿No es esta persona lo suficientemente inteligente como para darse cuenta de que este tema se puede ver desde otro enfoque?"), o de la confianza ("Yo sé que hay argumentos para apoyar lo contrario; ¿por qué esta persona los ignora?").

Organización del mensaje
La estructura que debe llevar un discurso para ser más eficaz.

Organización del mensaje. Aunque los estudiosos del discurso y de la redacción creen que los mensajes bien planeados son los más persuasivos, es poca la evidencia que apoya este punto de vista. Sin embargo, hay varias características estructurales que se pueden planear para aumentar la persuasión en los intentos de influencia (Andrews y Baird, 2005; Breaden, 1996; Burgoon y Miller, 1998, 1990; Galanes, Adams y Brilhart, 2000; Perloff, 1993).

Los mensajes unilaterales comunes ofrecen una solución a un problema. Esto sugiere la pregunta: ¿qué se debe presentar primero, el problema o la solución? Por lo general es más eficaz demostrar que realmente existe un problema antes de ofrecer la solución.

En contraste, en los mensajes bilaterales la estructura suele ser más compleja: el expositor debe manejar sus propios argumentos y también los opuestos. ¿Cuáles se deben presentar primero, los que desea el expositor que sean aceptados o los que quiere refutar? La estructura más eficaz indica que primero deben presentarse los argumentos que se desea sean aceptados y después refutar los argumentos contrarios pues si éstos se presentan primero se corre el riesgo de influir accidentalmente en el auditorio para que acepte esos argumentos indeseables, por el contrario, si se presentan primero los argumentos deseables es posible persuadir al receptor con los argumentos "buenos" antes de exponerlo a las pretensiones contrarias.

Cuando se estructuran los recursos persuasivos debe considerarse también cuándo hacer hincapié en los puntos en los que están de acuerdo o en desacuerdo inicialmente el expositor y su público. Cuando el expositor se proponga lograr la disuasión, habrá muchos puntos en los que el público esté de acuerdo con él y pocos en los que esté en desacuerdo. Incluso cuando el objetivo del expositor sea la descontinuación o la conversión, es lógico que existan algunos puntos de coincidencia con el público, aparte de los desacuerdos normales. Cualquiera que sea el objetivo del expositor, la mejor estrategia consiste en empezar el mensaje con la exposición de los puntos en que se esté de acuerdo antes de intentar influir en el ánimo del público acerca de los puntos en disputa. Puntualizar en las ideas de mutuo acuerdo puede aumentar la percepción de similitud entre el público y el expositor, lo cual incrementa también el efecto persuasivo que puede esperar el persuasor. A la inversa, empezar por los puntos en desacuerdo puede aumentar las divergencias entre los resultados deseados por el persuasor y la posición inicial de su público, provocando que éste vea la posición del expositor como más discrepante de lo que es en realidad.

Apelaciones al miedo. Esta táctica persuasiva con frecuencia pretende influir en el público mediante el recurso de la intimidación empleando mensajes con los que se amenaza al público de que le ocurrirá un gran mal si no adopta la pretensión del expositor; por ejemplo: "deja de fumar o te morirás en un año", "este país se enfrentará a la ruina económica si no adopta mis políticas fiscales", o "si no compras un seguro de vida tu familia sufrirá cuando te mueras".

Apelaciones al miedo
Táctica persuasiva con la que se pretende influir en el público mediante el recurso de la intimidación.

Aunque algunas investigaciones han informado sobre resultados conflictivos, las fuertes apelaciones al miedo son generalmente más eficaces que las apelaciones débiles (Baron, Byrne y Branscombe, 2005). Se han dado varias explicaciones acerca de la relativa eficacia de las fuertes apelaciones al miedo, pero una de las más parsimoniosas es la que se basa en el *patrón de reducción de motivación* (Baron, Byrne y Branscombe, 2005). Este patrón se refiere a que las fuertes apelaciones al miedo conducen a un estado de excitación creciente en el receptor, pero cuando se presenta con recomendaciones de cómo evitar que la amenaza se cumpla (aceptación de la demanda), la excitación negativa se reduce y el receptor se tranquiliza. Esta reducción en la excitación negativa fortalece la aceptación de las demandas y las recomendaciones del expositor, e induce el cambio de actitud (Baron, Byrne y Branscombe, 2005).

Patrón de reducción de motivación
Se presenta cuando se recurre a fuertes apelaciones al miedo, que conducen a un estado de excitación creciente en el receptor y facilitan la persuasión.

Se han encontrado varios factores que aumentan la eficacia de las fuertes apelaciones al miedo, algunas, por ejemplo, señalan severas e inmediatas consecuencias si se desobedecen y son más eficaces que aquellas que se enfocan a efectos retardados o a largo plazo; también las fuertes apelaciones al miedo apoyadas con evidencias tienen más posibilidades de ser eficaces que las que no las aportan. No es conveniente que los comunicadores con buena reputación usen este tipo de apelaciones (Bettinghaus y Cody, 1997). Finalmente, las apelaciones que incluyen la afirmación de que la desobediencia resultará perjudicial para los seres amados del receptor, tienen más probabilidades de éxito que los recursos oratorios cuyas amenazas se dirigen solamente al receptor. La revisión de Witte y Allen (2000) ha permitido concluir que el miedo puede llegar a considerarse como un recurso muy eficaz para persuadir.

Intensidad del lenguaje
El énfasis que se pone en las ideas que contienen un mensaje para que deje de ser una afirmación neutral.

Intensidad del lenguaje. Se denomina así al que se pone en las ideas que contiene un mensaje para que deje de ser una afirmación neutral. Por ejemplo, la declaración "ésta es una idea muy buena" es más intensa que la declaración "ésta es una buena idea". La intensidad percibida en un mensaje puede ser manipulada en varias formas.

Una de las formas más comunes de manipular la intensidad del lenguaje es mediante el uso de calificativos que indican los extremos de una posición, como en el ejemplo antes mencionado. De manera similar, el uso de calificativos que indican certeza también influye en la percepción de intensidad; por ejemplo, "ciertamente éste es el mejor curso de acción", es una declaración más intensa que "probablemente éste sea el mejor curso de acción". También los mensajes que utilizan metáforas, en especial aquellos que tienen connotaciones sexuales o de violencia, se consideran bastante intensos. Por ejemplo: "las políticas económicas actuales en México están violando a los pobres".

Las investigaciones acerca de la eficacia persuasiva del uso del lenguaje intenso como recurso indican que los mensajes con alto grado de intensidad suelen ser menos persuasivos que los mensajes de intensidad moderada. Sin embargo, algunas fuentes de comunicación parecen tener más opciones de las que pueden usar eficazmente en los niveles del lenguaje; por ejemplo, los oradores con alto grado de credibilidad pueden usar palabras muy fuertes en sus mensajes y conservar su eficacia persuasiva. En este sentido, una clave determinante del nivel de intensidad que se debe usar es la que el público considera como más apropiada. El análisis realizado por McCroskey (2005) sobre los discursos persuasivos demuestra que el uso inesperado o inapropiado del lenguaje intenso es perjudicial para la eficacia persuasiva.

Lenguaje dogmático. Este elemento está relacionado con el uso del lenguaje intenso. Las declaraciones dogmáticas suelen contener dos mensajes: la actitud del emisor hacia el tema y la actitud hacia la gente que está o no de acuerdo con la fuente. La declaración: "Venezuela es un hermoso país, y cualquiera que piense de otra forma es un idiota", se considera dogmática, ya que contiene el enunciado persuasivo: "Venezuela es un hermoso país" y la fuente considera que los que no estén de acuerdo con esta afirmación son idiotas.

Lenguaje dogmático
Tipo de lenguaje que se compone de la actitud del emisor hacia el tema y la actitud hacia la gente que está o no de acuerdo con el tema.

En este sentido la opinión acerca de Venezuela es una declaración dogmática de rechazo, ya que elimina a los que no están de acuerdo. Una afirmación dogmática que elogia a quienes están de acuerdo podría ser: "cualquier persona inteligente estaría de acuerdo en que Venezuela es un hermoso país", la cual es una declaración dogmática de aceptación.

Por lo regular el lenguaje dogmático se considera más intenso que las declaraciones no dogmáticas; por tanto, las críticas relacionadas con el uso del lenguaje intenso también se aplican al empleo de declaraciones dogmáticas. Cuando el público está involucrado en el tema de discusión y ya se han expuesto conceptos fuertes acerca del tema, es más eficaz el uso del lenguaje no dogmático en vez del dogmático. No obstante, si el público es neutral respecto al tema, las declaraciones dogmáticas de rechazo pueden ser más eficaces que las declaraciones no dogmáticas.

Señales no verbales: Es muy importante para el propósito de influir en la gente tener en cuenta la proximidad no verbal. Con este término nos referimos a conductas como sonreír, asentir, inclinarse hacia adelante, pararse cerca de alguien y contacto visual. Ésta puede considerarse la base de una estrategia de persuasión verbal y no verbal integrada, sobre todo en aquellos casos donde el objetivo de la persuasión es crear un vínculo duradero.

Está claro que tendemos a acercarnos a los individuos que nos agradan tanto física como psicológicamente; asimismo evitamos hacerlo de esta manera con las personas que no nos agradan. La gente lo entiende y, por lo tanto, las señales de proximidad no verbal pueden ser una forma eficaz de comunicación persuasiva. Está claro que todo tipo de mensajes no verbales pueden ejercer una influencia significativa en el proceso de persuasión (Ifert y Gibbons, 1999 y DeFleur *et al.*, 2005).

Estrategias del mensaje eficaz

Aunque las investigaciones ya analizadas estaban relacionadas con la manipulación de una variable (evidencia, intensidad del lenguaje) en un mensaje persuasivo, la mayor parte —no en todos los intentos de influir— tiene una secuencia en su naturaleza, es decir, toman la forma de una campaña con múltiples intentos de persuasión a través del tiempo. Dos de estas estrategias para obtener una solución secuencial han llamado la atención de los investigadores.

El pie en la puerta

El pie en la puerta
Técnica de persuasión que se basa en la premisa de que se necesita aplicar un mínimo de presión para conseguir influir en la gente.

La primera de estas técnicas se conoce como *el pie en la puerta* y se basa en la premisa de que en algunas ocasiones se necesita aplicar un mínimo de presión para conseguir la obediencia. Las razones para intentar obtener la obediencia sin presión se deben a características de tipo moral o ético, o a circunstancias que impiden los intentos de manipulación más abiertos. La estrategia básica del pie en la puerta consiste en que el persuasor haga una solicitud inicial relativamente pequeña que está seguro será aceptada por el receptor para después abordarlo otra vez, pero ahora con una solicitud mayor, que es la que realmente deseaba (Cialdini, 1993). Varios estudios indican que es más probable que quienes ceden a una pequeña solicitud inicial cedan a la segunda petición mayor. Es de suponer que este efecto se debe al cambio en la forma en que el sujeto-meta se ve a sí mismo después de ceder a la primera petición.

Los procedimientos experimentales utilizados por Freedman y Fraser (1966) ilustran la técnica del "pie en la puerta" y su efecto. La petición hecha a un grupo de propietarios de casas consistía en que instalaran un letrero grande en el frente de su casa con la inscripción "Maneje con cuidado". Del total de personas a quienes se les solicitó lo anterior sin una primera petición de menor importancia, menos de 17% respondieron a la solicitud. Sin embargo, de aquellos que fueron abordados primero con una pequeña petición, entre 50 y 76% atendieron a la segunda petición y pusieron el letrero en el frente de su propiedad (Cialdini, 1993).

Es posible que la importancia de la técnica del pie en la puerta radique en el planteamiento de la petición inicial. La primera petición debe ser de tal grado de dificultad para que el receptor la pueda cumplir, ya que si se fracasa en lograr el cumplimiento de una petición pequeña se elimina cualquier posibilidad de éxito en la siguiente petición. Sin embargo, la petición inicial no puede ser tan pequeña que se considere trivial, ya que para que funcione el pie en la puerta, el cumplimiento de la primera petición debe ser un acto suficientemente significativo como para que el receptor se vea a sí mismo como el tipo de persona comprometida con acciones de carácter similar (Burgoon y Bettinghaus, 1980; Cialdini, 1993).

Un aspecto interesante de la técnica en estudio es que el persuasor hábil puede valerse del éxito obtenido antes por alguna otra persona para lograr obediencia en una meta particular en su beneficio. Por ejemplo, una persona podría estar en posición de pretender lograr obediencia de alguien que recientemente ha accedido a una pequeña petición similar de otro persuasor. Esta técnica sugiere que el receptor es más vulnerable ahora a las solicitudes del segundo persuasor.

La puerta en la cara

La técnica de *la puerta en la cara*, aunque también es secuencial por su naturaleza, utiliza recursos distintos para lograr la obediencia. En esta técnica el persuasor aborda el objetivo haciendo una petición grande que supone será rechazada, para después abordar el objetivo con una segunda petición más moderada, la acción solicitada en el segundo mensaje es la respuesta realmente deseada por el persuasor.

La puerta en la cara
Técnica de persuasión secuencial que consiste en hacer una gran petición al receptor para que éste la rechace y después se sienta obligado a ceder en reciprocidad a otra petición menos difícil.

Aunque se ha obtenido más de una explicación sobre la eficacia de la técnica de la puerta en la cara, la investigación parece apoyar una que se basa en la norma de reciprocidad. Cialdini (1993) sugiere que las personas se sienten obligadas a hacer concesiones a quienes les han hecho concesiones a ellas. Por tanto, un persuasor pide algo a una persona para que lo rechace y después se sienta presionado a acceder a una segunda petición más razonable. Para que tenga éxito la técnica de la puerta en la cara se necesitan varias condiciones; primero, la petición inicial debe ser rechazada. Debido a que esta petición exige más de lo que realmente se necesita del sujeto-meta, el fracaso para conseguir esta condición necesaria se podría pensar que fue un éxito. Además, el grado de dificultad de la petición inicial o "el gancho" debe ser cuidadosamente considerado. La primera petición no debe ser tan grande que se torne absurda, aunque debe ser de tal proporción que al rechazarla el receptor se empiece a ver a sí mismo como una persona que rechaza todas las peticiones similares. En otras palabras, el verdadero mecanismo (autoatribución) que conduce al éxito de la técnica del pie en la puerta se debe manejar de tal forma que se convierta en un factor de motivación cuando se trata de utilizar esta técnica. Por último, la segunda petición debe ser menos difícil que la primera para que se considere al persuasor como a alguien que hace una concesión significativa en su solicitud. Debido a que el éxito de la técnica de la puerta en la cara depende de que el receptor se sienta obligado a hacer un tipo de concesión recíproca al persuasor, es evidente que para lograrlo es necesario que sea la misma persona quien efectúe ambas peticiones (Burgoon y Bettinghaus, 1980; Cialdini, 1993).

Selección de estrategia y efectividad

Aparte de enfrentarse a variables específicas en los mensajes persuasivos y la eficacia de las peticiones secuenciales, investigaciones recientes han explorado la selección y el uso de diversos tipos de mensajes persuasivos. Aunque se ha desarrollado una variada tipología de estrategias persuasivas, tal vez la más extensa y más utilizada fue recopilada por Marwell y Schmitt (1967). La tipología de Marwell y Schmitt contiene 16 estrategias persuasivas de los teóricos de la persuasión (véase tabla 8.1).

La mayor parte de la investigación sobre estas estrategias persuasivas se ha centrado en estudiar la probabilidad que hay de que se puedan utilizar en situaciones de persuasión, más que en su eficacia persuasiva (Perloff, 1993). Subsecuentes investigaciones han demostrado que la preferencia por el empleo de ciertas estrategias varía ampliamente según las personas y depende mucho de la situación de persuasión.

Tabla 8.1

Tipología de las estrategias de obediencia de Marwell y Schmitt.

1. Promesa	Si tú cumples, yo te recompenso.
2. Amenaza	Si no cumples te castigo.
3. Pericia (positiva)	Si cumples serás recompensado debido a la naturaleza de las cosas.
4. Pericia (negativa)	Si no cumples serás castigado debido a la naturaleza de las cosas.
5. Preferencia	El que hace la petición es amistoso y ayuda a situar al objetivo en un "estado de buena disposición" para que pueda cumplir con lo solicitado.
6. Prerrecompensa	El que hace la petición recompensa al objetivo antes de solicitar obediencia.
7. Estimulación (adversa)	El que hace la petición provoca continuas molestias. Al cesar éstas obtiene obediencia contingente al final del castigo.
8. Deuda	Me debes sumisión por favores pasados.
9. Recurso moral	Eres inmoral si no cumples.
10. Sentimiento (positivo)	Te sentirás mejor contigo mismo si cumples.
11. Sentimiento (negativo)	Te sentirás peor contigo mismo si no cumples.
12. Distinción (positiva)	Una persona con buenas cualidades cumplirá.
13. Distinción (negativa)	Sólo una persona con malas cualidades no cumplirá.
14. Altruismo	Realmente necesito que cumplas, así que hazlo por mí.
15. Estimación (positiva)	La gente a la que valoras pensará mejor acerca de ti si cumples.
16. Estimación (negativa)	La gente a la que valoras pensará peor acerca de ti si no cumples.

La selección de la estrategia depende de si la relación entre la fuente y el receptor es interpersonal o no lo es, y de si el objetivo es interpersonal o no lo es, y de si el receptor tiene mayor o menor poder que el expositor (Burgoon y Miller, 1990; Perloff, 1993). La preferencia por una estrategia particular varía de acuerdo con el antecedente cultural del persuasor y de si la fuente es hombre o mujer (Burgoon, *et al.*, 1982; Burgoon y Miller, 1990; Perloff, 1993).

La otra cara de la moneda: hacer a la gente resistente a la persuasión

Como ya se señaló en este capítulo, muchos intentos de ejercer influencia están planeados para conseguir que la gente mantenga sus actitudes, creencias o valores y enfrente ataques persuasivos futuros. Aunque se han indicado varios enfoques respecto a la resistencia a la persuasión, los más apoyados y probados fueron los generados por la teoría de la inoculación, la cual, como estableció McGuire (1964:200), se basa en una analogía biológica. En la situación biológica la gente suele hacerse resistente a los ataques de algunos virus a través de una exposición anticipada a una dosis de virus debilitados. Esta dosis moderada estimula sus defensas de manera que será capaz de superar cualquier ataque masivo de virus al que se exponga más adelante.

En una situación persuasiva el método análogo sería exponer al sujeto-meta a una forma debilitada del ataque persuasivo futuro, de forma que se estimulen sus defensas contra el virus de los argumentos que después vendrán. Esta inoculación es más eficaz si se realiza por medio del empleo de mensajes rebatibles, este tipo de mensajes previenen contra los argumentos persuasivos que se podrían utilizar en los intentos por cambiar las actitudes o conductas actuales y después indican por qué estos argumentos no son válidos. Volvamos al ejemplo del fertilizante e imaginemos que los granjeros locales están usando el fertilizante X y están satisfechos con él; sin embargo, nuestro defensor de la marca X está consciente de que es probable que los granjeros se pongan en contacto con un vendedor de la marca Z. El defensor tiene razones para creer que el otro vendedor puede argüir que la marca Z ayuda a incrementar el rendimiento de la cosecha en comparación con la marca X. A fin de inocular a su público contra este argumento, el defensor podría usar un mensaje similar a éste: "Algunas personas podrían decirles que la marca Z es más eficaz para incrementar el rendimiento de la cosecha que la marca X. Sin embargo, ése no es el caso en esta región del país. Con las condiciones de la tierra y del clima que tenemos, la marca X es más eficaz."

En muchas ocasiones no es posible saber exactamente qué argumentos contendrá la publicidad futura. Supongamos que el defensor de la marca Z no mencione el rendimiento de la cosecha en su intento por convencer a la gente de que deje la marca X y en vez de ello haga hincapié en que la marca Z es de más fácil aplicación y precio más bajo comparada con la X. ¿Aun así sería eficaz el mensaje de inoculación del defensor en contra de este tipo de propaganda opuesta? De acuerdo con la teoría de la inoculación, sí lo sería.

Teoría de la inoculación
Supone que los mensajes rebatibles son eficaces porque la estrategia de rebatir proporciona dos factores para la resistencia.

La *teoría de la inoculación* supone que los mensajes rebatibles son eficaces porque la estrategia de rebatir proporciona dos factores necesarios para la resistencia (McGuire, 1961, 1962, 1970); primero, la exposición a los argumentos que podrían ser utilizados en contra de las actitudes o conductas actuales del receptor lo amenaza y, en consecuencia, estimula las defensas que tiene contra el cambio; además, lo motiva a generar nuevos argumentos para resistir ataques futuros. De esta forma, la estrategia de rebatir sería eficaz para inducir la resistencia a la persuasión aunque la contrapropaganda subsecuente se apoye o no en argumentos refutados en la tentativa de inoculación (Pfau y Kenski, 1990).

Estrategia de apoyo
Provoca la resistencia a la persuasión aislando al receptor de la contrapropaganda y al mismo tiempo retroalimenta su comportamiento.

Otra estrategia que se emplea con frecuencia para inducir resistencia a la persuasión es la estrategia de mensaje de apoyo (McGuire, 1961, 1962, 1970). La estrategia de apoyo pretende provocar la resistencia aislando al receptor del contacto con la contrapropaganda, y al mismo tiempo le proporciona información acorde con sus actitudes y comportamientos actuales. Por ejemplo, "el fertilizante marca X es fácil de usar, es económico e incrementa el rendimiento de la cosecha", es un mensaje de apoyo. Sólo proporciona información que está de acuerdo con las creencias del receptor y no reconoce ningún argumento que podría ser usado en la contrapropaganda de la marca Z.

Este tipo de estrategia de apoyo tiene probabilidades de ser eficaz para mantener ciertas actitudes mientras el receptor no sea expuesto a la contrapropaganda, pero proporciona poca protección cuando el receptor adquiere conciencia de los argumentos opuestos. Es posible que esta falta de eficacia se deba a escasas motivaciones y prácticas del receptor para defender sus creencias (Burgoon y Miller, 1990).

REFERENCIAS

Andrews Hayes, P. y Baird, J. E. (2005), *Communication for business and the professions*, 8a. ed., McGraw-Hill, Nueva York.

Aristóteles (350-355 a.C.?) (1990), *Retórica*, Centro de Estudios Constitucionales, Madrid.

Baron, R. A., Byrne, D. y Branscombe, N.R. (2005), *Social Psychology: Understanding Human Interaction*, 11a. ed. , Allyn and Bacon, Boston.

Benjamin, J. (1997), *Principles, Elements and Types of Persuasion*, Harcourt Brace, Nueva York.

Berger, C. R. y Burgoon, M. (1998), *Communication and Social Influence Processes*, Michigan State University Press, East Lansing.

Berscheid, R. F. y Reis, H. T. (1998), "Attraction and Close Relationships", en D. Gilbert, S. Fiske y G. Lindzey (eds.), *Handbook of Social Psychology*, 4a. ed., 2, McGraw-Hill, Nueva York, pp. 680-740.

Bettinghaus, E.P. y Cody, M.J. (1997), *Persuasive Communication*, 5a. ed., Hbj, Nueva York.

Breaden, B. (1996), *Speaking to persuade*, Harcourt Brace, Fort Worth, TX.

Burgoon, J. y Hale, J. L. (1988), "Nonverbal Expectancy Violations: Model Elaboration and Application to Immediacy Behaviors", *Communication Monographs*, 55, pp. 58-79.

Burgoon, J. y Bettinghaus, E. P. (1980), "Persuasive Message Strategies", en M. E. Roloff y G. R. Miller (eds.), *Persuasion: New Directions in Theory and Research*, Sage, Beverly Hills, pp. 141-170.

Burgoon, J. y Dillard, J., Doran, N. E. y Miller, M. D. (1982), "Cultural and Situational Influences on the Process of Persuasive Strategy Selection", *International Journal of Intercultural Relations*, 6, pp. 85-100.

Burgoon, J. y Hunsaker, F. y Dawson, E. (1994), *Human Communication*, 3a. ed., Sage, Beverly Hills.

Burgoon, J. y Miller, M. D. (1988) "Comunicación persuasiva", en C. Fernández Collado y G. L. Dahnke (eds.), *La comunicación humana. Ciencia social*, McGraw-Hill, México, pp. 223-252.

Burgoon, J. y Miller, M. D. (1990), "Communication and Influence", en G. L. Dahnke, C. Fernández Collado y G. W. Clatterbuck (eds.), *Human Communication. Theory and Research*, Wadsworth, Belmont, CA, pp. 229-258.

Burgoon, J. y Ruffner, M. (1978), *Human Communication*, 2a. ed., Holt, Rinehart, y Winston, Nueva York.

Cialdini, R. B. (1993), *The psychology influence of persuasion*, edición revisada, William Morrow, Nueva York.

Cronkhite, G. (1976), *Communication and Awareness*, Cummings, Menlo Park.

DeFleur, M., Kearney, P., Plax, T. G., De Fleur, M. (2005), *Fundamentos de la Comunicación Humana*, McGraw-Hill Interamericana.

Freedman, J. L. y Fraser S. C. (1966), "Compliance Without Pressure: The foot-in-the-door technique." *Journal of Personality and Social Psychology*, 4, pp. 196-202.

Galanes, G., Adams, K. y Brilhart, J. (2000), *Communicating in groups applications and skills*, McGraw-Hill, Boston.

Gandol, M. F. y Torres, D. (2005), *Estrategia de comunicación persuasiva para la difusión del conocimiento del patrimonio cultural*, http://www.ilustrados.com/documentos/estratcomdifpatrimoniocultural.doc

Hovland, C. y Janis, I. L. (1959), *Personalidad y persuasión Connecticut*, Prensa de la Universidad de Yale, pp. 225-254.

Ifert, D. E. y Gibbons, C. A. (1999), "Look at me when I´m influencing you: nonverbal messages and persuasion", *Nueva Jersey Journal of Communication*, 7, 2, pp. 171-179.

Jensen, T. y Valencia, C. (1973), "Measurement of the Credibility of Peers and Spouses", trabajo presentado en la International Communication Association Convention, Montreal.

Kouzes, J. M. y Posner, B. Z. (1995), *Credibility*, Jossey-Bass, San Francisco.

Laborda, X. (2004), "De Retórica: La comunicación persuasiva", http://www.sant-cugat.net/laborda/4389DERE.htm

Marwell, G. y Schmitt, D. R. (1967), "Dimensions of Compliance-Gaining Behavior: An Empirical Analysis", *Sociometry*, 30, pp. 350-364.

McCroskey, J. C. (2005), *An Introduction to Rethorical Communication*, 9a. ed., Allyn & Bacon, Nueva York.

McGuire, W. (1961), "The Effectiveness of Supportive and Refutational Defenses in Immunizing and Restoring Beliefs Against Persuasion", *Sociometry*, 24, pp. 184-197.

——— (1962), "Persistence of Resistance to Persuasion Induced by Various Types of Prior Belief Defenses", *Journal of Abnormal and Social Psychology*, 64, pp. 241-248.

——— (1964), "Inducing Resistance to Persuasion; Some Contemporary Approaches", en L. Berkowitz (ed.), *Advances in Experimental Social Psychology*, 1, Academic Press, Nueva York.

——— (1970), "A vaccine for Brainwash", *Psychology Today*, 3, pp. 36-39, 63-64.

Miller, G. R. y Hewgill, M. A. (1964), "The Effects of Variations in Nonfluency on Audience Ratings of Source Credibility", *Quarterly Journal of Speech*, 50, pp. 36-44.

——— (1982), "Friendship, Power, and the Language of Compliance-Gaining", *Journal of Language and Social Psychology*, 1, pp. 111-121.

Miller, G.R. y Burgoon, M. y Burgoon, J. K. (1984), The functions of human communication in changing attitudes and gaining compliance, en C. C. Arnold & J. S. Bowers (eds.), *Handbook of rhetorical and communication theory*, Allyn and Bacon, Boston, pp. 400-474.

O'Keefe, D. J. (1990), *Persuasion. Theory and Research*, Sage, Newbury Park, California.

Perloff, R. M. (1993), *The Dynamics of Persuasion*, Lawrence Erlbaum Associates, Hillsdale, Nueva Jersey.

Pfau, M. y Kenski, H. C. (1990), "Inoculation in Political Campaign Communication", *Human Communication Research*, 15, pp. 91-111.

Pfeffer, J. (1998), *The Human Equation*, Harvard Business School Press, Cambridge.

Plax, T. G. y Rosenfeld, L.B. (1980), "Individual differences in the credibility and attitude change relationship". *Journal of social psychology*, 111, pp. 79-89.

Rogers, E. M. (2003), *Difussion of Innovations*, 5a. ed., Free Press, Nueva York.

Rogers, E. M. y Steinfatt, T. M. (1999), *Intercultural Communication*, Waveland, Prospect Heights, Illinois.

Sierra, F. (1999), "Persuasión", en *Master Universitario en Nuevas Tecnologías de la Información y la Comunicación*, UNED.

Toulmin, S. (1959), *The Use of Argument*, Cambridge University Press, Cambridge.

Wilmot, W. W. (1995), *Communication*, 4a. ed., Addison-Wesley, Reading, Massachusetts.

Witte, K. y Allen, M. (2000), "A meta-analysis of fear appeals: Implications for effective public health campaigns", *Health education and behaviour*, 27, pp. 608-632.

Mapa conceptual

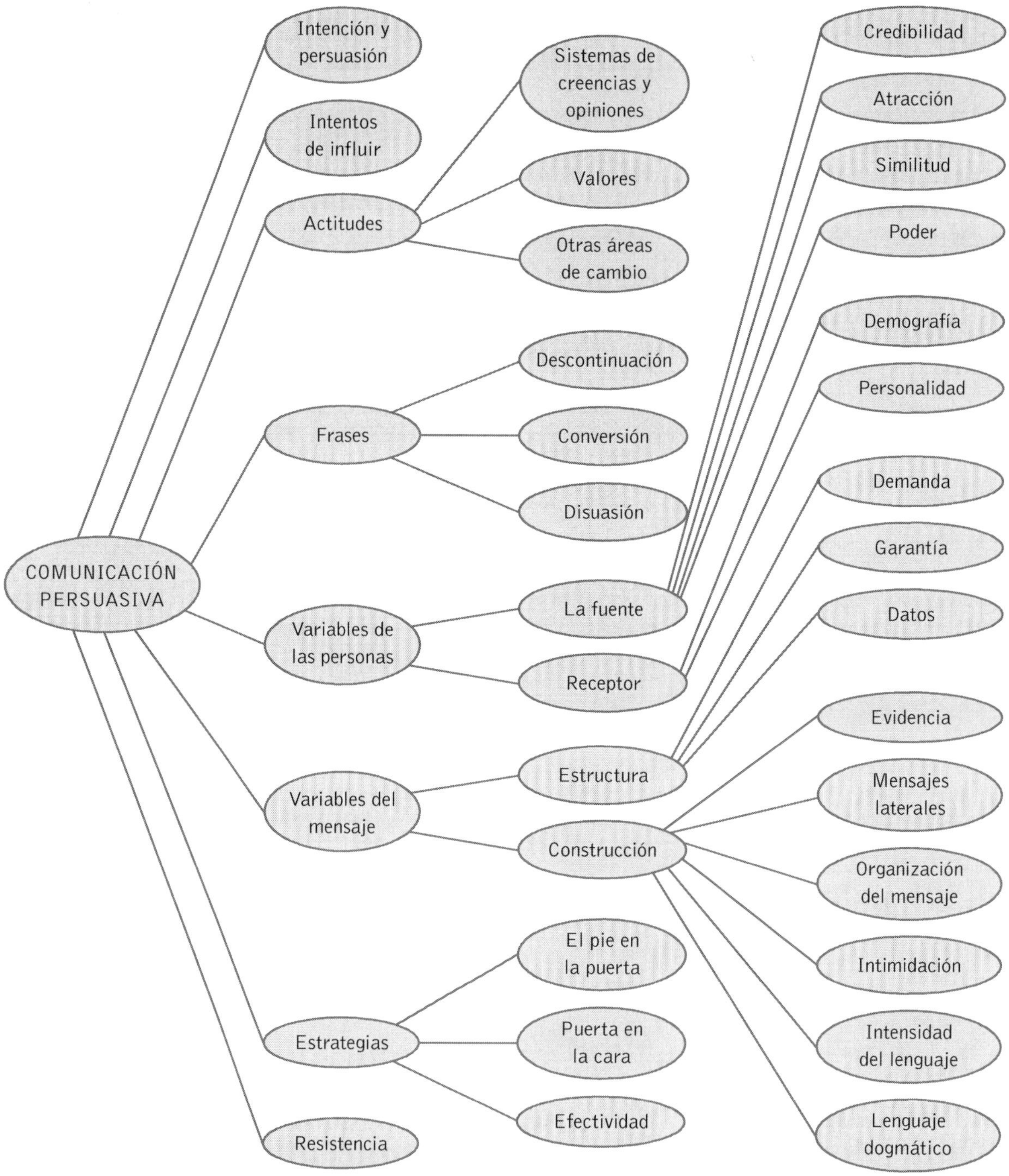

Comportamiento ecológico del día después de ver *El día después de mañana*

Luk Warlop

Con la colaboración de Gert Cornelissen

En la película *El día después de mañana* (Emmerich, 2004), Nueva York es golpeado por una ola gigantesca, una ventisca y, al final, una helada instantánea. Estos acontecimientos anuncian la llegada de una nueva era glacial que cubrirá con hielo el Hemisferio Norte. En tanto que los premiados efectos especiales atrapan la atención de los espectadores, el héroe del día Jack, un climatólogo visionario, utiliza muchas referencias científicas para culparnos a los seres humanos. Nuestro uso desproporcionado de los recursos de la tierra, la excesiva producción de desechos y el consumo masivo de energía originaron cambios en el clima y causarán la destrucción de la humanidad. Antes de leer el capítulo precedente, usted podría haber pensado que esta película sería el instrumento de persuasión definitivo en la promoción de un estilo de vida ecológico. Vemos imágenes espectaculares de desastres, combinados con el mensaje "y usted puede prevenir todo esto, viviendo más ecológicamente". ¿Cómo puede ser que esto no funcione?

Revisaremos unas cuantas razones por las que esta película no causó una revolución ecológica. Dar argumentos y hacer que la gente piense en las consecuencias de sus acciones no siempre funciona. Según corrientes recientes del marketing social, éste es especialmente el caso cuando se trata de promover comportamientos socialmente deseables (o prosociales). Proponemos un enfoque alternativo a este tipo de persuasión.

1. La fuente

Aunque la TV y otros medios visuales se han convertido en nuestra fuente principal de información, el gran público percibe las películas de Hollywood como entretenimiento, y no como una fuente creíble de información (Hallam y Marchment, 2000). De hecho, los científicos de la NASA rechazaron ser asesores para esta película porque "los acontecimientos en la película eran demasiado ridículos para ocurrir en la realidad". Algunos de los efectos visuales son tan exagerados que hacen a los efectos del calentamiento global algo inverosímil y causan un efecto contrario: que la audiencia crea que los reclamos sobre problemas ambientales también son exagerados. La investigación mostró que después de ver *El día después de mañana* la gente estimaba todavía menor la probabilidad de un cambio en el clima global que antes de ver la película (Reusswig, Schwarzkopf y Pohlenz, 2004).

2. El mensaje

Los productores de esta película confiaron en *apelaciones al miedo*. Identificamos al menos dos defectos en la forma en que lo hicieron: primero, los efectos visuales extremos que utilizaron puede llevar a un proceso llamado *control del miedo*. Cuando las apelaciones al miedo son demasiado aterradoras, la gente tiende a minimizar la probabilidad de que esos sucesos puedan llegar a ocurrir. Minimizan el riesgo cuestionando la fuente (*no puedes creer en esos estudios*), negando el riesgo personal (*eso no puede ocurrirme a mí*) o simplemente ignorando la cuestión. El resultado es que la gente tendrá menos voluntad para intentar evitar el peligro. Segundo, los productores no ofrecen alternativas sobre cómo evitar estos riesgos. Las apelaciones al miedo funcionan mejor cuando son extremas, *pero sólo si se le dan al público ideas de cómo evitar esos peligros* (Witte y Allen, 2000).

Además, el mensaje de la película implica que *todo el mundo es culpable*. Esto es cierto, pero la gente tiende a interpretarlo a conveniencia propia: ¿"si todos los demás hacen lo mismo, ¿por qué debería sólo yo hacer sacrificios personales para salvar el medio ambiente?". A menudo *hacer lo que todos los demás hacen es preferible a hacer lo correcto*.

3. El receptor

Cuando una película trata de hacer cambiar nuestro comportamiento puede ser contraproducente debido a un proceso llamado *reactancia psicológica* (Reich y Robertson, 1979). A las personas no les gusta que les digan qué hacer, y si perciben que alguien trata de controlarlas o ejercer influencia sobre ellas, pueden sentirse motivadas a resistir y comportarse de manera contraria, provocando un efecto *boomerang*.

Por lo general, persuadir es sinónimo de "motivar a la gente a pensar sobre las posibles consecuencias de su comportamiento y aclararlas". Es posible, sin embargo, que tal estrategia cause efectos irónicos. De hecho, a menudo, los comportamientos proambientales son más difíciles, incómodos o caros. Por lo tanto, hacer que alguien reflexione sobre las ventajas de tales comportamientos para el ambiente también le hará pensar en las desventajas que acarrean para sí mismo. Esta forma de pensar a menudo nos tentará a tomar decisiones poco ecológicas ya que nuestro propio interés es más prioritario que los beneficios morales o públicos. Se requiere otro enfoque para persuadir a la gente de hacer un esfuerzo por otras personas o causas. Llamamos a este tipo de comportamientos *prosociales* o *socialmente deseables* (donar sangre, conducir con prudencia y hacer donaciones caritativas), y el campo que se especializa en la promoción de estos comportamientos es el marketing social.

Enfoque alternativo: activación de los pensamientos correctos

En los ultimos años, la gente se ha hecho más consciente de los problemas ambientales y sus posibles soluciones (EC, 2005). Este conocimiento no siempre se traduce, sin embargo, en mayores esfuerzos por el medio ambiente. A menudo, nuestras decisiones son parte de una corriente continua de comportamientos que son ejecutados de manera automática, sin mucho pensamiento consciente. Típicamente, el pensamiento más accesible en un momento dado ("lo primero que se le pasa por la cabeza") determina lo que usted hará en ese momento. Si queremos influir en el resultado de una toma de decisión es importante hacer los valores deseados (en este caso los relacionados con el medio ambiente), accesibles en el momento de la toma de la misma (Warlop *et al.*, 2004) .

Un ejemplo famoso en este sentido es "la técnica del pie en la puerta" descrita en el capítulo anterior. En un ejemplo más espectacular sobre este principio los investigadores (Kaars *et al.*, 2006) simplemente colocaron un espejo encima de una papelera. Se demostró que el mero hecho de verse reflejados en un espejo hace que los individuos estén más atentos a sus propios rasgos internos. Parece recordarles quiénes realmente son y cuáles son sus valores (Carver y Scheier, 1978). De esta forma el espejo activa los valores medioambientales de la gente. Este simple procedimiento redujo en un 50% los desperdicios encontrados en el suelo.

Además de impedir que la gente piense en las posibles consecuencias desfavorables de los comportamientos prosociales, estas técnicas sutiles no provocan efecto *boomerang*. Otra técnica con la que hemos trabajado es la llamada "etiquetado social". Al igual que la técnica del "pie en la puerta" trata de hacer que una persona piense sobre sí misma de una manera determinada y lo hace simplemente diciéndole a esa persona que es una persona comprometida con el medio ambiente, por ejemplo.

En nuestro laboratorio les dimos a los participantes una lista de 7 televisores, cada uno con una ficha que los describía según varias características. Uno de ellos era claramente mejor que los otros 6 en cuestión de calidad de imagen y sonido pero también era el más ecológico puesto que era de bajo consumo energético. Pedimos a los participantes que indicaran qué televisor preferían. Entonces les dijimos a la mitad de los participantes que el questionario sería usado por una organización de consumidores para segmentar a la gente en tipos de consumidores. Les dijimos también que según estudios anteriores la gente que había elegido el mismo televisor que ellos eran gente muy consciente con el medio ambiente. Mientras recibían esta información hicimos a los participantes realizar una tarea distractora. Después, observamos que los participantes que recibieron esta información, la "etiqueta", tomaron un 50% más decisiones favorables para el medio ambiente en subsecuentes decisiones de compra que los participantes en los otros 2 grupos. Además, aquellos que recibieron la "etiqueta" se consideraban a sí mismos como "consumidores ecológicos" en mayor proporción que en los otros gupos.

Conclusión

Activar ciertos valores en el momento de la toma de decisión puede ser más eficiente que presentar argumentos racionales. Esto no significa que esté mal informar a la gente de por qué es importante preocuparse por el medio ambiente y cómo hacerlo. Nuestra alternativa es un complemento al estilo persuasivo tradicional. Las campañas de marketing social han tenido éxito incrementando la conciencia sobre temas ambientales, pero parece claro que falta un paso final ya que estos valores raramente se traducen en cambios en el comportamiento. Esto se debe a que la estructura de estas decisiones es un "dilema social" y a la importancia de los intereses individuales o egoístas en la toma de decisiones. Parece claro que es necesario, además de crear estos valores, activarlos en el momento apropiado.

Luk Warlop
Universidad Católica de Lovaina
Gert Cornelissen
Universidad Pompeu Fabra

REFERENCIAS

Carver, C. S., y Scheier, M. F. (1978), "Self-focusing effects of dispositional self-consciousness, mirror presence, and audience presence", *Journal of Personality and Social Psychology, 36.* 324-332

Emmerich, L. (Producer & Director), (2004), *The day after tomorrow* [Motion picture]. Estados Unidos, 20th CENTURY FOX.

European Commission, Directorate General of the Environment (2005), *The attitudes of European citizens towards environment,* Brussels, Belgium: Directorate General of Communication.

Hallam, J. y Marchment, M. (2000), *Realism and Popular Cinema,* Manchester: University Press.

Kaars, J., Wijermans, C., de Kort, Y., McCalley, T., Midden, C. (2006), *Anti-Litter Bins: Persuasion through Non-Interactive Design,* Poster presented at the 1ST International Conference on Persuasive Technology for human Well-Being (Eindhoven, The Netherlands).

Reich, J. W., y Robertson, J. L. (1979), Reactance and norm appeal in anti-littering messages, *Journal of Applied Social Psychology, 9,* 91-101.

Reusswig, F., Schwarzkopf, J. y Pohlenz, P. (2004), *Double impact, The climate blockbuster, The Day After Tomorrow, and its impact on the German cinema public,* PIK Report No. 92, Potsdam Institute for Climate Impact Research (PIK).

Warlop L., Smeesters D., y Vanden Abeele P. (2004), On selling brotherhood like soap, in Ratneshwar S, Huffman C, Mick DG, ed.: *The Why of Consumption,* (Routledge Nueva York) pp. 197 - 215.

Witte, K., y Allen, M. (2000), A Meta-Analysis of Fear Appeals: Implications for Effective Public Health Campaigns, *Health Education & Behavior,* vol. 27, núm. 5, 591-615.

Capítulo Nueve

Lenguaje y comunicación

Sumario

Objetivos de aprendizaje

En función de la lectura y estudio de los contenidos de este capítulo, el alumno será capaz de:

- Entender el lenguaje como un elemento esencial de la existencia humana para lograr la comunicación en la interacción de los individuos.
- Comprender el concepto de aptitud para el lenguaje y cómo es percibido por la lingüística para explicar la relación que existe entre la cultura y la aptitud comunicativa.
- Describir los procesos de interpretación que experimenta el individuo para poder percibir símbolos y procesarlos en su pensamiento con el fin de producir el lenguaje y comunicarse con sus semejantes.
- Analizar el contexto en el que el humano interactúa en su proceso de socialización para aprender el lenguaje, desde las perspectivas sociolingüística y psicolingüística; así como consultar diferentes estudios realizados en torno a la cognición social y su relación con la comunicación.

Es necesario señalar desde el inicio de este capítulo que el lenguaje es una característica omnipresente de la existencia humana. En este sentido cualquier análisis de la comunicación debe conceder un lugar central a los procesos a través de los cuales los significados personales se vuelven comunes (O'Keefe y Delia, 1990). La intención en este capítulo es proporcionar un marco de referencia para la integración del papel de los procesos individuales de cognición, el conocimiento sociocultural y los procesos lingüísticos, en la comprensión de la comunicación y el desarrollo de las habilidades comunicativas.

Aptitud para el lenguaje y la lingüística

Cuando se analiza la comunicación como un proceso en el cual las ideas codificadas se transmiten de un emisor a un receptor, la única aptitud necesaria para la interacción es la de comprender el código. Las expresiones verbales están estructuradas únicamente en términos del código; se considera que los significados se transmiten a través del mensaje codificado, y que no se crean en un proceso simultáneo de interpretación. De acuerdo con este enfoque la comunicación logrará su cometido en el grado en que coincidan los códigos de las personas que interactúan. Cuando se violan las reglas del código o cuando quienes interactúan emplean códigos distintos, la comunicación es imposible y no hay comprensión.

La tendencia a considerar la comunicación como un proceso que sólo involucra a la aptitud respecto al código ha surgido, en parte, por el apoyo que muchos teóricos contemporáneos han encontrado en la concepción de aptitud lingüística presentada por Noam Chomsky (1965). Este autor nunca empleó su teoría de la aptitud lingüística para aplicarla a la aptitud comunicativa. En su concepción de la aptitud lingüística intentó separar la aptitud exclusivamente lingüística de lo que denomina factores de desempeño.

Aptitud
Habilidad del hablante-oyente ideal para asociar sonidos y significados de acuerdo con las reglas del lenguaje.

Para estudiar un lenguaje específico es necesario distinguir los diversos factores que interactúan con la aptitud implícita para determinar el desempeño real; el término técnico *aptitud* se refiere a la habilidad del hablante-oyente ideal para asociar los sonidos y significados de acuerdo con las reglas de su lenguaje. La gramática de un lenguaje, en tanto modelo para la aptitud ideal, establece determinadas relaciones entre el sonido y el significado, y entre las representaciones semánticas y las fonéticas. El descubrimiento de esta gramática constituye el fin primordial de la investigación lingüística de un lenguaje determinado (Chomsky, 1972). De esta manera, el conocimiento lingüístico del hablante-oyente ideal de un lenguaje consiste primordialmente en el conocimiento gramatical que le permite asociar las representaciones semánticas implícitas con las representaciones fonológicas.

El mérito del análisis de Chomsky reside, por tanto, en la demostración de que un *lenguaje* es más que una colección de símbolos; constituye un sistema organizado y generativo que se adquiere y se controla como conjunto de reglas para la formulación de expresiones orales interpretables (Littlejohn, 2004; O'Keefe y Delia, 1990). Incluso después de enunciar todas las palabras de un lenguaje, no se poseería una descripción completa de él. Cuando el lenguaje se usa para describir o representar ideas, objetos o sucesos, el orden en que se usan las palabras es tan importante como los vocablos que se emplean. "El gato mordió al perro" no equivale, obviamente, a "el perro mordió al gato". En el lenguaje humano ordenar las palabras en oraciones forma parte integral del proceso de describir o representar (O'Keefe y Delia, 1990). La cantidad de oraciones que se pueden elaborar con el lenguaje es infinita; por tanto, es imposible describir un lenguaje mediante una lista de todas sus oraciones.

Noam Chomsky.

Lenguaje
Sistema organizado y generativo que se adquiere y se controla con un conjunto de reglas para la formulación de expresiones orales interpretables.

Si se intenta describir el lenguaje con una lista de palabras (vocabulario) y una lista de principios combinatorios de ordenación (gramática o sintaxis); existe ciertamente un sentido en el que las oraciones poseen un orden o estructura que es independiente de las palabras que contienen. Un ejemplo de esto son las siguientes oraciones.

Ideas verdes incoloras duermen furiosamente.
Furiosamente que verdes duermen incoloras ideas.

Como destaca Chomsky, estas dos series de vocablos carecen de sentido, pero el primer ejemplo sigue un orden reconociblemente aceptable para una oración, mientras que el segundo ejemplo no lo hace. Para que se logre transmitir un mensaje es necesario algún sistema de reglas (principios combinatorios) que gobierne la estructura de las frases; en cierto sentido la primera oración se apega a estas reglas, aunque las palabras carecen en sí mismas de significado.

El enfoque de Chomsky (1957) para la descripción de los principios que subyacen en las oraciones ha sido uno de los más influyentes en la teoría lingüística del siglo xx. Él argumentó que cierto número de características importantes del lenguaje se han omitido o han recibido poca atención en trabajos anteriores. Una de estas características es el hecho mencionado anteriormente de que en cualquier lenguaje el número de oraciones teóricamente posible resulta infinito. Chomsky destacó también otro hecho importante relacionado con las oraciones: cada una en realidad posee dos niveles de estructura. Además del orden superficial, el orden real y obvio de sus palabras o elementos. También está dotada de una "estructura profunda" (Littlejohn, 2004; O'Keefe y Delia, 1990). Para entender el concepto de "estructura profunda" considere la siguiente oración: "Javier comunicó a Andrea que su madre había muerto esa mañana."

La frase es ambigua y tiene más de un significado.

La ambigüedad proviene del hecho de que la oración puede interpretarse como poseedora de más de una estructura profunda. Puede interpretarse como "la madre de Javier había muerto esa mañana" o como "la madre de Andrea había muerto esa mañana". Estas dos interpretaciones constituyen paráfrasis de las dos estructuras profundas diferentes que puede poseer esta estructura superficial. Chomsky argumentó que cada oración tiene ambos niveles de estructura; su teoría constituye un intento por describir las estructuras profundas de las oraciones y las reglas que conectan ambos niveles de estructura; esa teoría describe la gramática o sintaxis de un lenguaje. Chomsky estimó que una buena teoría de la sintaxis describiría los principios de orden que podrían generar todas las oraciones posibles de un idioma (Littlejohn, 2004).

Este enfoque conduce a un especial interés por la adquisición del lenguaje cuando se aplica a los problemas del desarrollo en la comunicación. La adquisición del lenguaje recibió considerable interés debido en gran parte a la promesa de la teoría de Chomsky, de proporcionar un marco de referencia a la investigación. Como resultaba previsible, en esa época la mayor parte de los investigadores adoptaron un enfoque básicamente lingüístico al estudiar la adquisición del lenguaje, sin conceder atención al desarrollo de otras facultades. La adquisición del lenguaje se estudió en términos de los periodos en el conocimiento gramatical (las normas lingüísticas), comparándolo con el sistema adulto de lenguaje descrito en la teoría chomskyana.

Lenguaje, cultura y aptitud comunicativa

Son muchos los críticos que han argumentado que una teoría sintáctica como la de Chomsky no puede describir de manera adecuada los principios de orden lingüístico. Estos críticos señalan que la estructura profunda, la idea abstracta tras la estructura superficial, no es esencialmente sintáctica, sino semántica. Esto es, la *estructura profunda* no se construye de acuerdo a reglas sintácticas, sino a través del significado, lo que el hablante intenta comunicar. Muchos de los críticos de Chomsky han argumentado que, en general, para entender las estructuras de las oraciones debe comprenderse lo que intenta expresar el hablante, así como la manera en que un hablante proporciona estructura a sus oraciones para adecuarlas a los conocimientos de su interlocutor. En otras palabras, la estructura de las oraciones no puede explicarse sino considerando el significado y el uso de una expresión. En consecuencia, aunque se contaran las palabras de una lengua y se describiese su sintaxis, no se tendría una descripción completa de ese idioma (O'Keefe y Delia, 1988, 1990).

Estructura profunda
Es el contenido del mensaje que el hablante necesita comunicar y que no se construye de acuerdo con reglas sintácticas, sino a través del significado.

Como resultado de los cambios entre los teóricos de la lingüística y de la adquisición del lenguaje, a principios de los sesenta creció el interés de elaborar un análisis puramente lingüístico de los procesos involucrados en el lenguaje, el cual resultó insuficiente. El cambio más significativo en la investigación se verificó al considerar que el lenguaje y su adquisición dependen de los procesos cognoscitivos y del conocimiento cultural. Sería necesario, por tanto, para describir realmente el dominio de un lenguaje, describir la cultura y los procesos psicológicos mediante los cuales la representa un individuo (Burleson y Caplan, 1998; O'Keefe y Delia, 1990).

Esto es así porque el significado de las palabras y oraciones depende de los conocimientos generales de los hablantes, y de los conocimientos que éstos estiman que sus interlocutores poseen. Asimismo, las frases poseen significado no solamente como oraciones sino también como actos. Un supervisor podría decir a un empleado, por ejemplo: "Pase a verme cuando tenga un minuto" o "¿Puede ir a mi oficina cuando disponga de un segundo?" Estas dos oraciones poseen formas muy distintas, pero el empleado las interpretará como órdenes de ir a la oficina de su superior. Ninguna posee la estructura de una frase imperativa, pero las dos tienen esa función. El significado de estas frases como actos sólo puede explicarse cuando se considera la relación entre el supervisor y el empleado. Ello significa que para entender verdaderamente el significado de las expresiones debe considerarse no sólo el significado de las palabras, sino también el de los actos; en este sentido, para entender el significado de los actos debe entenderse la totalidad de la compleja estructura de roles, normas y modos de conducta que definen a una cultura. De esta manera, el significado no puede en verdad desligarse del cuerpo socialmente compartido. Tampoco puede separarse de la compleja red de relaciones y pautas de comportamiento que integran la vida cotidiana de un grupo social (Burleson, Delia y Applegate, 1995).

Análisis sociolingüístico de la aptitud comunicativa

El lenguaje es más que un sistema de vocablos u oraciones. Lo que se denomina lenguaje es la obvia manifestación de toda una concepción del mundo, y de actuar en él. Es a todo este complejo de convenciones y modos de expresión a lo que se hace referencia mediante los términos comunicados a nuestros sistemas de conocimiento cultural (Burleson y Caplan, 1998).

Los sociolingüistas objetan, en primer lugar, que el sentido de la aptitud lingüística simplifica en exceso la naturaleza del lenguaje al ignorar la diversidad lingüística. En cualquier comunidad lingüística se emplean muchas variantes del idioma de modo sistemático, de acuerdo con la situación y los participantes (Littlejohn, 2004).

Una segunda objeción de los sociolingüistas al punto de vista sobre la aptitud lingüística se basa en el hecho de que la locución implica más elementos que la simple formulación de oraciones. Se ha argumentado, de hecho, que el hablante-oyente ideal de Chomsky constituiría una aberración de la conversación, al carecer del conocimiento cotidiano que cualquier miembro apto de una comunidad idiomática posee; esto es, cómo estructurar un acto idiomático y coordinarlo en una situación de interacción de mayores proporciones. La interacción se encuentra regida por la compresión común respecto a cómo dar inicio a la locución, cómo obtener la palabra, o cómo mantenerse en el uso de ella; cuándo hablar y en qué ocasiones guardar silencio y así sucesivamente. Convertirse en miembro apto de una comunidad idiomática requiere de la adquisición de reglas de interacción y de reglas sintácticas, ya que el lenguaje posee escaso valor si no se sabe emplearlo. Como ha argumentado Hymes (1972, 1974), el desarrollo de la habilidad del niño para comunicarse sufre la influencia tanto de su sensibilidad frente a los requerimientos comunicativos de la coyuntura discursiva, como de su creciente conocimiento lingüístico (O'Keefe y Delia, 1990).

Una tercera objeción esgrimida por los sociolingüistas en contra del punto de vista sobre la aptitud lingüística se centra en el hecho de que la locución constituye siempre una actividad de situación. Un hablante no debe saber sólo cómo formar oraciones, sino también cómo construir expresiones tomando en cuenta la interacción precedente. Para citar un ejemplo muy simple, si A pregunta, "¿A dónde se marchó María?", B responde "A la tienda". El uso que B hace del pronombre "ella" (tácito, en español) se justifica porque debido a la interacción previa ambos comprenden a quién se refiere. De hecho, Rommetveit (1974) argumenta que el carácter esencial de toda comunicación se refleja en la puesta en práctica de las posibilidades semánticas dentro de una arquitectura compuesta en el contexto de intersubjetividad que une a los interlocutores; las estructuras lingüísticas sólo se pueden entender dentro de esa arquitectura de lo intersubjetivo, y en ese caso, sólo como mensajes, y no como estructuras propositivas o formales.

La comunicación, en suma, implica mensajes y éstos son siempre socialmente significativos sólo en un sistema de significados compartidos. Por ello el lenguaje no puede apartarse de su contexto, como lo sugería Chomsky.

El lenguaje como acción comunicativa

Las objeciones presentadas por los sociolingüistas y por quienes destacan el papel de los procesos cognoscitivos y su desarrollo en el lenguaje y en la adquisición de éste han servido, parcialmente, como impulsores del reciente interés teórico por los análisis de los fenómenos lingüísticos en tanto que son actos del discurso o hechos del habla. Este cambio general en la teoría lingüística se ha acompañado de elementos teóricos que indican el papel de la intención comunicativa del niño en la emergencia y desarrollo de la aptitud lingüística y comunicativa. Cada vez más teóricos han defendido en los últimos años el enfoque del uso del lenguaje como proceso comunicativo. Existen considerables divergencias en los postulados de esos teóricos, pero comparten la convicción de que el lenguaje se somete a determinado control con el fin de cumplir propósitos comunicativos específicos, y de que el análisis de la habilidad lingüística no puede separarse de las funciones que realiza el lenguaje en el contexto de las interacciones sociales coyunturales. Se presenta aquí un panorama general de los argumentos esgrimidos por estos teóricos, que no tiene la pretensión de ser un repaso sistemático de las varias teorías sobre perspectivas de la comunicación, el lenguaje y su adquisición.

El hecho de sostener que el conocimiento lingüístico tiene múltiples puntos comunes con diversos factores sociales (como el conocimiento de la estructura de roles en la conversación) no constituye, por supuesto, un acercamiento a la concepción de un código sobre la comunicación. Tanto desde los puntos de vista estrechos sobre la aptitud lingüística, como desde los más amplios de las teorías recientes, la comunicación se concibe, de modo característico, como aptitud respecto al código. La comunicación consiste en la transmisión de mensajes, y la aptitud consiste en el conocimiento de un código (aunque se trate de uno muy extenso, que incluya una amplia gama de conocimientos extralingüísticos y que dependa de aptitudes cognoscitivas específicas). Glucksberg, Krauss y Higgins (1975) señalan que en el aprendizaje y en el uso del lenguaje el interés real del individuo es la comprensión del modo de participación más efectivo en la comunicación con las personas con quienes interactúa. La adquisición del lenguaje es, por tanto, sólo una parte de lo que Halliday y Matthiessen (1999) han denominado el proceso de "aprender a conferir significado". El lenguaje y la comunicación deben considerarse dentro del marco general de los propósitos funcionales para los que se emplea el lenguaje (la praxis). Desde este enfoque, es el análisis de la estructura funcional del mensaje lo que ofrece un campo más promisorio para la comprensión de la conducta lingüística, en vez del sistema que ofrecen las estructuras sintácticas u otras estructuras formales. Glucksberg, Krauss y Higgins lo han descrito así: "La esencia de nuestra actividad no la constituyen las palabras, las oraciones o los párrafos; la constituyen los mensajes" (p. 339).

Bruner sugiere —como lo hacen Glucksberg, Krauss y Higgins (1975)— que las demandas de comunicación interpersonal, no un sistema general de reglas, constituyen la fuente más probable de motivación e información para la adquisición del lenguaje.

Este punto de vista general es de relevancia, ya que se extiende más allá del sencillo enfoque de que el lenguaje y su uso deben considerarse dentro de la estructura de las funciones pragmáticas comunicativas que sirven para los participantes específicos en el diálogo. No obstante, el lenguaje no puede extraerse de su contexto y ser considerado como un sistema formal. Debe reconocerse al mismo tiempo que el lenguaje se caracteriza por una destacada regularidad. Un niño no sólo aprende a lograr los fines sociales pragmáticos a través de la comunicación; también aprende a lograrlos mediante el sistema convencional del lenguaje empleado en su comunidad discursiva. El lenguaje se preserva históricamente como sistema organizado, y el niño lo confronta y debe adaptarse a él. Una parte esencial de la aptitud lingüística, por tanto, debe concebirse como el desarrollo de conocimientos puramente lingüísticos. A medida que la comunicación del niño se canaliza en las estructuras lingüísticas históricamente preservadas adquiere los modos correspondientes de conceptualización que permiten la organización espontánea de intenciones pragmáticas y semánticas, en consonancia con la estructura del lenguaje. El análisis del uso lingüístico, en otras palabras, no puede separarse de la estructura de los fines comunicativos o de la estructura del lenguaje como sistema organizado para la expresión pública de intenciones (Burleson, Delia y Applegate, 1995; Nicoreta, 1995; O'Keefe y Delia, 1988, 1990).

El segundo punto de vista general que se destaca es la profunda afinidad entre el uso del lenguaje como productor de actos discursivos y el contexto cultural. Consideremos de importancia en la teoría sobre el lenguaje y la comunicación reconocer que el lenguaje se vincula con la acción y que muchos actos del habla se organizan a través del conocimiento cultural. De este modo, un niño que aprende a comunicarse no se enfrenta sólo a un sistema históricamente preservado que especifica parámetros respecto a cualquier acto del habla, las formas que ha de adoptar, cuándo es correcto, con quién, de qué manera, respecto a qué temas, sino también a la necesidad de aprender a articular esas intenciones dentro de las limitaciones culturales respecto al hecho de la comunicación. Aprender a articular un acto discursivo es sólo una parte del aprendizaje comunicativo para participar en el proceso enmarcado de lograr la tarea mediante el lenguaje y la acción (Griffin, 2005).

La argumentación en esta parte es similar a la de Silverstein (1976), quien destaca que cada cultura pone límites a las formas y funciones del discurso. Cualquier acto discursivo pone en práctica las intenciones personales del hablante, así como sus metas y definiciones socioculturales sobre el hecho de la comunicación. Dentro de cualquier cultura se adquiere una "teoría explícita de la comunicación"; este sistema tácito de limitaciones a la comunicación define, como sistema organizado de actividades, las funciones que el habla puede tomar y las formas que es factible que asuma. "Tener una práctica", "hacer un discurso", "recitar una tonadilla al saltar la cuerda", "expresarse como un hombre", "bromear", y una variedad de otros hechos comunicativos en potencia se definen con formas y funciones particulares en varias culturas. Cada episodio comunicativo está enmarcado u organizado dentro de sistemas alternativos de expectativas tácitas y de creencias adquiridas en el proceso de obtención de una cultura. Es exactamente en este sentido que, como reconociera Malinowsky, el lenguaje no puede separarse del "contexto de la cultura" (Burleson, Delia y Applegate, 1995; O´Keefe y Delia, 1988, 1990).

El tercer punto de vista general se refiere al control estratégico funcional sobre la comunicación que se adquiere a través de niveles progresivamente abstractos durante todo el proceso de desarrollo. Weinstein (1969) ha sostenido indirectamente este argumento al afirmar que la aptitud para la interacción no sólo implica el simple conocimiento de un código, sino también la habilidad para emplear estrategias interpersonales, precisamente con el fin de alcanzar propósitos interpersonales. En cualquier situación de interacción el hablante con aptitud adapta su conducta de manera estratégica, a fin de obtener las respuestas deseadas de parte del interlocutor. Las estrategias del hablante se guían por una definición de la situación, por su mejor concepción disponible sobre la naturaleza de la realidad que le sea dable conseguir y por su respuesta a la pregunta: "¿Qué está ocurriendo aquí?" A partir de su definición de la situación el hablante puede hacer inferencias sobre la conducta probable de su interlocutor y sus expectativas. Puede formular una estrategia para la autopresentación y estrategias para colocar al interlocutor en un rol deseado. Tales acciones involucran el desarrollo y uso de estrategias verbales elaboradas, a través de las cuales se maneja la situación hacia los fines definidos personalmente. Al aprender a organizar y articular complejas estrategias de comunicación debe aprenderse a coordinar las distintas opciones comunicativas dentro de un hecho lingüístico dado a un grupo de ellos, y acoplarlos a un fin o a varios. Con este propósito deben entenderse tácitamente las limitaciones culturales comunes sobre la comunicación y poseer la habilidad para erigir, sostener y adaptar una evaluación cognoscitiva de la persona a quien va dirigido el mensaje a lo largo de las secuencias de la interacción.

El análisis y alcance de la teoría actual sobre el lenguaje y la comunicación revelan que la comunicación involucra un complejo sistema de logros de carácter conductual, sociocultural, lingüístico y cognoscitivo. La comunicación debe entenderse como un proceso que implica más que el dominio del código lingüístico y las normas socioculturales para su uso en una situación determinada de interacción. Involucra además, como se expuso, tanto habilidades interpretativas (en especial las comprendidas en la percepción social) como estrategias de conducta para el logro de fines de carácter interpersonal definidos de manera individual. La parte restante del presente capítulo considera la posición central del proceso interpretativo, y particularmente la toma de perspectivas sociales y los procesos de percepción de la persona respecto a la comunicación y a la conducta del lenguaje en los niveles lingüísticos, sociolingüísticos y estratégicos.

Procesos interpretativos y conducta del lenguaje

Al desarrollarse como comunicador un individuo debe dominar de manera progresiva tres niveles principales de habilidad de conducta en la comunicación. Debe aprender a construir oraciones, a integrarlas en un contexto de interacción y a organizar las expresiones en estrategias integradas dirigidas a intenciones de comunicación. El dominio de estas habilidades puede considerarse como el desarrollo progresivo del control interpretativo y de conducta sobre la organización de la comunicación en niveles progresivamente abstractos.

Símbolos, pensamiento y lenguaje

Para comprender el papel de la interpretación en las conductas del lenguaje y la comunicación, se requiere, a nivel teórico, considerar la relación entre lenguaje y pensamiento. Esta relación ha dado lugar a diferentes teorías. Un enfoque importante sobre esa relación, que se adoptó como punto inicial, es el sostenido a principios del siglo XX por el filósofo social pragmático George Herbert Mead (1934), quien centró su análisis en el símbolo como concepto clave para la comprensión de la relación entre lenguaje y pensamiento.

Mead sostuvo que el pensamiento humano se origina en el proceso de adquirir y crear símbolos socialmente compartidos. Los símbolos son etiquetas que acordamos usar para proporcionar significados que están asociados con alguna realidad que hemos experimentado (West y Turner, 2005).

DeFleur *et al.* (2005) añade dos principios en cuanto a la naturaleza de los mismos:

El principio de selección arbitraria. Esto significa que se da por azar y algunas veces por capricho. Quizá tenga orígenes históricos, pero alguien antes que nosotros seleccionó palabras o gestos para proporcionar significados. Este principio indica, que cuando se forman nuevas series de significados relacionados, el proceso de etiquetarlos, no sigue una regla rígida o sistemática.

El principio de las convenciones. Una vez que un símbolo es asignado de manera arbitraria, las reglas cambian. Para poder usar el símbolo en la comunicación es necesario estabilizar su uso; es decir, que todos los individuos dentro de cierta comunidad de lenguaje deben aceptar dicho símbolo. Este principio, no sólo une palabras y símbolos no verbales con significados, es también el fundamento para el uso de la pronunciación, gramática y sintaxis en la comunicación verbal.

Además Mead, consideró que el lenguaje distingue al hombre de otros animales, porque los miembros de otras especies sostienen una comunicación fundamentalmente diferente de la comunicación simbólica de los humanos; éstos dependen de la palabra, el "gesto vocal", y no responden sólo a los gestos, como ocurre con los animales. Los humanos, a diferencia de otros seres, reconocen el significado de sus propios gestos. Ello ocurre porque para los humanos el gesto vocal se convierte en "símbolo significativo". Un *símbolo significativo* es un gesto que produce la misma respuesta entre quien lo emite y quien lo recibe. Las palabras son símbolos significativos porque producen la misma respuesta (su significado) en todos los miembros de un grupo social. Mead pensó que solamente los humanos eran capaces de crear símbolos significativos (Griffin, 2005; Littlejohn, 2004).

Símbolo significativo
Gesto o palabra que producen una misma respuesta (significado), en quien lo emite y en quien lo recibe.

De acuerdo con Mead, la transformación del gesto vocal en símbolo significativo es lo que caracteriza a los seres humanos y sus distintivas características de tipo cognoscitivo y social. Dicho brevemente, cuando una persona adquiere el lenguaje, adquiere una conciencia; por lo tanto, para Mead el lenguaje es un sistema de gestos y las respuestas a ellos. Cuando un niño aprende un lenguaje también aprende el sistema de gestos de su grupo social, así como las respuestas que producen los gestos. Al hacer esto el niño hace suya la perspectiva del grupo social, mediante el aprendizaje del lenguaje, por tanto, aprende las respuestas de las personas a los gestos. El niño puede utilizar esta información para descifrar las respuestas de las personas a diferentes gestos. Este conocimiento de las respuestas de otras personas produce un nuevo proceso mental en el individuo, al que Mead denomina "asumir el papel de interlocutor". Los humanos pueden asumir los roles de otros, en su imaginación, para producir una conversación interna de gestos. Esta conversación es precisamente lo que construye el pensamiento. Por consiguiente, Mead argumentó que el *pensamiento* es el diálogo interno que parte de la adquisición de símbolos significativos (Griffin, 2005; Littlejohn, 2004; O'Keefe y Delia, 1988, 1990).

Pensamiento
Diálogo interno que parte de la adquisición de símbolos significativos.

En la actualidad se sabe que la teoría de Mead no era totalmente correcta porque, en primer lugar, destacaba en exceso el gesto vocal como la base sobre la que se construye el lenguaje. Si la argumentación de Mead fuese estrictamente verdadera los niños sordos nunca aprenderían el lenguaje y nunca serían capaces de pensar. Los niños sordos, sin embargo, pueden pensar y aprender tanto el lenguaje de signos como el oral.

El segundo problema del análisis de Mead se encuentra en su concepción del lenguaje. Mead consideró el lenguaje idéntico al discurso: el lenguaje de un grupo social es precisamente el sistema de "gestos" que emplea la comunidad. Los significados de los gestos son sólo la respuesta que invocan en el hablante y su interlocutor. Pero, como ya se expuso, el lenguaje es más que un sistema de gestos con significados fijos. Es un sistema abstracto y sensible, capaz de producir un número infinito de expresiones en potencia; el significado de estas expresiones, además, no reside únicamente en las respuestas que provoca.

Por último, Mead no reconoció la inteligencia humana en la etapa prelingüística, ni la de otras especies, a pesar de ser el hecho de mayor importancia. En su teoría señala que la mente se desarrolla con la adquisición de símbolos significativos que conforman el lenguaje, por lo que consideró que como otros animales carecían de éste, carecían también de pensamiento y habilidad de raciocinio. De la misma manera en que pasó por alto las capacidades cognoscitivas de otras especies, concedió poco valor a las capacidades cognoscitivas del infante.

Si el lenguaje no crea al pensamiento, ¿qué efectos tiene sobre los procesos cognoscitivos? Como han destacado diversos teóricos, entre los que se encuentran Kenneth Burke (1968) y Ernst Cassirer (1962), la posesión de elaborados sistemas simbólicos confiere a los humanos un modo especial de concebir el mundo. Reunimos experiencias a través de un tipo especial de atención que es guiada por las formas simbólicas. Poseemos categorías con las que clasificamos los hechos; sabemos qué características de los objetos nos son relevantes y cuáles podemos ignorar; y tenemos expectativas respecto al mundo que guían lo que observamos (Brummet, 1993; Griffin, 2005; Littlejohn, 2004).

Algunos psicolingüistas sostienen que el lenguaje se desarrolla a partir del pensamiento. Jean Piaget, para quien el pensamiento se produce de la acción y el lenguaje es una más de las formas de liberar el pensamiento de la acción. Afirma que el grado de asimilación del lenguaje por parte de un niño, y también el grado de significación y utilidad que reporte el lenguaje a su actividad mental depende hasta cierto punto de las acciones mentales que desempeñe; es decir, que depende de que el niño piense con preconceptos, operaciones concretas u operaciones formales (Richmond, 1981).

Otra teoría fue dada a conocer por el psicólogo ruso Vigotsky, quien explicaba que el pensamiento y el lenguaje se desarrollaban en una interrelación dialéctica, aunque considera que las estructuras del habla se convierten en estructuras básicas del pensamiento, así como la conciencia del individuo es primordialmente lingüística, debido al significado que tiene el lenguaje o la actividad lingüística en la realización de las funciones psíquicas superiores del hombre. Asimismo el lenguaje está particularmente ligado al pensamiento. Sin embargo, entre ellos no hay una relación de paralelismo, como consideran algunos lingüistas tratando de encontrar en el pensamiento equivalentes exactos a las unidades lingüistas y viceversa; al contrario el pensamiento es lingüístico por su naturaleza, el lenguaje es el instrumento del pensamiento. Esta última teoría define que tanto el lenguaje como el pensamiento están ligados entre sí (Petrovski, 1980).

La relación entre lenguaje y pensamiento ha sido objeto de considerable discusión y análisis en las disciplinas que se relacionan con el lenguaje y la comunicación.

Lenguaje y percepción

La percepción se define como el proceso mediante el cual asignamos un significado e interpretamos lo que experimentamos con nuestros sentidos sobre una base constante. Es una parte fundamental en el proceso de comunicación verbal. Estamos inmersos en ambientes sociales y físicos complejos, confrontando diariamente miles de objetos, personas, mensajes y situaciones con las que tenemos que tratar. Algunos investigadores aseguran que nuestras habilidades para la percepción han hecho posible esto porque, hace mucho tiempo, los seres humanos desarrollaron el lenguaje. Varios teóricos han argumentado que el lenguaje provee todas las categorías y expectativas, por tanto, determina las percepciones. Se designa ese argumento generalmente como versión radical de la hipótesis de Sapir (1949) y Whorf (1956). Estos lingüistas adelantaron la hipótesis de que la percepción es estructurada por el lenguaje. Whorf, por su parte, destacó muchos casos interesantes en los cuales la denominación aplicada a una situación parecía ser la guía de las percepciones humanas respecto a ella. La versión opuesta a la hipótesis de Sapir-Whorf sostiene que el lenguaje no determina la *percepción*. Si esta fuerte relación entre el lenguaje y la percepción existiese, no seríamos capaces de percibir nada que no formase parte de nuestras categorías lingüísticas. Esta teoría sostiene que las personas conciben la realidad en términos de las categorías que les proporciona su lenguaje. De esta manera, si un lenguaje dispusiera de un solo vocablo para los colores que clasificamos como verde y azul, las personas que emplearan este lenguaje no podrían distinguir y experimentar el verde y el azul como si fuesen colores distintos. Esto constituye una intrigante hipótesis a la que gran número de investigadores han tratado de someter a prueba. Los resultados de los estudios han sido, sin embargo, en su mayor parte negativos (Hill, 1998; O'Keefe y Delia, 1988, 1990).

Percepción
Forma en que las personas conciben la realidad en los términos que les proporciona el lenguaje.

En general, la investigación proporciona dos conclusiones: la primera es que el lenguaje no estructura la percepción, o por lo menos no lo hace en forma determinista. Los hablantes de un lenguaje pueden casi siempre clasificar los objetos en nuevas categorías que no existían en su lengua (Losoncy, 1997). La segunda es que el lenguaje tiene efectos sobre la memoria porque las distinciones que son codificables resultan más fáciles de recordar (Tubbs y Moss, 2005). Es más sencillo recordar los diferentes colores, cuando se emplean diferentes términos para ellos, que cuando los colores se denominan con una misma palabra.

¿Por qué tiene el lenguaje este efecto sobre la memoria pero no sobre la percepción? Una manera de explicar este efecto sería argumentar que en vez de que el lenguaje influya sobre la percepción, es la percepción la que determina el lenguaje. Es decir, el hombre desarrolla palabras para codificar distinciones que habitualmente se efectúan en la percepción. Se percibe, por tanto, cualquier distinción que deseemos, pero resulta más sencillo recordar las distinciones que generalmente se utilizan porque ocurre que tenemos palabras para designar esas distinciones de uso frecuente. El problema a esta explicación es que todos los miembros de una cultura tienden a hacer las mismas distinciones habituales, no obstante, las personas de culturas diferentes llevan a cabo diferentes distinciones. De algún modo la cultura tiene efecto sobre los modos en que habitualmente percibimos la realidad. La mejor manera de explicar cómo influye la cultura consiste en reconocer que al aprender un lenguaje un individuo aprende las distinciones que ese lenguaje codifica.

Lenguaje
Sistema estructurado que se construye a partir de cierto modo particular de categorizar y organizar la experiencia.

Lo anterior lleva a O'Keefe y Delia (1988, 1990) a deducir que el *lenguaje* constituye un sistema estructurado que se construye a partir de cierto modo particular de categorizar y organizar la experiencia. Con el propósito de adquirir un lenguaje el niño debe aprender las distinciones de percepción que éste implica. Estas distinciones se practican tanto en el vocabulario de un lenguaje como en su gramática, porque dichas distinciones codificadas en el lenguaje son centrales para el tipo de vida observado por los miembros de un grupo cultural; las diferenciaciones codificadas de manera lingüística constituyen las únicas diferencias de percepción de suficiente importancia para ser comunicadas. El lenguaje, de esta manera, refleja el estilo de vida y la concepción de la realidad que es compartida por los miembros de una cultura. No es sorprendente, por tanto, que las distinciones "codificables" sean más fáciles de percibir y recordar que las distinciones no codificadas.

En resumen, las relaciones entre los sistemas simbólicos y los procesos individuales como el pensamiento, la percepción y la memoria son más complejas y susceptibles. La lengua puede no crear ni determinar el pensamiento, pero sí funciona como importante vehículo para representarlo o comunicarlo. Por sí solo el lenguaje no determina la percepción; el lenguaje, sin embargo, determina una serie de diferenciaciones en la percepción. Como resultado, para aprender a usar un lenguaje es preciso asimilar las diferenciaciones que son parte de él. El lenguaje no limita la memoria, pero las experiencias que son codificables son más fáciles de recordar que las que no lo son. El lenguaje, en suma, no determina ni influye en otros procesos cognoscitivos, pero constituye un medio de vital importancia para representar y comunicar el conocimiento; además de que tiene un profundo efecto en los modos en que se concibe y se observa la realidad.

Interpretación y comunicación

El reconocimiento de las relaciones del pensamiento, el lenguaje y la cultura conduce a una comprensión interpretativa del lenguaje y la comunicación. Esta última involucra más que la simple transmisión de mensajes de algún código. La mayor parte de las teorías interpretativas reconocen que la comunicación involucra el pensamiento creativo y la acción emergente, mediante la cual la realidad social humana se constituye; también reconocen que la comunicación se logra en condiciones de naturaleza histórica y social. De hecho, se puede definir la estructura esencial de las *comprensiones interpretativas* de la comunicación en términos de la dialéctica entre creatividad y tradición; se concibe la construcción social de la realidad como algo que abarca e interactúa con los procesos y contextos individual y socialmente constituidos.

Comprensiones interpretativas
Ocurre cuando se concibe la construcción social de la realidad como algo que abarca e interactúa con los procesos y contextos individual y socialmente constituidos.

Blumer (1969) explica que hay tres formas de interpretar el origen del significado. Un enfoque ve el significado como intrínseco a la cosa. "Una silla es claramente una silla en sí misma...", el significado surge de la cosa y podemos considerar que en esta formación no se da ningún proceso. Un segundo enfoque ve éste como "llevado a la cosa por la persona para la que la cosa tiene significado". Esta postura apoya la creencia popular de que el significado está en las personas no en las cosas (West y Turner, 2005). Un tercer enfoque es ver el significado como "productos sociales" o "creaciones que se forman en y a través de las actividades que definen las personas al interactuar". Blumer destaca que el proceso interpretativo tiene dos pasos. Primero los individuos indican las cosas que tienen significado. Argumenta que esta parte del proceso es diferente a un enfoque psicológico y consiste en personas que entablan una conversación consigo mismos. El segundo paso se refiere a los individuos, seleccionando, comprobando y transformando los significados en el contexto en el que se encuentran (West y Turner, 2005).

El proceso interpretativo que conecta las perspectivas sociales parcialmente compartidas —y que media así entre la creatividad y la normatividad— ha sido descrito con frecuencia de acuerdo con el análisis de Mead, como el proceso de "adopción de un rol". Mead se refiere a esto como nuestra capacidad de vernos a nosotros mismos en el reflejo de la mirada de otro. A través de la adopción de un rol o de asumir la perspectiva de otra persona, los individuos interpretan mutuamente sus acciones haciéndose autoindicaciones a partir de la perspectiva del otro. Como antes se señaló, para Mead la capacidad de adoptar la óptica de la otra persona se origina directamente de la interiorización de las respuestas, anticipadas en la adquisición de los significados sociales. La interiorización de un sistema de símbolos compartidos permite al individuo producir respuestas de carácter incipiente al formular la acción. El significado sólo puede existir cuando las personas comparten las interpretaciones de los símbolos que intercambian en la interacción (Mead, 1934; West y Turner, 2005). La intención de actuar revela la respuesta implícita que se espera que la otra persona realice. Como la respuesta de la otra persona se produce como se previó, el significado que adquiere el acto para el otro es arrojado sobre el individuo. La adopción de un rol queda implícita de esta manera por la adquisición de un lenguaje y la perspectiva de una otredad cultural o generalizada (O´Keefe y Delia, 1990).

La base para la adopción de roles de carácter más diferenciado se encuentra en la historia de las relaciones. A medida que los individuos interactúan dentro de un grupo social desarrollan un sistema de términos y gestos que son peculiares a ese grupo. De esa manera interiorizan los puntos de comprensión tácita con determinados individuos; estos significados compartidos forman la base de una adopción de rol de carácter más individualizado.

Esta concepción de la adopción de un rol es fundamental para la interacción, o para la óptica interpretativa centrada en la cultura que se refiere a la comunicación. No obstante, en la opinión de O'Keefe y Delia (1990) este enfoque presenta varias dificultades que surgen a partir de los análisis antes descritos respecto a la relación entre lenguaje y pensamiento; porque son más importantes para la línea de análisis de grupo las dificultades que se originan del hecho de que el punto de vista descrito convierte la adopción de un rol —y la situación— en algo específico. Así como se concibe a los personajes actuando únicamente en términos de la historia —una suma de creencias comunes— se considera que se estructura la interacción. El resultado de este análisis conduce a la incapacidad para lograr que desde otra posición se comprenda el porqué se adopta un rol o se interactúa. Sin embargo, existe una importante continuidad en la percepción social de un individuo respecto a la totalidad de situaciones y una continuidad en los cambios implícitos de los procesos de percepción social, que abarcan todo el desarrollo del individuo. El consecuente fracaso de los seguidores de Mead al no reconocer el grado en que la interacción social se estructura en torno a la estabilidad en las prácticas interpretativas y conductuales de los individuos, constituye una seria carencia de este enfoque.

Existen varias teorías basadas en la psicología cognoscitiva que aportan marcos de referencia con objeto de representar y reconocer los puntos de estabilidad en los procesos sociales de carácter sintáctico del individuo. Ya se ha elaborado este marco de referencia, por ejemplo, a través de la interacción de aspectos de la teoría de George Kelly (1955) sobre la sintaxis personal, la cual incluye aspectos de la teoría psicológica sobre el desarrollo orgánico de Heinz Werner (1957). La perspectiva de este capítulo, que forma parte de un enfoque constructivista de la comunicación de índole más general (Burleson, Delia y Applegate, 1995; Burleson y Caplan, 1998; Delia, 1977; Delia, O'Keefe y O'Keefe, 1982; O'Keefe y

Delia, 1982, 1985, 1988, 1990), se centra en los procesos generales de inferencia social y de la percepción personal. Se destaca, además, que la comprensión de la otredad se efectúa siempre en términos de imágenes o de impresiones. Las intenciones de la otra persona, las cualidades internas y las aptitudes nunca se aprenden de modo directo; más bien, en la percepción de carácter interpersonal quien percibe construye una impresión de las acciones, cualidades o actitudes de la otra persona. Las impresiones se erigen dentro de las estructuras cognoscitivas que el receptor aporta a las situaciones interpersonales. En el marco de la teoría de Kelly, estas estructuras cognoscitivas se perciben como interpretaciones personales; dimensiones de juicio en las cuales los hechos, los objetos o las personas reciben interpretación y significado. Las interpretaciones personales sufren cambios sistemáticos de desarrollo mientras que la experiencia social se torna más diferenciada, más abstracta y dotada de una organización de carácter más complejo. Con el tiempo y la experiencia cada individuo llega a un sistema relativamente estable de estructuras cognoscitivas que canalizan las percepciones sociales y organizan el conocimiento respecto a otras personas y situaciones sociales (Burleson y Caplan, 1998; O´Keefe y Delia, 1990).

Cognición social y comunicación a niveles lingüístico, sociolingüístico y estratégico

Percepción social y construcción de oraciones

Construcción de oraciones
Proceso en el que se contextualizan las oraciones para que el oyente pueda interpretarlas, para lo cual debe conocer datos biográficos y extralingüísticos del hablante.

La comprensión y producción de oraciones supone más elementos que la comprensión de la gramática y el léxico. En la mayor parte de las conversaciones las expresiones sólo pueden ser percibidas por un oyente que sepa o suponga algo respecto a la biografía y propósitos del hablante, las circunstancias de la expresión, el curso anterior de la conversación, o la relación peculiar de la interacción presente o potencial que existe entre el emisor y el receptor. Las expresiones no poseen un sentido que se mantenga idéntico a través de las cambiantes ocasiones en que se usan. De esta manera, el oyente debe confiar en determinados datos extralingüísticos con objeto de entender las oraciones en su contexto específico. Este argumento ha sido defendido por Uhlenbeck (1963), quien apunta que las frases se interpretan a partir de: *a*) la situación en que se verbaliza la oración; *b*) las oraciones precedentes, en caso de que existan; *c*) el conocimiento que tiene el oyente del hablante y los temas que podría considerar el hablante; dicho de otro modo, el oyente debe conocer el marco de referencia del hablante con el fin de obtener la interpretación correcta, que es la que el hablante desea que se obtenga. De manera similar, el hablante debe basarse en una construcción del contexto del oyente al formular sus oraciones. El carácter de estas interpretaciones, implícitas en la producción y comprensión de las oraciones, se basa en un alto grado de habilidades de tipo social y cognoscitivo. En los procesos comunicativos por tanto el significado de un texto no se cierra en el propio texto. Emisor y receptor, elabora su propia representación como consecuencia de la situación, y en ella, además, confluyen las experiencias personales y la cultura de grupo, con sus normas, hábitos de habla, etc. (Piñuel y Lozano, 2006).

Muchos aspectos de la construcción de oraciones, considerados únicamente como aspectos de la sintaxis, pueden entenderse mejor como elementos vinculados a la praxis de la comunicación y a los elementos implícitos en las habilidades de interpretación. Surgen muchas formas sintácticas para servir a la finalidad de adaptarse al oyente y parecen, por tanto, manifestarse en la comunicación específica sólo después del logro de ciertos niveles de desarrollo social y cognoscitivo que permitan la necesaria conceptualización del oyente y el contexto social.

Percepción social y comprensión sociolingüística

En apartados anteriores se argumentó que la habilidad de controlar el habla de acuerdo con las construcciones socioculturales al momento de producirse la comunicación, constituye parte integral del aprendizaje de un lenguaje. Muchos sociolingüistas han sostenido esta opinión y destacan que al aprender un idioma no se conoce únicamente el código sino también las reglas socioculturales para su uso. En las clases medias de la cultura occidental estas reglas adoptan la forma de "supuestos compartidos" respecto a quién se debe dominar y bajo qué circunstancias, así como quién posee la palabra en una *conversación* y cómo se ha de proceder a las alternativas de los hablantes, cómo se hace un comentario relevante a la afirmación anterior, de qué modo se cambia de tema y así sucesivamente.

Conversación
Proceso en el que dos o más participantes hablan de manera alternada y concentran su atención en la interacción.

Como señalan O'Keefe y Delia (1988, 1990), la habilidad para mantener y controlar la conversación y participar efectivamente de las convenciones sociales que rigen las interacciones de carácter social depende mucho de la capacidad de representarse el conocimiento del interlocutor y anticipar su punto de vista sobre la situación. Aprender a organizar la comunicación dentro de las normas que rigen el uso del discurso dentro de una comunidad lingüística implica que los niños no sólo deben aprender a hablar de manera formal, en sentido familiar o en el lenguaje de los bebés, sino que también deben reconocer las condiciones para el uso de estas variedades del código; no deben aprender únicamente a construir una oración, sino también cómo acoplar esa oración a la precedente y al contexto de la interacción; deben aprender no sólo las reglas que rigen la asignación de títulos y distinciones, sino también cómo utilizarlas e interpretar las violaciones a estas reglas. Para convertirse en miembros de una comunidad lingüística, los niños deben aprender a realizar todas esas actividades; además, deben ser capaces de reconocer y sostener una perspectiva de otredad sobre la situación, y comprender las características de su interlocutor con el propósito de saber cómo define la situación (y decidir así cuál es el código apropiado), y de qué manera el interlocutor prevé que avance la conversación (y así definir qué expresiones y temas resultan adecuados), para representarse el conocimiento del otro en cuanto es similar y en cuanto difiere del propio (y de ese modo, qué transiciones de la conversación son necesarias para mantener la unidad del discurso), además de reconocer el rol social del otro y comprender las autopercepciones del interlocutor.

Para mantener el orden del discurso en las conversaciones que requieran el logro de tareas comunes socialmente definidas, un niño debe aprender a coordinar un universo de posibilidades comunicativas y adaptarlas a las metas definidas para dicha conversación. Con este propósito el niño debe estar en situación no sólo de construir una estimación cognoscitiva de la persona con quien alterna y del contexto, sino también de llevar a cabo una evaluación de su interlocutor y del contexto en forma detallada y continua.

Percepción social y comunicación estratégica

La habilidad para representarse y estructurar estrategias dirigidas a metas determinadas en la comunicación es, según O'Keefe y Delia (1988, 1990), fundamentalmente dependiente de los desarrollos de las capacidades de percepción social. Esta tesis fue primero sostenida por Piaget (1955) en su obra *The Language and Though of the Child*; en la cual presentó su concepción del desarrollo de la comunicación como progresión del habla egocéntrica hacia la social (adaptada al oyente). La postura inicial de Piaget dio origen a gran número de investigaciones que tienen ahora una importancia histórica de primer orden. Las investigaciones recientes, sin embargo, son aplicables a la tesis de O'Keefe y Delia (1988, 1990) sobre la dependencia de los desarrollos en la habilidad para la *comunicación estratégica* respecto a los desarrollos particulares en los procesos interpretativos de percepción social. Más que analizar todas las investigaciones, en este apartado se presentará una síntesis de una corriente de investigación en esta área, conducida por los investigadores Clark y Delia (1977), quienes realizaron un estudio que demuestra claramente el rol de las habilidades de percepción social en el uso de las estrategias para adaptarse a oyentes diferentes. Su tesis es una prolongación de la investigación llevada a cabo por Alvy (1973), en la que hicieron que niños de seis, ocho, diez y doce años presentaran una serie de actividades similares a las que Alvy empleó. Delia y Clark pedían al niño que

Comunicación estratégica
Tipo de comunicación que se establece para representarse y estructurar estrategias dirigidas a metas determinadas.

describiese espontáneamente cada una de las doce figuras distribuidas en seis juegos, y elaborase después de manera espontánea, un mensaje dirigido a cada uno de los "oyentes" con objeto de realizar las mismas actividades interpersonales que se habían asignado a cada par de figuras en el experimento de Alvy (como, por ejemplo, preguntar si podía jugar con los juguetes). Del resultado de la investigación se observaron cuatro aspectos interesantes:

1. En cada caso que incluía la construcción de mensajes espontáneos adaptados al oyente, el niño representaba primero, de manera natural, las características relevantes de su oyente para la comunicación. Dicho de otro modo, la elaboración de los atributos relevantes para la comunicación —las características del oyente— era una condición necesaria para la adaptación comunicativa.
2. Sin embargo, atribuir a los oyentes características potencialmente relevantes no bastaba para producir comunicaciones adaptadas al oyente. De hecho, en los casos en los que se representaban las características de los oyentes relevantes para la comunicación, las construcciones adaptadas al oyente se construían en sólo 35.56 por ciento de los casos entre los niños de seis años, 50 por ciento entre los niños de ocho y diez años y 69.49 por ciento entre los de 12.
3. Los análisis de los mensajes construidos espontáneamente por los niños, y de sus explicaciones acerca del efecto de las características del oyente sobre las alternativas para escoger un mensaje, condujo a la caracterización del desarrollo de la percepción social y a la comunicación adaptada al oyente en términos de una serie de progresiones interrelacionadas en las cuales:

    a) La habilidad para identificar en los oyentes (atribuirles) características potencialmente relevantes para actividades comunicativas específicas, precede a la identificación de la relevancia de aquellas características respecto a la adaptación comunicativa.
    b) Subsecuentemente, la importancia de las características peculiares del oyente para el resultado final de los esfuerzos comunicativos del niño se comprende, pero el código de comunicación no se encuentra bajo el control del niño, de modo que éste puede predecir los resultados de sus esfuerzos comunicativos, pero no puede adaptarse a ellos.
    c) Por último, el control de la conducta sobre la comunicación estratégica se logra debido al empleo de estrategias globales indiferenciadas de adaptación, y subsecuentemente mediante estrategias diferenciadas y más elaboradas integradas a la capacidad de construir evaluaciones más complicadas y una mejor comprensión de los oyentes.

4. Durante todo el proceso de desarrollo, los niños de cierta edad, que poseían un grado mayor de conceptos interpersonales para percibir a las personas, destacaron en su desempeño respecto a los que poseían menos recursos. De esta manera, los niños con conceptos más diferenciados para interpretar las acciones de otras personas entendían mejor y a más temprana edad la importancia de los atributos personales para la comunicación, y desarrollaban estrategias para adaptarse a esas cualidades antes que los niños con menos recursos conceptuales.

La investigación de Delia y Clark demuestra el papel de las habilidades cognoscitivas al elaborar opciones de mensaje adaptadas al oyente (O'Keefe y Delia, 1982, 1985, 1988, 1990). Los autores adelantaron, específicamente, la tesis de que las variaciones en el desarrollo cognoscitivo social conducen a diferencias en la percepción de obstáculos y objetivos conexos que deben enfrentarse al intentar lograr un objetivo en una situación dominante.

La línea de investigación que apoya esta conclusión se basa en el ordenamiento jerárquico de las estructuras de los mensajes en términos del grado en que se reconocen dimensiones múltiples (obstáculos y metas) de situaciones comunicativas complejas y se hacen compatibles con los mensajes. La mayor parte de esta investigación lleva sistemas de codificación derivados del trabajo de Clark y Delia (1976) y Applegate y Delia (1980).

El sistema de clasificación de mensajes de Clark y Delia (1976) define los tipos generales de mensaje que podrían producirse cuando se pide a un niño que haga una petición a un oyente. Cada tipo de mensaje refleja una posible respuesta a una situación de influencia en que la persona a quien se quiere persuadir es renuente a conceder la petición. Clark y Delia identificaron cuatro estrategias básicas de mensaje: *a*) la petición sencilla; *b*) las peticiones elaboradas (en las cuales se destacan las necesidades de la persona a la que se pretende persuadir); *c*) el debate (en la cual se anticipan las objeciones de la persona que se pretende persuadir y se refutan), y *d*) conceder ventajas al otro (en la cual se señalan las ventajas de conceder la petición a la persona que se desea persuadir).

En la investigación sobre el desarrollo de la producción de mensajes persuasivos, Clark y Delia (1976) y Delia, Burleson y Kline (1979) han demostrado que los cuatro tipos de mensaje parecen estar ordenados de acuerdo con el grado de desarrollo: conforme se desarrollan los niños comienzan por plantear peticiones sencillas, después solicitudes elaboradas, luego rebaten los argumentos y finalmente dan mensajes que conceden ventaja al interlocutor. Tanto en la investigación sobre el desarrollo (Delia, Burleson y Kline, 1979), como en la investigación con adultos (Applegate, 1982), la producción de estrategias más complicadas en esta jerarquía ha probado estar en correlación positiva con las disparidades individuales en las diferencias de conceptos interpersonales y con las situaciones de desempeño de roles donde no está físicamente presente un oyente como en la interacción real.

Al interpretar estos resultados debe considerarse la relación de la jerarquía del mensaje con el carácter estructural de la situación de persuasión. Se plantea la persuasión cuando una persona desea algo de otra que es renuente a conceder la petición. De esta manera, la *estructura* básica de una situación de *persuasión* implica por lo menos a dos personas, una que persuade y otra que es persuadida, que tienen objetivos encontrados. Abordada de esta manera, la clasificación de Clark y Delia de las cuatro estrategias de mensaje puede explicarse como la función eficaz que crece al armonizar las necesidades del persuasor y el persuadido en el mensaje, desde la técnica de destacar los objetivos propios, pasando por la negación de las metas del persuadido, hasta la elaboración de planes comunes. Las estrategias de mensaje representan cuatro alternativas de acciones que comprenden una gama de opciones generalizadas para tratar los propósitos encontrados del persuasor y del persuadido. Las estrategias no constituyen sólo métodos para adaptar mensajes a los oyentes, ni están organizados de acuerdo con una creciente adaptación a los oyentes, aunque queda implícito que las diferencias individuales en las pautas cognoscitivas sociales desempeñan un rol central en la percepción de los obstáculos y características de la situación (Burleson y Caplan, 1998; Nicotera, 1995).

Estructura de la persuasión
Organización compuesta por dos personas, por lo menos: una que persuade y otra que es persuadida.

Los estudios realizados sobre situaciones que requieren comunicación de carácter normativo y de aliento demuestran el rol de los desarrollos cognoscitivos sociales en la identificación de obstáculos, la posesión de múltiples objetivos y la reconciliación de los objetivos primarios con los obstáculos percibidos y los objetivos secundarios. Por ejemplo, el sistema de análisis de mensajes que se utilizó para clasificar los mensajes normativos (en los cuales el comunicador debe modificar la conducta de otro), implica un grupo de nueve categorías ordenadas jerárquicamente de las que puede decirse que reflejan variantes con la intención de lograr objetivos múltiples en los mensajes (Applegate y Delia, 1980; O'Keefe y Delia, 1982, 1988, 1990). Las primeras tres categorías (castigo físico, órdenes y comunicación de normas) se refieren a los mensajes producidos con un objetivo primario, el de la tarea conferida al sujeto: modificar la conducta del que recibe el mensaje. Las siguientes tres categorías se refieren a los mensajes que consideran el obstáculo de obtener la obediencia del receptor del mensaje (ofrecen razones para las normas, discuten las consecuencias de apartarse de ellas, así como los principios generales que rigen la conducta adecuada). Las tres categorías finales se refieren a mensajes en los cuales el comunicador simultáneamente corrige la conducta, ofrece razones para que se obedezca su petición y alienta al receptor del mensaje a ser unívoco en su conducta social (describiendo los sentimientos producidos por conducta inapropiada, alentando al receptor del mensaje a considerar aspectos múltiples de la situación en términos de sentimientos, ayudándolo a elaborar una respuesta enfática análoga, conduciéndolo a razonar durante el curso de la situación, etcétera).

Los mensajes producidos en respuesta a situaciones de aliento, en los cuales figuran de manera destacada los conflictos afectivos, han sido clasificados con un *sistema de codificación* que refleja el grado en que un comunicador resuelve de manera progresiva dimensiones múltiples de los conflictos interpersonales, incluyendo los reveses de carácter sentimental, las razones y consecuencias de éstos y la habilidad del receptor del mensaje para comprender y participar en las situaciones de conflicto (Applegate y Delia, 1980; Burleson, 1984; Burleson y Samter, 1994). De esta manera, los bajos niveles de estrategia se dirigen a la situación inmediata, y no a la necesidad que experimenta el receptor de recibir apoyo; las estrategias a los niveles intermedios tratan la situación mediante el reconocimiento de los sentimientos y proporcionan apoyo psicológico; las estrategias codificadas a los niveles superiores se encargan de la situación inmediata, proporcionan apoyo psicológico y ayudan al receptor del mensaje a razonar durante el curso de la situación y a aprender de ella.

Sistema de codificación
El constituido por los mensajes producidos en respuesta a situaciones de aliento en los cuales figuran conflictos afectivos.

Los hallazgos de estos estudios son similares a los de las investigaciones sobre las habilidades de comunicación persuasiva que emplean el sistema de análisis de mensaje de Clark y Delia; tanto para simulación de roles como para situaciones realistas de interacción, dentro de grupos de edad homogénea de adultos o de niños y en distintas edades, desde la infancia hasta el principio de la madurez, la diferenciación de los conceptos personales se relaciona de manera significativa con el desempeño logrado en las actividades de elaboración de mensajes. Considerada en su totalidad, esta investigación sugiere que el desarrollo de los conceptos empleados para explicar las acciones de las personas y las situaciones sociales desempeña un rol central en la percepción de objetivos relevantes para la comunicación y los obstáculos para ellas, así como el uso de estrategias comunicativas para jerarquizar las intenciones primarias y secundarias en determinadas situaciones (Gastil, 1995; Nicotera, 1995).

Cognición social, comunicación y el contexto social del desarrollo

Se señaló anteriormente que los individuos adquieren sus modelos interpretativos influidos por otros modelos en el contexto de la socialización. En la interacción misma los agentes socializantes fuerzan las diferenciaciones particulares en la cosmovisión del niño por los modos en que ponen de manifiesto sus acciones y su habla dominios específicos de la experiencia. Esta idea ha servido como base para los estudios sobre socialización en los que se ha intentado estudiar el influjo de la comunicación de las madres con sus niños (Applegate *et al.*, 1985; Applegate y Delia, 1980; Burleson, Delia y Applegate, 1995; Burleson y Caplan, 1998; Delia, Burleson y Kline, 1979; Jones, Delia y Clark, 1981; O'Keefe y Delia, 1990).

Al emprender estos estudios se consideró que las madres que controlan la conducta de sus hijos e intervienen en sus problemas interpersonales para evitar las consecuencias, al dar razones y considerar las perspectivas del asunto (procedimiento opuesto al uso de órdenes, reglas, etc.) presentan al niño un mundo social que incluye el campo psicológico de la experiencia como característica manifiesta de la realidad. Con el tiempo, los niños criados por una madre que utiliza estrategias altamente centradas en el uso de la psicología podrían llegar a desarrollar un complejo de interpretaciones más diferenciado y abstracto (centrado en la psicología), para la comprensión de las personas y de las situaciones sociales. Al representar las situaciones comunicativas dentro de estos conceptos, los deseos, las necesidades y perspectivas de otros deberán constituir un aspecto más destacado de la estructura de relevancia que define la situación.

Además, ya que el campo psicológico de la experiencia debe manifestarse más en el mundo del niño, un hijo debe ser conducido a desarrollar estrategias comunicativas de acuerdo con los deseos, necesidades e intereses de sus oyentes.

La investigación ha proporcionado evidencias que apoyan directamente esa hipótesis. Teóricos como Jones, Delia y Clark (1981) descubrieron mayor interés del receptor en la comunicación materna para predecir tanto el desarrollo del sistema interpersonal de conceptualización del niño, como el uso de oraciones persuasivas más centradas en el receptor. De manera interesante, esta relación fue más fuerte entre los niños de primero de secundaria que entre los de segundo de primaria. En un estudio longitudinal se ha obtenido un modelo similar de resultados, que muestra que la comunicación materna centrada en la persona se torna en una fuerza progresiva más vigorosa en la conformación del sistema de conceptos interpersonales del niño y las estrategias comunicativas que van desde la primera hasta la mediana infancia (Applegate y Delia, 1980; Applegate *et al.*, 1985; Burleson, Delia y Applegate, 1995; Delia, Burleson y Kline, 1979).

Debe considerarse que no solamente se ha presentado un conjunto de ideas sobre el lenguaje y la comunicación seleccionado al azar, sino que se ha ofrecido aquí un esquema para un enfoque general de la comunicación. Esta perspectiva destaca la creación recíproca de significados en la comunicación como el producto conjunto de códigos socialmente compartidos para la expresión pública del pensamiento (el lenguaje y la cultura) y los procesos interpretativos individuales implícitos en la interpretación y control del lenguaje, así como los contextos sociales dentro de las construcciones culturales.

De manera similar, se han destacado los procesos interpretativos en los cuales los individuos definen las situaciones y comprenden las perspectivas de otros en esas situaciones, en la interpretación y uso del lenguaje, así como en la observancia de normas sociales para efectuar las adaptaciones necesarias para la acción social y la conducta común. Se ha proporcionado la primera aproximación a un marco de referencia en el cual las prácticas interpretativas y las estructuras que las organizan pueden relacionarse con el lenguaje, para comprender cómo funciona la comunicación.

REFERENCIAS

Alvy, K. T. (1973), "The development of listener adapted communication in grade-school children from different social class backgrounds", *Genetic psychology monographs*, 87, pp. 33-104.

Applegate, J. L. (1982), "The impact of construct system development on communication and impression formation within persuasive contexts", *Communication Monographs*, 46, pp. 231-240.

Applegate, J. L. y Burke, J. A., Burleson, B. R., Delia, J. G. y Kline, S. L. (1985), "Reflection-Enhancing Parental Communication", en I. E. Sigel (ed.), *Parents' Constructions of Child Development*, Erlbaum, Hillsdale, Nueva Jersey.

Applegate, J. L. y Delia, J. G. (1980), "Person-Centered Speech, Psychological Development, and the Contexts of Language Usage", en R. St. Clair y H. Giles (eds.), *The Social and Psychological Contexts of Language*, Lawrence Erlbaum, Hillsdale, Nueva Jersey.

Blumer, H. (1969), *Symbolic interactionism: perspective and method*, Prentice Hall, Englewood Cliffs, Nueva Jersey.

Brummet, B. (1993), *Landmark essays on Kenneth Burke*, Hermagoras, Davis, California.

Bruner, J. S. (1975), "The Ontogenesis of Speech Acts", *Journal of Child Language*, 2, pp. 1-19.

Burke, K. (1968), *Language as Symbolic Action*, University of California Press, Berkeley y Los Ángeles.

Burleson, B. R. (1984), "Comforting Communication", en H. E. Sypher y J. L. Applegates (eds.), *Understanding Interpersonal Communication: Social Cognitive and Strategic Processes in Children and Adults*, Sage, Beverly Hills, California.

Burleson, B. R. y Delia, J. y Applegate, J. (1995), "The Socialization of Person-Centered Communication: Parental Contributions to the Social-Cognitive and Communication Skills of their Children", en M. A. Fitzpatrick y A. Vangelisti (eds.), *Perspectives in family communication*, Sage, Thousand Oaks, California, pp. 34-76.

Burleson, B. R. y Caplan, S. (1998), "Cognitive Complexity", en J. McCroskey, J. Daly y M. Martin (eds.), *Communication and Personality: Trait Perspectives*, Hampton Press, Cresskill, Nueva Jersey, pp. 233-286.

Burleson, B. R. y Samter, W. (1994), "A Social Skills Approach to Relationship Maintenance", en D. Canary y L. Stafford (eds.), *Communication and Relationship Maintenance*, Academic Press, San Diego, pp. 61-90.

Cassirer, E. (1962), *Essay on Man*, Yale University Press, New Haven, Connecticut.

Clark, R. A. y Delia, J. G. (1976), "The Development of Functional Persuasive Skills in Childhood and Early Adolescence", *Child Development*, 47, pp. 1008-1014.

——— (1977), "Cognitive Complexity, Social Perception, and the Development of Listener Adapted Communication in Six-, Eight, Ten, and Twelve-Year-Old Boys", *Communication Monographs*, 44, pp. 326-345.

Chomsky, N. (1957), *Syntactic Structures*, Mouton, The Hague.

———(1965), *Aspects of the Theory of Syntax*, MIT Press, Cambridge, Masachussetts.

———(1972), *Language and Mind*, Harcourt Brace, Nueva York.

DeFleur, M., Kearney, P., G. Plax, T. y DeFleur, M. (2005), *Fundamentos de la Comunicación Humana*, McGraw-Hill Interamericana.

Delia, J. G. (1977), "Constructivism and the Study of Human Communication", *The Quarterly Journal of Spech*, 63, pp. 66-83.

Delia, J. G. y O'Keefe, B.J. y O'Keefe, D.J. (1982), "The Constructivist Approach to Communication", en F. E. X. Dance (ed.), *Comparative Human Communication Theory, Harper and Row,* Nueva York.

Delia, J. G. y Burleson, B. R. y Kline, S. L. (1979), "The Development of Interpersonal Cognition and Communicative Abilities: Longitudinal Analysis", trabajo presentado en la Annual Convention of the Central States Speech Association, St. Louis.

Gastil, J. (1995), "An Appraisal and Revision of the Constructivist Research Program", en B. Burleson (ed.), *Communication Yearbook 18*, Sage, Thousand Oaks, California, pp. 83-104.

Glucksberg, S., Krauss, R. M. y Higgins, E. T. (1975), "The Development of Referential Communication Skill", en T. D. Horowitz (ed.), *Review of Child Development Research*, vol. 4, University of Chicago Press, Chicago.

Griffin, E. (2005), *A First Look at Communication Theory*, 6a. ed., McGraw-Hill, Nueva York.

Halliday, M. A. K. y Matthiessen, C. (1999), C*onstruing Experience Through Meaning: A Language-Based Approach to Cognition*, Cassell Academics, Londres.

Hill, J. H. (1998), "Language, Culture and World View", en F. J. Newmeyers (ed.), *Linguistics: The Cambridge Survey*, vol. IV, Cambrige University Press, Nueva York.

Hymes, D. (1972), "Models of the Interaction of Language and Social Life", en J. J. Gumperz y D. Hymes (eds.), *Directions in Sociolinguistic: The Ethonography of Communication*, Holt, Nueva York.

——— (1974), "Linguistics, Language, and Communication", *Communication*, 1, pp. 37-53.

Jones, J., Delia, J. G. y Clark, R. A. (1981), "Person-Centered Parental Communication and the Development of Communication in Children", trabajo presentado en la Annual Convention of the International Communication Association, Minneapolis, Minn.

Kelly, G. A. (1955), *The Psychology of Personal Constructs* (2 vols.), W. W. Norton, Nueva York.

Littlejohn, S. W. (2004), *Theories of Human Communication*, 8a. ed., Wadsworth, Belmont, California.

Losoncy, L. (1997), *Best Team Skills*, St. Lucie Press, Boca Ratón, Florida.

Mead, G. H. (1934), *Mind, Self and Society*, ed. Charles W. Morris, University of Chicago Press, Chicago.

Nicoreta Mayden, A. (1995), "The Constructivist Theory of Delia, Clark, and Associates", en D. Cushman y B. Kovacic (eds.), *Watershed Research Traditions in Human Communication Theory*, State University of Nueva York, Albany.

O'Keefe, B. J. y Delia, J. G. (1982), "Impression, Formation and Message Production", en M. E. Rolof y C. R. Berger (eds.), *Social Cognition and Communication*, Sage, Beverly Hills, California.

———(1985), "Psychological and interactional Dimensions of Communicative Development", en H. Giles y R. St. Clair (eds.), *Recent Advances in Language, Communication and Social Psychology*, Erlbaum, Londres.

———(1988), "Lenguaje y comunicación", en C. Fernández Collado y G. L. Dahnke (eds.), *La comunicación humana. Ciencia social*, McGraw-Hill, México, pp. 253-289.

———(1990), "Language and Communication", en G. L. Dahnke, C. Fernández Collado y G. W. Clatterbuk (eds.), *Human Communication. Theory and Research*, Wadsworth, Belmont, California, pp. 23-49.

Petrovski, A. (1980), *Psicología General*, Progeso, Moscú.

Piaget, J. (1955), *The Language an Thougth of the Child*, traducción de Marjorie Gabain, World Publishing (publicado originalmente en 1926), Nueva York.

Piñuel, J. L. y Lozano, C. (2006), *Ensayo general sobre la comunicación*, Paidós Ibérica, Barcelona.

Richmond, P. G. (1981), *Introducción a Piaget, Fundamentos*, España.

Rommetveit, R. (1974), *On Message Structure*, Wiley, Nueva York.

Sapir, E. (1949), *Language, Harcourt Brace and World*, Nueva York.

Silverstein, M. (1976), "Shifters, Linguistic Categories, and Cultural Description", en K. H. Basso y H. A. Selvy (eds.), *Meaning in Anthropology*, University of New Mexico Press, Alburquerque.

Tubbs, S. L. y Moss, S. (2005), *Human Communication: Principles and Contexts with PowerWeb* 10a. ed., McGraw-Hill, Nueva York.

Uhlenbeck, E. M. (1963), "An Appraisal of Transformation Theory", Lingua, 12, pp. 1-15.

Weinstein, E. A. (1969), "The Development of Interpersonal Competence", en D. A. Goslin (ed.), *Handbook of Socialization Theory and Research*, Rand McNally, Chicago.

Werner, H. (1957), "The Concept of Development From a Comparative and Organismic Point of View", en D. B. Harris (ed.), *The Concept of Development, University of Minnesota Press*, Minneapolis.

West, R., y Turner, L.H. (2005), *Teoría de la comunicación. Análisis y Aplicación*, McGraw-Hill Interamericana.

Whorf, B. L. (1956), *Language, Thought and Reality*, J. B. Carroll, Foreword by S. Chase, The MIT Press, Cambridge, Massachusetts, 1988, trad. cast. de J. M. *Pomares, Lenguaje, pensamiento y realidad*, Barral, Barcelona, 1971.

Mapa conceptual

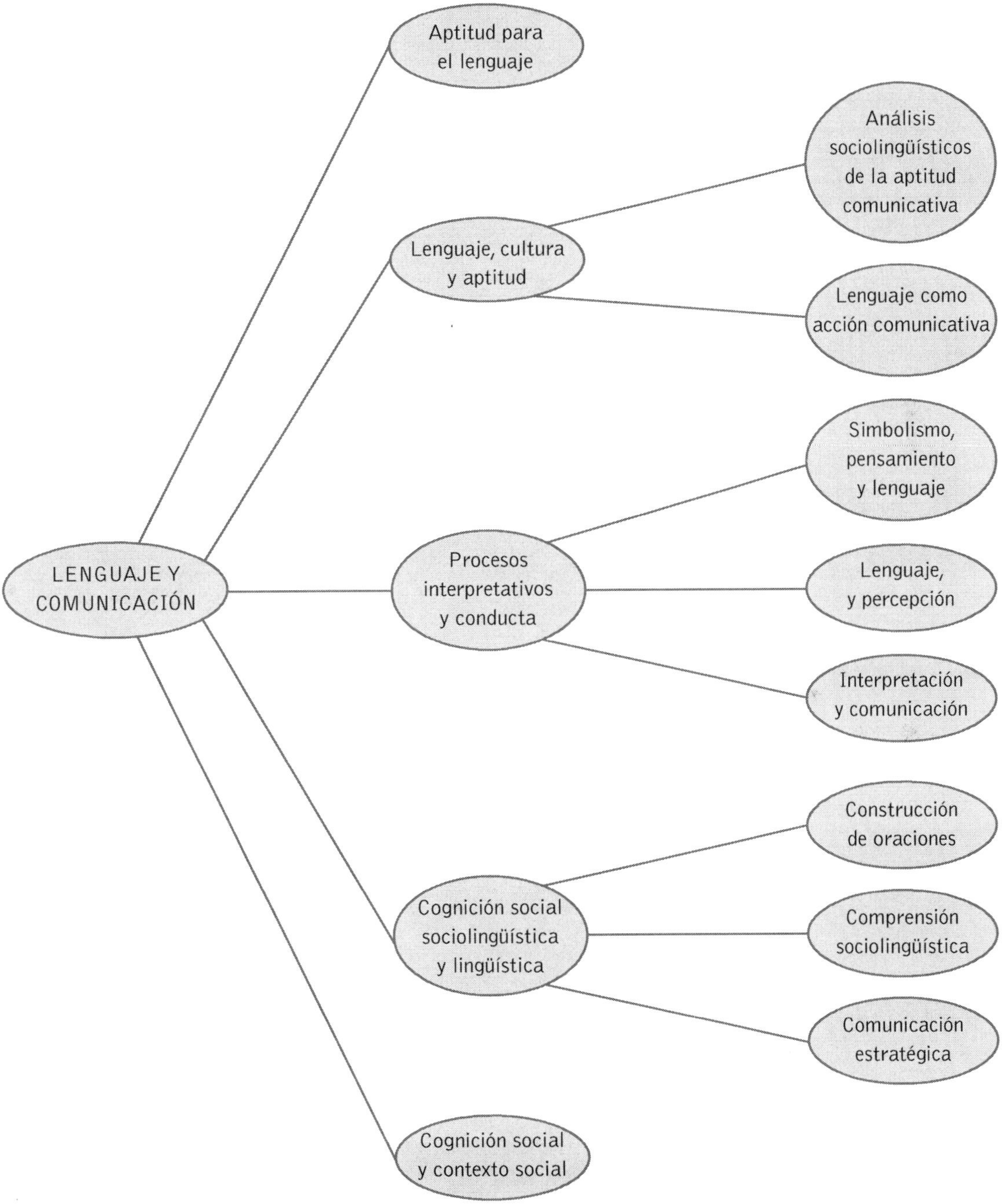

La lingüística como una neurociencia cognitiva

Maria Mercedes Piñango

Como es bien sabido, la contribución más importante de Noam Chomsky en el área de Neurociencia Cognitiva, la cual inicia la llamada "revolución cognitiva", radica en su propuesta de que el lenguaje no existe como resultado de una convención entre humanos cuya complejidad surge de principios generales de inteligencia. En su lugar, propone Chomsky, la capacidad lingüística es parte de la fábrica biológica humana, determinada por las especificaciones genéticas de la especie humana. Desde esta perspectiva, el lenguaje es equivalente a otras capacidades del cerebro como la visión (*e.g.*, Chomsky, 1965). Es a partir de esta propuesta que se investiga y se encuentra explicación a las observaciones sobre adquisición del lenguaje, particularmente aquellas que se dan en condiciones inusuales tales como: *a*) la adquisición de lenguaje de señas en niños sordos de padres oyentes, *b*) la adquisición de lenguaje en niños en situaciones de exposición tardía *c*) adquisición de lenguaje en niños ciegos, y *d*) la adquisición de segunda lengua en adultos (Cf. Gleitman y Newport, 1995).

A través de esta propuesta (la cual tiene raíces en ideas de Descartes y Platón) el lenguaje ya no sólo se estudiaría como un objeto *social*; esto es, como un sistema de comunicación a través del cual los humanos expresamos aspectos de nuestra cultura y visión del mundo sino también como un objeto *biológico* que es a su vez un producto del órgano que lo sostiene: el cerebro. Y es ahí donde la lingüística encuentra un espacio fundamental a llenar: como la disciplina que conecta al humano como ente cultural con el humano como ente biológico, gobernado por las leyes de la genética. Esto hace de la lingüística, la ciencia que se dedica a entender *la estructura del sistema lingüístico* del cual surgen lenguas específicas como el castellano, el inglés o el swahili, una rama de la neurociencia. El propósito de esta breve sección es la de discutir algunas de las observaciones mas importantes de cómo este sistema se comporta desde el punto de vista de una representación abstracta y cómo esta representación se conecta con el funcionamiento cerebral a través de observaciones neurológicas.

La base del sistema lingüístico es el artículo léxico o *ítem* lexical. Es esta la única entidad en el sistema permitida de contener la información "mixta": el ítem lexical aglutina información semántico-conceptual, información fonética-fonológica e información sintáctica Ej., [el concepto asociado con la palabra 'gato'+ [gatO]+ nominal]. De esta manera, la idea del *ítem* lexical incorpora la observación Saussuriana sobre la lengua: la conexión arbitraria entre el sonido y el significado. A pesar de que la conexión es en sí misma arbitraria, la manera en la cual se organiza el sonido (fonología articulatoria) y la manera en la cual se organiza el significado (estructura léxico-conceptual) no son arbitrarias. Cada una tiene sus propias unidades y principios de organización (i.e., sistema predeterminado de reglas). El primero se arraiga en el sistema articulatorio, el segundo en el sistema conceptual/cognitivo. De la misma forma, el *ítem* lexical hace una predicción psicológica: es una unidad lingüística de información mixta que se almacena en la memoria larga (LTM por sus siglas en inglés) del sistema cognitivo. Es esta predicción la que trae al lenguaje a la mente, y por lo tanto al cerebro, ya que el cerebro es el órgano que 'implementa' la mente.

Esta idea fundamental del *ítem* lexical es poderosa porque predice la existencia de un *isomorfismo* entre las unidades lingüísticas distintivas (unidades fonológicas, sintácticas y semánticas), la forma como éstas se correlacionan en la mente (a través de sistemas paralelos combinatorios de información mixta (Jackendoff, 2002) y la forma como el cerebro las trata en su distribución cortical (*e.g.*, Piñango, 2006).

Una vez especificado cómo el lenguaje nos puede permitir hacer conexiones desde estas tres perspectivas (*i.e.*, sonido, sintaxis, semántico-conceptual), podemos pensar en cómo este sistema se podría mover *dinámicamente*; esto es, cuáles son aquellos mecanismos que nos permiten *combinar* estos ítems lexicales para así construir objetos lingüísticos más grandes como las frases y las oraciones.

Esto nos permite hablar de otra propiedad fundamental del lenguaje: la combinatorialidad. Esta propiedad presume un sistema finito de unidades y de organización, el cual le presta la necesaria estabilidad para poder hacerla predecible de un hablante a otro. En otras palabras, a pesar de que el lenguaje permite crear un número infinito de oraciones, estas creaciones resultan de la aplicación de reglas específicas predeterminadas. La violación de estas reglas resulta en segmentos no permitidos (*i.e.*, no-gramaticales). En castellano, la oración 'El gato persigue al perro' es gramatical: la oración 'El gato persigue perro al' no lo es. El problema en gramaticalidad no es a nivel lexical; todas las palabras en la oración son palabras legítimas del castellano. El problema se encuentra en la combinatorialidad: la regla que dicta que en el castellano el determinante precede al nominal ha sido violada.

Se sabe que estas reglas de combinatorialidad pasan por un proceso de maduracion el cual se completa casi en su totalidad a edad temprana. Esto permite explicar lo rápido del proceso de adquisición de palabras: es de ambientes combinatorios (*i.e.*, frases y oraciones) que el niño debe extraer los *ítems* lexicales. Si el niño no entendiera de reglas combinatorias, no podría extraer las regularidades de comportamiento de cada palabra en las oraciones y por lo tanto no podría deducir el uso apropiado de éstas, ni su significado o sus reglas de pronunciación (Gleitman y Lieberman, 1995).

Esta idea de combinatorialidad nos trae a otro nivel lingüístico: la implementación dinámica del lenguaje (*i.e.*, procesamiento en tiempo real). Dicha implementación dinámica se compone de dos mecanismos principales: la producción y la comprensión. Estos procesos hacen uso diferente del sistema lingüístico. En la producción, unidades semánticas son linearizadas a través de reglas sintácticas para luego ser convertidas en signos articulatorios. En la comprensión, el signo articulatorio es segmentado en palabras organizadas jerárquicamente acorde a reglas sintácticas *y* semánticas. Es de esta forma como la combinatorialidad se explica dentro de nuestro modelo lingüístico; ya que son estos dos procesos los que constituyen el "impulso combinatorio" del lenguaje, el cual manipula simultáneamente información fonética-fonológica, sintáctica y semántica. Curiosamente, estos procesos *implementan* el sistema lingüístico de forma asimétrica: los procesos de producción exigen la implementación exhaustiva del sistema sintáctico (*i.e.*, el cual permite que los ítems lexicales se organicen en ordenes predeterminados), mientras que, en contraste, los de la comprensión requieren de la implementación exhaustiva del sistema semántico que sea en sí mismo generativo (*i.e.*, permite crear nuevos conceptos a partir de la combinación novel de significados asociados con *ítems* lexicales) (cf., Culicover y Jackendoff, 2005; Piñango, 2006).

Finalmente, evidencia neurológica de los últimos cuarenta años soporta este modelo lingüístico de representación y procesamiento, ya que nos permite explicar patrones de comportamiento en pacientes con lesión cerebral focal, y estudios subsecuentes de neuroimagen en cerebros intactos. A rasgos generales, este cúmulo de evidencia nos indica que el cerebro distingue entre tipos diferentes de información lingüística acorde con la triada de información contenida en el ítem lexical (*i.e.*, sonido, sintaxis, semántica), y que el procesamiento de los diferentes tipos de información muestra una doble disociación: el procesamiento de información sintáctica depende de la integridad de la corteza anterior baja (área Broca) y la semántico-conceptual, de la corteza izquierda posterior temporal (área Wernicke) (Carammazza y Zurif, 1976; Blumstein *et al.*, 1982; Grodzinsky, 1990; Indefrey et al., 2004; Piñango, 2006). Esta observación corrobora la idea chomskiana que las distinciones lingüísticas son distinciones biológicas, y que por lo tanto la lingüística desde esa perspectiva es una rama de la neurociencia.

Maria Mercedes Piñango
Universidad de Yale

REFERENCIAS

Blumstein, S., Milberg, W., y Shrier, R. 1982, *Semantic processing in aphasia: Evidence from an auditory lexical-decision task*, Brain and Language, 17, 301-315.

Caramazza, A., y Zurif, E. 1976, *Dissociation of algorithmic and heuristic processes in sentence comprehension: Evidence from aphasia*, Brain and Language, 3, 572–582.

Chomsky, N. (1965), *Aspects of the Theory of Syntax*, MIT Press, Cambridge, Masachussetts.

Culicover, P. y Ray Jackendoff, R. 2005 *Simpler Syntax*, *Oxford*: Oxford University Press.

Gleitman, L., y Newport, E. (1995), *The invention of language by children: Environmental and biological influences on the acquisition of language*, pp. 1-24 en: Gleitman, Lila y Liberman, Mark (eds.), *An invitation to cognitive science: Language. Second Edition. Daniel Osherson* (General Editor), MIT press: Cambridge.

Gleitman, Lila y Liberman, Mark (1995), *An invitation to cognitive science: Language*, Second Edition. Daniel Osherson (General Editor), MIT press: Cambridge.

Goodglass, H. y Kaplan, E., 1972, *The assessment of aphasia and related disorders*, *Philadelphia*, PA: Lea y Fabiger.

Indefrey, P., Hellwig, F., Herzog, H., Rudiger, S.J. y Haggort P. (2004), *Neural responses to the production and comprehension of syntax in identical utterances*, Brain and Language, 89, 312-319.

Jackendoff, R. 2002, *Foundations of Language*, Oxford: Oxford University Press.

Piñango, M. M. y Zurif, E., (2001), "Semantic Combinatorial Operations in aphasic comprehension: Implications for the cortical localization of language", Brain and Language, 79, 297-308.

Piñango, M. M. (2006), *Understanding the architecture of language: the possible role of neurology*, *Trends in Cognitive Science.*

Capítulo Diez

Comunicación y cambio social

Sumario

Objetivos de aprendizaje

En función de la lectura y estudio de los contenidos de este capítulo, el alumno será capaz de:

- Entender los conceptos más importantes relacionados con el cambio social motivado por los medios de comunicación, así como la propuesta de cambio que se basa en el paradigma de desarrollo.
- Comprender el proceso de la difusión de innovaciones en el contexto social con la finalidad de visualizar cómo dichas innovaciones promueven el cambio en la estructura del sistema social.
- Analizar a fondo el concepto de innovaciones en sus diferentes tipos y consecuencias, y su aplicación en los medios de comunicación masiva.
- Entender el término de brecha informativa y sus efectos en los diferentes sectores sociales.
- Conocer las transformaciones que han ocurrido en los sistemas de comunicación en los últimos años con la aplicación de tecnología en su sistema y cómo influye este fenómeno en el proceso de transición a la era informativa y, por tanto, en el cambio social.
- Analizar de qué manera la tecnología aplicada a la comunicación ha influido para que las naciones abran sus puertas al flujo internacional de información y con ello al flujo económico y de productos.

Hace varias décadas se especulaba en torno al papel que desempeñarían los medios de comunicación masiva para alcanzar el desarrollo en las naciones en vías de desarrollo (regiones de América Latina, África y Asia). Los medios —la radio en especial— lograron llegar a las mayorías de esos países; esos canales de comunicación masiva parecían poseer el potencial para actuar como "multiplicadores mágicos" y llevar a los pueblos información útil sobre las oportunidades de desarrollo.

En este inicio de siglo sabemos que los medios de comunicación masiva han logrado llegar a un enorme número de receptores, y que permiten a los habitantes de zonas remotas y a los desposeídos de las urbes ponerse en contacto con el resto del mundo. Las nuevas tecnologías de la comunicación, como los satélites y el internet, se utilizan en muchos países en vías de desarrollo. Los dirigentes de los gobiernos latinoamericanos, africanos y asiáticos han aprendido a utilizar los medios de comunicación masiva en función del desarrollo de sus países.

Cambio social
Proceso por el cual ocurren alteraciones en la estructura y las funciones de un sistema social.

Para efectos del presente capítulo, se define *cambio social* como el proceso por el cual ocurren alteraciones en la estructura y las funciones de un sistema social (Rogers, 2003). Cuando se proponen innovaciones, se difunden con el fin de que se acepten o se rechacen, esto provoca determinadas consecuencias que conducen al cambio social. El cambio puede ocurrir de diversas maneras, precipitado por una revolución social o por un desastre natural imprevisto, como un terremoto, etc. Algunos tipos de cambio social se planean y se dirigen, otros ocurren de manera espontánea.

El cambio social planeado, en especial en países en vías de desarrollo, está enfocado hacia el desarrollo. De hecho, la prioridad para la mayoría de los gobiernos de estos países es el desarrollo socioeconómico de sus pueblos. En la época contemporánea el *desarrollo* se define como un proceso de cambio en una sociedad determinada. Este proceso tiene como fin lograr avances de carácter social y material (incluyendo mayor igualdad, libertad y otras cualidades que se consideran valiosas) para el pueblo, por medio de un mayor control de su ambiente (Rogers, 1990, 2003).

Desarrollo
Proceso de cambio dirigido al logro de avances de carácter social y material.

Difusión
Proceso por el cual una innovación se comunica mediante determinados canales a los miembros de un grupo social.

La *difusión* constituye el proceso por el cual una innovación se comunica mediante determinados canales y en un momento histórico entre los miembros de un sistema social (Rogers, 2003). La difusión planteada de esta manera constituye cierto tipo de comunicación, puesto que los mensajes contienen ideas nuevas. Por otro lado, la *comunicación* es un proceso en el que los participantes crean y comparten información recíprocamente, con el fin de alcanzar entendimiento mutuo (Rogers y Kincaid, 1981). Aunque las primeras definiciones de la comunicación implicaban un proceso lineal en un solo sentido, en la actualidad se considera como un proceso de convergencia en dos sentidos. Esa convergencia (o divergencia) ocurre cuando dos o más individuos se aproximan a la coincidencia (o se alejan de ella) respecto a los significados que conceden a determinados hechos.

El contenido principal en los mensajes de las campañas de difusión lo constituyen las innovaciones. Una *innovación* es una idea, una práctica o un objeto que se percibe como novedad, por una persona o una entidad social (Rogers, 2003). Muchas de las innovaciones que conducen al cambio social se deben a los avances tecnológicos, pero las ideas de otro tipo, lo que se conoce en la actualidad como mercadotecnia social (Kotler, Roberto y Lee, 2002), lo que podría ser un nuevo movimiento religioso, una ideología política, o la prevención del SIDA, pueden tener importancia trascendental.

Innovación
Idea, práctica u objeto que se percibe como novedad por una persona o una entidad social.

Un nuevo paradigma del desarrollo

La definición de desarrollo ha variado mucho en los años recientes. La manera en que ocurrió este cambio constituye un ejemplo fascinante de la interacción entre los sucesos mundiales, por una parte, y los conceptos académicos, por otra.

En toda área de investigación científica deben adoptarse ciertas premisas simplificadoras respecto a las complejas realidades que se estudian. Estas premisas se construyen en el paradigma intelectual que orienta un campo de investigación, ya que un *paradigma* es una estructura conceptual compartida por una comunidad intelectual que provee problemas y soluciones modelo para la investigación (Kuhn, 1970).

Paradigma
Estructura conceptual compartida por una comunidad intelectual que provee problemas y soluciones modelo para la investigación.

A menudo las premisas de un paradigma no se reconocen totalmente, incluso si afectan aspectos vitales como lo que se estudia y lo que se ignora y cuáles métodos de investigación se aceptan o se rechazan. Cuando un científico sigue determinado paradigma teórico, adopta una limitación intelectual, que le impide observar parte de la realidad. En cualquier campo los científicos enfrentan el problema de su "incapacidad adquirida", esto significa que cuanto más se sabe respecto a cómo realizar algo, resulta más difícil aprender a hacerlo de modo distinto. Esta incapacidad adquirida resulta necesaria hasta determinado punto, ya que de otra manera, un científico no podría enfrentar la vasta gama de incertidumbres que surgen en su campo de investigación (Rogers y Steinfatt, 1999).

El avance en un área de la ciencia constituye un proceso gradual y de solución de incógnitas, gracias al cual se identifican importantes cuestiones de investigación que en algún punto reciben respuesta. El progreso científico se ve alentado por el reconocimiento de muchas premisas, puntos de vista y debilidades de un área científica. Por eso la crítica intelectual en torno al desarrollo de la comunicación llevada a cabo en los años recientes constituye un alentador indicador de progreso.

El paradigma dominante de desarrollo

La obra que más influencia ha ejercido en el área del desarrollo de la comunicación es sin lugar a dudas *Mass Media and National Development*, de Wilbur Schramm, publicada en 1964, porque unificó gran parte de los planteamientos de la época respecto al papel potencial de los medios de comunicación en el desarrollo socioeconómico. Esta obra logró amplia difusión entre los funcionarios y los intelectuales de países en vías de desarrollo, quienes se entregaron a la tarea de seguir el camino al desarrollo que describió el libro en términos generales (Rogers, 1994; Schramm, Chaffee y Rogers, 1997). En aquella época se consideraba el desarrollo de la comunicación principalmente en términos de transferencia de información en un solo sentido, es decir, de un organismo gubernamental al pueblo. Esa función era compatible con la naturaleza unidireccional de la radio y la televisión (Rogers, 1988, 1990; Schramm, Chaffee y Rogers, 1997).

Modernización
Movimiento de una sociedad tradicional hacia el crecimiento autosostenido.

En esa época las definiciones del desarrollo se centraban en el indicador del crecimiento económico. La obra de Lerner, *Passing of Traditional Society*, publicada en 1964, y de Rostow (1960), *Stages of Economic Growth*, describían la *modernización* como el movimiento de una sociedad tradicional hacia el crecimiento autosostenido, pasando por un punto de despegue (Schramm, 1976). La medida del desarrollo nacional eran el producto interno bruto (PIB) o el ingreso *per cápita*, que resultaba de dividir el PIB entre la población total del país.

Los planificadores del desarrollo consideraban que el crecimiento económico era infinito; cuanto más grande, mejor; existía la creencia de que la tecnología era el centro del desarrollo. Gran parte de la tecnología provenía de los países industrializados de Europa y Estados Unidos, y la posibilidad de aplicarla a las condiciones de los países en vías de desarrollo no se ponía en tela de juicio. Las tecnologías transferidas a estos países a través de programas internacionales de desarrollo eran principalmente de capital intensivo y reducción de la mano de obra, lo cual permitía una industrialización intensiva por medio de plantas hidroeléctricas y altos hornos (Rogers, 1988, 1990, 2003).

La Organización de las Naciones Unidas (ONU) incluye entre sus miembros a las naciones industrializadas más importantes del mundo.

La industrialización ocurrió simultáneamente con la urbanización a medida que la mano de obra emigraba de las zonas rurales a las urbanas. Muchos países como Bolivia, México y Brasil empezaron a enfrentar serios problemas sociales provocados por una excesiva urbanización cuando millones de campesinos emigraron a sus ciudades más importantes. Una vez iniciado imposible detenerlo, y el problema se agravó cuando no fue posible ofrecer empleos, habitación adecuada y otros servicios en los nuevos conglomerados. En este sentido, la ciudad tercermundista brindaba un nivel de vida inferior al de las zonas rurales de donde procedían los migrantes.

La concepción dominante sobre el desarrollo en la década de los sesenta partía de que las principales causas del subdesarrollo se originaban en esos mismos países, y no debido a sus vínculos económicos con las naciones industrializadas. Se atribuía el subdesarrollo a las siguientes causas: *a*) los campesinos se mostraban miedosos e indiferentes al cambio tecnológico, y *b*) existían problemas sociales estructurales —como una intrincada burocracia gubernamental—, poderosos terratenientes y la corrupción de gobernantes y empresarios (Rogers, 1988, 1990, 2003).

En este sentido, los principales elementos del paradigma dominante del desarrollo eran la industrialización, la urbanización, la tecnología de uso intensivo de capital, la planificación gubernamental centralizada, el enfoque hacia el crecimiento económico y una excesiva insistencia en las causas internas del subdesarrollo (Beltrán, 1999; Rogers, 1988, 1990).

Razones para el cambio del paradigma de desarrollo

En la década de los setenta la concepción sobre el desarrollo descrita arriba empezó a cuestionarse y a reemplazarse por otros modelos.

Una de las principales razones de esto fue que el paradigma dominante no había funcionado en forma satisfactoria, incluso de acuerdo con el criterio previamente aceptado de crecimiento económico. Durante la década de los sesenta la nación subdesarrollada alcanzó una tasa de crecimiento en el ingreso *per cápita* de dos a tres por ciento anual, mucho más bajo de lo planeado y esperado. Incluso en países como Taiwan, Corea y México (que entonces se consideraban ejemplos de desarrollo eficaz a causa de su tasa de crecimiento de cinco a diez por ciento anual) surgieron difíciles problemas y cuestionamientos respecto a la forma de distribución de la riqueza. La mayor parte del progreso económico era patrimonio de un núcleo relativamente reducido de miembros de las élites urbanas con buena educación, quienes por lo común se establecían en la capital de la nación; mientras que las condiciones de vida de la mayor parte de la población —campesinos y habitantes pobres de las urbes— no había cambiado en absoluto, incluso se podría decir que, hasta cierto punto, enfrentaba peores condiciones (Beltrán, 1999; Rogers, 2003).

En este contexto, independientemente del modo en que se midiese el desarrollo en América Latina, África y Asia, durante los años sesenta los logros eran escasos, de hecho, la mayor parte de los programas de desarrollo en los sectores de la educación, la salud y la agricultura produjeron estancamiento económico, concentración del ingreso, alto desempleo, urbanización excesiva y escasez de alimentos. Si estos programas de desarrollo del pasado pueden considerarse de alguna manera como una puesta a prueba del paradigma intelectual en el que estaban sustentados, debe concluirse que el modelo adolecía de serias carencias.

A mediados de la década de los setenta el paradigma dominante se había vuelto obsoleto como para seguir aplicándolo al desarrollo en América Latina, África y Asia. En este sentido no había un paradigma único e integrado que pudiera reemplazar el modelo dominante de desarrollo.

A comienzos de la década de los ochenta aparecen en escena el neoliberalismo y la globalización que llegarían a cambiar en poco tiempo las bases estructurales de la economía, de la política, de la cultura y de la comunicación en el mundo. Entre 1981-1983 se produjo la peor recesión desde la histórica "Gran Depresión" que afectó a los países desarrollados y tuvo consecuencias devastadoras para los subdesarrollados, pero a diferencia de lo ocurrido en cuanto al desarrollo, esa década no fue perdida ni en la reflexión ni en la acción de los comunicadores latinoamericanos que permanecieron batallando por el ideal del cambio estructural en pos de la equidad y la libertad.

Surgen alternativas: el nuevo desarrollo

La década de los noventa fue rica en creativas reflexiones sobre la comunicación relativa al desarrollo. La inició Pasquali explorando las posibilidades de respuesta de los latinoamericanos a la agravada situación de la comunicación por el aumento exponencial del poderío tecnológico y económico de Estados Unidos y otras naciones altamente desarrolladas.

Diferentes naciones subdesarrolladas siguen modelos de desarrollo que difieren entre sí, aunque los siguientes son los elementos más comunes (Beltrán, 1999; Rogers, 1990, 2003; Rogers y Steinfatt, 1999):

Igualdad
Distribución equitativa de los beneficios del desarrollo, como el ingreso, la educación, la información, etcétera.

Participación
Colaboración popular en la planeación y ejecución del desarrollo.

1. *Igualdad.* La distribución equitativa de los beneficios del desarrollo, como el ingreso, la educación, la información, etc., se convirtió en un aspecto de gran interés durante la citada década. Empezaron a adoptarse políticas de desarrollo para reducir las diferencias entre los sectores más avanzados y los menos desarrollados de las naciones subdesarrolladas.
2. *Participación.* Se produjo un cambio importante en la teoría sobre el desarrollo cuando se constató que esto no era algo que el gobierno hace para el pueblo, sino algo que el pueblo hace por sí mismo. La ayuda oficial aún constituía un elemento necesario para el desarrollo, pero el

gobierno ya no era la única entidad a cargo de todos los aspectos que conllevan al desarrollo. La participación popular en la planeación y ejecución de éste recibió mayor atención durante la década de los setenta.

3. *Autodesarrollo.* Se advirtió que diversos tipos de desarrollo podían realizarse de manera óptima a través de la labor realizada por los habitantes de un pueblo o de una zona urbana. Se impulsó la autosuficiencia y la independencia respecto al gobierno nacional mediante el uso de recursos locales e iniciativa popular.

Autodesarrollo
Autosuficiencia e independencia del pueblo en el uso de recursos locales, impulsada por el gobierno y la iniciativa popular.

En este contexto, entre las nuevas opciones respecto al paradigma dominante destacan metas como la igualdad, la libertad, la independencia y el avance social, en vez del crecimiento económico de carácter materialista. Los efectos de este nuevo concepto de desarrollo empezaron a reflejarse en la aplicación de los programas de países en vías de desarrollo (Beltrán, 1995, 1999; Rogers, 1990).

Durante el primer quinquenio del siglo XXI, la producción de literatura sobre los aspectos mencionados ha tenido una continuidad tal vez no intensa pero significativa, en la que se han dado contribuciones importantes en relación con las funciones de la comunicación para el desarrollo sostenible. Principalmente en los términos de propiciar una nueva ética de equidad y respeto al medio ambiente; servir como vehículo de expresión y participación social de los ciudadanos; potenciar el empleo de canales locales de comunicación, y propiciar el uso de las nuevas tecnologías y contribuir a la articulación de los procesos comunicativos en la planificación de programas de desarrollo (Flores, 2002).

Al final del 2005, el comunicólogo español Alejandro Barranquero publicó en Bolivia un documentado ensayo sobre el papel de Latinoamérica en la reflexión y en la práctica de la comunicación para el desarrollo a lo largo de medio siglo, prestando especial atención a la "conformidad de un modelo propio, contra-hegemónico, con respecto a las perspectivas académicas dominantes (principalmente, norteamericanas)".

Difusión de innovaciones

Como se definió, la *difusión* es el proceso por el cual una innovación se comunica mediante diversos canales en determinado contexto entre los miembros de un sistema social. Las cuatro principales características de la difusión de nuevas ideas son (Rogers, 2003):

1. Una innovación (la cual se definió como una idea, práctica u objeto que se consideran nuevos, en opinión de un individuo o alguna otra unidad de adopción).
2. Que se comunica a través de determinados canales.

3. En un tiempo determinado.
4. Entre los miembros de un sistema social.

La relativa novedad de la idea que se comunica es lo que distingue a la difusión de otros tipos de comunicación humana. Esta novedad significa que siempre existe determinado grado de incertidumbre para los individuos debido a la difusión de una innovación.

La incertidumbre existente determina el grado en que se perciben varias alternativas respecto a que ocurra un suceso y las probabilidades relativas de dichas alternativas. Tal incertidumbre se reduce cuando el individuo busca información, la cual se define, para efectos de este apartado, como la diferencia entre materia y energía que afecta a la incertidumbre en circunstancias en las que existen alternativas entre varias vías posibles de acción. De este modo, la conducta de difusión de los individuos consiste en la búsqueda de información, lo cual les permite enfrentar la incertidumbre implícita en las ideas que perciben como nuevas o desconocidas.

Se han realizado diversos estudios de investigación (hasta la fecha más de 5 000) sobre la difusión de innovaciones en los últimos 50 años. De estas investigaciones surge una serie de generalizaciones (Rogers, 2003) sobre:

1. Las características de los individuos y de otras unidades de adopción que sean relativamente pioneros o tardíos en la adopción de una nueva idea.
2. Los canales de comunicación por los que se difunden las ideas.
3. Las características de las innovaciones que conducen a una tasa relativamente rápida de adopción.

La tasa de adopción de una innovación se relaciona de manera directa con las características de las innovaciones (Rogers, 2003); o sea:

a) Ventaja relativa: grado en que la innovación se percibe como algo mejor que la idea que reemplaza.
b) Compatibilidad: nivel de consistencia entre la innovación y los valores existentes, las experiencias anteriores y las necesidades de los receptores.
c) Complejidad: grado de dificultad en la comprensión y el uso de una idea nueva.
d) Experimentabilidad: grado en que puede ensayarse una innovación.
e) Observabilidad: nivel de visibilidad de los resultados de una innovación.

Canal de comunicación
Medio por el cual los mensajes se transmiten de una a otra persona.

Un *canal de comunicación* es el medio por el cual los mensajes se transmiten de una a otra persona. Los canales de los medios de comunicación masiva son más efectivos para lograr la difusión y transmitir el conocimiento de las innovaciones. Los canales interpersonales, sin embargo, son más efectivos en la formación y cambio de actitudes respecto a una innovación, y de esa manera influyen en la adopción o rechazo de ésta a nivel individual. La mayoría de los individuos no valora una innovación basándose en la investigación científica de los expertos, sino en las evaluaciones subjetivas de personas cercanas que ya han adoptado la innovación en cuestión. Esta red de personas cercanas cumple la función de proporcionar modelos sociales, cuya conducta de innovación es a menudo imitada por otros miembros del sistema. La imitación de persona a persona y el modelo social constituyen, de esta manera, elementos esenciales en el proceso de difusión.

En un sistema social, determinados individuos, a los que se les llama *líderes de opinión*, desempeñan un papel importante en la difusión interpersonal de innovaciones. El *liderazgo de opinión* es el grado en que un individuo puede influir de manera informal en las actitudes de otros, o ejercer influencia en su conducta en determinado sentido con relativa frecuencia. Quienes instrumentan los programas de desarrollo en países en vías de desarrollo han procurado identificar a los líderes de opinión de una comunidad y apoyarse en ellos para difundir las innovaciones a otras personas que pertenezcan al sistema.

Líderes de opinión
Individuos que desempeñan un papel importante en la difusión interpersonal de innovaciones.

Liderazgo de opinión
Grado en que un individuo influye de manera informal en las actitudes de otros.

La capacidad de innovar se mide en el grado en que una persona o alguna otra unidad adoptan de manera relativamente temprana las nuevas ideas respecto a otros miembros de un sistema social. La capacidad de innovar conlleva un proceso que se divide en cinco categorías de adoptantes (Rogers, 2003):

1. Innovadores, los pioneros del proceso.
2. Primeros adoptantes.
3. Mayoría inicial.
4. Mayoría tardía.
5. Rezagados, los últimos en adoptar la innovación.

Consecuencias de las innovaciones

Las *consecuencias* son los cambios que ocurren a un individuo o a un sistema social como resultado de la adopción o rechazo de una innovación (Rogers, 2003). Una innovación tiene escaso efecto hasta que los integrantes de un sistema la ponen en práctica. A pesar de la importancia de las consecuencias de las innovaciones, tanto los investigadores como los planificadores del desarrollo han concedido relativamente escasa atención a este tema, debido a que, por lo general, presuponen que una innovación sólo producirá efectos benéficos a quienes la adopten. Desafortunadamente, ése no ha sido el caso.

Consecuencias
Cambios que ocurren a un individuo o sistema social como resultado de la adopción o rechazo de una innovación.

Clasificación de las consecuencias

Las consecuencias no son unidimensionales; pueden adoptar muchas formas y clasificarse de acuerdo con una o más taxonomías. En este caso se clasificarán como (Rogers, 2003):

1. Deseables o indeseables, según tengan efectos funcionales o disfuncionales para el individuo o el sistema social.
2. Directas o indirectas, según ocurran a un individuo o sistema social en respuesta inmediata a una innovación o como resultado de sus consecuencias directas. Un resultado directo, por ejemplo, de los semiconductores que se emplean en los "aparatos inteligentes", como calentadores de agua y secadoras de ropa, es la conservación de energía. Es muy probable que esta consecuencia directa de los semiconductores se acompañe de muchas consecuencias indirectas de la revolución de la microelectrónica, como mayor desempleo, desigualdad socioeconómica y amenazas a la primacía individual (Rogers y Larsen, 1984).
3. Previsibles e imprevistas, según se procuren y busquen los cambios efectuados por los miembros de un sistema social, o no se procuren ni se busquen.

Las consecuencias indeseables, indirectas e imprevistas de las innovaciones, por lo general van de la mano, lo mismo que las consecuencias deseables, directas y previsibles.

Igualdad en las consecuencias de la innovación

La estructura social de un sistema determina parcialmente el grado de igualdad de las consecuencias de una innovación. Cuando la estructura ya es desigual, las consecuencias de una innovación a menudo conducen a mayor desigualdad. En América Latina, África y Asia, la estructura social de una comunidad o de un país a menudo contrasta mucho con las de Europa occidental, Estados Unidos y Canadá. La riqueza, el poder social y la información están por lo general concentrados en pocas manos. De manera significativa, fue en los países en vías de desarrollo, durante la década de los setenta, que las consecuencias de la innovación sobre la igualdad empezaron a estudiarse sistemáticamente. En la actualidad, ese mismo interés sobre los efectos de los medios de comunicación masiva y de la desigualdad se da también en Estados Unidos (Beltrán, 1995, 1999; Rogers, 2003).

Brecha informativa
Diferencia de información entre los países desarrollados y los que están en vías de desarrollo, debido a que los primeros tienen un amplio campo de información, mientras que los segundos no lo tienen.

Este elemento de diferenciación y desigualdad entre los distintos sectores de la sociedad es conocido como "brecha del conocimiento" o "*brecha informativa*", la cual surge como consecuencia de la diferencia entre aquellos que se podrían llamar "ricos" en información y aquellos que son "pobres" en este aspecto (Gómez Palacio, 1998). Aunque indiscutiblemente esta brecha informativa es consecuencia de las diferencias económicas que experimentan los distintos miembros de la sociedad, en la práctica la tecnología y el acceso a la información vienen a ampliar las diferencias ya existentes (DeFleur y Dennis, 2001).

En la década de los setenta, Tichenor, Donohue y Olien (1970) formularon la *hipótesis de la brecha del conocimiento* (*knowledge-gap*), la cual señala que, conforme aumenta la difusión de información dentro de un sistema social determinado, los segmentos de nivel socioeconómico alto tienden a adquirir dicha información en forma más rápida y a utilizarla mejor que en los sectores socioeconómicos bajos, con lo cual se crea una brecha de conocimiento creciente entre ambos sectores (Gómez Palacio, 1998). De hecho, el planteamiento original de Tichenor, Donohue y Olien establecía la existencia de una fuerte correlación entre el nivel socioeconómico, el nivel educativo y la capacidad de las personas para interpretar, asimilar y utilizar la información proveniente de los medios de comunicación (Rogers, 1990).

En este sentido, se considera que las nuevas tecnologías proporcionan un mayor beneficio informativo para los que ya son ricos (de conocimientos), lo que les distancia aún más de los que son pobres en información. Los ricos en información tienen además de mayores posibilidades de lograr gestionar los instrumentos y las tecnologías, "los ya ricos en información necesitan conocimientos especializados que sólo las tecnologías nuevas pueden proporcionar" (Lucas *et al.*, 2003; Rogers, 1986). Por lo tanto la aplicación de nuevas tecnologías de la comunicación pone de relieve y actualidad la teoría del *knowladge-gap* en una sociedad en la que las personas están estrechamente conectadas a un sistema comunicativo e informativo que les permite disfrutar de programas especializados, de acceder a información en tiempo real y de comunicar electrónicamente con otras personas directamente, sin importar la distancia (Lucas, García y Ruiz 2003).

Estrategias para disminuir la brecha informativa

¿Qué puede hacer un organismo dedicado al desarrollo si desea disminuir el grado de desigualdad provocado por la difusión de innovaciones? Rogers (1990) propuso la serie de respuestas a esta interrogante que se expone a continuación:

1. Suministrar mensajes que resulten redundantes para las personas de nivel socioeconómico alto, pero adecuados a las necesidades de las personas de nivel inferior.
2. Preparar mensajes específicamente dirigidos a las personas de nivel socioeconómico bajo, considerando sus características peculiares, como su educación, actitudes, hábitos de comunicación, etcétera.
3. Emplear los canales de comunicación especialmente eficaces para llegar a las personas de poco poder adquisitivo, de manera que haya libre acceso a la información sobre innovaciones.

4. Organizar a las personas de pocos recursos en pequeños grupos en los que puedan conocer recíprocamente las innovaciones y compartir sus recursos para poder adaptar esas mejoras.
5. Concentrar la atención del programa de desarrollo en los grupos que son los últimos en aceptar las innovaciones, en vez de atender principalmente a los innovadores. Las personas que tardan más en adoptar la innovación tienden a confiar menos en los programas oficiales y en pocas ocasiones buscan información sobre las innovaciones tecnológicas. Se requieren mayores esfuerzos de los encargados de los planes oficiales de desarrollo para llegar a las personas renuentes a la innovación que para influir a quienes ya están dispuestos al cambio.
6. Identificar a los líderes de opinión de los grupos de bajos recursos y concentrar sobre ellos las labores de desarrollo, de manera que se activen las redes informativas afines sobre una innovación.
7. Conceder prioridad al desarrollo y la difusión de las innovaciones especialmente apropiadas para las personas de poco poder adquisitivo.
8. Proporcionar a las personas que perciben bajos salarios los medios para participar en la planeación y ejecución de los programas de difusión.

Cuando las instituciones de desarrollo ponen en práctica estrategias de comunicación como las arriba mencionadas, es posible disminuir, o al menos no aumentar, las diferencias socioeconómicas y de información en un sistema social. En otras palabras, la propuesta de innovaciones no entraña necesariamente una mayor desigualdad.

Tecnología de la comunicación y cambio social

En décadas recientes, Estados Unidos, Japón y la mayor parte de los países de Europa occidental se han convertido en sociedades basadas en la información, ya que más de la mitad de su fuerza de trabajo se ocupa en tareas de información (esto es, en obtenerla, procesarla y suministrarla). Constituyen ejemplos de ocupaciones relacionadas con la información las de los maestros, los profesionistas de la investigación y el desarrollo, los periodistas, los programadores de computadoras y las secretarias. La transición de una sociedad de una *era* industrial a una *informática* se realiza mediante el uso de novedosas tecnologías de la comunicación, como las computadoras, los satélites y la televisión por cable, junto con otros tipos de sistemas de comunicación (Dominick, Shermann y Messere, 2003; Rogers, 1988).

Era informática
Etapa que se caracteriza por el uso de tecnologías aplicadas a la comunicación, como la computadora, los satélites y la televisión por cable.

Un aspecto especial de las nuevas tecnologías de la comunicación es su naturaleza interactiva, lo cual es posible debido a la introducción de una computadora como elemento de un sistema de comunicación. Las más modernas tecnologías interactivas representan un cambio fundamental respecto a la naturaleza unidireccional de la televisión, la radio, la comunicación impresa y las películas. La característica interactiva de la tecnología aplicada a la comunicación significa que la diferencia entre los medios de comunicación masiva y la comunicación interpersonal no sólo puede volverse menos importante, sino incluso desaparecer.

Sin lugar a dudas, el cambio tecnológico reciente de mayor importancia lo ha constituido el uso cada vez más común de computadoras. Un poco más de la mitad de los ya más de 500 millones de computadoras que hay en el mundo están en Estados Unidos, Japón, Alemania, Inglaterra y Francia. A estos mismos países corresponde algo más de dos tercios del total mundial de usuarios de internet.

En relación a lo anterior existen diversas perspectivas, tanto la optimista como la pesimista, respecto al efecto futuro de las nuevas tecnologías de la comunicación en países en vías de desarrollo. La posición optimista defiende que las computadoras pueden ayudar a los países en vías de desarrollo a alcanzar a Europa occidental y a Estados Unidos, al permitir que se omita la era industrial y se ingrese directamente a la era de la informática. A causa de su costo relativamente bajo y su sencillez, las computadoras pueden convertirse en instrumentos prácticos para conectar un poblado rural con los centros urbanos y las dependencias oficiales encargadas de planear el desarrollo.

Países como México, Brasil y la India han establecido políticas para alentar el crecimiento de sus industrias nacionales de computadoras, debido a que reconocen la importancia de una industria nacional de estos artefactos para convertirse en una sociedad que incursiona en la etapa informática.

El enfoque pesimista respecto al efecto futuro de las nuevas tecnologías de la comunicación en el desarrollo de las naciones tercermundistas, en línea con lo ya comentado anteriormente, señala que las computadoras aún no se han aplicado a los problemas de desarrollo de estos países. Desafortunadamente, es posible que los efectos de las nuevas tecnologías aplicadas a la comunicación produzcan mayores diferencias socioeconómicas, por lo menos en el futuro inmediato.

Al parecer, el campo más prometedor para la influencia de las nuevas tecnologías de la comunicación en el desarrollo la ofrece el área de los satélites. La India tiene el ejemplo más ilustrativo, es allá donde el proyecto SITE (Satellite Instructional Television Experiment) se llevó a cabo a mitad de la década de los setenta. Cerca de 2400 poblados hindúes recibieron transmisiones directas del satélite SITE durante un año; los programas se prepararon con el fin de llevar información práctica a las familias campesinas sobre agricultura, salud, planificación familiar, educación y nacionalismo. El gobierno hindú concibió un proyecto

La UNESCO (United Nations Educational, Scientific and Cultural Organization) ha sido un continuo foro de debate sobre las posibles opciones para corregir el desequilibrio de la información mundial.

entusiasta para proporcionar emisiones televisivas a toda la nación. De manera similar, los sistemas de emisión vía satélite se han instalado en Indonesia, las cinco naciones asiáticas miembros de la ASEAN (Asociación de Naciones del Sudeste Asiático), los estados árabes y Brasil. Además de la televisión, estos sistemas de satélite proporcionan por lo general conexiones telefónicas a bajo costo a través de grandes distancias.

Flujo internacional de noticias

Otro tema interesante de las comunicaciones internacionales, además de la comunicación que versa sobre el desarrollo, es el flujo internacional de noticias. Existe una larga tradición de estudios académicos sobre el flujo de noticias entre las naciones, de las cuales la mayor parte muestra la presencia de un desequilibrio entre el mundo occidental y los países en vías de desarrollo. Las grandes agencias noticiosas (como AP, UPI, Reuters y la Agencia Francesa de Prensa: AFP) son propiedad de occidentales, y, al ser administradas por ellos mismos, difunden noticias que reflejan una perspectiva occidental. La distribución de programas de televisión y películas, la propiedad de las agencias publicitarias y el control de los periódicos y las revistas se concentra también en manos de empresarios europeos o estadounidenses.

Durante la década de los setenta este desequilibrio en los medios se convirtió en el tema de controversia a nivel mundial, debatido principalmente en la UNESCO; se trató acerca de las posibles opciones para corregir el desequilibrio y producir de esa manera un nuevo orden informativo mundial (Comisión MacBride, 1980). Los investigadores de la comunicación desempeñaron un importante papel en esta discusión sobre política al documentar la gravedad de dicho desequilibrio y sugerir medidas correctivas. Varis y Nordenstreng (1975) encontraron, en un estudio sobre sistemas televisivos en Latinoamérica en 1972, que los materiales transmitidos por televisión se importaban de Estados Unidos, en un porcentaje de hasta 85 por ciento en algunos de los países latinoamericanos más pequeños.

Teoría de la dependencia
Propone una perspectiva crítica al dominio de los países industrializados sobre los en vías de desarrollo a partir de la dependencia económica y comercial de estos últimos.

Imperialismo de los medios
Forma que se produce cuando los medios se utilizan como instrumentos ideológicos y económicos del sistema capitalista mundial.

La *teoría de la dependencia* plantea que el mundo subdesarrollado se encuentra atrasado económicamente debido a sus relaciones económicas de inferioridad con las naciones desarrolladas (Reina Schement y Rogers, 1984). Los teóricos de la dependencia identifican las causas del subdesarrollo en el comercio y otras relaciones económicas de un país con los países industrializados. Cuando se aplica la teoría al problema de flujo de noticias, los teóricos intentan determinar la dependencia cultural y económica que crea la venta de productos de los medios a un país en vías de desarrollo.

El *imperialismo de los medios* ocurre cuando éstos se emplean como instrumentos ideológicos y económicos del sistema capitalista mundial, que tiende a relegar las economías subdesarrolladas y sus culturas a ser dependientes como mercados y proveedores de materias primas. El contenido de la televisión en América Latina es un ejemplo del imperialismo de los medios. Las series televisivas importadas y otros productos de los medios, ¿se desvían de las metas nacionales de desarrollo? Las series importadas pueden constituir una desviación del uso prioritario de los medios para fines de desarrollo; sin embargo, poco se ha investigado sobre este tema como para sustentarlo con datos objetivos.

Antola y Rogers (1984) descubrieron que en 1982 se había producido un significativo descenso en la proporción de programas estadounidenses comerciales importados en América Latina. Los sistemas de televisión comercial en México y Brasil se desarrollaron durante la década de 1972-1982; produjeron la mayor parte de sus materiales para el consumo nacional y exportaron telenovelas a otras naciones latinoamericanas, las cuales cuentan con gran público. En la actualidad los países desarrollados: Estados Unidos, los de la Unión Europea y Japón, controlan el 90% de los bienes y servicios informativos electrónicos del mundo.

Los sistemas de medios de comunicación masiva en América Latina aún no han contribuido de manera directa al desarrollo nacional. Los medios constituyen predominantemente un espacio de entretenimiento con orientación urbana, y su escaso contenido social y educativo limita el logro de los fines prioritarios de desarrollo de los países de América Latina.

Al apoyo técnico y financiero que brindan para comunicación educativa algunos organismos no gubernamentales comprometidos con el desarrollo se suma excepcionalmente el de algunas fundaciones públicas y privadas, destacando la fundación Rockefeller con sede en Nueva York. En 1997 comenzó a propiciar amplia e intensamente en el mundo la "comunicación para el cambio social" entendiendo por tal en principio "un proceso de diálogo, privado y público a través del cual los participantes deciden quiénes son, qué quieren y cómo pueden obtenerlo". De este concepto surge el planteamiento de que las comunidades deben ser actoras protagonistas de su propio desarrollo y la comunicación primordialmente mecanismo de diálogo horizontal e intercambio participativo. En el año 2003 esta fundación propició el establecimiento del Consorcio de Comunicación para el cambio social. Se trata de una red mundial de profesionales de la práctica, la investigación y la docencia de comunicación que ayuda a forjar la capacidad de comunidades marginales para crear y manejar procesos de mejoramiento de su vida al cobijo de la democracia, la equidad y la tolerancia.

Pese a los contrastes sufridos, los comunicadores latinoamericanos comprometidos con la construcción de una nueva sociedad no han abdicado de sus ideales, manteniéndose en pie de combate pese al nuevo contexto económico, político y tecnológico embelesado por las promesas de la llamada sociedad de la información.

REFERENCIAS

Antola, L. y Rogers, E. M. (1984), "Television Flows in Latin America", *Communication Research*, 11, 2, pp. 183-202.

Barranquero, A. (2005), "Latinoamérica en la ruptura del paradigma de la comunicación para el desarrollo. El recorrido de los pioneros en la búsqueda de alternativas democráticas", *Punto Cero*, Revista de la Universidad Católica Boliviana San Pablo, 11, pp. 7-22, Bolivia.

Beltrán, L. R. (1995), "La salud pública y la comunicación social", Taller de planeamiento estratégico de comunicación en salud reproductiva, Quito, Ecuador, 15 de enero al 3 de febrero.

——— (1999), "La comunicación para el desarrollo en América Latina: Un recuento de 50 años y una prospección en la víspera del año 2000", Universidad Johns Hopkins, Managua, Nicaragua.

DeFleur, M. L. y Dennis, E. E. (2001), *Understanding mass communication: A liberal arts perspective*, 7a. ed., Houghton Mifflin, Boston, Masachussetts.

Dominick, J. R., Sherman, B. L. y Messere, F. (2003), *Broadcasting, Cable, the Internet, and Beyond: An Introduction to Modern Electronic Media with PowerWeb*, 5a. ed., McGraw-Hill, Nueva York.

Flores, T. (2002), *Comunicación para el desarrollo sostenible*, La Paz, Bolivia.

Gómez Palacio, C. (1998), *Comunicación y educación en la era digital*, Diana, México.

Kotler, P., Roberto, E. L. y Lee, N. R. (2002), *Social Marketing: Improving the Quality of Life*, 2a. ed., Sage, Thousand Oaks, California.

Kuhn, S. T. (1970), *The Structure of Scientific Revolutions*, University of Chicago Press, Chicago.

Lerner, D. (1964), *The Passing of Traditional Society*, Free Press, Nueva York.

Lucas A., García C. y Ruiz J. A. (2003), *Sociología de la comunicación*, Valladolid, Trotta.

MacBride Commission (1980), *Many Voices, one World: Report by the International Commission for the Study of Communication Problems*, Unesco and Kegan Page, París.

Reina Schement, J. y E. M. Rogers (1984), "Media Flows in Latin America", *Communication Research*, 11, 2.

Rogers, E. M. (1986), *Communication Technology. The new media in society, The Free Press*, Nueva York.

——— (1988), "Comunicación y cambio social", en C. Fernández Collado y G. L. Dahnke (eds.), *La comunicación humana. Ciencia social*, McGraw-Hill, México, pp. 292-307.

Rogers, E. M. (1990), "Communication and Social Change", en G. L. Dahnke, C. Fernández Collado y G. W. Clatterbuck (eds.), *Human Communication: Theory and Research*, Belmont, California: Wadsworth, pp. 259-271.

——— (1994), *A History of Communication Study. A Biographical Approach*, Free Press, Nueva York.

——— (2003), *Diffusion of Innovations*, 5a. ed., Free Press, Nueva York.

Rogers, E. M. y Kincaid, D. L. (1981), *Communication Networks: A New Paradigm for Research*, Free Press, Nueva York.

Rogers, E. M. y Larsen, J. K. (1984), *Silicon Valley Fever: Growth of High-Technology Culture*, Basic Books, Nueva York.

Rogers, E. M. y Steinfatt (1999), *Intercultural Communication*, Waveland, Prospect Heights, Illinois.

Rostow, W. W. (1960), *The Stages of Economic Growth*, Cambridge University Press, Cambridge.

Schramm, W. (1964), *Mass Media and National Development*, Stanford University Press, Stanford, California.

——— (1976), "End of an Old Paradigm?", en W. Schramm y D. Lerner (eds.), *Communication and Change, the Last Ten Years and the Next*, The University Press of Hawaii, Honolulu, pp. 45-48.

Schramm, W., Chaffee, S. H. y Rogers, E. M. (1997), *The Beginnings of Communication Study in America*, Sage, Thousand Oaks, California.

Tichenor, P. J., Donohue, G. A. y Olien, C. N. (1970), "Mass Media Flow and Differential Growth in Knowledge", *Public Opinion Quarterly*, 34, pp. 159-170.

Varis, T. y Nordenstreng, K. (1975), *Television Broadcasting as a One-Way Street*, Unesco, París.

Mapa conceptual

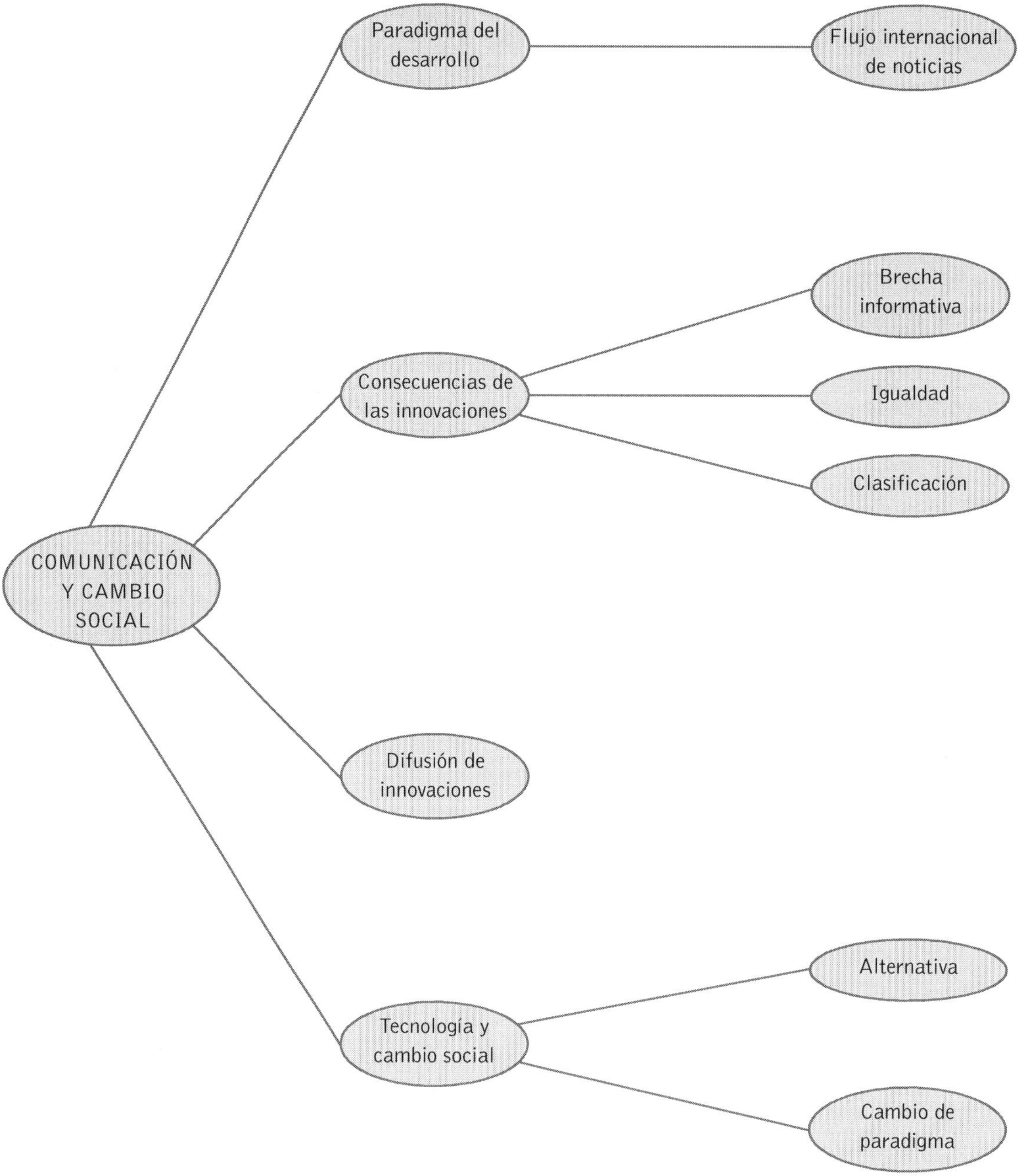

Aprender y enseñar con las tecnologías de información y comunicación: ¿cuál es la diferencia?

Pilar Baptista

La respuesta a esta pregunta es un asunto muy complejo que conviene analizar desde la perspectiva de **un cambio social** que involucra a todos los actores de la comunidad educativa: alumnos, docentes, directivos y padres de familia.

Se ha documentado la resistencia a las tecnologías de información y comunicación en la escuela y la subutilización de dichos recursos para la enseñanza. Papert[1] señalaba en una charla con profesores, que utilizar estas tecnologías y seguir con métodos tradicionales de enseñanza, es como ponerle un motor de jet a una carroza del siglo XIX. No podemos pretender desarrollar las habilidades del siglo XXI, que son básicamente habilidades de pensamiento y comunicación, con métodos de siglos pasados, que enfatizan memorización y repetición. Sin embargo, como hace ya más de veinte años que las computadoras aparecieron por vez primera en algunas escuelas y diez años la conectividad del internet, preguntas, un tanto simplistas, siguen en el aire: ¿Hay un impacto positivo? ¿Hay mejora en la calidad educativa? Debido al monto de las inversiones, ¿hay diferencias significativas?

Las investigaciones sobre las tecnologías de información y comunicación en el ámbito escolar son numerosas y controvertidas, con resultados diversos, producto de diferentes métodos y abordajes al fenómeno que se investiga. Hay estudios[2] que concluyen que cuando las TIC se integran a actividades curriculares aumentan los logros escolares, la creatividad y autonomía en el aprendizaje. Otros académicos[3] aconsejan cautela al interpretar los efectos positivos que parecen depender mucho de la preparación del profesor y otros abiertamente detractores[4] llegan incluso a decir que hay diferencias mínimas entre aprender con computadoras o con lápiz y papel.

La revisión de la extensa literatura al respecto, lleva más bien a concluir que las TIC son exitosas cuando hay ciertas condiciones presentes. El problema ha sido que apenas hicieron su aparición en el escenario de la escuela, los investigadores se lanzaron a medir logros académicos, cuando la realidad de las escuelas es que muchas veces tienen máquinas, pero no se utilizan los contenidos educativos adecuados. O, tienen capacidad tecnológica y disponibilidad de contenidos, sin embargo docentes que no saben cómo integrar la tecnología al salón de clases. En contraste puede haber equipo anticuado, con excelentes profesores que diseñan novedosas estrategias de aprendizaje. O bien docentes deseosos de contar con los recursos, con conexión de tan baja calidad que no permite utilizar el internet para hacer proyectos en línea.

Por lo anterior, para estudiar el impacto de las tecnologías de información y comunicación en la escuela,

---

[1] Discípulo de Piaget, creador del Lenguaje LOGO e investigador en el MIT. Ver Seymur Papert, "Let's Tie the Digital KnoT". *TECHNOS QUARTERLY Winter* 1998 vol. 7 núm. 4 disponible en http://www.ait.net/technos/tq 07/4paper.php (revisado julio 20, 2006)

[2] Schacter, John (1999) "Does Technology improves Learning and Achievment: How, When and under What conditions?" *Journal of Educational Computing Research*, vol. 20.

[3] Rein, D. (March, 2000). What is effective integration of technology, and does it make a difference? Paper presented at the International Conference on Learning with Technology, "Does Technology Make a Difference?," Philadelphia, Temple University.

[4] Oppenheimer, T. (1997). "The computer delusion, en *The Atlantic Monthly* [On-line]. http://www.theatlantic.com/issues/97jul/computer.htm.

se ha utilizado el esquema de Cheryl Lemke (1998)[5] quien ofrece una visión del fenómeno de las TIC en el ámbito escolar "en progreso", partiendo de la siguiente premisa: las tecnologías de información y comunicación suponen primeramente un cambio social para el sistema-escuela, lo que implica una adopción paulatina de la innovación en el sentido propuesto por Everett Rogers en su clásico libro sobre comunicación de las innovaciones. Se desprende entonces, que en las escuelas equipadas TIC no pueden esperarse cambios inmediatos en los aprendizajes, ni diseños instruccionales vanguardistas de los profesores.

¿Cómo medir aprendizajes cuando aún no se identifica un uso constante (en el tiempo), eficiente (con todo el equipo funcionando) de todos los niños de una escuela (acceso equitativo) y pertinente? (integrando contenidos y currículo). Se vislumbra entonces al igual que con otras innovaciones, un proceso paulatino que va desde el inicio —con posibilidades de adopción o rechazo— hacia la exploración de las herramientas digitales —que utilizadas en forma adecuada— evolucionan hacia la transformación de la enseñanza, el aprendizaje y la escuela. Propone Lemke que dicho progreso ocurre en siete dimensiones: en los alumnos, en los ambientes de aprendizaje que se generan en el aula, en las competencias docentes, en la capacidad tecnológica de la escuela, en el apoyo de la escuela, en la comunidad educativa y finalmente en la capacidad de evaluar obstáculos, avances y retrocesos, a fin de corregir rumbos, como en todo programa educativo.

El esquema *Dimensiones de progreso* aplicado en evaluaciones de proyectos tecnológicos[6] permite establecer cambios y dimensionar su carácter paulatino. Ayuda a comprender el complejo cambio social que supone la introducción de las TIC al ámbito escolar e identificar cómo y bajo qué condiciones la tecnología es efectiva en la educación. Sólo entonces y con las dimensiones alineadas en avance y dirección, podrán medirse aprendizajes y constatar un impacto positivo en la educación.

La tabla que se presenta en la siguiente página resume las preguntas y progresos de cada dimensión.

De modo que a la pregunta inicial podremos responder que las diferencias serán muy claras, cuando logremos comunicar que el proyecto tecnológico de las escuelas debe dirigirse a procesos que promuevan a un educando capaz del autoaprendizaje; hacia un docente que estimule la metacognición, hacia ambientes colaborativos de aprendizaje que requieren de aplicar un enfoque donde el alumno es activo y construye conocimientos. Y hay que resaltar en esta respuesta, logros diferentes para el alumno, allende de los saberes y orientado a los quehaceres. Un papel distinto, pero clave del docente integrando las TIC y gestionando ciertos ambientes de aprendizaje. Y del director del sistema social-escuela, un agente del cambio social y enlace de comunicación entre los padres y la comunidad. Lo anterior supone un cambio formidable, una transformación de lo que esperamos de la escuela del futuro

Pilar Baptista

---

[5] Lemke, Cheryl (1998), *Seven Dimenssions for Gauging Progress.* Documento PDF. En la *Revista Digital Educational Technology*, http://www.milkenexchange.org/policy/sevendimesions.pdf.

[6] A partir de esta conceptualización se han diseñado instrumentos para evaluar escuelas públicas equipadas por la Fundación UNETE (Unión de Empresarios por la Tecnología en la Educación) como por ejemplo:

Baptista, P. (2003), *Estudio exploratorio para medir el impacto de las tecnologías de información en el ámbito escolar.* XI Congreso Nacional de Modelos de Investigación Educativa, Granada, España, pp. 105-109.

Baptista, P. (2004), *Tecnologías de información y comunicación en la escuela: Dimensiones de progreso,* Sexto Foro de Evaluación Educativa del CENEVAL, Aguascalientes, México, octubre de 2004.

1. Alumnos *¿Qué hacen con las TIC?*	Las tienen en la escuela y comienzan a utilizarlas	Las utilizan con fluidez	Como apoyo a asignaturas y contenidos curriculares	Para proyectos interdisciplinarios	Buscan, seleccionan, evalúan información creando contenidos que comunican a otros
2. Ambientes de Aprendizaje *¿Qué se genera en el aula?*	Se utilizan frecuentemente PC-Internet en aula	Se investigan en internet temas académicos	Mejoran ambientes comunicativos en clase. Mejor exprexión de ideas	Se trabaja en proyectos colaborativos	Se forman comunicados, de aprendizaje, con otras escuelas, regiones, países
3. Docentes *¿Para qué utilizan las TIC?*	Interés y uso de las TIC	Van logrando competencias y fluidez en uso	Integran TIC a la enseñanza	Generan proyectos que desarrollan habilidades, pensamiento y comunicación	Forman comunidades de aprendizaje con colegas. Aprender a aprender
4. Sistema Escuela *¿Qué apoyo se recibe?*	Directivos dan entrada y bienvenida al equipo	Se tiene una visión clara de los beneficios para los alumnos y docentes	Hay acciones concretas como capacitación a profesores	Planeación y estrategia para mejora proyecto con TIC	Políticas y acciones, proyecto autosustentable
5. Comunidad *¿Qué tanto participan en proyecto?*	Padres, alumnos, profesores dan bienvenida al equipamiento	Apoyan con acciones concretas, por ejemplo: mejoras físicas en el aula	La comunidad está enterada de los avances y proyectos de alumnos	Participa en la planeación de mejora del proyecto con opciones y aportaciones	La escuela abre sus puertas para que padres y comunidad aprendan y usen las TIC
6. Capacidad Tecnológica *¿Se cuenta con lo adecuado?*	Equipamiento inicial: PC, periféricos, conectividad	Suficiente equipo para número de niños y docentes en la escuela	Mantenimiento es adecuado	Hay planeación para actualización de equipo y contenidos que sugieren docentes	Recursos tecnológicos entran como prioridades, planeación escuela
7. Evaluación *¿Hay mecanismos de rendición de cuentas?*	Se registra y reporta uso y mantenimiento de equipo	Se hacen evaluaciones para ver documentar uso académico	Se mide impacto en la escuela y comunidad	Se implanta sistema que evalúe progresos a nivel local, regional, nacional	Hay alineación entre resultados y mejoras en el aula, ligadas a fomentar habilidades siglo XXI

inicio → *exploración* → *transformación*

Tabla 10.1

Dimensiones/preguntas

Progreso en dimensiones

Capítulo Once

Comunicación política

Sumario

Objetivos de aprendizaje

En función de la lectura y estudio de los contenidos de este capítulo, el alumno será capaz de:

- Identificar las diferencias entre los principales modelos ideales de la comunicación política, y distinguir los enfoques autoritarios, de agencia, prensa libre y la teoría del desarrollo como paradigmas en la relación de la prensa con el gobierno.
- Analizar las corrientes más importantes de la comunicación política, en ámbitos como la política, el no-partidismo, los efectos en la sociedad, la competencia entre los medios, definición de la agenda, etcétera.
- Identificar las tendencias de la comunicación política en el siglo que empieza, en el cual la tecnología de los medios es un factor importante de análisis.
- Conocer las diferencias de la comunicación política en los países en desarrollo en relación a los países industrializados, así como analizar las principales propuestas teóricas con las que se ha tratado de explicar el atraso social y económico de muchos países en el nuevo orden económico e informativo internacional.

La mayoría de las investigaciones en comunicación política han sido realizadas en países con determinadas características políticas y culturales. Por lo general se trata de democracias representativas con sistemas desarrollados de medios de comunicación masiva, altos niveles de alfabetización y cierta unidad lingüística, literaria y religiosa. Ejemplos de este tipo de países son Estados Unidos, México, Canadá, Venezuela, Israel y varias naciones europeas. Estos países también cuentan con universidades y han establecido políticas que promueven y apoyan la investigación académica. En este ambiente se pueden estudiar problemas como el papel que desempeña la prensa en la toma de decisiones políticas, cómo se relaciona el control de los medios de comunicación masiva con otras formas de poder en la sociedad, y cuáles son los métodos efectivos de organización de programas de información a favor de alguna causa política. En otros países se dificulta realizar este tipo investigaciones, debido a que la inversión de capital que representan superaría en mucho a la que se invierte en la satisfacción de necesidades sociales inmediatas, o simplemente porque las *élites* económicas, políticas o intelectuales consideran que afectan sus intereses (Chaffee y Hernández-Ramos, 1990).

Modelos ideales de relación prensa-gobierno

Aunque hay múltiples niveles en los que las relaciones entre el sistema de comunicación de una sociedad y el sistema político pueden variar, en ocasiones estos elementos están bastante identificados. Cuando el propósito es comparar países, hay relativamente pocas combinaciones de las relaciones que se pueden encontrar. Ningún país es un ejemplo exacto de estos tipos, ya que más que reales son ideales.

La distinción autoritarismo-prensa libre

Esta distinción idealizada, muy conocida en la actualidad, fue iniciada por los investigadores Siebert, Peterson y Schramm (1956), quienes comparaban dos formas extremas de relación entre la prensa y el gobierno, a una la denominaron autoritaria, y a la opuesta prensa libre.

Modelo autoritario
Sistema en el que los medios de comunicación masiva son propiedad de particulares y están subordinadas al poder político.

El *modelo autoritario* de las relaciones prensa-gobierno establece que el sistema de comunicación está en manos de particulares y se subordina al poder político, el cual ejerce un control negativo que se traduce en la censura del material que se considera sedicioso. La prensa, al igual que otras instituciones sociales, está subordinada a la autoridad establecida, y su conducta más prudente consiste en evitar cualquier acción que pueda ofenderla. McQuail (2005) sugiere que este conservadurismo va más allá del ámbito estrictamente político y afecta también el ámbito moral; esto significa que en sistemas autoritarios los medios de comunicación masiva deben evitar ofender los valores predominantes en la sociedad. Además de ejercer censura, quienes detentan el poder político pueden recurrir al sistema judicial tanto para reforzar el conformismo social como para proteger su propia autoridad.

Modelo de la prensa libre
Sistema que surgió como reacción contra las prácticas autoritarias y propuso la libertad de prensa y de palabra.

El *modelo de la prensa libre*, que surgió como una reacción directa contra las prácticas autoritarias en la época de la insurrección colonial en Estados Unidos —la primera nación del continente americano que se independizó de los lazos coloniales—, prohibió al gobierno privar a los individuos de la *libertad de palabra* o *de prensa* en la famosa Primera Enmienda a su Constitución. Esta garantía de libertad de comunicación, otorgada como un derecho a los ciudadanos, pretendía crear un nuevo sistema político en el que la prensa permanecería independiente del gobierno, pero pasaría o formaría parte integral del sistema político. En una democracia, se decía, el principal problema político era establecer cuál de los diversos planes o políticas optativas generaría *el mayor bien para el mayor número de personas*, y la mejor manera de hacerlo sería permitir que todos tuvieran acceso a diversas opiniones. La suposición implícita de este argumento era que la verdad siempre triunfará. Por otro lado se puede afirmar que la sociedad democrática exige una información pertinente, alejada de la desinformación —ausencia de información verdadera—, y de la manipulación —desinformación interesada— (López-Escobar, 2001).

En la práctica, desafortunadamente, los encuentros de intereses políticos opuestos rara vez son libres y abiertos, puesto que la verdad a menudo se tergiversa en los medios de comunicación masiva. La suposición de que sólo existe un resultado político (¿la verdad?) que será la mejor opción para la mayoría, es una idea en la que creen muchas más personas de Estados Unidos —un país rico—, que de muchas otras naciones (Chaffee y Hernández-Ramos, 1988; Baran, 2005).

El enfoque opuesto, el argumento de que la política es una lucha entre las diferentes clases o sectores de la sociedad y que un interés prevalece a costa de otros, no es comparable directamente con el patrón de la prensa libre para la comunicación política. Aquellos países que han intentado practicar los principios de la prensa libre han tenido que adoptar una serie de políticas intermedias. En la sociedad moderna resulta sencillamente imposible garantizar a todos la oportunidad de publicar (o difundir por medios electrónicos) sus opiniones. No se interferirá con el deseo de una persona por comunicarse, pero esta *libertad de control* sólo la disfrutan los medios institucionalizados, como los periódicos, revistas, directores y productores cinematográficos, además de las estaciones de radio y televisión. Como indicara Schramm (1957), la mayoría de las personas en realidad tenemos escasa libertad para la comunicación.

La prohibición de la censura en relación al ejercicio libre de los medios se ha tenido que relajar para proteger a las personas de declaraciones que pudiesen causarles daño personal. Parte del razonamiento es que no se puede proteger constitucionalmente el derecho de gritar "¡Fuego!" en un teatro lleno cuando no hay tal alarma; más aún, las leyes civiles sobre la calumnia y la difamación deben ser elaboradas con cuidado para proteger a las víctimas de negligencia o malicia por parte de los medios. Por otra parte, el papel del gobierno es aún más limitado que el del ciudadano común: no puede ejercer *censura previa* (es decir, examinar antes de la publicación) sobre ningún material, y no puede castigar las declaraciones que le ataquen o agredan a funcionarios, aunque finalmente se determine que son difamatorias. Tal vez el principio básico para el ideal de prensa libre y también el más difícil de comprender para quien no está familiarizado con él, es el que señala que la publicación de *errores* o *inexactitudes* está protegida tan firmemente como el de la verdad. Debido a que se supone que la *verdad triunfará*, hay especie de libertad para mentir o, por lo menos, una para hacer *declaraciones irresponsables acerca del gobierno*, que queda implícita en la teoría de la prensa libre (Chaffee y Hernández-Ramos, 1988, 1990; McQuail, 2005).

Censura previa
Acto de examinar materiales escritos o imágenes antes de que se publiquen.

Los conceptos *autoritarismo* y *prensa libre* constituyen lo que puede llamarse *teorías normativas*; es decir, las posturas que especifican cómo debe ser la relación entre los sistemas políticos y los de comunicación. Ambos representan extremos, y aunque tal vez haya países que puedan servir de ejemplos para cada uno, no es posible encontrar un caso estrictamente puro de ninguno de los dos modelos.

El enfoque de agencia

El sistema de comunicación se percibe como externo al sistema político y subordinado al modelo autoritario; y el modelo de la prensa libre está protegido, aunque independiente del gobierno; sin embargo, estos modelos no representan de ninguna manera las únicas alternativas. Es posible, por ejemplo, incorporar el sistema de comunicación al gobierno bajo la suposición de que el sistema político podrá entonces operar con más eficiencia para lograr sus metas. Esta premisa requiere la suposición previa de que el gobierno (o *Estado*) representa a sus ciudadanos y sus intereses colectivos. En términos de prensa libre esto significa que *la verdad* ha sido previamente determinada y se ha incorporado a las políticas de quienes están en el poder. A partir de estas suposiciones los sistemas políticos han recurrido cada vez con más frecuencia a convertir a los *medios de comunicación masiva en agencias* del gobierno. Este enfoque de agencia fue puesto en práctica por primera vez a gran escala por la ex Unión Soviética

Medios de comunicación masiva en agencia
Medios que han sido incorporados a las políticas de quienes están en el poder.

después de la Revolución rusa de 1917. A menudo se califica como la *teoría soviético-comunista de la prensa* (Schramm, en Siebert, Peterson y Schramm, 1956) o *teoría soviética de los medios* (McQuail, 1983, 2005).

No obstante, el modelo no fue exclusivo de las ex naciones soviéticas, ni siquiera de aquellas con economías socialistas, pues casi en todos los países se aplica este criterio de agencias, ya que cualquier persona en una posición de autoridad o responsabilidad que deba ejecutar una política utilizará el poder de los medios para el logro de sus metas. Aún en países de fuerte tradición de prensa libre esto sucede en alguna medida, porque, aunque los gobiernos no interfieren en el trabajo de los reporteros que cubren sus actividades, emplean a cientos de periodistas profesionales por cuenta propia en oficinas de asuntos públicos (*public affairs*), relaciones públicas o información. En un nivel político inferior al del Estado se encuentran agencias de comunicación controladas, como los periódicos estudiantiles supervisados por profesores en los colegios, los órganos internos de las grandes organizaciones, y los departamentos de producción de materiales para los medios de comunicación masiva en los que se promueven innovaciones en la agricultura y en la planificación familiar mediante agentes de cambio (también conocidos como extensionistas gubernamentales).

Lo que distingue a lo que fue el enfoque soviético es el control exclusivo que el Estado ejerce sobre el sistema de comunicación. Una vez más es necesario trazar la distinción entre el ideal (la teoría) y la práctica, ya que jamás ningún país ha ejercido un control total sobre los medios de comunicación de todos sus ciudadanos por un periodo extenso.

Teoría del desarrollo

En la actualidad el nivel de desarrollo económico de muchos países no les permite adoptar sistemas de comunicación política como los de las naciones europeas o estadounidenses. En los países donde la atención a la salud y la alimentación públicas aún es deficiente es comprensible que no se dé prioridad a los sistemas de comunicación política. En consecuencia, su nivel, en este contexto económico, estará necesariamente sujeto a compromisos (Baran, 2005).

Ante las múltiples alternativas políticas las naciones en vías de desarrollo han elegido rutas distintas; algunas operan bajo estrictos principios autoritarios o de agencias, pero la mayoría, en especial aquellas que fueron colonias de los imperios europeos, se han sentido atraídas por ciertas características de la prensa libre. Alguna variante de esta noción puede encontrarse, en particular, en las constituciones de muchos países que hace algunos años alcanzaron su independencia. Pero el principio de prensa libre, como se establece en la Constitución de Estados Unidos, se reconoce como un ideal o como una meta hacia la cual ese país debe dirigirse —más que garantía casi absoluta—. La libertad de prensa está al mismo nivel que otras metas, ya sean políticas, sociales, culturales y principalmente económicas.

En México, este principio se encuentra en artículos que establecen las garantías individuales de todos los mexicanos, específicamente en los artículos 6o. y 7o. de su Constitución. La Constitución Española, en su artículo 20, reconoce y protege el derecho a expresar y difundir libremente los pensamientos, ideas y opiniones mediante la palabra, el escrito o cualquier otro medio de reproducción, no pudiendo restringirse mediante ningún tipo de censura previa.

Es difícil generalizar sobre las prácticas de las naciones en vías de desarrollo, puesto que hay más de 100 países que se pueden clasificar en esa categoría. Sin embargo, en el contexto del desarrollo la tarea primordial es la de construir el país. El desarrollo económico implica cambio social y aunque la libertad de prensa se considere una meta social importante, debe subordinarse a las prioridades económicas y a otras necesidades de política social (McQuail, 2005). En ocasiones esto puede significar la imposición de limitaciones de tipo autoritario como la censura, o de agencia, como la publicación o transmisión obligatoria en los medios. También implica que los periodistas y otras personas en los medios de comunicación deben ser parte del equipo dedicado a ayudar al liderazgo político establecido para que se pongan en práctica sus políticas de desarrollo nacional. A veces esto obligará a no informar sobre ciertos acontecimientos o no expresar opiniones contrarias al gobierno, y casi siempre, a limitarse a hablar o escribir de la política y los símbolos nacionales, como el idioma y la cultura propios, y de las noticias internas y de otros Estados con ideologías y problemas similares, más que de las noticias y la cultura de países desarrollados ajenos a la idiosincracia propia.

Modificaciones a la prensa libre

A medida que avanza el desarrollo tecnológico de los medios de comunicación, el control de las nuevas tecnologías tiende a concentrarse en pocas corporaciones monopólicas. Por ejemplo, la tecnología de satélites y computadoras está frenando a la industria de las noticias, pero en la mayoría de los casos el cambio está ocurriendo en grandes corporaciones como Televisa en México, Reuters en Europa y la cadena de periódicos Gannett en Estados Unidos. El ideal de la prensa libre, producto de una época en la que abundaban los periódicos pequeños e independientes y no existían los medios electrónicos, ha tenido que ser adaptado a la realidad contemporánea del nuevo milenio caracterizada por la proliferación de canales y la concentración de la propiedad. Para entender esto es necesario describir algunas de las modificaciones que se han hecho a la prensa libre.

Teoría de la responsabilidad social
Propuesta normativa que apoya la propiedad privada de los medios, lo cual origina un mejor periodismo y pugna por la libertad de prensa.

Teoría de la responsabilidad social. El informe presentado por el presidente de la Universidad de Chicago, titulado "Una prensa libre y responsable" (Hutchins, 1947), marcó la primera exposición de lo que después se llamaría *teoría de la responsabilidad social* de la prensa; la cual es más normativa que cualquier otro de los ideales que hasta aquí se han analizado porque presenta un plan general de lo que un sistema de comunicación debe aportar a la sociedad, más que una descripción empírica de lo que hace. Curiosamente, es también una solución de compromiso en mayor medida que los otros tipos de ideales (Chaffee y Hernández-Ramos, 1988, 1990).

Por lo común se considera a la teoría de la responsabilidad social como producto del pensamiento y la experiencia de Estados Unidos, y se toman como supuestas la mayor parte de las condiciones que se presentaron en dicho país bajo la Primera Enmienda: propiedad privada de casi todos los medios de comunicación masiva; la suposición de que la competencia de opiniones en el libre mercado de ideas produciría las mejores soluciones a los problemas políticos y sociales, así como el principio de que el gobierno no ejercerá censura previa sobre la comunicación. Una excepción importante son las frecuencias de radiodifusión, que deben ser asignadas a través de una autoridad gubernamental debido al número limitado de canales disponibles para la radio y la televisión. Obviamente estos supuestos, por sí solos, no han sido suficientes para garantizar que los medios de información cumplan las tareas para las cuales se les otorgó su preciada y extraordinaria libertad.

Los teóricos de la responsabilidad social parten de otro supuesto: el de que las instituciones de comunicación, al aceptar la libertad de prensa bajo la teoría de la prensa libre, asumen ante la sociedad una responsabilidad que los protege de la interferencia gubernamental. No hay una sola lista de obligaciones para los medios en que coincidan todos los involucrados en la controversia sobre la responsabilidad social. Sin embargo, conceptos como "exactitud", "objetividad", "equidad" y "normas profesionales para dar a conocer las noticias" resultan de máxima importancia. De alguna manera se supone que los medios se regulen a sí mismos en todos estos aspectos, de forma que el gobierno *no tenga que intervenir.* El compromiso paradójico que se encuentra en dicho argumento normativo es claro: la prensa *libre* debe reglamentarse a sí misma, o de lo contrario será regulada por el gobierno y dejará de ser libre.

Con notables excepciones, las empresas más poderosas de medios de comunicación masiva han argumentado que esta disposición representa falta de libertad total (en términos de prensa libre) y han avanzado relativamente poco hacia la autorreglamentación desde los días de la Comisión Hutchins en Estados Unidos (Chaffee y Hernández-Ramos, 1988, 1990).

Como reacción a esta postura de inconformidad, quienes apoyan la responsabilidad social ofrecen a veces una contrapropuesta: que se establezca un cuerpo *independiente* para supervisar la actuación de la prensa, escuchar quejas o promover la responsabilidad de los medios de comunicación.

En la práctica la mayor parte de los sistemas públicos de telecomunicación, en países que siguen de cerca el ideal de la prensa libre con respecto a los medios impresos, funcionan de acuerdo con principios de responsabilidad social; éste es el caso de los sistemas de televisión operados por el gobierno de la República Federal Alemana y la famosa BBC de Inglaterra, el excelente sistema de televisión pública de Japón (la NHK) y el crónicamente débil de Estados Unidos, la cadena PBA.

Un problema intrínseco de la teoría de la responsabilidad social consiste en definir con precisión qué debe caracterizar la actuación social responsable de los medios y qué se debe eliminar. Por ejemplo, en círculos académicos y de creación de políticas sociales se ha reconocido desde hace mucho tiempo que la presentación excesiva de violencia en el cine y en la televisión tiende a motivar el comportamiento agresivo de algunos espectadores (Comstock *et al.*, 1978; Cooper, 1996; National Television Violence Study, 1997, 1998), y esto también aumenta artificialmente el nivel de miedo que las personas tienen a la violencia y a la delincuencia (Gerbner, *et al.* 1994; Morgan y Shanahan, 1997). La Asociación Médica Americana, la Academia Americana de Pediatría, la Asociación Psicológica Americana y la Academia Americana de Psiquiatría para niños y adolescentes publicaron en el verano de 2000 un informe conjunto que ofrecía su perspectiva combinada de que los efectos de la violencia que se muestra en los medios son "mensurables y duraderos" y que "la exposición prolongada a la violencia en los medios puede conducir a una desensibilización emocional hacia la violencia en la vida real" (Baran, 2005; Wronge, 2000). Algunas personas por el contrario siguen argumentando que la violencia en los medios nunca conduce al comportamiento agresivo. El desacuerdo es respecto a cuáles son las circunstancias necesarias para que ocurran dichos efectos y a quiénes les afectan (Barán, 2005). La violencia en la televisión está mucho más limitada por la política gubernamental en Canadá y en los países europeos que en Estados Unidos. Por analogía, aunque sobre este tema se ha realizado menos investigación, se puede deducir que el marcado acento que ponen los medios de comunicación sobre la actividad sexual ilícita, extramarital, deshumanizante y delictiva es capaz de orientar la tendencia de algunas personas hacia dicho comportamiento, así como crear la percepción en otras de que esa conducta es común y, por tanto, ha de ser aceptada como una actividad *normal*. Es interesante señalar que, aunque los argumentos son bastante similares, la acusación a los medios de que son socialmente *irresponsables* y la exigencia de que se cree una reglamentación para controlar la exhibición de programas de sexo y violencia provienen de direcciones políticas opuestas, ya que la violencia es atacada por el sector liberal, y el sexo por los sectores más conservadores de la población.

Acceso y pluralismo. Conviene mencionar otras modificaciones al ideal de la prensa libre, en parte porque representan tendencias cuya importancia aumentará en los próximos años. Una de estas modificaciones promueve el acceso a los medios. Ahora que los modernos sistemas de comunicación se caracterizan por ser *grandes y pocos*, la libertad de prensa ya no es un derecho civil del que disfruta cualquier ciudadano, sino privilegio que sólo disfrutan quienes controlan las gigantescas organizaciones de comunicación. Se han realizado muchos intentos por aumentar el acceso de las personas a los canales de comunicación con el fin de que todas participen más en ellos, aunque en el contexto del modelo de prensa libre esto se ha generalizado respecto a los medios de comunicación privados.

Acceso a los medios
Intento de que la gente participe de manera más activa en la producción de mensajes en los medios.

Más amplio resulta el concepto de *pluralismo*, que adopta múltiples formas. Se espera que la prensa, como parte de su responsabilidad social, represente los intereses e inquietudes de los distintos grupos sociales que pueden incluir minorías raciales o religiosas. Deben reflejar la diversidad de la cultura en la que operan y deben dar cabida a diversos puntos de vista y al derecho de réplica (Baran, 2005; Chaffee y Hernández-Ramos, 1988, 1990).

Pluralismo en los medios
Sistema en que los medios representan los intereses e inquietudes de los distintos grupos sociales en los que se pueden incluir minorías raciales o religiosas.

El enfoque democrático participativo. Otra tendencia hacia la prensa libre modificada se denomina *teoría democrática participativa* de los medios. Este enfoque tiene sus raíces en el desencanto respecto a los procesos y partidos democráticos, así como respecto a los medios de comunicación tanto comerciales como de control público. El punto central es que los grandes medios están centralizados y tienden a reflejar la perspectiva de los poderosos, de los ya establecidos, de los habitantes de las metrópolis, o en el mejor de los casos, del *gusto promedio*. Lo que se sugiere es que los medios sean menos elitistas, más personales y que ofrezcan mayores oportunidades de uso y participación del público. Aunque actualmente el *enfoque democrático participativo* está lejos de constituir una *teoría* coherente debido a que consiste en una serie de peticiones interconectadas casualmente sobre el *deber ser* de los medios, ya se han hecho varios intentos menores por tratar de ponerlo en práctica y es posible que las últimas innovaciones en la tecnología de comunicación lo faciliten.

Teoría democrática participativa
Postura que propone que los medios no sean elitistas y que se permita en ellos la participación de todos los sectores sociales.

Al rechazar el control gubernamental de los medios, la teoría de la responsabilidad social postula una operación responsable y ética de la industria, sin liberar a los públicos de su responsabilidad. La gente debe tener la suficiente cultura mediática para abrigar expectativas y emitir juicios firmes pero razonables sobre el desempeño de los medios. Sin embargo, en última instancia son los profesionales, en el cumplimiento de sus deberes, los encargados de operar de tal manera que no sea necesaria la intervención gubernamental.

La comunicación política en diferentes ámbitos

La tradición de Lazarsfeld: efectos limitados

A principios de 1940, un año de elecciones en Estados Unidos, un equipo de investigación de la Universidad de Columbia se trasladó al condado de Erie, en el norte del estado de Ohio, para estudiar *la influencia de los medios de comunicación en una campaña electoral.* Bajo la dirección de Paul F. Lazarsfeld, un psicólogo que salió de su natal Viena al principio de la dominación nazi, estos investigadores incorporaron a su estudio, que inició toda una línea de exploración, la vaga noción de que los medios de comunicación masiva tienen un poder extraordinario sobre las mentes de las personas. Su encuesta los llevó a una conclusión bastante distinta a lo que esperaban. En vez de encontrar evidencia sobre una manipulación masiva por los medios de comunicación, las personas a quienes entrevistaron señalaron que: *a*) la mayoría había decidido por quién votar antes de que empezara la campaña electoral, y *b*) los periódicos y la radio proporcionaron información relevante, pero en general la mayoría de las personas votaban igual que los entrevistados (Chaffee y Hernández-Ramos, 1988, 1990; Rogers, 2003; Schramm, Chaffee y Rogers, 1997). La pequeña monografía en que se dio a conocer el estudio, *The people's choice* (Lazarsfeld, Berelson y Gaudet, 1944), influyó de manera importante sobre el pensamiento académico acerca de los efectos de los medios y hasta la fecha constituye uno de los trabajos más citados en esta área. Luego de un estudio similar (Berelson, Lazarsfeld y McPhee, 1954) realizado en Elmira, Nueva York, en 1948 —también año de elecciones— surgió lo que en la actualidad se conoce como *modelo de efectos limitados*, o también *ley de las mínimas consecuencias* (Klapper, 1960).

Modelo de efectos limitados
Señala que el impacto de los medios es limitado debido a que la lealtad al partido elegido interfiere y neutraliza los mensajes de los medios.

Hasta hace varias décadas éste era el punto de vista predominante con respecto a la comunicación política de masas. El impacto de los medios por lo común es muy limitado debido a que la lealtad al partido elegido y las conexiones sociales interfieren y neutralizan los mensajes que éstos envían, además de que no se les tuvo tanta confianza como a la familia, los amigos y los compañeros de trabajo. Por cierto, la influencia no fue directamente de los medios al individuo, sino que llegaba a él a través de un número pequeño de personas informadas que filtraban las noticias para todos los demás (los llamados *líderes de opinión*).

Reforzamiento
Certeza que adquieren las actitudes y operaciones ya existentes ante un mensaje político.

Esta interpretación ya no es tan aceptada. Investigaciones recientes han proporcionado evidencia firme sobre la influencia política de la comunicación masiva en dos aspectos fundamentales: reforzamiento y cristalización. El *reforzamiento* tiene que ver con el fortalecimiento de las actitudes y opiniones existentes; mientras que la *cristalización* significa que el elector agudiza y elabora actitudes y predisposiciones que hasta antes de la exposición a los medios mostraba vagamente. Si un votante neutral está indeciso, la exposición a los contenidos políticos en los medios de comunicación hará que sus opiniones y preferencias políticas cristalicen, mientras que si la persona ya ha decidido por quién votar, entonces el contenido político sólo hará que refuerce sus preferencias (Dominick, 2004). En las últimas elecciones estudiadas se ha observado la diferenciación del voto, es decir, la preferencia electoral de un candidato de un partido para la presidencia, de otro para la gubernatura y de otros para las senadurías y diputaciones. Este fenómeno se debe a la cristalización que surge de la exposición a contenidos políticos en los medios de comunicación. De estos resultados se desprende la importancia de la lealtad partidaria (reforzamiento) y la persuasión de los indecisos (cristalización). Si bien los medios no logran gigantescas conversiones electorales, sí influyen directamente en las poblaciones flotantes, e indirectamente en todo el electorado a través de la cobertura de los actos de los candidatos, la estructuración de la realidad política, el posicionamiento de la imagen de los contendientes y de los temas a discutir (Dominick, 2004).

Cristalización
Elaboración de actividades y manifestación de predisposiciones mostradas vagamente hasta antes de la exposición a los medios.

Algunas investigaciones en este sentido señalan que los individuos en medio de una campaña electoral no recogen de la misma manera toda la información que facilitan los medios. Los datos que reflejan los medios acerca de la situación de variables económicas, tales como la inflación y el desempleo, son de especial trascendencia en la toma de decisión electoral (Castellanos, Costa y Díaz, 2001).

La prensa y los partidos

La prensa escrita ha reflejado un cambio reciente de una afiliación partidaria muy marcada hacia la independencia política.

Pero, como señalan Chaffee y Hernández-Ramos (1988), surgió algo de mayor importancia histórica para la comunicación política: la televisión. El afable Eisenhower se convirtió en una figura conocida en millones de hogares al conceder conferencias de prensa espontáneas y pronunciar discursos que eran a la vez sencillos, firmes y con autoridad. Los requerimientos de este medio, que premia a la personalidad, han influido seguramente en la selección de candidatos y en sus formas de hacer campaña. De mayores consecuencias para la comunicación política ha sido el efecto que la televisión, como un medio competidor, ha tenido en los periódicos.

Las innovaciones tecnológicas aplicadas a la televisión permiten obtener imágenes de lugares lejanos en un lapso de tiempo muy corto. Esta forma de hacer y entender la televisión marcó el inicio de un tipo diferente de relación informativa entre los medios de comunicación, los gobiernos y el ejército. Esta relación que fue plasmándose en las guerras de la década de los noventa, se consolidó durante el conflicto del Golfo y el desarrollo de la cadena CNN (Tellería, 2005).

Competencia entre los medios

La televisión quitó a los periódicos mucha de la atención y el tiempo del público, y no por mera coincidencia también le sustrajo una proporción considerable de inversión publicitaria. La prensa tuvo que redefinir su papel en este nuevo contexto competitivo. La presión sobre los periódicos no fue tan extrema como para el cine y la radio, ya que la televisión captó la mayor parte del público de estos dos medios de entretenimiento más que de los periódicos. Éstos siempre habían desempeñado un papel político, pero ante la competencia con la televisión surgió la necesidad de redefinir esa labor. A finales de la década de los sesenta más personas contestaban a las encuestas diciendo que recibían la mayor parte de las noticias de la televisión, más que de los periódicos.

Más aún, la gente decía (y dice a la fecha) que cree más en la televisión que en los periódicos. ¿A qué se debe este fenómeno? Se han propuesto muchas razones para explicar la mayor credibilidad de la televisión. Muchas de ellas tiene que ver con las características personales de un lector de noticias en vivo, o con la idea de que en la televisión se puede ver lo que pasó, aunque es poco común ver un acontecimiento político en la pantalla. Una razón más es la orientación partidista de los periódicos. Por todo ello la televisión, al igual que la radio, han tenido que operar mediante reglamentaciones gubernamentales bajo la teoría de la responsabilidad social de la prensa, por lo menos en lo que se refiere al equilibrio y a la equidad política, aunque en algunos países aquella orientación partidista ha llegado a la televisión.

La tendencia hacia el no-partidismo

La televisión, al haber mantenido generalmente un contenido escrupulosamente no partidista, genera más confianza como fuente de noticias que su competidor: el periódico; lo que ha ocasionado que en los tiempos de la televisión la prensa de Estados Unidos, por ejemplo, haya dejado de ser tan partidista como lo era antes. Es cierto que los periódicos declaran todavía su apoyo a ciertos candidatos, sin embargo, estas expresiones de partidismo se limitan casi totalmente a la página editorial, una sección del periódico que por lo común incluye columnas que representan diversas inclinaciones políticas. La primera página y la mayor parte de las secciones de noticias en los periódicos actuales son escritas por reporteros y editores que creen en normas profesionales de mayor nivel, como la igualdad y la objetividad. Para resumir, si tomamos como referencia el periódico estadounidense, está más cerca que nunca de cumplir las demandas normativas de la *teoría de la responsabilidad social.* No obstante dicha tendencia no ha permeado por ejemplo en los países latinoamericanos.

El legado de la exposición selectiva

Uno de los dogmas más populares del modelo de efectos limitados fue el concepto de *exposición selectiva.* Klapper (1960) hizo hincapié en que la gente tiende a exponerse a mensajes de los medios que *reforzarán las creencias que ya poseen.* En los estudios del condado de Erie, Ohio, y de Elmira, Nueva York, se observó que quienes tenían intención de votar por el Partido Republicano leían periódicos que se oponían a la reelección de Roosevelt, mientras que los que se proponían elegir a los demócratas recurrían más a la radio (que era no partidista) para obtener noticias. Esta relación entre los medios de comunicación y los partidos políticos pudo haber sido explicada de varias maneras, pero la explicación más aceptada por los académicos era que las personas buscaban en los medios el contenido que concordaba mejor con sus ideas políticas. Este concepto de exposición selectiva a los medios debida a motivaciones partidistas ocupa un lugar prominente en muchos libros de texto sobre comunicación masiva (Baran, 2005; DeFleur y Dennis, 2001; DeFleur, DeFleur y Ball-Rokeach, 1989).

Exposición selectiva
Inclinación de las personas por los medios que refuerzan las creencias que ya poseen.

La exposición selectiva es ejemplo de un concepto de las ciencias sociales que sobrevivió más allá de su época. A principios de la década de los sesenta, Sears y Freedman (1967) revisaron varias encuestas y estudios experimentales que les permitieron llegar a la conclusión de que no había evidencia de que las personas buscaran activamente información que apoyara la posición política que ya tenían. Notaron que las personas sí reciben, de hecho, mensajes que son compatibles con sus valores políticos, y denominaron a este fenómeno *exposición selectiva de hecho,* pero no pudieron concluir que esto se debía a las preferencias personales del público.

Todavía no está claro por qué ocurre la exposición selectiva, y queda también por resolverse cuáles son sus efectos. ¿Es el reforzamiento el efecto derivado de la sobreexposición a los argumentos que uno favorece de antemano, como Klapper aseguraba? Esto depende hasta cierto punto de la definición que se acepte de refuerzo, un término que en psicología se refiere a la afirmación de una tendencia de respuestas. En la política la exposición selectiva puede implicar la afirmación, ya sea del atractivo del candidato que uno prefiere (reforzamiento positivo), del rechazo al opositor (refuerzo negativo) o de ambas cosas.

La investigación empírica no sólo ha permitido rechazar las principales hipótesis sobre la supuesta causa (motivación) y efecto (refuerzo) de la propuesta de Klapper sobre la exposición selectiva, sino que ha propiciado que el fenómeno en sí mismo tienda a desaparecer.

Las elecciones en la actualidad se determinan por la calidad del candidato y por la pertinencia de la propuesta de gobierno (Fernández Collado, Hernández Sampieri y Ocampo Jaramillo, 2007). La propuesta de gobierno debe ser concreta y factible. Las promesas exageradas o irreales suelen tener un efecto negativo en la campaña. A falta de una clara inclinación partidaria, la mayoría de los votantes no se decide antes de las elecciones, así que buscan información importante en la televisión, el medio a través del cual sería muy difícil para una persona exponerse selectivamente. Lamentablemente, la televisión no suele contener mucha información sobre las posiciones de los candidatos ante ciertos temas o problemas o sobre sus programas de gobierno. Es probable que el electorado esté mejor preparado para votar inteligentemente cuando se han presentado debates televisados ya que permiten incluir contenido político en las pantallas del televisor, aun cuando esta industria evita por regla general todo conflicto partidista.

El debate en la televisión

Una excelente herramienta de la campaña la constituye el debate televisado, dado que la mayoría de los votantes obtiene la información política a través de este medio (Fernández Collado, Hernández Sampieri y Ocampo Jaramillo, 2007). El primer debate presidencial por televisión en Estados Unidos fue el año de 1960 entre John F. Kennedy y Richard M. Nixon. A éste le siguieron otros tres entre los mismos aspirantes. En 1976 Jimmy Carter y Gerald R. Ford debatieron dos veces. En total han habido nueve debates televisados en Estados Unidos, los últimos fueron los de los candidatos Bush y Gore y el debate electoral entre Bush y Kerry en el año 2004. En México y en otros países esta práctica se ha ido extendiendo. En México se realizó un debate televisivo entre los aspirantes a la presidencia de Estados Unidos Mexicanos que mejoró la posición del candidato panista Vicente Fox, claramente ganador del debate según las encuestas. Lo mismo ocurrió en España en las elecciones legislativas de 1993 entre el entonces presidente Felipe González y el candidato de la oposición José María Aznar, donde este último empeoró su posición según las encuestas una vez finalizado el debate. El debate televisado más importante en la historia de México ha sido el de la elección presidencial de 1994, en el que participaron Cuauhtémoc Cárdenas por el PRD, Diego Fernández de Cevallos por el PAN y Ernesto Zedillo por el PRI; Fernández de Cevallos iba muy por debajo de sus contrincantes en las encuestas; sin embargo, tras el debate repuntó de tal manera que si las elecciones se hubieran realizado en seguida hubiera ganado la presidencia (Fernández Collado, Hernández Sampieri y Ocampo Jaramillo, 2007). Algunos autores consideran que de todos los eventos electorales éste pudiera ser el que más puede hacer cambiar un resultado electoral (Canel, 2006).

Los debates deben considerarse una obligación cívica de los candidatos. Por lo común el candidato prepara una tesis general que presentará al inicio y al cierre del debate, la cual incluye su propuesta y valor agregado como candidato, así como las respuestas a todos los cuestionamientos que probablemente le hagan sus rivales. El candidato debe mostrarse proactivo, con actitud de líder, con fortaleza, conocimiento de causa, carácter positivo, seguro de sí mismo y de que va a ganar la elección. Además debe mostrarse sonriente y optimista y vestir con colores apropiados para la televisión (traje azul marino o gris y camisa blanca, de ninguna manera trajes a rayas o cuadros, o corbatas o accesorios llamativos).

Establecimiento de la agenda

En la época en que el modelo de efectos limitados contaba todavía con buena reputación, el politólogo Cohen (1963), al analizar la relación entre la prensa y la política internacional, escribió que posiblemente la prensa no tuviera ningún éxito al decirle a las personas cómo pensar, pero sí tenía un triunfo espectacular al decirles qué pensar.

Esta hipótesis fue puesta bajo comprobación empírica por primera vez por McCombs y Shaw (1972), quienes la denominaron *función de establecimiento de la agenda* de los medios de comunicación masiva. Encontraron altas correlaciones entre la frecuencia de temas como inflación, impuestos o guerra, calificados como "el problema más importante del país", y la prominencia con que son tratados en los diarios (Chaffee y Hernández-Ramos, 1990). Su conclusión es que los medios, al acentuar ciertos problemas en vez de otros, establecen la agenda del día, proponiendo los temas acerca de los cuales la gente comenta (Gómez Palacio, 1998).

Establecimiento de la agenda
Se produce cuando los medios destacan la información sobre ciertos temas, haciéndolos centro de discusión de la gente.

El establecimiento de la agenda es un ejemplo específico de lo que Lasswell (1948) llamó *función correlativa* de la comunicación en un sistema social. Entre otras funciones macrosociales la comunicación *correlaciona* las diferentes partes de la sociedad de manera que pueden trabajar conjuntamente sobre un problema o tarea. La agenda para una reunión es una lista de temas que los miembros de un grupo deben discutir. Un tema que no está incluido en la agenda por lo regular no es analizado y políticamente constituye una fuerza significativa de poder. McCombs, Shaw y sus colegas han afirmado en diversos artículos y monografías que los medios de comunicación masiva cumplen esta función para la sociedad, y han presentado evidencias abundantes para apoyar sus ideas (Shaw y McCombs, 1977; Weaver, *et al.*, 1981; McCombs, 1981).

Los resultados de una gran cantidad de experimentos de campo tienden a apoyar la hipótesis propuesta acerca de que la importancia que los medios otorgan a las noticias determina el ordenamiento que hacen las personas de la agenda de problemas políticos, la cual recientemente fue puesta a prueba en experimentos de campo (McCombs y Bell, 1996; McCombs, Shaw y Weaver, 1997). El estudio de Brosius y Kepplinger (1990) realizado en Alemania hizo un análisis de contenido de los principales medios para determinar la relevancia que le daban a diferentes noticias; al mismo tiempo los investigadores realizaron encuestas para conocer los problemas que las personas en ese país consideran más importantes y se observó que el nivel de correlación es muy alto.

La idea de la función del establecimiento de la agenda, más allá de la hipótesis de efectos directos, es aún más intrigante. ¿De dónde proviene la agenda en la prensa, o cómo es que se produce el ordenamiento jerárquico por parte del público? ¿Surge acaso de los grupos de interés político, de los candidatos en campaña, de las percepciones del público? ¿O proviene de los sucesos y problemas de la "vida real" que, se supone, los medios informativos deben cubrir? La respuesta es que todos estos factores y otros más forman parte del complicado proceso. Sin embargo, cuando se habla del establecimiento de la agenda, es preciso que coexistan tres condiciones: *a*) que el tema le resulte familiar a la gente; *b*) que exista un interés natural hacia el mismo, y *c*) que la gente tenga cierta opinión previa, favorable o desfavorable hacia el tema (Severin y Tankard, 2000).

Cobertura de las campañas

El solo hecho de que los periodistas estén de acuerdo sobre cómo hay que informar sobre política los hace susceptibles a ser manipulados políticamente. Las oficinas públicas cuentan con ex periodistas que conocen bastante bien las prácticas convencionales y son hábiles en la organización de eventos, y los políticos para quienes trabajan pueden usar la prensa y obtener grandes ventajas. Varios estudios recientes han examinado la interacción entre los políticos y los periodistas, especialmente durante las campañas electorales, debido a la importancia que las elecciones tienen en la toma de decisiones en los países (Fernández Collado, Hernández Sampieri y Ocampo Jaramillo, 2007).

El análisis más completo sobre la cobertura periodística de las campañas puede encontrarse en las obras de Fernández Collado, Hernández Sampieri y Ocampo Jaramillo (2007), y de Ochoa (2000) quienes hablan de la importancia de las siguientes herramientas:

- Boletines de prensa, que son comunicados breves de máximo dos cuartillas, que mandan los candidatos a los medios para dar a conocer sus principales actividades.
- Caricaturas políticas que muestran, de manera gráfica, la opinión cómica o satírica del autor sobre algún tema relacionado con las campañas de los candidatos.
- Artículos editoriales que analizan a fondo los temas noticiosos de las campañas y de sus candidatos. Como señala Ochoa (2000), el artículo de fondo invariablemente refleja la tendencia ideológica del medio en el que aparece.

- Entrevistas políticas que permiten a los votantes formarse una impresión de primera mano sobre la personalidad de sus candidatos, así como sobre su plataforma política.
- Las declaraciones que expresan el punto de vista del candidato en determinado asunto.
- Las conferencias de prensa que sirven para acercar al candidato con los periodistas de los diversos medios de comunicación y lograr una difusión rápida de algún tema de interés.
- Los anuncios políticos.

Uso de los medios de comunicación masiva

Aunque la investigación realizada desde los trabajos iniciales de Lazarsfeld se ha enfocado sobre la influencia que los medios de comunicación masiva ejercen en las personas (*efectos de los medios*), recientemente ha resurgido el interés acerca de lo que la gente hace con ellos (*usos de los medios*). El concepto de "usos y gratificaciones" recibió gran impulso a través de un estudio israelí sobre el uso *de los medios de comunicación masiva para cosas importantes* (Katz, Gurevitch y Haas, 1973), de otro sobre las elecciones nacionales en Inglaterra (Blumler y McQuail, 1969) y de un libro coeditado por los investigadores principales en estos proyectos (Blumler y Katz, 1974). Su pista ha sido seguida por varios investigadores notables de la comunicación política.

Efectos de los medios
Influencia que los medios de comunicación masiva ejercen en las personas.

Aunque es dudoso que los medios de comunicación masiva sean esenciales para la satisfacción de las necesidades humanas básicas —y si lo fueran, sólo cubrirán las de una parte mínima de la población mundial—, se ha establecido con claridad que hay diversos tipos de necesidades que sí pueden ser satisfechas mediante los medios de comunicación masiva. Esto es especialmente cierto en el área política, la cual no constituye una preocupación central para muchas personas la mayor parte del tiempo, pero con frecuencia confronta a la gente con requerimientos de opinión y decisión (Chaffe y Hernández-Ramos, 1988, 1990).

Si se considera la presión ejercida sobre los votantes, no es de sorprender el hecho de que las razones más comunes que las personas dan para leer periódicos, o ver debates televisados, sean que lo hacen con el fin de "ayudarse a tomar una decisión" y "conocer las diferencias entre las posturas de los candidatos respecto a los problemas". Otras gratificaciones mencionadas se relacionan con el proceso electoral desde la perspectiva de un espectador: "ver qué candidato tiene más probabilidades de ganar", o con usos para la comunicación interpersonal: "para tener algo de qué hablar con los demás" o "para poder participar en discusiones políticas". La comunicación política masiva queda entonces integrada a la vida cotidiana de las personas en más de una forma. Es probable que también existan otras motivaciones que provoquen que el uso de los medios sea "gratificante" y que las personas mismas no reconocen o no expresan en las entrevistas de encuesta.

Las "gratificaciones" que una persona busca en los medios de comunicación masiva son más una característica del individuo y su situación que del medio o de la estructura social. En un estudio realizado en Venezuela, Chaffee e Izcaray (1974) encontraron poca diferencia entre las noticias de la televisión y las del periódico, en términos de las razones que las personas dieron para usarlos. La razón más poderosa era sencillamente la necesidad de *vigilancia*, es decir, "de mantenerse al tanto de lo que está pasando", algo que por supuesto los medios informativos pueden hacer muy bien. McLeod y Becker (1981), al responder a las críticas de que el enfoque de usos y gratificaciones ha desatendido el efecto de la estructura social, es decir, la clase social y otras variedades demográficas, señalaron que varios estudios empíricos encontraron, en el mejor de los casos, correlaciones bajas entre la posición de una persona en la estructura social y las gratificaciones que ella busca en los medios de comunicación masiva. Los factores situacionales, sin embargo, sí tienen mucha influencia (Chaffee y Hernández-Ramos, 1988, 1990).

Los estudiantes que se prepararon para un examen sobre sucesos contemporáneos se inclinaron más a leer los periódicos y observar los noticiarios de televisión, que otros que no tienen estas *necesidades* temporales de ser gratificados. De la misma forma, los votantes, durante las últimas semanas previas a la elección, prestan más atención a los programas políticos en la televisión y a los artículos significativos en los periódicos, que un año antes o después de la elección.

Buscar y encontrar información para las necesidades propias son dos problemas distintos. Por regla general, un número mayor de personas declara haber utilizado los medios buscando satisfacer ciertas necesidades distintas a las que testifican que sus esfuerzos tuvieron éxito. Hay que indicar que esto es inevitable hasta cierto punto: no se puede satisfacer una necesidad inexistente, pero siempre cabe la posibilidad de que una real no sea satisfecha. El examen de los debates televisados entre Carter y Ford en 1976, desde esta perspectiva, reveló que, con respecto a conocer "la posición de los candidatos sobre los problemas", 86 por ciento de los entrevistados declaró haber buscado "mucho" tal posición, y sólo el uno por ciento "un poco". En contraste, para conocer "la posición de los candidatos sobre los problemas", sólo 31 por ciento dijo que los debates habían sido "muy útiles" en este sentido, y 25 por ciento afirmó que habían sido "totalmente inútiles". Tal vez estas personas esperaban demasiado de los debates, ya que otras investigaciones mostraron que, en general, la gente sí logró esclarecer a partir de ellos las diferentes posiciones de Ford y Carter ante los problemas (Sears y Chaffee, 1979).

Las investigaciones más recientes han demostrado que la cantidad de tiempo que otorgan los noticiarios a los candidatos para que expongan sus plataformas políticas ha disminuido de forma considerable. En 1968 el comentario promedio en pantalla por parte de los candidatos presidenciales duraba 43 segundos; en 2000 duraba 7.8 segundos. La cantidad de tiempo aire dedicado a la cobertura de las campañas en las tres principales cadenas televisoras estadounidenses en 2000 fue 28 por ciento menor al de 1988 (Baran, 2005).

Modelos transaccionales

En el análisis de la comunicación política existe, desafortunadamente, la tendencia a pensar que los mensajes fluyen en una sola dirección: del sistema político a sus miembros, de los medios al público y del centro a la periferia. En la práctica, por supuesto, los mensajes de importancia política fluyen en todas direcciones, aunque no por igual en cuanto a la cantidad o el peso político. Aunque sólo se considere la comunicación masiva hay cierta forma de interacción entre el receptor y el medio. El uso de los medios de comunicación masiva es, pese a todo, volitivo. Las personas pueden o no leer cierto libro, ver o no tal película, aunque no todo el mundo lee un periódico o ve televisión; pero aun cuando lo hagan, hay diversas alternativas entre las cuales se escogen sólo unas cuantas. La selección se hace con ciertas perspectivas. Desde el punto de vista del receptor las expectativas pueden considerarse gratificaciones buscadas en el sentido ya definido en la sección anterior. Pero desde la perspectiva del emisor pueden ser vistas como efectos. Para este fin es mejor caracterizarlas como efectos buscados.

Modelos transaccionales
Interacción entre el receptor y el medio. Ambos intercambian elementos, uno produce efectos (medio) y el otro obtiene gratificaciones (receptor).

En un trabajo importante de Bauer (1964) se motivó a los investigadores de opinión y de mercados a ver el proceso de la comunicación desde el enfoque del público, lo cual señaló que la comunicación es un "proceso transaccional en el cual dos partes interesadas esperan dar y recibir en el intercambio valores aproximadamente iguales". Este modelo transaccional es fácil de imaginar al analizar la comunicación interpersonal; cada persona contribuye en la conversación con la esperanza de ganar algo a cambio, y la interacción puede ser evaluada en función de la medida en que las necesidades y expectativas de cada parte han sido satisfechas. Bauer propuso que esta línea de pensamiento podía extenderse a la comunicación masiva. Asimismo, el enfoque transaccional ha sido bastante apoyado en el área de la comunicación política por Kraus y Davis (1991).

Una forma de estudiar los procesos de comunicación política desde la perspectiva transaccional consiste en hacer explícita la conexión entre el enfoque de usos y gratificaciones y el del establecimiento de la agenda.

Como señalan Kraus y Davis (1991), la unión de estos enfoques puede proporcionar resultados de investigación que permitan conocer más sobre los siguientes temas: *a*) el nivel de usos que tiene la gente en materia política para los medios de comunicación masiva; *b*) la forma en que la gente asimila y aplica el contenido político de los medios que usa; *c*) las formas de organizar y presentar el contenido político de los medios para que se utilice; *d*) los tipos de transacciones en los cuales se ofrece y acepta el contenido político de los medios, y *e*) las consecuencias sociales de los patrones existentes de uso de los medios.

Poder formativo

Por lo que se refiere a la evidencia empírica en países como por ejemplo América Latina, Abreu Sojo (1980) encontró que no todos los medios de comunicación masiva influyen de la misma forma. A nivel general concluye que parece haber una correlación entre la exposición a los medios y la participación política, por lo que inmediatamente señala que "la televisión es el único medio que no presenta esa relación. Por el contrario, el exponerse con frecuencia a este medio parece estar relacionado con la declinación del promedio para el índice de participación". Lo opuesto sucede con los periódicos, donde la mayor exposición (lectura) se relaciona de manera directa con un promedio más alto en el índice de participación. En concordancia con los estudios de Abreu Sojo (1980) en Venezuela, Dillon Soares (1971) encontró en Brasil que la frecuencia de lectura y la tendencia a votar por el candidato que el periódico que leían apoyaba estaban firmemente correlacionadas, aunque indica que la hipótesis puede plantearse también en sentido opuesto: "la menor discrepancia entre las opiniones y preferencias políticas de los lectores y las orientaciones del diario conducen a la lectura más asidua", lo cual parece apoyar la noción de exposición selectiva en una situación pluripartidista, suponiendo que los diferentes partidos estén identificados con ciertas fuentes o medios de comunicación.

Dillon Soares (1971) trató de profundizar más al intentar distinguir la influencia de los medios de comunicación masiva sobre los asuntos políticos y de su "poder informativo" para una "conciencia de clase". Este autor indica que durante las elecciones casi toda la información que tiene el lector se origina directa o indirectamente en los medios. Pero cuando se trata de la formación de una conciencia de clase propone que "es posible concluir que el poder formativo de los medios de comunicación masiva depende del número y de la importancia de los demás medios de información que le llegan al individuo". Sugiere que: "En aquellas áreas en que las experiencias existenciales inmediatas del individuo son en sí mismas fuentes de información, el impacto de los medios de comunicación masiva se diluye y su importancia es residual." De esta última aseveración puede deducirse que lo que Dillon Soares entiende como *conciencia de clase*, es decir,

Conciencia de clase
Comprensión del individuo de que su situación política, económica y social no debe ser como es después de una evaluación de su contexto.

la comprensión del individuo de su situación económica, política, social, etc., no necesita ser como es; particularmente en los niveles socioeconómicos bajos, puede surgir como resultado de una evaluación crítica de su contexto (Chaffee y Hernández Ramos, 1998).

Socialización política

La *socialización política* se define como el proceso por el cual los nuevos miembros de la sociedad adquieren información sobre el sistema político al que pertenecen (Chaffee y Hernández-Ramos, 1988, 1990). La mayoría de los estudios de socialización política investigan las formas en que los niños desarrollan sus cogniciones acerca de las características políticas de su país. En América Latina, como parte de un proyecto encabezado por Segovia (1977) sobre la socialización política de los niños mexicanos, se analizó la influencia de los medios de comunicación masiva sobre las actitudes y el conocimiento político de los niños y se encontró una correlación positiva entre la exposición a los medios de comunicación y la información política: a mayor exposición, mayor nivel de información política. Pese a esto, un número considerable de niños —poco menos de 50 por ciento— no sabía que la presidencia es —por lo menos nominalmente— un puesto de elección pública; más de 20 por ciento no sabía cuánto duraba un periodo presidencial, y más de 30 por ciento de los niños con un bajo nivel de exposición a los medios no supo identificar al PRI (Partido Revolucionario Institucional) como un partido político. Curiosamente, Acosta Urquidi (1970) encontró que los libros tenían una influencia sorprendente en la habilidad de los niños para identificar sujetos políticos, y más aún, que los niños que leían ciertos tipos de libros de aventuras y literatura mostraban mayor interés en la vida política del país, tenían un nivel mayor de exposición a los medios en general y provenían de niveles socioeconómicos más altos en las áreas urbanas.

Políticas nacionales de comunicación

Desde finales de la década de los sesenta y principios de la siguiente, la Organización de las Naciones Unidas para la Educación, la Ciencia y la Cultura (UNESCO, por sus siglas en inglés) empezó a organizar conferencias y reuniones sobre el concepto del nuevo orden informativo internacional, que estaba ganando cada vez más terreno por representar un cambio indispensable que acompañaba al nuevo orden económico internacional propuesto (Chaffee y Hernández Ramos, 1998). Al comenzar la década de los setenta este organismo programó una conferencia para promover el concepto del nuevo orden informativo en América Latina y abogar por la creación de "políticas nacionales de comunicación" en cada país latinoamericano, así como la organización de un servicio regional de noticias que fuera una alternativa a los servicios noticiosos, con centros de operaciones en las naciones industrializadas, sobre todo Estados Unidos (AP, UPI), Francia (AFP) e Inglaterra (Reuters).

La propuesta de nuevos órdenes económicos e informativos internacionales, junto con el apoyo prestado a la idea de establecer políticas nacionales de comunicación, han dado como resultado el despertar de una "mala prensa" para las Naciones Unidas, y para la UNESCO en particular, en Estados Unidos y Europa Occidental, donde los periodistas y otros grupos de poder se oponen intensamente a cualquier sugerencia de participación o injerencia del gobierno en sus actividades.

Aunque es imposible hacer justicia a la propuesta del nuevo orden informativo en un espacio limitado, la necesidad de los países latinoamericanos de contar con políticas nacionales de comunicación, y específicamente de mayor control gubernamental sobre los flujos internos de comunicación, pero especialmente sobre los que provienen de otros países, surge de la conclusión de que el llamado libre flujo de información no beneficia, pero sí perjudica a estos países.

Imperialismo cultural

La gran cantidad de estudios que han aparecido en las últimas décadas sobre imperialismo cultural o ideológico señalan el gran interés que este tema ha despertado en los estudiosos latinoamericanos, europeos y aun de Estados Unidos.

Imperialismo cultural
Existe cuando factores externos (países desarrollados) a la estructura de poder de países subdesarrollados influyen o controlan los medios de comunicación masiva.

El trabajo sobre *imperialismo cultural* se centra en el análisis de los factores externos de la estructura de poder que influye o controla los medios de comunicación masiva en los países subdesarrollados. El tema de la dominación de los países dependientes por los países poderosos ha recibido mucha atención (Baran, 2005; Chaffee y Hernández Ramos, 1990).

La difusión mundial del contenido de los medios estadounidenses y occidentales genera la pregunta acerca del imperialismo cultural; es decir, el interés acerca de la capacidad de países más pequeños de conservar la soberanía nacional y controlar su propia cultura. El debate sobre cómo se ordenaría la información alrededor del mundo alcanzó su punto más alto con la publicación del informe MacBride, respaldado por la UNESCO. La mayor parte de los países que tenían que consumir programación de los medios de países más poderosos adoptaron, a iniciativa de sus autoridades gubernamentales y con base a este informe, reglas (en la forma de cuotas) que limitaban el contenido de la programación importada (sobre todo la que se importaba de Estados Unidos). Canadá requirió que las proporciones específicas de todo contenido, impreso y transmitido, se produjera en Canadá o reflejara la identidad cultural canadiense. Los franceses, por otra parte, consideraban ilegal la impresión de ciertas palabras estadounidenses. En 1989, la Unión Europea —entonces Comunidad Europea— establece "Televisión sin fronteras", la cual ordena que el 50% del contenido que se transmite en todos los canales de televisión de Europa sea producido en los países europeos. En 1998, ministros culturales de 20 países como México, Brasil, Suecia, Canadá o Italia se reunieron con el fin de proteger las culturas de sus países del "monstruo hollywoodense" (Baran, 2005; Turner, 1998). En la actualidad, debido a la comunicación instantánea, económica y abierta a las computadoras, así como a la aparición de nuevas tecnologías, los gobiernos que en algún tiempo lograron la prohibición de la difusión de información proveniente de otros países, no pueden hacerlo. Los críticos que apoyan la teoría del imperialismo cultural argumentan que la actividad no local corrompe de manera inevitable las culturas nativas y que las compañías de medios mundiales ejercen una influencia indebida sobre el flujo de la información. Por el contrario, otros consideran que el mundo sería un lugar mejor si se compartiera una cultura común (Baran, 2005).

Beltrán y Fox de Cardona (1980) han agregado algunos temas de investigación a la agenda analizada antes, relacionados específicamente con la investigación de los mecanismos a través de los cuales la dominación política, económica y cultural se mantiene y refuerza. Su trabajo se concentra en torno a las organizaciones oficiales de propaganda de los poderes centrales, por ejemplo, la Agencia de Información de Estados Unidos (USIA, por sus siglas en inglés) y las organizaciones oficiales de seguridad e inteligencia, como la Agencia Central de Inteligencia (CIA, por sus siglas en inglés). A través de estos mecanismos, según su argumento, las naciones poderosas ya no tienen que destruir "las obras culturales mismas, sino que basándose en una habilísima penetración ideológica, neutralizan la capacidad de un pueblo de seguir reproduciendo y, por tanto, desarrollando su cultura" (Urrutia Boloña, 1973). Varios estudiosos han examinado las formas hipotéticas utilizadas para destruir las culturas: las revistas de comics (Dorfman y Mattelart, 2001), la televisión (Arriaga, 1980), la programación infantil (Mattelart, 1978), la programación radiofónica (Rogoff, 1980) y los noticiarios.

La hipótesis central —a menudo no explícita— que guía este tipo de estudios es que la "homogeneización" es percibida como un factor muy importante por los poderes centrales para asegurar la expansión continua de los sistemas de producción, distribución y consumo bajo su control (Dagnino, 1973). La eliminación de las diferencias socioculturales se realiza tanto internamente —para alinear las ideas de los no privilegiados con las de las élites— como externamente, para mantener la jerarquía internacional entre las naciones dominantes y las dependientes.

"Comunicación alternativa" y otras propuestas

Los estudiosos de la comunicación que trabajan en América Latina han propuesto varios modelos para trabajar en esta área, que a veces se oponen de manera radical a las formas más tradicionales de concebir las actividades de investigación en la comunicación. Uno de esos modelos es conocido con el nombre de *comunicación alternativa*. De acuerdo con la definición de Reyes Matta (1981):

Comunicación alternativa
Es un intento por difundir el diálogo en el que los propósitos comunicativos apuntan a una participación en la gestión y creación de mensajes.

> La comunicación alternativa se caracteriza por intentar difundir el diálogo donde los propósitos comunicativos apuntan no sólo a una participación en la gestión y creación de mensajes, sino a objetivos más amplios de cambio estructural de la sociedad.

Reyes Matta apunta tres dimensiones básicas en relación con esta propuesta y que pudieran ser el fundamento para el cambio social: *a*) participación en el proceso de creación y desarrollo de las formas de los medios; *b*) lenguaje generado a partir de la propia creación popular en el marco de un diálogo igualitario, y *c*) organización de las formas de comunicación y de los sistemas políticos y sociales que le dan respaldo.

En la propuesta de la comunicación alternativa, así como en otras provenientes de la región, las ideas del educador brasileño Paulo Freire han tenido bastante influencia. Freire propone un tipo de desarrollo más respetuoso de las tradiciones, cultura, metas, etc., de los individuos y de la comunidad. Este autor no cree que una *sociedad informada* esté más cerca de ser democrática o igualitaria que una desinformada y totalitaria. Freire aboga por un ideal de desarrollo que busca lograr la *concientización* de la gente, lo que implica que el individuo es capaz de reconocer la estructura global de la sociedad, sus deficiencias principales, su posición en ella y qué se puede hacer para cambiar las injusticias que puede contener.

Concientización
Reconocimiento del individuo de la estructura global de la sociedad, sus deficiencias, su posición en ella y lo que puede hacer para cambiarla.

La noción de *concientización* va unida a la idea de comunicación como Freire la concibe, es decir, como un diálogo entre iguales. La concientización sólo puede lograrse cuando las personas que van adelante están dispuestas a tratar sobre las mismas bases a quienes aún están detrás, sin tratar de imponer marcos de referencia y con respeto máximo hacia las formas características de pensamiento, organización social, etc. Freire argumenta que el enfoque de *modernización* o *extensión* no respeta tradiciones y trata de imponer patrones externos ajenos al individuo y a la comunidad, de manera que la gente debe cambiar de acuerdo con los deseos de algún cuerpo de gobierno muy alejado de ellos, más que por voluntad propia (Freire, 1971, 1975, 1997).

REFERENCIAS

Abreu S. (1980), *Los medios de difusión masiva y la estratificación social en la participación y comunicación política*, FUDECO, Barquisimeto, Venezuela.

Acosta U. M. (1970), *Efectos de la comunicación masiva en el proceso de socialización política de los niños mexicanos*, Facultad de Ciencias Políticas y Sociales, UNAM, México.

Arriaga, P. (1980), *Publicidad, economía y comunicación masiva*, CEESTEM/Nueva Imagen, México.

Baran, S. J. (2005), *Introduction to Mass Communication: Media Literacy and Culture with PowerWeb*, McGraw-Hill, Nueva York.

Bauer, R. A. (1964), *"The Obstinate Audience: The Influence Process From the Point of View of Social Communication"*, American Psychologist, 19, pp. 319-328.

Beltrán, L. R. y Fox de Cardona, E. (1980), *Comunicación dominada. Los Estados Unidos en los medios de América Latina*, ILET/Nueva Imagen, México.

Berelson, B., Lazarsfeld, P. y McPhee, W. N. (1954), *Voting: A Study of Opinion Formation in a Presidential Campaign*, University of Chicago Press, Chicago.

Blumler, J. G. y Katz, E. (1974), *The Uses of Mass Communication, Current Perspectives on Gratifications Research*, Sage, Beverly Hills, California.

Blumler, J. G. y McQuail, D. (1969), *Television in Politics: Its Uses and Influence*, University of Chicago Press, Chicago.

Brosius, H. B. y Kepplinger, H. M. (1990), "The Agenda-Setting Function of Television News: Static and Dynamic Views", *Communication Research*, 17, pp. 183-221.

Canel, M. J. (2006), *Comunicación política. Una guía para su estudio y práctica*, 2a. ed., Tecnos, Madrid.

Castellanos L. *et al.* (2001), "El modelo probabilístico del voto: estimación de una función en el caso del comportamiento electoral español", *Metodología de Encuestas*, 3, 1, pp. 15-36.

Chaffee, S. H. y Hernández-Ramos, P. F. (1988), "Comunicación política", en C. Fernández Collado y G. L. Dahnke (eds.), *La comunicación humana. Ciencia social*, McGraw-Hill, México, pp. 309-360.

——— y Hernández-Ramos, P. F. (1990), "Political Communication", en G. L. Dahnke, C. F. Fernández Collado y G. W. Clatterbuck (eds.), *Human Communication. Theory and Research*, Wadsworth, Belmont, California, pp. 272-306.

——— e Izcaray, F. (1974), "Mass Communication Functions in a Media-Rich Developing Society", *Communication Research*, 2, pp. 367-395.

Cohen, B. (1963), *The Press and Foreign Policy*, Princeton University Press, Princeton, Nueva Jersey.

Comstock, C., Chafee, S. H., Katzman, N., McCombs, M. E. y Roberts, D. F. (1978), *Television and Human Behavior*, Columbia University Press, Nueva York.

Constitución Política de los Estados Unidos Mexicanos (2000), McGraw-Hill Interamericana Editores, México.

Constitución Española (2004), Tecnos, Madrid.

Cooper, C. (1996), *Violence on television*, University Press of America, Lanham, MD.

Dagnino, E. (1973), "Cultural and Ideological Dependence: Building a Theoretical Framework", en F. Bonilla y R. Girtling (eds.), *Structures of Dependency*, Dist. por Nairobi Bookstore, Palo Alto, California.

DeFleur, M., DeFleur y Ball-Rokeach, S. (1989), *Theories of Mass Communication*, Longman, Nueva York.

——— y Dennis, E. (2001), *Understanding Mass Communication: A Liberal Arts Perspective*, 7a. ed., Houghton-Mifflin, Palo Alto, California.

Dillon Soares, G. A. (1971), "La Dictadura de la Propaganda", *Revista Latinoamericana de Sociología*, 7, pp. 2-3, 175-192.

Dominick, J. R. (2004), *The dynamics of mass communication: Media in the digital age with Media World CD ROM and PowerWeb*, 8a. ed., McGraw-Hill, Nueva York.

Dorfman, A. y Mattelart, A. (2001), *Para leer el Pato Donald. Comunicación de masa y colonialismo*, Siglo Veintiuno, México.

Fernández Collado, C., Hernández Sampieri R., Ocampo Jaramillo, E. (2007), *Marketing electoral e imagen de Gobierno en funciones*, McGraw-Hill, México.

Freire, P. (1971), *Conciencia crítica y liberación*, Ediciones Camilo, Bogotá.

——— (1975), *¿Qué es la concientización y cómo funciona?*, Causachún, Lima, Perú.

——— (1997), *La educación en la ciudad*, Siglo XXI, México.

Gerbner, G. Gross, L. Morgan, M. y Signorielli, N. (1994), "Growing up with television: The cultivation perspective", en J. Bryant y D. Zillman (eds.), *Media effects: Advances in theory and research*, Lawrence Erlbaum, Hillsdale, Nueva Jersey, pp. 17-41.

Gómez Palacio, C. (1998), *Comunicación y educación en la era digital*, Diana, México.

Hutchins, R. (1947), *Commission on Freedom of the Press: A Free and Responsible Press*, University of Chicago Press, Chicago.

Katz, E., Gurevitch, M. y Haas, H. (1973), "On the Use of Television for Important Things", *American Sociological Review*, 38, pp. 164-181.

Klapper, J. T. (1960), *The Effects of Mass Communication*, The Free Press, Glencoe, Illinois.

Kraus, S. y Davis, D. (1991), *Comunicación masiva. Sus efectos en el comportamiento político*, Trillas, México.

Lasswell, H. (1948), "The Structure and Function of Communication in Society", en L. Bryson (ed.), *The Communication of Ideas*, Institute for Religious and Social Studies, Nueva York.

Lazarsfeld, P., Berelson, B. y Gaudet, H. (1944), *The People's Choice*, Duell, Sloan and Pearce, Nueva York.

——— y Merton, R. (1948), "Mass Communication, Popular Taste and Organized Social Action", en W. Schramm y D. F. Roberts (eds.), *Process and Effects of Mass Communication*, University of Illinois Press, Urbana, 1971.

López Escobar, E. (2001) "Comunicación, información y democracia", en G. Galdón, coord., *Introducción a la comunicación y a la información*, Madrid, Ariel, pp. 27-45.

Mattelart, A. (1978), "El imperialismo en busca de la contrarrevolución cultural, Plaza Sésamo, Prólogo a la Telerrepresión del año 2000", *Comunicación y Cultura*, núm. 1 (sept.).

MacBride, S. *et al.*, (1980), *Many Voices, One World. Informe por la International Commission for the Study of Communication Problems*, UNESCO, París y Krogan Page, Londres.

McCombs, M. (1981), "The Agenda Setting Approach", en D. D. Nimmo y K. R. Sanders (eds.), *Handbook of Political Communication*, Sage, Beverly Hills, California, pp. 121-140.

——— y Bell, T. (1996), "The agenda-setting role of mass communication", en M. Salwen y D. Stacks (eds.), *An Integrated Approach to Communication Theory and Research*, Erlbaum, Hillsdale, Nueva Jersey, pp. 89-105.

——— y Shaw, D. L. (1972), "The Agenda-Setting Function of Mass Media", *Public Opinion Quarterly*, 36, 2, pp. 176-187.

——— y Shaw, D. L. y Weaver, D. (1997), *Communication and democracy: Exploring the intellectual frontiers in agenda-setting theory*, Erlbaum, Hillsdale, Nueva Jersey.

McLeod, L. y Becker, L. B. (1981), "The Uses and Gratifications Approach", en D. D. Nimmo y K. R. Sanders (eds.), *Handbook of Political Communication*, Sage, Beverly Hills, California, pp. 67-99.

McQuail, D. (1983), *Mass Communication Theory. An Introduction*, Sage, Londres.

——— (2005), *McQuail's Mass Communication Theory*, 5a. ed., Sage, Beverly Hills, California.

Morgan, M. y Shanahan, J. (1997), "Two decades of cultivation research: An appraisal and a meta-analysis" en B. Burleson (ed.), *Communication Yearbook* 20, Thousand Oaks, California, Sage, pp. 1-45.

National Television Violence Study, vol. 1 (1997), Sage, Thousand Oaks, California.

——— (1998), 2, Sage, Thousand Oaks, California.

Ochoa, O. (2000), *Comunicación política y opinión pública*, McGraw-Hill, México.

Reyes Matta, F. (1981), "La comunicación alternativa como respuesta democrática", *El Día* [Diario], 4 de septiembre, México.

Rogers, E. M. (2003), *Diffusion of Innovations*, 5a. ed., The Free Press, Nueva York.

——— (1994), *A History of Communication Study*, Free Press, Nueva York.

Rogoff, E. (1980), "Comunicación de masas y dominación cultural en América Latina", *Revista de Ciencias Sociales*, 22, 1-2, pp. 103-126.

Schramm, W. (1957), *Responsibility in Mass Communications*, Harper and Row, Nueva York.

——— y Chaffee, S. H. y Rogers, E. M. (1997), *The Beginnings of Communication Study in America*, Sage, Thousand Oaks, California.

Sears, D. y Chaffee, S. H. (1979), "Uses and Effects of the 1976 Debates: An Overview of Empirical Studies", en S. Kraus (ed.), *The Great Debates: Carter vs. Ford*, 1976, Indiana University Press, Bloomington.

——— y Freedman, J. L. (1967), "Selective Exposure to Information: A Critical Review", Public Opinion Quarterly, 31, pp. 194-213.

Segovia, R. (1977), *La politización del niño mexicano*, 2a. ed., El Colegio de México, México.

Severin, W. J. y Tankard, J. W. (2000), *Communication Theories: Origins, Methods, and Uses in the Mass Media*, 5a. ed., Allyn & Bacon, Boston.

Shaw, D. L. y McCombs, M. E. (1977), *The Emergence of American Political Issues*, West Publishing, St. Paul, MN.

Siebert, F., Peterson, Y. y Schramm, W. (1956), *Four Theories of the Press*, University of Illinois Press, Urbana, Illinois.

Tellería, M. (2005), *Los medios de comunicación al servicio del poder*, Egartorre, Barcelona.

Turner, C. (1998, 1 julio), *19 nations join to counter spread of U.S. culture*, Madison (WI) Capital times, p. 1A.

Urrutia Boloña, C. (1973), "Comunicación masiva y agresión cultural", *Textual*, núm. 8, Perú.

Weaver, D. Graber, D., McCombs, M. E. y Eyal, C. (1981), *Media Agenda-Setting in a Presidential Election: Issues, Immages, Interest, Praeger*, Nueva York.

Wronge, Y. S. (2000, 17 agosto), *New Report fuels TV-violence debate*, San José Mercury News, pp. 1E,3E.

Mapa conceptual

El canal de Panamá y la comunicación política internacional

Arístides Royo

En agosto de 1903, el Senado colombiano, que tenía viejas rencillas con el presidente Marroquín, rechazó el Tratado Herrán-Hay mediante el cual Estados Unidos obtendría la concesión para construir un canal por el istmo de Panamá, que uniría los océanos Pacífico y Atlántico. Panamá se había adherido espontáneamente a la Gran Colombia al haberse independizado de España en 1821. Varios países habían hecho lo mismo y luego de la muerte del inspirador de esta unión, Simón Bolívar, se separaron. Panamá no tuvo esta oportunidad, pues en las cuatro ocasiones en que intentó separarse en 1840, durante casi un año, Colombia lo impidió. Tan consciente era el gobierno colombiano de que no se debía mantener a Panamá como un simple departamento, que en 1855 aprobó un sistema federal, con el cual los panameños pudieron convivir, hasta que en 1885 el presidente Rafael Núñez de Colombia volvió a convertir a Panamá en un Departamento, una especie de provincia olvidada. La esperanza de los panameños de que por el istmo se construyese un canal se vio rota en mil pedazos ante el rechazo que, por razones eminentemente políticas, produjo el senado de Colombia. Ante esta actitud, Panamá procuró su independencia con el apoyo de Estados Unidos, hecho que se logró el 3 de noviembre de 1903. Estados Unidos se cobró el favor raudamente, ya que el 18 de ese mismo mes y año, es decir, quince días después de la independencia, se firmó un Tratado para la construcción de un canal por el istmo de Panamá, conocido como el Tratado Hay-Bunau Varilla, este último, un francés que había servido de intermediario y a quien los panameños de buena fe le dieron los poderes para que negociara el tratado. El mismo contenía cláusulas que no debían formar parte de ninguna convención entre dos naciones civilizadas. Una de éstas, la de la perpetuidad, y la otra, la que permitía a Estados Unidos actuar en las tierras y aguas concedidas, como si fuesen soberanos. En otras palabras, dentro de un territorio de 4 442 kilómetros cuadrados, Estados Unidos ejerció durante más de ochenta años su jurisdicción civil, militar, judicial, policial, escolar y administrativa, habiendo creado un país dentro de otro. Tan pronto como en 1904 comenzaron las protestas de los panameños por las violaciones del tratado de 1903.

Estados Unidos había interpretado que tenía derecho a ejercer el comercio dentro de la denominada Zona del Canal, hasta que por presión de Panamá abolieron esa práctica. También podían intervenir en los asuntos internos de Panamá, según facultad que les otorgaban el Tratado canalero y la propia Constitución panameña. En 1936, mediante el Tratado Arias-Roosevelt, fue derogada esta facultad. En 1955, Panamá logró que se le aumentase la anualidad a $1 900 000, porque durante los 55 años anteriores había recibido solamente $250 000 por año, que era la misma cantidad de dinero que pagaban a los colombianos por el ferrocarril que también adquirieron en 1903. En 1964 hubo incidentes porque los habitantes de la zona del canal, amparados por su policía, se negaron a permitir que la bandera panameña ondease en los edificios públicos del área canalera. La agresión produjo tres decenas de muertos y tres centenares de heridos. Panamá rompió por primera vez en su historia relaciones con Estados Unidos. Las mismas se reanudaron unos meses más tarde, con la promesa de que las reclamaciones principales de los panameños serían resueltas.

Transcurrieron tres años, hasta que en 1967, se dieron por terminadas las negociaciones con un proyecto de tratados que no fueron aprobados por la Asamblea Nacional de Diputados. En 1968 se produjo un golpe de Estado y el dirigente máximo de ese movimiento, Omar Torrijos Herrera, sometió a una revisión los proyectos mencionados. Una comisión especial determinó que los proyectos de 1967 no servían ni siquiera como base de una nueva discusión y en consecuencia, se determinó iniciar nuevas negociaciones partiendo del kilómetro cero.

Diversos equipos se dieron a la tarea de negociar, pero había lentitud en el proceso. Desde las primeras reclamaciones de 1904, las relaciones de Estados Unidos con Panamá se habían mantenido siempre en un plano estrictamente bilateral. No solamente lo relativo al canal, sino a las intervenciones que hicieron en el istmo con sus tropas, casi todas por motivos electorales y solicitadas a veces por los gobiernos, otras por la oposición, algunas por motivos distintos como fue el caso del movimiento contra los arrendadores de bienes raíces para la clase humilde, el caso es que los problemas se solventaban entre los dos países y fuera de nuestras fronteras ni se enteraban.

Omar Torrijos consideró que era necesario el apoyo internacional a la causa panameña y que mientras nos mantuviésemos en el plano estrictamente bilateral, no habría prisa alguna por parte de Estados Unidos, ni motivo para concluir las negociaciones. El primero ante quien acudió fue el Presidente Carlos Andrés Pérez de Venezuela, patria del precursor de las independencias de nuestros países, Francisco de Miranda, del Libertador Simón Bolívar, autor de la independencia de cinco países y del Mariscal Antonio José de Sucre, vencedor de la última batalla independentista que tuvo lugar en Ayacucho. El presidente venezolano acogió con calor la idea de apoyar a Panamá en su lucha por la recuperación de la plena soberanía en todo su territorio. Luego se conversó con los presidentes de los países vecinos, Daniel Oduber de Costa Rica y Alfonso López Michelsen de Panamá. Los cuatro jefes de Estado se reunieron varias veces en la isla de Contadora, descubierta por Vasco Núñez de Balboa. De este grupo de Contadora surgieron varias iniciativas, que Torrijos fue cumpliendo una a una. De esta forma, el espectro de las naciones que se solidarizaron con Panamá, creció enormemente y así el pequeño istmo comenzó a recibir el apoyo irrestricto de Argentina, Perú, Brasil, Bolivia, México, Jamaica y muchos otros países, tales como Cuba, con quien Panamá restableció relaciones diplomáticas. Fuera del hemisferio americano, varios países europeos decidieron darle la mano a Panamá. Así lo hicieron España, Francia, Inglaterra, Alemania, Italia y en el medio oriente, Israel. Faltaban sin embargo organizaciones internacionales. Por consejo del Mariscal Tito, de la antigua Yugoslavia, Panamá se inscribió en el Movimiento de Países No Alineados. En la cumbre de Sri Lanka de 1976 se aprobó una resolución en la que los no alineados le daban pleno apoyo a las reivindicaciones panameñas. Tres años antes, en 1973, Panamá logró que por segunda vez tuviese lugar una reunión del Consejo de Seguridad de la ONU fuera de su sede en Nueva York. En la sesión final se aprobó, con el veto de Estados Unidos, una resolución de apoyo a las reclamaciones de Panamá. En su discurso de clausura, Torrijos dijo que Estados Unidos había vetado la resolución, pero que el mundo había vetado a Estados Unidos.

La presión sobre Estados Unidos estaba servida pero Torrijos decidió que no era suficiente y que dentro de esa nación también hacía falta la consecución de apoyos. En este sentido, emprendió una campaña para que senadores y miembros de la cámara de representantes, escuchasen los planteamientos panameños sobre el canal, así como habló con distinguidos representantes de las iglesias, de las organizaciones judías y de la Asociación Nacional para el Progreso de la Gente de Color (conocida por sus siglas en inglés como NAACP). Hizo que periodistas norteamericanos viajasen a Panamá, tales como William F. Buckley y Carl T. Rowan, que actores como John Wayne y que ex candidatos presidenciales como Barry Goldwater, favoreciesen las posiciones de Panamá, en su afán de que se le hiciese justicia.

Tal fue el clamor internacional en apoyo a las pretensiones de un pequeño país como Panamá, que durante su campaña, el candidato Jimmy Carter, integró una comisión para que le dijese cuáles eran los principales problemas que Estados Unidos tenía con países de América Latina. Dicha comisión le rindió un informe en el cual le señalaba que, según la prensa internacional, el problema más grave era el del Canal de Panamá y, por ende, era necesario celebrar un tratado que procurase una solución justa y equitativa para las partes. En efecto, una vez juramentado como Presidente, Carter aceleró el proceso negociador de tal manera que a los ocho meses de haber inaugurado su administración, se habían concluido las negociaciones y los Tratados Torrijos-Carter se firmaron el 7 de septiembre de 1977, en el Salón de las Américas de la Organización de Estados Americanos, en agradecimiento al gran apoyo recibido por parte de todos los Estados Miembros de esta entidad multilateral del hemisferio americano.

El valor de las comunicaciones internacionales sobre este problema político de antigua data, solucionado amistosamente mediante el diálogo y la negociación, fue oportuno y eficaz. De no haber sido por la internacionalización del tema, gracias a la divulgación que del mismo hicieron los medios de comunicación, tal vez Estados Unidos todavía estaría estudiando las reclamaciones panameñas y enviando negociadores nuevos en cada cambio de administración. Hoy el canal le pertenece enteramente al Estado de Panamá, es manejado por panameños de manera eficiente y la Autoridad del Canal de Panamá se prepara para la ampliación de la ruta interoceánica, mediante la construcción de un tercer juego de esclusas, tema que será llevado a la consulta popular mediante un referéndum. Panamá no olvidará nunca que cuando Omar Torrijos anunció que el senado de Estados Unidos había ratificado los tratados firmados por él y por Jimmy Carter, una conocida periodista, Bárbara Walters, se encargó de darle la noticia al mundo, a ese mundo que le dio pleno respaldo y generoso apoyo a un pequeño país, enclavado en el centro de las Américas, que tiene entre sus recursos más valiosos, un canal que presta invaluables servicios a la humanidad.

Capítulo

Doce

Tecnologías de la comunicación

Sumario

Objetivos de aprendizaje

En función de la lectura y estudio de los contenidos de este capítulo, el alumno será capaz de:

- Asimilar el concepto de tecnología y contextualizarlo en la realidad y entender los procesos de transformación que experimentan los medios de comunicación.
- Señalar la evolución de los medios masivos tradicionales a partir de la aplicación de nueva tecnología en ellos.
- Describir la importancia de la tecnología de la comunicación en satélites, fibras ópticas, telefonía, radio, etc., y mencionar los diferentes usos y aportaciones de la ciencia en estos medios.
- Analizar los procesos de socialización de los medios a partir de las computadoras electrónicas y los usos que se pueden dar al correo electrónico y otros avances relacionados. Asimismo, señalar los efectos que la tecnología de la comunicación tiene en los individuos y en la sociedad.

Sobre el concepto de tecnología

Tecnología
Es la aplicación del conocimiento científico para desarrollar herramientas, instrumentos y otros componentes que ayuden a realizar cosas prácticas.

Tecnología de la comunicación
Se refiere a cualquier invención que se haya creado para facilitar el proceso de la comunicación humana.

Es común que se asocie el concepto *tecnología* con las invenciones modernas, como satélites artificiales, computadoras y el rayo láser; sin embargo, al concepto lo antecede una larga tradición histórica. En su acepción más amplia, la *tecnología* se refiere a la aplicación del conocimiento científico para desarrollar herramientas, instrumentos y otros componentes que ayuden a realizar cosas prácticas (Williams, Hudson y Stover, 1990).

Los inventos que resultan del progreso científico o técnico son clasificados comúnmente como tecnologías. Ésta es la naturaleza de las tecnologías de la comunicación. De manera sencilla, se puede decir que una *tecnología de la comunicación* es cualquier invención que se haya creado para facilitar el proceso de la comunicación humana, desde las tabletas de arcilla, hasta las complejas computadoras actuales.

Desarrollo de los medios tradicionales de comunicación

Las pinturas rupestres fueron uno de los primeros medios de comunicación del hombre.

Los medios de comunicación tradicionales reconocidos en la historia han sido la escritura, inventada en Sumeria, alrededor del año 6000 a.C.; y la imprenta, inventada en China hacia el año 600 d.C. y después en la Europa del siglo XV. Podemos considerar a la escritura y la imprenta como tecnologías también, ya que ejemplifican la manera en que ciertos componentes de nuestro entorno se han combinado con el conocimiento para prolongar los mensajes. Además, ambas demuestran que muchas de las tecnologías se han basado en otras anteriores. Es obvio que la imprenta estaría relativamente restringida si sólo implicara diagramas y dibujos. La más reconocida innovación en la tecnología de la imprenta es la invención del tipo móvil, que realizó Johannes Gutenberg en el siglo XV (Fernández Collado y Hernández Sampieri, 1992).

También se pueden enumerar otros medios tradicionales de comunicación como los siguientes (Dominick, Sherman y Messere, 2000; Williams, 1988):

Johannes Gutenberg

- Fotografía (hacia 1826).
- Telégrafo (1835).
- Teléfono (1876).
- Fonógrafo (1877).
- Radio (telegrafía inalámbrica, 1895).

- Cine (1895).
- Televisión (1926).

La revolución tecnológica

Aunque hemos hecho hincapié en que no hay nada nuevo en relación con las extensiones tecnológicas de la comunicación humana, vivimos en una época en la cual la mayor parte de estos desarrollos se han realizado en un periodo muy corto, como jamás había ocurrido en la historia humana. Casi todos estos avances tecnológicos se deben al auge de la electrónica, que se inició durante la Segunda Guerra Mundial y que se aceleró años después debido a los programas de exploración espacial durante la segunda mitad del siglo pasado. Estas tecnologías dieron como resultado la comunicación vía satélite, la distribución de mensajes por cables o mediante sistemas de transmisión por microondas, grandes adelantos en televisión, nuevas formas de emisión de radio, aparatos de videodiscos (DVD), así como sistemas de distribución de televisión por cable y, por supuesto, la computadora electrónica. El desarrollo más sorprendente de esta revolución es la convergencia de las telecomunicaciones y las tecnologías computacionales (Dominick, Sherman y Messere, 2000; Williams, Hudson y Stover, 1990).

La mayoría de los avances tecnológicos en la comunicación electrónica se han realizado en tres campos principales (Williams, Hudson y Stover, 1990): el primero consiste en mover señales de un lugar a otro mediante los sistemas de comunicación, por ejemplo, las comunicaciones vía satélite; otra área de aplicación se encarga de almacenar información en forma altamente compacta, eficiente y fácil de recuperar, a través de los discos de computadoras, y, por último, la conectividad de la computadora electrónica para la comunicación representó una importante línea de desarrollo.

La evolución tecnológica que estamos viviendo en este principio de siglo XXI está abriendo camino a lo que hace algunos años parecía reservado exclusivamente para el mundo de la informática, la tecnología digital. La aparición de nuevas tecnologías está afectando a los distintos ámbitos culturales, educativos y sociales de los usuarios de la comunicación. Los medios de comunicación convencionales también se están viendo transformados por estas tecnologías que se caracterizan por la convergencia, la interactividad y el uso del lenguaje digital como nexo de unión.

Computadoras

Se ha mencionado que la convergencia de las tecnologías de telecomunicación y la computación son un área fundamental en los avances de las comunicaciones.

Si hablamos básicamente de la capacidad de combinar un poderoso sistema de computación, esto significa que el poder de éste se puede desplazar a cualquier parte de la red de comunicación; es decir, cuando se utiliza la línea telefónica para enlazarse con una computadora en un lugar lejano, se puede transportar la potencia de esa computadora a través de la distancia, lo cual suele denominarse desarrollo de *sistemas de redes de comunicación* por computadora. Éste ha sido uno de los campos de mayor crecimiento de la computación en las sociedades avanzadas (DeFleur y Dennis, 2001).

Sistemas de redes de comunicación
Recurso con el que se puede enlazar los potenciales de dos o más computadoras que están en lugares lejanos por medio de la línea telefónica.

Además, la convergencia se puede considerar importante debido a la forma en que los sistemas de computación han incrementado ampliamente la eficacia de los sistemas de telecomunicaciones.

El sistema de comunicación masiva va a proporcionar cada vez más la oportunidad singular para cambiar de un uso reactivo a uno activo ante los medios. En la actualidad bien puede ser que recibamos información de la televisión, los diarios y la radio, toda originada y emitida desde otro lugar. La convergencia de la computadora y las telecomunicaciones incrementa las posibilidades de selección, aunque la especificación de esas opciones se origina en distinto lugar. El empleo pasivo de la comunicación de masas aún será posible, pero ya no constituirá la única alternativa.

Otra faceta de estos avances ha sido el uso de computadoras para mejorar la operación de diversos aparatos de comunicación de uso diario; por ejemplo, en los televisores y radios se logra una sintonía automática con perfecta definición. Asimismo, han sido importantes en aparatos de *video* y *videodisco* (DVD). Los componentes de la computadora automatizan muchos de los procesos de las operaciones dentro de las denominadas tecnologías *inteligentes* de comunicación (DeFleur y Dennis, 2001; Dominick, 2004).

Nuevas tecnologías de comunicación

En esta sección se examinarán de cerca algunas de las nuevas tecnologías que afectan literalmente todas las áreas de la vida cotidiana, desde las actividades de los gobiernos, hasta el hogar, los negocios y las actividades de tiempo libre.

Satélites de comunicación

Una desventaja de las emisiones de televisión como medio para transmitir mensajes es que viajan en línea recta; por esto, cuando se emite una señal a través de una distancia demasiado larga, no puede seguir la curvatura de la Tierra hasta su destino, sino que se pierde en el espacio exterior. Por tanto, la emisión está limitada a lo que se conoce con el nombre de *transmisión en línea de visión.*

Debido a que las emisiones son poco difusas y que las estaciones receptoras se pueden establecer en torres altas, existen muchas aplicaciones de emisiones con una capacidad mayor que la de la *línea de visión*. Como es de conocimiento general, ciertas capas de la atmósfera reflejan las señales emitidas de regreso a la Tierra. Hasta la aparición del satélite de comunicación, ésta era la base para las transmisiones a larga distancia. Las señales se transmitían en frecuencias ordenadas con el mayor potencial para rebotar hacia la Tierra y por tanto, se cubrían grandes distancias alrededor del mundo. Sin embargo, los defectos de estas transmisiones, en polos opuestos del planeta consisten en altos grados de interferencia indeseable (estática) y en la posibilidad de que la potencia de la transmisión varíe de acuerdo con la hora del día, la estación del año y las condiciones climáticas.

Línea de visión
Es cuando la emisión de imagénes no se puede captar debido a que la señal no puede seguir la curvatura de la Tierra.

La contribución esencial del satélite para la comunicación es que funciona como una estación retransmisora artificial que rebota las señales emitidas en línea de visión para que regresen a la Tierra. De hecho, algunos de los primeros satélites de comunicación que se probaron sólo eran objetos largos con cubiertas metálicas que hacían exactamente eso. Los satélites de comunicación más modernos ya no son superficies de reflexión pasivas, sino estaciones activas, receptoras y transmisoras que reciben señales, las fortalecen y las retransmiten a la Tierra (Dominick, 2004; Dominick, Sherman y Messere, 2000; Williams, Hudson y Stover, 1990).

Los satélites son estaciones activas receptoras y transmisoras de señales.

Hay varias innovaciones que han incrementado de manera considerable la capacidad de los satélites de comunicación y su valor para la sociedad; una de ellas es el desarrollo del *satélite geosincronizado*; cuando este satélite se encuentra en órbita, aproximadamente a 35 600 kilómetros sobre la superficie de la Tierra y paralelo al ecuador, viaja en el espacio a una velocidad igual a la de la rotación de la Tierra; por tanto, parece como si el satélite guardara siempre la misma posición en el espacio. Debido a esto, las estaciones terrestres (enormes antenas receptoras o transmisoras) no necesitan moverse para seguir el curso del satélite en la órbita. Estas antenas o platos se pueden fijar en un satélite para manejar la transmisión y recepción, lo cual facilita la construcción de estaciones en la Tierra a bajo costo (Dominick, 2004; Dominick, Sherman y Messere, 2000; Williams, Hudson y Stover, 1990).

Satélite geosincronizado
Este satélite viaja a la misma velocidad que el movimiento de rotación de la Tierra, lo que facilita que las estaciones terrestres no se muevan y capten mejor los mensajes.

Otro gran adelanto en el desarrollo satelital ha sido la habilidad para crear satélites con más energía disponible para la retransmisión de señales, con capacidad para recibir simultáneamente mensajes en una amplia variedad de canales y capacidad para retransmitirlos. Estas innovaciones se llaman *transponderadores*.

Transponderadores
Son satélites con más energía para retransmitir señales diversas en forma simultánea en varios canales.

No sólo el satélite geosincronizado, sino diversos satélites de alta potencia han hecho posible tener pequeñas y menos costosas estaciones en la Tierra. Las principales aplicaciones del satélite como tecnología de transmisión son los siguientes: *a*) que efectúan emisiones a larga distancia con poco costo y alta calidad, y *b*) otorgan posibilidades de un número casi infinito de canales de emisión. Por supuesto, el satélite no está limitado a transmisiones de radio y televisión, sino que se puede usar para intercambiar información entre computadoras y para extender la red de teléfonos. En muchos países en vías de desarrollo el satélite puede llegar a ser la base principal para el servicio telefónico de larga distancia.

Como es del conocimiento general, las bandas de radio y televisión están altamente saturadas y ofrecen poco espacio para añadirle nuevos servicios. En contraste, el satélite ofrece toda clase de soluciones a este problema; por ejemplo, el primer satélite internacional, llamado Early Bird o Intelsat I, lanzado en 1965, tenía 480 canales de voz; el Intelsat VI, que en realidad es una serie de satélites internacionales, lanzado a inicios de los noventa, contaba en cada uno de sus aparatos con 80 000 canales de voz (Williams, Hudson y Stover, 1990).

El primer servicio de satélites comerciales estadounidense fue Home Box Office (HBO), en 1975. Esta empresa inició sus servicios con el novedoso concepto de mandar películas comerciales a todos los sistemas de cable de Estados Unidos. Desde finales de los noventa, existen satélites como Satcom, Galaxy, Westar y Telstar, que envían noticias especializadas, notas deportivas, música, películas y canales educativos a los sistemas de televisión por cable o de otro tipo.

El primer país en vías de desarrollo que contó con su propio satélite fue Indonesia, en 1976 (Palap); India (Insart, 1983); México (Morelos I, 1985), y Brasil (Brasilsta, 1985) le siguieron. Veintidós naciones árabes formaron el sistema regional Arabsat Asiasat, se estableció una alianza estratégica entre Rupert Murdoch y los chinos en 1989, para transmitir programas de televisión en su idioma, tanto al sureste de Asia como a la misma China. El 30 de junio de ese mismo año entra en funcionamiento Hispasat (España). A partir de este periodo el número de satélites activos ha ido aumentando progresivamente. En el caso de Hispanoamérica, por ejemplo, la pelea por el espacio involucra en gran medida a Argentina, Brasil y México. México ha gastado más de 500 millones de dólares en un sistema satelital de comunicaciones. A partir de lanzar el satélite Morelos I y Morelos II, podemos destacar en 1993 el lanzamiento de Solidaridad I y a continuación el Solidaridad II (1994). En 2001 se inició la construcción de Samtex 6, ya que dos años antes Samtex 5 se había vendido en menos de un año (Baran, 2005).

La comunicación a través de satélites ha contribuido a lo largo de los años a la transformación de dos dimensiones humanas: espacio y tiempo. Por tal razón ya no se experimenta asombro ante la difusión de un evento o acontecimiento que puede llegar a cualquier parte del mundo en el momento que sucede. La distancia y el tiempo ya no son limitantes de la comunicación. En la actualidad existen alrededor de 260 satélites activos y su número se va incrementando continuamente con nuevos lanzamientos. Entre los principales operadores se encuentran el sistema Intelsat antes mencionado, que presta servicios internacionales de telefonía, transmisión de datos y videos a más de 110 naciones en el mundo. Se calcula que el sistema global de Intelsat actualmente lo comprenden 20 satélites. Eutelsat es el más grande operador de satélites en Europa. Controla 8 satélites de comunicaciones los cuales son usados en el continente europeo para teléfono, fax, telex, mensajes, transmisión de datos y para la distribución de programas de radio y televisión. PanAmsat fue el primer operador de satélite internacional privado del mundo y un competidor directo de Intelsat. Su principal meta fue ofrecer un modo barato de comunicaciones vía satélite en Estados Unidos, América Latina y Europa. Otros de los operadores más importantes de la actualidad son: Intersputnik, Astra, France Telecom, Nasda, Asiasat, o el sistema de satélite nacional Indio (Insta).

La unión de la tecnología satelital y las redes de comunicación terrestres serán un gran reto de este siglo XXI. Un pequeño aparato que procesa la información recibida desde una red de 24 satélites artificiales, que orbitan alrededor de la Tierra y cubren cualquier punto de nuestro planeta, es el Sistema Global de Posicionamiento (GPS). Fue inventado por el Departamento de Defensa norteamericano, y hoy es una herramienta imprescindible para la navegación marítima, aérea y terrestre. En la actualidad ya son varios los modelos de vehículos que incluyen el GPS de serie.

Telefonía moderna

Aunque varios teóricos e inventores habían especulado acerca de cómo los patrones de la voz humana se podrían representar por medio de un cable de comunicación, no fue sino hasta el periodo entre 1870 y 1880, cuando las contribuciones de Elisha Gray y Alexander Graham Bell hicieron realidad dichas especulaciones, a través del teléfono: un instrumento útil y práctico.

El teléfono opera sobre una base mucho más compleja que el telégrafo. En esencia, la voz provoca vibraciones en un pequeño diafragma el cual, a su vez, cambia los patrones de corriente que se envían por cable. Los patrones de fluctuación en el receptor originan la vibración de otro diafragma, la cual, cuando esta vibración se amplifica, crea el sonido. A menudo asociamos los sistemas de comunicación por cable con el concepto de red.

Red

Es la que hace posible la interconexión entre individuos o estaciones por medio de un sistema de comunicación por cable.

Por lo general, una *red* incluye todas las interconexiones o hace posible la interconexión entre individuos o estaciones por medio de un sistema de comunicación por cable. Sería imposible conectar por medio del cable a cada persona con todas las demás en una red, debido a que esta interconexión sería muy compleja. En vez de eso, las conexiones son entre las estaciones, mismas que a su vez se conectan mediante líneas troncales. Por consiguiente, cuando se levanta el teléfono para llamar a otra persona, la llamada llega primero a una estación de conexión, en donde se conecta con la línea local apropiada (o en el caso de larga distancia, con otra estación en la línea troncal y después a una línea local).

Microondas

Sistema especializado de emisión en el que las señales de la voz y la información se pueden retransmitir de una estación a otra.

Cable coaxial

Es el sistema en el que los cables contienen en sí mismos varios canales separados.

No todas las transmisiones en una red se hacen a través de cables. Los eslabones de *microondas* se utilizan con frecuencia para ayudar en las llamadas de larga o mediana distancia. Básicamente, las *microondas* son un sistema especializado de emisión en el que las señales de la voz y la información se pueden retransmitir por línea de visión de una estación receptora a otra. No es difícil ver antenas de microondas en los edificios altos, montes o montañas.

Durante las últimas décadas hemos visto evolucionar a los sistemas de comunicación por *cable* al utilizar el de tipo *coaxial*. En pocas palabras, este sistema es un manojo de cables arreglados de manera que un cable grande contiene en sí mismo varios canales separados. Aunque dicho instrumento tiene muchas aplicaciones, se le conoce primordialmente como la base para los sistemas de televisión por cable.

Los avances más significativos en la telefonía se encuentran relacionados con el medio de transmisión: la fibra óptica. Esta tecnología era conocida desde antes de 1969, pero la disminución de la señal con la distancia lo hacía difícil y poco eficaz. La competencia por clasificar las fibras entre Estados Unidos, Europa y Japón hizo posible la creación de redes de fibra óptica y la construcción de amplificadores e incluso conmutadores. Su atractivo residía en la economía y la capacidad de mensaje (De Sola Pool, 1993).

Los teléfonos locales funcionan porque están conectados a estaciones de conmutadores, que a su vez se conectan por líneas principales (troncales) a redes de conmutadores operadas por computadoras.

Los teléfonos celulares, por otra parte, lo hacen sin estar conectados a un sistema tradicional de cableado. Teléfonos más pequeños y muy portátiles pueden transmitir a otros directamente vía satélite (DeFleur *et al.*, 2005).

La cantidad de teléfonos en América del Sur pasó de 23.12 a 52.7 por cada 100 habitantes entre 2000 y 2005, mientras que el salto en América Central fue de 17.24 a 47.9. La mayor parte de ese aumento se debe a los teléfonos celulares. En América del Sur, nos encontramos con 193 millones de usuarios de teléfonos en 2004, donde el 62.6 por ciento correspondían a celulares. En España, por ejemplo, los teléfonos móviles (celulares), que al igual que en otros países se han convertido en dispositivos indispensables y personales, la cobertura móvil en enero de 2004, es del 99% del territorio y el 88% de la población tiene teléfono móvil.

Los terminales celulares disponen en muchas ocasiones del servicio de envío y recepción de mensajes cortos (SMS), y este servicio a su vez ofrece una serie de beneficios que han hecho que se envíen hoy más SMS que llamadas efectuadas cada día, que los ingresos generados por SMS superen el 15% de la facturación de las principales operadoras móviles y que, por ejemplo, se envíen más de 1 000 millones de SMS al mes en España. Además son sencillos de usar (especialmente de recibir) e inmediatos, por lo que permiten acciones en tiempo real o por tramos horarios e interactuar con otros medios en directo (TV, radio, etcétera).

Podemos considerar varias generaciones en la telefonía móvil. Finalizado el paso de la primera generación, la analógica, a la segunda, digital, aparecen otras posibilidades que ponen en la mano del usuario un dispositivo multimedia conectado a Internet a alta velocidad con nuevas aplicaciones como videollamadas, videomensajería y descargas de juegos, música con calidad MP3 y clips de video. AT&T y Nortel Networks llevan tiempo definiendo el perfil de la cuarta generación de celulares donde la velocidad de transmisión promete ser diez veces más rápido que la velocidad punta de la tercera generación.

Otro medio con base telefónica de importancia es el fax (facsímil). A pesar de que su historia se inicia en la segunda mitad del siglo XIX, han tenido que pasar muchos años para su utilización masiva. Esta tecnología permite el envío de copias exactas de un documento o fotografía, a través de líneas telefónicas. Millones de conversaciones atraviesan el mundo diariamente, junto con un número cada vez mayor de señales digitales relacionadas con el fax y otros sistemas de telecomunicación.

Una transformación importante en el mundo de la tecnología de la comunicación se produce cuando tecnologías individuales, como puede ser el teléfono, comienzan a interactuar con otras. Así el teléfono y el ordenador o el teléfono y el televisor han transformado y multiplicado las posibilidades de intercambio de información entre sujetos que se encuentran separados geográficamente (Lucas, García y Ruiz, 2003).

Adelantos en las emisiones de radio

Todos los sistemas de transmisión utilizan formas de energía para transportar los patrones de mensajes. En las emisiones de radio, la forma de la energía es conocida como *emisión electromagnética*. Antes de la invención de la radio, los

Emisión electromagnética
Ondas de frecuencia que son invisibles para el ojo humano, transforman mensajes eléctricos en energía electromagnética y producen las transmisiones radiofónicas.

teóricos especulaban sobre la presencia de un tipo de actividad electromagnética en la atmósfera, en la cual las ondas de energía viajaban a la velocidad de la luz. Si cuesta trabajo imaginar cómo se ven las ondas de emisión, imagínese la luz irradiando su energía a través del espacio. Una de las diferencias es que las ondas de radio se encuentran en una frecuencia invisible para el ojo humano. Lo más importante en la invención de la radio fue la posibilidad de transformar los mensajes transmitidos por medio de patrones eléctricos en emisiones de energía electromagnética. Básicamente, eso es lo que realiza una estación transmisora de radio y lo contrario es lo que efectúa un receptor.

Los fenómenos que suceden en el proceso de una transmisión radiofónica suelen ser los siguientes (Williams, 1988):

1. La voz o los sonidos se convierten en patrones eléctricos por medio de un micrófono.
2. Los patrones eléctricos son transformados en emisiones electromagnéticas por un radiotransmisor.
3. Las emisiones viajan en líneas rectas relativamente a la velocidad de la luz.
4. Las emisiones se vuelven a transformar en patrones eléctricos por medio de un radiorreceptor.
5. Los patrones eléctricos se convierten en energía sonora a través de un sistema de altavoz.

La radio es el sistema masivo de comunicación más extenso del mundo, porque es práctico para aquellos que no saben leer ni escribir. Comparados con los aparatos de televisión, los de radio son bastante accesibles y baratos. Además, muchas de las naciones del mundo han efectuado inversiones cuantiosas en los sistemas de emisoras de radio como un medio de comunicación nacional.

Aun cuando el uso de la radio se ha extendido durante más de medio siglo, ha habido bastantes avances en años recientes, como es la amplia disponibilidad de canales de radioteléfono. Antes, el número de éstos estaba restringido en cualquier área, por la disponibilidad de estaciones radiotransmisoras que pudieran captar conversaciones de radioteléfonos de corto alcance mediante unidades móviles y conectarlas a un sistema telefónico. Debido a la relativamente pequeña cantidad de frecuencias disponibles, había un límite definido en relación con el número de conversaciones que podían realizarse de manera simultánea en cierta área determinada. El avance en esta área es la *radio celular*, que se refiere al establecimiento de pequeñas y numerosas estaciones transmisoras, las cuales operan en diferentes frecuencias y cubren áreas muy limitadas. Lo importante de este avance consiste en que el control de los recursos por computadora permiten a un radioteléfono móvil cambiar a los transmisores

Radio celular

Es el establecimiento de pequeñas y numerosas estaciones que son controladas por computadora y permiten múltiples conversaciones simultáneas.

de una localidad a otra con el desplazamiento del operador. Esto permite un incremento múltiple en el número de conversaciones que se pueden realizar al mismo tiempo.

Otro adelanto actual en la radio es la aparición de las emisiones de *vibración codificada* o tecnología digital; en este sistema, la información se transforma en códigos binarios (unos y ceros) y cada descarga de una porción del mensaje puede incluir la designación codificada para el receptor al que se pretende llegar. En la otra terminal, los receptores pueden estar dispuestos para recibir únicamente los mensajes que tengan su código particular. Ello hace posible llenar las ondas de radio con gran variedad de mensajes de vibración codificada o digitalizados, los cuales son interceptados sólo por los destinatarios; además de que también es posible almacenarlos. Las emisiones de vibraciones codificadas o digitales son una base excelente para los sistemas de mensajes electrónicos, incluyendo los servicios de información pública. Con un sistema público de radio de vibración codificada o digital, es posible transmitir continuamente informes del tiempo, noticias importantes, cotizaciones del mercado de valores, precio del oro, avisos sobre posibles movimientos telúricos y casi cualquier tipo de información que alguna persona pudiera necesitar. Además, las computadoras se pueden utilizar para monitorear entradas y salidas del público y controlar patrones de tráfico. El CD o disco compacto, que es una vibración codificada o digitalizada, en un disco de 4.7 pulgadas de diámetro, leído por un rayo láser apareció en 1983. En 1988, la venta de CD representó ya el 56% de todas las ventas de la industria de la música (Baran, 2005; DeFleur y Dennis, 2001; Dominick, 2004).

Vibración codificada o tecnología digital
Se utiliza en el sistema de mensajes electrónicos que percibe las señales por códigos binarios y se transmiten en los receptores.

En la actualidad, la tecnología digital se ciñe mayoritariamente a la trasmisión de contenidos. De hecho, casi todas las estaciones disponen de estudios completamente digitalizados y automatizados, lo que permite que los productos radiofónicos se puedan elaborar con más comodidad y rapidez, incorporando también otras tecnologías como por ejemplo el Radio Data System (RDS). Éste es un sistema que posibilita la trasmisión de una señal digital imperceptible para el oído, y que, aprovechando el ancho de banda, brinda al oyente la posibilidad de visualizar en una pequeña pantalla (display) el nombre de la emisora que está escuchando, así como algunos mensajes de texto. Son muchos los receptores, sobre todo autorradios, que disponen de este tipo de pantallas para recibir datos. Además de estas pequeñas ventajas, el RDS permite otras cosas, como viajar oyendo el mismo programa aunque cambie la frecuencia de emisión o estar permanentemente informado de la situación del tráfico.

Internet ha jugado un papel importante en la evolución de la radiodifusión de los últimos años. La Red ha supuesto un cambio significativo en el modo de trasmisión de este medio, y ha propiciado, incluso, el nacimiento de estaciones que emiten exclusivamente a través de ella.

Nuevos avances en la televisión

Emisión en video
Se refiere a los espacios de transmisión que cumplen un proceso para que la pantalla del televisor emita imágenes.

Las tecnologías de transmisión de radio y televisión son esencialmente idénticas, aunque la televisión implica señales complejas que requieren más espacio de transmisión. En este sentido, la emisión se puede referir tanto a la radio como a la televisión. La porción de la *emisión en video* implica esencialmente los siguientes pasos generales (Williams, 1988):

a) La imagen se enfoca sobre una superficie sensible a la luz por medio de una lente.
b) Esa superficie se registra con un rayo de electrones que distingue lo claro de lo oscuro (también el color) y lo codifica en patrones eléctricos.
c) Dichos patrones eléctricos se convierten en patrones electromagnéticos en el transmisor de televisión.
d) Estos patrones electromagnéticos de las señales de video son interpretadas por el receptor.
e) La televisión receptora convierte otra vez los patrones electromagnéticos en impulsos eléctricos.
f) La porción de video de la señal se registra sobre una superficie que retiene la luz, haciendo posible la aparición de la imagen. Esa superficie que retiene la luz es la pantalla del televisor, que contiene una sustancia a base de fósforo en su parte interna.

Muchos de los adelantos realizados en la tecnología de la televisión durante las últimas décadas del siglo pasado no han recibido mucha atención del público. Entre los que se conocen se encuentran el incremento de la fidelidad de la imagen, aumento de canales en el espectro de emisiones de alta frecuencia y por supuesto, el desarrollo de la televisión a color. Probablemente el menos conocido por el público es el avance sustancial en las tecnologías de grabación y edición de programas (Dominick, Sherman y Messere, 2000).

Antes de haberse desarrollado el *videotape*, a menudo los programas de televisión eran simplemente fotografiados en el cinescopio, una técnica de grabación que reducía claramente la calidad de la imagen. El *videotape* primero y el videodisco (DVD) después, han hecho posible la creación de imágenes en la televisión que son virtualmente idénticas a la imagen de la emisión original. Pero aún más importante son las técnicas para la edición electrónica y mediante las cuales se pueden combinar segmentos de la cinta y las imágenes se pueden modificar de una manera infinita. Prácticamente en los estudios más modernos todas las ediciones se hacen de forma electrónica, con mayor rapidez que si se utilizan técnicas tradicionales (DeFleur y Dennis, 2001).

Cumplida la etapa de nacimiento y consolidación, llega la época del color y, tras ella, la internacionalización del medio y de sus contenidos. Esta vocación internacional impulsó el lanzamiento de los primeros satélites de comunicación y de otras tecnologías como la distribución de señal televisiva por cable. Los comienzos de la televisión distribuida a través de sistemas de cables tuvo su origen hacia finales de la década de 1940 en Estados Unidos, aunque fue a partir de 1990 cuando empezó a cobrar gran importancia.

En un principio, los sistemas de televisión por cable se desarrollaron con objeto de utilizarse en áreas en que la situación geográfica o los edificios muy altos dificultaban la recepción de señales por aire, o bien, para uso en las comunidades que se encontraban fuera del alcance de las estaciones televisoras. Ésa es la razón por la cual la televisión por cable es llamada en ocasiones CATV (*community antenna television*), que significa antena de televisión comunal (DeFleur y Dennis, 2001; Williams, 1988).

Es posible además identificar interesantes temas de investigación en el área de contenido noticioso. El servicio de cable incluye canales que transmiten noticias durante las 24 horas del día, que pertenecen cuando menos a dos categorías. El servicio Cable News Network en Estados Unidos y el Sistema Eco de Televisa en Latinoamérica constituye un ejemplo de un servicio noticioso completo, al cubrir en forma continua los acontecimientos de carácter nacional e internacional durante todo el día. Esta oferta noticiosa a través de la televisión por cable —no disponible en las estaciones de televisión de las cadenas comerciales— ha cambiado de manera sustancial tanto los esquemas de búsqueda de noticias como su difusión.

Los sistemas antes mencionados pueden no ser siempre estructuras de alambre, ya que la transmisión de la luz por finas fibras ópticas puede hacer un mejor trabajo que la comunicación alámbrica. Durante los últimos años se ha visto cómo los sistemas de distribución por fibra óptica han sustituido, poco a poco, a los sistemas alámbricos tradicionales.

Una característica de la televisión por cable, que a menudo se ignora, es su capacidad para transmitir señales de radio de alta fidelidad (y a menudo estereofónica); por ello, los servicios de cable incluirán, cada vez más, servicios de audio (antes de radio), entre sus emisiones.

Asimismo, aparecen nuevas formas de programar y difundir señales de televisión y sistemas para la transmisión directa vía satélite. La generalización de los satélites de difusión directa (DBS) junto con la ya mencionada televisión por cable unida a la digitalización de las señales y de los servicios ofrecidos por ambos soportes, ha producido un nuevo escenario televisivo con posibilidades no imaginadas años atrás: la multiplicación exponencial de señales, la fragmentación de audiencias y el surgimiento de nuevas formas de financiación, como el abono mensual o el pago por visión. La digitalización permite ofrecer una amplia gama de posibilidades que va desde la difusión de televisión de alta definición hasta la interactividad. En apretada síntesis podemos decir que la televisión digital terrestre permite, entre otras cosas:

- Incrementar notablemente el número de programas, servicios y señales actualmente disponibles.
- Mejorar la calidad de las imágenes y del sonido de las transmisiones y de las recepciones televisivas.
- Establecer servicios personalizados e interactivos (relación empresa televisiva-audiencia) de radiodifusión y telecomunicaciones.
- Facilitar la convergencia entre el sector audiovisual, las telecomunicaciones y la computación.

A comienzos del siglo XXI, ya son varios los países que comenzaron a implementar planes de migración de la televisión analógica a la televisión digital. Sin embargo, esta migración exige tanto una compleja coordinación entre programadores, fabricantes de equipos receptores y operadores de redes, como cuantiosas inversiones tanto de la industria como del público televidente. Si bien la mayor parte de los planes gubernamentales sitúa como fecha límite para que tenga lugar el "apagón analógico", según los países, entre los años 2006 y 2012, un importante grupo de analistas del sector televisivo califica a estas estimaciones demasiado optimistas y considera que la realización efectiva del "apagón" demandará un plazo mínimo de entre 15 y 20 años (Bustamante, 2003).

Algunos estudios hacen referencia a la creciente relación que establecen los sistemas de televisión digital con la denominada red de redes, Internet. El panorama previsible de los servicios interactivos en la televisión digital se centrará durante mucho tiempo, además de los servicios vinculados a la programación televisiva, en las mezclas y vinculaciones diversas con Internet (Bustamante, 2003; Callejo, 2003).

La empresa estadounidense AOL, con más de 23 millones de abonados en Internet comenzó su trasvase a la televisión digital (1 500 hogares) a mediados de 2002 ofertando servicios como el envío y recepción de correo electrónico o chats (conversaciones a través de Internet).

Como podemos observar el avance en materia televisiva es intenso. Un acontecimiento importante ocurrido en 2005 es la presentación de la televisión en tres dimensiones en la feria IFA (Internationale Funkaustellung) de Berlín. La base consiste en tomar la imagen con dos objetivos desde dos ángulos diferentes. Una vez emitida, ofrece a través de los filtros la misma sensación que el ojo humano, generando en el cerebro una ilusión tridimensional. Esta tecnología 3D supone según Jay Bingle, director de Newsicht que colabora con Grundig en el proyecto, "una revolución comparable a la transición del blanco y negro al color".

Las computadoras electrónicas como instrumentos de la comunicación

Aunque la primera computadora electrónica fue desarrollada en la década de los cuarenta, el uso de esta tecnología como medio de comunicación es un hecho relativamente reciente. El impacto de la convergencia de la telecomunicación y la computación ya se ha descrito, por lo que en un nivel más práctico, podríamos considerar el crecimiento sustancial de las llamadas redes computarizadas de comunicación.

Cada vez es más común que las grandes divisiones de compañías importantes, los gobiernos o las bases militares estén conectadas a través de computadoras. Estas redes computarizadas pueden compartir programas e información con facilidad y también establecer sistemas de correo electrónico entre los usuarios.

Al popularizarse las computadoras personales en los países más industrializados, su situación como instrumentos de comunicación ha venido a ser uno de los principales usos (otros son los procesadoras de palabras, análisis financieros y archivos administrativos). Entre las capacidades de estas computadoras está el poder transmitir cualquier tipo de correspondencia o documentos que se hayan programado en el procesador de palabras a cualquier usuario de la red. También es posible intercambiar archivos de diferentes tipos, incluyendo itinerarios de viajes, registros contables e incluso estadísticas deportivas. En realidad, la convergencia de las telecomunicaciones y la computación están disponibles para cualquier persona con acceso a una computadora y una línea telefónica.

Correo electrónico (e-mail)

La red global de redes de computadoras, Internet, ofrece servicios de interacción, bases de la comunicación actual; posibilita el acceso a la información de los miembros del ciberespacio y es un vehículo de comunicación que utilizan los cibernautas para transmitir sentimientos, ideas y sensaciones a través de la forma verbal y escrita. Lo fundamental es la rapidez con que se expresan, sin intermediarios y sin formalidad alguna, características de la subcultura cibernética (Riviere, 2006).

La actividad en línea más popular es el *correo electrónico*. Este servicio de red permite a los usuarios enviar y recibir mensajes. Consiste básicamente en el envío de mensajes a una computadora central para ser recuperados cuando el destinatario lo considere conveniente (Cozic, 1997; Williams, Hudson y Stover, 1990).

Correo electrónico
Envío de mensajes a una computadora central para ser recuperadas cuando el destinatario lo considere conveniente.

El correo electrónico se ha convertido también en parte esencial de la vida de las organizaciones. Otros usos de esta tecnología en las instituciones puede agruparse bajo los rubros de tareas (transferencia y obtención de información) y de racimos socioemocionales (mantenimiento de relaciones personales, sentimiento de pertenencia o simplemente para estar en contacto). Los usos orientados a las tareas fueron reportados en la misma proporción que los sociales (Steinfield, 1983).

Según Negroponte (1996), el correo electrónico es un medio formidable para la prensa. Una entrevista realizada a través del correo electrónico es menos invasora y permite mayor tiempo de reflexión. Con el tiempo las entrevistas electrónicas serán más comunes y el correo electrónico será una herramienta útil para muchos periodistas en todo el mundo.

Dicho instrumento hará que la mayoría de las personas ingresen en un estilo de vida que influye sobre la forma en que trabajamos y pensamos. El estilo de nueve a cinco, de lunes a viernes y dos semanas de vacaciones al año, que actualmente domina la vida laboral en Estados Unidos, desaparecerá. Los mensajes vía correo electrónico, tanto personales como profesionales, comienzan a entremezclarse y el domingo no diferirá demasiado del lunes (Negroponte, 1996).

Teleconferencia (audioconferencia y videoconferencia)

Hay muchas formas en las que la tecnología puede utilizarse para unir a las personas con propósitos de comunicación. El teléfono, por ejemplo, existe desde hace muchos años como un medio para conferenciar. En muchos sistemas telefónicos, ciertas acciones realizadas por la operadora pueden conectar a más de una persona en una conversación telefónica. Esto suele conocerse como *teleconferencia de audio*. Los participantes potenciales de la conferencia son informados con anticipación de que serán llamados por una operadora a una hora determinada.

Teleconferencia
Consiste en que diversas personas pueden conectarse vía telefónica e interactuar.

Uno de los retos de la teleconferencia de audio consiste en saber cómo lograr objetivos de grupo bajo condiciones en las que los participantes pueden oírse, pero no verse y en las que no se pueden sostener conversaciones privadas durante la interacción de grupos. Si en alguna ocasión participa en una teleconferencia de audio se podrá dar cuenta de lo útil que es describir a los participantes en la conferencia, así como pedirles que se presenten ellos mismos y que digan algunas palabras. Esto les da a todos los participantes una mejor imagen de las personas con las que interactúan.

Aunque las posibilidades para conferencias han existido desde hace varios años, sólo a últimas fechas la teleconferencia de audio ha llamado la atención. Esto probablemente se deba a la aparición de otras formas de teleconferencia, como el audio y el video total y las conexiones computarizadas que han hecho de la teleconferencia algo más real y atractivo. También el incremento en el costo de transporte ha convertido a los enlaces de comunicación en algo más atractivo.

En otro ejemplo de teleconferencia las personas están enlazadas mediante el acceso a un sistema de computación común. En algunos de estos sistemas el líder establece una agenda y cuando los participantes se conectan desde sus terminales de computadora, reciben una orientación para la conferencia, consistente en la agenda del día y una introducción para cada subtema.

De esta forma, cada persona puede contribuir con su respuesta, porque la mayor parte de estos sistemas da oportunidad al usuario de enviar mensajes a cualquier persona, a una cierta combinación de personas o al grupo entero. En algunos sistemas es posible enviar mensajes anónimos.

Otra ventaja de las conferencias por computadora es que las personas no necesitan participar con el grupo de manera simultánea debido a que es posible hacerlo cuando cada quien lo decida. La persona marca el número de acceso, lee los mensajes que no haya visto antes y se desconecta. Otra ventaja es que se puede editar una relación electrónica de todas las participaciones, y además producir transcripciones de la conferencia como informe final.

Una forma eficaz de teleconferencia se logra con el uso de la tecnología propia de la televisión. En su versión más sofisticada, la videoconferencia, reúne estudios, videocámaras, transmisión satelital interactiva y receptores de televisión. La ventaja principal de la videoconferencia sobre otras tecnologías es que proporcionan mensajes más ricos, tanto mensajes verbales como no verbales. Otra ventaja es que las personas pueden ver diversas gráficas, videoclips o imágenes de objetos físicos.

Muchas empresas estadounidenses encuentran que la videoconferencia es algo muy eficiente si frecuentemente requieren contacto entre compañeros de trabajo y clientes. Es mucho más barato conducir estas reuniones a través de una videoconferencia que hacer que personas de distintos lugares se reúnan cara a cara.

Otra forma de teleconferencia utiliza computadoras, software especializado e Internet. Sin dejar sus oficinas o estaciones de trabajo, las personas pueden utilizar sus computadoras para transmisiones de voz y video, permitiéndoles verse en pantalla mientras sostienen una conversación (DeFleur *et al.*, 2005).

Efectos de las nuevas tecnologías en los humanos

Paralelos de la comunicación

Siempre han existido paralelos entre la evolución de las tecnologías de la comunicación y los cambios en la manera de comunicarnos. Es bien sabido que la palabra escrita hizo posible transmitir mensajes abstractos y complejos a diferentes puntos en el tiempo y en el espacio. La palabra impresa permitió una vasta reproducción y distribución del lenguaje escrito. Además, el cable telegráfico eliminó las distancias al transmitir el mensaje humano a la velocidad de la luz. La ventaja del teléfono consiste en que expandió la capacidad de la transmisión alámbrica al incluir la mayor parte de las cualidades de la voz humana. El cine ha permitido capturar nuestras imágenes y el tiempo y también nuestras fantasías por medio de él. Por otro lado, la radio ha hecho posible ampliar la red de comunicación humana sin extender más el sistema de comunicación alámbrica. Las computadoras, como hemos señalado, permiten ensanchar la red de comunicaciones de escritos y datos e imágenes en dimensiones casi infinitas.

Debido al acelerado proceso de desarrollo de la tecnología de la comunicación, ¿cuáles son algunas de las consecuencias que tienen sobre ciertas sociedades, y cómo podríamos enfrentarnos a ellas? Son algunas de las preguntas que responderemos a continuación.

Las redes computarizadas de servicio aumentan la capacidad de acceso a la información desde una computadora en casa.

Efectos sobre los individuos

Aunque hay barreras económicas y de disponibilidad que considerar, las nuevas tecnologías han incrementado bastante la disponibilidad de todas las formas de comunicación. Debido a las modernas redes telefónicas es posible conectarse con una persona en cualquier parte del mundo con sólo marcar el número indicado. Cada vez más personas en todo el mundo poseen una variedad creciente de entretenimiento musical porque pueden adquirir económicos discos compactos, etc., y además se expenden radios potentes a bajo precio por lo que cada día se incrementan las estaciones de radio. También aumenta la diversión que ofrece el cine y la televisión debido a que se instalan nuevos servicios, a medida que los sistemas de cable y satélite los distribuyen, y a la vez que diverso material de entretenimiento audiovisual se vende en forma de videocintas y videodiscos.

Tampoco faltan fuentes de información entre las nuevas tecnologías. Los periódicos de nueva creación dependen —para distribuir sus ejemplares— de plantas impresoras situadas cerca de sus centros de distribución. Los servicios de televisión por cable, y en algunos casos por satélite, ofrecen canales dedicados a las noticias actualizadas al minuto e incluso servicios selectos de información adicional con sólo oprimir un botón. Por último, con el crecimiento de las redes computarizadas de servicio se aumenta la capacidad de acceso a prácticamente cualquier tipo de información desde una terminal de computadora en casa. Vemos entonces que no faltan alternativas en el contexto de la comunicación personal actual.

Una crítica a las modernas tecnologías de comunicación es que muchas personas creen que despersonalizan al individuo. Sin embargo, señalan Williams y Rice (1983), aunque el cuestionamiento de la despersonalización no desaparece, las nuevas tecnologías tienen la capacidad de ser personales en las comunicaciones. Por ejemplo, es posible variar el grado en que un correo electrónico (e-mail) pueda ser personal, y realmente podemos (y a menudo se hace) cambiar el tono de voz y la forma de expresión según la clase de conversación telefónica (Williams, 1988).

Algunos investigadores han sugerido recientemente que las conferencias por computadora (en las que los mensajes son escritos por los participantes para su distribución por una computadora central) puedan ser personales. El grado en que esto es cierto depende, por supuesto, del lenguaje que se utilice y también de la medida en que la comunicación se dirige al interés individual y a las necesidades de la otra parte.

Aquí el punto principal es que el empleo de las nuevas tecnologías de la comunicación no es necesariamente despersonalizador, como pretenden algunos críticos. En realidad, uno de los más importantes retos para los educadores modernos consiste en enseñar a sus alumnos a variar el flujo del estilo personal en oposición al impersonal cuando utilizan diferentes medios de comunicación.

La idea de que podemos variar el estilo de comunicación según convenga al individuo o grupo con el que nos comuniquemos (o adaptarse a una situación o a una tecnología), ha sido tema de la comunicación desde la época de Aristóteles. Pero en la época contemporánea, parece necesario recordarlo. En realidad existen muchas razones para creer que si se utilizan adecuadamente las nuevas tecnologías se puede lograr una comunicación menos distante que con los medios de comunicación tradicionales.

El grupo

Durante los últimos 30 años, cada vez más se ha considerado a los grupos como unidades con vida propia. Los individuos se interrelacionan con ciertos propósitos, por ejemplo, cuando cinco o seis personas forman un comité especial para decidir el presupuesto de alguna empresa y durante el proceso asumen ciertos roles de comunicación. Estos nuevos roles que desempeñan determinan en gran medida la manera en que el individuo interaccionará con el grupo en relación con el objetivo. ¿En qué consistirá su aportación al grupo a través de su comunicación?

El rol desempeñado en el grupo está sobrepuesto al rol cotidiano (la imagen de sí mismo). Los teóricos de las conductas de grupo señalan que para el individuo, la conducta en un grupo es una interacción entre los objetivos asociados al rol propio de cada uno y los objetivos asociados al grupo. En esencia, cuando se crea un grupo, también nacen estas relaciones de roles especiales.

Cuando un grupo trata de alcanzar su objetivo, la comunicación debe seguir los patrones necesarios para lograr el requisito especial de ese objetivo. Esto puede implicar que se comparta información, que se expresen y se aclaren las discusiones alternativas y que se discutan las prioridades. A menudo incluirá el intento de llegar a un consenso en alguna de las alternativas y finalmente, la conducta de comunicación que se requiere para realizar la solución. Si una vez logrado el objetivo no hay razón para la existencia del grupo, éste se deshace y cada persona retoma sus roles personales (o sus roles en otros grupos).

La naturaleza de los grupos y los objetivos que hace que las personas actúen en conjunto varían ampliamente. El grupo podría tener sólo un propósito social, como una fiesta, en la que la diversión es el único objetivo. Por otro lado, el grupo podría estar integrado por altos directivos de una corporación multimillonaria. También hay grupos en los que nacimos a los que los sociólogos llaman grupos primarios y el más importante de ellos es la estructura familiar.

¿Qué hay en relación con el impacto de las nuevas tecnologías sobre las conductas de grupo? Desde un punto de vista genérico, un impacto primordial consiste en las barreras espaciales o geográficas que existen entre los miembros de un grupo, mismas que pueden ser reducidas o eliminadas completamente por las tecnologías de la comunicación. Las personas pueden interactuar como grupo entrelazadas por medio de la telecomunicación, evitando así la necesidad de reunirse en el mismo lugar. Es decir, que mediante la electrónica podrán interactuar en una teleconferencia.

Otra generalización relacionada de alguna manera con lo anterior, es que las nuevas tecnologías brindan muchas oportunidades a las personas para compartir fácilmente conjuntos de información común y para intercambiar mensajes acerca de esa información. Un ejemplo común de ello es la nueva oficina integrada, en la que todas las personas que trabajan para una empresa tienen acceso a los sistemas de información centralizados y de mensajes, sin importar la ubicación o nivel de sus oficinas.

La sociedad

En esta sección se analizará el contexto social más grande de las conductas de comunicación y examinaremos al individuo dentro del marco de la sociedad. El impacto de las nuevas tecnologías respecto a la forma en que los individuos, los grupos y las empresas utilizan los medios de comunicación para satisfacer sus necesidades, cómo influyen éstos en unidades sociales, como países, ciudades, principales culturas y subculturas. Se observarán los cambios tanto desde el enfoque de los efectos de la comunicación masiva tradicional, como de la perspectiva del concepto contemporáneo de desmasificación.

Acerca de la tecnología y la comunicación masiva

Antes de la invención de la imprenta, la posibilidad de comunicación escrita se limitaba a un grupo privilegiado. La reproducción del texto era costosa, ya que se copiaba a mano, con cajas de imprenta sencillas o utilizando diferentes combinaciones de ambos. Los materiales adecuados para imprimir eran caros y las tintas escasas, pero la mayor restricción de todas era que la mayoría de las personas eran analfabetas.

Aparte de unos cuantos funcionarios eclesiásticos o del gobierno, sólo pocos sabían leer y escribir en el siglo XV. Lo más probable es que en aquellos tiempos nadie leyera tan bien como ahora lo hace una persona de la época actual con educación media; además, el nivel de comunicaciones complejas estaba más restringido aún. Por tanto, la difusión de la imprenta como una forma de comunicación general dependía no sólo de los avances tecnológicos, sino también del incremento de las personas que sabían leer en las civilizaciones del Renacimiento.

Con el surgimiento de la Revolución Industrial en Europa durante los siglos XVII y XVIII y más adelante en el siglo XIX en América, se dieron las circunstancias para que la imprenta se conociera realmente como medio masivo de comunicación. En este sentido, *masa* se refiere a grandes grupos de individuos anónimos, término que se aplicó a la cantidad de personas que llegaron a las ciudades para convertirse en trabajadores industriales. Este uso de dicho término es el mismo que se utilizó cuando surgieron las sociedades masivas. Las tecnologías de la Revolución Industrial y sobre todo el empleo de la energía para realizar el trabajo humano, marcó el papel que desempeña la tecnología en el crecimiento de la comunicación y de la sociedad masiva.

Masa
Grandes grupos de individuos anónimos que llegaron a las zonas urbanas para laborar en las industrias.

Los eruditos en la materia han escrito acerca de la relación entre el surgimiento de una sociedad masiva y la necesidad de una comunicación pública. Los informes históricos señalan la aparición de la prensa, posteriormente la importancia de las transmisiones radiofónicas como determinantes para establecer gobiernos y promover revoluciones. Los descubrimientos de los investigadores que estudian las civilizaciones subdesarrolladas, señalan que el desarrollo de los sistemas de comunicación y de las sociedades son paralelos.

Aun cuando la imprenta se considera como la más antigua y tradicional forma de comunicación masiva, con el correr del tiempo ha sido sustituida por otros medios, como la fotografía, el telégrafo por cable y la radio, las radiotransmisiones y la ahora omnipresente televisión, así como novedosas formas que permite la computadora, como Internet y el correo electrónico.

Por supuesto que el impacto de las tecnologías de la comunicación sobre las diferentes sociedades varía de acuerdo con cada cultura y con los sistemas económicos y políticos del mundo. Aunque es posible que las siguientes generalizaciones sean tomadas por algunas personas como demasiado simples, podemos considerar lo siguiente (Williams, 1988):

1. La radio es la mayor fuente de información para la población del mundo, de manera más notable en las ciudades sobrepobladas tercermundistas, como las de la India.
2. Muchos piensan que la televisión tiene mayor alcance social por su impacto, no sólo en cuanto a las noticias y al contenido informativo, sino también por los efectos de los programas de entretenimiento, especialmente en los países desarrollados (Estados Unidos y Europa Occidental) y en los países con crecimiento acelerado (México, Indonesia, Corea). La fuente de información principal de las masas es la televisión.
3. La imprenta es considerada más formal y de mayor importancia por la mayoría de las culturas. En términos generales, a nivel de gobierno o en algunas organizaciones públicas la información es oficial cuando está impresa.

Acerca de las tendencias de la tecnología

En general, los avances tecnológicos han incrementado significativamente la disponibilidad y variedad de medios de comunicación masiva. Con el procedimiento de impresión offset (impresión indirecta) se han abaratado los costos y se ha aumentado la velocidad de impresión. El uso generalizado de equipos modernos de computación y los software de formación, edición, elaboración de gráficos o dibujos, han permitido tener una mayor dinámica y colorido en las publicaciones; aunque el proceso previo a la impresión, la elaboración de negativos, tenga actualmente un costo muy elevado, compensado tal vez por el tiempo mínimo de elaboración, permite tener publicada alguna obra en tiempos óptimos. La penetración de la radio en las sociedades fue ampliamente incrementada con la invención del transistor a fines de la década de los cuarenta y con la manufactura de radios económicos del tamaño de la palma de la mano (radios de transistores), durante las dos décadas siguientes. La fabricación masiva de aparatos de televisión y el reconocimiento de los gobiernos de la importancia del poder de este medio en la sociedad moderna, han conducido a su rápida penetración en la sociedad, cuando su gobierno lo permite. Sobre todo, el desarrollo de complejos sistemas de transmisión terrestre (microondas y televisión por cable), unidos al desarrollo de satélites de comunicaciones, han incrementado los servicios de transmisiones a casi todos los países del mundo. La convergencia de las tecnologías de la computación y las telecomunicaciones antes descritas puede facilitar el avance más importante de todos los tiempos de las redes de comunicación, que subyacen en las grandes estructuras sociales.

Acerca del concepto de desmasificación

La definición tradicional de la comunicación masiva implica que la oportunidad del individuo para escoger entre las alternativas de comunicación estaría más o menos restringida. Esto es realmente cierto para los ciudadanos de países con un solo periódico, incluso en Estados Unidos cuando se considera que todos los canales de televisión comercial exhiben programas de corte similar. La naturaleza de los medios masivos de comunicación es tal que las alternativas reales pueden estar relativamente restringidas. Los sociólogos que se dedican al estudio de los medios de comunicación han llegado a la conclusión de que el contenido principal de la comunicación masiva tiene un efecto general en la política, la economía y el contexto cultural de un país.

La existencia de alternativas respecto a la información y el entretenimiento neutralizó hace tiempo esta teoría. En la década comprendida entre 1940-1950 las teorías sobre los efectos de los medios masivos de comunicación se ampliaron, al reconocer que los individuos buscan fuentes alternas de información y por tanto las actitudes y conductas son afectadas por fuentes múltiples y no por un solo medio masivo. La tesis de "flujo de dos pasos" sugiere que los medios masivos de comunicación proporcionan información a los líderes de opinión que influyen a otras personas por medio de la comunicación interpersonal. Además, la tesis de cobertura de agenda sostiene que los medios masivos de comunicación establecen agendas para determinar la importancia de varios temas y que la toma de decisiones es afectada principalmente por la red de comunicaciones interpersonales.

Las fuentes alternas de los medios se están incrementando a causa, en buena parte, de que las modernas tecnologías han difundido ampliamente los medios de comunicación tradicionales. El término *desmasificación* se utiliza para describir el impacto social de esta proliferación. En tanto las tecnologías ofrezcan alternativas a los individuos, el término "medio masivo de comunicación" será menos aplicable. Es más difícil para los estudiosos de las ciencias sociales (así como para los líderes políticos) suponer que un solo medio está logrando un efecto profundo en las actitudes y conductas particulares. Con el tiempo, el sistema de comunicación masiva no estará dirigido a una inmensa cantidad de individuos anónimos. Las nuevas comunicaciones podrían estar dirigidas a pequeños y bien definidos subgrupos de la sociedad; en este contexto, la *desmasificación* tal vez sea el más significativo de los defectos del incremento de las opciones tecnológicas en el medio de comunicación. Debido a ello, los sistemas de comunicación pública diseñados para lograr influencia política y lograr entretenimiento e información diaria podrían ser el umbral de una transformación sustancial. Es probable que ahora los países desarrollados realicen un cambio acelerado que pase de la masificación a la desmasificación. Además, la abundancia de canales opcionales dificultará el control de la comunicación por parte del gobierno.

Desmasificación
Es la opción de los medios masivos de enviar mensajes a grupos específicos y no a toda la sociedad.

REFERENCIAS

Baran, S. J. (2005), *Introduction to Mass Communication: Media Literacy and Culture with PowerWeb*, McGraw-Hill, Nueva York.

Bustamante, E. (2003), *Hacia un nuevo sistema mundial de comunicación. Las industrias culturales en la era digital*, Gedisa, Barcelona.

Callejo, J. (2003), "Audiencias activas o audiencias cautivas", en Juan José Igartúa y Ángel Badillo (eds.), *Audiencias y medios de comunicación*, Universidad de Salamanca, pp. 15-42.

Cozic, C. (1997), *The future of the Internet*, Greenhaven Press, San Diego, CA.

DeFleur, M. L. y Dennis, E. E. (2001), *Understanding mass communication*, 7a. ed., Houghton Mifflin, Boston.

DeFleur, M., Kearney, P., Plax, T.G., DeFleur, M. (2005), *Fundamentos de la Comunicación Humana*, McGraw-Hill Interamericana.

Dominick, J. R. (2004), *The Dynamics of Mass Communication: Media In the Digital Age with Media World CD-ROM and PowerWeb*, 8a. ed., McGraw-Hill, Nueva York.

Dominick, J. R., Sherman, B. L. y Messere, F. (2000), *Broadcasting, cable, the internet, and beyond*, McGraw-Hill, Nueva York.

Fernández Collado, C. y Hernández Sampieri, R. (1992), "Relatividad histórica de las nuevas tecnologías de comunicación: la invención de la prensa de tipos móviles", *Investigación Administrativa*, 74, pp. 11-17.

Lucas A., García C. y Ruiz J. A. (2003), *Sociología de la comunicación*, Valladolid, Trotta.

Negroponte, N. (1996), *Ser digital*, Océano, México.

Riviere, I. M. (2006), "Las nuevas formas culturales en la comunicación e información y su impacto territorial en la República, Argentina", *Textos de la CiberSociedad*, 9, http: //www.cibersociedad.net.

Sola Pool de, I. (1993), *Tecnología sin fronteras*, Fondo de Cultura Económica, México.

Steinfield, C. S. (1983), "Communicating Via Electronic Mail: Patterns and Predictions of Use in Organizations", Tesis doctoral no publicada, Annenberg School of Communications, University of Southern California, Los Ángeles.

Williams, F. (1988), "Tecnologías de la comunicación", en C. Fernández Collado y G. L. Dahnke (eds.), *La comunicación humana. Ciencia social*, McGraw-Hill, México, pp. 361-383.

Williams, F., Hudson, H. E. y Stover, S. (1990), "Communication Technologies", en G. L. Dahnke, C. Fernández Collado y G. W. Clatterbuck (eds.), *Human Communication. Theory and Research*, Wadsworth, Belmont, CA, pp. 70-85.

——— y Rice, R. (1983), "Human communication and the new technologies", en R. Bostron (ed.), *Communication Yearbook-7*, Sage Publications, Beverly Hills, CA.

Mapa conceptual

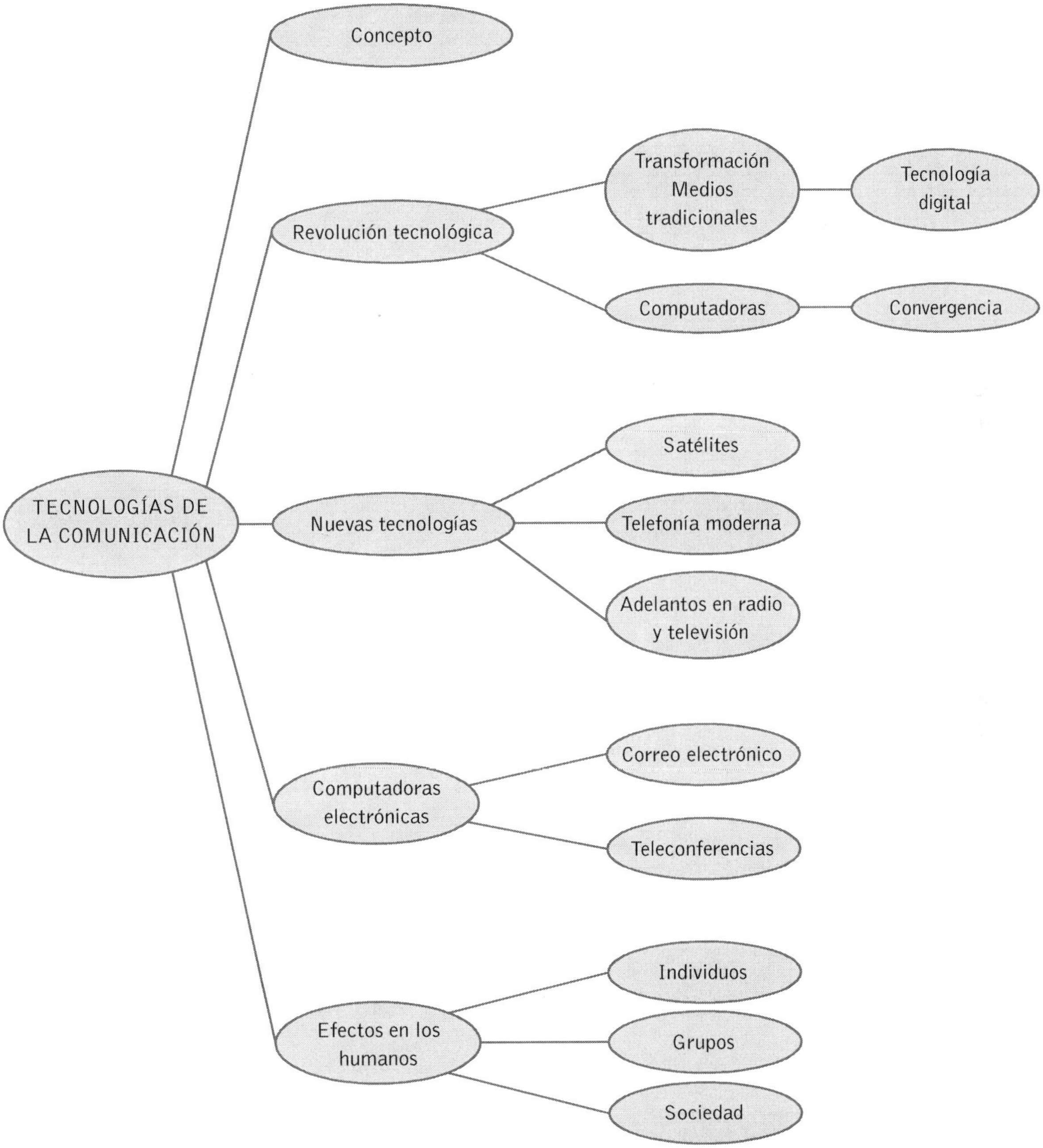

Computadoras cuánticas. El siguiente adelanto revolucionario

Jorge Ferreira da Silva
Con la colaboración de Jorge Brantes Ferreira

Podría ser un futuro lejano... podría simplemente estar a la vuelta de las próximas décadas. No obstante es innegable que su llegada es inexorable. El pasado ha dejado muy claro el enorme impacto que la llegada de la nueva tecnología tiene en la sociedad y en el mundo entero, a veces con la suficiente fuerza para transformar por completo el modo de vida de los seres humanos.

Desde la aparición de la escritura hasta la compleja selección de información y posibilidades para la comunicación, disponible hoy en día a través de las computadoras y el World Wide Web, muchos fueron los inventos que alteraron la faz de la Tierra. Sin embargo, uno puede tener la seguridad que la última innovación no llegará a su fin, mientras la mente humana esté concentrada en el descubrimiento. De hecho, en los últimos años, el ritmo con el que los nuevos adelantos se vuelven realidad se ha acelerado a una velocidad increíble, con los efectos que implica en la civilización.

Uno podría afirmar, sin temor a equivocarse, que la creación más revolucionaria del siglo xx fue la computadora; junto con el transistor, que hizo posible su miniaturización y accesibilidad. El enorme impacto que la tecnología de computadoras tuvo en todas las facetas de la vida, desde la resolución de problemas hasta la virtualización de servicios comunes y relaciones interpersonales, indiscutiblemente la vuelven un factor fundamental en la reforma de la manera de percibir al mundo y de actuar en consecuencia.

Sin embargo, aun cuando uno podría decir que las posibilidades son ilimitadas, la capacidad de procesamiento de una computadora ordinaria es un grave contratiempo. Si bien es cierto que las computadoras convencionales duplicaron su velocidad y capacidad de almacenamiento muy rápido, todavía no son capaces de resolver muchos problemas complejos, problemas para los cuales no es posible desarrollar algoritmos de tiempo polinomial. En muchos casos no cuentan con la capacidad de un método de "fuerza bruta", restringiendo su uso por consiguiente a la solución de problemas que pueden resolverse en un tiempo factible.

Por ejemplo, uno de los problemas fundamentales en las comunicaciones modernas es la seguridad. Los usuarios deben asegurarse de que las transacciones electrónicas e incluso las conversaciones electrónicas estén protegidas contra intervenciones electrónicas potencialmente dañinas, las cuales podrían conducir a innumerables problemas relacionados con el valor de la información que se transmite por las redes de comunicaciones y los usos incorrectos que podrían hacer aquellos que buscan sacar provecho de la misma. La criptografía ha tenido un gran desarrollo y un gran avance en las últimas décadas en la protección de códigos que las computadoras y algoritmos modernos no puedan descifrar en un tiempo realista, basándose por lo general en la dificultad para resolver ciertos problemas de cómputo, por ejemplo el problema de factorización de enteros o el problema del logaritmo discreto. En muchos casos, existen pruebas de que las técnicas criptográficas son seguras si un problema de cómputo determinado no se puede resolver de manera eficiente. De cualquier forma, en el horizonte se avista una gran amenaza a esta importante seguridad que subyace a las comunicaciones, algo capaz de obliterar los métodos criptográficos actuales y abrir un universo de información valiosa a todos aquellos que deseen usarla. Esta poderosa herramienta se conoce como computadora cuántica.

Mientras una computadora clásica obedece a las sobreentendidas leyes de la física clásica, una computadora cuántica es un dispositivo que aprovecha el fenómeno físico exclusivo de la mecánica cuántica (en especial la interferencia cuántica) para realizar un modo esencialmente nuevo de procesar la información.

En una computadora cuántica, la unidad fundamental de información (llamada bit cuántico o qubit) no es de naturaleza binaria sino más bien cuaternaria. Esta propiedad del qubit surge como una consecuencia directa de su observancia de las leyes de la mecánica cuántica, las cuales difieren radicalmente de las leyes de la física clásica. Un qubit puede existir no sólo en un estado que corresponde al estado lógico 0 o 1 como un bit clásico, sino también en estados que corresponden a una combinación o superposición de estos estados clásicos. En otras palabras, un qubit puede existir como un cero, un uno o de manera simultánea como 0 y 1, con un coeficiente numérico que representa la probabilidad de cada estado. Esto puede parecer contrario al sentido común debido a que los fenómenos cotidianos están regidos por la física clásica, no por la mecánica cuántica, la cual domina en el nivel atómico.

Los qubits representan átomos que trabajan en conjunto para actuar como la memoria y el procesador de una computadora. Dado que una computadora cuántica puede contener estos múltiples estados de manera simultánea, tiene el potencial para ser millones de veces más poderosa que las supercomputadoras más potentes que existen en la actualidad. Esta superposición de qubits es lo que le da a las computadoras cuánticas su paralelismo inherente. Este paralelismo permite que una computadora cuántica realice un millón de cálculos a la vez, mientras que una PC de escritorio sólo realiza un cálculo.

Las computadoras cuánticas tienen el potencial para desarrollar ciertos cálculos miles de millones de veces más rápido que cualquier computadora con chips de silicio. Si se logra construir computadoras cuánticas funcionales, serán valiosas en la factorización de números grandes y por consiguiente muy útiles en la decodificación y codificación de información. Como se mencionó antes, si se construyera una computadora de este tipo en la actualidad, ninguna información cifrada estaría segura. Los métodos de cifrado actuales son simples comparados con los métodos complicados que serían posibles con las computadoras cuánticas. Las computadoras cuánticas también podrían usarse para realizar búsquedas en bases de datos grandes en una fracción del tiempo que tarda en hacerlo una computadora convencional.

Los científicos ya han construido computadoras cuánticas básicas que pueden realizar ciertos cálculos, pero una computadora cuántica práctica aún está lejos de volverse una realidad. No obstante, los diseñadores de algoritmos criptográficos y sistemas ya están evaluando detenidamente probables desarrollos futuros para sus diseños. Los buenos criptógrafos han tomado en cuenta los posibles efectos de la computación cuántica y están investigando seriamente las contramedidas para esa amenaza.

Actualmente es casi imposible prever todos los desarrollos que permitirá la llegada de las computadoras cuánticas. Sin embargo, los efectos que una tecnología como ésta puede tener en todos los campos de la ciencia y de la vida misma indudablemente son profundos. Un hecho es seguro: cuando llegue la computadora cuántica, el mundo como lo conocemos hoy enfrentará una revolución que transformará a la Tierra.

Jorge Ferreira da Silva
Jorge Brantes Ferreira
Universidad Pontificia
Católica de Río de Janeiro

Capítulo Trece

Investigación y comunicación

Sumario

Objetivos de aprendizaje

En función de la lectura y estudio de los contenidos de este capítulo, el alumno será capaz de:

- Aprender las diferentes etapas de una investigación y conocer las actividades que debe realizar un investigador de la comunicación.
- Analizar la importancia del proceso de investigación, así como sus métodos, técnicas y sus nuevas aplicaciones.

En el presente capítulo se analizan los diferentes pasos o etapas para realizar una investigación y se muestran las actividades que un investigador de la comunicación debe realizar en cada una.

Con la aplicación del proceso de la investigación se generan nuevos conocimientos, los cuales a su vez producen nuevas ideas e interrogantes para investigar, es así como avanzan la ciencia y la tecnología de la comunicación.

Aunque la investigación científica no constituya un remedio universal para todos los problemas, las personas con conocimientos sobre la historia moderna no pueden poner en tela de juicio sus efectos sobre la vida en todo el mundo, a nivel individual y social. Se ha dicho antes, pero bien vale la pena repetirlo: los conocimientos se tornan obsoletos, a menos que se actualicen con la nueva información que se genera en prácticamente todas las ciencias y en toda actividad profesional relacionada con ellas.

El proceso de investigación científica

La investigación científica es un proceso dinámico, cambiante, continuo. Este proceso está compuesto por una serie de etapas que se derivan unas de otras. Por ello, al realizar un estudio o investigación no se puede omitir ni alterar su orden. Como señalan Hernández Sampieri, Fernández Collado y Baptista (2006), quienes no han respetado el orden y las etapas de la investigación científica, han pagado muy caro su error, ya que los resultados obtenidos carecen de validez o confiabilidad, o no cumplen con los propósitos de la investigación, la cual, por otra parte, deja de ser científica. Los estudiosos de la comunicación que conducen una investigación científica están comprometidos con tres supuestos o postulados esenciales sobre la naturaleza de la comunicación humana y los métodos que usan para investigarla. En primer lugar, la suposición de un universo ordenado. Cómo y qué dicen las personas y a quién y cuándo por ejemplo siguen ciertas reglas o patrones ordenados que pueden ser descubiertos. En segundo lugar, hay relaciones causa-efecto entre condiciones independientes y dependientes. Existen causas identificables, de por qué las personas pueden comunicarse de la manera que lo hacen, cuándo lo hacen y con quién. Finalmente, suposición de la integridad científica, de forma que los estudios una vez hechos públicos deben ser revisados por expertos antes de ser aceptados para su publicación (DeFleur *et al.*, 2005).

En los siguientes párrafos se explican las etapas del proceso de investigación de acuerdo con el orden en que deben realizarse (Dahnke, 1988; Dahnke y Miller, 1990; Hernández Sampieri, Fernández Collado y Baptista, 2006. Ver también figura 13.1.

Paso uno: ¡la idea misma!

La mayoría de los estudiantes se encuentran familiarizados con los "dolores de parto" intelectuales que a menudo se sufren al gestar una idea. La investigación nace de una idea y, en principio, sus resultados no pueden exceder la calidad del pensamiento que los genera. No existe instinto para una buena idea; tampoco una fórmula que evite los errores al generarla. Las ideas pueden obtenerse de diversas fuentes, entre las que se pueden mencionar las experiencias individuales, materiales escritos (libros, revistas, periódicos y tesis), teorías, descubrimientos producto de investigaciones, conversaciones personales, observaciones de hechos, creencias e incluso presentimientos. También pueden surgir donde se congregan grupos (restaurantes, hospitales, bancos, universidades, etc.), en la publicidad, en la televisión, en el cine, una campaña política, etc. Hasta la fecha nadie ha podido observar la mente humana "creando" una idea. En consecuencia, sabemos menos respecto a cómo se originan las ideas que de cualquier otra etapa del proceso de investigación. Los investigadores famosos de ideas productivas sugieren las siguientes normas:

1. *Las buenas ideas intrigan, alientan y excitan al investigador de manera personal.* De forma similar a cuando se escoge pareja, es conveniente seleccionar una idea con la que se pueda convivir durante cierto tiempo. Como sugiere Wood: "una persona que está altamente motivada para resolver un problema probablemente hará más intentos por llegar a una solución y tendrá una mayor tolerancia al fracaso; tenderá a generar ideas y a continuar haciéndolo incluso si los primeros intentos no son fructíferos" (1974: 16).
2. *Las buenas ideas de investigación no son necesariamente nuevas.* En especial para el neófito, no es una "mala" idea empezar con una idea "vieja". La ciencia es un proceso repetitivo y autocorrectivo; la observación de los mismos fenómenos debe trascender a los diferentes observadores al paso del tiempo. Los informes publicados constituyen una fuente excelente de ideas nuevas y "usadas" que se generaron en investigaciones anteriores.
3. *Las buenas ideas de investigación poseen raíces intelectuales predecibles.* No "aparecen" sencillamente en la cabeza de ciertas personas dotadas intelectualmente. Es más probable que las buenas ideas sean el fruto de mentes inmersas en el conocimiento actual, de la familiaridad con las investigaciones anteriores y de un arduo proceso de reflexión. El intelecto promedio que "roe" (como un perro un hueso) los actuales problemas de comunicación, constituye terreno fértil para las ideas fructíferas. Los investigadores mejor informados tienen una idea más completa de lo que constituye un buen concepto.
4. *Las buenas ideas de investigación tienen potencial para la elaboración de teorías, y capacidad para la resolución de problemas.* Hernández Sampieri, Fernández Co-

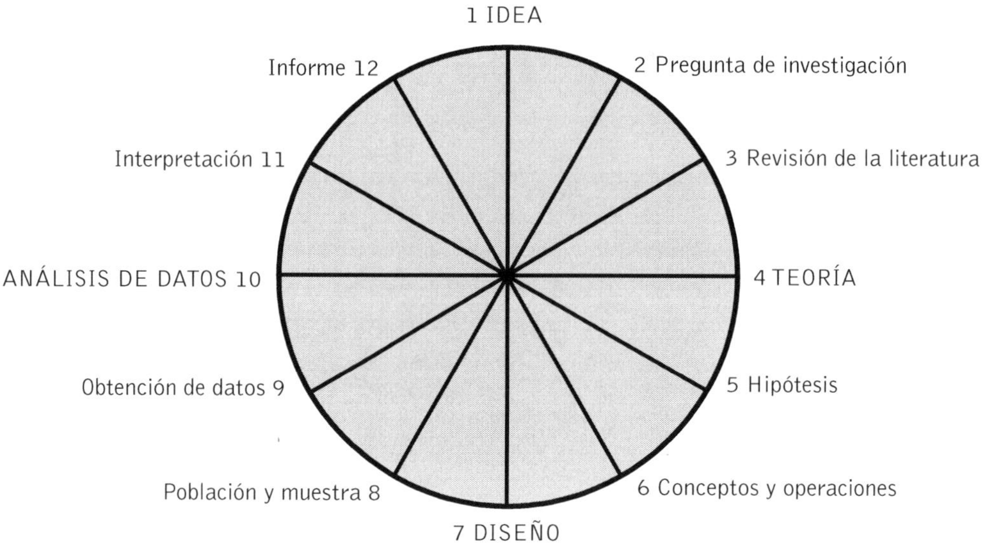

Figura 13.1

Modelo de pasos interdependientes en la investigación experimental enfocada a la comprobación de hipótesis.

llado y Baptista (2006) señalan que no se debe calificar, de manera prematura, la idea de la investigación como irrelevante o poco interesante. Sin embargo, si no se puede hacer una defensa razonable de la posible aplicación de ideas teóricas a problemas prácticos, su valor se encuentra en serio entredicho.

5. *Las buenas ideas de investigación contemplan relaciones verificables.* Para los propósitos de verificación de hipótesis, las ideas que no se pueden traducir a relaciones entre variables observables son prácticamente inútiles. De ahí la importancia de "prever" los pasos subsecuentes en el proceso de investigación.

Paso dos: formular una pregunta explícita de investigación

Kerlinger y Lee (1999) sugieren que es en extremo importante para el investigador exponer la idea en forma explícita, expresar el problema en alguna forma razonablemente manejable. En raras ocasiones o nunca, aparecerá el problema formulado por completo en esta etapa [de la idea]. El investigador debe luchar con él, ensayarlo, vivir con él. Tarde o temprano, de manera explícita o implícita, el investigador enuncia el problema, a pesar de que su expresión sea insuficiente y tentativa. Sin poseer algún enunciado del problema, el científico, por lo común, no podrá continuar su labor y esperar que ésta sea fructífera.

Las metas de investigación sirven para fines de diagnóstico. Los problemas de salud, por ejemplo, requieren ser identificados de manera precisa antes de prescribir el tratamiento efectivo, lo mismo ocurre con los problemas de la comunicación. A menos que se sepa de manera precisa qué pregunta o problema se investiga, lógicamente es imposible discernir cómo investigar su respuesta; mucho menos cuándo se ha encontrado ésta.

Los investigadores hacen por lo menos cinco tipos básicos de preguntas sobre aspectos de *facto*, de definición, de valor, de desarrollo y de puesta en práctica de las políticas (Tubbs, 1984):

1. ¿Cuáles son los efectos a largo plazo de los mensajes que recurren demasiado a la intimidación para impedir la venta pública de pornografía? (*facto*).
2. ¿Qué es la pornografía? (definición).
3. Vender material pornográfico, ¿es correcto, inadecuado o éticamente objetable? (valor).
4. ¿Qué posición deberá adoptar el gobierno respecto a la venta de pornografía? (desarrollo de políticas).
5. ¿Qué medidas deberá adoptar el gobierno para poner en práctica su política respecto a la venta de material pornográfico? (puesta en práctica de políticas).

Las preguntas de *facto*, de definición y de valor (juicios interpretativos) son totalmente afines a la investigación científica; la información factual constituye el elemento básico de la actividad científica. En esta etapa la idea abstracta debe reducirse a un problema concreto e investigable que se refiera a hechos.

Paso tres: revisar la bibliografía correspondiente

Se estima que el conocimiento humano se duplica cada tres años, y que la información sobre la comunicación puede estar incrementándose incluso más rapidamente, por consiguiente, los investigadores que no cuenten con información actualizada corren el riesgo de "redescubrir el hilo negro", esto es, de perder el tiempo investigando algo que ya se conoce. Por tanto, es vital ponerse al corriente en cuanto a los adelantos teóricos y experimentales en cualquier área propuesta de investigación. Los registros de la información existente sobre un tema en particular reciben el nombre colectivo de literatura; la labor de reproducir estos registros recibe el nombre de búsqueda o investigación bibliográfica. Existen tres tipos básicos de literatura (Dahnke, 1988):

Fuente primarias
Materiales que contienen información de primera mano.

Las *fuentes primarias* constituyen el fin último de una investigación bibliográfica, proporcionan acceso a información de primera mano. Para los propósitos actuales estas fuentes incluyen los informes originales sobre comunicación y las investigaciones sobre telecomunicaciones que se encuentran en las publicaciones periódicas, las monografías, las tesis y disertaciones, los documentos oficiales y las conferencias. Los informes competentes sobre la investigación presentan detalles suficientes para permitir la evaluación crítica y la réplica por parte de la comunidad científica. Por tanto, son extremadamente útiles tanto para el estudiante como para los experimentadores avezados.

Fuentes secundarias
Información reprocesada en resúmenes, compendios, textos.

Las *fuentes secundarias* contienen información "reprocesada", como comentarios y compendios, resúmenes breves compilados a partir de fuentes primarias; son útiles para guiar al investigador hacia los documentos originales.

Fuentes terciarias
Materiales que contienen información útil para localizar fuentes no documentales.

Las *fuentes terciarias* están aún más alejadas de los trabajos originales y permiten el acceso a fuentes tanto primarias como secundarias. Sirven para localizar fuentes no documentales, como organizaciones de profesionistas o industrias que apoyan o conducen investigaciones en un campo determinado. Tanto las fuentes terciarias convencionales como los sistemas electrónicos de recuperación de información están en continua expansión y cada vez son de más fácil acceso en las bibliotecas modernas de todo el mundo.

Hoy en día con el uso de las nuevas tecnologías, una exploración de publicaciones previas, que antes hubiese tardado días o semanas en llevarse a cabo, puede hacerse en unos cuantos minutos. Internet por ejemplo ha supuesto una clara facilitación del acceso (incluso desde las zonas geográficamente más remotas) a las bases de datos, índices y catálogos bibliográficos, facilitando la búsqueda de bibliografía y documentación.

Paso cuatro: adoptar la teoría existente o desarrollar una perspectiva teórica

El propósito de la revisión de la literatura es discernir si la teoría existente y la investigación anterior sugieren una respuesta, total o parcial, o una dirección a seguir en la búsqueda de la solución a un problema de investigación (paso 2). La bibliografía pertinente puede revelar: *a*) una teoría general desarrollada en su totalidad, con base empírica fuerte; *b*) "piezas y trozos" de teoría, con apoyo limitado, que sugieren variables potencialmente importantes, o *c*) guías aún no investigadas e ideas relacionadas de manera vaga con lo que se está investigando. En ocasiones la bibliografía carece por completo de referencias a las cuestiones importantes, y en otras los especialistas intentan responder preguntas triviales que nadie ha formulado en forma seria (Dahnke, 1988; Dahnke y Miller, 1990; Grinnell, 1997).

En este sentido, Kerlinger y Lee (1999) definen a la teoría establecida como un grupo de constructos interrelacionados (conceptos), definiciones y proposiciones que presentan una opinión sistemática de los fenómenos por medio de la especificación de relaciones entre variables, con el propósito de explicar y predecir los fenómenos.

En vez de una teoría existente claramente articulada, el investigador procura desarrollar una perspectiva teórica; es decir, una *miniteoría* que exponga los argumentos más importantes, con base en la evidencia disponible y lógica, para explicar cada hipótesis propuesta para la verificación. La fuerza de la argumentación depende en este caso de la habilidad intuitiva del investigador para *integrar* los "trozos" menos generales de las teorías, con argumentos cuidadosamente razonados y los resultados que apoyan la investigación previa difundida mediante la literatura.

Paso cinco: generar la(s) hipótesis explícita(s) que se va(n) a verificar

Los procedimientos descritos en los pasos 4, 5 y 6 son interdependientes y pretenden la cimentación teórica de un estudio; se distinguen por su claridad y énfasis. En sentido estricto, los científicos no verifican las variables, ya que éstas sólo pueden ser *descritas*; lo que verifican son las relaciones entre las variables expresadas como hipótesis.

Por tanto, es imperativo que cada hipótesis sea clasificada o interpretada de manera *explícita* respecto a su significado preciso con anterioridad; de otra manera será imposible discernir si los resultados experimentados confirman o no la relación predicha. Finalmente, cada hipótesis de investigación se traduce a su equivalente matemático, que recibe el nombre de *hipótesis estadística*: esta operación permite verificar con exactitud las relaciones predichas en relación con los resultados numéricos de la investigación (Dahnke, 1988; Grinnell, 1997; Hernández Sampieri, Fernández Collado y Baptista, 2006).

Paso seis: definir los conceptos y operaciones

Las definiciones son en extremo importantes, por lo menos por dos razones; en primer lugar el experimentador enfrenta necesariamente dos mundos radicales diferentes: el dominio de la teoría-hipótesis-concepto, y el dominio de la observación-análisis-números. Empezamos con grupos abstractos de ideas y terminamos analizando conjuntos concretos de números sin procesar. Como antes se apuntó, las relaciones identificadas entre estos números carecen de significado, a menos que puedan traducirse al sentido preciso de las ideas originales. En segundo lugar, el investigador debe ser capaz de rehacer los pasos a partir de la teoría hasta los resultados, de manera que se pueda evaluar qué tan eficientemente se midieron y se verificaron los conceptos originales. La brecha entre el mundo de las ideas y la estadística se salva mediante definiciones conceptuales y operacionales.

Una *definición conceptual* confiere significado verbal preciso a cada variable (concepto) que forma parte de las relaciones hipotéticas; es una descripción denotativa muy similar a la que proporciona un diccionario común. Los conceptos científicos, sin embargo, conllevan en algunas ocasiones a significados ordinarios. Los conceptos diseñados para propósitos científicos reciben el nombre de *constructos*.

Constructos
Conceptos que se aplican en un caso concreto de investigación científica.

Cada variable requiere también una *definición operacional* que especifica los procedimientos exactos o las "operaciones" que se emplean para medirla. Las definiciones operacionales son de dos tipos y corresponden a las dos clases de variables que se presentan en toda investigación. Una de ellas es la variable *independiente*, la cual recibe un significado en términos de las manipulaciones precisas que se emplean para controlar su valor a varios niveles de tratamiento. La segunda clase es la variable *dependiente* en la que se especifican de manera precisa los procedimientos, instrumentos y escalas empleadas para medir los efectos de las manipulaciones anteriores. La característica esencial de una definición operacional en cada caso es su vinculación con la variable conceptual que se propone medir. Esto es, la definición operacional debe proporcionar un instrumento válido y confiable para medir una variable particular de la manera en que esa variable o constructo se ha definido a nivel conceptual.

Es difícil exagerar la importancia de las mediciones válidas y confiables. Para complicar las cosas, estos términos poseen varios significados auxiliares. Un instrumento de medición o procedimiento es válido en el grado en que las diferentes puntuaciones obtenidas a partir de su uso reflejan diferencias "verdaderas" en la variable que se propone medir. Un instrumento es confiable en la medida en que produce puntuaciones congruentes para una variable específica entre aplicaciones repetidas bajo las mismas o similares condiciones. Si un instrumento es válido, también es confiable, es decir, mide las características de interés con distorsión mínima a partir de otros factores del entorno. De manera similar, un instrumento puede ser confiable, pero es posible que no sea válido; esto es, puede medir de manera congruente algo distinto a lo que intentaba medir originalmente. Casi nunca se puede saber con anterioridad si nuestras medidas son válidas, a no ser que su validez se haya demostrado en investigaciones anteriores (Hernández Sampieri, Fernández Collado y Baptista, 2006). De esta manera, es recomendable establecer la validez de los instrumentos de medición a partir de verificaciones preliminares o estimaciones obtenidas en su uso anterior.

Paso siete: diseñar la investigación (diseño experimental)

Un clásico de la investigación experimental en comunicación fue Carl Hovland, con sus investigaciones sobre persuasión. El experimento se siguió utilizando en las últimas décadas en áreas diferentes (Moral e Igartua, 2005), desde Shanto Iyengar (1991), en sus investigaciones sobre los efectos de los encuadres noticiosos en los procesos cognitivos y la opinión pública, los estudios de los efectos de los contenidos violentos (Sparks y Sparks, 2002), o las experiencias de los investigadores sobre entretenimiento mediático (Bryant, Roskos-Ewoldsen y Cantor, 2003; Zillmann y Vorderer, 2000).

Al igual que los planos de un edificio, el diseño de un experimento constituye la columna vertebral del proyecto. Este complejo tema puede considerarse sólo en sus términos elementales. El enfoque clásico para el diseño experimental formulado por John Stuart Mill recibe el nombre de método de diferencia; su lógica es el fundamento de muchos diseños avanzados que se usan actualmente. En el caso sencillo de dos variables, la prueba lógica de Mill puede enunciarse como sigue:

1. En condiciones especificadas (*a*, *b*,..., *n*), si la introducción de / conduce a la observación subsecuente de D, y [...]
2. Simultáneamente, en las mismas condiciones (*a*, *b*,..., *n*), si la ausencia de / conduce a la observación subsecuente de no-D.
3. Es válido, por tanto, inferir que la variable / produjo la variable D (o los cambios observados en D).

La afirmación 1 representa lo que se llama la condición del tratamiento experimental, en la que los sujetos exponen la variable independiente (1); la afirmación 2 representa la condición de control, en la que todos los demás factores que se sabe ejercen influjo sobre la variable dependiente (D) se mantienen constantes (como la condición de control es igual a la condición experimental), excepto que la variable / está ausente. En este sentido, si los grupos *equivalentes* de sujetos se colocan de manera simultánea en estas dos condiciones y un grupo se expone a / en tanto que el otro no se expone, los efectos diferenciales en D que se observan entre ambos grupos pueden atribuirse de manera lógica a /.

Al diseñar un experimento el investigador selecciona los valores o categorías de la(s) variables(s) independiente(s), la frecuencia de su ocurrencia, el tipo de grupos a los que se aplica, o la disposición o pauta de condiciones experimentales y de control, de manera que combine, es el objetivo de la investigación, con economía del procedimiento (Dahnke y Miller, 1990). Esta característica de selección y control permite al experimentador estudiar un número infinito de relaciones que no son accesibles mediante métodos no experimentales. Por lo tanto, este tipo de diseño se realiza manipulando una o varias variables independientes que se asume ejercen un papel relevante para explicar un fenómeno, es decir, se observan los efectos producidos en alguna variable dependiente (Hsia, 1988). La atención, la implicación emocional, la comprensión, la memoria junto con el análisis de respuestas cognitivas, pueden ser algunos ejemplos de los procesos estudiados en este campo. Estos procesos y efectos son habitualmente evaluados mediante dos tipos de procedimientos: los autoinformes sobre los procesos y efectos, y las medidas *on line* que permiten la evaluación de los procesos y efectos de la recepción en tiempo real, es decir, en el momento mismo en que se está produciendo la exposición a un mensaje particular (Bryant y

Zillmann, 1991; Gunter, 2000; Igartua y Humanes, 2004; Lang, 1994; Moral e Igartua, 2005; Winterhoff-Spurk, 1995). Una excelente síntesis de los diseños básicos que prolongan el modelo de la lógica de Mill se encuentra en Campbell y Stanley (1963).

Diseño no experimental. Este tipo de diseños se realiza sin manipular deliberadamente las variables; es decir, se trata de la investigación donde no se alteran las variables independientes de manera intencional. Lo que hacemos en la investigación no experimental es observar fenómenos tal y como se dan en su contexto natural, para después analizarlos (Hernández Sampieri, Fernández Collado y Baptista, 2006; Grinnell, 1997; Kerlinger y Lee, 1999).

Por el contrario, en los estudios no experimentales no se construyen situaciones, sino que se observan las ya existentes, que no han sido provocadas intencionalmente por el investigador. En la investigación no experimental las variables independientes ya han ocurrido y no pueden ser manipuladas.

Existen dos tipos de investigación no experimental: transaccional o transversal y longitudinal. En la primera se recolectan datos en un solo momento, en un tiempo único. Su propósito es describir variables y analizar su incidencia e interrelación en un momento determinado. Es como tomar una fotografía de algo que sucede. Por ejemplo, las encuestas nacionales de opinión sobre la tendencia de los votantes durante periodos de elección. Baxter y Babbie (2004) en su estudio, hacen referencia las diversas modalidades de encuestas: encuesta cara a cara o personal, encuesta telefónica, encuesta por correo, encuesta autoadministrada presencial y encuesta asistida por ordenador (con diversas modalidades, como la entrevista telefónica asistida por ordenador, CATI; la entrevista personal asistida por ordenador, CAPI, etc.). El segundo tipo de investigación no experimental analiza cambios a través del tiempo en determinadas variables o en las relaciones entre éstas. Por ejemplo, un investigador que buscara analizar cómo evolucionan los niveles de empleo durante cinco años en una ciudad u otro que pretendiera estudiar cómo ha cambiado el contenido sexual en las telenovelas en los últimos diez años.

Paso ocho: definir la población y obtener una muestra representativa

Nuestro objetivo es generar afirmaciones de conocimiento general respecto a la conducta comunicativa de personas que no han participado en el experimento. Si es posible traer a todos los sujetos de interés al laboratorio, la aplicabilidad de la investigación puede ser muy limitada. Pero, ¿por qué limitar la aplicabilidad de los resultados experimentales a 200 personas cuando, en esencia, el mismo esfuerzo de investigación, realizado en forma adecuada, generará información respecto a 2000 o inclusive 20000 personas? Es posible, por ejemplo, evaluar las preferencias de voto de todo un país mediante entrevistas con una muestra representativa de la población, pero es prácticamente imposible entrevistar a todos los votantes. El mismo principio se aplica en la investigación experimental. Para los propósitos científicos la población mayor, a la cual planeamos generalizar los resultados, puede ser cualquier grupo de objetos, personas o acontecimientos.

La pertenencia a la población bajo estudio debe definirse con claridad mediante un grupo de reglas que especifiquen quién (o qué) ha de incluirse. Es posible entonces seleccionar un pequeño subgrupo de muestras de sujetos que se aproxime a todas las características conocidas o desconocidas de la población, y administrarles el tratamiento experimental con el fin de obtener conclusiones de inferencia respecto a la naturaleza de la población, a partir de los resultados experimentales (Babbie, 2003). Las inferencias válidas de esta naturaleza dependen esencialmente de la similitud de la población que se refleja en las muestras, las cuales de hecho representan una verdadera muestra al azar; ya que, como antes se definió, son difíciles de obtener, en especial en el caso de grandes poblaciones. En consecuencia, muchos investigadores definen una muestra al azar simplemente como aquella en la que cada miembro de la población tiene igual oportunidad de ser seleccionado (en contraste con una en la que toda combinación posible de miembros tiene igual oportunidad de ocurrir).

Para propósitos prácticos, una muestra al azar, imperfecta en este sentido, es adecuada. La mecánica para seleccionarla es, por lo general, bastante sencilla; por ejemplo, pueden utilizarse datos, de números que se hayan obtenido "totalmente al azar" o tablas de números aleatorios para seleccionar sujetos a partir de una lista, quizá una nómina de todos los miembros de la población. La mayor parte de los textos de estadística proporcionan útiles tablas de números aleatorios generados por computadora para estos propósitos.

Puede ser necesario establecer determinadas limitantes en los muestreos al azar, de manera que sea factible obtener una muestra con características específicas. Si se desea, por ejemplo, obtener una muestra en la cual determinados grupos minoritarios tengan representación, pueden seleccionarse al azar, con la restricción de que su componente minoritario debe igualar al de la población general (Babbie, 2003; Grinnell, 1997). Sin embargo, el principio de muestreo al azar como medio de controlar los influjos extraños, tanto a través de los procedimientos de muestreo como de la asignación de sujetos a las condiciones del tratamiento, constituye un elemento indispensable en la moderna teoría de la probabilidad.

Paso nueve: conducir el estudio y recolectar los datos

En ciencia, los nobles propósitos son necesarios, pero no suficientes. Los planes mejor trazados pueden dar resultados negativos si se ejecutan de manera imperfecta. Nuestra finalidad al conducir un estudio es asegurarnos de que cada hi-

El entorno físico y las características del entrevistador pueden influir en las respuestas de la persona encuestada.

pótesis se pruebe de manera válida; el problema es asegurar (de manera ideal) que todos los sujetos, en diferentes condiciones, recibirán exactamente el mismo tratamiento en todo sentido, con excepción de las variaciones necesarias en la variable independiente. Este objetivo sería muy sencillo, a no ser por la cantidad de variables, que pueden provocar confusión, que siempre están presentes en el entorno de la comprobación experimental. "La igualdad absoluta" es más fácil de proclamarse en los documentos políticos que en el laboratorio.

La confusión ocurre cuando cualquier factor capaz de influir en el desempeño del sujeto (excepto la variable independiente) varía sistemáticamente de una condición experimental a otra. Tales factores incluyen las variantes en el procedimiento, el entorno físico y las características del experimentador. Algunas de las variables más destacadas de esta categoría son: la hora, la temperatura de la habitación en la que se trabaja, las instrucciones diferentes o ambiguas a los sujetos, los laboratorios múltiples, la verificación de grupos comparada con la verificación de individuos, los observadores múltiples (o los ayudantes de investigación), la atracción física entre los sexos y una comunicación no verbal incongruente. A menos que se adopten medidas para reducir al mínimo y distribuir en forma equitativa estos posibles influjos entre todas las condiciones de tratamiento y control, es muy posible que contribuyan a exagerar o minimizar efectos atribuidos a la variable independiente. Además, a pesar de los controles adecuados, tales efectos "no deseados" son inseparables de los efectos deseados.

Debido a la magnitud de los esfuerzos anteriores (por ejemplo, los pasos del 1 al 8 aquí estipulados), el alto nivel de aplicación personal a la labor, la entrega a una teoría personal y el deseo de efectuar descubrimientos que enaltezcan la propia imagen, los sesgos propios de un experimentador son una amenaza de confusión respecto al objetivo de lograr resultados precisos. Tales desviaciones tienden a "demostrarse" mediante sutiles indicadores no verbales que conducen a los sujetos a identificar nuestras esperanzas y el propósito de la investigación. Las pistas obtenidas del experimentador, respecto a cualquier característica por el experimento que permita a los sujetos determinar qué se espera de ellos, reciben el nombre de características de demanda. Los sujetos tienen entonces la opción de cooperar o no con la investigación. Existe, sin embargo, determinado grado de polémica sobre la naturaleza y extensión de este problema.

A pesar de esto, las computadoras, que hacen el papel de observador electrónico "sin sesgos", se encuentran en el proceso de reemplazar rápidamente al observador humano en los procesos de recolección de datos, de manera que se puedan estandarizar los procedimientos y prácticamente eliminar las características de demanda. Pero, aun así, el uso de asistentes entrenados, que no reciben información de la naturaleza exacta del experimento, constituye una alternativa satisfactoria. En cualquier caso, el seguro más confiable en contra de la contaminación de los problemas reconocidos y no previstos que suelen presentarse en la recolección de datos lo constituye un breve estudio piloto, es decir, una "pequeña puesta en escena" en la que se utilizan sujetos no prevenidos para preverificar la confiabilidad de los procedimientos, instrucciones, medidas, desempeño del observador y equipo mecánico antes de recolectar los datos auténticos.

Paso diez: análisis de los datos

Esta operación no representa la primera vez que el investigador se ocupa de los análisis de datos. Cuáles técnicas estadísticas son capaces de proporcionar una respuesta a la cuestión de la investigación (paso 2) y una prueba válida de las hipótesis relevantes (paso 5), será algo determinado en gran medida por la opción propia de los instrumentos de medición (paso 6) y el diseño adecuado de la investigación (paso 7). Algunos diseños requieren tipos específicos de análisis, y viceversa. Además, los instrumentos estadísticos complejos no pueden corregir el diseño débil o las muestras inadecuadas (paso 8), así como la ejecución poco cuidadosa (paso 9). Los científicos sociales emplean una expresión algo popular, pero descriptiva, para resumir estos conceptos: "si entra basura, sale basura". En otras palabras, la calidad de los resultados obtenidos de los análisis de datos (por lo general mediante la computadora) no puede exceder la calidad de los datos que entran, se emplee o no tecnología avanzada en el proceso (Dahnke y Miller, 1990).

Sin embargo, los análisis estadísticos desempeñan un papel indispensable que de ordinario incluirá las siguientes funciones. La primera es describir la muestra real en términos de características demográficas, como la edad, el sexo, la condición económica, el nivel de educación o cualquier otra variable que se espera afecte los resultados experimentales. Este procedimiento especifica y "redefine" la población a la que se pueden aplicar nuestros resultados. Estas características, además, se analizan dentro de cada grupo de sujetos y se comparan entre todas las condiciones experimentales para determinar si los subgrupos fueron o no de hecho "equivalentes" en el sentido demográfico. Segunda, la de evaluar si las manipulaciones experimentales fueron conducidas con éxito y en qué grado. Es obvio que si éstas fueran ineficaces, las variaciones en el desempeño del sujeto no se pueden atribuir a la(s) variable(s) independiente(s). Este procedimiento recibe el nombre de verificación de la manipulación.

Tercera, la de evaluar la validez y confiabilidad de las mediciones tomadas de la(s) variable(s) dependiente(s). Independientemente de su uso anterior y la credibilidad, los instrumentos de medición no son confiables; sus resultados pueden variar de manera radical en condiciones específicas respecto a una muestra particular. Cuarta, las estadísticas descriptivas se emplean también para resumir el conjunto de las observaciones discretas que comprenden los resultados de un experimento. De ordinario, nuestro interés se centrará en el desempeño colectivo, y no en el individual, de los sujetos dentro de cada grupo experimental, para el propósito de examinar las diferencias internas en el grupo. Las listas de las calificaciones individuales o datos sin procesar que representan los diferentes grupos experimentales no pueden ser comparados con significado hasta que se reduzcan a términos conmensurados, como las medidas de la tendencia central y la variabilidad que se mencionaron anteriormente.

En último término nuestros análisis de datos culminarán en la evaluación de la evidencia empírica que apoya(n) la(s) hipótesis de investigación. Dicho de manera breve, la lógica de la comprobación de hipótesis involucra un esfuerzo sistemático por falsificar la hipótesis que se está investigando mediante la demostración de que su opuesta, que recibe el nombre de hipótesis nula, es verdadera, ya que la hipótesis sujeta a comprobación predice un efecto de la variable independiente y que la hipótesis nula predice la ausencia de cualquier efecto, ambas hipótesis se anulan; es decir, ninguna es correcta. La verificación estadística opera generalmente con base en la premisa de que la hipótesis nula es verdadera. Las pruebas de contraste de hipótesis tienen una presunción a favor de la hipótesis nula (...), de forma similar a como ocurre en los tribunales de justicia, donde hay una presunción de inocencia. Dado que uno es inocente hasta que se demuestre lo contrario, la evidencia aportada debe ser muy consistente para admitir la culpabilidad (Baxter y Babbie, 2004; Moral e Igartua, 2005). Esto significa que cualquier efecto observado en la variable dependiente es (por fuerza) atribuida a los factores del azar, más que a la variable independiente. El punto esencial es entonces una cuestión de probabilidad. ¿Qué tan probable es que ocurra en el resultado experimental que tenemos a mano, si únicamente están operando los factores al azar y la hipótesis nula es de hecho verdadera? La verificación estadística proporciona esta probabilidad. Si el resultado obtenido es raro o improbable sólo en términos de oportunidades, la evidencia indica entonces que está operando algo más que el influjo del azar; esto es, la(s) variable(s) independiente(s). La hipótesis nula se rechaza entonces en favor de la hipótesis sometida a verificación. Para determinar qué constituye un acontecimiento "suficientemente raro", en términos de la hipótesis nula, se aplica un conjunto de reglas decisorias establecidas al principio del experimento. Por ejemplo, el nivel de significancia especifica qué tan improbable debe ser el resultado obtenido como para que se justifique rechazar la hipótesis nula. Por lo general un acontecimiento suficientemente improbable se define como aquel que tiene una probabilidad de 0.05 o menos de ocurrir, esto es, que es probable que ocurra sólo 5 veces o menos en cada 100 ensayos, únicamente por azar.

La sugerencia de Keppel (1973: 9) constituye una importante línea a seguir respecto al análisis de datos: "Ningún investigador de las ciencias de la conducta puede conducir su investigación sin un conocimiento completo y práctico de estadística. En esencia, debemos estudiar las estadísticas con la misma seriedad con que estudiamos otras habilidades necesarias de laboratorio." Algunos autores como Wimmer y Dominick (1996) y Moral e Igartua (2005) definen la estadística como la ciencia que aplica métodos matemáticos para recopilar, organizar, sintetizar y analizar datos. Constituye una rama de las matemáticas y hoy en día se ha convertido en una herramienta básica en cualquier disciplina científica, ya que sirve de ayuda en la toma de decisiones.

Paso once: interpretación de los hallazgos

Los análisis estadísticos empiezan y terminan con números; en este punto el investigador tiene apenas un conjunto de símbolos abstractos. Nuestro fin último es determinar el significado de estos números, tanto dentro como más allá del estudio que los produjo.

El procedimiento de comprobación de las hipótesis que se ha delineado arriba deja poco espacio para el debate; la evidencia que apoya cierta hipótesis puede ser o no estadísticamente significativa. Si lo es, el resultado será relativamente fácil de interpretar mediante la relación expresada en la hipótesis de investigación original, en caso de que todas las variables relevantes se hayan definido con claridad (paso 6) y que la naturaleza de la relación se haya especificado de manera precisa (paso 5).

Sin embargo, una hipótesis confirmada *per se* nunca explica por qué el efecto que se producirá, de hecho ocurrió o debería ocurrir nuevamente. La única explicación disponible se encuentra en la explicación racional (paso 4) a partir de la cual se derivó una hipótesis específica. A su vez, el apoyo empírico para una determinada hipótesis aporta credibilidad a la teoría que la generó.

El propósito de la interpretación es conducir a conclusiones inequívocas respecto a una respuesta plausible a la cuestión sometida a verificación (paso 2). Si los resultados del experimento apoyan de manera congruente las hipótesis, esa respuesta será unívoca. La interpretación de los resultados no significativos o mezclados, sin embargo, es más problemática; por ejemplo, cuando dos hipótesis se derivan de la misma teoría y una es comprobada en tanto que la otra no, significa que la teoría no puede explicar de manera adecuada ambos resultados. De esta manera, a menudo es difícil explicar los hallazgos negativos o incongruentes. ¿Deberíamos concluir a partir de esto que no existe la relación predicha? ¿Que falló la estrategia de verificación? ¿Que la teoría en sí misma es errónea? ¿O que se combinaron estos tres factores? No existe prueba completa, ni siquiera un método normalizado para responder estas preguntas de manera definitiva. En la práctica los investigadores tienden a revisar o, finalmente, a "renunciar" a sus teorías sólo después de verificar las fallas una y otra vez en el procedimiento para obtener pruebas que lo apoyen. Por lo general, lo primero que se pone en tela de juicio son la conducción y validez del experimento.

Dicho en forma breve, cuando surgen los problemas de interpretación es recomendable: *a*) consultar a los expertos en el área de investigación para recibir su evaluación objetiva, y *b*) permitir que los datos se expresen por sí mismos; esto es, aceptar provisionalmente los hallazgos que se encuentran hasta que los sustituya evidencia más definitiva. En este sentido es importante advertir que los resultados no significativos, cuando son congruentes y claros, pueden ser tan informativos e importantes como los significativos (o aún más) para la comunidad científica.

Por último, cuando se pueden obtener conclusiones firmes (positivas o negativas) a partir de un estudio dado, se busca relacionar esta información con el conjunto mayor de la teoría existente y el conocimiento relevante en el campo de las comunicaciones. Esto se hace por medio de la comparación de los resultados y las inferencias obtenidas de los datos con los de las investigaciones anteriores. Expresado de manera sencilla, las conclusiones se deben evaluar a la luz de hallazgos comparables reportados en la literatura especializada. (El paso 3 vuelve para "perseguirnos".) Lo más importante en este punto es el grado en el que las implicaciones del presente estudio contradicen, confirman o amplían la teoría vigente; esto es, la determinación de hasta qué grado los resultados obtenidos incrementan o decrementan el número de posibles explicaciones para los fenómenos comunicativos que existen en la actualidad. Este juicio debe ser emitido al final por nuestros colegas.

Paso doce: informar sobre la investigación

El propósito del informe es dar a conocer al "público" el conocimiento generado por la investigación; e informar a otros académicos y profesionales respecto al problema investigado, el método empleado para tratarlo y los resultados que se obtuvieron. Esto va a permitir que otros investigadores puedan comprobar o replicar el trabajo que se ha realizado (Gaitán y Piñuel, 1998; Sternberg, 1996 y Moral e Igartua, 2005).

Kerlinger (2000) sugiere plantear la siguiente pregunta para evaluar la calidad del informe escrito:

> ¿Es posible que otro investigador pueda repetir la investigación siguiendo el informe que se presenta? Si no puede hacerlo significa que el informe está incompleto en cuanto a metodología o su presentación, es confuso y, por tanto, es de mala calidad.

De acuerdo con Kerlinger, para que el informe permita repetir el experimento y sea publicable, debe estar redactado de manera que exista un delicado equilibrio entre la brevedad, que incluya los detalles necesarios, y la claridad, que excluya las tácticas subjetivas de "venta". Aunque las características del formato, estilo y amplitud de los contenidos han de ajustarse a las necesidades propias del estudio y la difusión que quiere hacerse de los resultados (Igartua y Humanes, 2004), su diseño debe ser, en general, paralelo al proceso de investigación expuesto en la figura 13.2.

- I. El problema.
  - A. Tema de la investigación.
  - B. Revisión de la bibliografía.
  - C. Teoría e hipótesis.
  - D. Definiciones conceptuales.
- II. El método.
  - A. Definiciones operacionales.
  - B. Diseño experimental.
  - C. Población y método de muestreo.
  - D. Procedimientos experimentales.
  - E. Métodos de análisis.
  - F. Preprueba y estudio piloto.
- III. Los resultados.
  - A. Descripción de la muestra.
  - B. Evaluación de los grupos de sujetos.
  - C. Verificación de la manipulación.
  - D. Prueba de validez y confiabilidad.
  - E. Comprobación de las hipótesis.
- IV. La discusión.
  - A. Interpretación y conclusiones.
  - B. Implicaciones teóricas.
  - C. Limitantes metodológicos.
  - D. Apuntes para investigaciones futuras.

Figura 13.2

Proceso de investigación

Wood esboza una distinción muy útil entre lo estadístico y lo psicológicamente significativo en la investigación científica. La significancia psicológica se refiere al valor de un estudio particular como contribución al conocimiento humano; el cual es "determinado por la calidad de la idea, la adecuación de la verificación y la claridad de los resultados" (Wood, 1974: 239). Los tres conceptos son importantes, sin embargo, la calidad de una buena idea tenderá a "prolongar su vida" a pesar de las medidas de un solo estudio. De esta manera se completa el círculo y se vuelve al punto de partida (paso 1) del proceso de investigación que describía la figura 13.2. Finalmente, la comunidad científica juzgará la validez de nuestras propuestas.

Técnicas de investigación y sus nuevas aplicaciones

Los medios modernos de comunicación ofrecen nuevos mecanismos de investigación social que permiten la recolección de información combinando las técnicas tradicionales de investigación social (análisis de bases de datos de Internet, la recolección de material bibliográfico y búsquedas de información) con la recolección de información de primera mano a través de la aplicación de encuestas, formación de grupos de discusión y entrevistas en profundidad..., implementando a través de la Red las técnicas que tradicionalmente se han aplicado cara a cara, o el análisis documental sobre un tema específico de interés (Henríquez, 2000).

Los proveedores de bases de datos ofrecen duplicados electrónicos de resúmenes y publicaciones impresas, que pueden ser rápida y eficazmente recolectados. Resúmenes de artículos de revistas, libros, informes y monografías son introducidos rápidamente en estas bases de datos poco después de su publicación (DeFleur *et al.*, 2005). Las publicaciones electrónicas van un poco más allá al servirse de la red como medio de difusión de todo tipo de documentos y no sólo como una tecnología útil para la localización de referencias bibliográficas.

Internet, por otra parte, ha dado gran relevancia al intercambio de opiniones e información entre expertos en torno a cualquier temática científica, a través de diferentes plataformas. De este modo, los grupos de discusión tanto en tiempo real (*chats*) como en forma diferida (*news*, listas de correo, etc.) constituyen en la actualidad un contexto privilegiado para la actividad científica en equipo. También existe la opción de establecer comunicación con los autores de publicaciones inmediatamente después de la lectura de un documento, lo que permite contrastar opiniones y obtener nuevas referencias sobre el tema tratado.

Otra de las aplicaciones más novedosa e interesante son los grupos de discusión *on-line*, que consisten básicamente en una recreación virtual de los grupos de discusión tradicionales. Las encuestas *on-line*, por otra parte, son otro de los grandes avances dentro de la metodología investigadora. A través de software específico se pueden enviar encuestas a un panel de usuarios y que éstos las contesten a través de la Red. La recogida de datos y el posterior análisis suele hacerse todo a través del mismo canal (Mangas, 2004).

La aparición de esta tecnología no elimina las anteriores sino que las integra y transforma; además, ésta no surge al margen de la vida social, sino que se desarrolla a instancias de ésta y en el marco de actividades sociales.

Las formas en que Internet modifica las diferentes fases del proceso de investigación científica, nos lleva a considerar la necesidad de proponer algunos cambios en los procesos educativos vinculados a la formación de los investigadores. Estos cambios son propuestos a partir del concepto de "alfabetización digital" relativa al uso y dominio científico de las tecnologías de la información y la comunicación en los procesos de investigación; la rapidez de los avances científicos y tecnológicos generan analfabetos funcionales en el uso de estas tecnologías.

El interés por las nuevas tecnologías desde un punto de vista científico se centra por tanto en utilizarlas para aplicar y mejorar las técnicas de investigación tradicionales. Tanto es así, que en los últimos años se están aprovechando cada vez más a la hora de establecer los vínculos correspondientes entre investigador y objeto de estudio. Así, la aplicación de la propia tecnología en las tradicionales técnicas de investigación supone una reformulación de la relación investigador/objeto de estudio. *Test* de usuarios, encuestas, entrevistas en profundidad, grupos de discusión, etc., son sólo la base de esta forma de investigación.

A partir de las vertientes expresivas de Internet, la actividad de investigación científica se encuentra con una diversidad de posibilidades para su desarrollo, que implican nuevos conocimientos, habilidades y actitudes científicas por parte de los investigadores y que requieren, a su vez, esfuerzos educativos en esa línea (García y González, 1999).

REFERENCIAS

Babbie, E. R. (2003), *The practice of social research (with CD-ROM e InfoTrack)*, 9a. ed., Wadsworth, Belmont, California.

Baxter, L. A. y Babbie, E. (2004), *The basics of communication research*, Thomson Wadsworth, Toronto.

Bryant, J., Roskos-Ewoldsen, D. y Cantor J. (2003), *Communication and emotion. Essays in honor of Dolf Zillmann*, Lawrence Erlbaum Associates, Mahwah, Nueva Jersey.

Bryant, J. y Zillmann, D. (1991), *Responding to the screen. Reception and reaction processes*, Lawrence Erlbaum Associates, Hillsdale, Nueva Jersey.

Campbell, D. T. y Stanley, J. C. (1963), *Experimental and quasi-experimental designs for research*, Rand McNally, Chicago.

Dahnke, G. L. (1988), "Investigación y comunicación", en C. Fernández Collado y G. L. Dahnke (eds.), *La comunicación humana. Ciencia social*, McGraw-Hill, México, pp. 386-454.

Dahnke, G. L. y Miller, K. (1990), "A general model of the research process", en G. L. Danhke, C. Fernández Collado y G. W. Clatterbuck (eds.), *Human communication. Theory and research*, Wadsworth, Belmont, California, pp. 325-338.

DeFleur, M., Kearney, P., G. Plax, T. y DeFleur, M. (2005), *Fundamentos de la Comunicación Humana*, McGraw-Hill Interamericana.

Gaitán, J. A. y Piñuel, J. L. (1998), *Técnicas de investigación en comunicación social*, Síntesis, Madrid.

García, R. y González, E. M. (1999), "Internet en el contexto de la comunicación multimedia. Un instrumento para el desarrollo científico en Educación", 1, Fuentes, Sevilla.

Grinnell, R. M. (1997), *Social work research & evaluation*, F. E. Peacock, Itasca, Illinois.

Gunter, B. (2000), *Media research methods. Measuring audiences, reactions and impact.* Sage, Londres.

Henríquez, G. (2000), "El uso de la Red Internet en la investigación social", *Revista Electrónica La Sociología en sus Escenario*, 3, Colombia.

Hernández Sampieri, R., Fernández Collado, C. y Baptista, P. (2005), *Fundamentos de Metodología de la investigación*, McGraw-Hill, México.

——— (2006), *Metodología de la investigación*, 4a. ed., McGraw-Hill, México.

Hsia, H. J. (1988), *Mass communication research methods. A step by step approach*, Hillsdale, Lawrence Erlbaum Associates, Nueva Jersey.

Igartua, J. J. y Humanes, M. L. (2004), *Teoría e investigación en comunicación social*, Síntesis, Madrid.

Iyengar, S. (1991), *Is anyone responsible? How television frames political issues*, The University of Chicago Press, Chicago.

Keppel, G. (1973), *Design and Analysis: A Researcher's Handbook*, Prentice-Hall, Englewood Cliffs, Nueva Jersey.

Kerlinger, F. N. (2000), *Enfoque conceptual de la investigación del comportamiento*, 4a. ed., McGraw-Hill, México.

——— y Lee, H. B. (1999), *Foundations of Behavioral Research*, 4a. ed., Hbj College, Nueva York.

Lang, A. (1994), "What can the heart tell us about thinking?", en A. Lang (ed.), *Measuring psychological responses to media messages*, Lawrence Erbaum Associates, Hillsdale, Nueva Jersey, pp. 99-112.

Mangas, O. (2004), "Técnicas de Investigación y sus nuevas aplicaciones. Internet, usabilidad y experiencia de usuario", http://www.icemd.com/area-entrada/articulos/consulta-art.asp?Id=144

Moral, F. e Igartua, J. (2005), *Psicología Social de la Comunicación. Aspectos teóricos y prácticos*, Aljibe, Málaga,

Sparks, G. G. y Sparks, C. W. (2002), "Effects of media violence", en J. Bryant y D. Zillmann (eds.), *Media Effects. Advances in theory and research*, Lawrence Erlbaum Associates, Mahwah, Nueva Jersey, pp. 269-285.

Sternberg, R. J. (1996), *Investigar en psicología*, Paidós, Barcelona.

Tubbs, S. L. (1984), *A Sistems Approach to Small Group Interaction*, 2a. ed., Addison-Wesley, Reading, Masachussetts.

Wimmer, R. D y Dominick, J. R. (1996), *La investigación científica de los medios de comunicación. Una introducción a sus métodos*, Bosch, Barcelona.

Winterhoff-Spurk, P. (1995), *Psychology of media in Europe. The state of the art. Perspectives for the future*, Westdeutscher Verlag, Opladen.

Wood, J. T. (1974), *How do you feel? A guide to your emotions*, Englewood Cliffs, Prentice-Hall, Nueva Jersey.

Zillmann, D. y Vorderer, P. (2000), *Media entertainment. The psychology of its appeals*, Lawrence Erlbaum Associates, Mahwah, Nueva Jersey.

Mapa conceptual

Investigación

Christos Giannikos

Estoy encantado de haber sido invitado a contribuir en este volumen mis pensamientos sobre investigación. Mi aproximación a esta materia está muy relacionada con mi experiencia en economía financiera, tema recientemente de gran actualidad, a pesar de ser considerado de mucha complejidad por aquellos que no son especialistas de la materia.

Mis intenciones son claras. Me gustaría dar algunas ideas acerca de qué es investigar y cómo se lleva a cabo; ofrecer algunas pautas sobre el proceso de publicación de un artículo y terminar con unos breves comentarios sobre sus implicaciones en la sociedad. También intentaré hacerlo de forma breve, como yo creo que se deberían de comunicar siempre, los resultados de cualquier investigación.

Empezaré, como suelo hacer en mis clases, con un ejemplo, ya que siempre parto de la base, que si no eres capaz de poner un ejemplo de algo que vayas a decir, entonces probablemente no merezca la pena ni siquiera decirlo.

Estás invitado a una fiesta. Una vez ahí, puedes conocer a un invitado particular o no conocerlo. Lo mismo ocurre para cada uno de los invitados. En base a esto, formulo una pregunta: ¿cuál será el mínimo número de invitados a una fiesta para que podamos garantizar que, ante cualquier relación existente entre ellos (que se conozcan o que no se conozcan), siempre podamos encontrar al menos un grupo de tres que se conozcan entre sí, o bien, un grupo de tres que sean desconocidos?

Esto nos lleva a una respuesta que es seis. En otras palabras, podemos asegurar que en una fiesta donde hay seis invitados, podemos encontrar un grupo de tres (de esos seis) donde o bien los tres se conocen entre ellos, o bien, los tres sean desconocidos.

¿Cómo podemos aproximar la pregunta anterior con el fin de encontrar una respuesta? La siguiente pregunta será ¿qué tamaño tendrá que tener la fiesta para que podamos asegurar que encontraremos al menos un grupo de cuatro invitados que, o bien, todos se conocen entre ellos, o bien, todos sean desconocidos?

Esta cuestión ha sido resuelta hace muchos años por el famoso matemático Erdös. La respuesta es 18 y es bastante complicado llegar a ella. Lo sabemos por la manera en que llegó Erdös (la más simple que se conoce y Erdös era conocido por su devoción por la simplicidad en investigación así como en la vida) a la respuesta: requirió de más de una docena de páginas de pruebas técnicas matemáticas.

Las preguntas anteriores son las preguntas iniciales y más simples del denominado "dilema de la fiesta".

Ahora te debes preguntar cuál es la respuesta a la siguiente (la tercera) cuestión: ¿qué tamaño tendrá que tener la fiesta para que podamos asegurar que encontraremos ante cualquier situación (que los invitados se conozcan o no), al menos un grupo de cinco invitados donde, o bien, todos se conocen entre ellos o bien, todos sean desconocidos? ¡Te sorprendería si te dijera que nadie hasta la fecha ha encontrado la respuesta a esta pregunta!

Supongo que habrás intentado contestar al menos la primera de las preguntas. Por tanto, déjame preguntarte algo: ¿has encontrado alguna forma para llegar a la respuesta? Si no, no te preocupes, porque se te dará una pista al final del capítulo.

De todas formas, no importa si has encontrado o no la respuesta, al menos vas teniendo una idea de lo que es investigación y lo que sería una cuestión de actualidad en este campo. Recuerda que encontrar la respuesta a la última pregunta seguramente te hará famoso instantáneamente (al menos entre los investigadores).

En resumen, investigación no es nada más que encontrar respuestas satisfactorias a preguntas. Las preguntas no tienen por qué ser técnicamente complejas, a pesar de que se puedan presentar dificultades técnicas en alguna de las fases del proceso. En cambio podría ser, y de hecho los mejores sin duda lo son, simples cuestiones del mundo real.

Sorprendentemente la investigación de alto nivel, cuando se expresa en términos técnicos de un campo determinado, podría sonar demasiado teórico y abstracto o muy alejado de la realidad. Por increíble que parezca, suelen estar originados en simples situaciones de la vida real.

Quizás te hayas dado cuenta de que un problema que proviene del mundo real como el anterior, no necesariamente tiene que ver con datos. Aunque en muchos casos, interesantes y novedosas cuestiones tienen que ver en su totalidad con datos.

Una buena investigación puede ser empírica (que tenga que ver con datos) o teórica (preguntas abstractas como las mencionadas a continuación).

Uno de mis colegas, el famoso Hal Varian de UC Berkeley, escribió un artículo denominado "A model of Sales". La idea le vino de las compras para una TV cuando se dio cuenta que los precios de la TV variaban un poco de semana a semana cuando los vendedores ponían los productos en rebajas. Él pensaba que una explicación podía ser que había dos tipos de consumidores: informados que pasaban el tiempo leyendo anuncios (como él hizo), y no informados que no leen anuncios, y como resultado los comerciantes tenían ventas con el fin de discriminar entre estas dos clases de consumidores cargando a los no informados los precios altos. Consecuentemente él construyó un modelo con esta característica que en gran medida explica la fluctuación de los precios. Como beneficio adicional, también fue capaz de hacer un buen trato en una TV, como él mismo afirma.

Naturalmente cuanto más general sean las respuestas que uno es capaz de dar, mayor número de diferentes casos se pueden explicar, y más potente es la investigación. Si alguien es capaz de crear una metodología que pueda dar respuestas para el dilema de la fiesta para un caso general de un subgrupo *n*, es mucho mejor que solamente dar la respuesta cuando el subgrupo es únicamente cinco (recuerda que es en el punto donde dejamos el dilema anterior).

Por tanto, en resumen, toda persona necesita tener tres cosas en mente sobre cómo llevar a cabo una investigación: primero buscar las ideas en el mundo real; segundo, hacer las preguntas más simples sobre el tema y tercero tratar de generalizarlas.

Existe una gran variedad de revistas científicas donde son publicadas las respuestas a las preguntas más interesantes. Cada una está especializada en un campo o subcampo determinado.

Las revistas más respetables tienen un proceso de revisión ciego lo que significa que hay una red de revisores (especialistas en el campo específico de la investigación considerada para la publicación), los que sin conocer la identidad del autor, revisan el artículo.

La visión de los revisores y sus consideraciones se presentan en un documento. Normalmente, se solicita más de un documento del artículo de varios revisores independientes. Son enviados entonces a los editores asociados y finalmente al editor de la revista. Es éste el que finalmente, toma la decisión final de publicarlo o no, basado en los documentos de los revisores y editores asociados.

Las mismas revistas son una rica fuente de información en cada área particular en relación a las preguntas más importantes consideradas en investigación, por lo que pueden ser utilizadas por los propios investigadores para comprobar la relevancia y el potencial de sus contribuciones mientras estén en el proceso de realización. Adicionalmente, una enorme red de relevantes conferencias nacionales e internacionales ofrecen amplios foros donde las nuevas investigaciones son habitualmente discutidas y comentadas, antes incluso de llegar a la etapa de la publicación en una determinada revista.

Una vez dicho lo anterior, sólo me quedaría comentar brevemente las implicaciones de la investigación en la sociedad; algo relativamente sencillo.

Qué decir tiene que el conocimiento permite a la sociedad ser más eficiente y progresar.

Por lo que investigación, con el único propósito de aumentar el conocimiento de la sociedad (ahora con la era de internet, una sociedad internacional global) es la base, y posiblemente la única fuerza conductora de los humanos para una mejor vida.

La continuación de este proceso progresivo está garantizado desde que, como dijo el gran filósofo Carl Jaspers, "la respuesta a un problema siempre tiene nuevas cuestiones".

Pistas para el simple "dilema de la fiesta"

Ahora volvamos a la primera cuestión que habíamos planteado. Probablemente podemos reformular la cuestión. Imaginemos que toda persona invitada a una fiesta es un punto en la superficie de un papel.

Dos puntos representan dos invitados, tres puntos, tres invitados, etc. Por tanto utiliza un bolígrafo para dibujar dos puntos en un papel blanco y llámalos A y B. Ahora estos dos invitados (A y B) se pueden conocer entre ellos o no. Si ellos se conocen, conecta los dos puntos con una línea continua, si no, con una línea discontinua. ¿Podemos trasladar el dilema de la fiesta a un problema de conexión de puntos en el plano con líneas continuas o discontinuas? ¿Cuántos puntos tenemos que dibujar en un plano para que sin importar cómo estén conectados (con línea continua o discontinua) se pueda asegurar que siempre se pueda encontrar un grupo de tres donde o bien todos estén conectados con líneas continuas o bien, todos estén conectados con líneas discontinuas?

Naturalmente una fiesta de tres no será, debido a que en el momento en que, por ejemplo, A conozca a B (línea continua entre ambos) pero no conozca a C (línea discontinua entre B y C), ya no se podrá encontrar el subgrupo de tres donde todos estén conectados con una línea continua o todos conectados con una línea discontinua. Ocurre lo mismo para un grupo de cuatro. Y lo mismo ocurre para un grupo de cinco (ver figura 13.1). No podemos garantizar con cinco puntos que siempre podremos encontrar un subgrupo de tres personas donde o todos estén conectados por una línea continua o todos estén conectados por una línea discontinua, en cuanto que si ocurre la situación que observamos en la figura 13.1, no existe un subgrupo de tres invitados donde los tres se conozcan entre ellos o no se conozcan entre ellos. Por tanto hemos demostrado que si ponemos menos de seis puntos en un papel, será imposible garantizar que ante cualquier situación (los diferentes invitados se conozcan entre sí o no) se encontrará un subgrupo de tres que están todos conectados con líneas continuas o discontinuas. Entonces, ¿qué pasaría con seis? Si dibujamos seis puntos en un papel blanco, ¿podemos asegurar que podemos encontrar siempre un subgrupo de tres donde estén todos conectados con líneas continuas o discontinuas? Se puede ver fácilmente de la siguiente forma. Empecemos por la fiesta de cinco y añade una persona más a la fiesta, de seis, F. Ahora no importa cuáles sean las combinaciones de líneas (continuas o discontinuas) como conectamos F a las otras cinco, siempre podremos encontrar un subgrupo de tres donde los tres están conectados con líneas continuas o los tres están conectados con líneas discontinuas.

Christos Giannikos
Universidad de Columbia

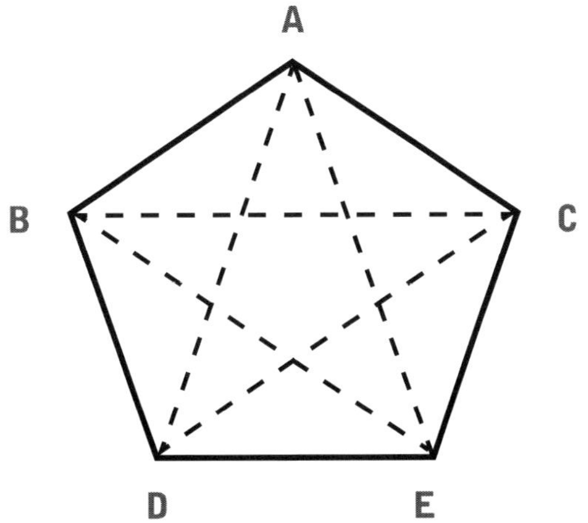

Figura 13.1

Fiesta con cinco invitados. Posible caso.

Capítulo Catorce

La comunicación verbal: cómo hablar en público

Sumario

Objetivos de aprendizaje

En función de la lectura y estudio de los contenidos de este capítulo, el alumno será capaz de:

- Saber organizar un discurso. Elaborar una introducción y una conclusión eficaz. Conocer la manera de realización de un diagrama como último paso de preparación de la exposición.
- Conocer las claves para dar un discurso con confianza. Definir el miedo escénico y conocer diferentes posibilidades para superarlo. Analizar las principales formas de presentación y conocer los principales aspectos para realizar una puesta en escena con éxito.
- Visualizar los diferentes tipos de credibilidad y entender las razones por las que es tan importante. Analizar los principales tipos de discursos informativos y las ocasiones más habituales para realizar un discurso.
- Distinguir y definir los discursos persuasivos, así como conocer las opciones más comunes de organizarlos.

Oratoria
Arte de hablar con elocuencia, es decir, utilizando la eficacia que tienen la palabra y los gestos para convencer, conmover y persuadir y que se concreta en discursos, conferencias o exposiciones.

La oratoria es una parte de la retórica (cuyo desarrollo histórico como ciencia se trató en el capítulo uno) que consiste en el arte de hablar con elocuencia, es decir, utilizando la eficacia que tienen la palabra y los gestos para convencer, conmover y persuadir y que se concreta en discursos, conferencias, exposiciones, etc. Se considera que nació en Siracusa (Sicilia) y se desarrolló fundamentalmente en Grecia, donde fue considerada un instrumento para alcanzar prestigio y poder político. Isócrates creó una famosa escuela de oratoria en Atenas que tenía un concepto más amplio y patriótico de la misión del orador, que debía ser un hombre instruido y movido por altos ideales éticos a fin de garantizar el progreso del Estado. De Grecia la oratoria pasó a la república romana, donde Marco Tulio Cicerón (106-43 a.C.) la perfeccionó. Sus discursos y tratados de oratoria nos han llegado casi completos. Durante el imperio, sin embargo, la oratoria entró en crisis habida cuenta de su poca utilidad política en un entorno dominado por el emperador, aunque todavía se encontraron grandes expertos en ese arte como Marco Fabio Quintiliano; los doce libros de su "Institutio oratoria" (año 95 d.C.) se consideran la cumbre en cuanto a la teoría del género.

En nuestra sociedad existen continuas oportunidades de hablar en público. Esto hace, hoy día, del dominio de la oratoria una herramienta imprescindible de trabajo y relación. Es una habilidad importante ya que permite destacarnos, potenciar la autoestima o influir sobre otras personas.

El discurso hay que interpretarlo, hay que enfatizar, entusiasmar, motivar, convencer, persuadir, etc. La intervención tiene que ir encaminada a captar (y mantener) la atención del público y a facilitar la comprensión del mensaje. Es necesario tener una meta clara, una presentación organizada que lleve al público hacia esa meta, y un claro entendimiento de la situación. Es necesario analizar a la audiencia, planear la presentación, organizar la información y practicar el discurso.

El orador tiene que cuidar el ritmo de su intervención, tratando de mantener la emoción y la atención del público durante toda la intervención, evitando atravesar por momentos de gran intensidad, seguidos por momentos de escaso interés (se arriesgaría a perder la atención de la audiencia). La persona que interviene tiene que ser muy consciente de que además de utilizar un lenguaje verbal (lo que dice, cómo lo dice, vocabulario empleado, entonación, volumen de voz, énfasis, etc.), utiliza también un lenguaje corporal que el público capta con igual claridad (gestos, movimientos, expresiones, posturas, posición en el estrado, etcétera).

Hablar en público es una capacidad que se puede cultivar. Casi cualquier persona con el adiestramiento adecuado es capaz de hacer un buen papel en este terreno (Vallejo Nájera, 2004). Un discurso bien estructurado, con las palabras adecuadas, entonación y acentuación oportunas, es algo que se puede aprender.

Muchas veces los grandes discursos de buenos oradores son el resultado de largos años de práctica.

La intención en este capítulo es proporcionar los conocimientos necesarios para preparar y pronunciar discursos efectivos, utilizar los recursos necesarios para el desarrollo de las habilidades comunicativas y resolver adecuadamente la mayoría de situaciones que se pueden plantear antes, durante y después de una presentación. En el presente capítulo se analizarán además los diferentes tipos de discursos y se muestra la forma más adecuada para enfrentarnos a cada uno de ellos.

La organización de la presentación

El público

Conocer a la audiencia nos permite adoptar nuestro discurso a sus características. Siempre que sea posible debemos solicitar información para conocer su perfil, características y peculiaridades: número de asistentes, intereses, objetivos, tipo de asistencia (voluntaria, obligatoria o casual), etc. Una audiencia, por otra parte, formada por personas con idéntica profesión es muy diferente que otra a la que acuden personas de distintas ramas (estudiantes, entrada libre...). Muchos de estos datos pueden ayudarnos a preparar y a adaptar la exposición (Ballenato, 2006). Nos permite adoptar decisiones acerca de los contenidos de nuestro discurso, el léxico más o menos técnico o elevado, la selección de ejemplos e ilustraciones, anécdotas, etc. Incluso es posible anticipar las preguntas que nos pueden formular, y preparar, en consecuencia, las respuestas adecuadas (Puchol, 2006).

La estructura general

Por tradición, las presentaciones o discursos se organizan alrededor de una estructura de tres partes, a saber: *introducción*, *cuerpo* o *desarrollo* y *conclusión*. Un antiguo axioma sobre el tema afirma algo así: "un discurso debe transmitir a tu público lo que le vas a decir (introducción), lo que le dices (cuerpo) y finalmente comunicarle lo que le acabas de mencionar (conclusión)". Cada una de estas partes es necesaria y cada una tiene una función diferente. La introducción es la oportunidad que tiene el orador para captar la atención del público y darle una razón sólida para escuchar con atención. El cuerpo es la sustancia de la presentación y se utiliza para lograr los objetivos del discurso, ya que es la porción más larga y detallada. Es necesario organizarla con cuidado para que el público pueda seguir y entender el contenido. Finalmente, la conclusión es la última oportunidad del orador para impresionar al público y hacer que recuerden el discurso. Por lo general, la introducción y la conclusión deben abarcar aproximadamente del 10 al 15 por ciento de la presentación y el cuerpo debe ser del 85 al 90 por ciento. La mayoría de los oradores encuentra útil preparar primero el cuerpo del discurso y después trabajar en la introducción y en la conclusión.

El cuerpo del discurso

Maneras de organizar el cuerpo del discurso

Cronológica, narrativa, espacial, temática, comparativa, con base en causa y efecto, y con base en problema y solución.

Maneras de organizar el cuerpo

Los principales puntos del discurso deben fluir suavemente en forma lógica para que el público pueda entender, en todo momento durante la presentación, dónde ha estado el orador, dónde se encuentra ahora y a dónde se dirige. Hay siete maneras tradicionales para organizar el cuerpo del discurso: cronológica, narrativa, espacial, temática, comparativa, con base en causa y efecto, y con base en problema y solución. Hasta cierto punto, la elección de la estrategia dependerá del tema de tu discurso. Por ejemplo, un análisis de las ventajas de los autos eléctricos no llevará a una organización cronológica sino a una comparativa. Pero muchos temas se prestarán para el uso de una, dos o más estructuras. Para familiarizarse con estos diferentes tipos de estructuras, describiremos cada uno de ellos a continuación:

La *estructuración cronológica* organiza el discurso alrededor de etapas o secuencias de tiempo. Se puede usar el tiempo de muchas maneras, como por ejemplo, en los discursos acerca de la historia de una persona, lugar o evento. Un discurso acerca de la historia de la universidad, el descubrimiento de la electricidad o el desarrollo de la computadora, puede organizarse en torno a eventos cronológicos clave. Los discursos que explican un proceso o secuencia también se pueden organizar cronológicamente. Un discurso de proceso descubre cómo realizar o hacer algo al enumerar los pasos esenciales del proceso en orden temporal, del primero al último.

La *estructuración narrativa* organiza el discurso alrededor de una o más historias. Usualmente se cuenta una historia en orden cronológico con un inicio, una parte media y un final. Con frecuencia se incluye algún dilema o conflicto que se resuelve al final. Los escritores de ficción utilizan estructuras narrativas en novelas e historias cortas. De manera similar, un discurso puede lograr un objetivo específico con el recuento detallado de un único incidente o una serie de historias. Algunas veces los oradores utilizan historias personales como cuerpo de sus presentaciones. Los oradores que hablan de temas como, por ejemplo, un desorden alimenticio, pueden organizar su presentación alrededor de sus propias experiencias con el descubrimiento, lucha y tratamiento del problema.

La *estructuración espacial* organiza el discurso alrededor de relaciones básicas con el contexto espacial, como cerca y lejos, arriba y abajo, izquierda y derecha, o este y oeste. Una presentación sobre Hawai, por ejemplo, puede organizarse alrededor de las cinco principales islas del estado. Muchas veces resulta beneficioso utilizar alguna ayuda visual que muestre las relaciones espaciales y que le ayude al público a seguir la estructura del discurso.

La *estructuración temática* organiza el discurso alrededor de clases o categorías. Los temas que no se adaptan con facilidad a otras formas de organización muchas veces pueden beneficiarse de una estructura temática. La mayoría de los temas sugerirán una clasificación natural que divida el tema de forma lógica. Un discurso sobre el baile, por ejemplo, se puede organizar alrededor de tres estilos distintos (jazz, ballet y baile moderno).

Otra forma de organizar la presentación consiste en comparar o contrastar los diferentes aspectos del tema. Una *estructura comparativa* de discurso organiza la información alrededor de aspectos similares o diferentes. Un orador puede comparar y contrastar dos computadoras como Macintosh y PC, la experiencia de vivir dentro de un campus universitario o en un piso compartido, o ver una obra en el escenario o una película basada en el mismo guión. Para comparar elementos, el orador debe seleccionar dos o más aspectos distintivos de comparación o características que resalten las similitudes o diferencias.

La *estructuración con base en causa y efecto* divide el discurso en las causas de algunos fenómenos y los efectos que resultan de ellos. Un orador que informa al público, por ejemplo, acerca de una enfermedad, puede hablar sobre sus causas y efectos. Un orador que se refiere a los problemas sociales de las áreas urbanas puede hablar de las causas de la pobreza y los efectos del problema.

La *estructura del discurso con base en problema y solución* organiza la información alrededor de uno o más problemas y una o más soluciones para esos problemas. Un orador puede hablar acerca de los problemas de la violencia doméstica y sus posibles soluciones, o el problema de la apatía de los votantes y cómo resolverlo.

Desarrollar y sustentar las principales ideas del discurso

Una vez que los oradores han organizado sus principales puntos de una manera lógica, deben desarrollar cada idea con recursos de apoyo que extiendan las ideas y añadan detalle a los conceptos centrales. La estructura básica del discurso es como el esqueleto en el cuerpo humano: es el marco que sostiene toda la presentación. Los recursos de apoyo actúan como el tejido muscular que proporciona detalle, textura y fuerza al cuerpo. Sin un esqueleto, el músculo del cuerpo sería inútil; sin músculos, el esqueleto no se podría mover. De forma similar, sin una estructura coherente de discurso, las ideas de soporte no tendrían sentido: sin un desarrollo correcto de cada uno de los puntos principales, la estructura estaría vacía y no tendría significado. Una presentación eficaz proporciona el suficiente soporte para ser creíble e interesante sin sobresaturar a los oyentes

Diferentes formas de soporte para el orador

Testimonios, ejemplos, analogías, estadísticas, explicaciones y definiciones.

con contenidos redundantes o poco familiares. Hay muchas formas diferentes de soporte para los oradores: testimonios, ejemplos, analogías, estadísticas, explicaciones y definiciones.

El *testimonio* es una opinión que apoya una idea. El testimonio de alguien que tiene credibilidad puede proporcionar soporte poderoso a una idea. El testimonio de personas desconocidas o con intereses particulares muchas veces es cuestionable. El testimonio debe ser objetivo, de personas expertas, si es posible de fuentes que el público conozca, elocuentes, bien fundamentados y limitados a un fragmento corto y dirigido al tema central.

Los *ejemplos* en un discurso son ilustraciones o historias que explican un punto particular. Hay tres clases de ejemplos: breve, extendido e hipotético. Un *ejemplo breve* es una ilustración familiar para el público que por tanto requiere muy poco detalle. Con frecuencia, los ejemplos breves se usan uno tras otro para realzar su efecto. Un *ejemplo extendido* es una ilustración única que se repite con mayor detalle y contexto. Un *ejemplo hipotético* es una ilustración que no es real, sino imaginaria. A menudo son concisos y el público los comprende con facilidad. Los ejemplos añaden textura e interés al discurso, pero deben proporcionar suficiente detalle para involucrar al público en la historia, asegurarse que apoyan al tema principal y que sean relevantes para la historia. Deben identificarse los ejemplos hipotéticos como imaginarios o irreales.

Las *analogías* comparan o contrastan dos cosas. En general, un concepto u objeto desconocido se compara con algo que el público ya conoce o entiende. Existen dos clases de analogías: literal o figurativa. Una *analogía literal* compara dos conceptos, objetos, personas o lugares que son inherentemente similares entre sí, esto es, ambos provienen de la misma clase o categoría. Por ejemplo, puedes comparar el tamaño de dos objetos que son similares. Un orador puede decir, "Irlanda es la mitad de grande que Florida" (ambas extensiones de tierra). Una *analogía figurativa* compara dos conceptos, objetos, personas o lugares desde diferentes clases o categorías. Porque las cosas que se comparan son inherentemente distintas, una analogía figurativa es una clase de *metáfora.* Deben evitarse las analogías complejas que pueden generar tantas diferencias como similitudes y asegurarse que el público reconozca la parte familiar de la analogía.

Las *estadísticas* son representaciones numéricas que se usan para calificar ideas o conceptos. Las estadísticas son populares entre los oradores porque pueden resumir y aclarar brevemente los conceptos. Las estadísticas tienen credibilidad inherente y el público muchas veces cree que los "números" son evidencia irrefutable. Esto no siempre es así, porque las estadísticas se pueden manipular tan fácilmente como cualquier otro tipo de información y utilizar para informar incorrectamente al público. No obstante, las que se calculan de forma legítima pueden tener autoridad y ser útiles. Demasiadas estadísticas pueden aburrir y confundir al público, se deben redondear las cifras siempre que no se distorsione su significado global. Asimismo, debe informarse sobre la fuente de donde se obtienen los datos e interpretarlas para el público ya que éste, en general, necesita aclaración de las cifras que se citan. Cuando sea posible, las estadísticas deben ser visuales a través de gráficas o diagramas. Los soportes visuales ayudan al público a asimilar los números con facilidad.

Las *explicaciones y definiciones* se utilizan para describir y definir los puntos principales de un discurso. Una explicación aclara un concepto o idea al identificar su fuente, explicar cómo funciona, o relacionarla con otros conceptos. Las explicaciones son especialmente útiles en discursos informativos, como cuando se aclara por qué se pasteuriza la leche o cómo se relacionan las tasas de interés con la inflación. Las explicaciones también se usan con frecuencia en discursos persuasivos, pues a menudo dan el fundamento para que el público acepte un punto de vista o el argumento de un orador.

Los oradores usan una definición para establecer el significado de palabras o conceptos. Se deben definir los términos importantes, la jerga técnica y otras palabras que el público puede no conocer. Debe mantenerse la simpleza en explicaciones o definiciones con palabras que el público conozca e ilustrarlas con ejemplos u otro recurso que apoye o refuerce el significado del concepto.

Utilización de transiciones dentro del cuerpo del discurso

El cuerpo del discurso requiere transiciones para conectar los diversos aspectos que incluye. Las transiciones son puentes verbales que pueden mover un discurso de un punto o idea a la siguiente. Pueden ser muy breves o muy largas y abarcar varias oraciones. Cuando son apropiadas ayudan al público a ver la relación entre las diferentes partes de un discurso. Pueden ser de dos clases: *señales,* que actúan como guía o hilo conductor de discurso, le indican al público dónde se encuentra y hacia dónde se dirige el discurso o como *resumen interno* que revisa los conceptos o ideas para recordarle al público los puntos más importantes y mover el discurso al siguiente aspecto importante a tratar.

Iniciación y finalización: introducción y conclusión eficaz

La *introducción* de un discurso es como el aperitivo en una comida elegante; debe ser interesante, dejar al público con deseos de más, y prepararlo para el primer plato. Una introducción eficaz tiene cuatro objetivos:

- Captar y mantener la atención del público.
- Establecer el objetivo del discurso y permitir visualizar los principales puntos.

- Establecer la credibilidad del orador.
- Dar al público una razón para escuchar el discurso.

Estas metas no se excluyen entre sí y a veces pueden lograrse de manera complementaria. Una introducción debe captar y mantener una **adecuada atención del público**. Esto significa lograr que los pensamientos del público se enfoquen en el tema del discurso. Cuando la atención no es la adecuada, el público se distrae y aleja su atención del tema. La atención del público debe ganarse tan rápido como sea posible durante el discurso mediante un efectivo paso de atención. El paso de atención es un intento explícito del orador para ganar el interés del público y debe ser la primera acción o serie de acciones en la introducción. Hay varias formas diferentes de lograrlo.

Una *anécdota* es una breve historia que ilustra algún aspecto de un tema. Las historias en primera persona son especialmente eficaces y muchas veces establecen tu credibilidad y también ganan la atención del público.

Una *cita* repite las palabras de otra persona atribuyéndole el crédito. Para ganar la atención del público debe "ser llamativa" o brillante y hacer que el público piense acerca del tema del discurso.

Un *comentario provocativo* es una declaración contundente que hace que el público piense acerca del tema.

Las *estadísticas interesantes* pueden capturar la atención del público y concentrar sus pensamientos en el discurso. Una estadística que se utiliza en la introducción debe ser lo suficientemente sencilla para que el público la comprenda con facilidad y debe ser obvia su conexión con el tema.

Finalmente, un orador puede hacer uso del *humor* para iniciar un discurso. El público, por lo general, aprecia el sentido del humor en un orador y con frecuencia escucha con atención.

La atención debe mantenerse a lo largo de todo el discurso, en el caso de que se pierda el orador debe reaccionar cambiando el tono, enfatizando, contando una anécdota, proyectando una transparencia, formulando una pregunta o incluso haciendo una pausa (si la intervención va a ser larga).

Por otra parte, el **objetivo del discurso** debe ser claro para el público desde el principio. Algunas veces los oradores novatos organizan un discurso como una novela de suspense y ocultan su objetivo hasta el final. Esta estrategia rara vez funciona, y con frecuencia desconcierta y confunde al público. Un objetivo explícito y claro en la introducción ayuda al público a anticipar y recordar el contenido del discurso. En la introducción los oradores deben expresar de manera sencilla el objetivo específico. De esta forma un orador le indica a su público qué esperar de los puntos principales de la presentación.

Una introducción eficaz debe establecer la **credibilidad del orador**. La credibilidad es la percepción del público sobre la habilidad, carácter y buena voluntad de quien habla. La habilidad se refiere a la competencia y destreza que tiene sobre el tema de su presentación. El carácter, por lo general, se define como la veracidad del orador, y su buena voluntad es el grado hasta el que se preocupa por el público. Si la gente percibe que el orador es creíble, estará motivada a escucharlo. La credibilidad, al igual que la atención, debe establecerse y mantenerse a lo largo de la presentación. Para lograrla es importante mencionar el conocimiento y experiencia sobre el tema, establecer la credibilidad de las fuentes y evitar pedir disculpas: los oradores no deben hacer referencia a su nerviosismo, inexperiencia o temores durante la introducción. Finalmente, se debe cuidar la brevedad y relevancia de la introducción. Si es demasiado larga, provoca la hostilidad del público, y si resulta claramente irrelevante afecta a la credibilidad del orador que comentaremos más adelante.

Credibilidad
La percepción del público sobre la habilidad, carácter y buena voluntad del orador.

Finalmente, la introducción debe dar al **público una razón o motivo para escuchar**. Muchos públicos van a un discurso con una evidente pregunta implícita: ¿Por qué debo escuchar esta presentación? Los oradores deben contestar esta pregunta lo antes posible. Pueden exponer la manera en que el discurso le ahorrará dinero al público, le ayudará con un problema común, o hará que sus miembros sean mejores personas. Un comentario como: "Sé que la mayoría de ustedes, al igual que yo, cuentan con un presupuesto acotado para la universidad, y una de las principales ventajas de la Isla del Padre Sur es su bajo costo", es muy probable que motive al público a escuchar. Si el tema no afecta de inmediato al público, el orador debe indicar alguna importancia futura. Por ejemplo, en un discurso sobre seguros de vida a estudiantes, se les debe dar un motivo para escuchar: "Sé que la mayoría de los estudiantes universitarios no piensan en los seguros de vida y en que posiblemente mueran. Pero el seguro de vida es una inversión sabia para el futuro, y adquirirlo ahora es mucho más barato que cuando se tengan más años."

Finalización con una conclusión eficaz

La conclusión del discurso es la última oportunidad para los oradores de impactar al público y debe llevar a la presentación a un fin que aporte algo valioso y eficaz. La conclusión del discurso debe resumir los puntos clave y reforzar el objetivo de la presentación con un cierre decisivo (Gregory, 2002; Spang, 2005). Según ya se comentó, la introducción debe "mencionar al público lo que se le quiere decir", el cuerpo debe "decírselo" y la conclusión debe "recordarle lo que ya se le mencionó". Aunque esto puede parecer redundante para los oradores novatos, decir lo que ya se mencionó es una función importante de la conclusión. Repetirle al público los puntos clave del discurso les ayudará a recordarlos después que el discurso termine. El resumen debe ser breve. No hay necesidad de repetir toda la información del desarrollo de la presentación. Los resúmenes más eficaces simplemente le recuerdan al público los puntos principales del cuerpo.

La función más importante de la conclusión es reforzar el objetivo del discurso de una forma fácil de recordar. Cualquiera que sea el cierre que el orador elija, debe ser convincente. Los maestros de oratoria muchas veces dicen que el discurso debe terminar con un estruendo, no con un lamento.

Aquí hay algunos consejos y recordatorios adicionales para desarrollar una conclusión eficaz. La conclusión debe promover un tono que se mantenga con el resto de la presentación. Si el discurso fue serio, una conclusión frívola hará trivial la idea central. Se debe evitar pedir disculpas o excusarte por el discurso. Tales disculpas reducen credibilidad. No se deben abrir nuevas áreas de discusión. Introducir nuevos temas en la conclusión hace que el público se lleve consigo dudas en vez de llevarse las ideas centrales que se trató de transmitir. Además, se debe ser relevante. Demasiadas bromas sin importancia en la introducción distraen al público y un comentario fuera del tema en la conclusión confundirá a los oyentes acerca del objetivo del discurso. Se debe tener muy presente, al ofrecer los propios argumentos y, sobre todo, el argumento final, el más impactante, que es especialmente importante que no se corra en este momento. Se debe hablar con firmeza y seguridad y en ningún caso bajando la mirada (Pino, 2000). Y por supuesto, no se debe terminar el discurso más de una vez. Al público no le gusta que le digan "en conclusión" tres o cuatro veces. Se puede perder en gran medida la credibilidad si se informa de que se está a punto de finalizar cuando no es cierto.

Un relato de Mark Twain recoge la historia de un misionero que, con voz potente y palabras sencillas, denunciaba en la calle el sufrimiento de la población de color. Entre su auditorio, se encontraba otro hombre que al comienzo del relato pensó darle cincuenta centavos, conmovido ante las trágicas historias del misionero. Al poco tiempo, decidió darle un dólar, luego dos, luego cinco... Estuvo incluso a punto de llorar... Pero como el misionero no paraba de hablar, empezó a aburrirse, pensó que cinco dólares eran demasiados, volvió a los dos, y al final cuando terminó el discurso, le dejó únicamente diez centavos. Por tanto, nunca se debe prolongar el final del discurso. Ni tampoco al finalizar utilizar expresiones como "ya está" o "ahora sí he acabado". Muy mal se estará haciendo si la carencia o el contenido del discurso o incluso el gesto o el movimiento no informan de que el discurso ha llegado a su final. Una vez finalizado, se deberá permanecer durante unos instantes firme, mirando al auditorio, como los toreros examinan el tendido una vez que el toro se ha derrumbado tras una estocada ejemplar. Dependiendo de la ocasión, se buscará el aplauso. Una vez conseguido, se abandonará la tribuna mirando siempre al frente (Pino, 2000).

Por tanto, debemos diseñar la conclusión, de manera que el público pueda recordarla con facilidad y que logre impregnar el aire y la memoria con una agradable impresión. Por tanto, las palabras finales deben estar cuidadosamente pensadas (Merayo, 2001).

Última fase de la preparación: los diagramas

Un *diagrama* es una sinopsis concisa que muestra la estructura y forma en que se relacionan las ideas y conceptos del discurso. Preparar un diagrama ayuda a aprender y a recordar el contenido del discurso para desarrollarlo de forma clara, sistemática y con el objetivo de que el público lo comprenda.

Hay tres formas de organizar el diagrama: por temas, por oraciones completas y por conceptos clave. Cada una de ellas es útil en distintos momentos de la preparación de la presentación.

Formas de organizar el diagrama: por temas, por oraciones completas, y por conceptos clave.

El *diagrama de temas* consiste en frases cortas para resumir los puntos principales de tu presentación.

El *diagrama de oraciones completas*, incluye como su propio nombre indica, oraciones completas y puntuación estándar, como puntos, comas y signos de interrogación, para delinear la información.

El *diagrama de conceptos clave* utiliza sólo unos cuantos conceptos clave de cada oración para hacerlo fácilmente legible.

Como ayuda a la creación de un diagrama es interesante en la mayoría de las situaciones destacar los *puntos principales* que son las ideas más importantes que se deben comunicar al público y aquellas que llevan directamente al objetivo específico del discurso, así como los *puntos secundarios*, que son las ideas que amplían o desarrollan los puntos principales. Al echar un vistazo a un diagrama se debe ver con facilidad los puntos principales y los secundarios menos relevantes según su distribución en el diagrama.

Orador a escena: cómo dar un discurso con confianza

Miedo y ansiedad

La mayoría de los oradores sienten algo de ansiedad cuando se preparan para dar un discurso (Sprague y Stuart, 2000), o el llamado miedo escénico que puede denominarse como el temor a hablar o aparecer en público (Studer, 2004). Puede presentarse en el momento mismo de la comunicación o simplemente al pensar en la próxima ocasión. Este sentimiento puede ser fuerte o débil, pero se suele sentir cierto grado de ansiedad cuando se presenta un discurso.

La mayoría de las personas puede manejar el miedo a hablar en público (Sprague y Stuart, 2000). Desde luego, los oradores experimentados aprenden a utilizarlo para añadir energía a su presentación. La experiencia ayuda a los oradores a lidiar con la ansiedad porque conforme más hablan, más cómodos se sienten.

Los síntomas del miedo resultan bastante familiares: dolor en la boca del estómago, pulso acelerado, temblor o vibración, manos frías y húmedas, tensión en las cuerdas vocales y falta de memoria (Sprague y Stuart, 2000).

Una manera de controlar el miedo a hablar en público es practicar **técnicas de relajación y visualización** (Ayres, Heuett y Sonandre, 1998). Los oradores experimentados han aprendido que un poco de ejercicio los libera de su nerviosismo. Si no hay oportunidad de caminar o de hacer un poco de ejercicio ligero, puede uno relajarse en el propio asiento inhalando profundamente y dejando escapar el aire lentamente, concentrándose en relajar el cuello, hombros y espalda, áreas que se tensan con frecuencia durante la presentación. Relajarse días y horas antes de la presentación puede tener efectos duraderos.

Otra técnica para controlar los nervios de la comunicación es la de **visualización** (Ayres y Heuett, 1997). La visualización implica reemplazar los pensamientos e imágenes negativos por otros positivos, pensando, por ejemplo que, al estar bien preparado, al público le va a agradar el discurso, o visualizando la habitación e imaginarse al público aplaudiendo tus ideas con entusiasmo.

Otro aspecto importante para reducir el miedo es **tomar el control de la presentación**; algunos miedos característicos de los oradores como *olvidaré lo que debo decir, o donde me quedé, o es posible que me bloquee o me quede en blanco*, pueden evitarse con una buena preparación del discurso, practicándolo varias veces en voz alta aclarando todas las ideas, con un esquema preparado a conciencia, un análisis cuidadoso del público y planteando la introducción con mayor cuidado que el resto del discurso, ya que la aprensión es con frecuencia mayor al comenzar. También es importante conocer antes de la presentación el lugar en el que se va a hablar, y familiarizarse con él ayudará a reducir el miedo en el momento de la intervención.

Finalmente, no hay que olvidar que los nervios son perfectamente normales. Son el modo en que el cuerpo avisa que está a punto de hacer algo especial y que, como consecuencia, tendremos que estar al máximo o por lo menos por encima del nivel normal de concentración. El hecho de tener nervios y que éstos estén bajo control, mejora la calidad de lo que se dice y cómo se dice. Es poco frecuente hacer algo mucho peor el día de la presentación que en ensayos anteriores. La cantidad justa de presión, bien entendida, extraerá lo mejor del orador. Y por supuesto, no es bueno intentar combatir los nervios convenciéndose a uno mismo de que la presentación "no importa", sólo se conseguirá transmitir esa impresión a la audiencia (Manchester, 2004).

La importancia de la primera impresión

La primera impresión es un proceso de percepción de una persona por otra, que transcurre en muy poco tiempo. Habitualmente no somos del todo conscientes ni de la emisión ni de la recepción de las informaciones que la configuran.

¿Por qué es tan importante este momento inicial? Porque es cuando la atención de la audiencia está naturalmente elevada y atenta. La primera impresión cuenta a estos efectos y sólo se tiene una vez. Es importante tener presente que *nunca se tiene una segunda oportunidad de dar una buena primera impresión*. Al comenzar, tenemos aproximadamente tres minutos de presentación para conseguir la atención de la gente y construir el entendimiento que asegure la empatía entre nosotros y nuestro público. En esos primeros minutos, la audiencia nos mide y clasifica. Están decidiendo si les gustamos y si vale la pena escuchar. Si perdemos su atención en este momento crucial, será más difícil lograrlo durante el resto del discurso.

La primera impresión que recibirá el auditorio de nosotros será la que se desprenda de nuestra imagen externa, que hemos de procurar que sea positiva. Para ello es recomendable que se tengan en cuenta los siguientes aspectos: la llegada no se debe exagerar pero una buena entrada establece en uno mismo la *confianza* y *la habilidad* para hacer el trabajo, caminar con confianza (nunca bajar la cabeza), creer firmemente en que el público va a estar interesado en lo que les vas a contar, tener confianza en que se va a desarrollar la presentación con éxito y reflejar en todo momento *energía y buena postura*. Antes de empezar a hablar es recomendable entrar en contacto visual con el público mirando a los ojos de los asistentes. A continuación, las primeras palabras deben ser pronunciadas en un tono claro y fuerte. Comenzando el discurso despacio y enfatizando lo que sea más importante. Finalmente, la indumentaria tiene el poder de mejorar decididamente la percepción positiva de la imagen. Aunque depende mucho de cada situación, generalmente una tendencia clásica favorecerá la imagen positiva. Los accesorios podrán dar el aspecto más formal o informal. Es importante no utilizar colores en ningún caso llamativos, esto provocará un oyente tenso, nervioso e incómodo. Sin embargo, los colores cálidos implican cooperación y alto grado de actividad de grupo.

Es necesario, por tanto, cuidar mucho los primeros instantes. Practicar antes hasta que se consiga un cierto nivel de seguridad. Estos primeros minutos pueden ayudar a abrir a la audiencia hacia el orador, de forma que el resultado final sea óptimo. De la misma forma, un buen comienzo influirá positivamente en la seguridad del orador en el resto del discurso. Crear una buena primera impresión contribuirá en buena parte al éxito final.

Algunos autores comparan aprender a hablar en público con aprender a conducir. Es necesario convencerse de que es posible. Desde luego, es necesaria una explicación inicial de cómo arrancar, dónde está el freno, cuándo es preciso acelerar, etc. Todo esto se aprende relativamente pronto y luego, ya con la licencia de conducir, es necesario practicar cuanto más mejor. Como sucede con el conductor experto, el buen orador se va haciendo con la práctica: cuanto más se ejercite, mejor se pasa y más útil va a resultar el aprendizaje. Por otro lado, no hay que olvidarse que ni el mejor conductor está libre de averías, los que tienen entereza, persisten, y se encuentran con que, de pronto, de un día para otro, sin saber cómo ni por qué, han hecho un gran progreso. Súbitamente han adquirido naturalidad, fuerza y confianza en sus discursos. Pero ahora bien, el arte de la comunicación requiere tiempo. No hay nada más perjudicial para aprender a comunicar que tener prisa. Cuando se aprende a hablar en público las prisas no son buenas consejeras porque, habitualmente, los frutos no se recogen enseguida. Por eso es preciso perseverar (Merayo, 2001).

Formas de presentación del discurso

Formas de presentar un discurso
Apoyándose en un manuscrito, de memoria, improvisando y desarrollando conceptos clave.

Hay cuatro formas principales de presentar un discurso: apoyándose en un manuscrito, de memoria, improvisando y desarrollando conceptos clave. Cada clase de presentación puede utilizarse con eficacia en situaciones particulares.

Cuando una **presentación se apoya en un manuscrito**, el orador lee un guión escrito palabra por palabra. Las presentaciones manuscritas se utilizan cuando es necesario articular las palabras exactas, cuando es posible que el discurso se publique en forma escrita o cuando la duración de la presentación está cronometrada. Cuando se lee un manuscrito no se puede mantener contacto visual con el público, lo que puede afectarlo y darle una excusa para no escuchar. Algunos oradores, al igual que los actores, pueden aprender a leer con expresión e interés. Sin embargo, hablar a partir de un manuscrito es una acción que requiere de gran habilidad y, por lo general, no es aconsejable para oradores principiantes. Si se debe dar un discurso a partir de un manuscrito, conviene recordar algunas sencillas sugerencias: practicar para poder leer con fluidez, pronunciar los nombres y las palabras correctamente y decir cada palabra con claridad, leer la presentación en voz alta varias veces lo que permitirá tener un breve contacto visual con el público mientras se lee. Al aproximarse a una palabra o una sección conocida del manuscrito, mirar al público mientras se termina la oración de memoria. Se debe leer más despacio de lo que se habla y pensar en el significado de las palabras y oraciones mientras se lee.

En las **presentaciones memorizadas**, el orador escribe el discurso, memoriza el contenido y lo presenta palabra por palabra sin usar notas. Una presentación memorizada permite precisión en las palabras y contacto visual constante con el público. En la oratoria de las antiguas Grecia y Roma, la memorización era el método preferido de presentación. Las presentaciones memorizadas, ahora poco frecuentes, aún se utilizan en algunas circunstancias. Para hablar de memoria se necesita mucha habilidad y práctica. El orador que presenta un discurso memorizado una y otra vez, como lo hace un vendedor, puede comenzar a sonar insípido y plano. Para presentar un discurso de memoria, hay que darse el tiempo suficiente para aprenderlo y practicarlo en voz alta de principio a fin en un lugar sin sentirse cohibido. Se debe memorizar y practicar el discurso dividido por segmentos: aprenderse la introducción y practicarla hasta que salga con naturalidad, después el siguiente segmento y añadirlo a la presentación y continuar con el mismo proceso hasta completar el discurso sin errores.

Improvisar un discurso es darlo sin demasiada o nada de preparación. Esto sucede con frecuencia cuando se le pide a un orador que diga algo en forma inesperada en una reunión o en una ceremonia. Un discurso improvisado, por lo general, carece de estructura y detalle; mientras que son eficaces para presentaciones muy cortas, como brindis y celebraciones, son menos eficaces que los discursos de mayor duración. Podemos citar algunos consejos básicos para hablar improvisadamente:

Tomar el tiempo que se pueda, por pequeño que sea, para organizar las ideas. Incluso en la situación más espontánea, por lo general hay un momento para prepararse y hacer un breve esquema de las ideas y organizar los pensamientos alrededor de las estructuras que ya comentamos.

Evitar pausas vocales. Las pausas vocales son sonidos que los oradores hacen mientras se detienen a pensar en lo que van a decir a continuación. Muchos oradores llenan este silencio con palabras como "este", "¿sí?", y "ah", "um" y "uh". Todas éstas distraen al público y son un problema común en las presentaciones improvisadas.

Ser conciso. Las situaciones para hablar más espontáneas requieren pensamientos breves, bien organizados, convincentes y directos.

Los **discursos que desarrollan conceptos clave** comprenden el uso de un diagrama de palabras clave. El orador puede establecer un excelente contacto visual mientras usa éste para apoyar su memoria durante la presentación. Estos discursos son el mejor tipo de presentación en la mayoría de las situaciones porque construye conexiones con el público, permiten flexibilidad al responder a la retroalimentación de los asistentes y deja que el orador ajuste la extensión de la intervención.

Palabras claras y aptas para conversar

Las palabras tienen un gran potencial tanto en la buena como en la mala comunicación. Muchas veces las diferencias entre un discurso exitoso y uno que no logra su objetivo se deben a las palabras que usan los oradores. En una gran encuesta nacional en Estados Unidos se preguntó a líderes de negocio, empleados de gobierno, maestros y a otros que con frecuencia dan presentaciones profesionales, cuáles eran las destrezas más importantes para hablar en público. En segundo lugar se mencionó "elegir las palabras adecuadas" justo después de "mantener al público interesado" (Engleberg, 2002). Como sugiere esta encuesta, un discurso tendrá éxito si las palabras que se utilizan en la presentación son claras y motivan al público a entender o a creer.

Ser claro y breve

Todas las palabras tienen un significado, pero algunas son más específicas o tienen significados más concretos que otras. Los oradores deben seleccionar aquellas que sean lo más precisas y específicas para evitar abstracciones y frases largas que el público no pueda entender con facilidad. Pueden utilizarse palabras que evocan imágenes, metáforas y comparaciones, pero deben evitarse palabras trilladas que se utilizan con tanta frecuencia que han perdido su vivacidad. Frases como "el tiempo vuela", "más lento que una tortuga" o "fresco como una lechuga" muestran muy poca imaginación al público.

No siempre el emisor y el receptor entienden lo mismo por ésta o aquella palabra o expresión. A veces resulta difícil encontrar un lenguaje común. Sin embargo, sólo en ese ámbito común es posible un verdadero entendimiento. El orador está obligado a adaptar su lenguaje al público. Utilizar palabras extranjeras o técnicas únicamente si son realmente necesarias, y siempre insertarlas en un contexto en que resulten comprensibles (Studer, 2004).

Por otro lado, hay un consejo que carece de excepciones: ser breve, que no significa hablar poco tiempo, quiere decir no introducir en el discurso frases innecesarias (Vallejo-Nájera, 2004).

Conversar

Al público le gustan los oradores que hablan "con ellos" en lugar de "a ellos". Las palabras del orador crean una relación sincera y confiable con el público en presentaciones interactivas que invitan al público a escuchar y a sentirse como iguales. Una presentación de este tipo conecta al público con el orador y su mensaje. Se pueden utilizar palabras que incluyan al público, como "nosotros" y "nuestro", o pronombres personales como "ella", "nosotros" y "ellos", o utilizar preguntas retóricas que son aquellas que se quiere que la audiencia piense, pero no que conteste, como por ejemplo, "¿A cuántos de ustedes les gustaría pagar menos renta?", así como utilizar verbos activos: en lugar de decir, "el gato estaba durmiendo", decir "el gato dormía". Por otro lado, se debe transmitir simpatía o poder de irradiación afectiva, que se maneja en gran medida con la voluntad, y amabilidad que fundamentalmente consiste en estar pendiente de los demás y no sólo de sí mismo.

Aspectos de la presentación

Los oradores tienen muchos recursos de apoyo para presentar un discurso. Entre ellos están su voz, manos, expresiones faciales, y recursos de apoyo como gráficos, cuadros, computadora, etc., que deben trabajar en conjunto para lograr el objetivo del discurso. A continuación se comentarán distintos aspectos de las presentaciones y cómo los oradores pueden utilizarlos de manera eficaz.

La **voz** es la herramienta más importante para presentar un discurso: da vida a las presentaciones. Una buena vocalización depende del volumen y la claridad. Primero, es vital que se proyecte la voz para que el público pueda escuchar correctamente. La claridad es cuestión de la pronunciación, que consiste en decir las palabras de acuerdo a los estándares establecidos y de la articulación que es la producción física de sonidos y redunda en pronunciar las palabras claramente.

Existen tres cualidades de vocalización que se pueden utilizar en la presentación: velocidad, volumen e inflexión. Un buen presentador cambia cada una de estas cualidades a lo largo del discurso.

La *velocidad* se refiere a lo rápido que se habla. Al variarla se puede añadir significado a las palabras. Por ejemplo, si se habla rápido se puede aumentar el sentido de urgencia o emoción. Al hablar despacio se comunica la necesidad de que se escuche con cuidado.

El *volumen* se refiere a lo fuerte que se habla. Hablar en voz baja puede llevar a la audiencia a que escuche con atención, en tanto que hacerlo en voz alta puede comunicar excitación, enojo u otra emoción fuerte.

La *inflexión* es el énfasis en la vocalización de cada palabra. La inflexión se utiliza para recalcar diferentes significados de palabras o frases.

Una de las claves para hacer una buena presentación consiste en variar la velocidad, el volumen y la inflexión, a lo que con frecuencia se denomina *matices de vocalización*. Un discurso es como una buena sinfonía, en la que el orador crea picos y valles que evolucionan hasta un *crescendo*.

Finalmente, se deben de utilizar los **gestos** y **posturas adecuadas**. Una buena postura para hablar permite respirar con mayor facilidad y proyectar la voz en forma más clara. Una buena postura consiste en colocar ambos pies firmes sobre el suelo con el peso del cuerpo distribuido equitativamente entre ambos. El cuerpo y hombros deben estar rectos con el centro de la habitación para que se puedan ver diferentes porciones del público. La cabeza debe estar levantada para poder establecer contacto visual, y las manos deben colgar en forma natural a los lados del podio o sobre éste. El público quiere ver al orador, no al podio, detrás del que a veces se esconde el orador. Las manos deben estar libres de objetos para que se puedan utilizar para gesticular y animar las ideas. No se debe jugar con el pelo, lentes, apuntes u otros objetos, ni poner las manos en los bolsillos. La postura de las manos es una parte importante de la presentación.

Las expresiones faciales ayudan a establecer un estado de ánimo y un tono para el discurso, así que deben ser coherentes con su contenido. Por ejemplo, si la presentación es humorística y ligera, se debe parecer contento. Por el contrario, si el discurso es serio, se debe transmitir preocupación. La parte más importante de los gestos faciales es el *contacto visual*, esto es, mirar al público. Se recomienda hacerlo entre el 80 y el 90 por ciento del tiempo en que se habla. Incluso el más tímido orador puede aprender a establecer un buen contacto visual. Cuando se mire al público, no se debe quedar viendo fijamente a nadie. En lugar de eso, mirar a todos y mover la cabeza lentamente de un lado a otro, estableciendo contacto visual con alguien antes de moverse a la siguiente persona. Las notas de apoyo deben también permitir sostener contacto visual aunque se miren de cuando en cuando. La mejor forma de hacerlo es con un esquema de palabras clave, esquema que no debe ser más del 10 o 15 por ciento del discurso total.

Una regla de oro del orador es la naturalidad. El orador no debe imitar a otros ni representar ningún papel. Se debe ser uno mismo, si se quiere mejorado, pero manteniendo la propia identidad (Vallejo-Nájera, 2004). El aprendizaje de las técnicas de comunicación oral pasa por sortear los obstáculos que impiden la naturalidad (Merayo, 2001).

Uso de recursos de apoyo en presentaciones

Los **recursos de apoyo en presentaciones** son los soportes visuales o auditivos que los oradores utilizan para desarrollar sus discursos y ayudar al público a comprender el concepto de las ideas. Hay un número ilimitado de posibles recursos de apoyo para discursos: de *apoyo auditivo*, como música en cinta, grabaciones de radio, efectos de sonido; de *apoyo con proyecciones* como transparencias, fotografías digitales, páginas de Internet; de *opoyo visual o mapas*, como personas, modelos, cuadros, ilustraciones, gráficos, dibujos; mediante el *uso de computadoras*, como el popular Power Point de Microsoft.

El uso de recursos de apoyo en presentaciones puede enriquecerlas mucho. En general, aumentan la atención del público, mantienen el interés en el tema y hacen que el público recuerde más información cuando el discurso termina. Sin embargo, si se usan inadecuadamente, pueden distraer la atención del público. Aquí hay algunas sugerencias sencillas para hacer un uso eficaz de los recursos de apoyo en presentaciones:

- Utilizar recursos de apoyo que agreguen contenido al discurso, no dominarlo.
- Usar recursos de apoyo cuando correspondan con el contenido del discurso y quitarlos cuando no.
- Mantener la sencillez en los recursos de apoyo y presentar sólo aquellos detalles que resulten esenciales.
- Explicar los recursos de apoyo al público, no asumiendo que son autoexplicativos.
- Practicar el discurso con los recursos de apoyo.

- No olvidar el contacto visual con el público cuando se está usando un soporte de apoyo. Hablarle al público, no al apoyo.
- Conocer bien el programa cuando se utiliza computadora. La credibilidad puede verse dañada si se muestra cierta ignorancia de aquél.
- Resistirse a las presunciones tecnológicas y no quedarse atrapado en las diversas fuentes y gráficas de la presentación de una computadora y olvidarnos del propósito del discurso.
- Mantener la atención del público en el orador durante la presentación con computadora.
- Prepararse para hacer una presentación sin computadora en el caso de que haya problemas técnicos, llevando copias en papel para usarlas en una emergencia, pero sobre todo, no entrar en pánico. Simplemente explicar al público lo que sucede y continuar con el discurso como si no se necesitara la computadora.

Elaboración de una presentación creíble

La motivación para escuchar, comprender a otros y comunicarse con ellos depende en gran parte de cómo se les juzgue. Como se dijo anteriormente, cuando se percibe a la gente como creíble, con experiencia, carácter fuerte y buena voluntad, el público se siente más motivado a escuchar. De la misma manera, cuando se está realizando una presentación, es más probable que las palabras se entiendan y acepten si el público considera que el orador goza de credibilidad. Para ello, una persona debe poseer conocimientos suficientes, buena voluntad y confiabilidad. Esta última constituye un aspecto crítico de la credibilidad, y el nivel de confianza que se tiene en lo que dice otra persona subyace en toda la comunicación. Se fundamenta la confiabilidad en muchas cosas, como el pasado de la persona, los logros curriculares que el orador parece tener, o algo atractivo que el orador afirme.

Hay muchas maneras de construir y evaluar la credibilidad. Todas son importantes para oradores y receptores y, una vez que se pierden, son difíciles de recuperar. A continuación se introducen tres tipos de credibilidad: inicial, derivada y permanente, y el carisma personal.

La *credibilidad inicial* puede ser poderosa porque le da al orador una ventaja para ganar la atención y la confianza del público. Cualquier cosa que se añada a la impresión positiva que se tiene de un orador a su entrada es importante. Como se comentó en el apartado de "importancia de la primera impresión", la manera en que un orador se presenta al público también puede beneficiar o dañar la credibilidad inicial.

La *credibilidad derivada* se refiere a aquella que se consigue por el contenido del mensaje y la manera en que se le presenta. Las ideas que se fundamentan y se exponen correcta y claramente hacen mucho por la credibilidad del orador. Los redactores profesionales de discursos dedican un promedio de 40 horas a preparar un discurso de veinte minutos, o dos horas por cada minuto que se habla (Gray, 1999). La credibilidad derivada es especialmente relevante para los oradores que no tienen nivel o reconocimiento entre su público.

La impresión que da el orador con base en su reputación y su presentación pueden alcanzar una *credibilidad permanente*, o una impresión de credibilidad que perdura en el público. Aunque a veces gusta separar la personalidad de las personas de aquello que dicen, ambas cosas están entrelazadas. Agradan los individuos que son enérgicos, amistosos, honorables, asertivos y empáticos, pero también agradan aquellos que se preocupan por los demás. No se confía en la gente que prioriza sus propios intereses, como los vendedores por teléfono. La credibilidad parte de creer y tener confianza.

Carisma

Capacidad de un orador en influir en los demás en situaciones específicas a través del dinamismo, atractivo y visión personal.

El *carisma* es la capacidad de un orador en influir en los demás en situaciones específicas a través del dinamismo, atractivo y visión personal. Los oradores carismáticos gozan de gran credibilidad y gozan de una relación especial con el público que se funda en una necesidad o en una crisis social. Algunos individuos aparentan tener tanta credibilidad que no importa lo que dicen o cómo se ven, la gente les creerá y les seguirá. Los estudiosos han dedicado bastante tiempo y esfuerzo a intentar comprender esa "chispa adicional" que parece caracterizar a algunos oradores o personajes públicos. El carisma, como la credibilidad, no es una cantidad de algo o una cualidad que puede aprenderse o practicarse. Puede ser más fácil de reconocer que de cultivar. Sin embargo, hay formas de construir el propio carisma y de utilizarlo con fines nobles, ya sea para ayudar a los demás, para proporcionar liderazgo, o motivar a la gente hacia el cambio positivo. El carisma depende del contexto, del mensaje y de la presentación, y la personalidad del orador necesita brillar a través de todos estos elementos. Aspectos como la sociabilidad, competencia, extroversión, compostura y carácter son, asimismo, influyentes.

Un discurso informativo e inspirador

Discursos informativos

Es posiblemente el tipo más común de presentación. Consiste en proporcionar información de tal manera que se vuelva particularmente interesante y útil para el público. Hay muchos tipos de discursos informativos, cuyas características a menudo se mezclan en una presentación dada. Nos centraremos en las cuatro maneras más comunes de informar a un público: a través de los discursos descriptivos, demostrativos, explicativos y narrativos.

Los **discursos descriptivos** pueden considerarse los más directos. Proporcionan detalles respecto a un objeto o a un concepto, así como aquellos que le dan vida a las ideas y a los objetos. Los mejores discursos descriptivos no solamente suministran información precisa y concreta, sino que también le ayudan a los receptores a formar conexiones emocionales con objetos o ideas.

Los **discursos demostrativos** informan explicándole al público cómo hacer algo. A menudo este tipo de discurso es más sencillo para los oradores noveles, porque cuando se demuestra físicamente una habilidad o se trabaja con un recurso de apoyo en una presentación, éstos se sienten más cómodos frente al público y tienen un objeto en el cual centrarse durante su exposición. El discurso de demostración necesita incluir más que instrucciones verbales. Los receptores también deben presenciar el proceso en acción, entender que se sienta partícipe y, si es posible, intentar la actividad ellos mismos.

Los **discursos explicativos** enseñan algo o aclaran un acontecimiento o un desarrollo. Para explicar algo correctamente, se necesita comprender el tema lo bastante bien como para analizarlo en partes y explicar esto en palabras y con una secuencia o estructura que tu público pueda comprender. El problema de sobrecarga de información es muy común cuando el orador sabe mucho sobre un tema y tiene dificultades para escoger qué aspectos resaltarle a sus receptores. Se debe iniciar el discurso teniendo en cuenta el nivel de conocimiento en el público.

En general, los discursos explicativos se basan fuertemente en el aspecto "pensante" del público, y puede ser difícil incorporarles "sentimiento" y "acción". Como otros tipos de presentaciones informativas, los discursos explicativos son mejores cuando le dan al público distintas maneras de comprender la información.

Los **discursos narrativos** utilizan un relato ampliado para proporcionar información. Una narración puede ser una manera especialmente buena de atrapar las emociones del público, aunque es menos eficaz para transmitir una cantidad significativa de información nueva. Algunas empresas han comenzado a utilizar narraciones para anunciar sus productos. Este tipo de discurso informativo debe transmitir un mensaje claro, para que se relacione directamente con la narración y para que sea relevante para el público.

No importa de qué tipo de discurso informativo se trate, en todos los casos se aplican las reglas básicas para prepararlo, organizarlo y presentarlo que se indicaron en apartados anteriores.

Hablar en ocasiones especiales

Cada cultura o grupo tiene sus propios rituales que le exigen a sus miembros hablar siguiendo un patrón. Aunque estas ocasiones especiales son parte de nuestras vidas, rara vez se considera cómo manejarlas como comunicadores hasta que se está en una situación en la que hay que enfrentarse a una de ellas. Existen al menos cinco tipos básicos de discursos para ocasiones especiales: el de presentación, el de aceptación, el de homenaje, el posterior a una cena y el de inspiración.

Un **discurso de presentación** permite una exposición pública de una determinada información acerca del orador clave. Cuando varios oradores se presentan en un mismo programa se introduce brevemente a cada uno de ellos como una transición de una persona a la otra. En cada una de estas situaciones, un discurso de presentación debe facilitar la meta prioritaria del orador principal al establecer el tono y las expectativas de la situación. Cuando se presente a un orador, deben seguirse los consejos siguientes:

Ser breve. Los discursos de presentación deben ser de entre uno y tres minutos de largo. La mayoría de las introducciones pueden hacerse exitosamente en un minuto. Mientras más importante sea la ocasión y el orador, más larga debe ser la presentación. Las introducciones de cuatro o cinco minutos son demasiado largas incluso en las ocasiones importantes.

Relacionar al orador con el tema y con el público. Las tres preguntas que se debe responderle al público son: ¿quién es el orador?, ¿cuál es su tema? y ¿por qué el público debe escuchar?

Hacer que el público se centre en el orador y no en el que presenta. Se deben evitar clichés tales como "nuestro orador no necesita presentación alguna", "tengo el placer de presentarles a", o "sin decir más". Hay que ser original y fresco o el público puede distraerse incluso antes de que el orador principal comience a hablar. Se debe mencionar el nombre propio y su relación con el orador o con el evento. Se puede hablar desarrollando conceptos clave y usar un diagrama de palabras importantes que ayuden a recordar datos e información, pero no leerlas, así como establecer un contacto visual con el público y demostrar entusiasmo por el orador. Asimismo, se deberá ser sincero. Se pueden exagerar en cierta medida las virtudes del orador, pero nunca inventarlas. Lo pueden descubrir parte de los oyentes y el presentador se desacreditará.

El **discurso de aceptación** es una declaración breve que se hace cuando se recibe un premio, un regalo o un honor especial. Los mejores discursos de aceptación cumplen con las siguientes funciones:

Reconocer los apoyos recibidos. Los discursos de aceptación son lugares importantes para dar las gracias a las personas de las que se han recibido apoyos. Se puede aprovechar la oportunidad para utilizar las habilidades de comunicación y devolverle algo a las personas que han dado un reconocimiento.

Honrar la ocasión. Los discursos de aceptación también honran la ocasión al mencionar los valores por los que se otorga el premio. Se debe explicar cómo se espera ser un ejemplo de las cualidades que el premio pretende honrar, o cómo respetar los logros de otros que recibieron el premio antes.

Algunos discursos de aceptación se destacan por su sinceridad y por su contribución al objetivo general de la ocasión sin ser engorrosos o autoindulgentes.

El **discurso de homenaje**. Son semejantes a las introducciones y presentaciones de premios porque honran a los individuos y a sus logros. En lugar de preparar el camino para otro orador, se trata de discursos "independientes" que reconocen eventos especiales, celebran logros y honran los valores perdurables que ejemplifican los individuos. En un discurso de homenaje tales cualidades se destacan y se les añade un elemento humano, como una anécdota personal, para que los miembros del público puedan realmente apreciar y honrar al sujeto del discurso.

Brindis. Es el discurso de homenaje más común. Es uno de los pocos que deben memorizarse. Debe ser breve, inspirado y parafraseado cuidadosamente. Los mejores brindis son los discursos en los que se rinde homenaje; se refieren a la ocasión, honran a un individuo y dejan al público con el ánimo adecuado para el evento.

Palabras de despedida o conmemoración de muerte. Tiene dos objetivos: honrar a los muertos y confortar a los vivos. En la reseña que hizo en *The Wall Street Journal* de un libro de homenajes de este tipo, David Shribman (1997) escribió que "un homenaje conmemorativo bien escrito acerca de la vida, no de la muerte, es como una vida bien vivida: informa, enriquece y ennoblece a aquellos que nos dejaron atrás". Además de conferirles honor, crean una conexión emocional con el público que a menudo mezclan el dolor y la pena con el lenguaje poético y la inspiración.

En los buenos discursos de tributo se puede combinar la conmemoración de un evento con el reconocimiento de un individuo en particular y la creación de un ánimo que levante al público.

Un cuarto tipo de discurso para una ocasión especial es el **discurso para después de una cena**, el cual se aleja mucho de la seriedad de un tributo, aunque también puede reconocer los logros de un individuo o de un grupo. El discurso para después de una cena entretiene o ilumina en forma divertida. Puede darse en cualquier comida; a algunos grupos que se reúnen a mediodía les gusta terminar la comida con un discurso que los deje pensando, pero también contentos. Como un buen discurso de narración, debe tener una idea central que transmitir, pero el lenguaje, el ritmo y el estilo deben ser atractivos para el público que se sienta en las mesas, a terminar una comida, a participar en una conversación casual y, posiblemente, a adormecerse. Los discursos que se dan después de una cena generalmente tratan de equilibrar el sentido del humor y la seriedad. Un reto especialmente difícil para el orador en este caso es encontrar cómo utilizar el sentido del humor de manera chistosa y adecuada para el público al mismo tiempo.

El **discurso de inspiración** busca motivar a los receptores y despertar sus pasiones. Se escuchan discursos de inspiración en las reuniones de personal, en los retiros, en las pláticas para levantarle el ánimo a los equipos deportivos, y en los que marcan el tono en algunas conferencias. En los buenos discursos de inspiración se hace una conexión con el público y se utiliza un estilo particularmente entusiasta al hablar. Los discursos que inspiran deben alimentarse de los valores compartidos con el público, crear energía y pasión, y demostrar el propio compromiso del orador con los valores que defiende.

Los discursos de apertura comúnmente fallan cuando se trata de alcanzar las metas de los discursos de inspiración. Sin embargo, si se elaboran de manera adecuada pueden tener un impacto duradero.

Comunicación responsable: una buena persona hablando bien

Para ser un orador responsable, competente, que involucra a su público, se necesita prepararse con cuidado y practicar a conciencia con los intereses del público en mente. Familiarizarse con las diversas estrategias y responsabilidades éticas que intervienen en la planificación, organización y presentación de discursos públicos. Sin embargo, un orador responsable tiene que hacer mucho más que usar estas estrategias de manera eficaz; también debe responder a las necesidades del público, ya sea que su meta sea informar, persuadir o entretener. Sobre todo deben recordarse los siguientes criterios cuando sea importante el conocimiento del público o los sentimientos que acompañan a la ocasión.

Tratar al público con cuidado y respeto. En épocas de tensión o de celebración, hay que pensar de qué maneras se puede inspirar a los demás. Cuando se desee dar las gracias se puede decir unas cuantas palabras de tributo. Pero sobre todo se debe ser sincero. En situaciones como éstas, se desarrollan habilidades y se crean interacciones competentes y responsables para hablar. Las habilidades que se desarrollan en las presentaciones informativas y cuando se habla en ocasiones especiales ayudan a ser más crítico y a participar con mayor eficacia y responsabilidad en la vida profesional y social.

Usar el sentido del humor en forma adecuada. Cuando se utiliza de manera adecuada, el sentido del humor puede captar la atención del público, favorecer un ambiente de buen humor o ayudar al orador a llegar a una conclusión. El sentido del humor debe ser relevante, breve y disfrutable. Se deben tener presentes los siguientes consejos:

Evitar ridiculizar a individuos o a grupos. El humor a costa de los demás le puede parecer chistoso a unas cuantas personas, pero es más probable que ofenda. Un poco de humor contra uno mismo a menudo es apreciado.

Alejarse de las bromas fuertes. Los chistes sobre temas prohibidos tales como las funciones corporales rara vez añaden nada a la sustancia del discurso y, al igual que cuando se ridiculiza a los demás, pueden insultar al público y dañar la credibilidad del orador.

Utilizar material que sea fresco y variado. Los chistes, los cuentos y las bromas funcionan bien si se adaptan al objetivo del discurso, y si son nuevos para el público. Como cualquier tipo de material de apoyo, se utiliza en distintas formas a lo largo del discurso. Hay que resistirse a incluir solamente un tipo de humor en todo el discurso.

Hablar para persuadir

La mayoría de las intervenciones orales en grupos o en lugares públicos buscan informar o persuadir a los demás.

En el capítulo ocho, "Comunicación persuasiva", ya se analizaron los aspectos de los mensajes cuyo objetivo es modificar la conducta del receptor. Los discursos persuasivos comparten muchas características con los informativos. El objetivo principal de estos últimos es transmitir conocimientos, pero no olvidemos que el orador debe convencer al público a que escuche. Hablar para persuadir implica a su vez un elemento de información. De la misma manera en que los discursos informativos deben influir en el público, los persuasivos incluyen un elemento de información. Los oradores persuasivos a menudo necesitan educar a sus oyentes, pero su principal objetivo es modificar sus actitudes, creencias y, en lo posible, sus conductas.

La estructura general de estos discursos no ha de diferir de los estándares generales descritos anteriormente. Cada uno de los tipos de discursos informativos (descripción, demostración, explicación y narración) pueden trasladarse a un discurso persuasivo. Señalaremos aquí, únicamente, algunas singularidades de estos discursos.

Discursos persuasivos

Los siguientes tipos de discursos persuasivos intentan influir en el público para que acepte las actitudes o creencias del orador: **discursos de refuerzo**, **de convencimiento** y **pro-acción**. Los primeros buscan reforzar las actitudes y las creencias preexistentes. Los segundos impulsan a los oyentes a que acepten hechos discutibles, a que evalúen creencias o a que apoyen acciones. Los terceros piden acciones y se sustentan en el apoyo que el orador se ha ganado para mover al público a actuar de determinada manera.

Una de las primeras decisiones que hay que tomar para planear un discurso persuasivo es qué tipo de juicio será más adecuado para la tesis de la presentación: *ante hechos* (impulsar a los oyentes a aceptar hechos discutibles), *de valor* (cuando se pide al orador que haga un juicio o evaluación), o *sobre gestión* (adelantando argumentos sobre algo que deberíamos hacer). Una vez centrado en uno de éstos, es necesario elaborar los argumentos que lo apoyen y todo el desarrollo del discurso según se indicó en este mismo capítulo y en el citado de comunicación persuasiva. A menudo, los discursos de refuerzo utilizan como forma de organización estructuras temáticas o cronológicas. Las estructuras de causa y efecto o problema y solución, muchas veces son adecuadas para lograr que los discursos convenzan. Una de las organizaciones más comunes para discursos pro-acción es la *secuencia motivada*, que desarrolló Alan Monroe en la década de los treinta como una estructura de discurso persuasivo diseñada para mover a los públicos a emprender una acción inmediata (Monroe, 1935). La secuencia motivada resulta especialmente útil para discursos que piden actuar, porque añade el paso de alentar la conducta del público.

Discurso persuasivo
Emplea una secuencia motivada y tiene cinco etapas: atención, necesidad, satisfacción, visualización y acción.

El discurso persuasivo que emplea una secuencia motivada tiene cinco etapas: atención, necesidad, satisfacción, visualización y acción. En la práctica, la secuencia motivada se parece a esto:

1. *Atención.* Como se analizó anteriormente, la primera tarea de un buen discurso es llamar la atención del público, introduciendo el tema del discurso de tal manera que despierte el interés y motive al público a escuchar más.
2. *Necesidad.* Dependiendo de las creencias y actitudes existentes en el público, ésta puede ser la sección más importante del discurso. Este paso responde a la pregunta "¿por qué debe importarme?" Se debe demostrar que el problema que se está abordando afecta personalmente al público y tiene enormes implicaciones.
3. *Satisfacción.* Una vez creada la necesidad de encontrar una solución, debe satisfacerse con un plan que resuelva el problema, explicando, además, cómo puede ponerse en práctica.
4. *Visualización.* Este paso exige creatividad. Se ha de mostrar al público cómo se beneficiaría y qué pasaría si no lo adopta.
5. *Acción.* Para este momento ya se debe haber creado el deseo en el público y hay que decirle exactamente qué se quiere que haga, ya sea firmar una solicitud, escribir una carta, invertir su dinero o dar su tiempo voluntariamente.

Se debe usar la secuencia motivada con el mismo cuidado y con la misma consideración que en cualquiera de las estructuras del discurso que se identificaron en los apartados anteriores.

Cuando se le utiliza de manera equivocada, el discurso persuasivo ciertamente puede ser engañoso y manipulador. Por ejemplo, la mayoría de nosotros teme comprar un automóvil. Después de todo, algunas de las formas más desagradables de persuasión se identifican con los vendedores de automóviles. Los políticos y los abogados también están generalmente al final de las listas de la gente en la que se confía, pues estas profesiones a menudo se relacionan con la manipulación, el halago, la súplica y la aplicación de presiones de manera que a veces otros resultan afectados. En su peor expresión, la persuasión se convierte en propaganda, en la que mensajes emocionales y distorsionados llevan a una conclusión simplista, en lugar de a una meditada (Pratkanis, 1992). La buena persuasión no se relaciona con esto. Los oradores que entienden los puntos de vista de su público e incorporan sus ideas a una solución compartida son quienes elaboran las presentaciones más persuasivas.

Y sobre todo, a hablar en público se aprende... hablando, no leyendo ni, incluso, escuchando.

(Galguera Álvarez, 1999)

REFERENCIAS

Ayres, J. y Heuett, B. L. (1997), "The relationship between visual imagery and public speaking apprehension. Communication Reports", 10, pp. 87-94.

Ayres, J., Heuett, B. L. y Sonandre, D. A. (1998). "Testing a refinement in an intervention for communication apprehension. Communication Reports", 11, pp. 73-86.

Ballenato, G. (2006), "Hablar en público: arte y técnica de la oratoria", Pirámide, Madrid.

Cicerón (2002), "Sobre el orador (De oratote), introducción", traducción y notas J. J. Iso, Gredos, Madrid.

Engleberg, I. (2002), "Presentations in everyday life: Linking audience interest and speaker eloquence", *American Communication Journal*, 5, Retrieved June 19, 2002, from http://acjournal.org/holdings/vol5/iss2/special/engleberg.htm

Galguera Álvarez, L. (1999), *Consejos sobre cómo hablar en público.* Manuscrito no publicado, Oviedo, España.

Gray, E. (1999, febrero–marzo), "Talk tips: Start brain before wagging tongue", *Executive Speeches*, 13 (4), pp. 25-30.

Gregory, H. (2002), *Public speaking for college and career,* Nueva York: McGraw-Hill.

Manchester Open Learning (2004), *Cómo hacer presentaciones eficaces*, Gestión 2000, Barcelona.

Merayo, A. (2001), *Curso práctico de técnicas de comunicación oral*, Tecnos, Madrid.

Monroe, A. H. (1935), *Principles and types of speech*, Scott, Foresman, Chicago.

Pino, H. (2000), *Hablar para convencer. Cómo expresarse bien en público*, Martínez Roca, Barcelona.

Pratkanis, A. (1992, octubre 31), *Propaganda flying in blitz of advertising: Warning signs of manipulation, New York Times*, p. A1.

Puchol, L. (2006), *Hablar en público*, 3a. ed., Díaz de Santos, Madrid.

Quintiliano (2000-2001), *Sobre la formación del orador: doce libros* (Institutio Oratoria), traducción y notas, A. Ortega Carmona, U. P. Salamanca, Salamanca.

Shribman, D. M. (1997, 23 de julio), "Grave eloquence", *The Wall Street Journal*, pp. A16.

Spang, K. (2005), *Persuasión. Fundamentos de retórica*, Eunsa, Navarra.

Sprague, J. y Stuart, D. (2000), *The speaker's handbook*, 5a. ed. Nueva York: Harcourt Brace.

Studer, J. (2004), *Oratoria: El arte de hablar, disertar, convencer,* El Drac, Madrid.

Vallejo-Nájera, J. A. (2004), *Aprender a hablar en público hoy*, 35a. ed., Planeta, Barcelona.

Mapa conceptual

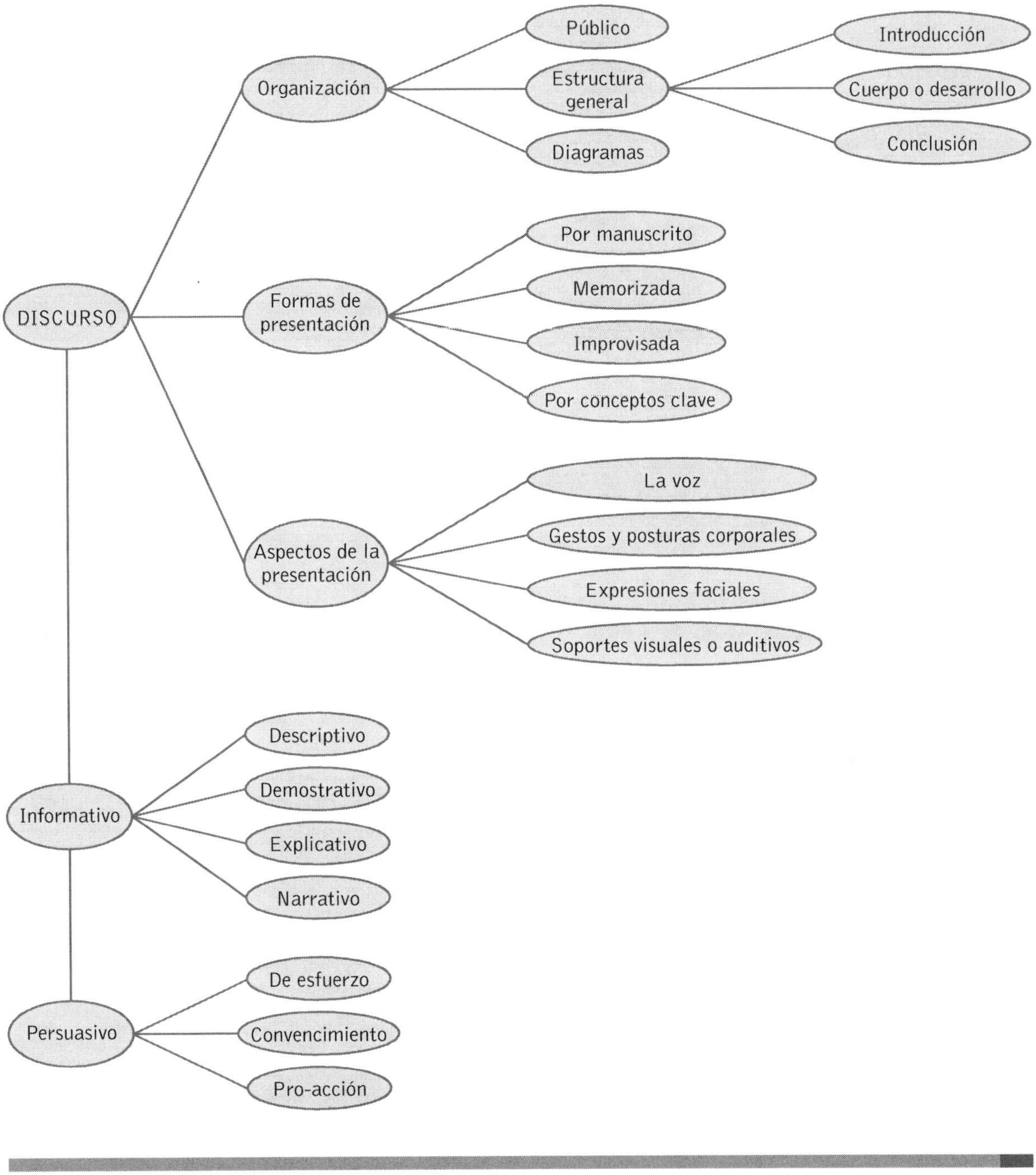

Del dominio de la palabra hablada, a la libertad de pensamiento

Ángel Ignacio Lafuente Zorrilla

1. **¿Hablar es comunicar?**

He de partir de la experiencia acumulada, a lo largo de más de cuatro décadas, enseñando técnicas de comunicación oral a cientos de miles de alumnos. Por tanto, se percibirá, por encima de claves netamente científicas, la praxis diaria que arroja resultados contundentes.

La experiencia matriz de la teoría sustentada radica en constatar que el dominio de la palabra hablada conduce a la libertad de pensamiento; o, simplemente, a la libertad.

No me refiero a cualquier dominio de la palabra, sino al que se ejercita con absoluto **placer escénico**; es decir, con autonomía individual**,** ajena por completo al juicio que pueda merecer ante terceros.

Parece necesario conectar "dominio de la palabra" con "comunicación", porque no se trata de realidades idénticas, ya que **se puede dominar la palabra, y no comunicar**; o comunicar con deficiencia. Ciño el significado de "comunicación" a la transferencia de contenidos desde el emisor al receptor.

Pero, a la hora de formar a tan numerosos y diferentes colectivos en este arte imprescindible, no se puede partir de bases que exijan el conocimiento previo de otras teorías —psicológicas, sobre todo—, pues surgirían aplazamientos o abandono de la tarea por parte de muchos; sobre todo si nos referimos a tantos profesionales sujetos a una dinámica que les impide dedicar tiempo al reciclaje.

Reconocer la palabra como encarnación del mundo interior, carece de duda. Pero la ejecución de tal teoría choca con múltiples factores que reducen o anulan toda eficacia: la falta de aceptación del propio yo; el sometimiento al criterio o parecer ajenos; y el desconocimiento de la esencia, finalidad y condiciones de la palabra hablada; las torpes pedagogías que desvinculan palabra y pensamiento; la formulación de la palabra y las condiciones del ámbito interno del individuo; el autoconcepto y el habla.

2. **Palabra y poder**

El desconocimiento craso del sencillo arte de la palabra, y la mitificación de sus elementales técnicas, obedecen a que todo poder teme al libre pensamiento que indefectiblemente conquistaría el pueblo si se le dotara del dominio de la palabra; porque, en el mismo instante, rompería el pensamiento único y saltaría sobre lo "políticamente correcto". Torpe poder, pues sólo los ciudadanos de pensamiento libre construyen democracia, cooperación y equipo.

El tan manoseado principio según el cual "El orador nace, no se hace", representa la formulación de un error descomunal.

Carece de sentido enseñar a intervenir, sin desvelar el proceso de generación de la palabra como creación deslumbrante de la inteligencia del hombre; y sin dotar al individuo de las bases que sustenten, en toda circunstancia y frente a cualquier público, una personalidad imbatible: único medio de acabar con el limitante y universal **terror escénico**. La razón radica en que, sólo de una personalidad consistente, brota la palabra que arrastra y convence.

3. **Formación para la palabra**

La capacitación para el dominio de la palabra hablada —en público, en privado y ante los medios de comunicación social—, constituiría el primer paso en todos los procesos de formación, pues se trata de la herramienta imprescindible para el trabajo y para las relaciones. En cualquier situación, el que sabe comunicarse, aventaja a los demás: la imagen propia, y la de la empresa que se representa, se ponen en juego a la hora de tomar la palabra.

Si admitimos que el capital superior en la empresa es el capital humano, no podemos negar que, sólo desde la exposición libre de las ideas, genera riqueza el trabajador. Y que únicamente el individuo seguro de sí mismo es capaz de entrar en diálogo.

La ausencia generalizada de las técnicas de comunicación oral en los planes de estudio, incluidos los universitarios, castra la capacidad de comunicación, y empobrece al individuo y a la sociedad. Cabezas atestadas de conocimientos, pero de lengua torpe, llenan las empresas, los despachos profesionales, las cátedras universitarias, los parlamentos y los púlpitos.

Lo que procede de más adentro del individuo es "la palabra", como superior revelación del espíritu del hombre: palabra que encadena a los interlocutores en una tarea común. El descubrimiento del "tú" lo efectúa la palabra; sin ella, un solitario "yo" marcaría siderales distancias con "lo otro", frío, impersonal.

De alguna manera, nos educamos para comunicarnos. Incluso la clarificación de las propias ideas se produce mediante su verbalización, porque la palabra y el concepto se comportan como continente y contenido. Más aún, el cumplimiento del ideal deontológico de "decir lo que sentimos y sentir lo que decimos", se frustra sin el dominio de la palabra.

La nueva sociedad no puede prescindir del talante pedagógico con que el individuo ha de colaborar, desde su limitada pero real posibilidad, a mover la pesada rueda de la historia. Vivir supone asumir riesgos, ensayar y probar, soportar la duda, interpretar dignamente: papeles, todos ellos, que cumple la palabra.

La palabra habita en el centro de un nuevo humanismo que asume la educación como ley de todas relaciones; como pasión también por construir un mundo digno de ser habitado.

La máxima autoestima, que posibilita la libertad de palabra y de pensamiento, actúa como elemento transformador de climas laborales y sociales; como dinamizador de la motivación-compromiso; como base del incremento de la productividad; y como generadora de valor y de crecimiento rentables, con impacto cierto en la cuenta de resultados.

El presente siglo pide conversación, en vez de confrontación; diálogo, en lugar de monólogo. Para la vida y para el ejercicio profesional, **donde no haya palabras, pónganse palabras... y se encontrarán palabras**.

Epílogo

La comunicación eficaz ha de sustentarse en **"tres grandes intereses vivos"**: el amor a uno mismo, la solidaridad con los receptores, y el apasionamiento por el mensaje. Si falla cualquiera de estas tres profundas adhesiones, quiebra la transmisión. Es decir, se hablará, se generará ruido inútil; pero no se comunicará.

Angel Ignacio Lafuente Zorrilla

Índice analítico

Los folios resaltados en **negritas** refieren a la página del texto donde esos conceptos se encuentran definidos al margen.

Las letras *f* y *t* refieren a la página del texto donde se encuentra una figura o tabla, respectivamente.

D

E

F

G

H

I

K

L

3350717R10252

Made in the USA
San Bernardino, CA
27 July 2013